TREINAMENTO E DESENVOLVIMENTO *de* PESSOAS

N763t Noe, Raymond A.
       Treinamento e desenvolvimento de pessoas : teoria e
       prática / Raymond A. Noe ; tradução: Amanda Alice Weber
       Schmitt ; revisão técnica: Ana Carolina de Aguiar
       Rodrigues. – 6. ed. – Porto Alegre : AMGH, 2015.
       xix, 388 p. : il. ; 25 cm.

       ISBN 978-85-8055-483-0

       1. Administração – Desenvolvimento de pessoas. 2.
       Administração – Treinamento de pessoas. I. Título.

                                              CDU 005.963

Catalogação na publicação: Poliana Sanchez de Araujo – CRB 10/2094

Raymond A. Noe
Ohio State University

TREINAMENTO E DESENVOLVIMENTO de PESSOAS

Teoria e prática

6ª edição

Tradução
Amanda Alice Weber Schmitt

Revisão Técnica
Ana Carolina de Aguiar Rodrigues
Doutora em Psicologia Organizacional e do Trabalho pela Universidade Federal da Bahia
Professora da Faculdade de Economia, Administração e Contabilidade da Universidade de São Paulo

McGraw Hill Education | bookman

AMGH Editora Ltda.
2015

Obra originalmente registrada sob o título
Employee Training and Development, 6th Edition
ISBN 007802921X / 9780078029219

Original edition copyright © 2013, The McGraw-Hill Global Education Holdings, LLC, New York, New York 10121. All rights reserved.

Gerente editorial: *Arysinha Jacques Affonso*

Colaboraram nesta edição:
Editora: *Viviane R. Nepomuceno*
Capa: *Casa de ideias (arte sobre capa original)*
Foto de capa: (foto principal) *Tetra Images/Getty Images;*
(da esquerda para direita, de cima para baixo) *BananaStock/PictureQuest, Noel Hendrickson/Digital Vision/Getty Images, Fuse/Getty Images, Stockbyte/Superstock, Jon Feingersh/Blend Images LLC, Plush Studios/The Agency Collection/Getty Images*
Leitura de prova: *Carolina Hidalgo Castelani*
Editoração: *Know-how Editorial*

Reservados todos os direitos de publicação, em língua portuguesa, à
AMGH Editora Ltda., uma parceria entre GRUPO A EDUCAÇÃO S.A. e McGRAW-HILL EDUCATION.
Av. Jerônimo de Ornelas, 670 – Santana
90040-340 – Porto Alegre – RS
Fone: (51) 3027-7000 Fax: (51) 3027-7070

É proibida a duplicação ou reprodução deste volume, no todo ou em parte, sob quaisquer formas ou por quaisquer meios (eletrônico, mecânico, gravação, fotocópia, distribuição na Web e outros), sem permissão expressa da Editora.

Unidade São Paulo
Av. Embaixador Macedo Soares, 10.735 – Pavilhão 5 – Cond. Espace Center
Vila Anastácio – 05095-035 – São Paulo – SP
Fone: (11) 3665-1100 Fax: (11) 3667-1333

SAC 0800 703-3444 – www.grupoa.com.br

IMPRESSO NO BRASIL
PRINTED IN BRAZIL

Este livro é dedicado a John Weimeister. Obrigado por tudo que fez para contribuir com o desenvolvimento de livros-texto que fossem divertidos de escrever e bem recebidos por professores e alunos!

Autor

Raymond A. Noe é professor de Gestão na Ohio State University e detém o título de Robert and Anne Hoyt Designated Professor. Lecionou por mais de 25 anos em universidades prestigiadas, conhecidas como Big Ten. Antes de fazer parte do corpo docente da Ohio State, foi professor do Departamento de Gestão da Michigan State University e do Centro de Relações Trabalhistas da Carlson School of Management, na University of Minnesota. É bacharel em Psicologia pela Ohio State University, mestre e PhD em Psicologia pela Michigan State University.

Noe realiza pesquisas e dá aulas tanto para estudantes de graduação como para executivos, abordando temas como gestão de recursos humanos, habilidades gerenciais, métodos quantitativos, sistemas de informação de recursos humanos, treinamento e desenvolvimento e comportamento organizacional.

Publicou artigos em periódicos, como *Academy of Management Journal, Academy of Management Review, Journal of Applied Psychology, Journal of Vocational Behavior* e *Personnel Psychology*. Atualmente, faz parte de conselhos editoriais, incluindo *Journal of Applied Psychology, Personnel Psychology* e *Journal of Organizational Behavior*. Além deste livro-texto, ele também foi coautor de dois outros: *Fundamentals of Human Resource Management* e *Human Resource Management: Gaining a Competitive Advantage,* ambos publicados pela McGraw--Hill/Irwin.

Noe recebeu prêmios de excelência em ensino e pesquisa, incluindo o Herbert G. Heneman Distinguished Teaching Award em 1991, o Ernest J. McCormick Award for Distinguished Early Career Contribution, concedido pela Society for Industrial and Organizational Psychology em 1993, e o ASTD Outstanding Research Article of the Year Award em 2001. Também é membro da Society of Industrial and Organizational Psychology.

Prefácio

Tradicionalmente, o treinamento e o desenvolvimento não eram vistos como atividades que pudessem ajudar as empresas a criarem "valor" e a enfrentarem desafios competitivos. Hoje essa visão mudou. As empresas que utilizam práticas inovadoras de treinamento e desenvolvimento têm mais chances de apresentar melhor desempenho financeiro do que os seus concorrentes que não o fazem. O cenário econômico atual acarretou cortes nos orçamentos das áreas de treinamento e desenvolvimento. Contudo, diversas empresas reconhecem que a aprendizagem através de treinamento, desenvolvimento e gestão do conhecimento ajuda os funcionários a fortalecerem ou aumentarem as suas habilidades para aprimorar ou produzir novos produtos, gerar ideias inovadoras e oferecer serviços de alta qualidade ao consumidor. Além disso, as atividades de desenvolvimento e a gestão de carreira são necessárias à preparação dos funcionários para posições de gerência e liderança e para atrair, motivar e reter talentos em todos os níveis e cargos. Dar destaque para esse tipo de aprendizagem não faz mais parte da categoria "é bom fazer", mas da "é preciso fazer", caso as empresas desejem atender às expectativas dos funcionários e obter vantagem competitiva.

Atualmente, as empresas precisam competir em um mercado global, com uma diversidade crescente na força de trabalho. Consequentemente, elas precisam treinar funcionários para trabalharem com pessoas de diferentes culturas, tanto dentro do país como no exterior. As novas tecnologias, como as mídias sociais e os *tablets*, reduzem os custos associados ao deslocamento de funcionários para treinamento em um local centralizado. Ao mesmo tempo, o desafio reside em garantir que tais métodos de treinamento incluam as condições necessárias (prática, *feedback*, ritmo ditado pelo aluno, etc.) para que se dê a aprendizagem. Através da abordagem *blended learning*, as empresas estão buscando um equilíbrio entre o treinamento – com ritmo ditado pelo aluno e com base em tecnologia (como aprendizagem *on-line*) – e métodos que possibilitem interação interpessoal entre os aprendizes (como instrução em sala de aula ou aprendizagem pela ação).

O papel do treinamento foi ampliado para além da elaboração do programa. Um *design* instrucional eficaz continua sendo importante, mas cada vez mais gerentes de treinamento, especialistas em recursos humanos e instrutores precisam criar sistemas que motivem os funcionários a aprenderem não apenas dentro de programas, mas também de maneira informal, criando conhecimento e compartilhando-o com outros funcionários da empresa. Assim, o foco do treinamento passou de um evento único à criação de condições para que a aprendizagem aconteça por meio de colaboração, aprendizagem *on-line*, treinamento em sala de aula ou uma combinação dos mesmos, já que agora há um maior reconhecimento de que a aprendizagem ocorre informalmente, além dos limites de uma disciplina de treinamento formal.

Além disso, a relação funcionário-empregador também mudou. Em virtude de ambientes de negócios instáveis e da competição, que podem causar a diminuição dos lucros e a alteração nas habilidades necessárias, as empresas relutam em oferecer estabilidade aos funcionários. Da mesma forma, muitos funcionários pulam de uma empresa à outra para potencializar o valor que podem obter por suas habilidades no mercado de trabalho, sem firmarem compromissos a longo prazo. Apesar de as pessoas mudarem constantemente de emprego, as empresas querem investir em um ambiente de trabalho e oportunidades de treinamento e desenvolvimento, visando atrair uma força de trabalho motivada e produtiva, que tenha habilidades atualizadas e possa aprender novas habilidades rapidamente para atender às necessidades mutáveis do consumidor e do mercado. Os funcionários, por sua vez, desejam desenvolver habilidades que não só sejam úteis nos empregos atuais, mas que também sejam compatíveis com seus interesses e valores pessoais.

Os capítulos desta edição abrangem tanto o papel tradicional quanto o papel mais amplo do treinamento e do desenvolvimento nas organizações. O Capítulo 1, "Introdução ao treinamento e desenvolvimento de funcionários", aborda o papel do treinamento e do desenvolvimento nas empresas. O Capítulo 2, "Treinamento estratégico", discute como as práticas de treinamento e organização desse setor apoiam as metas de negócio e como o grau em que atividades de treinamento e desenvolvimento ajudam a empresa a alcançar as suas metas de negócio influencia o volume de recursos alocados para elas.

Os tópicos relacionados à elaboração de programas de treinamento são abordados do Capítulo 3 ao 6. O Capítulo 3, "O diagnóstico de necessidades", trata de como identificar quando o treinamento é uma solução adequada. O Capítulo 4, "Aprendizado e transferência do treinamento", destaca o que deve ser feito na elaboração do treinamento e no ambiente de trabalho para garantir que os resultados sejam aplicados no âmbito profissional. O Capítulo 5, "Elaboração do programa", oferece sugestões práticas em relação ao que pode ser feito para facilitar o aprendizado e a transferência do treinamento antes, durante e após uma disciplina ou programa, considerando também o papel da gestão do conhecimento nesse processo. O Capítulo 6, "Avaliação do treinamento", discute como avaliar programas de treinamento, apresentando ao aprendiz conceitos de identificação de treinamento com bom custo-benefício, avaliação do retorno sobre investimento e determinação do alcance de resultados do treinamento relacionados ao aprendizado, comportamento ou desempenho.

Os Capítulos 7 e 8 cobrem os métodos de treinamento. Enquanto o Capítulo 7, "Métodos de treinamento tradicionais", aborda métodos de apresentação (p. ex., palestra), métodos práticos (p. ex., treinamento no local de trabalho e modelagem do comportamento) e métodos de grupo (p. ex., aprendizado de aventura), o Capítulo 8, "Métodos de treinamento com base em tecnologia", apresenta novas tecnologias que estão sendo usadas para fins de treinamento, o que inclui *e-learning*, aprendizagem móvel, mídias sociais, simulações, mundos virtuais e *blended learning*. Os fechamentos de ambos os capítulos apresentam uma comparação entre métodos de treinamento, tendo como base custos, benefícios e características de aprendizagem.

Treinamento e desenvolvimento de pessoas é um livro que representa os meus mais de 25 anos de experiência ministrando disciplinas de treinamento e desenvolvimento a alunos de graduação e pós-graduação. A partir dessas experiências, percebi que gerentes, consultores, instrutores e acadêmicos que trabalham em diversas áreas (incluindo educação, psicologia, negócios e relações trabalhistas) contribuíram para a pesquisa e a prática de treinamento e desenvolvimento. Este livro foi escrito com base em pesquisas realizadas em diversas áreas do conhecimento, ao mesmo tempo em que oferece uma perspectiva prática. Trata-se de um material adequado a alunos de diversos programas de ensino, atendendo desde disciplinas de treinamento em graduação até pós-graduação em várias áreas.

CARACTERÍSTICAS DIFERENCIAIS

A minha experiência como professor me ensinou que os alunos ficam frustrados se não virem teoria e pesquisa na prática, e por esse motivo, o primeiro diferencial deste material é que cada capítulo inicia com um caso de uma empresa, relacionado ao conteúdo que será abordado. Ao longo do livro, há vários exemplos de práticas de diversas empresas. Cada capítulo encerra com um caso real, além de questões relacionadas que permitem que o aluno aplique o conteúdo estudado a um problema concreto de treinamento ou desenvolvimento.

O segundo diferencial é a cobertura em tópicos. Os capítulos da Parte 2, "A concepção do treinamento", apresentam conceitos sobre diagnóstico de necessidades, métodos de treinamento, aprendizado e transferência do treinamento e elaboração e avaliação do programa. O *design* instrucional continua sendo o "feijão com arroz" do treinamento. A Parte 3, "Métodos de treinamento e desenvolvimento", aborda a parte mais empolgante do assunto, ou seja: os métodos de treinamento e desenvolvimento em si. À medida que o papel de gerentes e instrutores é ampliado, eles se envolvem cada vez mais em ajudar todos os funcionários a crescerem, capacitarem-se e lidarem com desafios na carreira, além de preparar os de alto potencial para ocuparem posições de liderança. Estes profissionais precisam, por exemplo, entender diferenças geracionais nas necessidades de carreira de funcionários, como planos de carreira, treinamento intercultural, diversidade, recolocação e planejamento sucessório (tópicos que ultrapassam o campo do *design* instrucional).

A Parte 1 inclui capítulos que abordam os fatores econômicos e relacionados ao local de trabalho que influenciam as tendências na área. Uma dessas tendências é que as empresas estão destacando o aprendizado por meio de treinamento e desenvolvimento formal, gestão do conhecimento e aprendizagem informal. Esses capítulos ainda discutem por que treinamento, desenvolvimento e aprendizagem precisam ser estratégicos (ou seja, contribuírem para a estratégia de negócio e para as metas organizacionais). Por quê? Em um treinamento bem-sucedido e eficaz, todos os aspectos do treinamento (incluindo objetivos, métodos, avaliação e até mesmo quem o conduz) estão vinculados à estratégia de negócio e cada vez mais empresas exigem que o setor de treinamento e suas práticas deem apoio às metas de negócio. Caso contrário, o treinamento pode ser terceirizado ou enfrentar cortes orçamentários. Ainda que os alunos de faculdades na área de negócios normalmente sejam expostos ao pensamento estratégico, os estudantes de outras áreas como psicologia e educação que se tornam instrutores precisam compreender a perspectiva estratégica e como ela se relaciona com a organização do setor de treinamento e com o tipo de treinamento realizado.

O livro também reflete as últimas novidades na área de treinamento. Alguns dos novos temas abordados no livro são: universidades corporativas, terceirização de treinamento, desenvolvimento e avaliação de capital humano, sistemas de gestão da aprendizagem, competências, gestão do conhecimento, *e-learning*, aprendizagem móvel (através de *smartphones*, iPads e outros *tablets*), mídias sociais (como *blogs*, *wikis* e redes sociais) e mundos virtuais (como o Second Life). Cada capítulo contém as descobertas mais recentes em termos de pesquisas acadêmicas da área e as práticas das empresas.

RECURSOS QUE AJUDAM NO APRENDIZADO

1. Cada capítulo elenca objetivos que destacam o que se espera que o aluno aprenda sobre o tema abordado.
2. Os exemplos ao longo do texto e as aberturas dos capítulos abrangem empresas de todos os setores, incluindo serviços, produção, varejo e organizações sem fins lucrativos.
3. Ao final de cada capítulo, as questões para debate ajudam os alunos a aprenderem os conceitos apresentados e entenderem as possíveis aplicações do material.
4. Ao longo dos capítulos, os termos e conceitos importantes usados na área estão destacados. Palavras-chave estão também listadas no final do capítulo.
5. Os exercícios de aplicação são úteis para que os alunos apliquem o conteúdo na prática. A maioria dos capítulos inclui tarefas que requerem o uso da *web*.
6. Há casos ao final de cada capítulo e de cada parte do livro que trabalham com a aplicação do que foi aprendido em questões de treinamento e desenvolvimento enfrentadas por empresas reais.
7. O índice no final do livro auxilia na localização de assuntos-chave.

AGRADECIMENTOS

O autor é só um dos envolvidos na elaboração de um livro-texto. Esta edição não seria possível sem a energia e os conhecimentos especializados de vários colaboradores da McGraw-Hill Irwin e da S4Carlisle Publishing Services. Wendy Langerud, editora de desenvolvimento, e gerentes de projeto Jessica Portz e Shyam Ramasubramony, merecem toda a minha gratidão e agradecimento pela paciência e perícia ao seguir as alterações e acréscimos que realizei, e por garantir que minhas ideias fizessem sentido e minha escrita fosse clara, concisa e fácil de entender.

Eu assumo a total responsabilidade por quaisquer erros, omissões ou enganos nos fatos deste livro. Entretanto, independentemente de suas impressões sobre este conteúdo, ele não seria tão bom se não fossem pelos revisores de originais. Meu agradecimento em especial aos revisores listados a seguir, que fizeram comentários e me ajudaram a aprimorar esta edição para alunos e professores.

Wendy J. Casper
University of Texas at Arlington
Marilynn Cowgill
University of Colorado at Boulder
Sandra Lyn French
Radford University
Millicent J. Kelly
Barry University

John R. Knue
Baylor University
Gary Strood
Franklin University
Itoe Peter Valentine
Albany Technical College
Kostas Voutssas
Dickinson State University

Sumário

PARTE 1
TREINAMENTO E DESENVOLVIMENTO EM CONTEXTO 1

Capítulo 1
Introdução ao treinamento e desenvolvimento de funcionários 2

Introdução 4
Treinamento e desenvolvimento: elementos-chave do aprendizado 5
Elaboração de treinamentos eficazes 8
    Como superar as falhas do modelo ISD 10
Forças que influenciam o trabalho e o aprendizado 11
    Globalização 12
    Valor maior depositado em ativos intangíveis e capital humano 15
    Foco em ligações com a estratégia de negócio 20
    Alterações demográficas e a diversidade da força de trabalho 20
    Diferenças geracionais 21
    Gestão de talentos 24
    Serviço ao consumidor e ênfase na qualidade 29
    Novas tecnologias 33
    Modelos de sistemas de trabalho de alto desempenho 37
Práticas de treinamento 39
    Fatos e números sobre treinamento 39
Líderes de investimento em treinamento 41
    Funções, competências e posições do profissional de treinamento 43
    Quem oferece treinamento? 45
    Quem é responsável pelo treinamento? 46
    Como se preparar para trabalhar com treinamento 48
Palavras-chave 48
Questões para debate 49
Exercícios de aplicação 49
Caso: Zappos: Como enfrentar desafios de competitividade 50
Notas 51

Capítulo 2
Treinamento estratégico **55**

Introdução 56
    Evolução do treinamento: mudando de evento para aprendizado 58
Aprendizado como foco estratégico 59
    Organização que aprende 59
    Implicações do aprendizado para o desenvolvimento do capital humano 61
Processo estratégico de treinamento e desenvolvimento 62
    Elaboração e identificação da estratégia de negócio 63
    Como identificar as iniciativas de treinamento e desenvolvimento que apoiam a estratégia 65
    Como oferecer atividades de treinamento e desenvolvimento ligadas às iniciativas estratégicas 69
    Como identificar e coletar indicadores para comprovar o sucesso do treinamento ... 70
    Exemplos do processo estratégico de treinamento e desenvolvimento 71
Características organizacionais que influenciam o treinamento 74
    Papel de funcionários e gerentes 74
    Apoio da alta gerência 76
    Integração das unidades de negócio 76
    Presença global 76
    Condições de negócio 77
    Outras práticas de gestão de recursos humanos 78
    Valor estratégico de cargos e singularidade dos funcionários 80
    Extensão da sindicalização 81
    Envolvimento da equipe no treinamento e no desenvolvimento 82
Necessidades de treinamento em diferentes estratégias 83
Modelos de organização do departamento de treinamento 86
    Modelo de universidade corporativa (universidades de treinamento corporativo) ... 87
    Criação de uma universidade corporativa 91
    Modelo integrado ao negócio 92
    Aprendizado, treinamento e desenvolvimento da perspectiva de um modelo de mudança 94
Como fazer o marketing do treinamento e criar uma marca 96
Terceirização do treinamento 99
Palavras-chave 101
Questões para debate 101
Exercícios de aplicação 102
Caso: Como utilizar o treinamento e o desenvolvimento para incrementar os resultados do negócio 102

Caso 1 – Aprendizado na prática: A PricewaterhouseCoopers testa parceiros enviando-os para trabalhar em nações pobres 103
Notas 104

PARTE 2
A CONCEPÇÃO DO TREINAMENTO 107

Capítulo 3
O diagnóstico de necessidades 108

Introdução 109
Por que é preciso um diagnóstico de necessidades? 110
Quem deve participar do diagnóstico de necessidades? 112
Métodos utilizados no diagnóstico de necessidades 114
O processo de diagnóstico de necessidades 117
    Análise da organização 118
    Análise de pessoas 120
    Habilidades básicas 123
    Idade e geração 128
    Análise de tarefas 131
Modelo de competências 135
Escopo do diagnóstico de necessidades 139
    O diagnóstico de necessidades na prática 140
Palavras-chave 141
Questões para debate 142
Exercícios de aplicação 143
Caso: As necessidades de treinamento na Summit Credit Union 143
Notas 144

Capítulo 4
Aprendizado e transferência do treinamento 146

Introdução 147
O que é aprendizado? O que é aprendido? 149
Teorias da aprendizagem 151
    Teoria do reforço 151
    Teoria da aprendizagem social 152
    Teorias de metas 154
    Teorias de necessidades 156
    Teoria da expectativa 157
    Teoria da aprendizagem de adultos 157
    Teoria do processamento de informação 159

Teoria da transferência de treinamento 160
    Teoria dos elementos idênticos 161
    Abordagem da generalização de estímulos 162
    Teoria cognitiva da transferência 163
Processo de aprendizagem 163
    Processos mentais e físicos 163
    Ciclo de aprendizagem 165
    Implicações do processo de aprendizagem e transferência de treinamento para a instrução 166
Ênfase instrucional para resultados de aprendizagem 180
Palavras-chave 181
Questões para debate 182
Exercícios de aplicação 183
Caso: Plásticos perfeitos 184
Notas 184

Capítulo 5
Elaboração do programa **187**
Introdução 188
Considerações sobre a elaboração de programas eficazes 190
    Seleção e preparação do local de treinamento 190
    Escolha de instrutores 192
    Como os instrutores podem tornar instrução e local de treinamento favoráveis à aprendizagem 193
    Curso do currículo e elaboração da aula 200
    Mapa curricular 201
    Como escolher um fornecedor ou consultor de serviços de treinamento 207
    Implicações da transferência de treinamento na elaboração do programa 208
    Gestão do conhecimento para aprendizagem e transferência de treinamento 216
Palavras-chave 222
Questões para debate 222
Exercícios de aplicação 223
Caso: O CEO Institute 224
Notas 224

Capítulo 6
Avaliação do treinamento **227**
Introdução 228
Motivos para avaliar o treinamento 229
    Avaliação formativa 230

Avaliação somativa 231
Visão geral do processo de avaliação 232
Indicadores usados na avaliação de programas de treinamento 233
    Avaliação de reação 234
    Avaliação de aprendizado ou cognitiva 236
    Avaliação com base em habilidades e comportamentos 236
    Avaliação afetiva 237
    Avaliação de resultados financeiros 237
    Avaliação de retorno sobre investimento 238
Como decidir se os itens medidos estão adequados 239
    Relevância 239
    Confiabilidade 241
    Discriminação 241
    Viabilidade 241
Práticas de avaliação 241
    Quais indicadores de treinamento devem ser coletados? 241
Modelos de avaliação 244
    Ameaças à validade: explicações alternativas para os resultados da avaliação 244
    Tipos de avaliação 246
    Considerações sobre a escolha de um modelo de avaliação 251
Como determinar o retorno sobre investimento 253
    Determinação dos custos 255
    Determinação dos benefícios 255
    Exemplo de uma análise de custo-benefício 256
    Outros métodos de análise de custo-benefício 258
    Considerações práticas na determinação do ROI 259
    Casos de sucesso e retorno sobre expectativas 259
Como medir capital humano e atividade de treinamento 260
Palavras-chave 263
Questões para debate 264
Exercícios de aplicação 264
Caso: Um investimento sadio no Sisters of Charity Providence Hospital 265
Caso 2 – Aprendizado na prática: Metas de negócio guiam o aprendizado na Verizon 266
Notas 267

PARTE 3
MÉTODOS DE TREINAMENTO E DESENVOLVIMENTO 269

Capítulo 7
Métodos de treinamento tradicionais **270**
Introdução 271

Métodos de apresentação ... 274
    Palestra ... 274
    Técnicas audiovisuais ... 276
Métodos práticos ... 278
    Treinamento no local de trabalho ... 278
    Aprendizado autodirigido ... 280
    Programa de aprendiz ... 282
    Simulações ... 285
    Estudos de caso ... 286
    Jogos de negócios ... 288
    Dramatizações ... 289
    Modelagem do comportamento ... 289
Métodos de formação de grupos ... 292
    Aprendizagem de aventura ... 293
    Treinamento de equipes ... 295
    Aprendizagem pela ação ... 298
Como escolher um método de treinamento ... 301
Palavras-chave ... 304
Questões para debate ... 304
Exercícios de aplicação ... 304
Caso: Métodos de treinamento para caixas de banco ... 306
Notas ... 307

Capítulo 8
Métodos de treinamento com base em tecnologia ... **310**
Introdução ... 311
A influência da tecnologia no treinamento e no aprendizado ... 314
    Tecnologia e colaboração ... 316
    Tecnologia e ambiente de aprendizagem ... 317
Treinamento com base em computador, aprendizagem *on-line* e *e-learning* ... 319
Desenvolvimento de aprendizagem *on-line* eficaz ... 325
    O diagnóstico de necessidades ... 325
    Como criar uma experiência de aprendizagem *on-line* positiva ... 327
    Controle do aluno ... 329
    Dar tempo e espaço para a aprendizagem *on-line* ... 330
    Tecnologias para colaboração e *links* ... 330
Mídias sociais: *wikis, blogs, microblogs* e redes sociais ... 331
Blended learning ... 334
Simulações e jogos ... 335

Realidade virtual 338
Mundos virtuais 339
Tecnologias móveis e aprendizagem 341
Sistemas de tutoria inteligente 343
Aprendizagem a distância 344
Tecnologias para suporte do treinamento 347
    Sistemas especialistas 347
    Sistema eletrônico de suporte ao desempenho (EPSS) 348
Sistemas de gestão da aprendizagem: sistemas para oferta, suporte e administração do treinamento 349
    Por que desenvolver um sistema de gestão da aprendizagem? 350
    Como desenvolver um sistema de gestão da aprendizagem 351
Como escolher métodos de treinamento com novas tecnologias 352
Palavras-chave 356
Questões para debate 356
Exercícios de aplicação 356
Caso: Os gerentes de conta da Cisco Systems estão ocupados demais para o treinamento 357
Notas 358

Capítulo 9
Employee Development and Career Management

Disponível, em inglês, no *site* <www.grupoa.com.br>

Capítulo 10
Social Responsibility: Legal Issues, Managing Diversity, and Career Challenges

Disponível, em inglês, no *site* <www.grupoa.com.br>

Capítulo 11
The Future of Training and Development

Disponível, em inglês, no *site* <www.grupoa.com.br>

Glossário 361

Índice 377

Parte 1

Treinamento e desenvolvimento em contexto

A Parte 1 tem como foco a contextualização das questões relativas ao treinamento e desenvolvimento de pessoas no ambiente empresarial. O Capítulo 1, "Introdução ao treinamento e desenvolvimento de funcionários", discute por que o treinamento e o desenvolvimento são importantes para que as empresas possam ser competitivas. Também oferece uma visão geral das práticas de treinamento, da profissão de instrutor e de como elaborar treinamentos eficazes (tópico abordado com mais detalhes na Parte 2, "A concepção de treinamento").

O Capítulo 2, "Treinamento estratégico", abrange o processo de treinamento e desenvolvimento estratégico, as características organizacionais que influenciam o treinamento, os modelos para a organização do departamento de treinamento, como promover o treinamento e vendê-lo para o restante da empresa e as vantagens e desvantagens de terceirizar o treinamento.

A Parte 1 encerra com um caso que mostra como a PricewaterhouseCoopers está usando o treinamento para lidar com desafios na competitividade, atingir metas e expandir o aprendizado além da sala de aula e da sala de reuniões.

---

1. Introdução ao treinamento e desenvolvimento de funcionários
2. Treinamento estratégico

Capítulo 1

Introdução ao treinamento e desenvolvimento de funcionários

Objetivos

1. Discutir as forças que influenciam o trabalho e o aprendizado e explicar como o treinamento pode ajudar as empresas a lidar com elas.
2. Desenhar uma figura ou um diagrama e explicar como o treinamento, o desenvolvimento, o aprendizado informal e a gestão do conhecimento contribuem para o sucesso de um negócio.
3. Discutir vários aspectos do processo de elaboração de um treinamento.
4. Descrever as práticas de treinamento de empresas norte-americanas.
5. Falar sobre as funções do profissional de treinamento.
6. Identificar recursos apropriados (p. ex., periódicos, *sites*) para aprender sobre pesquisa e prática em treinamento.

As forças que afetam o ambiente de trabalho tornam o treinamento uma parte essencial do sucesso da empresa

Atendimento ao consumidor, produtividade, segurança, retenção e crescimento de funcionários, incertezas no cenário econômico, aposentadoria de funcionários qualificados e uso de novas tecnologias são apenas algumas das questões que afetam empresas de todos os ramos e tamanhos e influem nas práticas de treinamento.

Os exemplos apresentados a seguir mostram como essas questões afetaram empresas de diversos setores e como o treinamento auxiliou no seu êxito.

Percebendo que o aprendizado vai muito além das tradicionais aulas teóricas, muitas empresas estão utilizando a tecnologia para possibilitar que funcionários em diferentes localidades possam aprender e compartilhar conhecimentos através de cursos formais e também de colaborações. A Jiffy Lube International, por exemplo, utiliza o treinamento para preparar e reter funcionários, além de oferecer serviços de qualidade ao consumidor. Os proprietários de veículos sabem que o óleo deve ser trocado a cada cinco ou oito mil quilômetros (fato ou ficção?). A Jiffy Lube International depende do treinamento para preparar os funcionários das mais de duas mil franquias norte-americanas para a correta troca de óleo, oferecimento de serviços consistentes e precisos e satisfação dos seus mais de dois milhões de clientes. Todos os funcionários precisam realizar certificações específicas ao longo da carreira, podendo adicionar mais voluntariamente para se prepararem para novos empregos. Essas certificações têm como base treinamentos que focam no serviço ao consumidor, gestão, procedimentos técnicos e padrões de serviço. Mais de 150 horas de treinamento estão disponíveis aos funcionários no primeiro ano de serviço. Nos primeiros 30 dias de contratação, por exemplo, os técnicos precisam ser certificados em segurança e conhecimento do produto. Quase todo o treinamento é oferecido *on-line* e por demanda, ou seja, a qualquer hora que o funcionário desejar acessá-lo. Depois de fazer um curso, os funcionários passam por testes também *on-line* para comprovar o domínio do assunto que foi abordado. Os gerentes oferecem *coaching* para garantir que aquilo que foi aprendido seja posto em prática corretamente. Os funcionários podem acessar um sistema de gestão de aprendizado que simula um medidor de combustível para mostrar seu progresso no curso. Os gerentes das lojas podem baixar relatórios que mostram o avanço dos funcionários em relação aos requisitos para a certificação. O treinamento ajudou a empresa diminuindo a rotatividade de funcionários (superior a 50% em algumas localidades) e melhorando a percepção do cliente quanto ao treinamento dos funcionários. Além disso, contribuiu para que a empresa mudasse a mentalidade do cliente em relação às trocas de óleo e outros serviços baseados em quilometragem para serviços embasados nas recomendações do fabricante e nas condições de rodagem do veículo. Os funcionários estão melhor preparados para auxiliar o consumidor na seleção de um serviço que atenda o seu orçamento, veículo e condições de rodagem. A satisfação do cliente aumentou porque gosta da sinceridade do funcionário e sente que está no controle de como são feitos os serviços no seu próprio carro.

A Blue Cross Blue Shield of Michigan utiliza o portal KnowIt e o MISource para atingir funcionários em 40 locais diferentes. O KnowIt inclui *wikis*, cursos *web*, *podcasts*, painéis de discussão e aprendizado eletrônico (*e-learning*) para fornecer informações sobre mais de 80 tópicos empresariais. O MISource permite que os funcionários do serviço ao consumidor e reclamações acessem as informações necessárias para melhorar o atendimento ao cliente. O Scotiabank Group, que opera em mais de 50 empresas, desenvolveu um aplicativo de rede social interno chamado FaceForward, que conta com perfis de usuários, *blogs*, *wikis* e favoritos.

A companhia elétrica municipal Seattle City Light projeta que mais de 25% do seu quadro de funcionários aposente-se nos próximos cinco anos. A Seattle City Light está usando treinamentos e interações com funcionários experientes e mentores para ajudá-los a aprender tecnologias inovadoras, além de conhecer o passado do sistema elétrico, evitando que a demanda sobrecarregue represas e túneis de energia antigos. Após o treinamento são realizadas provas finais e testes práticos para garantir que os novos funcionários adquiriram o conhecimento e as habilidades necessários para serem operadores competentes. A empresa também utiliza programas de aprendiz para capacitar técnicos, como mecânicos hidráulicos. Eles rodam por toda a empresa para que compreendam como o seu papel e as suas interações com outros funcionários contribuem para uma operação eficiente e eficaz.

O U.S. Airways Group oferece treinamento extensivo para comissários de bordo e pilotos. Comissários recém-contratados recebem um treinamento de cinco semanas que inclui uma introdução à aviação e simuladores de cabines de um Airbus com "instrutores de portas" para praticar a abertura de saídas de emergência em condições adversas de evacuação, como escuridão total ou fumaça. O treinamento abrange ainda saltar em uma piscina, aprender a inflar um bote salva-vidas e ajudar os passageiros a entrarem e saírem do bote. Nos Estados Unidos, a lei exige a realização de treinamentos anuais sobre segurança em sala de aula para comissários de bordo e exercícios de treinamento a cada dois anos. Já o treinamento de pilotos realiza a prática de habilidades em um simulador que apresenta diversos cenários como a falha em ambos os motores e a recriação de sensações e sons experimentados durante um voo, como a turbulência. Em sala de aula, ensinam-se pousos forçados e na água. O resultado desse tipo de treinamento extensivo ficou bastante evidente no sensacional pouso do Voo 1549, que garantiu a segurança dos seus 155 passageiros e tripulantes no Rio Hudson, em 2009. Tendo como base as respostas quase automáticas desenvolvidas em anos de treinamento, os comissários conseguiram manter os passageiros calmos, prepará-los para um pouso com impacto, abrir as portas e inflar os botes salva-vidas para ajudar na evacuação ordeira e rápida do avião que afundava lentamente. A tripulação na cabine seguiu o treinamento recebido para lidar com falhas no motor, realizando um pouso bem-sucedido na água.

Fontes: Baseado em J. Salopek, "Keeping learning well-oiled," *T+D* (October 2011), 32-35; Training Top 125, *training* (January/February 2011): 54-93. "Seattle's Strategy, Water Power and Dam Construction," *training* (February 29, 2009): 36; S. McCartney, "Crash Courses for the Crew," *The Wall Street Journal* (January 27, 2009): D1, D8.

INTRODUÇÃO

Os exemplos apresentados na abertura deste capítulo ilustram de que forma o treinamento contribui para a competitividade da empresa. A **competitividade** é a capacidade de uma empresa em manter e ganhar participação de mercado em uma indústria. Ainda que pertençam a tipos de negócio diferentes, essas quatro empresas possuem práticas de treinamento que as ajudaram a obter uma **vantagem competitiva** nos seus respectivos mercados. Isso quer dizer que as práticas contribuíram para o crescimento do negócio e melhoria do serviço ao consumidor ao oferecer aos seus funcionários o conhecimento e as habilidades necessários para serem bem-sucedidos.

As empresas estão passando por grandes mudanças decorrentes de novas tecnologias, desenvolvimento acelerado do conhecimento, globalização do negócio e incremento do comércio eletrônico (*e-commerce*). Além disso, elas precisam tomar medidas para atrair, reter e motivar a força de trabalho. O treinamento não é um luxo: é uma necessidade para as empresas que pretendem participar dos mercados globais e eletrônicos, oferecendo produtos e serviços de qualidade superior. Ele prepara os funcionários para usar novas tecnologias, trabalhar em sistemas inovadores (como equipes virtuais), e comunicar-se e cooperar com colegas ou clientes que possam ser provenientes de meios culturais diferentes.

A **gestão de recursos humanos** diz respeito a políticas, práticas e sistemas que influenciam o comportamento, a atitude e o desempenho dos funcionários. As práticas de recursos humanos desempenham um papel importante na atração, motivação, compensação e retenção de funcionários, e incluem o recrutamento e seleção de pessoal, o desenho do cargo, a compensação dos funcionários e o desenvolvimento de boas relações de trabalho. O Capítulo 2, "Treinamento estratégico", detalha a relevância do treinamento em relação às outras práticas de gestão de recursos humanos, que para ser eficaz, deve ter um papel estratégico no negócio.

A gestão de recursos humanos é um entre vários setores importantes na maioria das empresas. Outros são contabilidade e financeiro, produção e operacional, pesquisa e desenvolvimento e marketing. Tenha em mente que embora as práticas de gestão de recursos humanos (como o treinamento) ajudem as empresas a obter vantagem competitiva, é preciso que a empresa entregue um produto ou ofereça um serviço que tenha valor para os consumidores. Sem os recursos financeiros e materiais (p. ex., equipamentos) necessários para a produção ou prestação de serviço, a empresa não sobreviverá.

Para iniciar este capítulo, definiremos treinamento e desenvolvimento e falaremos sobre como ele evoluiu. Depois serão abordadas as forças que estão moldando o ambiente de trabalho e o aprendizado, e como elas estão influindo na capacidade de a empresa atender às necessidades das partes interessadas. As **partes interessadas** (*stakeholders*) dizem respeito à comunidade, consumidores, funcionários e todas as outras partes que tenham algum interesse no êxito da empresa. A abordagem das forças que moldam o ambiente de trabalho (tecnologia, globalização, atração e conquista de talentos) ressalta o papel do treinamento na obtenção de vantagem competitiva nas empresas.

A segunda parte do capítulo foca nas tendências atuais da área. Esta seção também introduz o papel do instrutor em um negócio e o modo como o setor de treinamento é organizado. Essa parte o ajudará a entender as práticas de treinamento atuais, os tipos de trabalho que instrutores podem realizar e as competências necessárias para ser um bom instrutor (ou para identificar um bom instrutor, caso você seja um gerente). O capítulo finaliza com uma visão geral dos tópicos abordados no livro.

TREINAMENTO E DESENVOLVIMENTO: ELEMENTOS-CHAVE DO APRENDIZADO

Nosso foco neste livro é ajudá-lo a entender o papel do treinamento e do desenvolvimento nas organizações atuais. Para isso, é importante que você compreenda o que eles significam em um contexto mais amplo de negócio. A Figura 1.1 mostra o papel do treinamento e do desenvolvimento para o negócio. A sua principal meta é o aprendizado.

O **aprendizado** diz respeito à aquisição de conhecimento, habilidades, competências, atitudes ou comportamentos. Mas o foco do treinamento e do desenvolvimento não é que os funcionários aprendam por aprender. Atualmente, a simples oferta de programas de treinamento não é o bastante para conseguir o apoio e o investimento de executivos e estabelecer a credibilidade do setor de treinamento e desenvolvimento junto aos gerentes e funcionários. O aprendizado precisa demonstrar de que forma contribui para

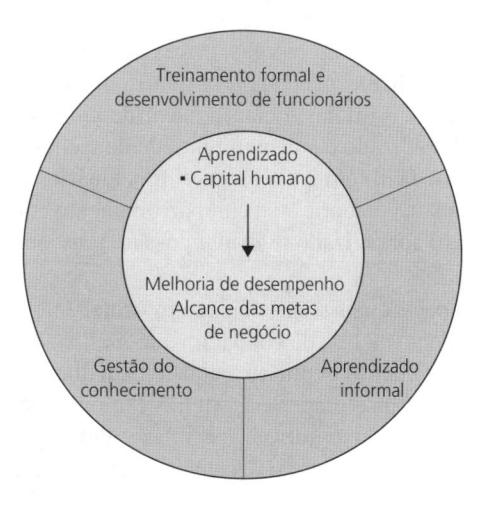

FIGURA 1.1 Papel do treinamento e do desenvolvimento no negócio

a vantagem competitiva da empresa por meio da melhoria do desempenho dos funcionários, do apoio à estratégia de negócio (como o crescimento da empresa) e da colaboração significativa para os resultados da empresa, como qualidade, produtividade, desenvolvimento de novos produtos e retenção de funcionários importantes. Da perspectiva da empresa, o que os funcionários aprendem contribui para o desenvolvimento de ativos intangíveis, como é o caso do **capital humano**, que é a soma de conhecimento (saber o quê), habilidades avançadas (saber como), entendimento do sistema e criatividade (saber por quê) e motivação para oferecer produtos e serviços de alta qualidade (preocupar-se por quê).[1] O capital humano pode ser mais valioso que o capital material (equipamento ou tecnologia) ou o capital financeiro (ativos monetários, dinheiro), dando à empresa uma vantagem em relação aos seus competidores, já que é difícil de imitar ou comprar, sendo exclusivo da empresa.

O aprendizado se dá de diversas maneiras em uma empresa. Cada uma delas está representada na parte externa do círculo na Figura 1.1. O **treinamento** é o esforço planejado de uma empresa para facilitar o aprendizado de competências, conhecimentos, habilidades e comportamentos relacionados ao trabalho. Seu objetivo é que os funcionários tenham domínio de conhecimentos, habilidades e comportamentos e possam aplicá-los às atividades do dia a dia. O **desenvolvimento** é semelhante ao treinamento, porém mais focado no futuro. Ele engloba tanto treinamento quanto educação formal, experiências de trabalho, contatos e avaliações de personalidade, habilidades e talentos que ajudem o funcionário a se preparar para futuros empregos ou funções. **Treinamento e desenvolvimento formais** dizem respeito aos programas, cursos e eventos desenvolvidos e organizados pela empresa. Normalmente, exige-se que os funcionários compareçam ou realizem esses programas, que podem incluir treinamentos presenciais (como cursos conduzidos por um instrutor) e *on-line*. Neste capítulo, você verá que as empresas norte-americanas investem bilhões em treinamento formal.

O **aprendizado informal** também é um importante facilitador do desenvolvimento do capital humano,[2] e é aquele em que o estudante toma a iniciativa motivado por uma vontade de crescer. É um aprendizado que envolve ação e esforço e que não acontece em um cenário de aprendizado formal.[3] O aprendizado informal acontece sem instrutor, sendo que a extensão, a profundidade e a duração são controladas pelo funcionário. Esse aprendizado acontece conforme sua necessidade e vontade em aprender sozinho ou por meio de interações sociais presenciais ou que façam uso de tecnologias. Também abrange interações não planejadas com colegas, trocas de e-mail, *mentoring* informal ou uso de redes sociais desenvolvidas pela empresa ou disponíveis ao público, como Twitter e Facebook. A aplicação das mídias sociais a partir de uma estratégia de marketing para uma estratégia de aprendizado e a disponibilidade de tecnologias Web 2.0, como redes sociais, *blogs* e *wikis*, facilitam o acesso dos funcionários à aprendizagem social ou aprendizado por meio da colaboração e compartilhamento com uma, duas ou mais pessoas.[4] Estima-se que o aprendizado informal possa representar até 75% do aprendizado dentro das organizações.

Um dos motivos pelos quais o aprendizado informal é tão importante é que ele pode levar ao desenvolvimento efetivo de conhecimento *tácito*, em oposição ao conhecimento *explícito*.[5] O **conhecimento explícito** é aquele bem documentado, facilmente articulado e transferido de pessoa para pessoa. Alguns exemplos desse tipo de conhecimento são processos, *checklists*, fluxogramas, fórmulas e definições, tendendo a ser o foco principal do treinamento formal e do desenvolvimento de funcionários. Já o **conheci-**

mento tácito é o conhecimento pessoal baseado em experiências individuais, difíceis de sistematizar. As características do treinamento formal e dos programas de desenvolvimento (curta duração do treinamento em sala de aula, presencial ou *on-line* e poucas oportunidades de praticar) podem limitar até que ponto o conhecimento tácito pode ser adquirido. Por isso, o aprendizado informal é vital para o desenvolvimento de conhecimento tácito, já que envolve interações entre os funcionários e trocas pessoais com seus pares, colegas e especialistas. Entretanto, é importante salientar que o aprendizado informal não deve substituir o treinamento e o desenvolvimento formais, necessários para preparar os funcionários para as suas tarefas e ajudá-los a avançar para postos mais elevados. O aprendizado informal é um complemento do treinamento na medida em que ajuda os funcionários a obterem o conhecimento tácito que não é adquirido pelo treinamento formal.

A **gestão do conhecimento** é um processo que visa melhorar o desempenho da empresa através da elaboração e implantação de ferramentas, processos, sistemas, estruturas e culturas que aprimorem a criação, o compartilhamento e o uso do conhecimento,[6] contribuindo para o aprendizado informal. A empresa de tecnologia global Cerner Corporation, localizada na cidade de Kansas no Missouri, desenvolveu o uCern, um sistema que pode ser usado por funcionários e clientes para compartilhar conhecimento sobre soluções, projetos e interesses profissionais.[7] Com a ajuda da gestão do conhecimento, a Caterpillar Inc. está se tornando uma organização de aprendizado contínuo.[8] Há 30 anos, essa fabricante de equipamentos, motores e turbinas a gás para as indústrias de construção e mineração tinha na sua fábrica e equipamentos o seu maior valor. Hoje, o maior valor da empresa são os seus ativos intangíveis. O sistema de gestão com base na *web* da Caterpillar, conhecido como Knowledge Network, possui milhares de comunidades de prática, que vão desde pequenas equipes até centenas de funcionários em todo o mundo. Essas comunidades são válidas para que os funcionários obtenham tanto conhecimento explícito quanto tácito, podendo ser usadas para distribuir informações, postar dúvidas e armazenar materiais para consulta. Uma das comunidades de prática foca em junções parafusadas e fixadores. Isso dá aos engenheiros especializados, que normalmente trabalham sozinhos na produção de instalações, a oportunidade de consultar outros engenheiros ou pedir uma segunda opinião em projetos e problemas. A comunidade de prática resultou em uma melhoria na tomada de decisões, aumento na colaboração e trabalho em equipe e melhoria no desenvolvimento e *design* de produtos. Os membros da comunidade sobre junções, Bolted Joints and Fastener, com a comunidade Dealer Service Training, economizaram mais de $ 1,5 milhão com as suas interações *on-line*.

Muitas empresas que reconhecem o valor da aprendizagem tomaram medidas para garantir que o treinamento e o desenvolvimento formais de funcionários estejam associados aos objetivos e metas estratégicos do negócio. Outras medidas usadas incluem utilizar um projeto de processo educativo para garantir que os programas sejam eficazes e comparar ou fazer o *benchmarking* dos programas da empresa em relação aos seus competidores ou outras empresas na indústria.[9]

Observe o papel da aprendizagem na PricewaterhouseCoopers.[10] A equipe Learning and Education (Aprendizagem e Educação, L&E) sofreu uma reestruturação para ser alinhada com as metas do negócio relacionadas a valor e impacto. A L&E trabalha com o negócio para entender o que ele deseja que a educação represente. Isso garante a inovação contínua no fornecimento de treinamentos e métodos educacionais através da avaliação de novas tecnologias e do teste das mesmas em pequenos projetos-piloto. O gestor da aprendizagem encarregado da L&E é membro da equipe de liderança da empresa, o que lhe dá a oportunidade de debater ideias sobre métodos, oferta e conteúdo dos treinamentos com outros gerentes de níveis altos. A L&E patrocina cursos tradicionais e virtuais, estudo autônomo, aprendizado em equipe, projetos de aprendizado ativo, *coaching* e *mentoring*, e conferências, atendendo mais de 150 mil usuários por ano em mais de 6 mil cursos, 12 mil sessões de treinamento em sala de aula e 19 mil sessões de treinamento na *web*.

A PricewaterhouseCoopers utiliza um sistema de gestão do aprendizado para criar um ponto de acesso único para as atividades de treinamento. Para ajudar os funcionários a aprenderem conforme a necessidade, os programas *on-line* da empresa incluem conferências de vídeo e áudio, salas de aula virtuais e *webcasting* (sistema de transmissão de áudio e vídeo). Para avaliar a eficácia do treinamento, a L&E leva em consideração sua influência nos resultados da empresa, como a retenção de funcionários de alto padrão. Além disso, discussões em grupos focais são utilizadas para conferir se os aprendizes e os gerentes estão satisfeitos com o treinamento. Também foi desenvolvido um programa em sustentabilidade para ajudar os associados a saberem como oferecer soluções para seus clientes. O investimento da empresa no programa valeu a pena: estima-se que ela obteve um retorno de mais de 1.000% no incremento de novos negócios e reputação no mercado. No futuro, a L&E pretende fortalecer a relação entre treinamento, desenvolvimento e o negócio, focando em como tornar o aprendizado ainda mais acessível e próximo às necessidades dos funcionários. A L&E quer integrar o aprendizado e o conhecimento para acelerar o desenvolvimento do seu pessoal e aprimorar as suas competências.

Essa discussão não tem como intuito minimizar a importância do "treinamento tradicional" (foco em aquisição de conhecimento, habilidades e competências), mas mostrar que para muitas empresas o treinamento está caminhando do foco nas habilidades para a ênfase no aprendizado contínuo, criação e compartilhamento do conhecimento. Essa evolução no treinamento será trabalhada no Capítulo 2.

ELABORAÇÃO DE TREINAMENTOS EFICAZES

O **processo de elaboração do treinamento** refere-se a uma abordagem sistemática do desenvolvimento de programas de treinamento. A Figura 1.2 apresenta os sete passos desse processo. O passo 1 é uma avaliação das necessidades. O passo 2 é certificar-se de que os funcionários estão motivados e possuem as habilidades básicas para serem capazes de dominar o conteúdo do treinamento. O passo 3 é a criação de um ambiente que tenha os recursos necessários para o aprendizado. O passo 4 é garantir que os funcionários apliquem o conteúdo em seu trabalho, entendam como gerenciar as melhorias nas habilidades e obtenham o apoio de colegas de trabalho e da gerência. O passo 5 é desenvolver um plano de avaliação, que inclui três etapas:

- Identificar os tipos de resultados que se deseja influenciar através do treinamento (p. ex., aprendizado, comportamento ou habilidades).

- Escolher um modelo de avaliação que permita determinar a influência do treinamento nos resultados.

- Planejar uma demonstração da forma como o resultado final é afetado pelo treinamento (ou seja, usar uma análise de custo-benefício).

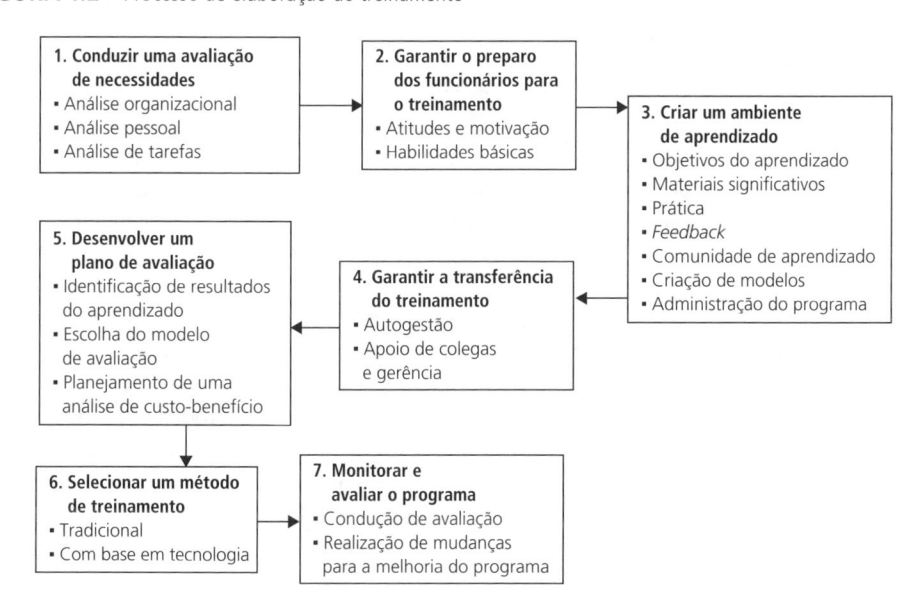

FIGURA 1.2 Processo de elaboração do treinamento

```
1. Conduzir uma avaliação          2. Garantir o preparo
   de necessidades                     dos funcionários para
   • Análise organizacional            o treinamento              3. Criar um ambiente
   • Análise pessoal                   • Atitudes e motivação        de aprendizado
   • Análise de tarefas                • Habilidades básicas         • Objetivos do aprendizado
                                                                    • Materiais significativos
                                                                    • Prática
5. Desenvolver um                                                   • Feedback
   plano de avaliação                                               • Comunidade de aprendizado
   • Identificação de resultados   4. Garantir a transferência      • Criação de modelos
     do aprendizado                   do treinamento                • Administração do programa
   • Escolha do modelo               • Autogestão
     de avaliação                    • Apoio de colegas
   • Planejamento de uma               e gerência
     análise de custo-benefício

6. Selecionar um método           7. Monitorar e
   de treinamento                    avaliar o programa
   • Tradicional                     • Condução de avaliação
   • Com base em tecnologia          • Realização de mudanças
                                       para a melhoria do programa
```

O passo 6 é escolher o método de treinamento, tendo como base os objetivos e o ambiente de aprendizado. Pode ser um método tradicional de interação presencial com um instrutor ou um método com base em tecnologia através de CD-ROM ou da *web*.

O passo 7 é avaliar o programa e fazer alterações ou revisitar algum dos passos anteriores do processo a fim de melhorar o programa e atingir os objetivos de aprendizado, comportamento e mudanças.

O processo de elaboração do treinamento representado na Figura 1.2 tem como base os princípios do Instructional System Design (ISD). O **ISD** é um processo de elaboração e desenvolvimento de programas de treinamento. Não existe um modelo de desenvolvimento de sistemas de instrução universalmente aceito. Às vezes, o processo de elaboração de treinamento é chamado modelo *ADDIE*, porque inclui análise (*Analysis*), elaboração (*Design*), desenvolvimento (*Development*), implantação (*Implementation*) e avaliação (*Evaluation*).[11] Na Figura 1.2 os passos 1 e 2 estão relacionados à análise. Os próximos três passos (3, 4 e 5) são questões de elaboração. O passo 6 diz respeito à implantação. Por último, o passo 7 está ligado à avaliação. Seja qual for a abordagem ISD escolhida, todas elas compartilham as seguintes opiniões:[12]

- A elaboração do treinamento só é eficaz quando ajuda o funcionário a alcançar as metas e os objetivos educacionais ou do treinamento.
- Antes de iniciar o programa de treinamento, deve-se identificar objetivos de aprendizado mensuráveis.
- A avaliação tem um papel importante no planejamento e seleção de um método de treinamento, no monitoramento do programa e na sugestão de mudanças para o processo de elaboração do treinamento.

A American Infraestructure (AI), que fica em Worcester, Pensilvânia, utiliza o modelo ADDIE para projetar o treinamento e o desenvolvimento dos seus funcionários na área de construção e mineração.[13] A AI utiliza-o para garantir que sejam feitas avaliações das necessidades e que isso seja levado em consideração na elaboração dos programas de treinamento. O uso desses modelos também ajuda a mostrar que programas de treinamento e desenvolvimento estão alinhados com a estratégia de negócio e que são projetados visando contribuir para resultados importantes. Isso serve para que a AI receba o suporte financeiro e o incentivo necessário das partes organizacionais interessadas.

Como superar as falhas do modelo ISD

Alguns profissionais da área dizem que o modelo ISD é falho por diversas razões.[14] Primeiro, dentro das organizações o processo de elaboração de um treinamento raramente segue uma abordagem clara, organizada e dividida em passos, como mostra a Figura 1.2. Segundo, ao tentar padronizar os seus próprios métodos ISD, algumas organizações exigem que os instrutores ofereçam documentos detalhados de cada atividade descrita no modelo, o que aumenta o tempo e o custo de elaboração do programa. Terceiro, o ISD implica a um ponto de chegada: a avaliação. Contudo, um bom *design* instrucional exige um processo iterativo de desenvolvimento, execução, avaliação e reconsideração das necessidades que deveriam ser atendidas pelo programa, bem como o ambiente de aprendizado, a transmissão do treinamento e todas as outras atividades incluídas no processo ISD. Quarto, muitas empresas alegam utilizar uma abordagem de *design* instrucional, mas diluem sua aplicação.[15] Isso inclui presumir que o treinamento é a melhor alternativa sem investigar outras causas para os problemas no desempenho, deixar de identificar objetivos e resultados do treinamento para focar demais no método usado, ignorar o papel do ambiente de trabalho na transmissão do treinamento e concentrar a avaliação na satisfação dos funcionários, em vez de mensurar o impacto do treinamento no desempenho e resultados para o negócio. Apesar das críticas, o uso do processo ISD ainda é a melhor forma de garantir a eficácia do treinamento e do desenvolvimento.

O processo de elaboração do treinamento deve ser sistemático, mas flexível o suficiente para se adaptar às necessidades específicas do negócio. Vários passos diferentes podem ser realizados simultaneamente. Tenha em mente que elaborar um treinamento de forma não sistemática reduzirá os possíveis benefícios. Por exemplo: escolher um método de treinamento antes de determinar as necessidades ou a certeza de que os funcionários estão prontos para ele aumenta a probabilidade de o método escolhido não ser o mais eficaz para atingir os objetivos estabelecidos. Além disso, pode ser que o treinamento nem mesmo seja necessário, o que resultaria em perda de tempo e dinheiro. Pode ser que os funcionários possuam o conhecimento, as habilidades e o comportamento de que necessitam e que simplesmente não estejam motivados o suficiente para colocar isso em prática.

A introdução de novas tecnologias, como o aprendizado móvel (discutido no Capítulo 8), destaca uma mudança: se antes os funcionários precisavam aprender com um instrutor em um local específico, agora eles podem aprender de forma autônoma, sem estarem restritos ao aprendizado no local de trabalho. Ainda assim, um bom projeto de treinamento exige a determinação das necessidades dos participantes, a identificação de recursos para que aprendam o que é preciso e a disponibilização de materiais de referência e bases de conhecimento para consulta quando se depararem com problemas, questões ou dúvidas no trabalho.[16]

Um bom exemplo de um processo de *design* instrucional foi o desenvolvimento de um programa de treinamento com base na *web* com foco em ensinar aos gerentes as habilidades necessárias para presidir reuniões de negócio eficazes. O primeiro passo do processo (avaliação das necessidades) identificou que faltava aos gerentes a habilidade de conduzir reuniões eficazes e o tipo de reunião em que os gerentes estavam envolvidos. Essa etapa incluiu entrevistas com gerentes e observação de reuniões, e possibilitou identificar o método mais apropriado.

Tendo em vista que os gerentes estavam geograficamente distantes e tinham acesso fácil a computadores, e como a empresa buscava um programa auto-orientado que permitisse aos gerentes ditar o ritmo e realizar o treinamento durante algum tempo livre na sua agenda de trabalho, a empresa decidiu que um treinamento com base na *web* seria o método mais adequado. Como o treinamento seria ministrado *on-line*, os responsáveis pelo projeto precisaram certificar-se de que os gerentes conseguiam acessar à Internet e utilizar as ferramentas necessárias (navegadores, por exemplo). Isso tem a ver com a verificação do preparo dos gerentes para o treinamento.

O próximo passo foi criar um ambiente de aprendizado positivo. Os responsáveis estabeleceram objetivos claros para os participantes e oportunizaram a realização de exercícios e *feedback* dentro do programa. Solicitava-se, por exemplo, que os participantes preparassem um esquema com os passos a serem tomados para a condução de uma reunião eficaz. Dentro do programa, um sistema de *feedback* indicava aos gerentes quais passos estavam corretos e quais precisavam de alterações. Também foram incluídos testes que permitiam o recebimento do parecer através do programa e depois avançar ou voltar a matérias anteriores, tendo como base o resultado nos testes. A avaliação incluía um teste de habilidades realizado antes e depois da realização do programa. Os testes eram armazenados em um banco de dados que podia ser usado pela empresa para avaliar a melhoria das habilidades dos participantes em relação aos resultados obtidos antes do treinamento.

FORÇAS QUE INFLUENCIAM O TRABALHO E O APRENDIZADO

A Tabela 1.1 ilustra as forças que influenciam o trabalho e o aprendizado. Globalização do negócio, mudanças demográficas, novas tecnologias e alterações econômicas são algumas das forças, mostradas na Tabela 1.1, que influem em todos os aspectos de nossas vidas: como consumimos produtos e serviços, como aprendemos, como nos comunicamos e o que valorizamos em nossas vidas e no trabalho.[17] Elas afetam os indivíduos, as comunidades, os negócios e a sociedade. Para sobreviver, é preciso que as empresas saibam lidar com essas influências – e, para isso, o treinamento desempenha um papel fundamental.

A recessão experimentada pelos Estados Unidos entre 2007 e 2009 foi uma das piores de todos os tempos, com a taxa de desemprego superior a 10% em outubro

TABELA 1.1 Forças que influenciam o trabalho e o aprendizado

■ Ciclos econômicos	■ Gestão de talentos
■ Globalização	■ Ênfase em serviço ao consumidor e qualidade
■ Valor maior depositado em ativos intangíveis e capital humano	■ Novas tecnologias
■ Foco na relação com a estratégia de negócio	■ Sistemas de trabalho de alto desempenho
■ Mudança da demografia e diversidade da força de trabalho	

de 2009.[18] Ainda que a recuperação da economia norte-americana desde 2009 possa ser vista como lenta e irregular, o aumento recente de 2,5% no Produto Interno Bruto (PIB), o total de todos os bens e serviços produzidos, e um certo crescimento no emprego e uma pequena baixa na taxa de desemprego dão a entender que é pouco provável a entrada em uma nova recessão.[19] Para atenuar o entusiasmo em relação à recuperação econômica, a taxa de participação da força de trabalho (taxa que mede quantas pessoas possuem emprego ou estão procurando ativamente empregos) foi de aproximadamente 64%, atingindo o seu ponto mais baixo desde os meados dos anos 1980. Além disso, as estimativas sugerem que 4,4 milhões de pessoas estejam sem trabalhar há mais de um ano. O desemprego ou o subemprego estão afetando todos os norte-americanos, incluindo os recém-formados. Dos indivíduos norte-americanos com idades entre 25 e 34 anos (dentre os quais 25% são bacharéis), 5,9 milhões estão morando com os pais.[20] Isso significa que não só os pais estão tendo despesas extras como também que alguns dos que estão empregados e cogitaram a aposentadoria não puderam fazê-lo. Isso implica pais que mantêm os seus empregos por mais tempo, deixando a geração mais nova fora do mercado de trabalho. Infelizmente, a recuperação econômica deve manter-se lenta por algum tempo, se estabilizar ou até piorar, caso não se encontre uma alternativa para a crise nos países europeus, como é o caso da Grécia e da Espanha, e para o enorme déficit orçamentário dos Estados Unidos. É possível que as empresas estejam relutantes em aumentar os orçamentos para treinamento em razão das incertezas econômicas.[21] Entretanto, este momento econômico oferece uma oportunidade de observar com mais atenção o treinamento e o desenvolvimento para identificar quais atividades são críticas para a estratégia de negócio e quais são exigidas pela lei (como treinamentos sobre segurança e assédio sexual). Além disso, devem ser levadas em consideração tecnologias de treinamento que utilizem *tablets*, o que reduz os custos (com viagens e instrutores) e amplia o acesso dos funcionários ao treinamento.

A Philips Electronics está cortando o seu orçamento em treinamento, mas continuará oferecendo o seu programa Inspire para funcionários de alto potencial, dando ênfase à estratégia de negócio e aos tópicos de liderança pessoal. A Philips acredita que investir no desenvolvimento de liderança ajudará a empresa a lidar com a recessão e preparar-se para a recuperação econômica. Da mesma forma, a Estée Lauder Companies (empresa do ramo de produtos cosméticos) obteve diminuição nos lucros e nas vendas, resultando na eliminação de mais de dois mil empregos no período de dois anos. Contudo, a Estée Lauder mantém os seus programas de desenvolvimento de liderança, com ênfase na inovação e gestão de mudanças em condições empresariais turbulentas. Apesar da recessão, a retenção de talentos ainda é uma questão importante. Algumas empresas estão criando bônus discricionários para compensar funcionários que poderiam ser recrutados por outras empresas. Para manter os funcionários envolvidos, a Best Buy utiliza pesquisas *on-line* para obter opiniões e sugestões dos funcionários quanto às formas de cortar custos.

Globalização

Todos os negócios devem estar prontos para lidar com a economia global. A tecnologia facilitou a expansão de negócios globais. A Internet permite que dados e informações estejam acessíveis e disponíveis em todo o mundo na mesma hora. Tanto ela quanto o e-mail e a videoconferência possibilitam a realização de negócios entre empresas a milhares de quilômetros umas das outras.

A globalização não se limita a um setor da economia, mercado ou tamanho de empresa específico.²² Empresas que não possuem operações internacionais podem comprar ou utilizar bens produzidos em outros continentes, contratar funcionários das mais variadas proveniências ou competir com empresas estrangeiras operando dentro dos Estados Unidos. Também é provável que a globalização aumente na medida em que apareçam boas oportunidades de expanção para novos mercados, em virtude do número crescente de consumidores estrangeiros que têm produtos e serviços e meios de comprá-los.

Estima-se que as economias em desenvolvimento e os mercados emergentes, como é o caso das nações do BRIC (Brasil, Rússia, Índia e China), serão responsáveis por 68% do crescimento da economia mundial.²³ A expressão da globalização pode ser vista nos padrões recentes de contratação das grandes multinacionais norte-americanas, que aumentaram suas forças de trabalho no exterior, especialmente na Ásia.²⁴ A Oracle (desenvolvedora de *hardware* e *software*), por exemplo, acrescentou duas vezes mais trabalhadores no exterior do que nos Estados Unidos nos últimos cinco anos, sendo que 63% dos seus funcionários estão fora do país. Os mercados do Brasil, China e Índia representaram 60% dos negócios da General Electric fora dos Estados Unidos, com 54% dos funcionários atuando no exterior. A varejista do ramo de vestuário Gap Inc. tem planos de abrir 11 lojas em Hong Kong e na China.²⁵ Isso será somado às quatro lojas e ao *site* de negócios eletrônicos que foram abertos na China em novembro de 2010, expandindo a presença da Gap na Ásia (que já conta com lojas da Gap e da Banana Republic no Japão). A Gap acredita que é preciso expandir a representação internacional, visto que o mercado norte-americano está amadurecendo e possui muitos competidores. A Yum! Brands, a empresa-matriz do KFC e da Pizza Hut, possui mais de 3.700 lojas na China, o que representa mais de 40% da receita operacional de 2010.²⁶

As empresas globais têm enfrentado dificuldades tanto para encontrar quanto para reter funcionários competentes, especialmente nos mercados emergentes. Elas estão migrando para locais como China, Índia, Europa Oriental, Oriente Médio, Sudeste Asiático e América Latina, porém a demanda por funcionários capacitados excede a oferta. Muitas vezes as empresas colocam gerentes norte-americanos bem-sucedidos à frente das operações estrangeiras, mas eles podem não possuir o conhecimento cultural necessário para atrair, motivar e reter talentos locais. Para lidar com esses problemas, as empresas tomam medidas para melhor preparar os gerentes e as suas famílias para a vida em países estrangeiros e garantir que os funcionários globais tenham acesso a oportunidades de treinamento e desenvolvimento. O treinamento intercultural ajuda os participantes a entenderem a cultura e as normas da sociedade em que serão alocados, além de dar apoio na adaptação ao retornar à cidade natal após a conclusão do trabalho.

O McDonald's abriu 165 lojas na China em 2010, tendo planos de abrir mais 1.000 lojas até o final de 2013.²⁷ Para treinar os futuros gerentes em habilidades como operações de loja, liderança e gestão de equipe, necessárias para a expansão, o McDonald's construiu uma nova Universidade do Hambúrguer (Hamburger University) próxima à Xangai, na China.

A IBM tem 2/3 da sua receita proveniente de fora dos Estados Unidos e está buscando fomentar a liderança de equipes para competir em mercados emergentes. O programa Corporate Service Corps (CSC) da IBM doa o tempo e os serviços de 600 funcionários para projetos em países como Turquia, Romênia, Gana, Vietnã, Filipinas e Tanzânia.²⁸ O objetivo do programa é desenvolver uma equipe de liderança para aprender sobre as necessidades e a cultura desses países e, ao mesmo tempo, oferecer serviços comunitários válidos. Oito funcionários da IBM provenientes de cinco países viajaram para Timisoara, na Romênia. Cada um foi designado para ajudar uma empresa ou organização sem fins lucrativos. Um gerente de desenvolvimento de *software* prestou assistência à GreenForest, uma fabricante de móveis para escritórios, hotéis, escolas e indústrias, ajudando-os a atingir a meta de corte de custos e a ganhar eficiência. Ele recomendou o uso de sistemas e equipamentos computadorizados necessários para aumentar a produção e exportar para a Europa Ocidental. Outro funcionário trabalhou com uma organização sem fins lucrativos que oferece serviços a adultos com alguma deficiência. Além de trazerem benefícios às empresas, os funcionários também afirmaram que a experiência ajudou a entender as diferenças culturais, melhorar a comunicação e as habilidades de trabalho em grupo e a compreender marketing e estratégias globais.

A globalização também implica funcionários vindo de outros países para trabalhar nos Estados Unidos. Estima-se que os imigrantes (alguns dos quais são ilegais) representarão um milhão de pessoas a mais na força de trabalho.[28] Eles trazem talento científico e, às vezes, preenchem vagas com salários baixos. O impacto da imigração é particularmente forte em algumas regiões dos Estados Unidos, incluindo a Costa do Pacífico, onde 70% dos novos ingressos na força de trabalho são de outros países.[29] As faculdades norte-americanas não dão conta de atender a demanda por engenheiros. Para encontrá-los as empresas precisam buscar no exterior, como China, Japão, Coreia e Índia.[30] O visto do tipo H-1B é para as pessoas em cargos altamente especializados ou técnicos, que exigem ensino superior. O limite é de 85 mil novos vistos emitidos por ano, sendo que 20 mil são reservados para funcionários com diplomas de mestrados realizados nos Estados Unidos. Não há um limite para vistos do tipo H-1B para funcionários trabalhando para o governo, universidades ou outras instituições sem fins lucrativos. A maior parte dos vistos desse tipo são emitidos para pessoas com ocupações relacionadas a computadores (43%). As empresas Microsoft e Cisco Systems, com base nos Estados Unidos, são duas entre as dez principais empresas utilizando vistos H-1B. Porém a maioria é de empresas indianas como a Infosys Technologies e a Wipro Ltd.[31] Existem outros programas de visto disponíveis para trabalhadores temporários ou sazonais menos qualificados (H-2A, H-2B), com um limite anual de 66 mil trabalhadores não agricultores. Muitos desses imigrantes precisam de treinamento e orientação para entender a cultura norte-americana. Já os funcionários locais precisarão melhorar a capacidade de comunicação com os colaboradores de culturas diferentes. Os ataques terroristas do 11 de setembro não alteraram a utilização de mão de obra de imigrantes, mas aumentaram a preocupação com a segurança, resultando em mais cautela na aprovação de vistos (e maiores esperas por contratação para que seja aprovado).

A globalização também demanda que as empresas dos Estados Unidos ponderem custos e benefícios de transferir empregos para o exterior ou usar fornecedores estrangeiros. O termo ***offshoring*** refere-se ao processo de transferência de postos de trabalho dos Estados Unidos para outros locais no mundo. Uma das vantagens dessa prática é a diminuição nos custos com a mão de obra, já que os gastos com salários e benefícios são mais baixos. Entre as desvantagens, os funcionários podem não deter as habilidades necessárias para realizar o trabalho. Outra possível desvantagem é que os parâmetros locais para a segurança, saúde e condições de trabalho dos funcionários podem ser bem inferiores aos norte-americanos e ter como consequência uma publicidade negativa, repelindo consumidores potenciais. Veja as decisões tomadas pelas empresas Whirlpool e Apple. A primeira decidiu construir uma nova fábrica de aparelhos eletrodomésticos em Cleveland, no Tennessee, em vez de transferir a produção para o México, país onde possui várias fábricas.[32] A nova planta, que terá o tamanho da força de trabalho local, será a primeira fábrica norte-americana da Whirlpool desde a metade dos anos 1990. Ainda que os custos com mão de obra fossem mais baixos no México, a empresa decidiu pelos Estados Unidos porque já possuía uma força de trabalho treinada, não seria preciso arcar com os custos de demissão e ainda receberia incentivos fiscais dos governos estadual e local, além de diminuir os custos com frete, visto que a maior parte dos produtos é vendida para os Estados Unidos. A Apple, por sua vez, é conhecida pela introdução de produtos revolucionários e funcionais, como o iPhone, os computadores Mac Air e o iPad.[33] Para produzir esses bens, ela depende de fabricantes parceiros na Ásia. A Apple Inc. recebeu muitas críticas de grupos defensores de causas trabalhistas que questionaram o tratamento que as fábricas na Ásia dão aos seus funcionários. A Apple levou o assunto a sério e está realizando auditorias com seus fornecedores e fábricas para tomar medidas que diminuam ou até eliminem condições ruins ou ilegais de trabalho para os funcionários que atuam na montagem ou fornecimento de componentes. A empresa está preocupada principalmente em garantir que as suas parceiras não contratem trabalhadores menores de idade e que forneçam o treinamento adequado, além de salários justos. Nos casos em que as recomendações da Apple (tendo como base as auditorias realizadas) não foram acatadas, a empresa encerrou as relações com os fornecedores.

Valor maior depositado em ativos intangíveis e capital humano

O treinamento e o desenvolvimento contribuem para a competitividade de uma empresa na medida em que influenciam diretamente em seus ativos intangíveis, aumentando o seu valor. O valor de uma empresa é formado por três tipos de ativos vitais para o fornecimento de bens e serviços: ativos financeiros (dinheiro e títulos), ativos materiais (propriedade, instalações, equipamento) e ativos intangíveis. A Tabela 1.2 dá exemplos de ativos intangíveis, que são: capital humano, capital cliente, capital social e capital intelectual. O **capital humano** é a soma dos atributos, experiências de vida, conhecimento, inventividade, energia e entusiasmo que os funcionários da empresa depositam em seus trabalhos.[34] O **capital intelectual** é o conhecimento codificado que existe na empresa. O **capital social** refere-se às relações da empresa. O **capital cliente** é o valor das relações com pessoas ou organizações fora da empresa que a ajude no alcance de suas metas (p. ex., relações com fornecedores, consumidores, vendedores e órgãos governamen-

TABELA 1.2 Exemplos de ativos intangíveis

Capital humano	Capital social
■ Conhecimento tácito	■ Cultura corporativa
■ Educação	■ Filosofia de gestão
■ *Know-how* da área	■ Práticas de gestão
■ Competência na área	■ Sistemas de *networking* informal
Capital cliente	■ Relações de *coaching/mentoring*
■ Relações com o consumidor	**Capital intelectual**
■ Marcas	■ Patentes
■ Fidelização	■ Direitos autorais
■ Canais de distribuição	■ Segredos de mercado
	■ Propriedade intelectual

Fonte: Baseado em L. Weatherly, *Human Capital–The Elusive Asset* (Alexandria, VA: SHRM Research Quarterly, 2003); E. Holton and S. Naquin, "New Metrics for Employee Development," *Performance Improvement Quarterly* 17 (2004): 56-80; M. Huselid, B. Becker, and R. Beatty, *The Workforce Scorecard* (Boston: Harvard University Press, 2005).

tais). Os ativos intangíveis são tão valiosos quanto os ativos financeiro ou material, embora não sejam palpáveis ou quantificáveis.

Tem sido comprovado que os ativos intangíveis são os responsáveis pela vantagem competitiva de uma empresa. Um estudo realizado pela American Society for Training and Development (Associação Americana de Treinamento e Desenvolvimento, ASTD), com mais de 500 empresas de capital aberto com base nos Estados Unidos, constatou que as empresas que mais investiram em treinamento e desenvolvimento tiveram uma valorização nas ações 86% superior às empresas com os piores resultados e 46% superior à média de mercado.[35] O treinamento e o desenvolvimento exercem influência direta nos capitais humano e social porque afetam a educação, o *know-how* e a competência na área e as relações profissionais. Além disso, exercem influência indireta nos capitais cliente e social ao ajudar os funcionários a oferecerem um serviço melhor aos clientes e a construírem o conhecimento necessário à criação de patentes e de propriedade intelectual.

Como vimos anteriormente, os ativos intangíveis também dão uma vantagem competitiva à empresa porque são difíceis de serem reproduzidos ou copiados.[36] Vamos tomar como exemplo empresas no ramo de aviação. A Southwest Airlines apresenta uma rentabilidade consistente, obtendo notas altas em indicadores da área, como a taxa de voos com chegadas pontuais.[37] Uma das diferenças entre a Southwest e as suas competidoras é a maneira como ela trata os seus colaboradores. A empresa possui uma política de evitar demissões, e conseguiu manter seus recordes até mesmo durante o período difícil para a aviação que sucedeu os eventos do 11 de setembro. A Southwest também dá ênfase ao treinamento e ao desenvolvimento, o que confere aos seus funcionários habilidades para cumprirem várias tarefas. Com rapidez, como a preparação para a decolagem, a limpeza e a manutenção das aeronaves. O resultado das políticas de recursos humanos são funcionários leais, produtivos e flexíveis (o que contribui para o sucesso da companhia). Pode ser que outras companhias aéreas tenham ativos financeiros iguais, superiores ou equivalentes, e que possuam ativos materiais tão bons quanto os da Southwest Airlines (p. ex., mesmo modelo de aeronave, portões similares). O que contribui para o sucesso e para a vantagem competitiva da empresa são os seus ativos intangíveis na forma de capital humano. A American Airlines e a United Airlines possuem ativos financeiros e materiais parecidos (ou superiores!), mas não conseguiram competir com a Southwest ao oferecerem voos nas mesmas rotas que ela.

Vamos refletir sobre os esforços da Macy's para desenvolver capital humano, social e cliente.[38] Quase a metade das reclamações nas lojas de departamento Macy's está relacionada às interações com os assistentes de vendas. Para cortar os custos e sobreviver à recessão, a Macy's fechou lojas e investiu em tecnologia para aumentar a eficiência, desviando a atenção do serviço ao consumidor. Mas agora a Macy's está fazendo investimentos consideráveis para treinar os assistentes de vendas e oferecer um melhor atendimento ao cliente, visando alcançar as metas de crescimento da empresa. O novo programa de treinamento exige que os novos assistentes de vendas compareçam a uma sessão de três horas, além de incluir cursos de reciclagem e *coaching* para gerentes que estejam trabalhando no setor de vendas. O "MAGIC Selling Program" (Programa de Vendas MAGIC, sendo "MAGIC" um acrônimo em inglês para conhecer e criar uma conexão, fazer perguntas e escutar, dar opções e aconselhar, inspirar a comprar e comemorar a aquisição) foi projetado para ajudar os assistentes de venda a criarem conexões mais pessoais com os compradores. As interações positivas com funcionários influenciam no número de itens comprados pelo cliente e ajudam a melhorar a reputação do serviço da Macy's, já que os consumidores compartilham as suas experiências em redes sociais, como Twitter e Facebook.

Os Capítulos 7 e 8 tratam de atividades de treinamento e desenvolvimento específicos para o crescimento de capital humano e social. No Capítulo 6, "Avaliação do treinamento", há explicações sobre como mensurar o capital humano. A valorização dos ativos intangíveis e do capital humano possui três implicações importantes:

1. Foco em trabalhadores do conhecimento.
2. Engajamento dos funcionários.
3. Ênfase crescente em adaptar-se às mudanças e ao aprendizado contínuo.

Foco em trabalhadores do conhecimento

Uma forma de aumentar os ativos intangíveis, especialmente o capital humano, é focar na atração, desenvolvimento e retenção de **trabalhadores do conhecimento**, que são funcionários cuja contribuição para a empresa não se dá por meio do trabalho manual e sim pelo que eles sabem sobre algum campo de conhecimento específico. Não se deve simplesmente mandar que os funcionários cumpram tarefas: é preciso que compartilhem conhecimento e trabalhem em soluções. Esse trabalhador pode agregar conhecimentos especializados que o seu gerente não possui, como informações sobre clientes, e o gerente, por sua vez, precisa do trabalhador do conhecimento para compartilhar essa informação. Esse tipo de profissional possui muitas oportunidades de trabalho e, se ele preferir, pode deixar a empresa em que está e levar o seu conhecimento para um concorrente.

Engajamento dos funcionários

Para usufruir plenamente do conhecimento do funcionário é preciso um estilo de gestão que tenha como foco o **engajamento dos funcionários**, que refere-se ao nível em que os funcionários estão completamente envolvidos em seu trabalho, bem como a força de seu comprometimento com suas atividades e sua organização.[39] Os colaboradores que estão envolvidos com o trabalho e comprometidos com a empresa criam uma vantagem competitiva, com ganhos em produtividade, melhor serviço ao consumidor e menor rotatividade.

O grau de engajamento dos funcionários são medidos através de pesquisas de opinião ou de atitude. Ainda que as perguntas do questionário variem de uma empresa para outra, pesquisas indicam que normalmente elas abordam temas como o orgulho de fazer parte da empresa, a satisfação com o trabalho, as perspectivas para crescimento e as oportunidades de trabalhar com desafios.[40] Muitas das que sentiram a pressão da recessão nos últimos anos não deram tanta atenção ao engajamento dos funcionários ao longo desse período. Resultados de pesquisas mostram que menos de 1/3 dos funcionários considerava-se envolvido no que fazia. Apesar disso, algumas empresas conseguiram manter ou melhorar o grau de engajamento durante a recessão através do *feedback* constante dos funcionários, análise das informações e implantação de mudanças. Essas são empresas nas quais o engajamento dos funcionários é considerado tão importante quanto o serviço ao consumidor ou os dados financeiros. Na Pitney Bowes, por exemplo, em torno de 80% dos funcionários participam da pesquisa todos os anos, tendo uma oportunidade de expressar os seus sentimentos e percepções e ajudar a empresa na solução de problemas.[41] As pesquisas também são usadas para averiguar se a empresa está fazendo o bastante para ajudar os seus colaboradores a atingirem as suas metas profissionais. Com base nos resultados, a empresa projetou um programa, que está sendo testado, que pretende ajudar os gerentes a melhorar suas habilidades ao escutar, lidar com mudanças e solucionar problemas, incluindo o auxílio no desenvolvimento da carreira de seus funcionários. Como você deve perceber, o engajamento dos funcionários é influenciado pela maioria das práticas de recursos humanos, envolvendo o treinamento e o desenvolvimento, que dão aos funcionários uma oportunidade de crescimento pessoal dentro da empresa, além de abastecê-la com o conhecimento e as habilidades das quais precisa para obter vantagem competitiva.

Na rede Hilton Worldwide, os colaboradores de melhor desempenho são identificados através de programas de nominação de colegas e gerentes.[42] O programa de gestão de carreira do Hilton permite o acesso *on-line* a informações sobre funções em outros departamentos e a programas de treinamento para o desenvolvimento de habilidades. A empresa também utiliza pesquisas, reuniões na comunidade, *newsletters* e vídeos pela Internet, além de solicitar que os executivos trabalhem no Hilton para ajudar a engajar os funcionários. Para a rede, a chave para a retenção de funcionários de alto desempenho é fazê-los sentir que estão recebendo um salário justo, que possuem oportunidades de aprender e crescer e que se divertem em seus trabalhos.

A LifeGift é uma empresa sem fins lucrativos com sede em Houston que coleta órgãos e tecidos humanos de doadores com óbitos recentes e procura pacientes compatíveis em todo o país para receber os transplantes. Para a LifeGift, engajamento é nunca desistir de encontrar um doador. O diretor executivo da empresa, Samuel M. Holtzman, fez do engajamento dos funcionários prioridade, e desde 2008 realiza medições anuais do grau de engajamento. Na última pesquisa, quando o engajamento mostrou uma queda, Holtzman solicitou que os gerentes realizassem reuniões trimestrais pessoalmente com cada um dos seus funcionários, à parte das avaliações anuais. Os resultados das pesquisas e conversas garantem que os colaboradores recebam treinamento, apoio emocional e outros recursos necessários para lidar com as exigências do trabalho. A maioria das empresas não lida com questões de vida ou morte como é o caso da LifeGift, mas ainda assim é o engajamento dos funcionários que garante que eles sejam produtivos e estejam satisfeitos.

Mudanças e aprendizado contínuo

Além de prospectar e reter trabalhadores do conhecimento, é preciso que as empresas sejam capazes de se adaptar às mudanças. **Mudança** é a adoção de uma nova ideia ou comportamento. Entre os fatores que demandam mudanças nas empresas, pode-se citar os avanços tecnológicos, alterações na força de trabalho ou regulamentações governamentais, globalização e novos competidores. Visto que produtos, empresas e indústrias inteiras têm experimentado ciclos mais curtos de vida, as mudanças são inevitáveis.[43]

Veja o caso da NASA (National Aeronautics and Space Administration), que depois de 29 anos, encerrou o programa de ônibus espacial em 2011.[44] Em razão dos cortes no orçamento, não havia verba suficiente para pagar os custos de colocar o ônibus espacial em funcionamento e operar a Estação Espacial Internacional. Essa questão afetou as comunidades onde estavam localizados os programas espaciais, os funcionários da NASA e os funcionários de empresas contratantes para operações de ônibus espacial, como a Lockheed-Martin e a United Space Alliance. Os engenheiros da NASA e das empresas associadas precisaram procurar outros empregos ou usar as suas habilidades em novos veículos espaciais e missões planetárias, como a missão para Marte. A NASA decidiu quais funcionários e habilidades eram imprescindíveis e depois usou aposentadoria ou demissão para reduzir o quadro de funcionários. Para lidar com as mudanças, a NASA está identificando quais habilidades serão requisitadas para os próximos programas e como essas se encaixam nas novas exigências, descobrindo onde estão os excessos e as fraquezas da força de trabalho atual em relação às necessidades futuras. Mais da metade dos 13 mil funcionários de empresas contratantes perderam seus empregos desde o último lançamento em 2011. Como forma de ajudar na adaptação às mudanças, a NASA aprimorou a comunicação para garantir que eles saibam quais treinamentos serão disponibilizados para as novas funções. Os *sites* dos centros espaciais Johnson e Kennedy são usados para oferecer informações sobre a transição e para ajudar os funcionários a encontrarem vagas compatíveis com as suas habilidades ou mudarem para empregos fora da NASA (como é o caso de empresas contratantes para armamento militar). A NASA e os seus subcontratantes também estão disponibilizando planejamento de carreira, treinamentos e aconselhamento para lidar com a ansiedade e o pesar pelo fim do programa. As características de um processo de mudança eficaz serão discutidas no Capítulo 2, "Treinamento estratégico".

Uma das implicações de um ambiente em transformação é que os funcionários devem abraçar uma filosofia de aprendizado. Uma **organização que aprende** (*learning organization*) abraça a cultura de aprendizado permanente, possibilitando que todos os funcionários adquiram e compartilhem conhecimento continuamente. As melhorias na qualidade de produtos ou serviços não são interrompidas quando o treinamento formal acaba.[45] É preciso que os funcionários tenham os recursos financeiros, o tempo e o conteúdo (cursos, experiências e oportunidades de crescimento) para aumentarem o conhecimento. Os gerentes desempenham um papel ativo na identificação das necessidades de treinamento, além de deverem assegurar que seja colocado em prática no trabalho. Os funcionários são incentivados ativamente a compartilhar o conhecimento com os colegas e com outros grupos dentro da empresa, usando e-mail e Internet.[46]

Na The Cheesecake Factory Inc., empresa que possui 160 restaurantes operando nos Estados Unidos, o aprendizado não é tão ligado aos programas e cursos formais e sim à disponibilidade de treinamento quando necessário, motivado pelos funcionários.[47] A empresa tem como foco o fomento do aprendizado contínuo em relação à satisfação do cliente e à execução perfeita de vários pratos do cardápio. Para isso, ela está criando um conteúdo interativo para o aprendizado que poderá ser acessado no trabalho. Através do VideoCafe, os funcionários podem fazer o *upload* e compartilhamento de vídeos sobre assuntos do tipo: como cumprimentar os clientes e como preparar o alimento. A empresa pretende desenvolver jogos interativos, incluindo um simulador para montagem do hambúrguer perfeito. O aprendizado prático e motivado pelos funcionários recebe o apoio dos gerentes, que os observam e oferecem *coaching* e *feedback* para ajudá-los no desenvolvimento de novas habilidades e reforçar o uso das mesmas no ambiente de trabalho. O Capítulo 5, "Elaboração do programa", aborda com mais detalhes as organizações que aprendem e a gestão do conhecimento. Para que uma organização que aprende seja bem-sucedida, é preciso que equipes de colaboradores trabalhem juntas para atender às necessidades do consumidor. Os gerentes precisam dar autonomia aos funcionários para que compartilhem conhecimento, identifiquem problemas e tomem decisões, permitindo que a empresa faça experiências e melhorias continuamente.

As tecnologias de colaboração e *networking* social vêm ajudando os funcionários a compartilharem o conhecimento e contribuírem para o desenvolvimento de uma organização que aprende.[48] A CareSource utiliza *wikis* (*sites* com conteúdo desenvolvido por usuários) e painéis de discussão para incentivar os funcionários a se envolverem com o pensamento crítico e aprenderem uns com os outros através da troca de ideias sobre como aplicar as habilidades que foram adquiridas nos programas de treinamento formal. A Coldwell Banker incentiva os profissionais do ramo imobiliário a desenvolver e compartilhar vídeos contendo as melhores técnicas de venda através do portal da empresa. A Coldwell Banker também cria comunidades de prática para estimular o compartilhamento de boas práticas e oferecer *insights* sobre a melhor forma de abordar tipos específicos de tarefas. A inVentiv Health, Inc. faz uso de ferramentas do Facebook para ajudar os vendedores a compartilhar informações e atualizar lições aprendidas.

Foco em ligações com a estratégia de negócio

Considerando-se a importância do papel que ativos intangíveis e capital humano desempenham na competitividade de uma empresa, os gerentes começam a enxergar a relevância do treinamento e do desenvolvimento como meios de apoiar a estratégia de negócio da empresa, ou seja, os seus planos para atingir metas gerais, como rentabilidade, participação de mercado ou qualidade. Os gerentes esperam que os profissionais de treinamento e desenvolvimento projetem e desenvolvam atividades de aprendizado que auxiliem a empresa na implantação da sua estratégia e alcance das suas metas de negócio. O treinamento estratégico será discutido com mais detalhes no Capítulo 2.

Alterações demográficas e a diversidade da força de trabalho

As empresas enfrentam diversos desafios, como resultado do crescimento demográfico e do aumento da diversidade na força de trabalho. A população é o fator mais importante na determinação do tamanho e da composição da mão de obra, que é composta por pessoas que estão trabalhando ou procurando por trabalho. Nos Estados Unidos, projeta-se que a mão de obra civil crescerá em 15,3 milhões entre 2008 e 2018, chegando a 166,2 milhões em 2018. A força de trabalho será mais velha e mais diversificada culturalmente do que em qualquer outro momento dos últimos 40 anos.

Crescimento da diversidade étnica e racial

Entre 2008 e 2018, a força de trabalho norte-americana continuará a diversificar-se racial e etnicamente em razão da imigração, maior participação das minorias e maior taxa de fertilidade das minorias. Nesse mesmo período, projeta-se uma taxa de crescimento anual de hispânicos (2,9%) e asiáticos (2,6%) superior a taxa de afro-americanos e outros grupos.[49] Em 2018, estima-se que a força de trabalho seja composta por 79% de brancos, 12% de afro-americanos e 9% de asiáticos e outros grupos étnicos e culturais. Estima-se também que a participação das mulheres em quase todas as faixas etárias na mão de obra crescerá. Não só as empresas enfrentarão questões de raça, gênero, etnia e nacionalidade para criar um ambiente de trabalho justo como também deverão desenvolver programas de treinamento para ajudar os imigrantes a adquirirem as habilidades técnicas e de atendimento ao consumidor exigidas em uma economia de serviços.

Envelhecimento da força de trabalho

A Figura 1.3 compara a estimativa da distribuição da idade da mão de obra em 2008 e 2018. Em 2018, os *baby boomers* terão entre 57 e 70 anos, sendo que essa faixa etária

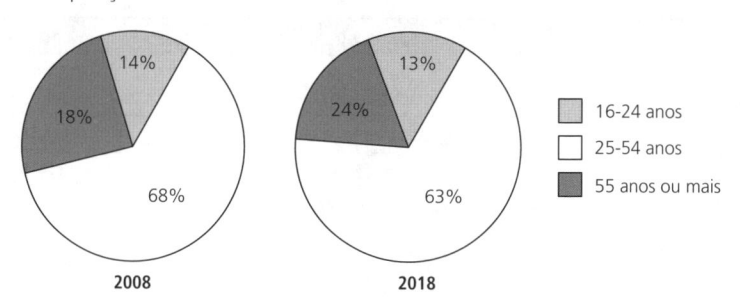

FIGURA 1.3 Comparação da idade da mão de obra em 2008 e 2018

2008: 14% (16-24 anos), 68% (25-54 anos), 18% (55 anos ou mais)
2018: 13% (16-24 anos), 63% (25-54 anos), 24% (55 anos ou mais)

Fonte: M. Toossi, "Labor Force Projections to 2018: Older Workers Staying More Active," *Monthly Labor Review* (November 2009): 30-51.

terá um crescimento significativo entre 2008 e 2018. A mão de obra continuará a envelhecer. Em 2018, espera-se que a faixa etária dos 55 anos chegue a um número entre 12 e 40 milhões, representando um aumento de 43% entre 2008 e 2018. Esses 12 milhões serão quase todo o aumento de trabalhadores projetado até 2018 (12,6 milhões).[50] A participação na mão de obra da faixa etária de 55 anos ou mais deve crescer porque os indivíduos mais velhos estão levando vidas mais saudáveis e longevas do que no passado, o que oportuniza trabalhar por mais anos. Além disso, o alto custo dos seguros de saúde e a diminuição nos benefícios farão muitos funcionários continuarem trabalhando para manter os seguros concedidos pelas empresas ou farão voltarem a trabalhar depois da aposentadoria para obter seguro-saúde através do empregador. Além disso, a tendência norte-americana em direção aos planos de pensão que têm como base as contribuições dos indivíduos e não mais os anos de serviço também servem como incentivo para que os funcionários mais velhos continuem a trabalhar.

O envelhecimento da população significa que é provável que as empresas empreguem um número cada vez mais elevado de trabalhadores mais velhos, muitos dos quais em sua segunda ou terceira carreira. Essas pessoas querem trabalhar e muitas delas dizem planejar uma aposentadoria com trabalho. Apesar do que se fala por aí, o desempenho e o aprendizado do funcionário em vários empregos não é negativamente afetado pela idade.[51] Os mais velhos têm vontade e capacidade de aprender novas tecnologias. Uma tendência que está surgindo são os funcionários mais velhos e qualificados pedirem para trabalhar em um regime de meio-período ou por temporadas de alguns meses, como forma de fazer uma transição para a aposentadoria. Os funcionários e as empresas estão redefinindo o que significa ser aposentado para incluir segundas carreiras, trabalhos de meio-período e trabalhos temporários.

Diferenças geracionais

Segundo o U.S. Bureau of Labor Statistics, cinco gerações compunham a mão de obra em 2012, cada qual com suas diferenças e semelhanças em relação às outras. Na Tabela 1.3, são apresentados o ano de nascimento, a denominação e a idade de cada geração. Observe algumas características de cada geração.[52] A Geração do milênio, Geração Y ou *echo Boomers*, por exemplo, cresceu com computadores em casa e na escola e com acesso à Internet. Ela viveu em meio à diversidade na escola e foi orientada, valorizada e encorajada pela participação (e não pelo desempenho) por seus pais da Geração *baby boomer*. A Geração do milênio é definida pelo otimismo, vontade de trabalhar, aprender e agradar, educação tecnológica, consciência global e valorização da diversidade. Acre-

TABELA 1.3 Gerações da mão de obra

Ano de Nascimento	Geração	Idade
1925-45	Tradicional Geração do silêncio	66-86
1946-64	*Baby boomers*	47-65
1965-80	Geração X	31-46
1981-95	Geração do milênio Geração Y *Echo boomers*	16-30
1996-	Geração Z Nativos digitais	<16

dita-se também que os integrantes dessa geração tenham níveis altos de autoestima, por vezes chegando ao narcisismo.

Os integrantes da Geração X cresceram em um período em que a taxa de divórcio duplicou, o número de mulheres trabalhando fora de casa aumentou e o computador pessoal foi inventado. Eles eram frequentemente deixados com seus próprios aparelhos depois da aula (conhecidos como *latchkey kids**). São indivíduos que valorizam ceticismo, informalidade e praticidade, procuram o equilíbrio entre trabalho e vida pessoal e não gostam de serem supervisionados. Tendem a ser impacientes e cínicos, tendo sofrido mudanças em toda a vida (considerando pais, casa e cidade).

Os *baby boomers*, que eram a geração "Eu", marcharam contra o "estabelecimento" dos direitos iguais e um fim à Guerra do Vietnã. Eles valorizam a consciência social e a independência. São competitivos, trabalham duro e preocupam-se com o tratamento justo de todos os funcionários. Com frequência, são considerados *workaholics* (viciados em trabalho) e rígidos na conformidade com regras.

Os tradicionais, que são conhecidos como a Geração do silêncio, cresceram durante a Grande Depressão e viveram durante a Segunda Guerra Mundial. Eles tendem a valorizar a sobriedade, são patrióticos e leais, acatam regras, são fiéis ao empregador, assumem responsabilidade e se sacrificam pelo bem da empresa.

É importante ressaltar que embora seja provável a existência de diferenças entre as gerações, membros da mesma geração não são mais parecidos do que membros do mesmo gênero ou raça. As pesquisas sugerem que diferentes gerações de funcionários possuem tanto semelhanças quanto diferenças.[53] Foram encontradas diferenças na ética de trabalho de *baby boomers*, integrantes da Geração X e da Geração do milênio. Entretanto existem mais similaridades entre os trabalhadores da Geração do milênio e de outras gerações no que diz respeito às convicções de trabalho, convicções de gênero e valores. Além disso, motivos como a falta de estudos das diferenças geracionais ao longo do tempo, a incapacidade da maioria dos estudos de separar os efeitos geracionais da idade ou fase da vida, e as possíveis diferenças dentro de toda uma geração na maneira como interpretam os itens de uma pesquisa utilizada para estudo pedem cautela ao atribuir diferenças no comportamento e atitudes dos funcionários às diferenças geracionais.[54]

---

* N. de R.T.: Expressão utilizada nos Estados Unidos para caracterizar crianças que recebiam a chave de casa de seus pais para ficarem sozinhas após a escola, pois passavam parte do dia sem supervisão, enquanto os pais estavam trabalhando.

Vale ainda dizer que tratar funcionários de forma diferente por causa da idade, como convidar apenas os jovens para treinamentos e desenvolvimento, pode resultar em consequências legais (p. ex., funcionários com 40 anos ou mais são cobertos pelo Age Discrimination in Employment Act, uma lei norte-americana que proíbe a discriminação por idade).

Mesmo assim, pode ser que os membros de uma geração tenham ideias equivocadas sobre a outra, o que causa tensão e desentendimentos no ambiente de trabalho.[55] A Geração do milênio pode ver os gerentes da Geração X como pessoas amargas, cansadas, agressivas, desinteressadas pela geração mais nova e centralizadores. Em contrapartida, os gerentes da Geração X consideram os integrantes da Geração do milênio carentes de atenção e autoconfiantes demais e acham que eles dão muito trabalho. Essa geração, por sua vez, acredita que os *baby boomers* são rígidos e inflexíveis ao seguir as regras da empresa. Os mais novos pensam que os funcionários das gerações mais velhas foram muito lentos na adoção das mídias sociais e dão mais valor a títulos do que ao conhecimento ou desempenho. Os tradicionais e os *baby boomers* acham que a Geração do milênio não possui uma ética de trabalho firme porque está muito preocupada com o equilíbrio entre trabalho e vida pessoal. Além disso, os membros das gerações mais jovens podem não gostar de tradicionais e *baby boomers* que estão trabalhando por mais tempo antes de se aposentarem, impedindo promoções e avanços na carreira de trabalhadores mais novos. Falaremos sobre as implicações das diferenças geracionais no treinamento e desenvolvimento nos Capítulos 4 e 5.

As empresas podem usar o crescimento na diversidade como uma vantagem competitiva. Uma pesquisa realizada pela Society for Human Resource Management (SHRM) com os seus membros mostrou que 68% deles possuem práticas para lidar com a diversidade no ambiente de trabalho.[56] Alguns dos resultados importantes das práticas de diversidade são uma melhoria na imagem pública da empresa, melhoria do resultado financeiro final, diminuição de queixas e litígio e retenção e recrutamento de uma mão de obra diversificada.

O treinamento desempenha um papel central ao garantir que os funcionários aceitem e trabalhem de forma mais eficiente uns com os outros. Para gerenciar uma mão de obra diversificada, gerentes e funcionários devem ser treinados em um novo conjunto de habilidades, como:

1. Comunicar-se de forma eficaz com funcionários de proveniências diversas.
2. Oferecer treinamento, desenvolvimento e orientação a funcionários de diferentes idades, cenários educacionais, etnias, raças e habilidade físicas.
3. Fornecer *feedbacks* de desempenho que sejam livres de julgamentos e estereótipos baseados em gênero, etnia ou deficiências físicas.
4. Treinar os gerentes para reconhecerem e reagirem às diferenças geracionais.
5. Criar um ambiente de trabalho que permita que funcionários de diferentes origens sejam criativos e inovadores.[57]

Observe os programas oferecidos por várias empresas para capitalizar as habilidades de funcionários mais velhos e acomodar as suas necessidades, oferecer oportunidades de crescimento para uma mão de obra diversificada e lidar com diferenças geracionais.[58] Muitos desses programas são parte dos esforços das empresas para gerenciar a diversidade. A S.C. Johnson oferece aos aposentados trabalhos temporários, consultoria e contratos por trabalho, teletrabalho (trabalho remoto) e trabalhos de meio período.

A Centegra Health System possui um programa de aposentadoria gradual que oferece horários de trabalho flexíveis (incluindo meio-período), semanas de trabalho comprimidas, compartilhamento de cargo, férias de verão e contratos de trabalho a distância.

A CVS/pharmacy possui lojas em diversas regiões com diferentes climas nos Estados Unidos. A empresa criou o Snowbirds Program para possibilitar que funcionários mais velhos mudem para outras localidades de acordo com as suas preferências. Isso é especialmente benéfico para colaboradores mais velhos que passam os invernos nos estados do sul e o verão nos estados mais ao norte. Mais de mil funcionários entre vendedores, farmacêuticos e gerentes já participaram do programa.

A análise que a Johnson & Johnson fez dos programas de liderança para mulheres mostrou que, ainda que a empresa não apresentasse uma rotatividade maior de funcionárias mulheres, ela não estava sendo efetiva em alcançar mulheres multiculturais e mulheres negras.[59] Desde então, a empresa criou um programa chamado "Crossing the Finishing Line" para mulheres multiculturais ou negras de alto desempenho e de alto potencial. O programa inclui um projeto de dois dias e meio em que as participantes podem ter conversas abertas com seus gerentes e com executivos, incluindo o diretor-executivo e o vice-presidente da empresa. O programa ajuda a Johnson & Johnson a identificar mulheres que deveriam receber oportunidades de crescimento, bem como ajudá-las a entender que devem se fazer visíveis, criar uma rede de relações e tomar a iniciativa de pedir tarefas de desenvolvimento. Além disso, o programa visa educar os gerentes sobre diferenças culturais e conscientizá-los quanto à influência que a cultura de um funcionário pode ter em sua carreira.

Uma pesquisa conduzida na Ernst & Young LLC descobriu que os funcionários pertencentes à Geração Y gostam e solicitam com mais frequência *feedbacks* sinceros (quando comparados aos *baby boomers*).[60] Como resultado, a Ernst & Young desenvolveu uma "Feedback Zone" *on-line*, um local onde os funcionários podem dar ou receber *feedback* a qualquer momento. Para garantir que os funcionários entendam as diferenças geracionais e como criar vínculo e comunicação com funcionários de gerações diferentes, a seguradora Aflac oferece um programa de treinamento chamado "Connecting Generations".[61] A Aflac acredita que colaboradores de todas as faixas etárias são mais eficazes quando entendem como os membros de cada geração abordam a sua função. O programa examina as características de cada geração representada no ambiente de trabalho, além de descrever os efeitos de acontecimentos familiares e mundiais em cada geração, analisar estilos de trabalho e características de emprego e ajudar a mostrar vínculos para fazer a ponte entre as gerações.

Gestão de talentos

A **gestão de talentos** é o esforço sistemático, planejado e estratégico de uma empresa para utilizar práticas de recursos humanos, incluindo aquisição e avaliação de funcionários, treinamento e desenvolvimento, gestão de desempenho, remuneração e benefícios para atrair, reter e motivar funcionários e gerentes altamente qualificados. A gestão de talentos é cada vez mais importante por causa das mudanças na demanda de algumas ocupações e trabalhos, habilidades exigidas, aposentadoria antecipada da Geração *baby boomer* e a necessidade de desenvolver talentos gerenciais com habilidades de liderança. Além disso, pesquisas sugerem que oportunidades de crescimento, aprendizado e desenvolvimento e a realização de um trabalho interessante e desafiador são alguns dos fatores mais importantes para o engajamento e comprometimento do funcionário com o seu empregador.[62] É essencial identificar funcionários que desejem desenvolver as suas habilidades e procurar promoções por meio de novas experiências de trabalho e treinamento. A WD-40, por exemplo, possui uma cultura de aprendizado que apoia esse aperfeiçoamento de talentos. Qualquer colaborador que almeje ser um líder pode tornar-se um.[63] Os funcionários têm a oportunidade de participar de uma Academia de Liderança, onde devem dar aulas e orientar outros funcionários por um período de dois anos. Também podem participar do programa Leaders Coaching Leaders, em que um funcionário é unido a outro que seja especialista na sua área de interesse. Na série de treinamento The Food 4 Thought, os gerentes discutem questões relacionadas ao ambiente de trabalho com base na análise de um cenário. Os gerentes aprendem uns com os outros através do debate e da avaliação dos cenários, chegando a um acordo sobre a melhor maneira de lidar com a situação. Todos os funcionários têm acesso ao mesmo *coach* usado pelo diretor-executivo da empresa. Se o *coach* observa que vários funcionários o procuram por um mesmo motivo, ele passa essa informação para o setor de recursos humanos para que seja criado um curso que foque nessa questão ou ofereça uma orientação útil.

Estima-se que os empregos nos Estados Unidos cresçam de 150,9 milhões em 2008 para 166,2 milhões em 2018, um acréscimo de 15,3 milhões postos de trabalho. Projeta-se que dois dos setores de serviços da economia norte-americana, serviços de profissionais habilitados e de negócios e serviços de assistência social e de saúde, serão responsáveis por mais da metade do aumento total de 2008 a 2018.[64] Como resultado, a estimativa é de que o maior crescimento aconteça em ocupações profissionais e de serviços. Os empregos relacionados ao serviço devem crescer 23,8 milhões, chegando a 33,6 milhões em 2018.[65] Já os empregos em produção, agricultura, pesca e silvicultura devem cair. Vale lembrar que devem haver exceções às tendências projetadas. Empresas que exigem mão de obra especializada para produzirem tornos industriais, *chips* para computadores e produtos de assistência à saúde que demandem habilidades específicas planejam expansão e localização próximas a cidades que possuam esse tipo de mão de obra disponível.[66] A fabricante de produtos médicos Greatbatch Inc., por exemplo, está expandindo próxima a Fort Wayne, em Indiana, para aproveitar as habilidades especializadas da mão de obra local.

A Tabela 1.4 mostra 10 das 30 ocupações de maior crescimento projetado entre 2008 e 2018. Das 30 ocupações de crescimento mais rápido, 17 são serviços de profissionais habilitados e relacionados (sete incluem profissionais de assistência à saúde e trabalhadores em ocupações técnicas, como médicos assistentes e engenheiros biomédicos), 10 são ocupações de serviço (como preparadores físicos, instrutores de aeróbica e terapeutas ocupacionais), e três são ocupações gerenciais (como consultores e analistas financeiros). Muitas das ocupações em crescimento estão relacionadas à assistência à saúde. Isso se dá porque, conforme a população dos Estados Unidos envelhece, são necessários mais serviços médicos para pacientes hospitalizados ou que estão fora do ambiente hospitalar. Os técnicos e assistentes estão oferecendo cada vez mais tipos de assistência médica básica, o que possibilita que médicos, cirurgiões e farmacêuticos com salários maiores foquem nas necessidades dos pacientes e em tratamentos mais complexos. Mais de 2/3 das 30 ocupações de crescimento mais rápido exigem níveis de educação além do Ensino Médio, e pouco menos da metade exige ao menos um diploma de bacharelado como o nível de educação e treinamento mais relevante. Isso não é uma surpresa porque as ocupações que envolvem ensino superior terão um crescimento mais rápido do que aquelas que demandam um treinamento no local de trabalho.

TABELA 1.4 Exemplos de ocupações com crescimento mais rápido

Ocupação	Mudança no emprego 2008-2018		Educação ou treinamento mais relevante
	Número (em milhares)	Porcentagem	
Engenheiros biomédicos	12	72	Bacharelado
Analistas de sistemas de rede e comunicação de dados	156	53	Bacharelado
Assistentes de saúde em casa	461	50	Treinamento no local de trabalho de curta duração
Assistentes pessoais e de casa	376	46	Treinamento no local de trabalho de curta duração
Analistas financeiros	11	41	Bacharelado
Médicos cientistas, exceto epidemiologistas	44	40	Doutorado
Médicos assistentes	29	39	Mestrado
Especialistas em cuidados com a pele	15	38	Curso profissionalizante
Bioquímicos e biomédicos	9	37	Doutorado
Preparadores físicos	6	37	Bacharelado

Fonte: T. Lacey and B. Wright, "Occupational Employment Projections to 2018," *Monthly Labor Review* (November 2009): 82-123.

Aposentadoria dos baby boomers

À medida que os *baby boomers* mais velhos começarem a se aposentar nos próximos anos, podem haver enormes consequências na força de trabalho.[67] Isso deve se tornar um entrave às expectativas de crescimento econômico e criar um grande fardo para aqueles que permanecem no mercado, obrigando-os a trabalhar mais. Nas ocupações com funções menos propícias a inovações tecnológicas que aumentem a produtividade (é o caso de muitos empregos em serviços de saúde e educação) é possível que a qualidade caia e que as necessidades não sejam atendidas, a menos que os trabalhadores mais velhos possam ser retidos ou que se encontrem outras fontes de trabalhadores. Até mesmo nas ocupações em que as inovações tecnológicas possibilitaram ganhos de produtividade relativamente altos (muitos dos trabalhos de maquinário mais complexo na indústria, por exemplo), as curvas de aprendizado são muito acentuadas, sendo que os novos trabalhadores precisam entrar nessas ocupações em breve para que possam tornar-se proficientes nas habilidades necessárias antes que os *baby boomers* comecem a deixar a mão de obra.

Também é importante que as empresas mantenham esses funcionários experientes.[68] Quando percebeu que muitos logo estariam aposentados e que seu conhecimento seria perdido ou esquecido, a LyondellBasell, uma fabricante de polímeros na cidade de Clinton, Iowa, pediu que funcionários-chave registrassem o que haviam aprendido durante o seu tempo de serviço, especialmente aquele tipo de conhecimento que sabiam não estar documentado ainda. Eles foram entrevistados para que se entendesse melhor quais tarefas difíceis não tinham procedimentos registrados satisfatoriamente. Uma entrevista com um especialista químico, por exemplo, revelou que quando uma substância química chega a uma determinada fluidez e coloração, ela está pronta para uso. Essa parte da conversa foi gravada para que os próximos funcionários tivessem uma referência sobre a coloração correta da solução.[69] A Special People in Northeast, Inc., (SPIN), uma organização sem fins lucrativos que oferece serviços para pessoas com deficiência, utiliza manuais e fluxogramas eletrônicos no estilo "como se faz", elaborados por funcionários-chave, para garantir que as práticas e procedimentos atuais fiquem disponíveis para funcionários com menos experiência que chegam para substituir especialistas que estejam deixando a organização.[70]

Habilidades exigidas

Com as mudanças na estrutura ocupacional da economia norte-americana, vieram as mudanças na exigência de requisitos e habilidades.[71] A demanda por determinadas habilidades está sendo substituída pela necessidade de habilidades cognitivas (capacidade de argumentação verbal e matemática) e habilidades interpessoais relacionadas à capacidade de trabalhar em equipe e interagir com "clientes" em uma economia de serviço (p. ex., pacientes, estudantes, vendedores e fornecedores). As habilidades cognitivas e interpessoais são importantes porque, em uma economia voltada para serviços, os funcionários devem se responsabilizar pelo produto ou serviço final. A variedade e a personalização exigem que os funcionários sejam criativos e consigam resolver problemas. A inovação contínua demanda a habilidade de aprender. Para oferecer novidades e valor de entretenimento aos consumidores, os trabalhadores precisam ser criativos. A maioria das empresas vincula essas habilidades à educação formal, e por esse motivo, muitas utilizam um diploma de faculdade como padrão para prospectar possíveis funcionários.

Contudo, tanto os novos entrantes no mercado de trabalho como os desempregados possuem lacunas nessas ou em outras habilidades exigidas pelas empresas para competirem em uma economia global. Vários estudos apresentam o déficit de habilidades enfrentado por empresas dos Estados Unidos.[72] Um estudo feito pela Business Roundtable descobriu que 62% dos empregadores relataram ter dificuldade em encontrar candidatos qualificados para preencher as vagas abertas. Mais da metade indicou que pelo menos 16% da mão de obra possui lacunas nas habilidades que afetam negativamente a produtividade. Da mesma forma, o estudo de um consórcio com SHRM, ASTD, The Conference Board e Corporate Voices for Working Families constatou que, independentemente do nível educacional, apenas metade das empresas pesquisadas afirmou que os novos funcionários possuíam a preparação adequada para o trabalho. As maiores carências eram em habilidades no nível executivo e de liderança, habilidades básicas, habilidades profissionais ou específicas para a indústria e habilidades gerenciais ou de supervisão. A maior carência de habilidades básicas se deu em leitura, escrita e matemática. A principal causa dessas lacunas era a incompatibilidade entre as habilidades da força de trabalho atual e as mudanças na estratégia, metas, mercados ou modelos de negócio e a pouca força da liderança atual e futura da empresa. Esse tipo de déficit de habilidade não é um problema exclusivo das empresas norte-americanas. Em razão da migração dos sistemas educacionais com inconsistências na qualidade ou da queda na taxa de natalidade, países com economias em desenvolvimento, como a Índia e a Rússia, além do Japão e da Europa Oriental, têm dificuldades em encontrar trabalhadores para negócios especializados, vendas, técnicos, engenheiros e gerentes.[73]

Déficits desse tipo não se limitam a um setor, indústria ou cargo. Para lidar com a necessidade de funcionários qualificados e hábeis, empresas como Arcelor-Mittal e Aegis Sciences Corporation estão treinando ou pagando pelo treinamento dos futuros funcionários.[74] A Arcelor-Mittal desenvolveu um programa que paga egressos de colégios norte-americanos para participarem de treinamentos de dois anos e meio com a oportunidade de conseguirem um emprego que pague um valor superior a US$ 17 por hora depois que finalizarem o programa. A empresa iniciou esse programa para preencher vagas nas áreas de mecânica e elétrica, abertas após a aposentadoria de trabalhadores metalúrgicos. A Aegis Sciences Corporation realiza serviços toxicológicos para rastreamento de drogas e testes forenses, contando com mais ou menos 580 funcionários. Vários cargos de cientista e técnico laboratorial permanecem vagos porque a empresa não consegue encontrar profissionais que tenham experiência suficientes. Como resultado, a Aegis Sciences Corporation está contratando egressos de Química que não possuem experiência de trabalho em laboratórios profissionais com altos padrões de controle e consistência de qualidade. Os recém-formados são treinados com foco nas habilidades necessárias, como a coleta de materiais no sangue ou urina e a análise da presença de drogas nas amostras. A empresa investe 5% da sua receita em treinamento, e estima ter chegado a 21 mil horas em 2012.

A IBM busca aprimorar as habilidades da força de trabalho ao investir em escolas locais de ensino médio.[75] O programa Transition to Teaching (Transição para o Ensino) possibilita que funcionários tirem licenças para dar aulas como professor-aluno (sem formação para dar aula, sendo supervisionados por um outro professor) por períodos de três meses. Os funcionários aptos devem atender a certos requisitos, como um mínimo de 10 anos de serviço na IBM, um diploma de bacharelado em Matemática, Ciências ou nível mais alto em uma área relacionada e alguma experiência com ensino, orientação ou voluntariado em escolas. A IBM espera que muitos dos seus funcionários com experiência em Matemática ou Engenharias participem do programa, oportunizando ensino de alta qualidade para as escolas públicas.

Desenvolvimento de liderança

As empresas afirmam que um dos maiores desafios da gestão de talentos é identificar funcionários com talento gerencial e treiná-los e desenvolvê-los para ocuparem cargos de gerência.[76] Algumas das dificuldades são o envelhecimento da força de trabalho, a globalização e a necessidade de que os gerentes contribuam para o envolvimento dos funcionários. Os cargos executivos, administrativos e gerenciais são os que mais sofrem com rotatividade em decorrência de falecimento ou aposentadoria.[77] Além disso, muitas empresas não contam com funcionários que possuem as competências necessárias para serem gerentes em uma economia global.[78] Para tanto, os gerentes precisam ter autoconsciência e serem capazes de montar equipes internacionais, criar práticas de marketing e gestão global e gerenciar e interagir com funcionários de diversos meios culturais. Os gerentes contribuem para o envolvimento dos funcionários através de funções gerenciais básicas (planejamento, organização, controle, liderança) e também através do uso de boas habilidades de comunicação, auxílio no desenvolvimento dos funcionários e trabalho colaborativo com os mesmos.

Observemos as empresas Schwan Food Company e Yum! Brands.[79] A Schwan Food Company, fabricante de pizzas e tortas congeladas, está selecionando funcionários com talento para liderança para participarem de programas que envolvam aulas de gestão e sessões de *coaching*. Esses funcionários, considerados com "alto potencial" para gerentes, recebem tarefas desafiadoras que exigem que eles tirem proveito dos pontos fortes de suas habilidades e desenvolvam novas (como ajudar a lançar um novo empreendimento conjunto no México). A Yum! Brands, que conta com mais de 35 mil restaurantes

KFC, Pizza Hut e Taco Bell pelo mundo, precisa desenvolver uma grande quantidade de gerentes para conseguir atender à demanda dos novos restaurantes abertos com os planos de expansão, como a abertura de dois KFC por dia na China. Para apoiar e manter o crescimento global das operações, a Yum! está preparando novos gerentes através da identificação e atribuição de experiências de trabalho que envolvam inovação, marketing e desenvolvimento de habilidades gerenciais gerais.

Serviço ao consumidor e ênfase na qualidade

O consumidor julga a qualidade e o desempenho de uma empresa. Como consequência, a excelência no atendimento ao cliente exige atenção às características do produto e do serviço, bem como às interações com os clientes. A excelência com foco no cliente envolve entender o que o consumidor deseja, antecipar necessidades futuras, reduzir defeitos e erros, atender especificações e diminuir reclamações. A forma como a empresa responde aos defeitos e erros também é importante na retenção e atração de clientes.

Em virtude da crescente disponibilidade de informação e competição, os consumidores estão mais bem informados e esperam por um serviço de excelência. Isso cria um desafio para os funcionários que interagem com os clientes. A forma como balconistas, vendedores, recepcionistas e provedores de serviço interagem com os clientes influencia a reputação da empresa e o seu desempenho financeiro. É preciso que os colaboradores tenham conhecimento sobre o produto e habilidade nos serviços, além de estarem cientes dos tipos de decisão que podem tomar ao lidar com os clientes. O serviço ao consumidor é uma iniciativa de treinamento e desenvolvimento estratégicos, assunto discutido no Capítulo 2.

Para competir na economia atual, seja em um nível local ou global, as empresas precisam oferecer um produto ou um serviço de qualidade. Se as empresas não aderem aos padrões de qualidade, a capacidade de vender seus produtos ou serviços para vendedores, fornecedores ou consumidores será restrita. Alguns países possuem padrões de qualidade que precisam ser atendidos, caso a empresa queira fazer negócios ali. A **Gestão da Qualidade Total (Total Quality Management, TQM)** é um esforço de toda uma empresa para promover melhorias contínuas na forma como as pessoas, as máquinas e os sistemas realizam o trabalho.[80] Entre os valores centrais da TQM podemos citar:[81]

- Métodos e processos projetados para atender às necessidades de clientes internos e externos.
- Treinamento em qualidade para cada um dos funcionários da empresa.
- Inserção da qualidade em um produto ou serviço para evitar que os erros cheguem a acontecer em vez de detectá-lo e corrigi-lo depois de já ter acontecido.
- Cooperação entre a empresa e vendedores, fornecedores e consumidores para melhorar a qualidade e frear os gastos.
- Medição do progresso através de *feedback* de gerentes com base em dados.

Não há uma definição universal de qualidade. A maior divergência entre as definições é quanto à ênfase no cliente, no produto ou no processo de fabricação. O especialista em qualidade W. Edwards Deming, por exemplo, afirma que o principal fator é se o produto ou serviço atende bem às necessidades do cliente. Já a abordagem de Phillip Crosby enfatiza se o serviço ou processo de fabricação atende aos padrões de engenharia.

A ênfase na qualidade pode ser vista no estabelecimento do **Malcolm Baldrige National Quality Award** (Prêmio Nacional da Qualidade Malcolm Baldrige) e nas normas de qualidade **ISO 9000:2000**. O prêmio, criado por uma lei, é concedido anualmente, sendo o nível mais elevado de reconhecimento em qualidade que uma empresa norte-americana pode receber. Para estar apta a receber o prêmio, a empresa deve preencher um requerimento detalhado com suas informações básicas e com uma apresentação aprofundada de como aborda aspectos relacionados à melhoria da qualidade. As categorias e pontuações para o prêmio Baldrige encontram-se na Tabela 1.5. O prêmio não é concedido a produtos ou serviços em particular, sendo que as organizações podem competir em uma das seis categorias: produção, serviço, pequeno negócio, educação, assistência à saúde e sem fins lucrativos. Todos os candidatos passam por um processo rigoroso de análise que dura entre 300 e mil horas. Os requerimentos são examinados por um conselho independente formado por 400 avaliadores provenientes, em sua maior parte, da iniciativa privada. Cada candidato recebe um relatório que fala sobre os pontos fortes da empresa e as oportunidades de melhoria.

Normalmente os vencedores do prêmio Baldrige apresentam excelência em práticas de recursos humanos, incluindo treinamento e desenvolvimento. Veja a HealthCare, vencedora em 2007.[82] A Sharp é o maior sistema de assistência à saúde no Condado de San Diego, atendendo mais de 785 mil pessoas por ano. Trata-se de uma organização sem fins lucrativos que emprega 14 mil funcionários e 2.600 médicos afiliados, opera em sete hospitais, três grupos médicos e 19 clínicas ambulatoriais, além de gerenciar seu próprio plano de saúde. A Sharp HealthCare atende e excede as expectativas do cliente, oferecendo assistência de alta qualidade e serviços acessíveis, convenientes e de baixo custo. A Sharp realizou investimentos consideráveis nos seus funcionários, in-

TABELA 1.5 Categorias e pontuações para a análise do Malcolm Baldrige National Quality Award

Categoria	Pontos
Liderança	120
A forma como os altos executivos criam e mantêm a visão, valores e missão da empresa; promovem comportamento ético e legal; criam uma empresa sustentável; e comunicam-se e envolvem a força de trabalho.	
Medição, análise e gestão do conhecimento	90
A maneira como a empresa seleciona, reúne, analisa, gerencia e melhora os seus dados, informações e ativos de conhecimento.	
Planejamento estratégico	85
A forma como a empresa define um direcionamento estratégico, determina ou modifica estratégia e planos de ação, se for necessário, e mede o progresso.	
Foco na força de trabalho	85
Os esforços de uma empresa para desenvolver e usar a força de trabalho para alcançar alto desempenho; como a empresa envolve, gerencia e trabalha o potencial da força de trabalho em concordância com as suas metas.	
Foco nas operações	85
Projeto, gestão e melhoria de sistemas e processos de trabalho para entregar valor ao cliente e alcançar o sucesso e a sustentabilidade da empresa.	
Resultados	450
O desempenho e a melhoria da empresa em áreas-chave do negócio (produto, serviço e qualidade na matéria-prima; produtividade; eficácia operacional e indicadores financeiros relacionados).	
Foco no cliente	85
O conhecimento que a empresa tem do cliente, sistemas de serviço ao cliente, interesses atuais e potenciais e satisfação e envolvimento do cliente.	
Total de pontos	1.000

Fonte: "2011-2012 Criteria for Performance Excellence" from the website for the National Institute of Standards and Technology, www.nist/gov/baldrige.

cluindo o uso de pesquisas anuais para medir a satisfação e o engajamento da força de trabalho, equipes de ação, equipes de melhoria de desempenho e equipes do sistema *lean*/Seis Sigma (que será abordado mais adiante neste capítulo), que incentivem a participação dos funcionários na realização de mudanças e no aumento da eficácia organizacional. Os gastos por funcionário com treinamentos superam os gastos das melhores empresas (identificadas pela ASTD). A Sharp University oferece programas de treinamento para o desenvolvimento de líderes atuais e futuros, e confere a cada funcionário um fundo de $ 1.000 para que aproveite oportunidades educativas oferecidas fora da empresa.

A International Organization for Standardization (ISO), uma rede de institutos de padronização nacionais que inclui mais de 160 países e conta com um corpo diretivo central em Genebra, na Suíça, é a maior desenvolvedora e editora de padrões internacionais.[83] A ISO desenvolve padrões relativos à gestão e várias outras áreas, como educação, música, embarcações e até mesmo proteção à criança. Seguir as normas ISO é voluntário, mas os países podem optar pela adoção dos padrões ISO nas suas próprias regulamentações. Como resultado, as normas podem se tornar uma exigência para competir no mercado. A ISO 9000 é um grupo de normas relativas à qualidade (ISO 9000, 9001, 9004 e 10011), e diz respeito ao que uma empresa faz para atender exigências da lei e exigências de qualidade do próprio consumidor enquanto busca a melhoria contínua e a satisfação do cliente. As normas representam um consenso internacional sobre práticas de gestão da qualidade. A ISO 9000:2000 foi adotada como o padrão de qualidade em quase 100 países no mundo todo, isso quer dizer que as empresas devem seguir essas normas para manter um negócio naquele país. Os padrões de gestão de qualidade da ISO 9000 têm como base oito princípios de gestão de qualidade: foco no cliente, liderança, envolvimento das pessoas, abordagem de processo, abordagem sistêmica da gestão, melhoria contínua, abordagem factual para a tomada de decisão e estabelecimento de relações mutuamente benéficas com fornecedores. A ISO 9001:2008 é a norma mais completa porque oferece um conjunto de requisitos para um sistema de gestão de qualidade para todas as organizações, sejam elas públicas ou privadas. Também foi implantada por mais de um milhão de organizações em 176 países. Já a ISO 9004 oferece um guia para empresas que queiram melhorar.

E por que as normas e padrões são úteis? Um cliente pode querer saber se o produto que encomendou atende o seu propósito. Uma das formas mais fáceis de saber é quando as especificações do produto são definidas por um padrão internacional. Assim, o fornecedor e o consumidor estão em sintonia, pois ambos utilizam as mesmas referências, mesmo que em países diferentes. Atualmente, muitos produtos precisam passar por testes de conformidade com normas técnicas, regras de segurança ou outras regulamentações antes de serem comercializados. Até mesmo produtos simples podem precisar da comprovação de documentação técnica, incluindo dados obtidos em testes. Com tantos negócios rompendo fronteiras, é mais prático que as normas sejam feitas por terceiros especialistas no assunto, e não pelo fornecedor ou pelo consumidor. Além disso, legislações nacionais podem exigir que os testes sejam realizados por partes independentes, especialmente quando os produtos têm implicações na saúde e no meio ambiente. Você pode encontrar um exemplo de padrão ISO na contracapa deste e de praticamente qualquer livro. Chamamos-o de ISBN (International Standard Book Number), um sistema pelo qual os livros são organizados e adquiridos numericamente. Tente comprar um livro pela Internet e você perceberá a importância do ISBN: há uma numeração específica para o livro que você deseja, inclusive diferenciando edições. E esse número é baseado em um padrão ISO.

Além de competir por prêmios de qualidade e buscar uma certificação ISO, muitas empresas têm utilizado o **processo Seis Sigma** (Six Sigma), que é um processo de medição, análise, melhoria e posterior controle de processos, uma vez que eles estejam de acordo com os rígidos padrões de qualidade e tolerância do Seis Sigma. Seu objetivo é criar um foco total do negócio no serviço ao consumidor, ou seja, prover o que o consumidor verdadeiramente deseja no momento desejado. Na General Electric (GE), por exemplo, a introdução da iniciativa de qualidade Seis Sigma significou uma mudança de aproximadamente 35 mil defeitos/milhão de operações (que é a média para a maioria das empresas, incluindo a GE) para menos de quatro defeitos/milhão em cada elemento de cada processo que a GE trabalha: seja a fabricação de uma peça de locomotiva, a assistência a uma conta de cartão de crédito, o processamento de um requerimento de hipoteca ou ainda o atendimento de um telefone.[84] O treinamento é uma peça importante deste processo. O Seis Sigma envolve funcionários altamente qualificados conhecidos como campeões (*champions*), mestres *black belts*, *black belts* e *green belts*, que lideram e orientam equipes com foco em vários e crescentes projetos de qualidade, os quais focam na melhoria da eficiência e na redução de erros nos produtos e serviços. A iniciativa de qualidade Seis Sigma já gerou mais de US$ 2 bilhões em benefícios para a GE.

O treinamento pode ajudar as empresas a enfrentar o desafio da qualidade ao ensinar os funcionários um conceito conhecido como "*lean thinking*" ou "mentalidade enxuta". Nos últimos três anos, as vendas da Cardinal Fastener & Specialty Co., Inc. para fabricantes de turbinas eólicas cresceram mais de 900%.[85] O crescimento da empresa instalada em Cleveland, Ohio, começou há mais de dez anos, quando a Cardinal iniciou a utilização do *lean thinking* sob a liderança do fundador e presidente da empresa, e envolveu todos os funcionários no processo chamado "expandir a companhia". A meta era eliminar o desperdício de toda a operação, incluindo fabricação, administração e vendas. Como resultado, o tempo do começo ao final do processo foi de seis semanas para cinco dias, a melhoria na produtividade aumentou 50% e metade do total de vendas foi proveniente de pedidos produzidos e enviados no mesmo dia em que feitos. Em virtude da reputação da empresa sobre o retorno rápido na fabricação de fixadores especiais, ela recebeu um pedido para o projeto de uma turbina eólica em Iowa. A empresa percebeu que existia oportunidade de expansão para o mercado global de energias renováveis. O *lean thinking* é uma forma de fazer mais com menos esforço, equipamento, espaço e tempo, sem deixar de oferecer aos consumidores o que eles querem e precisam. Parte do *lean thinking* é o treinamento de funcionários em novas habilidades ou ensiná-los como aplicar habilidades já conhecidas de novas maneiras, para que possam assumir outras responsabilidades ou usar novas habilidades no preenchimento dos pedidos. Como resultado do *lean thinking* na Cardinal Fastener, as máquinas foram organizadas para que os operadores pudessem produzir um ferrolho ou fixador completo do início ao fim, resultando na diminuição do tempo levado para se chegar ao produto final. A qualidade está quase perfeita e o inventário foi reduzido em 54%.

Um grupo dentro da ISO redigiu um padrão para o treinamento de funcionários. A **ISO 10015** é uma ferramenta de gestão de qualidade elaborada para garantir que o treinamento esteja ligado às necessidades e ao desempenho da empresa. A ISO 10015 possui duas características-chave: (1) as empresas precisam definir o retorno do investimento em treinamento no desempenho da empresa; (2) a ISO 10015 exige que as empresas utilizem um projeto apropriado e processos de aprendizado eficazes. Essa norma define a elaboração do treinamento sobre análise, planejamento, realização e avaliação (reveja a discussão do modelo ISD anteriormente neste capítulo). As primeiras empresas a obterem a certificação ISO 10015 encontram-se na China e na Suíça, mas empresas norte-americanas devem tentar a certificação em breve.[86]

Novas tecnologias

A tecnologia remodelou a forma de performar, comunicar-se, fazer planos e trabalhar. Muitos modelos de negócio de empresas incluem o comércio eletrônico, o que possibilita a compra de produtos e serviços *on-line*. A Internet é uma reunião global de redes de computadores que permite aos usuários trocarem dados e informações. Entre os norte-americanos, o seu uso dobrou nos últimos cinco anos, sendo que 48% afirmam utilizá-la mais de uma hora por dia. No período de uma semana, 60% dos norte-americanos acessam o Google e 43% possuem uma página no Facebook.[87] Com o Twitter, LinkedIn, Facebook e outras redes sociais disponíveis na Internet e acessáveis por *smartphones* ou computadores pessoais, os gerentes das empresas podem se conectar aos funcionários, que se conectam aos amigos, familiares e colegas de trabalho.

Influência no treinamento

Os avanços nas tecnologias sofisticadas e a redução do custo da tecnologia estão mudando a forma como se conduz um treinamento, tornando-o mais realista e dando aos funcionários o poder de escolher onde e quando desejam trabalhar. As novas tecnologias também possibilitam que o treinamento ocorra a qualquer hora e lugar.[88]

Os avanços tecnológicos em eletrônica e *softwares* de comunicação possibilitaram a criação de tecnologias móveis como *tablets*, iPads e iPods e aprimoraram a Internet através do desenvolvimento da capacidade de interagir socialmente. As redes sociais, como Facebook, Twitter e LinkedIn, *wikis* e *blogs* que facilitam a interação interpessoal, normalmente para falar de interesses em comum. A Tabela 1.6 mostra como as redes sociais podem ser utilizadas em treinamento e desenvolvimento.[89]

Em geral, as redes sociais facilitam a comunicação, a tomada de decisões descentralizadas e a colaboração. Elas podem ser úteis para funcionários ocupados compartilha-

TABELA 1.6 Possíveis usos das redes sociais para treinamento e desenvolvimento

Questão	Utilização das redes
Perda de conhecimento especializado em razão da aposentadoria	Compartilhamento, apreensão e armazenamento do conhecimento
Engajamento dos funcionários	Coleta da opinião dos funcionários
Identificação e incentivo à especialização do funcionário	Criação de comunidades de especialistas *on-line*
Promoção da inovação e da criatividade	Incentivo à participação em discussões *on-line*
Reforço do aprendizado	Compartilhamento de boas práticas, aplicações, aprendizado, *links* para artigos e seminários *on-line*
Necessidade de *coaching* e *mentoring*	Interação com mentores e colegas de *coaching*

Fontes: Baseado em P. Brotherson, "Social Networks Enhance Employee Learning," *T+D* (April 2011): 18-19; T. Bingham and M. Connor, *The New Social Learning* (Alexandria, VA: American Society for Training & Development, 2010); M. Derven, "Social Networking: A Frame for Development," *T + D* (July 2009): 58-63; M. Weinstein, "Are You Linked In?" *training* (September/October 2010): 30-33.

rem conhecimento e ideias com os seus pares e gerentes, com quem não teriam muito tempo para interagir pessoalmente no dia a dia. Os funcionários, em especial jovens das Gerações do Milênio ou Y, aprenderam a usar as redes como o Facebook por toda a vida e as enxergam como ferramentas valiosas para a vida pessoal e profissional.

Apesar das possíveis vantagens, muitas empresas estão incertas quanto à adoção das redes sociais.[90] Existe um medo, talvez fundamentado, de que seu uso possa levar os funcionários a perder tempo ou ofender e ameaçar colegas de trabalho. Mas outras empresas acreditam que os benefícios das redes sociais para as práticas de recursos humanos e da permissão do acesso no trabalho são maiores do que os riscos. Elas confiam na produtividade das redes e são proativas no desenvolvimento de políticas quanto ao seu uso no treinamento de funcionários, às configurações de privacidade e à etiqueta nas redes sociais. É sabido que os funcionários provavelmente acessarão suas contas no Twitter, Facebook ou LinkedIn, mas as empresas optam por relevar o fato a menos que haja queda na produtividade. De certa forma, as redes sociais tornaram-se as substitutas eletrônicas para o "sonhar acordado" de antigamente ou ir até a sala de descanso socializar com os colegas.

A robótica, o desenho assistido por computador, a identificação por radiofrequência e a nanotecnologia estão transformando o trabalho.[91] A tecnologia também facilitou o monitoramento de condições ambientais e a operação de equipamentos. Pegue como exemplo a operação de uma motoniveladora (utilizada para alisar e nivelar a terra em estradas e outros projetos). Os modelos mais antigos exigem a operação de até 15 alavancas, além da direção e de vários pedais. Consequentemente, a operação de uma motoniveladora resultava em operadores com dores nas costas e nos ombros depois de um dia de trabalho. A última versão da Caterpillar inclui controles redesenhados que utilizam apenas dois joysticks e eliminam o esforço físico de empurrar pedais e girar a direção. Além de reduzir o esforço físico, o redesenho da motoniveladora sem a direção melhorou a visibilidade da lâmina e os interruptores para lâmpadas, para-brisas e freio de estacionamento puderam ser reunidos em um só lugar da cabine. Uma empresa de agricultura comercial japonesa, Shinpuku Seika, depende da leitura dos computadores em monitores espalhados pelo campo para informar os agricultores sobre temperatura, solo e níveis de umidade.[92] A análise de dados que o computador realiza alerta os agricultores quando devem começar o plantio ou identifica quais plantações devem crescer melhor em cada campo. Pode-se usar câmeras para monitorar as plantações e os telefones celulares para fotografar plantas que possam estar doentes ou infectadas e depois enviar as imagens para a análise de um especialista. Os telefones dos trabalhadores também possuem um sistema de posicionamento global (GPS), o que permite que a empresa veja se os funcionários estão usando as rotas mais eficientes entre um campo e outro ou se estão dispersos do trabalho.

A tecnologia possui muitas vantagens, como: custos de viagens reduzidos; maior acessibilidade ao treinamento; oferta consistente; possibilidade de entrar em contato com especialistas e compartilhar o conhecimento com outras pessoas; e ainda criar um ambiente de aprendizado com *feedback* e exercícios práticos; além de o funcionário poder determinar o ritmo do seu programa. Embora a instrução em sala de aula dirigida por um instrutor continue sendo a forma mais popular de oferecer treinamento, as empresas afirmam ter planos de oferecer grande parte do treinamento através de tecnologias como intranets e iPods. A Kinko, líder mundial em fornecimento de soluções em documentos e serviços de negócios, operando em 1.100 locais em nove países, mudou muito o seu treinamento. Como as lojas da Kinko ficam geograficamente dispersas, a empresa sofreu com programas de treinamento caros que precisavam ser oferecidos em vários locais para preparar os funcionários para novos produtos e serviços. A empresa então adotou uma abordagem *blended learning* (aprendizagem híbrida), mesclando ensino pela Internet, ajuda de trabalho, treinamento em sala de aula virtual e orientação. Como resultado, obtiveram economia nos custos e maior eficiência, além da melhoria nas habilidades dos funcionários, redução do tempo para adquirir uma competência e aumento na velocidade em que os novos produtos e serviços chegam ao mercado.[93] A Capital One, uma empresa de serviços financeiros, utiliza um programa de aprendizado por áudio em que os funcionários podem aprender usando seus iPods quando for mais conveniente para eles.[94] A empresa também desenvolveu um canal móvel de aprendizado por áudio. O canal oferece programas com base em competências, programas de liderança e gestão e outros treinamentos que existem na empresa. O canal também é usado para garantir que os funcionários recebam informações quando for preciso.

A tecnologia está forçando os limites da inteligência artificial, síntese de voz, comunicações sem fio e realidade virtual em rede.[95] Gráficos realistas, diálogos e sugestões sensoriais podem agora ser armazenados em *chips* pequenos e baratos. O Second Life, por exemplo, é um mundo virtual *on-line* em que os participantes podem criar vidas fictícias: pode-se ter um negócio, convidar uma pessoa para sair ou visitar um centro de treinamento. As sensações virtuais (vibrações e outras sugestões sensoriais) estão sendo incorporadas em aplicativos para treinamento. No caso do treinamento médico, máquinas podem reproduzir a sensação de atravessar uma agulha por uma artéria e usar som e movimento para simular situações diferentes, como um bebê chorando ou um paciente com dor.

Flexibilidade em onde e quando o trabalho é realizado

Os avanços na tecnologia, como *chips* mais poderosos e a maior capacidade de processamento de notebooks e iPhones têm potencial para liberar os funcionários do comparecimento em um local específico para trabalhar e dos horários de trabalho tradicionais. Estima-se que 10% da força de trabalho remunerada e assalariada nos Estados Unidos trabalhem de casa ocasionalmente e que 55% dos empregadores ofereçam trabalho remoto, embora apenas 10% o façam em tempo integral.[96] O trabalho remoto pode melhorar a produtividade do funcionário, incentivar arranjos de trabalho compatíveis com a família e ajudar na redução do tráfego de veículos e da poluição do ar. Em contrapartida, as tecnologias podem ter como consequência trabalhadores em serviço 24 horas por dia, sete dias por semana. Muitas empresas estão tomando providências para oferecer esquemas de trabalho mais flexíveis para resguardar o tempo livre dos funcionários e utilizar o horário de trabalho de forma mais produtiva. A Amerisure Mutual Insurance em Farmington Hills, Michigan, criou um ambiente de trabalho e está oferecendo programas flexíveis projetados para aumentar a retenção e o engajamento de funcionários.[97] Um novo sistema computadorizado facilita o trabalho remoto porque dá acesso aos arquivos de trabalho nos computadores de casa. Os funcionários reúnem-se com os gerentes para discutir a viabilidade de trabalhar remotamente e como será feita a avaliação de desempenho. A Amerisure também permite que eles tirem alguns dias de folga todos os anos para realizarem trabalhos voluntários, além de pagar cinco dias de trabalho por ano para dispensas relacionadas a questões médicas familiares, como avós ou outros membros da família doentes. Com essas medidas, a taxa de rotatividade da empresa caiu de 18 para 10% e as pesquisas de engajamento de funcionários mostraram melhores resultados.

Na Delta Air Lines, mais de 570 dos cinco mil agentes trabalham de casa em tempo integral.[98] Para fortalecer o comprometimento e o entendimento que eles têm da empresa, cada agente trabalha em uma central de atendimento por seis meses antes de começar o trabalho remoto. Enquanto trabalham de casa, eles podem entrar em contato com um líder da equipe sempre que tiverem dúvidas. Também são realizadas reuniões mensais. A Delta investe $ 2.500 para adquirir um computador e um *software* para cada agente de reservas que trabalha de casa. Esse gasto é compensado pela remuneração mais baixa que os agentes recebem por hora trabalhada em comparação aos agentes que trabalham no escritório. Entretanto, trabalhar de casa reduz custos com combustível ou transporte e dá flexibilidade para equilibrar trabalho e vida pessoal. A empresa constatou economia nos alugueis e manutenção dos escritórios, sendo que os agentes remotos se ofereceram para ajudar a atender a demanda de serviço em dias de mau tempo com mais frequência do que os agentes que trabalham nos escritórios.

A tecnologia também possibilita um maior uso de **arranjos alternativos de trabalho**, que abrangem autônomos, trabalhadores extras, trabalhadores temporários e trabalhadores de empresas contratantes. O Bureau of Labor Statistics estima que esses arranjos representam 11% do total dos empregos.[99] Existem 10,3 milhões de contratantes independentes, 2,5 milhões de extras, 1,2 milhão de trabalhadores temporários em agências e aproximadamente 813 mil trabalhadores empregados por firmas contratantes. O uso de arranjos alternativos permite que as empresas ajustem as equipes com mais facilidade, de acordo com as condições econômicas e a demanda de produtos e serviços. Quando uma empresa precisa encolher o quadro de funcionários, o dano à moral daqueles que trabalham em tempo integral tende a ser atenuado. Arranjos assim também dão flexibilidade ao funcionário para equilibrar o trabalho com as outras atividades que possui.

A Verigy, fabricante de semicondutores que fica na Califórnia, por exemplo, emprega um número reduzido de funcionários em seu quadro permanente, sendo que as tarefas secundárias são terceirizadas. Quando a demanda pelo produto aumenta, contratam-se engenheiros e outros funcionários de tecnologia através de empresas de terceirização ou como autônomos.[100] Os arranjos alternativos também tiveram como resultado o desenvolvimento de locais de trabalho compartilhados onde vários profissionais, como *designers*, artistas, consultores e outros autônomos pagam um valor diário ou anual para locar um espaço.[101] O local é equipado com mesas e Internet sem fio, podendo também oferecer copiadora, fax e sala de conferência. Isso ajuda autônomos e trabalhadores remotos, ou em trânsito, a não se sentirem isolados ou sozinhos, possibilitando a colaboração e a interação, e oferecendo um ambiente de trabalho mais profissional do que uma cafeteria (ou outros locais públicos em que se costuma trabalhar a distância), ajudando a diminuir o tráfego de veículos e a poluição.

Os arranjos alternativos de trabalho apresentam uma questão-chave para o treinamento de gerentes e funcionários, que devem combinar os seus esforços para que a forma de trabalho não interfira na qualidade do produto ou do serviço ao consumidor. O aumento dos arranjos alternativos exige que gerentes entendam como motivar funcionários que possam ser empregados por terceiros, ter um serviço temporário ou trabalhar em uma agência de *leasing*.

Modelos de sistemas de trabalho de alto desempenho

As novas tecnologias causam mudanças nas habilidades e funções exigidas no trabalho, levando ao redesenho das estruturas de trabalho (p. ex., uso de equipes de trabalho).[102] As manufaturas integradas por computador utilizam robôs para automatizar o processo de fabricação. O computador permite a manufatura de produtos diferentes a partir de uma simples reprogramação. Como resultado, as funções de operário, operador/montador, manipulação de materiais e manutenção podem ser combinadas em um só cargo. A manufatura integrada por computador exige que os funcionários monitorem o equipamento e solucionem problemas nos modelos sofisticados, compartilhem informações com os colegas e entendam a relação entre todos os componentes do processo de manufatura.[103]

Através da tecnologia, a informação necessária para melhorar o serviço ao consumidor e a qualidade do produto fica mais acessível aos funcionários, esperando assim que eles assumam maior responsabilidade pela satisfação do cliente e saibam avaliar como estão realizando seus trabalhos. Um dos métodos mais populares para aumentar a responsabilidade do funcionário e o controle é o uso de **equipes de trabalho**, as quais envolvem funcionários com diversas habilidades que interagem para montar um produto ou oferecer um serviço. Elas podem assumir várias das atividades normalmente reservadas aos gerentes, incluindo a seleção de novos membros para a equipe, o desenho do trabalho e a coordenação das atividades com consumidores e com outras unidades na empresa. Para que as equipes tenham a maior flexibilidade possível, acontece o **treinamento cruzado** de membros da equipe, no qual os funcionários são treinados em uma vasta gama de habilidades para que sejam capazes de preencher qualquer uma das funções necessárias na equipe.

Veja o sistema de trabalho de alto desempenho da fábrica da Global Engineering Manufacturing Alliance (GEMA) em Dundee, Michigan.[104] Comparada com a maioria das fábricas de motores, a GEMA possui uma fábrica mais automatizada, com menos funcionários (275 contra 600 a 2 mil em outras fábricas do gênero). A meta é ser a fábrica de motores mais produtiva do mundo. Os funcionários pagos por hora fazem rodízio de funções e turnos de trabalho, dando muita flexibilidade à empresa. A cultura da fábrica enfatiza a solução de problemas e a filosofia de que qualquer um pode fazer qualquer coisa, a qualquer hora e em qualquer lugar. Todos os funcionários são líderes de uma equipe. Através do rodízio de funções, a fábrica mantém os trabalhadores motivados e evita lesões. Os líderes de equipe e os engenheiros não ficam nos seus escritórios: eles trabalham no chão da fábrica como parte de uma equipe de seis pessoas. Os prestadores de serviços também são vistos como parte da equipe, trabalhando lado a lado com os montadores e engenheiros e usando o mesmo uniforme. A fábrica da GEMA permite que os funcionários tenham acesso à tecnologia de monitoramento de produtividade. Telas enormes suspensas na fábrica exibem alertas se a vida útil de alguma peça estiver acabando e precisar ser substituída antes que apresente problemas de funcionamento. Um sistema de gestão de desempenho (disponível nos computadores pessoais e nos monitores) alerta os funcionários quanto a atrasos e quedas na produtividade, diferente do que é feito em outras fábricas, em que apenas os gerentes têm acesso a essas informações. A tecnologia na fábrica da GEMA dá autonomia a todos os funcionários para que solucionem problemas, não apenas aos gerentes e engenheiros.

O uso de novas tecnologias e de modelos de trabalho (como equipes de trabalho) precisa ter apoio em práticas específicas de gestão de recursos humanos, incluindo as seguintes ações:[105]

- Os funcionários escolhem ou selecionam novos funcionários e membros de equipe.
- Os funcionários recebem *feedback* de desempenho formal e são envolvidos no processo de melhoria de desempenho.
- O treinamento contínuo é reforçado e recompensado.
- Os prêmios e bonificações são ligados ao desempenho da empresa.
- O equipamento e os processos de trabalho incentivam a flexibilidade e a interação entre os funcionários.
- Os funcionários participam do planejamento de mudanças no equipamento, *layout* e métodos de trabalho.
- Os funcionários compreendem como as suas funções contribuem para o produto ou serviço final.

Qual é o papel do treinamento? Os funcionários precisam de conhecimento específico para a função e de habilidades básicas para trabalhar com os equipamentos criados pelas novas tecnologias. Como a tecnologia é usada com frequência como forma de alcançar a diversificação e personalização do produto, os funcionários precisam ter habilidade de escutar e de se comunicar com os clientes. As habilidades interpessoais (como negociação e gestão de conflitos) e as habilidades de solução de problemas são mais importantes do que a força física, a coordenação e a motricidade fina, que antigamente eram os requisitos para se trabalhar em fabricação e serviços. Ainda que os avanços tecnológicos tenham possibilitado que os funcionários realizem melhorias em produtos e serviços, os gerentes precisam dar autonomia para que eles façam mudanças.

Além de mudar a forma como produtos são feitos ou como serviços são oferecidos dentro das empresas, a tecnologia permitiu que se formassem parcerias com uma ou mais empresas. As **equipes virtuais** são separadas pelo tempo, distância geográfica, cultura e/ou limites organizacionais, dependendo quase que exclusivamente da tecnologia (e-mail, Internet e videoconferências) para interagir e realizar os projetos. As equipes virtuais podem ser formadas dentro de uma mesma empresa que tenha instalações distribuídas pelo país ou pelo mundo. Também é possível utilizar equipes virtuais em parceria com fornecedores ou competidores para reunir o talento necessário para realizar um projeto ou acelerar a colocação de um produto no mercado. O sucesso desse tipo de equipe depende de uma missão clara, boas habilidades de comunicação, confiança entre os membros de que serão capazes de cumprir prazos e realizar as tarefas e entendimento de diferenças culturais (caso as equipes tenham membros globais).

Nas operações norte-americanas da Nissan Motor Co., 16 equipes, cada uma formada de 8 a 16 funcionários assalariados de diferentes departamentos, encontram-se semanalmente para debater questões como qualidade, diversidade e gestão da cadeia logística.[106] Os membros da equipe, selecionados pela gestão, são funcionários considerados de alto desempenho que demonstraram ser receptivos a novas ideias. As equipes precisam desafiar a organização e propor iniciativas para tornar a empresa mais criativa e inovadora. Como resultado das discussões de uma equipe sobre como economizar fundos, surgiu uma proposta para se trabalhar em casa. Um estudo piloto envolveu 41 funcionários e constatou que o trabalho remoto resultava em redução dos custos operacionais e melhoria na moral, bem como alta na produtividade. Isso resultou em uma iniciativa de escritório virtual que está sendo aplicada na sede norte-americana da Nissan em Franklin, Tennessee. Agora, os funcionários que analisam tendências de mercado e identificam conceitos para a Nissan trabalham de casa em Los Angeles.

Desenvolvedoras de *software* estão posicionando funcionários por todo o mundo. Com clusters de três ou quatro instalações, com seis ou oito horas de diferença, elas conseguem manter os projetos funcionando 24 horas por dia.[107] Os funcionários podem estar sempre focados nos projetos, usando engenheiros talentosos que trabalhem em seus próprios fusos horários e localidades sem a necessidade de mudar-se para um país diferente ou trabalhar em horários inconvenientes. Como resultado, houve aumento na produtividade e redução do tempo de realização de um projeto. Além disso, projetos distribuídos globalmente podem prospectar funcionários de diversas culturas, meios e perspectivas, o que ajuda a produzir serviços e produtos que atendam às necessidades de consumidores globais. O desafio dessa forma de trabalho é a organização, que deve ser feita de forma que as equipes em locais e turnos de trabalho diferentes possam compartilhar tarefas com o mínimo de interação.

Os colaboradores precisam ser treinados em princípios de seleção de funcionários, qualidade e serviço ao consumidor. É preciso também que possam interpretar dados financeiros para enxergar a relação entre o desempenho deles e o desempenho da empresa.

PRÁTICAS DE TREINAMENTO

O treinamento tem um papel-chave no ganho de vantagem competitiva e na forma como as empresas lidam com os desafios da competição. Antes de aprender como o treinamento pode ser usado para ajudar as empresas a alcançar os objetivos dos seus negócios e antes que você possa entender a elaboração do treinamento, seus métodos e outros tópicos no texto, você deve se familiarizar com a quantidade e com os tipos de treinamento. Neste livro, serão apresentadas as práticas mais comuns atualmente nos Estados Unidos. As próximas seções deste capítulo apresentam dados referentes às práticas de treinamento (p. ex., quanto se gasta, qual tipo é oferecido e quem está sendo treinado), bem como quais são as habilidades e competências para ser um bom instrutor.

Fatos e números sobre treinamento

A representação das práticas de treinamento apresentada nesta seção é baseada em dados e compilada a partir de diversas fontes, incluindo pesquisas realizadas pela revista *Training* e pela ASTD.[108] Por vários motivos, esses dados devem ser lidos como estimativas razoáveis e não como fatos precisos. Um dos motivos é o fato de que as amostras podem não ser representativas de todos os tamanhos e tipos de empresa. A pesquisa da *Training*, por exemplo, foi feita por uma empresa especializada que enviou convites por e-mail aos assinantes para que participassem de uma pesquisa *on-line*. A taxa de resposta foi de 31% para grandes empresas e 29% para pequenas. O relatório anual da ASTD, *State of the Industry Report*, inclui centenas de organizações de todas as principais indústrias, agrupadas em três categorias: empresas que receberam prêmios por treinamento, vencedoras do prêmio ASTD BEST, empresas que constam no Fortune Global 500 (classificação das 500 empresas de maior receita, realizada pela revista *Fortune*) e respostas consolidadas.

Você pode estar se perguntando coisas do tipo "Quanto tempo e dinheiro as empresas investem em treinamento?" ou "Será que o treinamento realizado por um instrutor está obsoleto?". A Tabela 1.7 oferece uma representação das tendências em aprendizado no ambiente de trabalho. As empresas norte-americanas continuam gastando bastante em iniciativas de aprendizado. Aqui está uma visão geral de algumas tendências neste tipo de investimento:

TABELA 1.7 Perguntas e respostas sobre práticas de treinamento

---

Investimento e distribuição de gastos

P: Quanto as empresas norte-americanas gastam em aprendizado e desenvolvimento de funcionários?
R: Aproximadamente $ 171,5 bilhões
P: Qual é o valor gasto por funcionário?
R: $ 1.228
P: Qual é a porcentagem gasta em treinamento e desenvolvimento em relação à folha de pagamento?
R: 2,7%
P: Qual é a porcentagem gasta em relação aos lucros?
R: 5,3%
P: Quanto tempo os funcionários recebem de treinamento formal por ano?
R: 32 horas
P: Quem recebe a maior parte do treinamento?
A: 41% do orçamento para treinamento é gasto com funcionários assalariados, 25% com cargos de confiança, 24% com gerentes e 10% com executivos.

Eficiência

P: Qual é a porcentagem dos gastos totais usada para reembolsar os funcionários com gastos de matrícula e educação?
R: 12,9%
P: Existem quantos membros da equipe de treinamento por funcionário?
R: 13 membros para cada mil funcionários
P: Qual é a média de custo para oferecer uma hora de aprendizado para um funcionário?
R: $ 72
P: Qual é a média de custo para produzir uma hora de treinamento formal?
R: $ 1.415
P: Qual é a proporção de horas de aprendizado usadas em relação às horas disponíveis?
R: 52,9

Métodos

P: Como é oferecido o treinamento?
R: 42% por um instrutor em uma sala de aula, 24% em *blended learning* (tanto presencial quanto oferecido através de tecnologias), 22% *on-line*, 1% através de redes sociais ou dispositivos móveis
P: Qual é a porcentagem de gastos diretos com aprendizagem usados com provedores externos (p.ex., terceirizados)?
R: 23%

Fonte: M. Green and E. McGill, "The 2011 State of the Industry," *T+D* (November 2011): 45-50; M. Green and E. McGill, *State of the Industry 2011* (Alexandria, VA: American Society for Training and Development, 2011); "2011 Training Industry Report," *training* (November/December 2011): 22-34.

- Os gastos diretos, como uma porcentagem da folha de pagamento e horas de ensino, mantiveram-se estáveis nos últimos anos.
- Há uma demanda maior por aprendizado especializado, incluindo conteúdos gerenciais, profissionais e específicos para uma determinada indústria.
- O uso de aprendizado com base em tecnologia foi de 11% em 2001 para 29% em 2010.
- O aprendizado *on-line*, em que a pessoa dita o seu próprio ritmo, é o tipo mais usado de aprendizado com base em tecnologia.
- O aprendizado com base em tecnologia ajudou na melhoria da eficiência do aprendizado, como mostra a diminuição na proporção de reaproveitamento (o quanto do conteúdo de aprendizado é usado ou recebido por cada hora de conteúdo disponível) desde 2003. Essa proporção caiu 6% para quase 53 horas em 2010. Isso significa que cada hora de conteúdo disponível foi recebida por 53 funcionários. Essa queda mostra que cada hora de conteúdo foi oferecida menos vezes.
- O aprendizado com base em tecnologia resultou em uma maior proporção de aprendizado por membro da equipe.

- A porcentagem de serviços distribuídos por provedores externos (p. ex., consultorias, *workshops* e programas de treinamento) caiu de 29% em 2004 para 23% em 2010.

Dos $ 171 bilhões gastos em treinamento, 60% são para custos internos, como salários de membros da equipe de treinamento e desenvolvimento de cursos, e 40% são para serviços oferecidos por provedores externos, como consultorias, *workshops* e programas de treinamento fora da empresa. Os gastos diretos como porcentagem dos lucros (5,3%) caíram em relação aos anos anteriores (10,9% em 2009) em razão dos lucros menores e da redução geral de gastos com aprendizado, resultantes provavelmente da recessão econômica.

A Figura 1.4 mostra os diferentes tipos de treinamento que são oferecidos nas empresas. 41% do conteúdo de aprendizado é representado por tópicos específicos da indústria ou profissão, gerenciamento e supervisão e conteúdos ligados a regras e conformidade. A menor parte do aprendizado é focada em habilidades básicas.

LÍDERES DE INVESTIMENTO EM TREINAMENTO

O trecho de abertura do capítulo ilustra como o treinamento pode ser usado para obter uma vantagem competitiva. Os investimentos mais elevados em treinamento nos Estados Unidos estão relacionados ao uso de práticas de treinamento inovadoras e práticas de trabalho de alto desempenho, como equipes, sistemas de compensação e incentivos (participação nos lucros), planos de desenvolvimento individual e envolvimento dos funcionários nas decisões de negócio. Esse gasto (juntamente ao uso de práticas de trabalho de alto desempenho) mostrou relacionar-se com a melhoria da rentabilidade, da satisfação do consumidor e do funcionário e da retenção de funcionários. Empresas como a Grant Thornton LLP, a Wipro Technologies, a Steelcase e o grupo hoteleiro

FIGURA 1.4 Diferentes tipos de treinamento oferecidos pelas empresas

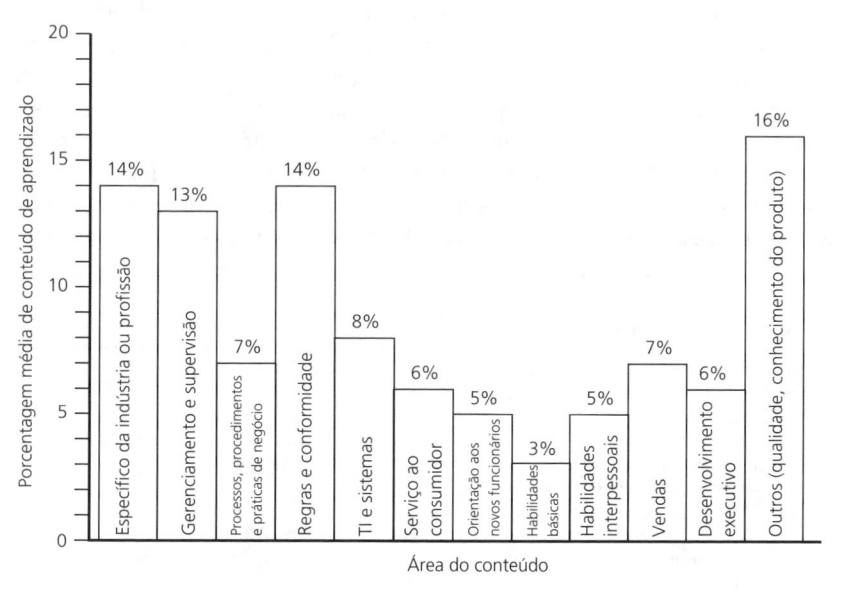

Área do conteúdo	Porcentagem
Específico da indústria ou profissão	14%
Gerenciamento e supervisão	13%
Processos, procedimentos e práticas de negócio	7%
Regras e conformidade	14%
TI e sistemas	8%
Serviço ao consumidor	6%
Orientação aos novos funcionários	5%
Habilidades básicas	3%
Habilidades interpessoais	5%
Vendas	7%
Desenvolvimento executivo	6%
Outros (qualidade, conhecimento do produto)	16%

Nota: Dados de respostas consolidadas (empresas que enviaram os seus dados anuais como parte dos programas de benchmarking da ASTD).
Fonte: Baseado em M. Green and E. McGill, "The 2011 State of the Industry," *T+ D* (November 2011): 45-50.

InterContinental Hotels Group reconheceram que o treinamento contribui positivamente para a competitividade. Elas fazem investimentos financeiros significativos em treinamento e usam-no para guiar a produtividade, o serviço ao consumidor e outros resultados importantes para o negócio. O Capítulo 2 fala sobre como o treinamento pode ajudar as empresas a alcançarem suas metas.

Qual a diferença entre as práticas de treinamento das empresas que reconheceram a importância das mesmas no ganho de vantagem competitiva e das outras empresas? O relatório *State of the Industry Report, 2011* da ASTD compara as práticas de treinamento de empresas participantes do programa de *Benchmarking* da ASTD às práticas das empresas ganhadoras do prêmio ASTD BEST (que reconhece as empresas que demonstram uma ligação clara entre o aprendizado e o desempenho).[109] As empresas do programa de *Benchmarking* forneceram um conjunto-padrão de informações sobre as suas práticas de treinamento (p. ex., número de horas gastas com treinamento). O programa incluiu 412 empresas com uma média de 28.167 funcionários. Os vencedores do prêmio BEST foram empresas que realizaram investimentos significativos em treinamento, o que foi decidido através da classificação de todas as empresas que se candidataram ao prêmio seguindo quatro critérios: o aprendizado possui um papel empresarial (a extensão em que ele ajuda na solução de problemas do negócio, recebe apoio dos gerentes-gerais e apoia a estratégia de negócio), o aprendizado é valorizado na cultura da organização, o aprendizado se relaciona ao desempenho individual e da empresa e o investimento é feito em iniciativas de aprendizado. A Tabela 1.8 mostra outras características das vencedoras do prêmio BEST. Como será discutido no Capítulo 2, as vencedoras do BEST estão envolvidas com treinamento e desenvolvimento estratégicos que apoiam as estratégias de negócio e possuem resultados mensuráveis. Entre as vencedoras do prêmio existem 32 empresas com uma média de 24.875 funcionários. A Tabela 1.9 compara as empresas vencedoras às empresas do *Benchmark*: as vencedoras do prêmio BEST usam mais tecnologias de aprendizado, como treinamento oferecido pela Internet, e gastam menos tempo em treinamentos presenciais. Além disso, nas empresas vencedoras os funcionários envolveram-se com aprendizado uma média de 24 horas a mais do que os outros.

Que tipos de cursos foram adquiridos com a verba para treinamento? O conteúdo não apresentou variações significativas entre as empresas do Benchmarking e as empresas vencedoras do prêmio BEST. Para as primeiras, as três áreas de conteúdo mais trabalhadas no aprendizado são gerenciamento e conteúdo específico da indústria ou profissão, conteúdos de regras/normas e conformidade, procedimentos e práticas de negócio. Já para as premiadas, as três áreas mais trabalhadas são conteúdo específico da indústria ou profissão, processos, procedimentos e práticas de negócio e treinamento gerencial.

TABELA 1.8 Características dos vencedores do prêmio BEST

Alinhamento da estratégia de negócio com o treinamento e o desenvolvimento
Apoio visível de executivos seniores
Eficiência em treinamento e desenvolvimento através de melhoria de processos internos, uso de tecnologia e terceirização
Eficácia nas práticas através do alinhamento do treinamento e do desenvolvimento com as necessidades do negócio e disponibilização dos programas para todos os funcionários conforme a necessidade deles
Investimento em treinamento e desenvolvimento
Oportunidades diferentes de aprendizado são oferecidas
Medição da eficácia e da eficiência das atividades de treinamento e desenvolvimento
Soluções sem treinamento são utilizadas para a melhoria do desempenho, incluindo o desenvolvimento da organização e a melhoria dos processos

Fonte: A. Paradise, *2008 State of the Industry Report* (Alexandria, VA: American Society for Training and Development, 2008).

TABELA 1.9 Comparação entre vencedoras do prêmio BEST e as empresas do *Benchmark*

	Empresa do Benchmark	Empresa vencedora do prêmio BEST
Quantidade de treinamento recebida por funcionário	32 horas	56 horas
Quantidade gasta com treinamento		
▪ Porcentagem da folha de pagamento	2,7%	3,3%
▪ Por funcionário	$ 1.228	$ 1.073
Porcentagem média de horas de aprendizado realizadas através de tecnologias de aprendizado	29%	32%
Porcentagem média de treinamento presencial, orientado por um instrutor	70%	67%

Fonte: M. Green and E. McGill, "The 2011 State of the Industry," *T+D* (November 2011): 45-50.

Funções, competências e posições do profissional de treinamento

Os instrutores podem deter vários cargos, como *designer* instrucional, instrutores técnico e analista de necessidades, e cada ocupação possui funções específicas. Uma das funções do analista, por exemplo, é resumir os dados coletados através de entrevistas, observação e até mesmo pesquisas para obter um entendimento das necessidades de treinamento para um cargo específico ou para um conjunto de cargos (um grupo de cargos). Conhecimentos, habilidades e comportamentos especiais, conhecidos como competências, são necessários ao desempenho de cada uma das funções. O analista precisa entender de estatística básica e métodos de pesquisa para saber que tipo de dados deve coletar e como resumir os dados para determinar as necessidades de treinamento.

O estudo mais abrangente sobre profissionais de treinamento foi realizado pela ASTD.[110] A Figura 1.5 mostra o modelo de competências da ASTD, que descreve o que é necessário para que uma pessoa seja bem-sucedida no ramo de treinamento e desenvolvimento. O topo do modelo mostra as funções que um profissional do ramo pode assumir. O gestor do aprendizado decide a melhor forma de utilizar o aprendizado no ambiente de trabalho em concordância com a estratégia de negócio da empresa. O parceiro de negócios utiliza o conhecimento da indústria e do negócio para criar um treinamento que melhore o desempenho. O gerente de projeto planeja, obtém e monitora a oferta eficaz de soluções de aprendizado e desempenho que apoiem o negócio. E o especialista elabora, desenvolve, oferece e avalia as soluções de aprendizado e desempenho. Essas funções são incluídas em cargos como agente de mudanças organizacionais, conselheiro de carreiras, *designer* instrucional e instrutor de sala de aula. Os gerentes do departamento de treinamento gastam um tempo considerável com as funções de parceiro de negócios e estrategista de aprendizado. Eles podem estar envolvidos com a função de gerente de projeto, mas por terem outras responsabilidades, envolvem-se menos do que os especialistas que detêm outros cargos. Também pode ser solicitado que os gerentes de recursos humanos desempenhem funções de treinamento, embora a sua responsabilidade principal seja a supervisão das funções de recursos humanos da empresa (p. ex., recrutamento, compensações e benefícios).

A segunda camada do modelo engloba as áreas de especialidade, habilidades técnicas e profissionais específicas e o conhecimento necessário para o sucesso (p. ex., *design* de aprendizado, oferecimento do treinamento). Embora os profissionais de treinamento

FIGURA 1.5 Modelo de competências da ASTD em 2011

```
                        EXECUÇÃO BEM-SUCEDIDA

                            Gestor
                              do
                           aprendizado

                         Parceiro de
                           negócios

                   Gerente              Especialista
                   de projeto

                  Funções de aprendizado e
                desempenho no ambiente de trabalho
              Planejamento de carreira e gestão de talentos
                            Coaching
                   Oferecimento do treinamento
                     Design do aprendizado
              Facilitação de mudanças organizacionais
                    Melhoria do desempenho
          Gestão do conhecimento organizacional/aprendizado social
                Gestão da função de aprendizado
                      Medição e avaliação
                     Áreas de especialidade

   INTERPESSOAL              NEGÓCIO/GESTÃO              PESSOAL
   – Construção da confiança – Análise das necessidades  – Demonstração de adaptabilidade
   – Comunicação eficaz        e proposta de soluções    – Modelo de desenvolvimento
   – Influência sobre as      – Aplicação de perspicácia  pessoal
     partes interessadas       para o negócio
   – Alavanca da diversidade  – Condução dos resultados
   – Networking e parcerias   – Planejamento e implantação de projetos
                              – Pensamento estratégico

                    COMPETÊNCIAS FUNDAMENTAIS
                    Modelo de competências da ASTD
   Transmissão de competências de aprendizado e desempenho com as perspectivas global, tecnológica e de negócio.

              FOCO                         FUNDAMENTOS
```

Fonte: Reproduzido com permissão da American Society of Training and Development. From M. Allen and J. Naughton, "Social Learning: A Call to Action for Learning Professionals," *T+D* (August 2011): 50-55. Permissão concedida através de Copyright Clearance Center, Inc.

usem a maior parte do tempo com o *design* de aprendizado, oferecimento de treinamento, gestão da função de aprendizado e *coaching*, eles também passam algum tempo em outras áreas. O modelo reconhece o aprendizado social em que se aprende com os outros usando ferramentas de *networking* em uma área de especialidade importante.

As competências fundamentais são a base do modelo de competências. Elas englobam competências de gestão e negócios e competências pessoais. As competências fundamentais são importantes seja qual for a área de especialidade ou a função do instrutor, variando até que ponto elas são utilizadas em cada função ou especialidade.

Os cargos tradicionais limitados ao departamento de treinamento, que focam em um só tipo de especialidade (p. ex., *design* instrucional ou redator técnico), estão sofrendo mudanças, já que possuir várias áreas de especialidade torna-se cada vez mais necessário para que o treinamento e o desenvolvimento contribuam para o negócio. A gestão de projetos exige o conhecimento de novas tecnologias para treinamento (p. ex., aprendizado oferecido pela *web*, CD-ROM e sistemas de gestão do conhecimento) e a habilidade de gerenciar gerentes, engenheiros, cientistas e outros profissionais que possam ter mais experiência, conhecimento ou perícia técnica do que o instrutor.

Para dar uma ideia da variedade de responsabilidades e especialidades exigidas dos profissionais em treinamento, a Tabela 1.10 apresenta um exemplo para um cargo de desenvolvedor de currículos/*designer* instrucional que foi postado no *site* da ASTD.

A Tabela 1.11 mostra os salários médios para profissionais de treinamento. Tenha em mente que raramente alguém detém os cargos mais bem remunerados (gerente de treinamento, gerente de nível executivo) sem que desenvolva competências em diversas funções de treinamento.

Quem oferece treinamento?

Na maioria das empresas, atividades de treinamento e desenvolvimento são oferecidas por instrutores, gerentes, consultores e funcionários especialistas. Entretanto, como mostra a representação das práticas de treinamento, essas atividades também podem ser

TABELA 1.10 Exemplos de empregos postados no *site* da ASTD

Desenvolvedor de currículos/*Designer* instrucional

Visão geral do cargo: Você trabalhará em várias áreas de conteúdo, incluindo competências sociais, tecnologia e treinamento em processos com forte ênfase na aplicação prática. Como membro dessa equipe, você trabalhará de forma prática nos seus projetos, desde a elaboração até a avaliação, lado a lado com especialistas no assunto e com a Equipe de Liderança.

Responsabilidades:
- Desenvolver o conteúdo de novos cursos
- Atualizar o conteúdo dos cursos existentes
- Proporcionar a revisão dos cursos e sessões de *feedback*
- Fomentar atividades e tarefas de melhoria contínua
- Produzir iterativa e rapidamente conteúdo de treinamento em sala de aula e *on-line* muito eficaz e envolvente, tendo como base os requisitos do negócio descobertos em interações frequentes com especialistas e executivos da área
- Desenvolver e supervisionar ofertas de treinamento como leitura, demonstrações, atividades práticas, encenações, identificação de amostras de ligações, auxílios, conferências de conhecimento, materiais de estudo individual e outros
- Desenvolver cenários de ligação representativos através de encenações/práticas e critérios para apoiar os Assistentes de Saúde aprendendo a lidar com as ligações dos clientes (inclusão de materiais de apoio no Ambiente de Treinamento com base na Gestão de Relacionamento com o Cliente)
- Criação de conteúdo para apoiar os recém-contratados e atividades de treinamento contínuas com base na Teoria de Aprendizagem do Adulto e que tenham capacidade de suportar vários estilos de aprendizado, que vão desde uma hora até vários meses de duração
- Trabalhar em várias ofertas/cursos concomitantemente
- Trazer ideias criativas para os cursos
- Facilitar o projeto de cursos, produzir e revisar sessões de *feedback* junto às partes interessadas – incorporar na oferta entradas e pontos de *feedback* diferentes
- Atualizar regularmente o conteúdo dos cursos existentes tendo como base as mudanças no processo ou sistema do negócio, além de aperfeiçoamentos gerais
- Junto ao *feedback*, obter resultados de avaliação dos cursos e ser proativo na identificação de oportunidades de melhoria

Qualificações e experiência desejáveis:
- Habilidade comprovada na produção de ofertas de alta qualidade e pontualidade, utilizando vários métodos de oferta
- Habilidade comprovada em trabalhar em um ambiente acelerado e dinâmico
- Conhecimento consolidado de Microsoft Office Suite
- Experiência anterior com Gestão de Relacionamento com o Cliente, centrais de atendimento, seguros-saúde e treinamento em habilidades sociais é altamente desejável

Características pessoais desejáveis:
- Habilidades de comunicação eficazes, capacidade de trabalhar com indivíduos de todos os níveis, de diversas proveniências e personalidades
- Habilidades multitarefa, capacidade de pensar rápido e sob pressão e solução criativa de problemas
- Organizado, confiável e detalhista
- Habilidade em gerenciar a sua própria carga de trabalho e prioridades
- Habilidades de comunicação excelentes

Fonte: Retirado de cargos postados no *site* da ASTD, www.astd.org, acesso em 6 de dezembro, 2011.

TABELA 1.11 Salários médios para profissionais de treinamento

Treinamento de Nível Executivo/Gerente de Desenvolvimento de Recursos Humanos	$ 124.811
Gerente de Nível Executivo	$ 127.202
Gerente do Departamento de Treinamento (1-5 instrutores subordinados)	$ 86.301
Gerente do Departamento de Treinamento (mais de 5 instrutores subordinados)	$ 98.614
Departamento de Treinamento formado por um só profissional	$ 71.512
Instrutor/Treinador de sala de aula	$ 65.653
Designer instrucional	$ 74.691
Designer/Gerente de Treinamento em Computador/Web/Programador Multimídia	$ 81.009
Especialista em Desenvolvimento de Gestão/Carreira/Organização	$ 81.675
Gerente/Especialista de Recursos Humanos	$ 73.492

Fonte: Baseado em "Training's 2011 Growth Spurt," *training* (November/December 2011): 36-41.

terceirizadas. A **terceirização** ocorre quando as atividades de treinamento são oferecidas por pessoas de fora da empresa, incluindo faculdades e universidades, instituições técnicas ou vocacionais, fornecedores, consultores e empresas de consultoria, sindicatos, organizações profissionais e organizações governamentais. Falaremos sobre terceirização no Capítulo 2.

Quem é responsável pelo treinamento?

O treinamento e o desenvolvimento podem ser de responsabilidade de profissionais de recursos humanos, desenvolvimento de recursos humanos ou desenvolvimento organizacional.[111] As empresas também podem ter funções ou departamentos inteiros chamados recursos humanos, desenvolvimento de recursos humanos, gestão ou desenvolvimento de talentos ou desenvolvimento organizacional que ofereçam o treinamento.

Em empresas pequenas, o treinamento fica a cargo do fundador e de todos os funcionários. Quando as empresas chegam a 100 funcionários, o normal é que alguém dentro da empresa fique responsável pelos recursos humanos, seja como parte de seu trabalho ou como sua única atribuição. Nesse ponto, o treinamento torna-se uma das responsabilidades do funcionário encarregado do RH. Em organizações de médio ou grande porte, o treinamento pode ser responsabilidade de profissionais de recursos humanos, ou então vir de uma função separada conhecida como desenvolvimento de recursos humanos, gestão de talentos, desenvolvimento, aprendizado ou desenvolvimento organizacional.

O **desenvolvimento de recursos humanos** refere-se ao uso integrado de treinamento e desenvolvimento, desenvolvimento organizacional e desenvolvimento de carreira para melhorar a eficácia individual, coletiva e organizacional. Os profissionais dessa área podem estar envolvidos em análise de cargos e tarefas, *design* de sistemas instrucionais, treinamento no local de trabalho e melhoria de desempenho individual. Também podem focar em treinamento, em construção de equipes, em evitar conflitos, em desenvolvimento de funcionários e em gestão de mudanças. Os profissionais de gestão de talentos podem ter como foco a identificação dos maiores talentos da empresa e garantir que eles recebam o treinamento e o desenvolvimento necessários para promovê-los ou prepará-los para novas funções. Os profissionais de aprendizado podem focar em atividades de treinamento e desenvolvimento formais, bem como garantir a ocorrência de aprendizado informal e de compartilhamento de conhecimento através do uso das redes sociais. Como você pode observar, as atividades podem ser de responsabilidade da gestão de recursos humanos, desenvolvimento de recursos humanos e departamentos e profissionais de desenvolvimento organizacional. Tenha em mente que independentemente de qual indivíduo, departamento ou função seja responsável, é preciso que funcionários, gerentes, profissionais de treinamento e gerentes gerais apropriem-se do treinamento para que ele seja bem-sucedido. Ao longo deste livro, é construído o argumento de que ainda que o treinamento seja uma responsabilidade formal do trabalho de alguém, os funcionários de todos os níveis têm participação no êxito do processo. Além disso, seja qual for a função ou departamento responsável por treinamento e desenvolvimento, é preciso que esteja alinhado com a estratégia de negócio e que dê apoio às necessidades de negócio. Pode ser que os profissionais responsáveis pelo programa tenham áreas de especialidade, como especialistas em gestão de mudanças para desenvolvimento organizacional, além das responsabilidades com treinamento. Como mostra a Figura 1.5, é preciso que os profissionais entendam o negócio e dominem as competências e áreas de especialidade para conduzirem o aprendizado no ambiente de trabalho.

Conforme as empresas crescem e/ou reconhecem a importância do treinamento para o sucesso do negócio, elas criam uma função inteiramente dedicada ao treinamento e desenvolvimento (a organização das funções de treinamento é discutida no Capítulo 2). A função de treinamento pode englobar *designers* instrucionais, instrutores, técnicos e especialistas em tecnologia instrucional.

A relação entre a função de gestão de recursos humanos e a função de treinamento variam entre uma empresa e outra.[112] Algumas organizações incluem o treinamento na função de recursos humanos por acreditarem que isso cria parcerias estratégicas com outras funções do negócio e treinamento consistente em toda a empresa. Na Life Care Centers of America, uma empresa com sede no Tennessee que opera instalações de assistência ao idoso, o treinamento é incluso no departamento de recursos humanos porque a empresa acredita que ele faz parte dessa especialidade, acrescentando a habilidade de escrever um currículo de treinamento e avaliar o aprendizado. Estar localizado no departamento de recursos humanos otimiza o uso de recursos e ajuda a comunicar uma mesma cultura de gestão.

Outras empresas separam o treinamento dos recursos humanos porque isso permite que a função de treinamento seja descentralizada para atender melhor às necessidades particulares de cada unidade do negócio. O departamento de treinamento e desenvolvimento da A. G. Edwards possui um centro de aprendizado e desenvolve programas de treinamento para os seus consultores financeiros e funcionários.[113] Representantes do departamento fazem reuniões frequentes com o comitê de gestão da empresa na sede corporativa da mesma, bem como com administradores regionais e gerentes de filiais, para mostrarem como o treinamento pode apoiar os objetivos do negócio. Um novo programa de certificação de gerente de filial deu certo porque os gerentes estavam envolvidos na identificação de lacunas nas habilidades e puderam dar sugestões para a elaboração do programa. Os gerentes de filias apropriaram-se do programa e ajudaram a desenvolver a proposta apresentada aos gerentes corporativos para receber verba e aprovação para o programa. Seja qual for a abordagem organizacional escolhida para a função de treinamento, é preciso que atenda às necessidades de treinamento do negócio.

Como se preparar para trabalhar com treinamento

Todos são instrutores em algum momento da vida. Pense na última vez que você ensinou algo a um colega, irmão, cônjuge, amigo ou até mesmo ao seu chefe. Ainda que se possa aprender a treinar através de tentativa e erro, a melhor forma de fazê-lo é através de cursos ou até mesmo de uma formação acadêmica relacionada ao tema. Cadeiras de treinamento e desenvolvimento podem ser encontradas nas áreas de Educação, Administração e Psicologia em faculdades e universidades. As escolas de negócios também oferecem diplomas em gestão de recursos humanos, com disciplinas de treinamento e desenvolvimento, gestão de talentos e desenvolvimento organizacional. Também existem diplomas de graduação e pós-graduação em aprendizagem e desenvolvimento de recursos humanos, como cursos de *design* instrucional, desenvolvimento de currículos, aprendizado de adultos, avaliação e treinamento no local de trabalho. Departamentos de Psicologia também contam com disciplinas de treinamento e desenvolvimento, como parte de um programa de certificação em psicologia industrial e organizacional. Se você tem a sorte de estar em uma grande universidade, pode escolher disciplinas de Educação, Gestão e Psicologia relacionadas ao tema.

Ser um profissional de treinamento bem-sucedido exige que você se mantenha atualizado quanto às pesquisas e práticas de treinamento. Nos Estados Unidos, as organizações mais importantes para quem está interessado em treinamento e desenvolvimento são a ASTD, a Academy of Human Resource Development (Academia de Desenvolvimento de Recursos Humanos, AHRD), a SHRM, Society for Industrial and Organizational Psychology (Sociedade de Psicologia Industrial e Organizacional, SIOP), a AOM, Academy of Management (Academia de Gestão, AG) e a ISPI, International Society for Performance Improvement (Sociedade Internacional para a Melhoria do Desempenho, SIMD). Você encontra artigos sobre práticas de treinamento nos seguintes periódicos (em inglês): *Training, T +D, Training and Development, Chief Learning Officer, Workforce Management, HR Magazine, Academy of Management Executive* e *Academy of Management Learning and Education*. Pesquisas sobre treinamento e desenvolvimento encontram-se nos seguintes periódicos (em inglês): *Human Resource Development Quarterly, Human Resource Development Review, Performance Improvement, Personnel Psychology, Journal of Applied Psychology, Academy of Management Journal* e *Human Resource Management*.

Palavras-chave

aprendizado, *5*
aprendizado contínuo, *18*
aprendizado informal, *6*
arranjos alternativos de trabalho, *36*
capital cliente, *15*
capital humano, *6*
capital intelectual, *15*
capital social, *15*
competitividade, *4*
conhecimento explícito, *6*
conhecimento tácito, *7*
desenvolvimento, *6*
desenvolvimento de recursos humanos, *46*

engajamento dos funcionários, *17*
equipes de trabalho, *37*
equipes virtuais, *38*
Gestão da Qualidade Total (Total Quality Management, TQM), *29*
gestão do conhecimento, *7*
gestão de recursos humanos, *4*
gestão de talentos, *24*
Instructional System Design (ISD), *9*
ISO 10015, *32*
ISO 9000:2000, *30*
lean thinking, *32*
Malcolm Baldrige National Quality Award, *30*

mudança, *18*
offshoring, *14*
organização que aprende, *19*
partes interessadas (*stakeholders*), *5*
processo de elaboração do treinamento, *8*
processo Seis Sigma, *32*

terceirização, *46*
trabalhadores do conhecimento, *17*
treinamento, *6*
treinamento cruzado, *37*
treinamento e desenvolvimento formais, *6*
vantagem competitiva, *4*

Questões para debate

1. Descreva as forças que influenciam o ambiente de trabalho e o aprendizado. De que forma o treinamento pode ajudar as empresas a lidarem com essas forças?
2. Discuta qual a relação entre treinamento e desenvolvimento formais, aprendizado informal e gestão do conhecimento. Como estão ligados ao aprendizado e à criação de uma organização que aprende?
3. Quais são os passos do modelo de elaboração de treinamento? Qual o passo que você considera o mais importante? Por quê?
4. O que são ativos intangíveis? Qual a relação deles com treinamento e desenvolvimento?
5. Como utilizar o treinamento em prol da empresa em tempos econômicos difíceis?
6. Os profissionais da área de treinamento ainda discutem se o modelo ISD é falho. Alguns dizem que o ISD deveria ser tratado como um projeto de gestão e não como um manual passo a passo para a elaboração de programas de treinamento. Outros sugerem que o modelo é um processo muito rígido e linear e leva muito tempo para ser desenvolvido, tornando-se o principal motivo pelo qual treinamentos são caros. O ISD foca nas entradas, enquanto a gestão quer saídas. Os negócios querem resultados e não o uso de uma tecnologia de elaboração. Você considera o ISD um processo útil? Por quê? Existem situações em que ele é uma maneira mais (ou menos) eficaz de elaborar um treinamento?
7. Qual das funções desempenhadas por profissionais de treinamento você considera a mais difícil de aprender? E a mais fácil?

8. Como a tecnologia pode influenciar a importância das funções do profissional de treinamento? A tecnologia pode diminuir a importância de alguma delas? Será que a tecnologia pode criar novas funções?
9. Descreva os treinamentos dos quais você já participou. De que forma eles o ajudaram? Dê sugestões para a melhoria dos cursos.
10. Qual a diferença entre o treinamento em empresas vencedoras do prêmio BEST e as outras?
11. Quais são as implicações das diferenças geracionais na força de trabalho? Da perspectiva do treinamento e do desenvolvimento, quais estratégias deveriam ser pensadas pelas empresas para lidar com as diferenças geracionais e usá-las a seu favor?
12. De que forma as novas tecnologias aprimoraram o treinamento e o desenvolvimento? Quais são as limitações ao utilizar smartphones ou outros aparelhos portáteis e pequenos para treinamento?
13. Explique a relação entre o treinamento e a atração de novos funcionários, a retenção e a motivação.
14. Qual a relação entre a gestão de talentos e o engajamento dos funcionários? Qual o papel desempenhado pelo treinamento e pelas práticas de desenvolvimento para manter o alto engajamento do funcionário durante tempos econômicos difíceis? Explique.
15. De que forma treinamento, aprendizado informal e gestão do conhecimento se beneficiam do uso de ferramentas colaborativas como o Twitter e o Facebook? Identifique a ferramenta social colaborativa e explique os possíveis benefícios do seu uso.

Exercícios de aplicação

1. Se você tem conhecimentos de inglês e acesso à Internet, acesse a página da American Society for Training and Development (ASTD). O endereço é www.astd.org. Bem ao final da página, revise os cargos encontrados em "Featured Jobs". Escolha um que seja do seu interesse e explique por quê. Tendo como base o modelo de competências da ASTD que foi apresentado no capítulo, discuta as funções, áreas de especialidade e competências necessárias para o cargo.
2. Vá ao endereço www.nist.gov/baldrige/, *site* do National Institute of Standards and Technology (NIST). O NIST supervisiona o prêmio Malcolm Baldrige Quality Award. Clique em "2013-2014 Baldrige Criteria for Performance Excellence". Baixe e leia os critérios de premiação. Quais questões são utilizadas para determinar o foco em ensino, treinamento e desenvolvimento de uma empresa?
3. A NewBarista criou um programa de treinamento para baristas. Acesso o *site* www.newbarista.com. Clique em "About Us" para saber mais sobre a NewBarista. Depois clique em "Features", e veja a visão geral do programa. Quais tecnologias são usadas no programa para oferecer treinamento e

educação? Como elas contribuem para que os baristas aprendam as habilidades necessárias para tirar uma ótima xícara de café?
4. Faça uma entrevista por telefone ou pessoalmente com um gerente ou gerente de treinamento. Peça que ele descreva o papel desempenhado pelo treinamento na sua empresa, as mudanças (se houver) que perceberam no treinamento nos últimos cinco anos e como imaginam que será no futuro.
5. Em janeiro de 2012 a revista *Training* identificou as 125 melhores empresas para treinamento. As dez primeiras colocadas foram:
    1. Verizon
    2. Farmers Insurance
    3. Miami Children's Hospital
    4. Mohawk Industries, Inc.
    5. McDonald's USA, LLC
    6. The Economical Insurance Group
    7. ABF Freight Systems, Inc.
    8. BB&T Company
    9. Coldwell Banker Real Estate
    10. McCarthy Building Companies

Escolha uma delas para realizar uma pesquisa. Visite o *site* da empresa, faça busca *on-line* ou procure por referências à empresa em publicações como *Training, T + D, Workforce* ou *HR Magazine* (em inglês). Faça um relatório (com até três páginas) da pesquisa, sendo: (a) descreva por que você acha que a empresa está entre as 10 primeiras; e (b) explique a relação entre treinamento e competitividade, metas de negócio e objetivos da empresa. O seu orientador dirá se o relatório deve ser entregue em formato eletrônico ou impresso. (*Dica*: motivos possíveis para a boa classificação da empresa incluem o quanto é investido em treinamento, o nível de envolvimento dos funcionários com o treinamento e o tipo de treinamento utilizado.)

Caso

Zappos: *Como enfrentar desafios de competitividade*

A Zappos é uma empresa de varejo *on-line* com sede em Las Vegas. A sua meta inicial é ser o melhor *site* para se comprar calçados, oferecendo uma ampla variedade de marcas, estilos, cores, tamanhos e formas. A marca zappos.com cresceu e agora oferece sapatos, bolsas, óculos, relógios e acessórios. A visão da Zappos é que no futuro as vendas pela Internet representem 30% de todas as vendas de varejo nos Estados Unidos, sendo que a Zappos será a empresa com o melhor serviço e seleção de produtos. Como resultado, a empresa acredita que pode tornar-se a líder no serviço *on-line*, atraindo clientes e expandindo para a venda de outros produtos. Para a empresa, a velocidade com que o cliente recebe uma compra via *site* é um ponto crítico na forma como o consumidor cogitará comprar *on-line* novamente no futuro. Por esse motivo, a empresa tem como foco garantir que os produtos sejam entregues o mais rápido possível.

Em 2009, a Zappos foi adquirida pelo grupo Amazon.com, Inc., que compartilha a mesma paixão pelo serviço ao consumidor. Em 2010, houve um enorme crescimento e a consequente necessidade de reorganização da empresa, sendo reestruturada em 10 empresas separadas, incluindo a Zappos.com, Inc. (a empresa de gestão) e as empresas dedicadas ao varejo, cartões-presente, *merchandising* e preenchimento de pedidos. A Zappos recebeu muitos prêmios pela cultura e práticas no ambiente de trabalho, e foi eleita pela revista Fortune a sexta colocada como Melhor Empresa para Trabalhar em 2011.

O diretor executivo da Zappos, Tony Heish, moldou a cultura, a marca e a estratégia de negócio da empresa em torno de 10 valores centrais:
1. Surpreender através do serviço.
2. Acatar e guiar as mudanças.
3. Criar diversão e certa esquisitice.
4. Ser aventureiro, criativo e ter a mente aberta.
5. Buscar o crescimento e o aprendizado.
6. Construir relações abertas e honestas através da comunicação.
7. Construir um espírito positivo de equipe e de família.
8. Fazer mais com menos.
9. Ter paixão e determinação.
10. Ser humilde.

Encantar através do serviço significa que os funcionários da central de atendimento precisam oferecer um serviço excelente ao cliente. Eles incentivam quem liga para a central a pedir mais de uma cor ou tamanho porque o frete e a devolução são gratuitos. Os atendentes também são incentivados a usar a imaginação para atender às necessidades do consumidor.

As práticas de emprego da Zappos ajudam a perpetuar a cultura da empresa. As equipes de RH utilizam perguntas incomuns nas entrevistas, como "Você é muito esquisito?" ou "Qual é a sua música tema?" para encontrar funcionários que sejam criativos e únicos. A Zappos oferece café da manhã gratuito, almoço (frios) e lanches, além de um *life coach* em tempo integral (os funcionários precisam sentar em um trono de veludo vermelho para fazer reclamações). Os gerentes são encorajados a passar um tempo com os funcionários fora do escritório e qualquer funcionário pode oferecer um bônus de US$ 50 para um colega que tenha bom desempenho. A maioria dos funcionários da Zappos recebe por hora. Todos os novos contratados realizam quatro semanas de treinamento, incluindo duas semanas trabalhando na telefonia. Os principiantes recebem uma oferta de US$ 2.000 para deixar a empresa durante o treinamento, uma prática incomum criada para eliminar pessoas que não ficarão felizes em trabalhar para a empresa.

Para reforçar a importância dos 10 valores centrais, o sistema de gestão de desempenho da Zappos pede aos gerentes que avaliem se o comportamento dos funcionários reflete os valores, como ser humilde e expressar a própria personalidade. Para avaliar o desempenho em determinadas tarefas, os gerentes devem fornecer relatórios de status aos funcionários com informações como quanto tempo ficaram ao telefone com clientes. Os relatórios e as avaliações são informativas e usadas para identificar necessidades de treinamento. A Zappos acha importante as pessoas entenderem o que inspirou a cultura da empresa. Assim foi construída a biblioteca zappos.com, que oferece uma coleção de livros sobre como criar paixão pelo serviço ao consumidor, por produtos e pelas comunidades locais. Os livros encontram-se no lobby dos escritórios da empresa e são bastante consultados e discutidos pelos funcionários.

Visite o *site* da Zappos, www.zappos.com (em inglês). Vá até o final da página e clique em "About". Veja os vídeos, o kit de mídia, as informações oferecidas sobre serviço ao consumidor, a história da empresa, a cultura e os valores.

Quais são os desafios enfrentados pela Zappos que podem atrapalhar a sua tentativa de ser a melhor loja de varejo on-line? Como o treinamento e o desenvolvimento ajudam a Zappos a enfrentar esses desafios? Você acha que os funcionários da empresa possuem altos níveis de engajamento? Por quê? Qual dos valores centrais pode ser mais influenciado pelo treinamento e desenvolvimento? E menos? Por quê?

Fontes: Baseado no site da Zappos, www.zappos.com; J. O'Brien, "Zappos Knows How to Kick It," *Fortune* (February 2, 2009): 55-66; M. Moskowitz, R. Levering, and C. Tkaczyk, "100 Best Companies to Work For," *Fortune* (February 7, 2011): 91-101; R. Pyrillis, "The reviews are in," *Workforce Management* (May 2011): 20-25.

Notas

1. J. Quinn, P. Andersen, and S. Finkelstein, "Leveraging intellect," *Academy of Management Executive*, 10 (1996): 7-39.
2. J. Roy, "Transforming informal learning into a competitive advantage," *T+D* (October 2010): 23-25; P. Galagan, "Unformal, the new normal," *T+D* (September 2010): 29-31.
3. S. I. Tannenbaum, R. Beard, L. A. McNall, and E. Salas, "Informal Learning and Development in Organizations," In *Learning, Training, and Development in Organizations*, eds. S.W.J. Kozlowski and E. Salas (New York: Routledge, 2010); D. J. Bear, H. B. Tompson, C. L. Morrison, M. Vickers, A. Paradise, M. Czarnowsky, M. Soyars, and K. King, 2008. *Tapping the Potential of Informal Learning: An ASTD Research Study* (Alexandria, VA: American Society for Training and Development).
4. T. Bingham and M. Conner, *The New Social Learning* (Alexandria, VA: ASTD Press, 2010).
5. I. Nonaka and H. Takeuchi, *The Knowledge-Creating Company: How Japanese Companies Create the Dynamics of Innovation* (New York: Oxford University Press, 1995).
6. D. DeLong and L. Fahey, "Diagnosing cultural barriers to knowledge management," *Academy of Management Executive*, 14 (2000): 113-117; A. Rossett, "Knowledge management meets analysis," *Training and Development* (May 1999): 63-68.
7. "Training Top 125," *training* (January/February 2011): 57.
8. V. Powers, "Virtual communities at Caterpillar foster knowledge sharing," *T+D* (June 2004) : 40-45.
9. M. Green and E.McGill, *State of the Industry*, 2011 (Alexandria, VA: American Society for Training and Development, 2011); M. Weinstein, "Long-range learning plans," *training* (November/December 2010): 38-41.
10. L. Freifeld, "PWC does it again," *training* (February 2009): 24-28.
11. M. Molenda, "In search of the elusive ADDIE model," *Performance Improvement* (May/June 2003): 34-36; C. Allen (ed.), "ADDIE training system revisited," *Advances in Developing Human Resources* 8 (2006): 427-555.
12. G. Snelbecker, "Practical Ways for Using Theories and Innovations to Improve Training," in *The ASTD Handbook of*

Instructional Technology, ed. G. Piskurich (Burr Ridge, IL: Irwin/McGraw-Hill, 1993): 19.3-19.26.

13. "American infrastructure: A cornerstone for learning," *T+D* (October 2008), 66-67.

14. R. Zemke and A. Rosett, "A hard look at ISD," *training* (February 2002): 26-34; R. Brinkerhoff and A. Apking, *High-Impact Learning*.(Perseus Publishing, 2001)

15. R. Chevalier, "When did ADDIE become addie?" *Performance Improvement* (July 2011):10-14.

16. H. Dolezalek, "Who has the time to design?" *training* (January 2006): 25-28.

17. F. Hansen, "Chief concern: Leaders," *Workforce Management* (July 20, 2009): 17-20: *SHRM's 2012 HR Trendbook, Special Supplement to HR Magazine* (December 2011): 51-99; K. Colteryahn and P. Davis, "8 trends you need to know now," *T+D* (January 2004): 29-36; M. Weinstein, "What does the future hold?" *training* (January 2006): 18-22; K. Tyler, "Training revs up," *HR Magazine* (April 2005): 58-63; B. Hall, "The top training priorities for 2005," *Training* (February 2005): 22-29; Society for Human Resource Management, "HR insight into the economy," *Workplace Visions* 4 (2008): 4; Society for Human Resource Management, "Workplace trends: An overview of the findings of the latest SHRM workplace forecast," *Workplace Visions* 3 (2008): 1-6.

18. J. Hagerty, "U.S. factories buck decline," *The Wall Street Journal* (January 19, 2011): A1-A2; J. Lahart, "Layoffs ease, but hiring is still slow," *The Wall Street Journal* (February 9, 2011): A2; Ian Katz and Bob Willis, "A CEO's dilemma: When is it safe to hire again?" *Bloomberg Business Week* (January 17-January 23, 2011): 22-24; Mark Hulbert (July 15, 2010). "It's dippy to fret about a double-dip recession," *The Wall Street Journal*; I. Wyatt and K. Byun, "The U.S. economy to 2018: From recession to recovery," *Monthly Labor Review* (November 2009): 11-29.

19. B. Casselman and J. Mitchell, "Jobless rate nears three-year low," *The Wall Street Journal*, (December 3-4, 2011): A1 and A5. S. Reddy and S. Murray, "Jobless rate falls further," *The Wall Street Journal* (March 5-6, 2011): A1,A2; R. Miller and V. Chen, "Hey, the U.S. economy does have a pulse," *Bloomberg Business Week* (October 17-23, 2011): 25-26; B. Cronin, "Slow recovery feels like a recession," *The Wall Street Journal* (October 31, 2011): A5; J. Mitchell and S. Murray, "Recession fears recede as economy grows 2.5%," *The Wall Street Journal* (October 28, 2011): A3; T. Keene, "2012: The crisis that won't go away," *Bloomberg Business Week* (November 7-November 13, 2011): 53-60.

20. J. Mitchell, "Grim job report sinks markets," *The Wall Street Journal* (June 2-3, 2011): A1, A6; J. Lublin, "The toll on parents when kids return home," *The Wall Street Journal* (November 10, 2011): B6.

21. J. McGregor, "Keeping talent in the fold," *BusinessWeek* (November 3, 2008): 51-52; D. Mattioli, "Despite cutbacks, firms invest in developing leaders," *The Wall Street Journal* (February 9, 2009): B4.

22. "Manufacturing: Engine of U.S. innovation," *National Association of Manufacturing* (October 4, 2006), available at website www.nam.org (January 21, 2009).

23. S. Kennedy, "U.S. won't dominate New World economy," *Columbus Dispatch* (January 16, 2011): G2.

24. D. Wessel, "Big U.S. firms shift hiring abroad," *The Wall Street Journal* (April 19, 2011): B1-B2.

25. M. Sanchanta, "Gap expands Japan push," *The Wall Street Journal* (March 2, 2011): B8.

26. M. Wei, "East meets west at Hamburger University," *Bloomberg Business Week* (January 31-February 6, 2011): 22-23.

27. Ibid.

28. C. Hymowitz, "IBM combines volunteer service, teamwork to cultivate emerging markets," *The Wall Street Journal* (August 4, 2008): B6.

28a. M. Horrigan, "Employment projections to 2012: Concepts and contexts," *Monthly Labor Review* 127 (February 2004): 3-22.

29. "The people problem," *Inc.* (May 29, 2001): 84-85.

30. "Manufacturing: Engine of U.S. innovation." *National Association of Manufacturing* (October 4, 2006), available at website www.nam.org (January 21, 2009).

31. R. Zeidner, "Does the United States need foreign workers?" *HR Magazine* (June 2009): 42-47; U.S. Department of Homeland Security, *Yearbook of Immigration Statistics: 2009*. Washington, D.C.: U.S. Department of Homeland Security, Office of Immigration Statistics, 2010.

32. J. Hagerty, "U.S. factories buck decline", *The Wall Street Journal* (January 19, 2011): A1-A2.

33. I. Sherr, "Apple says China partner made changes for workers," *The Wall Street Journal*, (February 15, 2011): B5.

34. L. Weatherly, *Human Capital–The Elusive Asset* (Alexandria, VA: SHRM Research Quarterly, 2003).

35. L. Bassi, J. Ludwig, D. McMurrer, and M. Van Buren, *Profiting from Learning: Do Firms' Investments in Education and Training Pay Off?* (Alexandria, VA: American Society for Training and Development, September 2000).

36. J. Barney, *Gaining and Sustaining Competitive Advantage* (Upper Saddle River, NJ: Prentice Hall, 2002).

37. W. Zeller, "Southwest: After Kelleher, more blue skies," *BusinessWeek* (April 2, 2001): 45; S. McCartney,"Southwest sets standards on costs," *The Wall Street Journal* (October 10, 2002): A2; S. Warren and M. Trottman, "Southwest's Dallas duel," *The Wall Street Journal* (May 10, 2005): B1, B4.

38. R. Dodes, "At Macy's, a makeover on service," *The Wall Street Journal*, April 11, 2011, B10.

39. R. Vance, *Employee Engagement and Commitment* (Alexandria, VA: Society for Human Resource Management (SHRM) Foundation, 2006).

40. Ibid.

41. G. Kranz, "Losing lifeblood," *Workforce Management* (June 2011): 24-28.

42. M. Ciccarelli, "Keeping the Keepers," *Human Resource Executive* (January/February 2011): 1-20–1-23.

43. J. Meister and K. Willyerd, *The 2020 Workplace* (New York: HarperCollins, 2010).

44. B. Testa, "New orbit," *Workforce Management* (August 17, 2009): 16-20.

45. D. Senge, "The learning organization made plain and simple," *Training and Development Journal* (October 1991): 37-44.

46. L. Thornburg, "Accounting for knowledge," *HR Magazine* (October 1994): 51-56.

47. G. Kranz, "More to learn," *Workforce Management* (January 2011): 27-30.

48. M. Weinstein, "Are you linked in?" *training* (September/October 2010): 30-33.

49. M. Toosi, "Labor force projections to 2018: Older workers staying more active" *Monthly Labor Review* (November 2009): 30-51.

50. Ibid.

51. N. Lockwood, *The Aging Workforce* (Alexandria, VA: Society for Human Resource Management, 2003).

52. S. Hewlett, L. Sherbin, and K. Sumberg, "How Gen Y and Boomers will reshape your agenda" *Harvard Business Review* (July-August 2009): 71-76; A. Fox, "Mixing it up," *HR Magazine* (May 2011): 22-27; K. Ball and G. Gotsill, *Surviving the Baby Boomer Exodus* (Boston: Cengage, 2011).

53. J. Meriac, D. Woehr, and C. Banister, "Generational differences in work ethic: An examination of measurement equivalence across three cohorts," *Journal of Business and Psychology*, 25 (2010): 315-324; K. Real, A. Mitnick, and W. Maloney, "More similar than different: Millennials in the U.S. building trades," *Journal of Business and Psychology*, 25 (2010): 303-313.

54. J. Deal, D. Altman, and S. Rogelberg, "Millennials at work: What we know and what we need to do (if anything)," *Journal of Business and Psychology*, 25 (2010): 191-199.

55. A. Fox, "Mixing it up," *HR Magazine* (May 2011): 22-27.

56. 2010 Society for Human Resource Management Workplace Diversity Practices study. Available at www.shrm.org, website for the Society for Human Resource Management.

57. M. Toosi, "Labor force projections to 2018: Older workers staying more active" *Monthly Labor Review* (November 2009): 30-51; M. Loden and J. B. Rosener, *Workforce America!* (Burr Ridge, IL: Business One Irwin, 1991); N. Lockwood, *The Aging Workforce* (Alexandria, VA: Society for Human Resource Management, 2003).

58. AARP website, www.aarp.org, "2009 AARP Best Employers for Workers Over 50," accessed May 6, 2011; S. Hewlett, L. Sherbin, and K. Sumberg, "How Gen Y and Boomers will reshape your agenda," *Harvard Business Review* (July-August 2009): 71-76.

59. J. Salopek, "Retaining women," *T+D* (September 2008): 24-27.

60. B. Hite, "Employers rethink how they give feedback," *The Wall Street Journal* (October 13, 2008): B5; E. White, "Age is as age does: Making the generation gap work for you," *The Wall Street Journal* (June 30, 2008): B3; P. Harris, "The work war," *T+D* (May 2005): 45-48; C. Hirshman, "Here they come," *HR Executive* (July 2006): 1, 22-26.

61. M. Rowh, "Older and wiser," *Human Resource Executive* (August 2008): 35-37.

62. M. O'Brien, "What's keeping you up now?" *Human Resource Executive* (September 2, 2011): 30-33. re:SEARCH, "Want to keep employees happy? Offer learning and development," *T+D* (April 2005): 18; P. Cappelli, "Talent management for the twenty-first century," *Harvard Business Review* (March 2008): 74-81.

63. A. Fox, "Achieving integration," *HR Magazine* (April 2011): 43-51.

64. R. Woods, "Industry output and employment projections to 2018" *Monthly Labor Review*, (November 2009): 52-81.

65. T. Lacey and B. Wright, "Occupational employment projections to 2018" *Monthly Labor Review* (November 2009): 82-123.

66. P. Wiseman, "U.S. a lean, mean factory machine," *Columbus Dispatch* (January 31, 2011): A3.

67. M. Toossi, "Labor force projections to 2014: Retiring boomers," *Monthly Labor Review* (November 2005): 25-44; N. Lockwood, *The Aging Workforce* (Alexandria, VA: Society for Human Resource Management, 2003).

68. J. Salopek, "The new brain drain," *T+D* (June 2005): 23-25; P. Harris, "Beware of the boomer brain drain!" *T+D* (January 2006): 30-33; M. McGraw, "Bye-bye boomers," *Human Resource Executive* (March 2, 2006): 34-37; J. Phillips, M. Pomerantz, and S. Gully, "Plugging the boomer drain," *HR Magazine* (December 2007): 54-58.

69. J. Thilmany, "Passing on knowledge," *HR Magazine* (June 2008): 100-104.

70. M. Weinstein, "Netting know-how," *Training* (September/October 2010): 26-29.

71. R. Davenport, "Eliminate the skills gap," *T+D* (February 2006): 26-34; M. Schoeff Jr., "Amid calls to bolster U.S. innovation, experts lament paucity of basic math skills," *Workforce Management* (March 2006): 46-49.

72. M. Schoeff Jr., "Companies report difficulty finding qualified employees," *Workforce Management* (October 19, 2009): 14; J. Casner-Lotto, E. Rosenblum, and M. Wright, "*The Ill-Prepared U.S. Workforce*" (New York: The Conference Board); P. Galagan, "Bridging the skills gap: New factors compound the growing skills shortage," *T+D* (February 2010): 44-49.

73. E. Krell, "The global talent mismatch," *HR Magazine* (June 2011): 68-73.

74. V. Chen and J. Berman, "Companies are hiring. Just not you," *Bloomberg Business Week* (August 15-August 28, 2011): 10-11: L. Weber, "Fine-tuning the perfect employee," *The Wall Street Journal* (December 5, 2011): B9. "IBMers pursue second careers in math and science education," from www.ibm.com/ibm/responsibility/teaching.shtml.

75. J. Barbian, "Get 'em while they're young," *training* (January 2004): 44-46; E. Frauenheim, "IBM urged to take tech skills to classrooms," *Workforce Management* (October 24, 2005): 8-9; K. Maher, "Skills shortage gives training programs new life," *The Wall Street Journal* (June 3, 2005): A2; "IBMers pursue second careers in math and science education," from www.ibm.com/ibm/responsibility/teaching.shtml.

76. Towers-Perrin, *Talent Management: The State of the Art* (Towers-Perrin, Chicago, IL, 2005).

77. A. Dohm, "Gauging the labor force effects of retiring babyboomers," *Monthly Labor Review* (July 2000): 17-25.

78. Society for Human Resource Management, *Workplace Visions* 5 (2000): 3-4.

79. E. White, "Manager shortage spurs small firms to grow their own," *The Wall Street Journal* (February 5, 2007): B1, B4; P. Galagan, "Talent management: What is it, who owns it, and why should you care?" *T+D* (May 2008): 40-44.

80. J. R. Jablonski, *Implementing Total Quality Management: An Overview* (San Diego: Pfeiffer, 1991).

81. R. Hodgetts, F. Luthans, and S. Lee, "New paradigm organizations: From total quality to learning to world-class," *Organizational Dynamics* (Winter 1994): 5-19.

82. "Malcolm Baldrige 2007 Award Recipient: Sharp HealthCare," Available at 2007 Baldrige Award recipients 2007 profiles at www.nist.gov, the website for the National Institute of Standards and Technology.

83. "ISO in One Page," "Quality Management Principles," "ISO 9000 Essentials," and "Management and Leadership Standards," from www.iso.org, accessed April 9, 2011.

84. General Electric 1999 Annual Report. Available at www.ge.com/annual99.

85. "Capitalizing on Opportunities," from *Smart Business* (February 16, 2011) accessed on April 9, 2011, from www.sb-nonline.com website of *SmartBusiness*; D. Arnold, "Cardinal Fastener soars with lean thinking," from www.cardinalfastener.com (accessed January 19, 2008).

86. L. Yiu and R. Saner, "Does it pay to train? ISO 10015 assures the quality and return on investment of training," *ISO Management Systems* (March-April 2005): 9-13.

87. L. Morales, "Nearly half of Americans are frequent Internet users," January 2, 2009, www.gallup.com; L. Morales,

"Google and Facebook users, skew young, affluent, and educated," February 17, 2011, www.gallup.com.

88. D. Gayeski, "Goin' mobile," *T+D* (November 2004): 46-51; D. Hartley, "Pick up your PDA," *T+D* (February 2004): 22-24.

89. M. Derven, "Social networking: A frame for development," *T+D*, July 2009: 58-63; J. Arnold, "Twittering and Facebooking while they work," *HR Magazine* (December 2009): 53-55.

90. C. Goodman, "Employers wrestle with social-media policies," *The Columbus Dispatch*, (January 30, 2011): D3.

91. "Manufacturing: Engine of U.S. Innovation," *National Association of Manufacturing* (October 4, 2006). Available at www.nam.org (January 21, 2009).

92. D. Wakabayashi, "Japanese farms look to the 'cloud,'" *The Wall Street Journal* (January 18, 2011): B5.

93. B. Manville, "Organizing enterprise-wide e-learning and human capital management," *Chief Learning Officer* (May 2003): 50-55.

94. "Outstanding training initiatives: Capital One–Audio learning in stereo," *training* (March 2006): 64.

95. A. Weintraub, "High tech's future is in the toy chest," *BusinessWeek* (August 26, 2002): 124-126.

96. *2010 Employee Benefits Survey Report* (Alexandria, VA: Society for Human Resource Management, 2010).

97. Families and Work Institute, *2009 Guide to Bold Ideas for Making Work Work* (New York: Families and Work Institute, 2009); S. Shellenberger, "Time-zoned: Working round the clock workforce," *The Wall Street Journal* (February 15, 2007): D1.

98. D. Meinert, "Make telecommuting pay off," *HR Magazine* (June 2011): 32-37.

99. Bureau of Labor Statistics, "Contingent and Alternative Employment Arrangements, February 2005" from www.bls.gov, the website for the Bureau of Labor Statistics (accessed January 21, 2009).

100. R. Zeidner, "Heady debate," *HR Magazine* (February 2010): 28-33.

101. A. Fox, "At work in 2020," *HR Magazine* (January 2010): 18-23.

102. P. Choate and P. Linger, *The High-Flex Society* (New York: Knopf, 1986); P. B. Doeringer, *Turbulence in the American Workplace* (New York: Oxford University Press, 1991).

103. K. A. Miller, *Retraining the American Workforce* (Reading, MA: Addison-Wesley, 1989).

104. J. Marquez, "Engine of change," *Workforce Management* (July 17, 2006): 20-30. Also, based on Global Engineering Manufacturing Alliance website at www.gemaengine.com

105. J. Neal and C. Tromley, "From incremental change to retrofit: Creating high-performance work systems," *Academy of Management Executive* 9 (1995): 42-54; M. Huselid, "The impact of human resource management practices on turnover, productivity, and corporate financial performance," *Academy of Management Journal* 38 (1995): 635-72.

106. J. Marquez, "Driving ideas forward at Nissan," *Workforce Management* (July 17, 2006): 28.

107. A. Gupta, "Expanding the 24-hour workplace," *The Wall Street Journal* (September 15-16, 2007): R9, R11.

108. M. Green and E. McGill, "The 2011 state of the industry," *T+D* (November 2011): 45-50; M. Green and E. McGill, *State of the Industry, 2011* (Alexandria, VA: American Society for Training and Development, 2011); 2011 Industry Report, *training* (November/December 2011): 22-34.

109. M. Green and E. McGill, "The 2011 state of the industry," *T+D* (November 2011): 45-50.

110. P. Davis, J. Naughton, and W. Rothwell, "New roles and competencies for the profession," *T+D* (April 2004): 26-36; W. Rothwell and R. Wellins, "Mapping your future: Putting new competencies together to work for you," *T1D* (May 2004): 1-8.

111. W. Ruona and S. Gibson, "The making of twenty-first century HR: An analysis of the convergence of HRM, HRD, and OD," *Human Resource Management* (Spring 2004): 49-66.

112. J. Schettler, "Should HR control training?" *training* (July 2002): 32-38.

113. K. Ellis, "The mindset that matters most: Linking learning to the business," *training* (May 2005): 38-43.

Capítulo 2

Treinamento estratégico

Objetivos

1. Discutir como a estratégia de negócio influi no tipo e na quantidade de treinamento em uma empresa.
2. Descrever o processo de treinamento e desenvolvimento estratégico.
3. Explicar como as estratégias de planejamento de recursos humanos e de pessoal de uma empresa influem no treinamento.
4. Explicar as necessidades de treinamento decorrentes das estratégias de negócio de concentração, crescimento interno, crescimento externo e desinvestimento.
5. Debater sobre as vantagens e desvantagens da centralização do setor de treinamento.
6. Falar sobre como criar a marca do treinamento e por que ela é importante.
7. Discutir os pontos fortes do modelo integrado ao negócio para a organização do setor de treinamento.
8. Apresentar o que é uma universidade corporativa e quais são os seus benefícios.

A sopa aquece nossos corações, mas o aprendizado aumenta os lucros

A Campbell Soup é um bom exemplo de empresa que adotou uma filosofia de aprendizado contínuo que apoia a estratégia de negócio. Ela é a maior fabricante de sopas do mundo, além de estar crescendo no negócio de bebidas saudáveis (marca V8) e lanches assados (Pepperidge Farms). A sua missão é construir a empresa de alimentos mais extraordinária do mundo, nutrindo a vida das pessoas em todos os lugares, todos os dias.

Em 2000, a Campbell perdeu 50% do seu valor de mercado no período de um ano. Embora fosse uma empresa norte-americana lendária, a confiança dos funcionários estava em baixa e a inovação em produtos e o desenvolvimento de mercado estavam estagnados. Por isso, Doug Conant foi contratado como CEO. Para ajudar a transformar e revitalizar a empresa, Conant criou o Modelo de Sucesso Campbell (*Campbell's Success Model*). O modelo tem como foco vencer no ambiente de trabalho, o que levará a vencer no mercado, que por sua vez levará a vencer na comunidade, criar retorno acionário e fazer do mundo um lugar melhor. Conant também estabeleceu alguns princípios empresariais. Um deles é o Promessa da Campbell (*Campbell Promise*), que significava que a empresa precisava valorizar os seus colaboradores para que eles valorizassem a empresa e seus objetivos. O CEO também acreditava que para que a Campbell fosse bem-sucedida, era preciso uma cultura que valorizasse o aprendizado.

A agenda de aprendizagem de Conant envolvia a reconstrução do treinamento e do desenvolvimento através da criação de um modelo de desenvolvimento de liderança, que engloba inspirar confiança, criar uma direção, conduzir o alinhamento organizacional, construir vitalidade organizacional, executar com excelência e produzir resultados extraordinários. O desenvolvimento de líderes é estrategicamente importante porque a construção de uma empresa de alimentos excepcional demanda líderes excepcionais. O CEO Institute foi criado com o intuito de desenvolver habilidades de liderança de um corte transversal de gerentes novos, experientes e de alto desempenho. A Campbell's University foi criada para o treinamento e o desenvolvimento de todos os funcionários, desde colaboradores individuais até líderes seniores, incentivando-os a aprender e crescer pessoal e profissionalmente. A Campbell's University possui salas de aula e salas de apoio para as atividades de treinamento e desenvolvimento, bem como a oportunidade de realizar treinamentos virtuais na maioria das localizações da empresa pelo mundo. As aulas abordam finanças, marketing e outros assuntos funcionais, além dos benefícios da diversidade e inclusão para o negócio. Os programas e iniciativas contam com *mentoring*, ferramentas de *feedback* 360° e programas de desenvolvimento de lideranças para supervisores de produção, gerentes gerais e líderes seniores. Todos os funcionários possuem uma agenda de treinamento. Isso se encaixa na sua missão de construir a empresa de alimentos mais extraordinária do mundo e nutrir a vida das pessoas todos os dias, incluindo a vida de seus funcionários. A Campbell acredita que quanto mais oportunidades de treinamento e desenvolvimento forem oferecidas aos funcionários, mais eles ficarão engajados no trabalho, levando ao melhor desempenho de suas funções e ao melhor desempenho da empresa no mercado.

Entretanto, Conant acredita que o treinamento e o desenvolvimento envolvem muito mais do que simples cursos. Também é preciso haver planejamento. Como resultado, os funcionários criaram um plano de desenvolvimento com os seus gerentes, com uma ou duas questões de desenvolvimento que eles gostariam de trabalhar. O próprio Conant investiu seu tempo nos planos de desenvolvimento dos gerentes de níveis mais altos na empresa. Este grau de envolvimento por parte do CEO da empresa passou aos funcionários a mensagem de que o desenvolvimento é importante.

O CEO aposentou-se de seu cargo na Campbell em julho de 2011. Ainda assim, como resultado da ênfase que ele depositou na aprendizagem para todos os funcionários da empresa ao longo de oito anos, as vendas aumentaram e os níveis de engajamento dos funcionários mantiveram-se altos. Conant colocou a Campbell no caminho certo para alcançar a sua missão.

Fontes: T. Bingham and P. Galagan, "M'm M'm Good," *T+D*, March 2011, 36-43; N. Reardon, "Making Leadership Personal," *T+D*, March 2011, 44-48; www.campbellsoupcompany.com, website for Campbell Soup Company; A. Brown, "How Campbell's Soup went from stale to innovative," *Inc.*, September 14, 2011, accessed from www.inc.com, September 30, 2011.

INTRODUÇÃO

Como mostra a abertura deste capítulo, o treinamento e o desenvolvimento da Campbell Soup Company apoiam a estratégia de negócio. Reconhecendo-se que o aprendizado é de responsabilidade de todos os funcionários, tanto os gerentes como seus pares, juntamente dos profissionais de treinamento, precisam estar ativamente envolvidos em ajudar os outros funcionários a conquistarem novas habilidades e perspectivas. Isso reforça o valor do aprendizado e a sua importância para o negócio. A Campbell reconhece que o aprendizado através de treinamento e desenvolvimento é vital para vencer no mercado.

Por que a ênfase no treinamento estratégico é tão importante? As empresas objetivam ganhar dinheiro, e todos os setores de um negócio estão sob pressão, devendo mostrar de que forma contribuem para o seu sucesso, para que não sofram cortes no orçamento ou até mesmo a terceirização. Para tanto, as atividades de treinamento devem ajudar a empresa a alcançar a sua **estratégia de negócio**, que é um plano que engloba metas, políticas e ações.[1] A estratégia age na forma como a empresa utiliza os capitais físico (p. ex., fábricas, tecnologia e equipamento), financeiro (p. ex., espólio e reserva de caixa) e humano (funcionários). A estratégia de negócio ajuda a direcionar as atividades da empresa (produção, finanças, marketing e recursos humanos) a atingir metas específicas, que se espera alcançar a médio e longo prazo. A maioria das metas de empresas incluem metas financeiras, como maximizar o retorno dos acionistas, mas existem também metas relacionadas à satisfação do funcionário, posição na indústria e serviço à comunidade.

Há relações diretas e indiretas entre o treinamento e a estratégia e metas de negócio. O treinamento que ajuda os funcionários a desenvolverem as habilidades necessárias à realização do trabalho afeta diretamente o negócio. Dar aos colaboradores oportunidades de aprendizado e desenvolvimento cria um ambiente de trabalho positivo, que apoia a estratégia de negócio atraindo novos talentos e motivando e retendo funcionários atuais.

A IBM é uma empresa que se reinventou em 2002.[2] Sua estratégia de negócio remodelou a força de trabalho para atender melhor às necessidades e expectativas dos clientes à medida que se transformava de uma empresa de alta tecnologia da era industrial em uma empresa voltada à informação e ao conhecimento. Essa estratégia exigiu uma mudança enorme na cultura organizacional: os funcionários tiveram de acatar a estratégia e fazê-la funcionar.

Para atender às necessidades do cliente, os funcionários devem ter capacidade de adaptação e de se ajustarem constantemente. Em consequência disso, o treinamento da IBM mudou para que os funcionários aprendessem através do trabalho, no próprio local e tendo como base as necessidades do cliente, em vez de viajarem para outro lugar para receberem um treinamento (embora os treinamentos formais ainda sejam utilizados para orientar gerentes, executivos e vendedores em momentos críticos das suas carreiras sobre novas habilidades e linhas de produtos). O Aprendizado Sob Demanda (*On-Demand Learning*), como a IBM chamou esse tipo de aprendizado, exige que as equipes responsáveis pela elaboração do programa entendam o trabalho específico que é desempenhado por funcionários em diferentes funções. Foram definidas mais de 500 funções específicas na empresa e as especialidades exigidas para cada uma delas. Depois, a equipe de aprendizagem embutiu oportunidades de aprendizado no próprio trabalho, em um conceito conhecido como "aprendizado integrado à empresa" (*work-embedded learning*). Os funcionários trabalham via computador ou acessam a intranet da empresa em seus telefones para se conectarem a especialistas, participarem de comunidades *on-line* sobre um determinado assunto ou realizar um módulo de aprendizado *on-line*. O tempo gasto em aprendizado e treinamento na IBM cresceu 32% com a expansão do aprendizado integrado à empresa. Já que a IBM acredita que as iniciativas de aprendizagem são vitais para atingir a sua estratégia de negócio, ela investiu nisso mais de $ 700 milhões.

A estratégia de negócio tem um grande impacto no tipo e na quantidade de treinamento realizado e ao decidir se os recursos (dinheiro, tempo dos instrutores e desenvolvimento do programa) devem ser voltados para o treinamento. Além disso, a estratégia influi no tipo, nível e conjunto de habilidades necessárias à empresa determinando os seguintes fatores:

1. A quantidade de treinamento dedicado às habilidades de trabalho atuais ou futuras.
2. Até que ponto o treinamento é personalizado para as necessidades específicas de um funcionário ou desenvolvido com base nas necessidades de uma equipe, unidade ou divisão.
3. Se o treinamento é restrito a grupos específicos de funcionários (pessoas identificadas como detentoras de talento gerencial) ou aberto para todos.
4. Se o treinamento é planejado e administrado sistematicamente, oferecido somente quando surgem problemas ou desenvolvido como reação espontânea ao que os concorrentes estão fazendo.
5. A importância que se dá ao treinamento, comparada às outras práticas de gestão de recursos humanos como seleção e compensação.[3]

Este capítulo inicia com uma discussão sobre como o treinamento está evoluindo. Tradicionalmente, ele era visto como um evento ou programa elaborado para desenvolver conhecimento explícito e habilidades específicas, mas os gerentes, instrutores e profissionais de recursos humanos começaram a reconhecer a contribuição potencial do treinamento para as metas de conhecimento do negócio que são baseadas na experiência, algo impossível de ensinar em um treinamento. Assim, ampliou-se o papel do treinamento para englobar o aprendizado e pensar em formas de criar e compartilhar conhecimento. O capítulo segue tratando do processo de treinamento e desenvolvimento estratégicos, incluindo como identificar uma estratégia de negócio, escolher iniciativas que a apoiem, oferecer atividades que incentivam iniciativas estratégicas e definir e coletar indicadores que demonstrem o valor do treinamento. Depois, descrevem-se os fatores organizacionais que influem na forma como o treinamento relaciona-se com a estratégia de negócio. Entre estes fatores, estão o papel de funcionários e gerentes, o apoio da alta gerência ao treinamento, a integração de unidades de negócio, a estratégia de planejamento de recursos humanos e de pessoal, os graus de sindicalização e o envolvimento de gerentes, instrutores e funcionários. O capítulo aborda tipos estratégicos específicos e as suas implicações nesse processo. Em seguida, destaca-se que para que o aprendizado, treinamento e desenvolvimento estratégicos sejam adotados, aceitos e utilizados por gerentes e funcionários, é importante considerá-los a partir de um modelo de mudança e de uma perspectiva de marketing. O capítulo termina com a descrição de várias formas diferentes de organizar o setor de treinamento, enfatizando que o modelo integrado ao negócio e o modelo de universidade corporativa vêm ganhando popularidade conforme as empresas alinham as atividades de treinamento às metas do negócio.

Evolução do treinamento: mudando de evento para aprendizado

À medida que mais empresas como a Campbell Soup Company reconhecem a importância do aprendizado para enfrentar os desafios do negócio e obter uma vantagem competitiva, o setor de treinamento nas empresas está passando por mudanças.

Relembre o que foi falado no Capítulo 1, "Introdução ao treinamento e desenvolvimento de funcionários", sobre as diferentes formas em que o aprendizado em uma empresa pode ocorrer. E isso é possível através de treinamento, desenvolvimento, aprendizado informal e gestão do conhecimento. Os programas de treinamento organizados e criados pela empresa, ou seja, programas formais, são uma das maneiras de garantir o aprendizado dos funcionários. Em abordagens menos estratégicas, o treinamento costuma envolver uma série de programas ou eventos nos quais os funcionários precisam comparecer. Após participar, eles são responsáveis por aplicar o que foi aprendido em seus trabalhos, sendo que qualquer tipo de apoio que possam receber tem como base os caprichos do gerente. Além disso, esse tipo de treinamento não oferece nenhuma informação que ajude o funcionário a entender a relação entre o conteúdo do treinamento e o desempenho do seu trabalho, os objetivos de desenvolvimento ou as metas de negócio.

Esse formato de como um programa ou evento de treinamento, continuará existindo porque os funcionários sempre precisarão aprender conhecimentos ou habilidades específicas. Essa abordagem supõe que as condições de negócio são previsíveis, que podem ser controladas pela empresa e que ela é capaz de determinar e prever o conhecimento e as habilidades que os funcionários precisarão no futuro. Essas suposições são válidas para algumas habilidades, como comunicação ou solução de conflitos. Entretanto, será preciso que esses eventos ou programas de treinamento estejam mais fortemente ligados à melhoria do desempenho e às necessidades do negócio para que recebam o apoio da alta gerência. O modelo de elaboração do treinamento (apresentado no Capítulo 1) e os diferentes aspectos do modelo (discutidos nos Capítulos 3 a 8) ajudarão a entender como elaborar programas de treinamento capazes de melhorar o desempenho dos funcionários e atender às necessidades do negócio.

APRENDIZADO COMO FOCO ESTRATÉGICO
Organização que aprende

Ao perceberem a importância estratégica do aprendizado, muitas empresas têm se esforçado para se tornarem organizações que aprendem. Uma **organização que aprende** é aquela que possui uma capacidade aprimorada de aprendizado, adaptação e mudança,[4] sendo que os processos de treinamento são examinados minuciosamente e alinhados às suas metas. Nela, o treinamento é visto como parte de um sistema projetado para criar capital humano. A King Arthur Flour Company, uma empresa do ramo alimentício especializada em farinhas, incentiva os seus 160 funcionários a aprenderem sobre culinária para motivá-los a trabalhar e ajudar os clientes a conhecer melhor o produto.[5] É preciso participar de mais ou menos 15 aulas anuais de Alimento para o Cérebro (*Brain Food*). Nelas, os seus pares ensinam desde como assar pães integrais até como interpretar os demonstrativos financeiros da empresa e gerenciar as suas próprias finanças. Todos são incentivados a participar das aulas, que são voluntárias e oferecidas durante o horário de trabalho. Também é possível assistir aulas oferecidas pela empresa para padeiros profissionais ou amadores.

A Tabela 2.1 mostra as características essenciais de uma organização que aprende. Observe que é destacada a ocorrência de aprendizado não apenas no nível do funcionário individual (como enxergamos o aprendizado tradicionalmente), mas também no nível do grupo e da organização. A organização que aprende enfatiza a gestão do conhecimento.

Um dos aspectos mais importantes de uma organização que aprende é a capacidade de os funcionários compreenderem tanto a partir do fracasso quanto do sucesso. Ou seja, o aprendizado inclui o entendimento de por que as coisas acontecem e por que certas escolhas levam a certos resultados.[6] Tanto o sucesso quanto o fracasso desencadeiam investigações, o que ajuda os funcionários a revisarem hipóteses, modelos e teorias. O *tablet* Apple's Newton, por exemplo, foi um fracasso quando lançado em 1990.

TABELA 2.1 Características-chave de uma organização que aprende

Ambiente de aprendizado que dá apoio
- Os funcionários sentem-se seguros para expressar o que pensam sobre o trabalho, fazer perguntas, discordar dos gerentes e admitir erros.
- Perspectivas funcionais e culturais diferentes são bem-vindas.
- Os funcionários são incentivados a correrem riscos, inovarem e explorarem o desconhecido e o que não foi testado, como experimentar novos processos e desenvolver novos produtos e serviços.
- Estimulam-se análises construtivas dos processos da empresa.

Processos e práticas de aprendizado
- Pratica-se criação, disseminação, compartilhamento e aplicação de conhecimento.
- Os sistemas são desenvolvidos para criar, apreender e compartilhar conhecimento.

Reforço do aprendizado pelos gerentes
- Os gerentes escutam e questionam ativamente os funcionários, estimulando o diálogo e o debate.
- Os gerentes estão abertos a pontos de vista diferentes.
- Dedica-se tempo à identificação de problemas, processos e práticas de aprendizado e auditorias de desempenho.
- O aprendizado é recompensado, promovido e apoiado.

Fontes: F. Gino and G. Pisano, "Why Leaders Don't Learn From Success," *Harvard Business Review* (April 2011): 68-74. Based on D. Garvin, A. Edmondson, and F. Gino, "Is Yours a Learning Organization?" *Harvard Business Review* (March 2008): 109-116; M. Gephart, V. Marsick, M. Van Buren, and M Spiro, "Learning Organizations Come Alive," *Training and Development* 50 (1996): 34-45.

Porém o ocorrido levou a Apple a reexaminar as suas teorias sobre o que faz um produto de sucesso. Como resultado, a empresa reconheceu que um telefone de toque seria mais facilmente aceito pelos consumidores, visto que já existia um mercado de *smartphones*. Posteriormente, o uso do que foi aprendido com o iPhone ajudou no desenvolvimento de um *tablet* mais bem-sucedido: o iPad. A Pixar, que já criou diversos filmes de animação aclamados e bem-sucedidos, ainda realiza análises do processo utilizado para fazer cada um dos seus filmes. A empresa pergunta aos funcionários quais são as cinco coisas que eles fariam e as que não fariam novamente. Isso é importante para adquirir um melhor entendimento das razões por trás do bom desempenho, para que este conhecimento possa ser compartilhado. Para aprender a partir do fracasso e do sucesso é preciso dar aos funcionários a oportunidade de fazer experiências com produtos e serviços, semelhante ao que se faz em engenharia e pesquisa científica. Algumas das condições necessárias para experiências bem-sucedidas são a existência de incerteza genuína, o custo pequeno e contido do fracasso, os riscos claros e eliminados se possível, o entendimento de que o fracasso também prove informações importantes, a definição do sucesso e o nível de significância da oportunidade.

O treinamento na Walt Disney Company evoluiu nos últimos dez anos para ter oferta flexível de aprendizado, experiências de aprendizado personalizadas e desenvolvimento colaborativo com clientes de treinamento internos.[7] A Disney passou de uma abordagem de treinamento dado por um instrutor para uma que utiliza o ensino presencial (seja em sala de aula ou no trabalho) combinada ao ensino *on-line* (jogos de simulação, *e-learning*). Isso combina com a estratégia de negócio da Disney, que sempre enfatizou encontrar a tecnologia e os métodos apropriados para o público, independentemente do público em questão ser um visitante ou um funcionário (membro do elenco).

É provável que um evento ou programa de treinamento isolado não traga vantagem competitiva para a empresa porque o conhecimento explícito é bem disseminado e os programas projetados para ensiná-lo podem ser desenvolvidos e copiados com facilidade. O conhecimento tácito desenvolvido pela experiência e compartilhado através de interações entre funcionários, entretanto, é impossível de copiar e pode dar à empresa uma vantagem competitiva. O desenvolvimento de filmes de animação digital da Pixar, como *WALL-E* (uma história de amor de robôs que se passa em um mundo de lixo pós-apocalíptico) e *Ratatouille* (sobre um ratinho francês que sonha em ser um chef de cozinha), exigiu a cooperação de uma equipe formada por diretores, roteiristas, produtores e artistas tecnológicos talentosos que estavam em prédios diferentes, possuíam prioridades diferentes e falavam linguagens técnicas diferentes.[8] A Pixar segue três princípios: (1) todos os funcionários devem ter liberdade de comunicação entre si, seja qual for a sua posição ou departamento; (2) todos devem sentir-se seguros para dar ideias; e (3) a empresa deve estar ciente das inovações acontecendo na comunidade acadêmica. A Pixar University oferece uma variedade de cursos internos e treinamento cruzado de funcionários dentro de suas áreas de especialidade. Ela também oferece aulas opcionais que oportunizam o encontro e o aprendizado integrado entre funcionários de diferentes disciplinas. Roteirização, desenho e escultura estão diretamente relacionados ao negócio, diferentemente de cursos de Pilates e Ioga. Os cursos são frequentados por funcionários de todos os níveis (desde novatos até especialistas), o que reforça a ideia de que todos estão aprendendo e que isso é divertido.

Implicações do aprendizado para o desenvolvimento do capital humano

A ênfase no aprendizado possui diversas implicações. Em primeiro lugar, sabe-se que para ele ser eficaz é preciso estar relacionado à melhoria do desempenho do funcionário e ao alcance das metas de negócio da empresa. Essa conexão garante que os funcionários estejam motivados a saber mais e que os recursos limitados para o aprendizado (tempo e dinheiro) sejam focados em áreas que contribuirão diretamente para o sucesso do negócio. Em segundo lugar, continuará imperando a imprevisibilidade do ambiente de negócio em que as empresas operam. Visto que os problemas não podem ser previstos com antecedência, o aprendizado precisa acontecer quando a necessidade surgir. As empresas devem ir além da sala de aula e usar experiências de trabalho, aprendizado *on-line* e aprendizado móvel para ajudar os funcionários a adquirirem conhecimento e habilidades ao mesmo tempo em que focam nas questões do negócio. Em terceiro lugar, sabendo-se que o conhecimento tácito dificilmente é adquirido pelos programas de treinamento, as empresas precisam apoiar o aprendizado informal através de *mentoring*, redes sociais e experiências de trabalho. Em quarto lugar, o aprendizado deve receber apoio não apenas de recursos físicos e técnicos, mas também psicológico. O ambiente de trabalho da empresa precisa apoiar o aprendizado, e os gerentes e colegas precisam incentivá-lo, ajudando o funcionário a encontrar maneiras de aprender no trabalho. Além disso, é fundamental que os gerentes entendam os interesses e as metas profissionais dos funcionários para ajudá-los a encontrar atividades de desenvolvimento adequadas, que os preparem para assumirem outras posições dentro da empresa ou lidarem com a expansão de seus cargos atuais. O Capítulo 5, "Elaboração do programa", fala sobre como criar um ambiente de trabalho que apoie o treinamento e o aprendizado.

A criação e o compartilhamento de conhecimento abordam o desenvolvimento do capital humano da empresa. Como vimos no Capítulo 1, o capital humano engloba conhecimento cognitivo (saber o quê), habilidades avançadas (saber como), entendimento do sistema e criatividade (saber por quê) e criatividade automotivada (importar-se por quê).[9] Tradicionalmente, o treinamento tem como foco as habilidades cognitivas e avançadas. Mas o maior valor para o negócio pode ser criado ao fazer os funcionários entenderem o processo de manufatura ou serviço e as inter-relações entre os departamentos e as divisões (compreensão do sistema), bem como motivá-los a oferecer produtos e serviços de alta qualidade (importar-se por quê). Para criar e compartilhar conhecimento, as empresas devem oferecer o espaço físico e a tecnologia (e-mail, *sites*, redes sociais) para incentivar a colaboração dos funcionários e o compartilhamento do conhecimento. A Ford Motor Company possui comunidades de prática organizadas por funções.[10] Todos os pintores de todas as montadoras da Ford no mundo pertencem à mesma comunidade, por exemplo. Em cada fábrica um dos pintores serve de "ponto focal". Se um pintor local descobre uma maneira de melhorar um dos 60 passos envolvidos no processo de pintura, a pessoa que atua como ponto focal preenche um modelo descrevendo a melhoria e os seus benefícios. Depois, o modelo é enviado em formato eletrônico para um especialista no assunto que se encontra na sede da Ford. Ele então analisa a prática e decide se é válido que ela seja compartilhada com outras montadoras. Se for o caso, a prática é aprovada e enviada para as outras montadoras. A partir de suas comunidades de prática, a Ford acumulou $ 1,3 bilhão em valor estimado para a empresa e já converteu mais de $ 800 milhões em valor real.

À medida que as empresas reconhecem o valor do treinamento e do desenvolvimento e os enxergam como parte de uma estratégia de aprendizado mais ampla, são necessários sete itens, de acordo com uma pesquisa realizada pela Accenture Learning:[11]

1. Alinhamento de metas de aprendizado e metas de negócio.
2. Medição do impacto geral do aprendizado no negócio.
3. Movimento de aprendizado fora da empresa para incluir consumidores, vendedores e fornecedores.
4. Foco no desenvolvimento de competências para os cargos mais críticos.
5. Integração do aprendizado com outras funções de recursos humanos, como gestão do conhecimento, apoio ao desempenho e gestão de talentos.
6. Abordagens para a oferta que incluam treinamento em sala de aula e *e-learning*.
7. Elaboração e oferta de cursos de desenvolvimento de liderança.

Estes itens são parte do processo estratégico de treinamento e desenvolvimento, que será discutido a seguir.

PROCESSO ESTRATÉGICO DE TREINAMENTO E DESENVOLVIMENTO

Agora que você entende como o treinamento empresarial está evoluindo e já foi apresentado aos conceitos de estratégia de negócio e ao modo como o treinamento pode apoiar essa estratégia, você está preparado para estudar esse processo estratégico. A Figura 2.1 ilustra um modelo de processo com exemplos de iniciativas estratégicas, atividades de treinamento e indicadores.

O modelo mostra que o processo inicia pela identificação da estratégia de negócio. Em seguida, escolhem-se as iniciativas de treinamento e desenvolvimento que apoiam a estratégia. O próximo passo, é traduzir essas iniciativas em atividades concretas. A última etapa, envolve a identificação de medições e indicadores, sendo estes utilizados para verificar se o treinamento contribuiu para as metas relacionadas à estratégia de negócio. As próximas seções detalham cada um dos passos do processo.

FIGURA 2.1 Processo estratégico de treinamento e desenvolvimento

Estratégia de negócio → Iniciativas estratégicas de treinamento e desenvolvimento → Atividades de treinamento e desenvolvimento → Indicadores que mostram o valor do treinamento

- Diversificar o portfólio de aprendizagem
- Melhorar o serviço ao consumidor
- Acelerar o ritmo de aprendizado dos funcionários
- Apreender e compartilhar conhecimento

- Utilizar treinamento *web*
- Tornar compulsório o planejamento de desenvolvimento
- Desenvolver *sites* para o compartilhamento de conhecimento
- Aumentar a quantidade de treinamento em serviço ao consumidor

- Aprendizado
- Melhoria do desempenho
- Redução das reclamações dos clientes
- Redução da rotatividade
- Engajamento dos funcionários

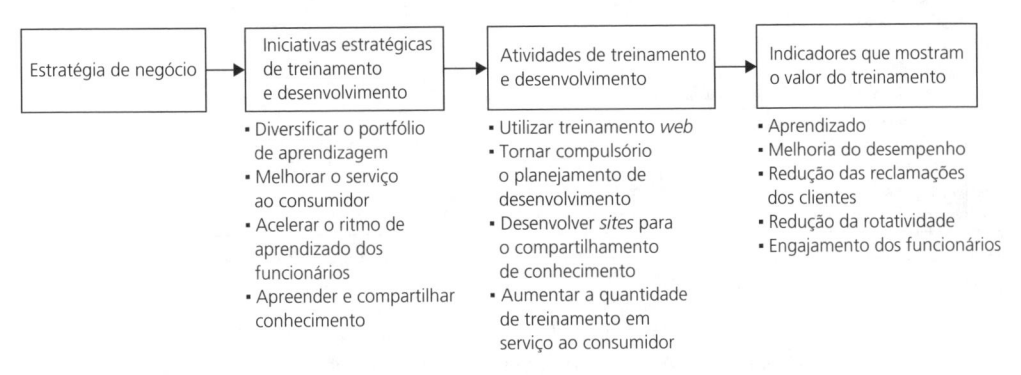

Elaboração e identificação da estratégia de negócio

Existem cinco elementos principais no desenvolvimento de uma nova estratégia de negócio ou na alteração de uma estratégia já existente.[12] A Figura 2.2 apresenta esses fatores. O primeiro elemento é a **missão** da empresa, que declara a razão pela qual ela existe. A missão varia, mas normalmente inclui informações sobre consumidores atendidos, o que ela faz, o valor recebido pelos clientes e a tecnologia utilizada. A declaração da missão é frequentemente acompanhada de uma declaração da visão ou dos valores da empresa. A **visão** é a imagem do que a empresa almeja alcançar no futuro, enquanto os **valores** são o que a empresa defende e em que acredita. O segundo elemento são as **metas** da empresa, aquilo que ela deseja atingir a médio e longo prazo, e normalmente refletem como a missão será realizada. O treinamento pode contribuir para várias metas de negócio diferentes, como mostra a Tabela 2.2. Tanto as organizações com fins lucrativos quanto as sem fins lucrativos costumam incluir metas relacionadas

FIGURA 2.2 Como elaborar a estratégia de negócio

Análise externa
Oportunidades
Ameaças

Missão
Por que a empresa existe?

Metas
Objetivos da empresa

Escolha estratégica
Como competiremos?

Análise interna
Forças
Fraquezas

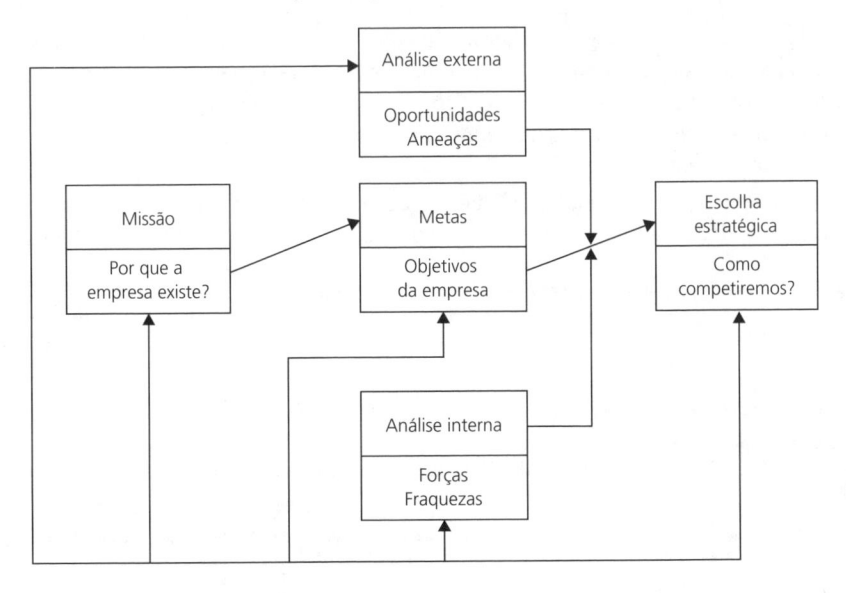

TABELA 2.2 Possíveis metas de negócio influenciadas pelo treinamento

- Produtividade
- Menos desperdício e retrabalho
- Maior satisfação do consumidor
- Menos riscos e acidentes operacionais por descaso de funcionários
- Maior satisfação e retenção de funcionários
- Mais bens produtores de tempo e de valor, como um aumento em horários faturáveis de projeto por hora
- Melhores decisões de gestão
- Maior desenvolvimento de capital humano
- Necessidade de planejamento sucessório para vantagem competitiva e crescimento

Fontes: Baseado em R. Rivera, "How to Demonstrate Value: Key Measures Every Learning Professional Should Know." In *WLP Scorecard: Why Learning Matters* (pp. 17-24). Alexandria: VA: ASTD Press.

à satisfação das partes interessadas. O termo *partes interessadas* (*stakeholders*) engloba acionistas (se a empresa é de capital aberto e com fins lucrativos), comunidade, consumidores, funcionários e todas as outras partes que têm algum interesse no sucesso da empresa.

O terceiro e o quarto elementos, análise externa e interna, são combinados para formar o que chamamos de **análise SWOT** (ou análise FOFA: Forças, Oportunidades, Fraquezas e Ameaças), que abrange uma análise interna das forças e fraquezas e uma análise externa das oportunidades e ameaças que existem atualmente ou que são previstas para a empresa. A **análise externa** envolve o estudo do ambiente para identificar oportunidades e ameaças. Como exemplos de oportunidades, pode-se citar consumidores e clientes globais que não estão sendo atendidos, tecnologias que podem ajudar a empresa e fontes potenciais de funcionários talentosos pouco ou nada utilizadas. Entre as ameaças, incluem-se mudanças na economia, escassez de talentos ou de liderança, novos competidores e mudanças na legislação que possam afetar negativamente a empresa. A **análise interna** busca identificar as forças e fraquezas da própria empresa, tendo como foco examinar a quantidade e a qualidade do capital financeiro, físico e humano disponível. O último elemento é a escolha estratégica. Após realizar a análise SWOT, a empresa (normalmente os gerentes envolvidos com o planejamento estratégico) possui todas as informações necessárias para pensar sobre como competir, criar várias estratégias de negócio alternativas e fazer uma escolha estratégica. As decisões que precisam ser feitas sobre como competir estão na Tabela 2.3. As possíveis estratégias alternativas têm como base de comparação a capacidade de atingir as metas da empresa. A **escolha estratégica** representa a estratégia que se acredita ser a melhor para alcançar as metas.

Observe o papel da análise SWOT na CarMax, lojas de carros seminovos espalhada pelos Estados Unidos com preços baixos sem pechinchar, e na DPR Construction.[13]

TABELA 2.3 Decisões que precisam ser tomadas sobre como competir para alcançar as metas da empresa

1. Onde competir?
Em quais mercados (indústrias, produtos etc.) competiremos?

2. Como competir?
Em qual resultado ou característica diferencial competiremos? Custo? Qualidade? Confiabilidade? Oferta? Inovação?

3. Com o que competiremos?
Que recursos possibilitarão superar a concorrência? Como os recursos para competir serão adquiridos, desenvolvidos e implantados?

Fonte: "Strategy–Decisions About Competition." In R. Noe, J. Hollenbeck, B. Gerhart, and P. Wright, *Human Resource Management: Gaining a Competitive Advantage*, 8th ed. (Burr Ridge, IL: Irwin/McGraw-Hill, 2011): 77.

Entender quais as habilidades necessárias aos funcionários para que tenham êxito é uma parte importante da estratégia de longo prazo da CarMax. A empresa reflete sobre habilidades de que eles precisam, tanto para apoiar o seu princípio de negócio fundamental, que é a integridade, quanto para o desempenho da empresa. Ela enfatiza a importância de competências que guiam o comportamento e influenciam no desempenho do funcionário. Os programas de treinamento da CarMax têm como base avaliações internas e externas. As avaliações internas compreendem as contribuições dos gerentes sobre necessidades e lacunas nas competências, bem como pesquisas com os funcionários que questionam o que eles precisam para melhorar o desempenho. A análise externa inclui o monitoramento de tendências e de novas práticas em gestão de talentos, recursos humanos e sociedade em geral. O surgimento do uso de tecnologias de rede social, por exemplo, convenceu a CarMax a incorporá-las em seus programas de treinamento.

A missão geral de aprendizagem da DPR Construction é "Nós criamos e oferecemos oportunidades de aprendizado para aprimorar o potencial de nossos funcionários em apoio aos nossos objetivos de negócio". Nas sessões de planejamento para o ano seguinte, que acontecem no outono, o grupo de aprendizagem global da DPR reúne-se. Este grupo é formado por indivíduos de diferentes escritórios e funções que focam em iniciativas de treinamento, além de líderes da empresa. Nele, é falado sobre melhores práticas, dados de diagnóstico de necessidades e estratégia de negócio. Um resumo da reunião é apresentado ao Comitê Administrativo, responsável pelas operações em toda a DPR. Solicita-se a ajuda de especialistas no assunto para colaborarem com a elaboração e a oferta de novas iniciativas de treinamento para atender às necessidades diagnosticadas. O *feedback* dos funcionários também é levado em consideração ao se pensar em novas iniciativas de treinamento. Quando a DPR se interessou sobre como as novas tecnologias (*e-learning*) podiam ser usadas em programas de treinamento, desenvolveu e aplicou uma pesquisa com os funcionários, na forma de uma lista de cursos, pedindo que escolhessem quais prefeririam receber em sala de aula e quais através do *e-learning*.

Ainda que essas decisões sejam igualmente importantes, é comum que as empresas deem menos atenção à questão "Com o que competiremos?", resultando em insucesso no atingimento das metas. Faz parte dessa decisão descobrir como os capitais humano, físico e financeiro podem ser utilizados. A utilização do capital humano para obter uma vantagem competitiva exige uma ligação entre as práticas de recursos humanos (como treinamento e desenvolvimento) e a estratégia de negócio da empresa.

Como identificar as iniciativas de treinamento e desenvolvimento que apoiam a estratégia

As **iniciativas estratégicas de treinamento e desenvolvimento** são ações relacionadas ao aprendizado que uma empresa deve realizar para atingir a sua estratégia de negócio.[14] Elas variam de uma empresa para outra, dependendo da indústria, metas, recursos e capacidade. As iniciativas baseiam-se no ambiente de negócio, na compreensão das metas e recursos da empresa e perspicácia quanto às opções de treinamento e desenvolvimento potenciais. Elas criam um mapa para guiar atividades de treinamento específicas. Além disso, mostram como o setor de treinamento ajudará a empresa a atingir suas metas (e, assim, mostram como o setor agregará valor).

A tendência é existir uma separação entre a estratégia e a sua execução. Para evitar que isso ocorra, os profissionais de aprendizado devem buscar os gerentes para garantir que as iniciativas e as atividades estratégicas de treinamento estejam alinhadas à estratégia de negócio e que os recursos e o suporte financeiro para a realização das atividades sejam providenciados.[15]

Para contribuir para a estratégia de negócio, é importante que o setor de treinamento entenda e apoie a estratégia e agregue valor para os consumidores. Vincular os planos de treinamento aos de negócio é importante porque os planos do negócio descrevem as prioridades de uma empresa (planos ou iniciativas) e incluem descrições de quem estará envolvido, qual é o contexto e como isso pode afetar o plano, como ele será realizado (operações) e quais decisões precisam ser tomadas, incluindo as relacionadas ao treinamento e desenvolvimento, para aumentar as chances de sucesso do plano. Para garantir que as suas iniciativas apoiem a estratégia de negócio, a CA, uma empresa de *software*, constrói planos de treinamento e estabelece prioridades para planos de negócio separados por cargos (não gerencias, gerencias e executivos) durante o processo de planejamento orçamentário a cada ano fiscal.[16] Os planos de treinamento incluem as habilidades técnicas e interpessoais exigidas para cada grupo, e de que forma elas serão desenvolvidas. Para garantir que os planos de treinamento ajudem a atingir as necessidades do negócio, eles são atualizados trimestralmente. Também são feitas reuniões mensais com o pessoal de treinamento e os líderes do negócio, que revisam as necessidades e discutem planos futuros. O pessoal de treinamento tem foco na identificação de três a cinco iniciativas consideradas as mais importantes para apoiar a estratégia de negócio.

A Tabela 2.4 mostra iniciativas estratégicas de treinamento e desenvolvimento e as suas implicações para as práticas de treinamento. *Diversificar o portfólio de aprendizado* significa que a empresa pode oferecer outras oportunidades além dos programas de treinamento tradicionais. Estas oportunidades englobam o aprendizado informal que ocorre no trabalho por meio de interações com os pares, novas experiências de trabalho, oportunidades de aprendizado personalizadas usando mentores, *coaches* e *feedbacks* personalizados de acordo com as necessidades do funcionário, além do uso de tecnologia (como o treinamento *web*). Esse tipo de treinamento tem o ritmo ditado pela própria pessoa e está disponível fora do ambiente formal de sala de aula (isso será discutido nos Capítulos 7 e 8).

A Reliance Industries Ltd., uma empresa indiana com negócios em energia e petroquímica e produtos de poliéster, utiliza uma ampla variedade de iniciativas de aprendizado, com diferentes métodos.[17] Para aumentar as oportunidades de treinamento em emergências e defeitos, por exemplo, a Reliance investiu em treinamentos de simulação com os funcionários das fábricas em mais de 185 instalações. Para apreender o conhecimento especializado e disponibilizá-lo para todos os funcionários em qualquer trabalho dentro da empresa, utilizou-se uma nova solução com base na tecnologia. Os especialistas podem compartilhar conhecimento e experiência através de palestras em vídeo, disponíveis aos outros funcionários pela intranet da empresa, a qualquer horário. Para ajudar a atender à sua demanda por engenheiros, a Reliance formou uma parceria com instituições de ensino para criar um currículo que seja adequado às atribuições específicas da empresa.

A iniciativa de *ampliar os grupos que recebem o treinamento* refere-se ao reconhecimento de que, como os funcionários muitas vezes são o primeiro ponto de contato entre a empresa e os consumidores, eles necessitam de treinamento igual ou maior ao que é realizado com os gerentes. A University Health System conta com um hospital e 17 clínicas espalhadas pelo Condado de Bexar, no Texas.[18] Ela foi desafiada a oferecer

TABELA 2.4 Iniciativas estratégicas de treinamento e desenvolvimento e suas implicações

Iniciativas estratégicas de treinamento e desenvolvimento	Implicações
Diversificar o portfólio de aprendizado	■ Usar tecnologias para o treinamento, como a Internet ■ Facilitar o aprendizado informal ■ Oferecer oportunidades de aprendizado mais personalizadas
Ampliar os grupos que recebem treinamento	■ Treinar clientes, fornecedores e funcionários ■ Oferecer mais oportunidades de aprendizado para cargos não gerenciais
Acelerar o ritmo do aprendizado do funcionário	■ Identificar rapidamente as necessidades e oferecer uma solução de aprendizado de alta qualidade ■ Reduzir o tempo de desenvolvimento de programas de treinamento ■ Facilitar o acesso aos recursos de aprendizado quando a necessidade surgir
Melhorar o serviço ao consumidor	■ Garantir que os funcionários detenham conhecimento do produto e do serviço ■ Garantir que os funcionários possuam habilidades para interagirem com os clientes ■ Garantir que os funcionários compreendam suas funções e autoridade na tomada de decisões
Promover oportunidades de desenvolvimento e comunicação com os empregados	■ Garantir que os funcionários tenham oportunidades de se desenvolverem ■ Garantir que os funcionários entendam oportunidades de crescimento profissional e pessoal ■ Garantir que o treinamento e o desenvolvimento tratem das necessidades dos funcionários no cargo atual bem como das oportunidades de crescimento
Apreender e compartilhar o conhecimento	■ Apreender a perspicácia e as informações dos funcionários conhecedores do assunto ■ Organizar e armazenar logicamente as informações ■ Criar métodos para disponibilizar as informações (p. ex., guias de recursos, *sites*)
Alinhar treinamento e desenvolvimento à direção da empresa	■ Identificar conhecimentos, habilidades, capacidades ou competências necessários ■ Garantir que os programas atuais apoiem as necessidades estratégicas da empresa
Garantir que o ambiente de trabalho apoie o aprendizado e a sua transferência	■ Eliminar restrições ao treinamento, como falta de tempo, de recursos ou de equipamentos ■ Dedicar espaço físico para incentivar trabalho em equipe, colaboração, criatividade e compartilhamento de conhecimento ■ Garantir que os funcionários entendam a importância do aprendizado ■ Garantir que gerentes e pares apoiem treinamento, desenvolvimento e aprendizado

Fonte: Baseado em S. Tannenbaum, "A Strategic View of Organizational Training and Learning." In *Creating, Implementing, and Managing Effective Training and Development*, ed. K. Kraiger (San Francisco: Jossey-Bass, 2002): 10-52.

oportunidades de aprendizado e desenvolvimento de habilidades aos seus 1.500 funcionários remotos. Para isso, o departamento de aprendizado ampliou as oportunidades, visitando as clínicas para desenvolver o currículo e implantar o treinamento. Salões de educação agora trazem até a empresa provedores de educação continuada para que os funcionários possam ver todas as oportunidades existentes de uma só vez, e um *site* possibilita que os funcionários acessem informações sobre faculdades, universidades, ajudas de custo e bolsas. O programa Escola no Trabalho (*School at Work*) ajuda funcionários em cargos inicias a obterem as habilidades e o conhecimento necessários para ocuparem outras posições. São abordados tópicos como matemática, leitura e habilidades de comunicação necessárias para atender aos requisitos do programa de diplomação e certificação. Os funcionários seguem o seu próprio ritmo para trabalhar no programa, usando DVDs e treinamento *on-line*. O departamento de aprendizado também criou a Academia de Profissionais Administrativos (*Administrative Professionals Academy*), projetada para equipar profissionais especializados de alto desempenho com conhecimento e habilidades para avançarem na carreira.

Além disso, para dar um melhor atendimento ao cliente, para fornecedores, vendedores e consumidores, as empresas precisam distribuir informações sobre como usar os produtos e serviços oferecidos. Por esse motivo, elas estão começando a treinar os fornecedores para garantir que os componentes que eles fornecem atendem aos padrões de qualidade dos seus consumidores. Para serem bem-sucedidas, é preciso que as empresas consigam lidar com mudanças em tecnologia, necessidades do cliente e mercados globais. As necessidades de treinamento precisam ser identificadas com rapidez e seguidas por um treinamento eficaz. Ou seja, é preciso que as empresas *acelerem o ritmo do aprendizado do funcionário*. Elas também estão dependendo de sistemas eletrônicos de suporte ao desempenho (*electronic performance support systems*, EPSSs) para oferecer acesso imediato a informações, aconselhamento e orientação (os EPSSs serão trabalhados no Capítulo 5). O EPSS pode ser acessado através de computadores pessoais, *tablets* ou telefones celulares sempre que for necessário. Os funcionários precisam estar preparados para *melhorar o serviço ao consumidor*. Eles devem estar bem informados quanto ao produto ou serviço, ter habilidade no serviço ao consumidor e entender os tipos de decisão que podem tomar (p. ex., se estão autorizados a abrir uma exceção à política de não fazer reembolso em dinheiro).

É importante *proporcionar oportunidades de desenvolvimento* e informar isso aos funcionários, para que eles acreditem que há possibilidade de crescimento e aprendizado de novas habilidades. Essas oportunidades são essenciais para atrair e reter funcionários talentosos. *Apreender e compartilhar conhecimento* é uma forma de assegurar que conhecimentos relevantes sobre clientes, produtos ou processos não se percam caso funcionários deixem a empresa. Além disso, dar aos funcionários acesso ao conhecimento de seus pares pode diminuir o tempo de resposta ao cliente e melhorar a qualidade do produto e do serviço. Em vez de "reinventar a roda", o pessoal de serviço acessa um banco de dados que permite que se encontre problemas e soluções que outros representantes de serviços já desenvolveram.

A AT&T utiliza as redes sociais de três formas. O "Você faz a diferença" (*You Matter*) permite que funcionários compartilhem ideias e *blogs* sobre diversos assuntos, como gestão de finanças e bem-estar.[19] Através da "tSpace", uma plataforma interna para *blogs* e *wikis*, pode-se criar um perfil pessoal e entrar em comunidades de prática organizadas por tópicos específicos, o que oportuniza compartilhar ideias e fazer perguntas. Com a "Otimização de talentos" (*Talent Optimization*, TOP), os gerentes procuram em toda a empresa por funcionários que tenham as habilidades que eles estão precisando, correspondendo os talentos dos funcionários às vagas abertas.

Alinhar o treinamento e o desenvolvimento à direção estratégica da empresa é importante para garantir que o treinamento contribua para as necessidades do negócio. As empresas precisam identificar quais as aptidões (p. ex., conhecimento, habilidades) necessárias e julgar se os programas de treinamento e serviços estão contribuindo para aprimorá-las. Por último, é preciso um *ambiente de trabalho que dê apoio* para que os funcionários sintam-se motivados a participar das atividades, aplicar no trabalho o que foi aprendido e compartilhar o conhecimento com os outros. A parte tangível do apoio inclui tempo e verba para treinamento e desenvolvimento, além de áreas de trabalho que incentivem os funcionários a se encontrarem e trocarem ideias. Receber o apoio psicológico da parte dos gerentes e pares também é importante. Os tipos de apoio tangível e psicológico serão discutidos no Capítulo 5.

Como uma empresa pode se certificar de que as iniciativas de treinamento e desenvolvimento estão vinculadas à estratégia de negócio? A Tabela 2.5 mostra as questões

TABELA 2.5 Perguntas a serem feitas para desenvolver iniciativas estratégicas de treinamento e desenvolvimento

1. Qual é a visão e a missão da empresa? Identificar os guias estratégicos do negócio.
2. Quais as capacidades que a empresa precisa obter como resultado da estratégia de negócio e dos desafios do ambiente do negócio?
3. Que tipos de treinamento e desenvolvimento atrairão, reterão e desenvolverão melhor o talento necessário para o sucesso?
4. Quais as competências vitais para o sucesso da empresa e estratégia de negócio?
5. A empresa tem um plano para a ligação entre o treinamento e a estratégia de negócio ser compreendida por executivos, gerentes e funcionários ou clientes?
6. A equipe de gestão sênior apoiará e patrocinará publicamente o treinamento e o desenvolvimento?
7. A empresa oferece oportunidades de treinamento para equipes e não apenas para indivíduos?

Fonte: Baseado em R. Hughes and K. Beatty, "Five Steps to Leading Strategically," *T+D* (December 2005): 46-48.

que precisam ser respondidas pela empresa para identificar e desenvolver as iniciativas estratégicas. Para ajudar com estas perguntas, é preciso que os instrutores leiam os relatórios anuais, planejamentos estratégicos, demonstrativos de resultado e relatórios de analistas. Para entender a estratégia de negócio e as suas implicações para o treinamento, pode ser útil convidar os gerentes para participarem das reuniões da equipe. Em empresas com várias divisões, é imprescindível entender como cada negócio mede a eficácia, monitora e relata o desempenho e quais os desafios que enfrenta, como gestão da cadeia de suprimentos, desenvolvimento de novos produtos, pressões da concorrência ou questões de garantia de serviço.

Como oferecer atividades de treinamento e desenvolvimento ligadas às iniciativas estratégicas

Após a escolha das iniciativas estratégicas de treinamento e desenvolvimento relacionadas à estratégia de negócio da empresa, o próximo passo é identificar atividades específicas que possibilitarão a realização das iniciativas. Isso inclui o desenvolvimento de iniciativas relacionadas ao uso de novas tecnologias em treinamentos, o aumento do acesso aos programas para determinados grupos de funcionários, a redução do tempo de desenvolvimento e a expansão ou elaboração de novos cursos. É preciso que os representantes de serviço ao consumidor saibam falar sobre o conteúdo dos produtos financeiros e lidar com as transações desses produtos pelo telefone com clientes e especialistas financeiros. Os representantes trabalham na indústria de mercado de valores mobiliários, que é altamente regulamentada nos Estados Unidos, e alguns precisam ter uma licença para que possam vendê-los. A ênfase da American Express no treinamento está relacionada não apenas às necessidades da empresa, mas também ao princípio básico de negócios de que custa menos servir bem os clientes e mantê-los do que substituí-los por outros depois que se forem. Oferecer um bom serviço e preservar a lealdade do consumidor depende do bom atendimento dos representantes ao trabalhar ao telefone, tirar pedidos, oferecer assistência e desenvolver relações com os clientes.

Quando novos funcionários chegam para trabalhar no setor de serviço ao consumidor da American Express, eles iniciam um programa de treinamento de oito semanas projetado para ajudá-los a construírem e solidificarem a clientela da empresa. Inicialmente, eles dividem os seus dias entre aprender sobre os produtos de investimento da American Express e praticar como trabalharão com os conselheiros financeiros e os clientes. Depois de concluir o treinamento inicial e começar a trabalhar ao telefone com clientes reais, ainda é preciso receber pelo menos mais duas semanas de treinamento por ano. O treinamento permanente é uma combinação entre sala de aula e treinamento *web* em tópicos como novos produtos financeiros e mudanças nas regulamentações de segurança. Os módulos de treinamento *on-line* são utilizados para ensinar habilidades no computador, do tipo como usar um novo *software* ou como reduzir o número de telas que um representante precisa olhar para encontrar determinada informação. Os funcionários de serviço ao consumidor têm tempo para revisar o material, fazer perguntas e praticar nos sistemas de computador que utilizarão posteriormente.

Como identificar e coletar indicadores para comprovar o sucesso do treinamento

Como uma empresa determina se as atividades de treinamento e desenvolvimento contribuem efetivamente para a estratégia e para as metas de um negócio? Esta determinação envolve a identificação e a coleta de **indicadores**, que são resultados do negócio escolhido para medir o valor geral das iniciativas de treinamento e aprendizado. Os indicadores podem ser a retenção de funcionários, o engajamento, o serviço ao consumidor, a produtividade e a qualidade. É importante reconhecer a diferença entre os resultados do programa de treinamento e os indicadores de negócio. Normalmente, a avaliação do programa de treinamento está relacionada à medição da satisfação do participante com o programa, avaliando melhorias no conhecimento, habilidades e capacidades, ou identificando se o programa influenciou resultados de negócio, como a produtividade. A avaliação do treinamento, utilizada para determinar a eficácia dos cursos e programas, será discutida no Capítulo 6, "Avaliação do treinamento".

Comparados aos resultados de avaliação do treinamento, os indicadores focam mais nos resultados objetivos do que em outras consequências. São medições relacionadas ao negócio estratégico, isto é, não são ligadas a um curso ou programa e sim escolhidas para representar o valor esperado de várias iniciativas. Vejamos um exemplo: uma empresa de *fast-food* queria determinar o valor estratégico geral do treinamento. Isso quer dizer que o foco era o tempo e a verba investidos em treinamento em várias lojas de *fast-food* e não em um ou dois programas dentro de uma só loja. A empresa descobriu que o treinamento melhorou o serviço ao consumidor, a retenção de funcionários e os lucros.[20]

Os resultados relacionados ao negócio devem ser diretamente ligados à estratégia e às metas do negócio, podendo avaliar o serviço ao consumidor, a satisfação ou engajamento dos funcionários, a rotatividade de funcionários, o número de defeitos com os produtos, o tempo gasto em desenvolvimento de produtos, o número de patentes ou o tempo gasto para preencher posições gerenciais. Algumas empresas utilizam o *balanced scorecard* como forma de avaliar todos os aspectos de um negócio. O ***balanced scorecard*** é uma metodologia de medição de desempenho que permite que os gerentes olhem para o desempenho geral da empresa ou para o desempenho de departamentos ou setores (como o de treinamento) da perspectiva de clientes internos e externos, funcionários e partes interessadas.[21] Também considera quatro perspectivas diferentes: do cliente, interna, inovação e aprendizado e financeiro. A ênfase e o tipo de indicadores usados na medição de cada perspectiva são baseados na estratégia e metas de negócio da empresa. As quatro perspectivas e exemplos de indicadores para medi-las são:

- Cliente (tempo, qualidade, desempenho, serviço, preço).
- Interno (processos que influem na satisfação do cliente).
- Inovação e aprendizado (eficiência operacional, satisfação dos funcionários, melhoria contínua).
- Financeiro (rentabilidade, crescimento, retorno acionário).

Os indicadores que podem ser usados para avaliar a contribuição do treinamento para o *balanced scorecard* incluem funcionários treinados (número de funcionários treinados dividido pelo total de funcionários), custos do treinamento (custo total do treinamento dividido pelo número de funcionários treinados) e custo do treinamento por hora (custo total do treinamento dividido pelo total de horas de treinamento). A EMC Corporation, uma empresa no ramo da tecnologia, utiliza o *balanced scorecard* para acompanhar e medir o aprendizado.[22] É feito o acompanhamento trimestral do desempenho da empresa com indicadores medindo alinhamento do negócio, prontidão da força de trabalho, tempo de colocação do produto no mercado, globalização e eficácia. A empresa também implantou indicadores de desempenho que são diretamente relacionados às necessidades de negócio atuais e futuras. Os funcionários recebem planos de desenvolvimento individuais que têm como base uma análise de seus empregos. Já a Ingersoll Rand exige que as suas unidades apresentem argumentos de negócio convincentes para novos gastos.[23] Seguindo este modelo, a Ingersoll Rand University (IRU) mostra que o aprendizado faz a diferença e contribui para a estratégia de negócio através de indicadores como benefícios esperados, custos únicos contra custos permanentes, prazo de validade dos produtos de aprendizado e taxas de participação dos funcionários nos programas. A cada ano, a IRU apresenta um relatório para comunicar feitos, direções estratégicas e eficácia operacional. São oferecidos *workshops* sobre melhoria de processos relacionados ao Lean Seis Sigma (uma iniciativa de qualidade), que é uma prioridade do negócio. A IRU conseguiu mostrar que esses *workshops* economizaram centenas de milhares de dólares para a empresa, com redução de 76% nos custos de entrega aos vendedores. O processo de identificação e coleta de indicadores está relacionado à avaliação do treinamento, o último passo na Figura 1.2 no Capítulo 1. O Capítulo 6 falará sobre os diferentes tipos de resultados utilizados para avaliar os indicadores de um programa de treinamento. É claro que mostrar que o treinamento está diretamente relacionado ao "resultado final" (p. ex., aumento em serviços, vendas ou qualidade do produto) é a forma mais convincente de comprovar o valor que ele tem.

Exemplos do processo estratégico de treinamento e desenvolvimento

Veja o processo estratégico de treinamento e desenvolvimento de duas empresas bem diferentes: Barilla Group e Mike's Carwash. O Barilla Group é o líder no ramo de massas em todo o mundo, no ramo de molho para massas na Europa continental, no ramo de panificadoras na Itália e no ramo de pão crocante na Escandinávia.[24] A missão, a visão e os valores da Barilla estão na Tabela 2.6. A cultura com base no desempenho da empresa salienta a competitividade, o engajamento e a liderança. A Barilla conta com 15 mil funcionários em todo o mundo e 420 fábricas de massas em Ames, Iowa e Avon, Nova Iorque.

Nas operações norte-americanas da Barilla, o crescimento nas duas fábricas está levando à expansão e à ênfase no aprendizado. A importância do treinamento e desenvolvimento para o negócio é ressaltada pelas metas organizacionais, que incluem "fortalecer a vantagem competitiva através do talento, do desempenho e da cultura", bem como atingir metas financeiras e de vendas. A organização de aprendizado da divisão projeta, desenvolve e propicia a sessão de planejamento estratégico anual. As metas corporativas estratégicas influeciam nos planos estratégicos de recursos humanos da empresa, que por sua vez afetam as prioridades de aprendizado. O processo conta com entrevistas individuais entre o diretor de aprendizado e desenvolvimento de talentos e

TABELA 2.6 Visão, missão e valores da Barilla

Visão
"Ajudamos as pessoas a viverem melhor, levando o bem-estar e a alegria de comer para o seu dia a dia."

Missão
- Desde 1877, a Barrila é a empresa da família italiana que acredita que a comida é uma experiência feliz de convívio, é sabor, é uma forma de compartilhar e demonstrar carinho.
- A Barilla oferece produtos deliciosos e seguros a um ótimo preço.
- A Barilla acredita no modelo nutricional italiano que reúne ingredientes de qualidade superior e receitas simples para criar experiências sensoriais únicas.
- O sentimento de pertencimento, a coragem e a curiosidade intelectual inspiram nossos comportamentos e caracterizam o nosso pessoal.
- A Barilla sempre teve o seu desenvolvimento ligado ao bem-estar das pessoas e às comunidades em que trabalha.

Valores
Paixão, confiança, curiosidade intelectual, integridade e coragem.

Fonte: www.barillaus.com, *site* oficial do Barilla Group.

executivos que trabalham juntos para determinar os objetivos da sessão de planejamento estratégico. Recentemente, a pauta da sessão de planejamento estratégico teve foco em como ampliar o negócio através da identificação de indicadores-chave para as equipes, discussão do desempenho geral das equipes e alocação de pessoas, processos e tecnologias.

Existem diversas iniciativas e atividades estratégicas de treinamento e desenvolvimento nas operações das empresas norte-americanas. Primeiro, para acelerar o ritmo do aprendizado e desenvolvimento do funcionário os planos individuais são combinados a pontos fortes e paixões do funcionário, usando a opinião dos gerentes para saber se estão alinhados. No nível da diretoria, cada membro da equipe de liderança contribui com opiniões para o plano de desenvolvimento. A organização que aprende desempenha um papel central na gestão de mudanças. Ela foi responsável pela implantação bem-sucedida do novo sistema de planejamento de recursos da empresa. Os membros de uma pequena equipe de gestão de mudanças foram encarregados de se comunicarem diretamente com os funcionários, podendo assim observar o processo de conversão. Foram realizadas reuniões periódicas para pedir a opinião de funcionários afetados pela conversão e explicar detalhes da mudança. Uma linha do tempo apresentada mensalmente mostrava a transição para o novo sistema, bem como atualizações sobre o progresso e metas atingidas. Essa linha do tempo destacava as conexões entre a estratégia de negócio e o trabalho diário, incluindo a mudança do processo e o desempenho da equipe desde os líderes e gerentes até funcionários da linha de produção. Para diversificar as oportunidades de aprendizado e garantir que o treinamento necessário estava sendo oferecido, a organização que aprende formou uma parceria com pares da sede italiana da empresa para conduzir um diagnóstico de necessidades. Isso ajudou a identificar as necessidades de desempenho e quais as habilidades a serem desenvolvidas em cada departamento, tendo como base as metas organizacionais, as metas do departamento e as lacunas em habilidades. Os dados do diagnóstico também foram usados para determinar os métodos e prioridades de aprendizado da Barilla University.

A Mike's Carwash, de Indianapolis, é uma rede privada de lavagens de carros com 37 lojas e 650 funcionários em Indiana e Ohio.[25] Aberta em 1948, a primeira Mike's chamava-se "Mike's Minit Man Carwash", uma referência ao tipo de equipamento usado na época. A Figura 2.3 mostra como a Mike's Carwash vincula a sua estratégia de negócio ao treinamento e ao desenvolvimento.

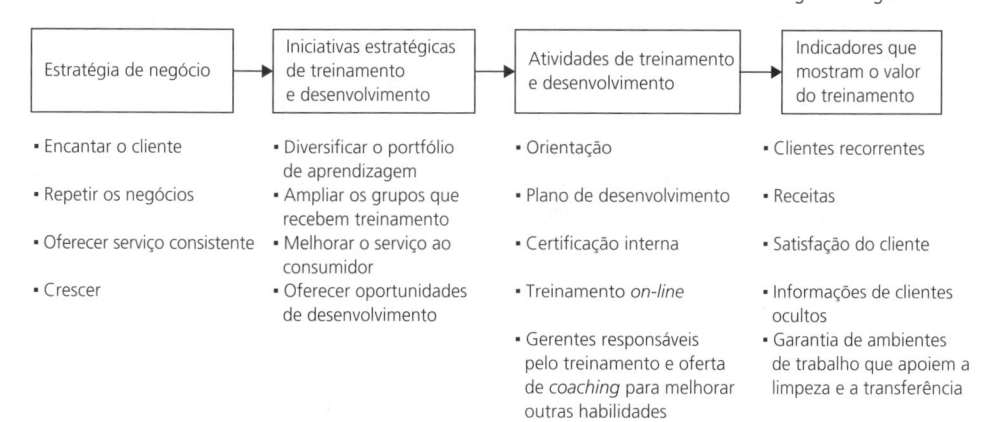

FIGURA 2.3 Como a Mike's Carwash vincula treinamento e desenvolvimento à estratégia de negócio

Estratégia de negócio	Iniciativas estratégicas de treinamento e desenvolvimento	Atividades de treinamento e desenvolvimento	Indicadores que mostram o valor do treinamento
• Encantar o cliente	• Diversificar o portfólio de aprendizagem	• Orientação	• Clientes recorrentes
• Repetir os negócios	• Ampliar os grupos que recebem treinamento	• Plano de desenvolvimento	• Receitas
• Oferecer serviço consistente	• Melhorar o serviço ao consumidor	• Certificação interna	• Satisfação do cliente
• Crescer	• Oferecer oportunidades de desenvolvimento	• Treinamento *on-line*	• Informações de clientes ocultos
		• Gerentes responsáveis pelo treinamento e oferta de *coaching* para melhorar outras habilidades	• Garantia de ambientes de trabalho que apoiem a limpeza e a transferência

A estratégia de negócio da Mike's tem como base a reputação pela qual a empresa é conhecida: serviço consistente e rápido, clientes recorrentes e crescimento do negócio com quatro ou cinco novas localidades a cada ano. As lavagens da Mike's Carwashes são automatizadas e contam com equipamentos, sistemas e tecnologias desenvolvidas por funcionários da Mike's. A empresa atribui uma parcela do seu sucesso à perspicácia para negócios da família Dahm, mas acredita que a maior parte do sucesso vem dos seus funcionários e das práticas de seleção e treinamento. Os fundadores da empresa, Joe e Ed Dahm, eram conhecidos por falar para seus funcionários que a empresa era na verdade um negócio que lidava com o público, só que por acaso lavava carros. A sua missão é oferecer um serviço rápido e amigável à chefia (ou seja, aos clientes) com um bom preço.

A satisfação do cliente é muito importante, sendo que o foco é replicar o negócio, servindo os clientes para que eles desejem voltar novamente. O maior desafio enfrentado pela Mike's é oferecer uma experiência consistentemente agradável para o cliente. A empresa está sempre buscando melhorar a experiência do cliente através de novas ideias. Se uma ideia nova funcionar, ela será implantada em todas as localidades. A Mike's acredita que não basta encontrar ótimos funcionários, é preciso treiná-los e desenvolvê-los. O *site* da empresa explica que ela tem "fama de seletiva" quando o assunto é contratação: para cada 50 pessoas em processo de seleção, apenas uma é de fato contratada. A Mike's utiliza treinamento e desenvolvimento para reter e engajar os seus funcionários. Cada um possui um plano de desenvolvimento e recebe avaliações de desempenho duas vezes ao ano.

O treinamento dos novos funcionários engloba a familiarização com as boas práticas e como ajudar clientes nas diferentes situações que encontrarão na lavagem. Antes de atender o seu primeiro cliente, o novato recebe dois dias de orientação e participa de *workshops* que focam em serviço ao consumidor, qual o tratamento que deve ser dado aos clientes, como recuperar-se de erros e falhas no serviço e como lidar com clientes difíceis. Também é oferecido treinamento para ajudar os funcionários a crescerem dentro da empresa. O percurso da carreira é bem definido, partindo de trabalhador por hora, passando por supervisor e gerente de turno até chegar a gerente adjunto. É possível alterar o plano de carreira através de bom desempenho e realização de certificações internas que incluem até 12 semanas de treinamento e três exames que exigem aprovação com aproveitamento superior a 80%. O engajamento e a satisfação dos funcionários são medidos através de pesquisas semestrais, além da coleta de informações fornecidas por colaboradores que estão deixando a empresa. Os funcionários têm um papel importante na escolha e elaboração de atividades de treinamento e desenvolvimento. Uma equipe de 15 a 20 membros indicados pelos gerentes das lojas trabalham pelo período de um ano como especialistas no assunto para ajudar no desenvolvimento de novos programas de treinamento e na modificação de programas existentes. Os membros da equipe também são os primeiros participantes a integrar os novos programas e oferecer *feedback* sobre mudanças necessárias e sobre a eficácia do programa.

Além dos programas de treinamento habituais para novos funcionários e programas de certificação para avançar na empresa, a Mike's também desenvolveu programas para atender às necessidades de negócio que estão surgindo. Assim, a empresa percebeu uma necessidade de aumentar o gasto dos seus clientes, certificando-se de que os funcionários falassem sobre serviços agregadores de valor, como lavagem do veículo por baixo, tratamentos de pneus e aplicação de verniz. Para isso, desenvolveu-se um módulo de treinamento *on-line*, orientando os gerentes a incentivar os funcionários a realizar o treinamento e a praticar suas táticas de venda nas reuniões mensais de equipe.

A Mike's reconhece que os gerentes têm o importante papel de ajudar os funcionários a aprender, portanto eles devem apoiar e ajudar ativamente na oferta de treinamento. Neste programa, os gerentes eram ensinados a identificar as fraquezas das técnicas de serviço recomendadas pelos funcionários e a utilizarem sessões de *coaching* para aprimorá-las. Eles também eram orientados a observar e registrar as recomendações de serviços ao consumidor feitas pelos funcionários, oferecendo um *feedback* depois. Os resultados foram positivos: os dados de receita geral, receita por cliente, satisfação do cliente e cliente oculto melhoraram.

CARACTERÍSTICAS ORGANIZACIONAIS QUE INFLUENCIAM O TREINAMENTO

A quantidade e o tipo de treinamento, bem como a organização do setor de treinamento de uma empresa, sofrem a influência de fatores como: papel de funcionários e gerentes, apoio da alta gestão ao treinamento, grau de integração das unidades do negócio, presença global, condições de negócio, outras práticas de gestão de recursos humanos (incluindo estratégias de pessoal e planejamento de recursos humanos), nível de sindicalização da empresa e nível de envolvimento de gerentes, funcionários e equipe de recursos humanos.[26]

Papel de funcionários e gerentes

O papel de funcionários e gerentes em uma empresa influi no foco das atividades de treinamento, desenvolvimento e aprendizado. Tradicionalmente, o papel dos funcionários era realizar o trabalho seguindo as orientações dos gerentes, sem estarem envolvidos na melhoria da qualidade de produtos ou serviços. Porém, com a ênfase na criação de capital intelectual e o movimento em direção a sistemas de trabalho de alto desempenho que utilizem equipes, os funcionários dos dias de hoje desempenham vários papéis que costumavam ser exclusivos da gerência (p. ex., seleção, organização de horários de trabalho e interação com consumidores, vendedores e fornecedores).[27] Tendo em vista que as empresas estão utilizando equipes para produzir bens e prover serviços, os membros destas equipes precisam de treinamento em solução de problemas interpessoais e habilidades de trabalho em equipe (p. ex., como resolver conflitos e oferecer *feedback*). Se os funcionários são responsáveis pela qualidade de produtos e serviços, é preciso que sejam treinados no uso de dados para a tomada de decisões, o que envolve treinamento em técnicas de controle estatístico de processos. Como foi visto no Capítulo 1, os membros da equipe também podem receber treinamento nas habilidades necessárias para outras funções existentes na equipe (treinamento cruzado) e não apenas para o cargo específico que estão ocupando. Para incentivar o treinamento cruzado, as empresas adotam sistemas de pagamento com base em habilidades, nos quais os honorários dos funcionários incluem competência e não apenas habilidades em seus trabalhos atuais.

As pesquisas sugerem que é esperado que os gerentes dos dias de hoje sejam capazes de:[28]

- *Gerenciar o desempenho individual e da equipe.* Motivar funcionários a mudar o desempenho, oferecer *feedback* de desempenho e monitorar atividades de treinamento; esclarecer as metas individuais e coletivas e garantir o alinhamento com as metas da empresa.
- *Desenvolver os funcionários e incentivar o aprendizado contínuo.* Explicar atribuições e oferecer a especialidade técnica necessária; criar um ambiente que estimule o aprendizado.
- *Planejar e alocar recursos.* Traduzir planejamentos estratégicos em atribuições e estabelecer prazos para os projetos.
- *Coordenar atividades e equipes interdependentes.* Convencer outras unidades a oferecer ao grupo de trabalho os produtos ou recursos de que precisam, e entender as metas e planos das outras unidades; certificar-se de que a equipe está atendendo às necessidades de clientes internos e externos.
- *Gerenciar o desempenho do grupo.* Delimitar áreas de responsabilidade; reunir-se com outros gerentes para discutir os efeitos de mudanças na unidade de trabalho em seus grupos; facilitar mudanças; implantar a estratégia de negócio.
- *Facilitar o processo de tomada de decisões.* Facilitar a tomada de decisões individuais e coletivas; estimular o uso de processos eficazes de tomada de decisões (gerenciar conflitos, controle estatístico de processos).
- *Criar e preservar a confiança.* Garantir que cada membro da equipe seja responsável pela sua carga de trabalho e clientes; tratar todos os membros da equipe com respeito; escutar e responder as ideias da equipe honestamente.
- *Representar a unidade de trabalho.* Desenvolver relações com os outros gerentes, comunicar as necessidades do grupo de trabalho para as outras unidades e oferecer informações sobre a situação do grupo de trabalho para outros grupos.

Seja qual for o seu nível dentro da empresa (p. ex., gerência sênior), é esperado que todos os gerentes atuem como porta-vozes para outras unidades de trabalho, gerentes e vendedores (ou seja, representem a unidade de trabalho). É claro que o tempo que os gerentes dedicam a algumas destas funções depende do nível em que estão. Os gerentes de linha gastam mais tempo com a gestão de desempenho individual e desenvolvimento de funcionários do que os gerentes de nível intermediário ou os executivos. As funções mais importantes para gerentes de nível intermediário e executivos são: planejamento e alocação de recursos, coordenação de grupos interdependentes e gestão do desempenho do grupo (especialmente a gestão de mudanças). Os executivos também gastam algum tempo com o monitoramento do ambiente de negócio, analisando tendências de mercado, desenvolvendo relacionamentos com os clientes e supervisionando as atividades de vendas e marketing.

Para ser bem-sucedido no gerenciamento de um ambiente com grupos, os gerentes precisam ser treinados em "habilidades para lidar com pessoas", como negociação, sensibilidade, *coaching*, resolução de conflitos e habilidades comunicativas. A falta destas habilidades mostrou estar relacionada ao insucesso de gerentes em avançar nas suas carreiras.[29]

Apoio da alta gerência

O CEO, que é o cargo de gerência mais alto dentro de uma organização, desempenha um papel fundamental na importância que o treinamento e o desenvolvimento têm na empresa. Ele é responsável por:[30]

- Estabelecer uma direção clara para o aprendizado (visão).
- Oferecer incentivo, recursos e comprometimento com o aprendizado estratégico (patrocinador).
- Assumir um papel ativo na administração do aprendizado, incluindo revisar metas, e objetivos e oferecer ideias sobre como medir a eficácia do treinamento (gestor).
- Desenvolver novos programas de aprendizado para a empresa (especialista no assunto).
- Lecionar nos programas e oferecer recursos *on-line* (corpo docente).
- Servir como modelo de aprendizado para toda a empresa e demonstrar vontade de aprender constantemente (aprendiz).
- Promover o comprometimento da empresa com o aprendizado, posicionando-se ao seu favor em discursos, relatórios anuais, entrevistas e outras ferramentas de relações públicas (agente de marketing).

James Hackett, CEO da Steelcase, empresa que atua na indústria de móveis para escritório, declarou publicamente que o aprendizado é o núcleo da estratégia da empresa. O ponto-chave, disse Hackett, é que a Steelcase estude o espaço e ajude as empresas a utilizarem-no de maneira eficaz e eficiente.[31] Por sua vez, para garantir que a alta gerência entendesse e apoiasse o programa de treinamento e desenvolvimento, a Ingersoll Rand criou um modelo conhecido como "escada de engajamento".[32] A alta gerência está envolvida de várias formas, incluindo oferecer contribuições para o desenvolvimento de programas de aprendizado, trabalhar como instrutores e coinstrutores, visitar os cursos como palestrantes executivos ou trabalhar como membros do conselho da universidade corporativa da Ingersoll Rand.

Integração das unidades de negócio

O nível de integração das unidades ou negócios de uma empresa afeta o tipo de treinamento que acontece. Em negócios altamente integrados os funcionários precisam entender as outras unidades, serviços e produtos da empresa. Nestes casos, é provável que o treinamento inclua a rotação de funcionários por cargos em negócios diferentes para que obtenham um entendimento abrangente do negócio.

Presença global

Como observamos no Capítulo 1, o desenvolvimento de mercados globais de produtos e serviços é um grande desafio para empresas norte-americanas. Como os funcionários estão geograficamente fora dos Estados Unidos, as empresas precisam decidir se o treinamento será conduzido e coordenado a partir de uma central norte-americana ou de instalações-satélite próximas.

Pense sobre como a globalização afetou as práticas de treinamento da KLA-Tencor, uma fabricante de sistemas e equipamentos de semicondutores.[33] A KLA-Tencor conta com fábricas na China, em Taiwan, em Cingapura e na Índia para atender melhor os seus clientes que também possuem localizações globais, como é o caso da Intel. Na KLA-Tencor os funcionários são treinados em ferramentas de instalação e manutenção de máquinas nas suas operações globais; eles também precisam saber como fazer o ajuste das máquinas para maximizar a produtividade e, assim, educar os consumidores sobre como usá-las de forma mais eficaz. O treinamento em tecnologia é oferecido regionalmente porque os funcionários precisam de experiência prática com as máquinas. A KLA-Tencor busca instrutores locais qualificados – para ensinar usando o idioma do país –, que recebem instruções sobre como oferecer o treinamento técnico e usar as máquinas. Antes de ministrar os seus cursos sozinhos, os instrutores dividem as aulas com outro instrutor para garantir que estejam confortáveis e proficientes no treinamento. A Network Appliances, empresa de tecnologia de armazenamento de dados, tem sede nos Estados Unidos e locações no Oriente Médio, Ásia e África. A NetApp University oferece treinamento a gerentes de contas, engenheiros de sistemas, funcionários de suporte técnico e fornecedores de manutenção. Os seus centros de treinamento, em locações internacionais, oferecem treinamento em inglês, mas alguns cursos, como treinamento de clientes, são disponibilizados em 23 línguas diferentes.

Na Intel, uma fabricante de semicondutores e microprocessadores, atender às necessidades estratégicas globais da empresa começa por um diagnóstico de necessidades.[34] Quer o funcionário esteja na China, quer esteja no Arizona, o treinamento é o mesmo. Os programas da Intel são oferecidos por instrutores locais (especialistas no assunto e que não trabalham em tempo integral) que ajustam o conteúdo do treinamento de acordo com as necessidades dos aprendizes em cada localidade. A Intel utiliza instrutores locais para garantir que o conteúdo do treinamento não seja muito genérico ou que foque apenas nos Estados Unidos. Normalmente, 80 a 90% do conteúdo é o mesmo por toda a empresa, restando aos instrutores certa flexibilidade para usar exemplos que sejam relevantes para a localização geográfica ou para a unidade de negócio em que estão os funcionários.

Condições de negócio

Quando o desemprego está baixo e/ou os negócios estão em crescimento acelerado e precisam de mais funcionários, as empresas muitas vezes enfrentam dificuldades para atrair novos funcionários, encontrar alguns com habilidades necessárias e reter os atuais.[35] É possível que elas se encontrem em uma posição em que precisam contratar funcionários que não são qualificados para o trabalho. Quando as condições de negócio estão assim, as empresas precisam reter os mais talentosos. Em uma economia embasada no conhecimento (inclusive nas áreas de tecnologia da informação e indústria farmacêutica), o desenvolvimento de produtos depende das habilidades especializadas dos funcionários. A perda de um funcionário importante pode atrasar um projeto existente ou impedir que a empresa assuma novos projetos. O treinamento desempenha um papel fundamental ao preparar os funcionários para serem produtivos, além de motivar e reter os funcionários atuais. Estudos sobre os fatores que influenciam a retenção de funcionários apontam que eles avaliam trabalhar com bons colegas, receber tarefas desafiadoras e ter oportunidades de crescimento e desenvolvimento de carreira como as principais motivações para permanecerem em uma empresa.

Em todas as indústrias, das tecnológicas ao varejo, as empresas confiam cada vez mais no treinamento e no desenvolvimento para atrair novos funcionários e reter os existentes. Empresas como a Eli Lilly (empresa farmacêutica) e a Microsoft são bem-sucedidas em termos de retorno financeiro, e geralmente são encontradas nas listas de melhores empresas para trabalhar (aparecem com frequência na lista anual "Best Companies to Work For" da revista *Fortune*). Não ficam atrás também no quesito a atração e retenção de pessoal, já que não só oferecem pagamento e benefícios bastante competitivos, como também estão comprometidas com treinamento e desenvolvimento. As redes varejistas, como a Macy's e a Nordstroms, não fazem vendas se não tiverem funcionários hábeis em número suficiente.[36] A Macy's começa sua estratégia de retenção de funcionários pelos executivos, que são responsáveis pela retenção dos funcionários subordinados a eles. Os gerentes foram treinados para realizar reuniões e avaliações de desempenho (habilidades que influem na percepção dos funcionários de como são tratados, o que em última análise afeta a permanência na empresa).

Em empresas que vivem em um ambiente de recessão ou de negócio instável (caracterizado por fusões, aquisições ou retiradas de investimentos do negócio), o treinamento pode ser abandonado, deixado a critério de gerentes ou tornar-se mais limitado (oferecimento de cursos apenas para corrigir deficiências e não para preparar o pessoal para novas atribuições). Estes programas enfatizam o desenvolvimento de habilidades e características necessárias (p. ex., como lidar com mudanças), independentemente da estrutura assumida pela empresa. Pode ser que o treinamento nem mesmo seja o resultado de um esforço planejado. Muitas vezes, os funcionários que permanecem em uma empresa após uma fusão, aquisição ou desinvestimento acham que as responsabilidades mudam, o que exigirá novas habilidades. Para trabalhadores em empresas em crescimento (ou seja, com uma demanda crescente por seus produtos e serviços) podem haver novas oportunidades de movimentação lateral de cargo e de promoções resultantes da expansão nas vendas, no marketing e nas operações de fabricação, ou ainda da abertura de novas unidades de negócio. É comum que esses colaboradores fiquem felizes em participar de atividades de desenvolvimento porque novas posições oferecerem salários mais elevados e tarefas mais desafiadoras.

Durante períodos nos quais as empresas buscam revitalizar e redirecionar os negócios, os salários costumam ser estagnados. Consequentemente, são disponibilizados menos incentivos por participação em treinamentos (como promoções ou aumentos). Em muitos casos, as empresas enxugam os quadros de funcionários para cortar custos. Nestas condições, as atividades de treinamento têm como foco garantir que os funcionários estejam disponíveis para preencher os postos de trabalho vagos em razão da aposentadoria ou rotatividade. O treinamento também ajuda os funcionários a evitar a obsolescência de suas habilidades.

Outras práticas de gestão de recursos humanos

As **práticas de gestão de recursos humanos** consistem em atividades de gestão relacionadas a investimentos (tempo, esforço, dinheiro) em pessoal (determinar quantos funcionários são necessários, recrutar e selecionar), gestão de desempenho, treinamento e compensação e benefícios. Empresas que adotam práticas de gestão de recursos humanos modernas e contribuem para a estratégia do negócio tendem a exibir níveis mais altos de desempenho em relação às que não o fazem.[37] Essas práticas colaboram para a atração, motivação e retenção de capital humano (conhecimento, habilidades e capacidades incorporadas nas pessoas), o que pode ajudar a empresa na obtenção de vantagem competitiva. O treinamento, com a seleção e a gestão de desempenho e compensação, influencia na atração, motivação e retenção de capital humano. Ele também ajuda a desenvolver habilidades específicas para o negócio, melhorando a produtividade e, em última análise, o desempenho da empresa. Além disso, o treinamento ajuda a desenvolver as habilidades necessárias para que os funcionários busquem outros cargos dentro da própria empresa, aumentando os níveis de satisfação e engajamento. O tipo de treinamento e os recursos dedicados sofrem influência da estratégia de seleção, do valor estratégico dos cargos e da singularidade dos funcionários e do planejamento de recursos humanos.

Estratégias de seleção

A **estratégia de seleção** engloba as decisões da empresa sobre onde buscar funcionários, como selecioná-los e qual a combinação ideal de habilidades e categorias de funcionários (temporário, em tempo integral etc.). É importante reconhecer que treinamento, desenvolvimento e oportunidades de aprendizado podem variar entre as empresas em razão das diferenças nas avaliações que elas fazem do mercado de trabalho, estratégia de seleção ou valor e singularidade de cargos e posições estratégicas. Uma das decisões de seleção a ser tomada é o quanto se dependerá do mercado de mão de obra interna e externa para preencher as vagas. Dois aspectos da estratégia de seleção de uma empresa influenciam no treinamento: os critérios utilizados para julgar promoções e atribuições (fluxo de atribuição) e os locais nos quais as empresas optam por prospectar os recursos humanos para as vagas abertas (fluxo de fornecimento).[38]

As empresas variam quanto ao grau em que tomam decisões sobre promoções e atribuições, tendo como base o desempenho individual, do grupo ou da unidade de negócio. Elas também variam quanto ao grau em que as necessidades de mão de obra são atendidas por funcionários atuais (mercado de mão de obra interna), funcionários da concorrência ou ingressantes no mercado de trabalho, como os recém-formados (mercado de mão de obra externa). A Figura 2.4 mostra as duas dimensões da estratégia de seleção de pessoal. A interação entre o fluxo de atribuição e o fluxo de fornecimento resulta em quatro tipos diferentes de empresas: fortalezas, times de beisebol, clubes e academias. Cada tipologia de empresa dá uma ênfase diferente às atividades de treinamento. Algumas delas (como empresas de pesquisa médica), enfatizam a inovação e a criatividade, e são chamadas "times de beisebol". Tendo em vista a dificuldade de treinar habilidades relacionadas à inovação e criatividade, estas empresas tendem a lidar com as necessidades de seleção de pessoal ao atrair os funcionários para longe da concorrência ou contratar formandos com habilidades especializadas.

As "academias" costumam ser empresas como a Proctor & Gamble (P&G), dominantes em suas indústrias ou mercados, dependendo essencialmente do treinamento e desenvolvimento de funcionários atuais (ou seja, mercado de mão de obra interna) para preencher as novas posições e cargos gerenciais. Os "clubes" tendem a ser empresas em indústrias altamente regulamentadas, como energia ou assistência à saúde, que dependem do desenvolvimento do talento da mão de obra interna, mas que confiam no desempenho coletivo, ou dos departamentos, para determinar promoções e oportunidades e obter atividades ou atribuições de desenvolvimento importantes. As "fortalezas" consistem em

FIGURA 2.4 Implicações da estratégia de seleção para o treinamento

	Fortaleza	Time de beisebol
Mercado de mão de obra externa ↑	*Desenvolvimento* • Foco em evitar a obsolescência • Falta de desenvolvimento sistemático *Características estratégicas-chave* • Sobrevivência • Dificuldade de recursos *Indústrias* • Recursos naturais	*Desenvolvimento* • Uso de experiências de trabalho • Não há desenvolvimento relacionado ao planejamento sucessório *Características estratégicas-chave* • Inovação • Criatividade *Indústrias* • Propaganda, empresas de consultoria, pesquisa biomédica
Fluxo de fornecimento	**Clube** *Desenvolvimento* • Rotação de cargos • Tarefas especiais com percursos de carreira *Características estratégicas-chave* • Monopólio • Altamente regulado *Indústrias* • Serviços públicos, setor público, clínicas	**Academia** *Desenvolvimento* • Avaliação e patrocínio • Uso de movimentos para cima, lateral e para baixo, dentro e entre funções *Características estratégicas-chave* • Dominante no mercado *Indústrias* • Bens de consumo, farmacêutica
Mercado de mão de obra interna ↓		

Contribuição coletiva ← Fluxo de atribuição → Contribuição individual

Fonte: Adaptado de J. A. Sonnenfeld and M. A. Peiperl, "Staffing policy as a strategic response: A typology of career systems," *Academy of Management Review* 13 (1988): 588-600.

indústrias que estão passando por mudanças significativas e lutando para sobreviver. Nas "fortalezas", os recursos (financeiros e outros) não estão disponíveis para o desenvolvimento, o que leva as empresas a dependerem da contratação de talento de fora (ou seja, do mercado de mão de obra externo) conforme for necessário. A Figura 2.4 pode ser usada para identificar as atividades de desenvolvimento que apoiam uma determinada estratégia de seleção. Se uma empresa quer recompensar contribuições individuais de funcionários e promover a partir de dentro (quadrante inferior direito da Figura 2.4), é preciso que utilize movimentos laterais, para cima e para baixo, dentro e entre as funções para apoiar a estratégia de seleção.

Valor estratégico de cargos e singularidade dos funcionários

Outra consideração estratégica que afeta a forma como as empresas investem os seus recursos de treinamento e desenvolvimento (T&D) é o tipo de funcionário. Uma diferenciação que é feita por algumas empresas em suas atividades de T&D é entre gerentes e colaboradores individuais. Os gerentes recebem oportunidades de desenvolvimento, como experiências de trabalho e atribuições internacionais, que os colaboradores individuais não recebem, porque estão sendo avaliados e preparados para posições de liderança na empresa. Outra forma de identificar tipos diferentes de funcionários é baseando-se no seu valor estratégico e singularidade para a empresa.[39] A **singularidade** é o nível em que um funcionário é raro e especializado, além de pouco abundante no mercado de trabalho. O **valor estratégico** diz respeito ao potencial do funcionário de melhorar a eficácia e a eficiência da empresa. Isso resulta em quatro tipos de funcionários: trabalhadores com base em conhecimento (valor e singularidade altos), funcionários com base em trabalho (valor alto e singularidade baixa), funcionários autônomos (valor e singularidade baixos) e alianças/parcerias (valor baixo e singularidade alta).

Tome como exemplo uma empresa farmacêutica que conta com vários grupos de funcionários diferentes, como cientistas (trabalhadores com base em conhecimento), técnicos laboratoriais (funcionários com base em trabalho), equipe de secretaria e administrativa (funcionários autônomos) e conselheiros legais (alianças/parcerias). Como os trabalhadores com base em conhecimento possuem habilidades valiosas e singulares, espera-se que a empresa faça investimentos pesados no T&D deles, especialmente para desenvolver habilidades específicas às necessidades da empresa. É provável que os funcionários com base em trabalho recebam menos treinamento do que os com base em conhecimento, porque ainda que criem valor para a empresa, eles não são singulares. As suas oportunidades de desenvolvimento serão limitadas a menos que sejam identificadas como destaques em termos de desempenho. O treinamento de trabalhadores autônomos provavelmente seria limitado a garantir que estejam em conformidade com as políticas da empresa e exigências de certificação e licenciamento da indústria. Já que não são funcionários em tempo integral, mas oferecem serviços valiosos, o treinamento dos funcionários de alianças e parcerias costuma ter como foco incentivar o compartilhamento do conhecimento e usar treinamento em equipe e exercícios experimentais projetados para desenvolver a confiança e as relações com funcionários do tipo com base em conhecimento e em trabalho.

Planejamento de recursos humanos

O **planejamento de recursos humanos** abrange identificação, análise, previsão e planejamento de mudanças necessárias na área de recursos humanos para ajudar a empresa a atender às mudanças nas condições de negócio.[40] Esse planejamento permite que a empresa antecipe a movimentação dos recursos humanos em razão de rotatividade, transferências, aposentadorias ou promoções. Os planos de recursos humanos ajudam a identificar onde são necessários funcionários com determinados tipos de habilidades. O treinamento pode ser usado para prepará-los funcionários para maiores responsabilidades em seus cargos atuais, promoções, movimentações laterais, transferências e movimentações para baixo ou rebaixamentos previstos no plano de recursos humanos.

Extensão da sindicalização

O interesse dos sindicatos no treinamento resultou em programas conjuntos entre sindicatos e administrações de empresas, projetados para preparar funcionários para novos cargos. Quando as empresas fazem esforços de treinamento e melhoria da produtividade sem o envolvimento de sindicatos, é provável que esses esforços sejam em vão. Os sindicatos podem enxergar os programas como só mais uma tentativa de fazer os funcionários trabalharem mais sem compartilharem os ganhos de produtividade. Os programas conjuntos garantem que todas as partes (sindicatos, administração e funcionários) entendam os objetivos do desenvolvimento e comprometam-se a fazer as mudanças necessárias para que a empresa obtenha lucro, e para que os funcionários mantenham seus empregos e beneficiem-se de possíveis aumentos nos lucros.

Envolvimento da equipe no treinamento e no desenvolvimento

A frequência e a qualidade com as quais o programa de treinamento de uma empresa é utilizado sofre influência do grau de envolvimento de gerentes, funcionários e equipe especializada em desenvolvimento. Se os gerentes não estiverem envolvidos no processo de treinamento (p. ex., determinar necessidades a serem desenvolvidas, trabalhar como instrutor), ele pode ser desconexo em relação às necessidades do negócio. Também existe a possibilidade de os gerentes não estarem comprometidos em garantir a eficácia do treinamento (p. ex., fornecer *feedback* aos participantes). Consequentemente, o impacto potencial do treinamento em ajudar a empresa a atingir suas metas é limitado porque os gerentes enxergam o treinamento como um "mal necessário" do qual são forçados a participar, e não como um meio de ajudá-los a alcançar metas de negócios.

Se os gerentes de linha estiverem cientes do que se pode ganhar com atividades de desenvolvimento, como redução do tempo de preenchimento de vagas, estarão mais dispostos a se envolverem. Outro fator que pode aumentar o envolvimento no processo é a recompensa por participação. A Constellation Energy, localizada em Baltimore, Maryland, vincula o aprendizado dos funcionários ao desempenho individual e coletivo.[41] A cada ano, a empresa envolve-se em um processo de planejamento de negócio entre junho e dezembro, englobando monitoramento, revisão e realização de mudanças no seu plano de cinco anos que detalha metas e objetivos organizacionais e de negócios. O plano de recursos humanos, que compreende o aprendizado, garante que as estratégias de desenvolvimento de funcionários estejam alinhadas às estratégias de negócio. Os planos e metas de desenvolvimento individual, estabelecidos em conjunto entre funcionários e gerentes, têm como base metas e objetivos do negócio e necessidades de recursos humanos. Os gerentes são responsáveis pelo desenvolvimento de seus funcionários. Uma das competências gerenciais avaliadas é a gestão de capital humano, que engloba o engajamento dos funcionários, a gestão de talentos e a diversidade. Uma parte do bônus de cada gerente é baseada na avaliação que ele recebe por esta competência.

Atualmente, as empresas esperam que os funcionários tomem a iniciativa no processo de treinamento.[42] Aquelas que têm maior aceitação da filosofia de aprendizado contínuo exigem maior planejamento de desenvolvimento. As empresas apoiarão atividades de treinamento e desenvolvimento (como reembolso de gastos com matrícula e educação e oferecimento de cursos, seminários e *workshops*), mas responsabilizarão os funcionários pelo planejamento do próprio desenvolvimento. O planejamento de T&D compreende a identificação das necessidades, a escolha de um resultado esperado (p. ex., mudança comportamental, maior conhecimento), a identificação das ações a serem realizadas, a decisão de como será medido o progresso em direção à meta e a criação de um cronograma de melhoria. Para identificar forças e fraquezas e necessidades de treinamento, é preciso que o funcionário faça uma análise do que deseja fazer, o que pode fazer, como os outros o enxergam e o que os outros esperam dele. Uma necessidade pode ser resultado de lacunas entre as aptidões atuais e os interesses e o tipo de trabalho ou posição almejada para o futuro. O processo de diagnóstico de necessidades será abordado no Capítulo 3, "Diagnóstico de necessidades".

NECESSIDADES DE TREINAMENTO EM DIFERENTES ESTRATÉGIAS

A Tabela 2.7 descreve quatro estratégias de negócio (concentração, crescimento interno, crescimento externo e desinvestimento) e destaca as implicações de cada uma para as

TABELA 2.7 Implicações da estratégia de negócio para o treinamento

Estratégia	Ênfase	Como fazer	Questões-chave	Implicações no treinamento
Concentração	■ Ampliação da participação de mercado ■ Redução nos custos operacionais ■ Criação ou garantia do nicho de mercado	■ Melhorar a qualidade do produto ■ Melhorar a produtividade ou inovar os processos técnicos ■ Personalizar produtos e serviços	■ Atualidade das habilidades ■ Desenvolvimento da força de trabalho existente	■ Construção de equipes ■ Treinamento cruzado ■ Programas especializados ■ Treinamento em habilidades interpessoais ■ Treinamento no local de trabalho
Crescimento interno	■ Desenvolvimento de mercado ■ Desenvolvimento de produtos ■ Inovação ■ *Joint ventures* (empreendimentos conjuntos) ■ Fusões ■ Globalização	■ Produtos existentes no mercado/acrescentar canais de distribuição ■ Expandir o mercado global ■ Modificar os produtos existentes ■ Criar produtos novos ou diferentes ■ Expandir através da copropriedade ■ Identificar e desenvolver gerentes	■ Criação de novos cargos e tarefas ■ Inovação ■ Gestão de talentos	■ Comunicação de alta qualidade do valor do produto ■ Treinamento cultural ■ Desenvolvimento de uma cultura organizacional que valorize a análise e o pensamento criativo ■ Competência técnica no trabalho ■ Treinamento de gerentes em *feedback* e comunicação ■ Habilidades de negociação de conflitos
Crescimento externo (aquisição)	■ Integração horizontal ■ Integração vertical ■ Diversificação concêntrica	■ Adquirir firmas que operam no mesmo estágio da cadeia de mercado do produto (novo acesso ao mercado) ■ Adquirir negócios que possam suprir ou consumir produtos ■ Adquirir firmas que não tenham nada em comum com a empresa que faz a aquisição	■ Integração ■ Redundância ■ Reestruturação	■ Determinação das capacidades dos funcionários em empresas adquiridas ■ Integração dos sistemas de treinamento ■ Métodos e procedimentos de firmas combinadas ■ Construção de equipes ■ Desenvolvimento de uma cultura compartilhada
Desinvestimento	■ Cerceamento ■ Reviravolta ■ Desinvestimento ■ Liquidação	■ Reduzir custos ■ Reduzir bens ■ Gerar receita ■ Redefinir metas ■ Vender todos os bens	■ Eficiência	■ Motivação, estabelecimento de metas, gestão de tempo, gestão de estresse, treinamento cruzado ■ Treinamento em liderança ■ Comunicações interpessoais ■ Assistência ao *outplacement* ■ Treinamento de habilidades para buscar empregos

práticas de treinamento.⁴³ As estratégias diferem quanto à meta do negócio. A **estratégia de concentração** foca em ampliar a participação de mercado, reduzir custos ou criar e manter um nicho de mercado para produtos e serviços. Durante muitos anos, essa foi a estratégia da Southwest Airlines (embora tenha comprado a Airteam recentemente). Ela tem como foco oferecer transporte aéreo de curta distância, frequente e com tarifas baixas. Utiliza apenas um tipo de aeronave (Boeing 737), não possui reserva de poltronas e não serve refeições. Esta estratégia de concentração permitiu que a Southwest mantivesse os custos baixos e a receita alta. A **estratégia de crescimento interno** foca em desenvolvimento de novos mercados e produtos, inovação e *joint ventures* (empreendimentos conjuntos). Como exemplo, podemos citar a fusão entre a Continental e a United Airlines, que criou a maior empresa aérea do mundo. Já a **estratégia de crescimento externo** enfatiza a aquisição de vendedores e fornecedores ou a compra de negócios que possibilitem a expansão da empresa para novos mercados. A General Electric (fabricante de produtos de iluminação e motores a jato), por exemplo, adquiriu a empresa de televisão e comunicações National Broadcasting Corporation (NBC). Por último, a **estratégia de desinvestimento** foca na liquidação e cessão de negócios. O Citigroup, por exemplo, que assumiu a empresa musical EMI em uma situação financeira complicada, vendeu-a para a Universal e a Sony.

Pesquisas preliminares sugerem uma relação entre a estratégia de negócio e a quantidade e tipo de treinamento.⁴⁴ A Tabela 2.7 mostra que as questões relacionadas ao treinamento variam bastante entre uma estratégia e outra. Empresas em desinvestimento devem treinar os funcionários em habilidades de busca de emprego e focar no treinamento cruzado dos funcionários restantes, que podem acabar em cargos com as responsabilidades ampliadas. As empresas que têm como foco um nicho de mercado (estratégia de concentração) precisam enfatizar a atualidade das habilidades e o desenvolvimento da força de trabalho existente. As novas empresas formadas a partir de uma fusão ou aquisição devem certificar-se de que os funcionários detêm as habilidades necessárias para que elas atinjam suas metas estratégicas. Além disso, para que fusões e aquisições sejam bem-sucedidas, é preciso que os colaboradores aprendam sobre a nova organização e a sua cultura.⁴⁵ A organização deve oferecer treinamento em sistemas, sobre procedimentos ao telefonar, enviar e-mails e trabalhar na intranet. Os gerentes devem ser educados sobre como fazer da nova fusão um sucesso (p. ex., lidar com a resistência às mudanças).

Considere o papel do setor de treinamento na Ciena durante uma aquisição.⁴⁶ A empresa é especializada em transporte óptico, chaveamento óptico e tecnologia Ethernet que ajuda a oferecer equipamentos, *software* e serviços que melhoram as redes de clientes em todo o mundo. Para concorrer com as empresas maiores, ela precisa ser mais ágil, inovadora e rápida, e dar ênfase ao estabelecimento de uma relação de confiança com os seus clientes, desenvolvendo relações fortes e colaborando com os mesmos. Quando a Ciena adquiriu a Nortel's Metro Ethernet Networks o tamanho da empresa dobrou, ganhando acesso a novos mercados globais. Para integrar os funcionários da Nortel na Ciena, o setor de aprendizado ofereceu o treinamento necessário para que entendessem as exigências de produtos, sistemas e processos. Isso foi importante para garantir a consistência da estratégia de negócio por toda a empresa. Além disso, foram tomadas medidas de reconhecimento de forças e fraquezas das culturas de ambas as empresas e houve um trabalho para criar uma nova cultura. O Programa de Líderes em Ascensão

(Emerging Leaders Program) da Ciena, por exemplo, foi usado para integrar os gerentes de alto potencial das duas empresas e colocá-los para trabalhar na criação de uma nova lista de valores que guiaria a nova empresa.

Empresas com uma estratégia de crescimento interno enfrentam o desafio da identificação e desenvolvimento de talentos, especialmente os gerenciais.

Eric Wiseman, o CEO da VF Corporation (negócio global no ramo de vestuário que engloba The North Face, Nautica, Lee e Wrangler) acredita que precisa de finanças fortes, marcas ganhadoras e talento para impelir o crescimento do negócio.[47] O foco é no desenvolvimento do grupo de alta gerência, formado por 1.500 pessoas. Duas vezes ao ano, a empresa realiza a análise das avaliações de talentos seniores, envolvendo reuniões com o comitê operacional da empresa, o vice-presidente de recursos humanos, líderes de negócio e o chefe de recursos humanos de cada unidade de negócio. Os altos gerentes são avaliados individualmente, discutindo forças e fraquezas, como podem melhorar e quais as possibilidades de progressão na carreira. Isso é vital para que a empresa se prepare e tenha de prontidão os talentos gerenciais necessários para atender dois pontos principais de crescimento: expansão global e aquisição agressiva de outros negócios. O vice-presidente de recursos humanos desempenha um papel fundamental no desenvolvimento de prazos para a expansão e preparação de gerentes que podem ocupar postos internacionais. Além disso, ele deve ajudar na compreensão do talento disponível nas empresas que contemplam adquirir e tomar medidas para reter os funcionários talentosos da empresa adquirida, necessários para manter a marca. Também está entre as suas responsabilidades reunir informações sobre mudanças nas expectativas de negócios e projetos de crescimento, obtidas junto aos vice-presidentes de recursos humanos no nível da unidade de negócio, e o repasse destas informações ao CEO.

Apesar do cenário financeiro sombrio para as empresas da indústria automobilística, a Toyota Motor Corporation é conhecida pela retenção de funcionários em suas fábricas, pois os incentiva a participar de programas de treinamento para melhorar suas habilidades e encontrar métodos mais eficientes e eficazes de montagem de veículos, em vez de diminuir cargas horárias ou reduzir o quadro de funcionários.[48] Por causa dos contratos sindicais, os funcionários na GM, Ford e Chrysler são pagos mesmo se não estiverem trabalhando, quando suas linhas de montagem estiverem paradas. Se uma fábrica é fechada temporariamente, os funcionários recebem a maior parte do pagamento e não precisam comparecer ao trabalho. Na fábrica de Princeton, New Jersey, a Toyota utilizou o tempo de inatividade para melhorar as habilidades de controle de qualidade e produtividade, mantendo-se fiel ao compromisso de nunca dispensar funcionários não sindicalizados em tempo integral. O treinamento teve como resultado a melhoria contínua (também chamada de *kaizen*). Exemplo disso é um aro de Teflon projetado por um funcionário da linha de montagem para evitar danos à pintura durante a instalação de interruptores elétricos na borda da porta de um veículo.

Uma estratégia de desinvestimento teve como resultado o desligamento da Edwards Life Sciences Corporation de outra empresa.[49] A equipe de gerência da nova empresa desenvolveu um novo plano estratégico que descrevia as metas para crescimento de vendas, desenvolvimento de novos produtos, fidelização de clientes e comprometimento e satisfação dos funcionários. A empresa percebeu através de uma análise do talento em liderança, que era preciso preparar líderes que pudessem ajudá-la a atingir as suas metas estratégicas. Um programa de liderança foi criado, e contava com 20 participantes de diferentes setores e locais da empresa. Parte do programa de uma semana foi dedicada a uma simulação em que equipes de gerentes administravam seus próprios negócios e assumiam a responsabilidade pelo marketing, fabricação e finanças.

MODELOS DE ORGANIZAÇÃO DO DEPARTAMENTO DE TREINAMENTO

O modelo integrado ao negócio e o modelo de universidade corporativa (ou ainda um modelo híbrido) são os modelos mais buscados pelas empresas, para que possam alcançar seus objetivos de negócio. Estes modelos também estão sendo adotados à medida que as empresas começam a valorizar o capital humano e a enxergar o treinamento como parte de um sistema de aprendizado projetado para criar e compartilhar conhecimento. A análise destas estruturas deve ser útil para compreender que a organização do departamento de treinamento tem consequências importantes na forma como esse setor (e os treinadores empregados nele) contribui (ou deixa de contribuir) para a estratégia de negócio. Tenha em mente que podem existir vários setores de treinamento separados (especialmente em empresas grandes ou descentralizadas), cada um organizado de acordo com um modelo diferente.

Uma decisão importante a ser levada em consideração ao escolher uma organização para o departamento de treinamento (ou setor de aprendizado) é até que ponto o treinamento e o aprendizado são centralizados. Normalmente, as empresas não optam por centralizar ou descentralizar o treinamento e o aprendizado. Em vez disso, elas optam por um modelo de organização para o departamento de treinamento que melhor se encaixe nas necessidades do negócio. Muitas empresas, como Boeing, Cingular Wireless e Harley-Davidson, centralizaram os seus departamentos de treinamento.[50] **Treinamento centralizado** quer dizer que programas de treinamento e desenvolvimento, recursos e profissionais estão concentrados em um local e que as decisões sobre investimento, programas e métodos de oferta são tomadas nesse departamento. O treinamento na Boeing era descentralizado em razão das várias localizações geográficas da empresa. No entanto, assim como outras empresas, ela descobriu várias vantagens no treinamento centralizado, como o treinamento ser de posse de uma só organização e a eliminação de variação e duplicação de cursos e programas. A Wyeth, líder global na indústria farmacêutica e produtos de assistência à saúde humana e animal, opta por um setor de treinamento centralizado para garantir que habilidades de venda sejam adotadas em toda a empresa. No lugar dos quatro modelos de venda diferentes que estavam sendo usados, os negócios da Wyeth em mais de 140 países agora utilizam um modelo de vendas consistente.

Além disso, um setor de treinamento centralizado leva a um alinhamento mais forte com a estratégia de negócio, pois permite o desenvolvimento de um conjunto de indicadores ou *scorecards* comum a toda a empresa. Isso facilita medir e relatar dados de qualidade e oferta, simplifica os processos e confere à empresa uma vantagem no valor da compra de treinamento de vendedores e consultores, já que o número de participantes envolvidos é muito maior. Por fim, a opção pela centralização melhora a integração dos programas de desenvolvimento de talentos gerenciais e de liderança com o treinamento e o aprendizado durante períodos de mudança. Tanto na Cingular Wireless como na Harley-Davidson, o setor centralizado permite a escolha de uma tecnologia em comum para a oferta de programas de treinamento.[51] Essa política reduz a probabilidade de grupos funcionais adotarem tecnologias diferentes, para os quais alguns programas e recursos de treinamento (como vídeo) funcionarão e outros não.

A chave para o sucesso de uma abordagem centralizadora é que os altos gerentes devem acreditar estar no controle do setor de treinamento, e que o setor deve estar alinhado à estratégia de negócio. Ou seja, os objetivos de negócio devem ser comunicados e compreendidos, e treinamento e desenvolvimento devem ajudar a impulsionar a estratégia. Ao mesmo tempo, os setores de treinamento centralizados devem estar em contato com as necessidades particulares dos setores e divisões que eles atendem. Na ETS, a educação dos funcionários é de responsabilidade da unidade de aprendizado e desenvolvimento (conhecida como L&D, do inglês *learning and development*)* de soluções estratégicas para a força de trabalho.[52] Os 50 funcionários da unidade de L&D são organizados em "processos de pessoas", incluindo o aprendizado e a gestão do conhecimento. O diretor e o CEO trabalham com o gestor da aprendizagem para garantir que o programa e as estratégias de aprendizado estejam relacionados à estratégia de negócio da ETS.

Modelo de universidade corporativa (universidades de treinamento corporativo)

Para usufruir das vantagens de um treinamento centralizado, muitas empresas utilizam o **modelo de universidade corporativa**, ilustrado na Figura 2.5, que é diferente dos outros, pois compreende não apenas funcionários e gerentes, mas também partes interessadas fora da empresa, como faculdades locais e universidades. As universidades corporativas oferecem vantagens significativas para os esforços de aprendizado de uma empresa, ajudando-a a superar vários dos problemas históricos que afligiram os departamentos de treinamento (ver lado esquerdo da Figura 2.5). Uma universidade corporativa pode tornar o aprendizado mais estratégico, oferecendo visão e missão claras, e garantindo que estejam alinhadas às necessidades do negócio. Também é útil para que

FIGURA 2.5 Modelo de universidade corporativa

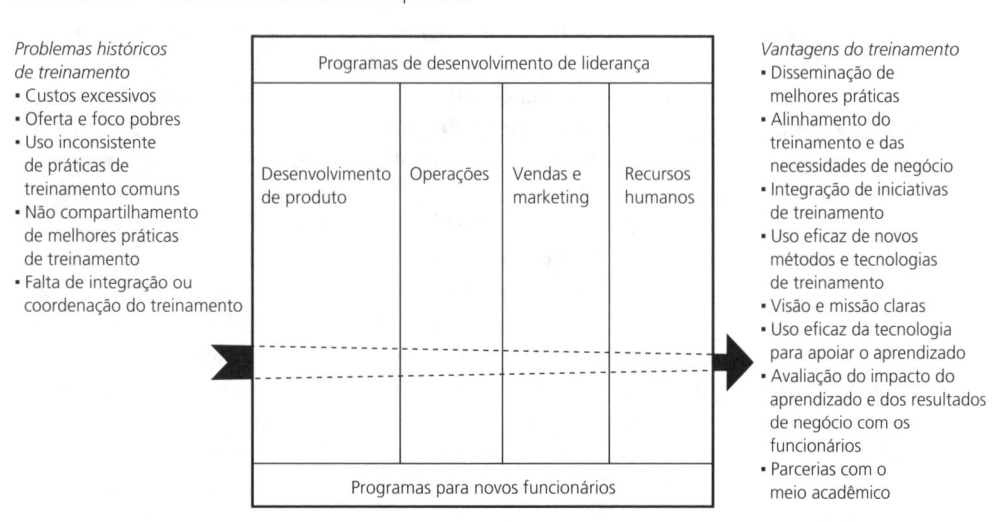

Problemas históricos de treinamento
- Custos excessivos
- Oferta e foco pobres
- Uso inconsistente de práticas de treinamento comuns
- Não compartilhamento de melhores práticas de treinamento
- Falta de integração ou coordenação do treinamento

Programas de desenvolvimento de liderança			
Desenvolvimento de produto	Operações	Vendas e marketing	Recursos humanos
Programas para novos funcionários			

Vantagens do treinamento
- Disseminação de melhores práticas
- Alinhamento do treinamento e das necessidades de negócio
- Integração de iniciativas de treinamento
- Uso eficaz de novos métodos e tecnologias de treinamento
- Visão e missão claras
- Uso eficaz da tecnologia para apoiar o aprendizado
- Avaliação do impacto do aprendizado e dos resultados de negócio com os funcionários
- Parcerias com o meio acadêmico

* N. de R.T.: No Brasil, muitas empresas adotam a sigla T&D (treinamento e desenvolvimento) ou TD&E (treinamento, desenvolvimento e educação) como nome do setor específico para treinamento.

empresas que já tenham cultura e valores de negócios fortes garantam que isso é enfatizado no programa de treinamento. Além disso, é possível controlar os custos e maximizar os benefícios do aprendizado através de atividades de treinamento consistentes, disseminação de boas práticas e utilização eficaz de tecnologias de apoio. Também é importante que haja avaliação do impacto do aprendizado e dos resultados de negócio junto aos funcionários e estabeleça-se parcerias com o meio acadêmico e outras partes interessadas (comunidade), para desenvolver programas de treinamento e diplomação personalizados.[53]

A Deloitte LLP está investindo $ 300 milhões na construção de uma universidade corporativa em Westlake, Texas.[54] Ela contará com tecnologias de aprendizado de ponta, 800 dormitórios e até mesmo um salão de festas. Tais investimentos vão contra a economia e a otimização de custo resultantes de soluções educacionais como aprendizado móvel, realidade virtual e *e-learning*, que só precisam do acesso a um computador pessoal, *smartphone* ou *tablet*. A Deloitte realizou uma ampla pesquisa antes de investir em um campus físico para a sua universidade corporativa. Além disso, o CEO acredita que o aprendizado é um investimento importante que pode oferecer uma vantagem competitiva, auxiliando no recrutamento de funcionários talentosos e ajudando a Deloitte LLP a lidar com as rápidas mudanças no negócio.

A universidade corporativa apoiará a cultura de desenvolvimento pessoal e profissional da Deloitte University, que oferecerá um milhão das três milhões do total de horas de treinamento que a empresa concede por ano. O treinamento pretende abranger habilidades técnicas, profissionais, da indústria e de liderança. Serão usadas técnicas instrucionais interativas, como discussões de caso e simulações que exigem um número reduzido de alunos por instrutor (cinco alunos por turma). O D Street, sistema de rede social da Deloitte, será utilizado pelos funcionários para debater o que aprenderam, explicar possíveis aplicações e encontrar áreas de especialidade em toda a empresa, antes e depois dos cursos ministrados.

As universidades corporativas também podem ajudar no uso eficaz das novas tecnologias. A University of Toyota, uma divisão da Toyota Motor Sales, supervisiona o desenvolvimento de treinamento em sala de aula e do *e-learning* pelos vendedores externos para os funcionários e concessionárias.[55] Os participantes estavam frustrados porque havia variação considerável na navegação e na qualidade dos cursos. O grupo responsável por fazer o *upload* dos conteúdos, no sistema de aprendizado da empresa, e distribuí-los os cursos aos aprendizes também estava frustrado porque enfrentava dificuldades para integrar *softwares* diferentes e para explicar aos usuários por que os cursos provenientes da universidade exigiam larguras de banda diferentes. Para garantir que os cursos atendam padrões mínimos de qualidade e usabilidade, a University of Toyota desenvolveu um conjunto de padrões, *benchmarks*, especificações de compra e melhores práticas. As informações encontram-se no e-Source, o *site* da universidade. Os vendedores devem visitar o e-Source para propor quaisquer projetos de *e-learning* para a universidade. Cursos que não atenderem às especificações serão revisados à custa do vendedor. Por e-mail, enviam-se boletins para os donos e desenvolvedores dos cursos para notificá-los sobre acréscimo de conteúdo ou mudanças no *site*.

Tanto empresas pequenas quanto grandes começaram suas universidades com o propósito de treinar novos funcionários, além de reter e atualizar as habilidades e conhecimentos dos atuais. A Caterpillar University compreende seis faculdades: liderança, marketing e distribuição, tecnologia, negócios e processos de negócio, Seis Sigma e suporte ao produto.[56] Os diretores das faculdades devem responder ao reitor da universidade. O CEO, os vice-presidentes e dois presidentes de grupos da Caterpillar oferecem orientação política, aprovam orçamentos e identificam prioridades para a universidade. Uma das prioridades era apoiar as novas metas de crescimento do negócio através do desenvolvimento de líderes que estivessem dispostos a colaborarem com outros, tivessem uma mentalidade global e entendessem os aspectos financeiros do negócio. A College of Marketing and Distribution (Faculdade de Marketing e Distribuição) foca no oferecimento de um currículo abrangente para profissionais de vendas e gerentes de marketing de vendas. São abordados temas como conhecimento do produto, habilidades de vendas e habilidades gerenciais. Todas as metas de aprendizado estão vinculadas às metas de negócio. A College of Product Support (Faculdade de Suporte ao Produto) foca no treinamento de funcionários de revendedoras para atender aos padrões de certificação. Os membros da equipe da Caterpillar University ajudam as unidades de negócio a lidar com suas necessidades de aprendizado. Os gerentes que lideram o aprendizado em cada unidade têm relação de subordinação com a universidade e o gerente de recursos humanos da unidade sendo que eles estabelecem os planos de aprendizado.

A Hamburger University, universidade corporativa do McDonald's, é encarregada de dar continuidade ao ensinamento dos valores centrais que o fundador Ray Kroc acreditava serem a chave do sucesso: qualidade, serviço, limpeza e valor.[57] A Hamburger University é uma das universidades corporativas mais antigas e eficazes. Fundada em 1961, estima-se que aproximadamente 5 mil funcionários da empresa frequentem a Hamburger University por ano nos Estados Unidos, e que mais de 90 mil gerentes e proprietários de operações graduaram-se nela. A Hamburger University é um centro global para treinamento de operações e desenvolvimento de líderes do McDonald's. Ela também oportuniza a obtenção de diplomas universitários aos funcionários. O McDonald's possui uma universidade em Oakbrook, Illinois, seis universidades globais e 22 centros de treinamento regionais, com instalações e programas analisados e revistos. Como resultado, ela fez a transição dos antigos cursos com formato de palestra para sessões de grupo e aprendizado mais interativo em turmas de 25 a 35 alunos, subdivididos em grupos menores para discussões e exercícios, objetivando atender a maior parte dos seus alunos (que se encaixariam na Geração Y).

O grau de instrução dos trabalhadores da linha de frente influenciou no desenvolvimento de um programa com cursos de compreensão mais fácil. O *e-learning* é utilizado para oferecer o básico sobre operações de restaurante ou treinamento gerencial e a instrução em sala de aula e simulações são utilizadas para ajudar na aplicação do conhecimento básico no trabalho. Recentemente, foram instalados novos equipamentos audiovisuais e um *cyber* café, e espaços enormes de auditório foram convertidos em espaços menores que facilitam a colaboração e a interação. Também foram criadas salas de aula virtuais para conectar os instrutores aos funcionários do McDonald's em todo o mundo. Durante a aula, os aprendizes recebem fones de ouvido para acompanhar o conteúdo traduzido para o seu idioma. O McDonald's planeja incluir a conectividade em salas de aula para permitir que o aprendizado faça uso de dispositivos móveis e redes sociais.

Além da orientação em sala de aula, a Hamburger University conta com uma cozinha escola e uma janela de *drive-thru*. Apesar de ter alunos na universidade que já estão familiarizados com as operações feitas atrás do balcão, todos participam da simulação, preparando alimentos e preenchendo pedidos da mesma forma que fariam em um McDonald's real. Os aprendizes têm metas de desempenho e recebem *feedback* de seus colegas aprendizes e dos instrutores. Os gerentes podem dar apoio e acompanhar o desenvolvimento dos aprendizes, acessando os relatórios *on-line* dos cursos sobre notas, conhecimento e comportamento. Todos os cursos de gerência de restaurante McDonald's e de gerentes intermediários podem gerar créditos de faculdade. Esses créditos representam metade do que é exigido para um diploma de tecnólogo (*associate's degree*, no sistema norte-americano) em um curso de dois anos e uma grande quantidade de créditos necessários para o diploma de bacharel em cursos na área de gestão e administração. Já para o currículo dos gerentes de departamento os testes aplicados são de conteúdos que eles já dominam, reduzindo assim o tempo de treinamento de um ano e meio ou dois anos para quatro ou seis meses.

Mas será que as universidades corporativas são eficazes? A Corporate University Xchange realizou pesquisas em universidades corporativas de 170 empresas.[58] As cinco principais metas organizacionais das mesmas eram melhorar o serviço ao consumidor e a retenção, melhorar a produtividade, reduzir custos, reter funcionários talentosos e aumentar a receita. A pesquisa constatou que a medição do impacto no negócio era uma das prioridades, sendo que 70% das empresas faziam essa medição através da qualidade do produto ou serviço e do serviço ao consumidor, e mais de 50% media as diminuições nos custos operacionais e o aumento na receita.

A Ritz-Carlton Hotels, por exemplo, gerencia 58 hotéis de luxo em todo o mundo.[59] Os hotéis e resorts Ritz-Carlton são conhecidos por serem luxuosos. Localizações maravilhosas e um lendário e premiado serviço são oferecidos para cada hóspede. O Ritz-Carlton Leadership Center (Centro de Liderança Ritz-Carlton) foi projetado para apoiar o crescimento e a expansão dos produtos e serviços da empresa. Esse centro compreende a Escola de Excelência em Desempenho (que abriga todo o treinamento e desenvolvimento dos funcionários pagos por hora), a Escola de Liderança e Excelência em Negócios (que treina os líderes) e a Escola de Excelência em Serviços (que garante o alto padrão do serviço ao consumidor). Os programas na Escola de Excelência em Serviço são oferecidos para outras empresas, resultando em receitas anuais superiores a $ 1 milhão para a Ritz-Carlton. Esta receita ajuda a compensar os gastos com treinamento e desenvolvimento de funcionários. Um novo sistema de certificação de treinamento personalizado para a equipe de governança utiliza CD-ROM e a *web*, por exemplo. O treinamento está ligado aos resultados das checagens de apartamentos, destacando as falhas do dia, da semana e do ano. Assim, a camareira pode identificar o processo correto e necessário para corrigir as falhas. Este treinamento na hora exata (*just-in-time*)* ajudou a aumentar os índices de satisfação do cliente na Ritz-Carlton. Um dos hotéis aumentou o nível de satisfação com a limpeza de 82 para 92% em apenas seis meses.

O negócio da Steelcase é tornar o espaço de trabalho mais eficaz para facilitar inovação, produtividade, eficiência e criatividade. Com o intuito de destacar as aptidões da Steelcase para o *design* de espaços de trabalho eficazes e de facilitar o aprendizado, a criatividade e a colaboração, foi criado o Steelcase University Learning Center.[60] A

---

* N. de R.T.: A expressão "*just-in-time*", como uma prática de gestão, denota um sistema de gestão que busca reduzir estoques e custos relacionados. A produção é feita sob demanda.

universidade bolou um novo currículo, chamado Think. Muitas organizações visitam o centro anualmente para realizar *benchmark* da universidade, dos recursos de redes sociais e das ferramentas de aprendizado. Além disso, o Steelcase University Learning Center centralizou todos os esforços de treinamento e desenvolvimento da empresa, reduzindo redundâncias, facilitando a consistência e assegurando o compartilhamento do conhecimento. O centro de aprendizado é formado 70% por espaços de aprendizado formal e 30% informal, colocando em prática os resultados das pesquisas sobre como se dá o aprendizado e o *networking*. O centro oferece um espaço flexível e informal que permite aos funcionários interagirem em grupos ou em particular, seja virtual ou fisicamente, facilitando a cooperação e a colaboração. Existem nove salas de aula e dez áreas de descanso com mobiliário flexível e as mais novas tecnologias. Cada sala ou área pode ser modificada para se adequar às necessidades específicas dos usuários. As atividades situadas no centro de aprendizado também englobam reuniões da comunidade, almoços empresariais e sessões de ensino virtual. O investimento feito na Steelcase University valeu a pena em razão do currículo Think e outros cursos. Os *designers* criaram uma nova cadeira para salas de aula chamada Node, mais prática, útil e funcional que as tradicionais cadeiras de braço. Os representantes de vendas superaram as suas metas de vendas para o primeiro ano em 30%.

Criação de uma universidade corporativa

A criação do zero de uma universidade corporativa compreende várias etapas.[61] Primeiro, os gerentes seniores e os gerentes de negócios formam um corpo diretivo que tem a responsabilidade de desenvolver uma visão para a universidade. (Este grupo responde questionamentos do tipo "Quais são as políticas, os sistemas e os procedimentos da universidade?" e "Quais são as principais áreas funcionais para as quais os cursos serão desenvolvidos?"). Segundo, a visão é concretizada e sua declaração é vinculada à estratégia de negócio. A Ingersoll Rand, por exemplo, tem como meta de negócio obter 38% da sua receita através da inovação de produtos.[62] Consequentemente, a maioria dos cursos e programas oferecidos na Ingersoll Rand University discutem como se aproximar do cliente e o marketing estratégico. Os programas são elaborados para equipes trabalhando em questões reais de negócio e ministrados por gerentes especialistas no assunto, tendo como base as datas de lançamento dos principais produtos.

Terceiro, é decidir como financiar a universidade, podendo ser através da cobrança de taxas das unidades de negócios e/ou através de verbas alocadas diretamente do orçamento corporativo. Quarto, a empresa deve determinar o nível de centralização do treinamento. Muitas universidades centralizam o desenvolvimento de uma filosofia de aprendizado, o *design* central de currículos e as políticas e procedimentos relacionados ao registro, administração, medição, marketing e aprendizado a distância. Quinto, é importante identificar as necessidades dos "clientes" da universidade, incluindo funcionários, gerentes, fornecedores e clientes externos. Sexto, é o desenvolvimento de produtos e serviços. O Bank of Montreal utiliza uma equipe de serviço formada por um gerente de relacionamento com o cliente, um especialista no assunto e um gerente de aprendizado. O gerente de relacionamento com o cliente trabalha junto às unidades de negócio para identificar as suas necessidades, o especialista aponta as habilidades exigidas para atendê-las e o gerente de aprendizado recomenda a melhor combinação de técnicas, incluindo treinamento em sala de aula e treinamento *web* ou CD-ROM, por exemplo. Sétimo, é selecionar os parceiros de aprendizado, como fornecedores, consultores, colegas e empresas especializadas na área de educação. Oitavo, a empresa deve desenvolver uma estratégia tecnológica para treinar um número maior de funcionários, com mais frequência e melhor custo-benefício do que o treinamento ministrado por um instrutor. Nono, o aprendizado que acontece em decorrência de uma universidade corporativa deve ser relacionado à melhoria no desempenho, portanto, essa melhoria deve ser medida com testes, dados das vendas etc. A universidade corporativa da Sprint (University of Excellence) desenvolveu a unidade Equivalente do Treinamento Padrão (*Standard Training Equivalent*, STE), uma ferramenta de avaliação para os seus clientes que são unidades de negócio internas.[63] A unidade STE é igual a 1 hora da aula tradicional oferecida por um instrutor que daria um curso a um grupo de funcionários em um local central. O programa STE ajuda a University of Excellence a provar o seu valor para as unidades de negócio da Sprint, que financiam a universidade. Por último, a importância da universidade corporativa é comunicada para "clientes" potenciais. Respondem-se questões sobre os tipos de programa oferecidos, como se dará o aprendizado e como os funcionários podem se inscrever.

Modelo integrado ao negócio

Muitas empresas organizam o setor de treinamento para ter um controle melhor sobre os custos do programa e garantir que ele esteja alinhado à estratégia de negócio, ao mesmo tempo que dê uma resposta rápida às necessidades dos clientes e ofereça serviços de alta qualidade.[64] O **modelo integrado ao negócio** (*business-embedded model* ou BE) é caracterizado por cinco competências: direção estratégica, *design* de produtos, versatilidade estrutural, oferta de produtos e responsabilidade pelos resultados.

A direção estratégica inclui meta e direção para o departamento, descritas claramente, bem como foco no cliente através da personalização do treinamento e um programa de melhoria contínua. Um setor de treinamento integrado ao negócio enxerga não só os aprendizes como clientes, como também enxerga dessa forma os gerentes, que tomam a decisão de encaminhar funcionários para o treinamento, e os gerentes seniores, que alocam dinheiro para isso.

A Tabela 2.8 mostra as características de um setor de treinamento organizado, segundo o modelo em questão, com um departamento de treinamento tradicional. O setor integrado ao negócio é orientado para o cliente, pois assume maior responsabilidade pelo treinamento e avaliação da eficácia do mesmo, oferece soluções personalizadas com base nas necessidades dos clientes e determina quando e como o treinamento será ofertado tendo a mesma base. Para assegurar que a estratégia de negócio da EMC seja apoiada pelo treinamento, a empresa utiliza conselhos de aprendizagem e de estrutura de desenvolvimento.[65] Cada unidade de negócio, inclusive unidade de vendas, técnica e engenharia, possui consultores de desempenho de educação e desenvolvimento que participam do conselho de aprendizagem da unidade. Eles respondem à organização de treinamento central da EMC, garantindo que as necessidades das unidades de negócio sejam levadas em consideração quando for discutida a oferta ou a elaboração do treinamentos. A EMC utiliza uma estrutura de treinamento consistente, o que facilita que gerentes e funcionários de todas as unidades entendam como o treinamento leva ao desenvolvimento de habilidades e ao progresso na carreira.

TABELA 2.8 Características de um setor de treinamento organizado, segundo o modelo integrado ao negócio

Direção estratégica
- Ampla disseminação de uma missão claramente articulada
- Reconhece que a sua base de clientes é segmentada
- Oferece soluções personalizadas para as necessidades dos clientes
- Entende os ciclos de vida dos produtos
- Organiza a oferta por competências
- Concorre por clientes internos

***Design* de produtos**
- Utiliza *benchmarking* e outros *designs* inovadores
- Implementa estratégias para desenvolvimento rápido de produtos
- Envolvimento estratégico dos fornecedores

Versatilidade estrutural
- Emprega profissionais que trabalham como instrutores de sala de aula e de produto, gerentes e consultores internos
- Utiliza recursos de várias áreas
- Envolvimento dos gerentes de linha na determinação da direção de oferta e conteúdo do departamento

Oferta de produto
- Apresenta um leque de opções de aprendizado
- Oferece o treinamento no local de trabalho

Responsabilização pelos resultados
- Acredita que os funcionários devem assumir a responsabilidade pelo próprio crescimento pessoal
- Oferece acompanhamento no trabalho para garantir que o aprendizado ocorra
- Considera o gerente uma peça-chave no apoio ao aprendizado
- Avalia os efeitos estratégicos do treinamento e os resultados finais
- Assegura que o treinamento melhorará o desempenho

Fonte: S. S. McIntosh, "Envisioning Virtual Training Organization," *Training and Development* (May 1995): 47.

A característica mais evidente de um modelo integrado ao negócio é a sua estrutura.[66] Nos modelos desse tipo, todas as pessoas envolvidas no processo de treinamento comunicam e compartilham recursos. Os instrutores (responsáveis pela elaboração de materiais e apoio aos aprendizes) trabalham juntos para garantir a ocorrência de aprendizado. Os desenvolvedores podem proporcionar aos instrutores o acesso aos gerentes de projeto e especialistas no assunto, grupos com os quais normalmente não teriam contato. O número de instrutores nesse modelo de treinamento varia de acordo com a demanda por produtos e serviços. Eles não só possuem competências especializadas (p. ex., *design* instrucional), como também trabalham como consultores internos e oferecem variedade de serviços (p. ex., diagnóstico de necessidades, melhoria do conteúdo, personalização de programas e medição de resultados).

Prática atual: o modelo integrado ao negócio com treinamento centralizado

Tendo em vista que muitas empresas estão percebendo o papel fundamental do treinamento para a estratégia de negócio, há uma tendência crescente (especialmente em empresas com unidades de negócio separadas) por um setor de treinamento organizado, com uma combinação do modelo integrado ao negócio e do treinamento centralizado, o que muitas vezes compreende uma universidade corporativa. Essa abordagem permite que a empresa usufrua dos benefícios do treinamento centralizado ao mesmo tempo em que garante que o treinamento ofereça programas, conteúdos e métodos que atendam às necessidades de negócios específicos.

Na Carter & Burgess, empresa de serviços profissionais, cada programa de aprendizado é alinhado à estratégia de negócio.[67] Como a empresa possui contratos federais, os funcionários precisam realizar treinamentos de observância anuais e cursos de educação profissional para manterem suas licenças. Outros programas de aprendizado são determinados com base em diagnósticos de necessidades anuais, entrevistas com quem sai da empresa e informações de grupos focais e partes interessadas. A equipe de treinamento e desenvolvimento permite que os escritórios determinem as suas necessidades de treinamento. Os gerentes dos escritórios analisam os programas e decidem em quais desejam investir, enquanto a equipe de treinamento e desenvolvimento monitora o uso do treinamento e consulta o escritório sobre estratégia e oferta. Com a personalização baseada nas necessidades do escritório, é possível centralizar a estratégia e a oferta do treinamento, além de ajudar na redução dos custos. Um compromisso de toda a empresa com um só vendedor externo de práticas de treinamento resultou em uma economia superior a 34% no primeiro ano.

O valor central da General Mills é a inovação.[68] Consequentemente, o aprendizado e o desenvolvimento estão alinhados à estratégia de negócio e aos seus clientes internos. Cada uma das equipes funcionais da empresa desenvolve estratégias de curto e longo prazo. O setor de marketing, por exemplo, realiza um processo de planejamento anual (*Plan to Win*) para garantir que as atividades apoiem a estratégia de negócio e ajudem na construção da marca. Isso se traduz em programas de aprendizado específicos, como os Campeões de Marca (*Brand Champions*), que oferecem conhecimento de marketing de marcas para marqueteiros novatos. Os líderes da empresa também reconhecem e apoiam a relação entre o sucesso do negócio e o crescimento e desenvolvimento do funcionário. Os líderes seniores patrocinam atividades de aprendizado, garantem que estejam alinhadas ao negócio e ministram programas. As pesquisas anuais com os funcionários incluem itens como: "Eu acredito ter oportunidades para crescimento e desenvolvimento pessoal". As tendências encontradas nas respostas são avaliadas e levadas em consideração na elaboração de novas iniciativas de aprendizado, bem como na avaliação das aptidões e da saúde da empresa.

Aprendizado, treinamento e desenvolvimento da perspectiva de um modelo de mudança

Como vimos no Capítulo 1, a mudança envolve a adoção de novos comportamentos ou ideias pela empresa. Existem diversos fatores que obrigam uma empresa a mudar, como a introdução de novas tecnologias, a necessidade de aproveitar melhor as habilidades dos funcionários e capitalizar sobre uma força de trabalho diversificada ou o desejo de entrar em mercados globais. Para que programas de treinamento e desenvolvimento e iniciativas de aprendizado contribuam para a estratégia de negócio, é preciso que eles sejam implantados, aceitos e utilizados pelos clientes (incluindo gerentes, executivos e funcionários) com êxito.

Para que a mudança ocorra, são necessárias quatro condições: (1) os funcionários devem compreender e concordar com os motivos que levam à mudança; (2) os funcionários precisam dominar as habilidades necessárias à implantação da mudança; (3) os funcionários precisam perceber que gerentes e outras posições de poder apoiam a mudança; e, (4) as estruturas organizacionais, como os sistemas de compensação e gestão do desempenho, devem dar suporte à mudança.[69] Tanto para gerentes quanto para funcionários, a mudança não é fácil. Mesmo tendo consciência de que uma prática ou programa poderia ser melhor, eles aprenderam a se adaptar às imperfeições. Sendo assim, é provável que se encontre resistência às novas práticas de treinamento e desenvolvimento. Antes de implantar uma nova prática, os instrutores devem pensar sobre como podem aumentar a probabilidade de aceitação.

A Figura 2.6 oferece um modelo de mudança. O processo de mudança é baseado na interação entre quatro componentes da organização: tarefas, funcionários, arranjos de organização formal (estruturas, processos e sistemas) e organização informal (padrões de comunicação, valores e normas).[70] Como pode ser visto na figura, os diferentes tipos de problemas relativos à mudança ocorrem dependendo do componente organizacional afetado por ela. A introdução de uma nova tecnologia de treinamento (como um treinamento multimídia que usa a Internet) pode causar alterações na estrutura de poder de uma organização, por exemplo. Com a nova tecnologia, pode ser que os gerentes tenham um controle menor do acesso aos programas de treinamento do que tinham no método tradicional. O resultado é uma tensão relativa ao desequilíbrio de poder que o novo sistema criou. Se estas questões não forem tratadas, os gerentes não aceitarão as novas tecnologias, nem apoiarão a transferência do treinamento.

Os quatro problemas relacionados à mudança, que devem ser abordados antes da implantação de qualquer nova prática de treinamento, são: resistência à mudança, perda de controle, desequilíbrio de poder e redefinição de tarefas. A **resistência à mudança** diz respeito à relutância de gerentes e funcionários, que podem ficar ansiosos com a mudança, sentir que não conseguem lidar com isso, valorizar a prática de treinamento atual ou não compreender o valor da nova prática. O **controle** relaciona a mudança à habilidade de gerentes e funcionários de obter e distribuir recursos valiosos, como dados, informações ou verbas. A mudança pode levar à diminuição de controle de gerentes e funcio-

FIGURA 2.6   Modelo de mudança

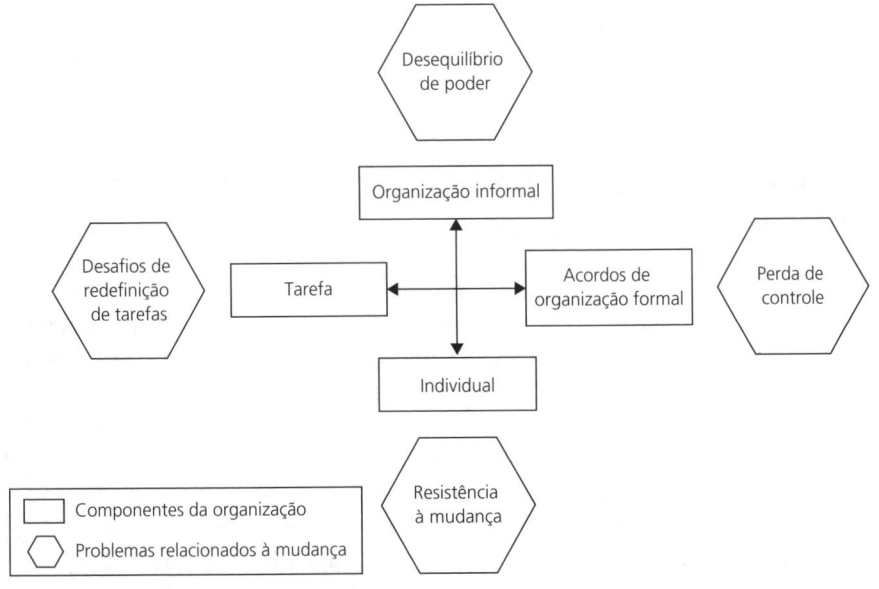

Fontes: David A. Nadler and Michael L. Tushman, "A Congruence Model for Diagnosing Organizational Behavior." In *Organizational Psychology: A Book of Readings,* ed. D. Rabin and J. McIntyre (Englewood Cliffs, NJ: Prentice Hall, 1979), as reprinted in David A. Nadler, "Concepts for the Management of Organizational Change," in *Readings in the Management of Innovation,* 2d ed., ed. M. L. Tushman and N. Moore (Cambridge, MA: Ballinger Publishing Co., 1988): 722.

nários sobre os recursos. Ela também pode dar controle sobre processos com os quais eles não estavam envolvidos anteriormente (p. ex., escolha de quais programas de treinamento participar). O **poder** é a habilidade de influenciar as outras pessoas. Conforme os funcionários obtêm acesso a bases de dados e outras informações, adquirindo mais autonomia para oferecer produtos e serviços, os gerentes podem perder a habilidade de influenciá-los. Os funcionários podem ser responsabilizados pelo aprendizado em treinamentos dirigidos por eles mesmos. Métodos de treinamento *web*, como a **redefinição de tarefas**, criam mudanças nos papéis e cargos de gerentes e funcionários. Pode-se pedir que o funcionário não apenas participe do treinamento como reflita sobre como melhorar a sua qualidade. Já um gerente pode ser solicitado a tornar-se facilitador ou *coach*.

É comum que os gerentes seniores cometam três erros importantes ao tentar implantar as mudanças, o que pode levar à impossibilidade de produzir os resultados desejados.[71] Os erros incluem: informar ou emitir comunicados para que os funcionários "comprem" as mudanças; acreditar que eles sabem o suficiente sobre a empresa para compreender o impacto da mudança nos indivíduos e o modo como a mudança deve ser gerenciada para que se alcance os resultados desejados; e, ignorar ou não dar atenção suficiente às barreiras que podem atrasar as iniciativas ou levá-las ao fracasso. O The Economical Insurance Group (TEIG), por exemplo, reestruturou a sua Unidade de Aprendizado e Desenvolvimento para criar a Unidade de Aprendizado, Educação e Desenvolvimento Organizacional, com foco em quatro áreas: Liderança, Cultura Organizacional, Cultura de Aprendizado e Transformação do Aprendizado.[72] O Desenvolvimento Organizacional molda e cria mudanças organizacionais por meio da avaliação do estado atual da organização em relação às necessidades futuras, e da redução das lacunas entre as duas coisas, por meio de planejamento e desenvolvimento de ações. A meta do Aprendizado e Desenvolvimento Organizacional é utilizar dados de avaliação, ferramentas de desenvolvimento, intervenções de mudanças e oportunidades de aprendizado para promover a cultura de excelência e atingir a missão, a visão e as metas do TEIG.

A Tabela 2.9 mostra sete medidas a serem tomadas pelos profissionais de treinamento para ajudar os gerentes seniores, de maneira eficaz, a coordenarem uma iniciativa de mudança.

COMO FAZER O MARKETING DO TREINAMENTO E CRIAR UMA MARCA

Apesar do crescente reconhecimento da importância do treinamento e aprendizado para atingir as metas de negócio, muitos gerentes e funcionários podem não perceber o valor do treinamento. Neste contexto, o marketing interno é especialmente importante pois trabalha na divulgação de novos programas de treinamento, ajudando a vencer a resistência à mudança dos funcionários, especialmente no que diz respeito às concepções errôneas quanto ao valor do treinamento. Veja a seguir algumas táticas de marketing interno bem-sucedidas:[73]

- Envolver o público-alvo no desenvolvimento dos esforços de treinamento e aprendizado.
- Demonstrar de que forma um programa de treinamento e desenvolvimento pode ser usado para suprir necessidades de negócio específicas.
- Exibir um exemplo de como o treinamento foi usado dentro de uma empresa para suprir necessidades de negócio específicas.
- Identificar um "campeão" (p. ex., um gerente de alto nível) que apoie o treinamento ativamente.

TABELA 2.9 Os passos de um processo de mudança

1. **Esclarecer o pedido de mudança.** O motivo alegado para a mudança é uma questão importante? Como a mudança se encaixa na estratégia de negócio da empresa? Por que a mudança está sendo feita? Quantas pessoas serão afetadas e de que forma? Quais são os resultados da mudança?
2. **Deixar clara qual é a visão.** Identificar o motivo da mudança, o que será alcançado e como a mudança será realizada.
3. **Elaborar a solução.** Qual é a melhor combinação de medições de desempenho e *feedback*, ferramentas de apoio, planos de aprendizado, treinamento formal e processos de trabalho? Analisar os riscos e benefícios potenciais das diferentes abordagens.
4. **Comunicar e promover a compra da ideia.** Conectar-se com outros grupos que serão envolvidos, como comunicações, finanças e operações, para considerar o impacto da mudança e desenvolver um plano de marketing interno. Os funcionários precisam saber o que está acontecendo. Utilizar resumos, *newsletters*, quadros de discussão, *sites* e reuniões informais. Os gerentes seniores devem estar envolvidos na divulgação da mudança.
5. **Selecionar e anunciar a ação o quanto antes.** Os funcionários afetados pela mudança devem tomar conhecimento o quanto antes. Eles precisam saber por que e como foi selecionada a ação definitiva, como o processo progrediu e o que acontecerá nos próximos dias ou meses. Comunicar a lógica e o raciocínio por trás da decisão pode ajudar a vencer a resistência à mudança. Ofereça prévias aos funcionários para que eles saibam quais mudanças estão por vir.
6. **Executar e criar conquistas em curto prazo.** O êxito exige a atenção da gerência e a vontade de fazer benfeito. Os gerentes e líderes da mudança devem servir como modelos do novo comportamento, tornando-se apoiadores entusiastas do processo. Os líderes devem envolver os funcionários e fornecer o treinamento e os recursos necessários. Se for usado um teste piloto ou programa, mantenha os funcionários a par do seu progresso e colha as suas opiniões. Deve-se aprender a partir de qualquer falha que aconteça.
7. **Acompanhamento, reavaliação e modificação.** Ser flexível e fazer mudanças se necessário. Compartilhar informações sobre falhas ou problemas e trabalhar junto aos funcionários afetados para fazer as correções.

Fontes: Baseado em C. McAllaster, "Leading Change by Effectively Utilizing Leverage Points Within an Organization," *Organizational Dynamics* 33 (2004): 318; L. Freifeld, "Changes with Penguins," *training* (June 2008): 24-28, N. Miller, "Brave New World," *T+D* (June 2010): 54-58.

- Escutar e agir com base em *feedbacks* recebidos de clientes, gerentes e funcionários.
- Fazer a divulgação por e-mail, no *site* da empresa e nas áreas de descanso dos funcionários.
- Designar alguém no setor de treinamento para ser o representante de contas e interagir entre o *designer* ou equipe do treinamento e a unidade de negócio, que é o cliente.
- Determinar quais indicativos financeiros (retorno nos bens, fluxo de caixa das operações, lucro ou prejuízo líquido) são de interesse dos altos executivos, e mostrar como o treinamento e o desenvolvimento contribuirão para a melhoria desses indicativos.
- Expressar-se de forma a ser entendido por gerentes e funcionários. Não utilizar jargões.

Também é importante desenvolver e comunicar a **marca do treinamento**, que engloba a aparência e a percepção do setor de treinamento, para obter e reter clientes e também criar expectativas.[74] Para construir uma marca de treinamento, siga as sugestões que constam na Tabela 2.10. O setor de treinamento também precisa desenvolver a sua própria estratégia e comunicá-la aos clientes.[75] A estratégia deve abordar os produtos e serviços que serão oferecidos, como e por quem serão tratadas as solicitações de treinamento, como estabelecerá parcerias com outros departamentos e unidades de negócio e o nível de serviço que pretende oferecer aos clientes. É preciso considerar o serviço antes, durante e depois do treinamento, desenvolvimento ou outras iniciativas de aprendizado. O setor de treinamento estratégico deve estar alinhado à estratégia de negócio e contribuir para a mesma.

Na IKON Office Solutions, por exemplo, o grupo de aprendizado e desenvolvimento publica um documento estratégico anual que demonstra o que foi oferecido, como os esforços se alinharam com a estratégia de negócio da empresa e o que o grupo planeja fazer para ajudar os líderes a atingirem as suas metas futuras.[76] Ao final de cada ano, o

TABELA 2.10 Como construir uma marca do treinamento

- Pergunte aos "clientes" de treinamento atuais, inclusive os gerentes que compram ou solicitam treinamento e os funcionários que participam do treinamento, quais são as suas percepções da marca do treinamento. Por exemplo: quais emoções descrevem como você se sente em relação à marca do treinamento? Quais palavras resumem as suas impressões? Quais as conclusões tiradas de terem feito negócios com você? As respostas dão informações quanto à força da marca do treinamento e se ela está sendo vista positivamente ou da forma desejada.
- Decida como você quer ser visto pelos clientes atuais e futuros.
- Identifique fatores que influenciam as percepções que o cliente tem do setor de treinamento.
- Analise cada um dos fatores para determinar se eles estão apoiando e comunicando a marca do treinamento para os clientes da forma que você gostaria.
- Faça mudanças para que cada fator apoie a marca do treinamento.
- Obtenha *feedbacks* de clientes a cada passo deste processo (definir a marca, identificar fatores, sugerir mudanças etc.).
- Ao interagir com clientes, crie uma experiência que apoie e identifique a marca do treinamento.

Fonte: Baseado em A. Hand, "How to enhance your training brand," *T+D* (February 2011): 76-77.

documento é utilizado para mensurar os êxitos do grupo de aprendizado e desenvolvimento e esta informação é compartilhada com a gerência sênior para defender a continuação dos investimentos em treinamento.

O departamento de treinamento na Booz Allen Hamilton, empresa de consultoria que fica em McLean, Virgínia, desenvolve um plano de marketing anual que inclui uma estratégia de marca (como o departamento será reconhecido, inclusive logotipos e *slogans*), objetivos gerais de marketing, técnicas para a comunicação com os funcionários, gerentes e demais clientes internos e planos para o lançamento de novos programas de aprendizado.[77] Um dos objetivos de marketing é aumentar a conscientização sobre o Centro para Excelência em Desempenho (*Center of Performance Excellence*) e torná-lo uma ferramenta de recrutamento e retenção de funcionários. O esforço de marketing é comunicar que os programas de treinamento ajudarão os trabalhadores em seus cargos e carreiras. Além disso, os feitos da Booz Allen, como figurar entre as 100 principais empresas de treinamento na lista da revista *training*, são divulgados para possíveis contratações, como forma de mostrar que a empresa leva o treinamento e o desenvolvimento a sério.

Os setores de treinamento começam a virar centros de lucro ao venderem cursos ou vagas em treinamentos para outras empresas.[78] Eles vendem seus serviços por várias razões. Alguns negócios são tão bons em um determinado aspecto das suas operações que outras empresas têm interesse nas suas especialidades. Outras, direcionam o treinamento para seus próprios clientes ou revendedores. Em alguns casos, o departamento de treinamento vende as vagas em programas de treinamento ou cursos de *e-learning* que não estão sendo usadas. A Walt Disney Company, por exemplo, vende o treinamento em serviço ao consumidor e criatividade organizacional no Disney Institute, na Flórida. O instituto oferece aos funcionários de outras empresas a oportunidade de entender como a Disney desenvolve os pontos fortes do seu negócio, como desenvolvimento de liderança, serviço, fidelização do cliente e formação de equipes.

O Dell Educational Services, uma divisão da Dell Computer, vende treinamento básico aos usuários dos produtos e treinamento profissional para engenheiros de *software*, desenvolvedores, administradores de sistemas e vendedores de revendas. Os cursos são oferecidos através de instrução tradicional em sala de aula, em CDs e em salas de aula virtual, com o ritmo ditado pelo próprio aluno. Quando o Ohio Savings Bank possui vagas extras em dinâmicas de equipe ou em cursos de gestão do tempo, o setor de treinamento recupera parte dos custos através da venda destas vagas para outras empresas. A Sherwin-Williams, fabricante de tintas de Cleveland, Ohio, envia os seus funcionários de tecnologia da informação para um programa de formação de equipes com funcionários de um banco. A Randstad vende treinamento *on-line* para seus clientes, que empregam os trabalhadores da Randstad nas centrais de atendimento de serviço ao consumidor.[79] Embora a Randstad gere receitas através da venda de treinamento, o maior benefício é construir um bom relacionamento com os clientes. Em um ano, a Randstad conseguiu demonstrar que $ 45 milhões em negócios da empresa foram influenciados pelo oferecimento de treinamento aos clientes que a escolheram (ou permaneceram na empresa).

TERCEIRIZAÇÃO DO TREINAMENTO

A **terceirização** é quando uma empresa contratada assume total responsabilidade e controle sobre algumas atividades de treinamento ou desenvolvimento, ou todo ou a maioria do treinamento da empresa, inclusive administração, elaboração, oferta e desenvolvimento.[80] Na **terceirização do processo de negócio** a empresa contratada também pode cuidar da gestão de recursos humanos, da produção ou do treinamento. Os resultados de pesquisas indicam que pouco mais da metade de todas as empresas terceirizam o ensino.[81] Aproximadamente 47% terceirizam alguma ou toda a responsabilidade pelo desenvolvimento de conteúdo e cursos personalizados de treinamento. Especialistas em treinamento preveem que em 10 anos todos os instrutores trabalharão para provedoras de serviço terceirizadas. E por que as empresas optariam pela terceirização do treinamento? Entre os motivos estão: economia de custos, economia de tempo que permite que a empresa foque na estratégia de negócio, melhorias na observância e rigor nos treinamentos para atender regulamentações federais, estaduais ou locais (p. ex., treinamentos em segurança), falta de capacidade dentro da empresa para atender às demandas de aprendizado e intenção de ter acesso às melhores práticas de treinamento.

Algumas empresas optam por uma abordagem completa, terceirizando todas as atividades de treinamento. Tome como exemplo a provedora terceirizada Accenture Learning Business Process Outsourcing.[82] A Accenture Learning opera a Avaya University para a Avaya, líder global em aplicações, serviços e sistemas de comunicação.[83] A Accenture ajudou a Telstra, empresa líder em telecomunicações e serviços de informação da Austrália, no desenvolvimento de *e-learning*, em que o aluno dita o ritmo, em treinamento virtual orientado por um instrutor e *podcasting* para oferecer oportunidades de aprendizado para sua força de trabalho geograficamente diversificada. Ainda que algumas empresas estejam aderindo à terceirização e que a tendência pareça estar em crescimento, a maioria delas só terceirizam projetos menores e não todo o setor de treinamento e desenvolvimento. Dois motivos para que as empresas não terceirizem o treinamento são (1) a incapacidade de provedores terceirizados de atender às necessidades da empresa, e (2) a vontade de manter o controle sobre todos os aspectos do treinamento e do desenvolvimento, especialmente no que diz respeito à oferta e ao conteúdo do aprendizado. A Tabela 2.11 mostra algumas das questões a serem consideradas para a terceirização, visto que é uma decisão complexa.

Os setores de treinamento que não agregam nenhum valor à empresa são candidatos prováveis para a terceirização (ver Tabela 2.11, Questões 1 a 4 e 9). Muitas empresas contam com setores de treinamento que agregam valor ao negócio, mas que não conseguem atender a todas as necessidades de treinamento. Uma empresa que possui um setor de treinamento forte e proficiente e enxerga-o como uma parte importante da estratégia de negócio, provavelmente não precisa terceirizar todo o seu setor. Contudo, ela

TABELA 2.11 Questões a serem respondidas para a terceirização

1. Qual é a capacidade do seu setor de treinamento interno? A equipe tem conhecimento suficiente para desenvolver as habilidades de treinamento necessárias ou é preciso contratar essas habilidades de fora?
2. O seu setor de treinamento interno pode assumir responsabilidades de treinamento adicionais?
3. O treinamento é fundamental para a estratégia da sua empresa? Ele é registrado?
4. A empresa valoriza a sua organização de treinamento?
5. O conteúdo do treinamento muda rapidamente?
6. Os instrutores terceirizados são reconhecidos como especialistas ou são vistos com cinismo?
7. Você compreende as forças e fraquezas dos programas de treinamento atuais?
8. Você deseja terceirizar todo o setor de treinamento?
9. Os executivos estão tentando minimizar o impacto do treinamento na sua empresa? A sua empresa abraça a responsabilidade de formar talentos e habilidades?
10. Será que uma combinação de treinamentos interno e externo é a melhor solução?

Fontes: Baseado em G. Johnson, "To Outsource or Not to Outsource... That Is the Question," *Training* (August 2004): 26-29; K. Tyler, "Carve Out Training?" *HR Magazine* (February 2004): 52-57.

pode recorrer aos provedores terceirizados para necessidades de treinamento especiais que estejam além da capacidade da equipe ou para determinados conteúdos que se alteram frequentemente. Veja o caso da Texas Instruments (TI).[84] A TI contrata a General Physics (um provedor terceirizado de treinamento) para conduzir todos os seus cursos de inscrição livre, para desenvolvimento profissional e técnico, em áreas nas quais o conhecimento muda rapidamente. Consequentemente, eles foram vistos como os melhores candidatos à terceirização (sendo que a TI gostaria de economizar gastos ao terceirizá-los). No acordo de terceirização, a TI tomou o cuidado de incluir a linguagem contratual que permitia aumentar ou diminuir a quantidade de treinamento a ser comprado conforme a necessidade. Em decorrência da natureza cíclica do negócio de semicondutores, a possibilidade de aumentar ou diminuir a quantidade de treinamento, ao mesmo tempo em que mantém os programas personalizados que agregam valor significativo ao negócio, foi um ponto importante na decisão da TI. As pesquisas sugerem que a satisfação da empresa com a terceirização depende da confiança estabelecida entre a empresa e o fornecedor (p. ex., os gerentes da empresa e do provedor terceirizado são leais um ao outro e cuidam dos interesses mútuos) e as especificações do contrato (p. ex., se o contrato estabelece claramente as responsabilidades).[85]

RESUMO

Para que o treinamento possa ajudar uma empresa a obter uma vantagem competitiva, é preciso que ele a ajude a alcançar suas metas e objetivos de negócio. Este capítulo destacou como as mudanças nas funções de trabalho, os fatores organizacionais e o papel do treinamento influenciam na quantidade e no tipo de treinamento, bem como na organização dos setores referentes. O capítulo explicou como as diferentes estratégias (concentração, crescimento interno, crescimento externo e desinvestimento) influenciam as metas do negócio e criam necessidades de treinamento distintas. Também foram discutidos os diferentes modelos para o setor de treinamento. Visto que o treinamento contribui significativamente para o alcance de estratégias e metas de negócio, o modelo integrado ao negócio e o modelo de universidade corporativa predominarão. Considerando-se que aprendizado, treinamento e desenvolvimento envolvem mudanças, o capítulo abordou as condições necessárias para que gerentes e funcionários aceitem e usufruam dos novos programas. O capítulo foi concluído com informações sobre marketing e terceirização do setor de treinamento.

Palavras-chave

análise externa, *64*
análise interna, *64*
análise SWOT, *64*
balanced scorecard, *70*
controle, *95*
escolha estratégica, *64*
estratégia de concentração, *84*
estratégia de crescimento externo, *84*
estratégia de crescimento interno, *84*
estratégia de desinvestimento, *84*
estratégia de negócio, *57*
estratégias de seleção, *79*
indicadores, *70*
iniciativas estratégicas de treinamento e desenvolvimento, *65*
marca do treinamento, *97*
metas, *63*

missão, *63*
modelo de universidade corporativa, *87*
modelo integrado ao negócio, *92*
organização que aprende, *59*
planejamento de recursos humanos, *81*
poder, *96*
práticas de gestão de recursos humanos, *78*
redefinição de tarefas, *96*
resistência à mudança, *95*
singularidade, *80*
terceirização, *99*
treinamento centralizado, *86*
terceirização do processo de negócio, *99*
valor estratégico, *81*
valores, *63*
visão, *63*

Questões para debate

1. Como você acha que se diferenciariam as atividades de treinamento de uma empresa que é dominante no mercado do seu produto, e as atividades de outra empresa que enfatiza pesquisa e desenvolvimento?
2. Qual é a característica organizacional que influencia o treinamento, que você considera a mais importante? Por quê?
3. Por que o modelo integrado ao negócio poderia ser considerado a melhor forma de organizar o setor de treinamento?
4. Anos atrás, a Schering-Plough HealthCare Products Inc. decidiu expandir a sua linha de produtos, desenvolvendo bastões e *sprays* de bolso do bloqueador solar Coppertone, antes só disponível em loção. A empresa deu ênfase estratégica no desenvolvimento de mercados para esse produto, e através de estudos de pesquisa soube-se que os clientes da Coppertone já utilizavam na praia o produto no seu formato de tubo de apertar. Por causa do aumento na conscientização quanto aos perigos da exposição excessiva ao sol, os consumidores que antes não utilizavam protetor solar (a menos que estivessem na praia) procuravam por um produto de uso diário. Identifique a estratégia de negócio. Quais as necessidades de treinamento que resultam dessa estratégia? Quais as implicações dessa decisão no treinamento para (1) a produção e (2) a equipe de vendas?
5. Na sua opinião, quais as iniciativas estratégicas de treinamento e desenvolvimento que todas as empresas deveriam apoiar, sejam quais forem as condições econômicas? Por quê?
6. Alguma das iniciativas estratégicas de treinamento e desenvolvimento é mais importante para os pequenos negócios? Explique.
7. De que forma um setor de treinamento pode apoiar uma estratégia de negócio?
8. Como o valor estratégico e a singularidade dos cargos influenciam o investimento dos recursos de treinamento e desenvolvimento?
9. O que é capital humano? De que forma ele influencia o treinamento que está mudando da aquisição de habilidades e conhecimento para a criação e compartilhamento de conhecimento?
10. Como se usa a análise SWOT para alinhar as atividades de treinamento às estratégias e metas de negócio?
11. Quais as implicações no treinamento da ampliação do uso de equipes para fabricar produtos e prover serviços?
12. Como você projetaria uma universidade corporativa? Explique cada passo a ser tomado.
13. Quais são as vantagens e as desvantagens de ter um setor de treinamento centralizado?
14. Quais são os fatores a serem considerados ao decidir pela terceirização de todo o setor de treinamento? As considerações são diferentes se a empresa quiser terceirizar apenas um programa de treinamento? Explique.
15. O que é "marca do treinamento"? Qual é a sua importância? Qual é a sua relação com o marketing do setor de treinamento e aprendizado de uma organização?
16. O que a "mudança" tem a ver com treinamento e desenvolvimento? Quais são as quatro questões relacionadas à mudança que precisam ser tratadas para que um novo programa de treinamento seja aceito pelos funcionários?

Exercícios de aplicação

1. Acesse o endereço www.mcdonalds.com, que é o *site* do McDonald's (em inglês). Veja a seção "Our Company". Depois, clique em "Careers", em "Training and Education" e em "Hamburger University". Se desejar informações em português, acesse www.mcdonaldsuniversity.com.br. Clique no *link* "College Credit Connections" e assista ao vídeo (em inglês). Responda às seguintes questões:
   a. A Hamburger University apoia o negócio da empresa? Justifique a sua resposta.
   b. Identifique os recursos de aprendizado disponíveis na Hamburger University e de que forma eles contribuem para a estratégia de negócio.
2. Usando a Internet ou consultando uma biblioteca, encontre um relatório anual de uma empresa. Com o relatório, faça o seguinte:
   a. Identifique a missão, os valores e as metas da empresa.
   b. Encontre informações no relatório sobre as práticas de treinamento e como elas se relacionam com as metas e estratégias. Prepare-se para fazer uma breve apresentação sobre a sua pesquisa para a turma.
3. Acesse o *site* da Orkin (www.orkin.com), uma empresa empenhada em oferecer o melhor serviço de controle de pragas e cupins do mundo (em inglês). Clique em "Orkin Careers", no final da página. Descubra mais sobre a empresa, clicando em "Who We Are", "Culture", "Opportunities" e "Community Involvement". Clique em Orkin University. A universidade apoia a cultura da empresa e a sua estratégia de negócio? Que tipo de treinamento é oferecido aos funcionários? O treinamento é estratégico? Justifique a sua resposta. Como a Orkin utiliza o treinamento para obter vantagem competitiva para a empresa?
4. Acesse www.corpu.com, o *site* da Corporate University Xchange (em inglês), uma empresa de consultoria, pesquisa e educação corporativa especializada em universidades corporativas. Que tipo de informações sobre universidades corporativas está disponível no *site*? São úteis?
5. Acesse www.adayanaauto.com, que é o *site* da Adayana Automotive (em inglês), uma empresa de terceirização especializada em treinamento para a indústria automobilística. Quais são os serviços prestados pela Adayana Automotive? Se você trabalhasse como profissional de recursos humanos na indústria automobilística, quais seriam as vantagens e desvantagens de terceirizar o treinamento para a Adayana Automotive?

Caso

Como utilizar o treinamento e o desenvolvimento para incrementar os resultados do negócio

Pode ser que você conheça a McCormick & Company por seus flavorizantes e temperos que melhoram o sabor de aperitivos, pratos principais e sobremesas (quem não gosta do cheirinho de *cookies* com gotas de chocolate recém-saídos do forno?). O treinamento e o desenvolvimento desempenham um papel estratégico na McCormick & Company e o aprendizado é guiado pela estratégia da empresa. As principais estratégias envolvem o aumento nas vendas, o fomento à inovação, a gestão da base dos custos e o planejamento sucessório.

Para assegurar que treinamento e desenvolvimento sejam estratégicos, o diretor de aprendizado e desenvolvimento concebeu o departamento de treinamento como uma equipe de consultores de desempenho que atende às necessidades do negócio. Além disso, a empresa dá ênfase ao ensino em todos os níveis da organização, com a meta de tornar a empresa mais ágil e capaz de adaptar-se às mudanças e lidar com a perda de conhecimento especializado em decorrência da aposentadoria dos *baby boomers*. Entre os professores, estão instrutores e todos os funcionários com responsabilidades de supervisão, independentemente do nível em que se encontram.

A diretoria da McCormick & Company oferecerá fundos adicionais para iniciativas de treinamento e desenvolvimento se for feito um caso de negócio para os recursos financeiros extras.

Se você fosse o vice-presidente de aprendizado, que tipos de iniciativas de treinamento e desenvolvimento você criaria? Quais os indicadores que você coletaria para medir e determinar a eficácia das suas iniciativas? Você acha que ter funcionários (que não são especialistas em treinamento ou aprendizagem) ensinando, contribui para tornar o treinamento mais estratégico? Explique a sua resposta.

Fontes: T. Bingham and P. Galagan, "Growing Talent and Sales at McCormick," *T+D* (July 2007): 30-34; R. Frattali, "The Company That Teaches Together Performs Together," *T+D* (July 2007): 36-39. Also, go to www.mccormick.com, the website for McCormick & Company.

Caso 1

Aprendizado na prática

A PricewaterhouseCoopers testa parceiros enviando-os para trabalhar em nações pobres

A PriceWaterhouseCoopers (PwC), uma das empresas inclusas no Top 10 Hall of Fame da revista *training* em 2011, vem transformando o seu currículo em uma experiência *blended learning* que engloba educação formal, aprendizado informal e programas com base em tecnologia. A gigante de contabilidade e consultoria convocou o parceiro Tahir Ayub para um trabalho diferente de qualquer outro trabalho que já houvesse realizado. A sua missão: ajudar os líderes de um vilarejo no interior da Namíbia a combater a crescente crise de AIDS na comunidade. Enfrentando barreira linguística, diferenças culturais e acesso limitado à eletricidade, Ayub (39 anos), e outros dois colegas, precisavam refazer as suas apresentações, elaboradas em Microsoft PowerPoint, usando uma abordagem de pouca tecnologia: a interação presencial. Os chefes do vilarejo aprenderam que precisavam conquistar o apoio da comunidade aos programas que combatessem a doença e Ayub também aprendeu uma lição importante: nem sempre a tecnologia é a solução. "É melhor que você deixe de lado as suas convicções e preconceitos e crie novas maneiras de olhar as coisas", disse ele.

Na PwC, é possível que Ayub nunca mais encontre um desligamento cultural tão extremo quanto o que encontrou na Namíbia. Mas para as próximas gerações de parceiros, a superação de barreiras e a criação de uma ligação com os clientes de todo o mundo será uma parte crucial do trabalho. São estas habilidades que a PwC pretende fomentar nos parceiros que participam do Programa Ulysses (*Ulysses Program*), que envia talentos de destaque na metade de suas carreiras para países em desenvolvimento em projetos de serviço de oito semanas. Com um investimento relativamente baixo (US$ 15 mil por pessoa, mais salário), o Ulysses não só testa o talento como também expande a visão de mundo dos futuros líderes da empresa de contabilidade.

Embora seja difícil mensurar os resultados, a PwC está certa de que o programa funciona. Todos os 24 graduados do programa ainda estão trabalhando na empresa. Metade dos participantes foi promovida e a maioria deles assumiu novas responsabilidades. Outro dado importante é que todos afirmaram ter um compromisso mais forte com a PwC, em virtude do compromisso que a empresa teve com eles, e também em decorrência da nova visão que eles adquiriram dos valores da empresa. Segundo o parceiro de gestão global Willem Bröcker, "Nós ganhamos parceiros melhores a partir deste exercício".

O Programa Ulysses é a resposta da PwC a um dos maiores desafios impostos às empresas de serviços profissionais: identificar e treinar líderes em ascensão que possam encontrar soluções pouco convencionais para problemas insolúveis. Por tradição e necessidade, os novos líderes da PwC são formados de dentro da empresa. Mas quando há milhares de parceiros, não é fácil identificar aqueles com a perspicácia necessária para o negócio e com habilidades de construção de relações. Assim como o programa dá aos parceiros uma nova visão da PwC, ele também dá para a empresa uma nova visão dos parceiros, especialmente no que diz respeito à capacidade de trabalhar sob pressão.

Para parceiros na metade de suas carreiras separados de e-mails e Blackberry, não foi nada fácil. Para indivíduos que estavam acostumados com um mundo de telefones sem fio, escritórios elegantes e comida chinesa para levar, as agruras do mundo em desenvolvimento foi um grande choque. Um especialista em fusões e aquisições do escritório de Boston, que nunca tinha estado em um país em desenvolvimento antes da sua tarefa em Belize, deparou-se com casas de chão batido, crianças doentes e pobreza extrema.

Por mais de 15 anos as empresas utilizaram iniciativas de responsabilidade social para desenvolver líderes, mas a PwC elevou o conceito a um novo patamar. Os participantes passaram oito semanas em países em desenvolvimento, emprestando as suas habilidades para negócio para grupos de assistência locais, de um coletivo de ecoturismo em Belize a pequenos agricultores orgânicos na Zâmbia, e até grupos de combate à AIDS na Namíbia. O Ulysses também desafia os participantes a colaborarem através de várias culturas com clientes locais, além de colegas da PwC de outras regiões. Ayub, por exemplo, foi agrupado com parceiros do México e da Holanda.

A PwC também busca o envolvimento de estagiários das nações pobres para melhorar as suas habilidades de liderança e motivá-los para melhor servir às suas comunidades. Um dos estagiários de Belize trabalhou com o

Ministério da Educação para ajudar estudantes a entenderem como orçar, candidatarem-se a bolsas em universidades e compreenderem a ideia dos créditos estudantis.

ALÉM DA CONTABILIDADE

O programa da PwC confere aos participantes uma perspectiva ampla e internacional que é fundamental para uma empresa que faz negócios em todo o mundo.

O Ulysses também é uma oportunidade para que os parceiros possam aprender o que podem realizar sem os recursos dos quais dependem normalmente. O programa obriga os participantes a abraçarem projetos totalmente fora das suas especialidades. O especialista em fusões e aquisições, por exemplo, desenvolveu um plano de negócio para um grupo de ecoturismo em Belize. A experiência abriu os seus olhos.

Os parceiros da PwC dizem que já adaptaram suas experiências à tarefa de gerenciar pessoas e clientes. Uma parceira da Malásia conta que a sua equipe notou uma mudança no seu estilo de gestão depois da sua viagem para Belize. Ela aprendeu a escutar e tornou-se mais flexível. Ayub gerencia 20 parceiros. Ele diz dar preferência a conversas presenciais, e não por e-mail, porque a abordagem de menor tecnologia cria confiança. "Fez a diferença na Namíbia", diz ele.

Se opiniões como essas se espalharem por toda a empresa, o Ulysses será mais que uma viagem de descoberta pessoal para vários parceiros. Ele pode ajudar na formação de líderes capazes de enfrentar os desafios de um negócio cada vez mais global. E para a PwC esse é o "xis" da questão.

Questões

1. Quais foram os desafios competitivos que motivaram a PwC a desenvolver o Programa Ulysses?
2. Você acha que o programa contribui para a estratégia e as metas de negócio da empresa? Explique.
3. Como você faria para determinar se o Ulysses é eficaz? Quais os indicadores ou resultados que você coletaria? Por quê?
4. Quais são as vantagens e desvantagens do Ulysses em relação às maneiras mais tradicionais de treinamento de líderes, como cursos formais (p. ex., um programa de MBA) ou aumento da responsabilidade no trabalho?

Fonte: J. Hempel and S. Porges, "It Takes a Village – and a Consultant: PricewaterhouseCoopers Tests Partners by Sending Them to Work in Poor Nations," *Business Week* (September 6, 2004), retrieved from www.businessweek.com on February 23, 2009, www.pwc.com, PwC inducted into *Training* magazine's Top 10 Hall of Fame, from PwC website accessed December 21, 2011, www.pwc.com, "Project Belize participants share their stories."

Notas

1. J. Meister, "The CEO-Driven Learning Culture," *Training and Development* (June 2000): 52-70.
2. R. Davenport, "A New Shade of Big Blue," *T+D* (May 2005): 35-40.
3. R. S. Schuler and S. F. Jackson, "Linking Competitive Strategies with Human Resource Management Practices," *Academy of Management Executive* 1 (1987): 207-219.
4. U. Sessa and M. London, *Continuous Learning in Organizations* (Mahwah, NJ: Erlbaum, 2006); J.C. Meister and K. Willyerd, *The 2020 Workplace* (New York: HarperCollins, 2010); D. Garvin, A. Edmondson, and E. Gino, "Is Yours a Learning Organization," *Harvard Business Review* (March 2008): 109-116.
5. *The Wall Street Journal* (October 13, 2008): R6; K Spors, "Top Small Workplaces 2008; King Arthur Flour Company.
6. F. Gino and G. Pisano, "Why leaders don't learn from success," *Harvard Business Review* (April 2011): 68-74; R. McGrath, "Failing by design," *Harvard Business Review* (April 2011): 77-83.
7. M. Weinstein, "Managing the Magic," *Training* (July/August 2008): 20-22.
8. E. Catmull, "How Pixar Fosters Collective Creativity," *Harvard Business Review* (September 2008): 64-72.
9. J. B. Quinn, P. Andersen, and S. Finkelstein, "Leveraging Intellect," *Academy of Management Executive* 10 (1996): 7-39.
10. K. Ellis, "Share Best Practices Globally," *Training* (July 2001): 32-38.
11. R. Hughes and K. Beatty, "Five Steps to Leading Strategically," *T+D* (December 2005): 46-48.
12. R. Noe, J. Hollenbeck, B. Gerhart, and P. Wright. *Human Resource Management: Gaining a Competitive Advantage* (New York: McGraw-Hill-Irwin, 2011); K. Golden and V. Ramanujam, "Between a dream and a nightmare," *Human Resource Management* 24 (1985): 429-451; C. Hill and G. Jones, *Strategic Management Theory: An Integrated Approach* (Boston: Houghton Miffilin, 1989).
13. M. Weinstein, "Look ahead: Long-range learning plans," *training* (November/December 2010): 38-41.
14. S. Tannenbaum, "A Strategic View of Organizational Training and Learning." In *Creating, Implementing, and Managing Effective Training and Development*, ed. K. Kriger (San Francisco: Jossey-Boss, 2002): 10-52.

15. M. Lippitt, "Fix the Disconnect between Strategy and Execution," *T+D* (August 2007): 54-56.
16. M. Bolch, "Training gets down to business," *training* (March/April 2010): 31-33.
17. Reliance Industries Ltd., Group Manufacturing Services, *T+D* (October 2011): 80.
18. P. Harris, "Instilling competencies from top to bottom," *T+D* (October 2011): 65-66.
19. D. Zielinski, "In-house connections," *HR Magazine* (August 2011): 65.
20. C. Van Iddekinge, G. Ferris, P. Perrewe, A. Perryman, F. Blass, and T. Heetderks, "Effects of selection and training on unit-level performance over time: A latent growth modeling approach," *Journal of Applied Psychology*, 94 (2009): 829-843.
21. R. Kaplan and D. Norton, "The Balanced Scorecard–Measures That Drive Performance," *Harvard Business Review* (January-February 1992): 71-79; R. Kaplan and D. Norton, "Putting the Balanced Scorecard to Work," *Harvard Business Review* (September-October 1993): 134-147.
22. J. Salopek, "Best 2005: EMC Corporation," *T+D* (October 2005): 42-43.
23. R. Smith, "Aligning Learning with Business Strategy," *T+D* (November 2008): 40-43.
24. "A high-touch, low-tech approach to training," *T+D* (October 2009): 60-62; www.barillaus.com, website for Barilla America.
25. J. Salopek, "Learning-assisted service," *T+D*, October 2010, 40-42; website for Mike's Carwash at www.mikescarwash.com; T. Jones, "Inner Strength," *Modern Car Magazine*, April 2008, 48-53.
26. R. J. Campbell, "HR Development Strategies." In *Developing Human Resources*, ed. K. N. Wexley (Washington, D.C.: BNA Books, 1991): 5-1–5-34; J. K. Berry, "Linking Management Development to Business Strategy," *Training and Development* (August 1990): 20-22.
27. D. F. Van Eynde, "High-Impact Team Building Made Easy," *HR Horizons* (Spring 1992): 37-41; J. R. Hackman, ed., *Groups That Work and Those That Don't: Creating Conditions for Effective Teamwork* (San Francisco: Jossey-Bass, 1990); D. McCann and C. Margerison, "Managing High-Performance Teams," *Training and Development* (November 1989): 53-60.
28. A. I. Kraut, P. R. Pedigo, D. D. McKenna, and M. D. Dunnette, "The Role of the Manager: What's Really Important in Different Managerial Jobs," *Academy of Management Executive* 4 (1988): 36-48; F. Luthans, "Successful versus Effective Real Managers," *Academy of Management Executive* 2 (1988): 127-32; H. Mintzberg, *The Nature of Managerial Work* (New York: Harper and Row, 1973); S. W. Floyd and B. Wooldridge, "Dinosaurs or Dynamos? Recognizing Middle Management's Strategic Role," *Academy of Management Executive* 8 (1994): 47-57.
29. P. Kizilos, "Fixing Fatal Flaws," *Training* (September 1991): 66-70; F. S. Hall, "Dysfunctional Managers: The Next Human Resource Challenge," *Organizational Dynamics* (August 1991): 48-57.
30. J. Meister, "The CEO-Driven Learning Culture," *Training and Development* (June 2000): 52-70.
31. T. Bingham and P. Galagan, "At C Level: A Conversation with James P. Hackett," *T+D* (April 2005): 22-26.
32. R. Smith, "Aligning Learning with Business Strategy," *T+D* (November 2008): 40-43.
33. H. Dolezalek, "It's a Small World," *Training* (January 2008): 22-26.
34. M. Weinstein, "Taking the Global Initiative," *Training* (January 2009): 28-31.
35. K. Dobbs, "Winning the Retention Game," *Training* (September 1999): 50-56.
36. N. Breuer, "Shelf Life," *Workforce* (August 2000): 28-32.
37. J. Barney, "Firm resources and sustained competitive advantage," *Journal of Management*, 17 (1991): 99-120; P. Wright, B. Dunford, and S. Snell, " Human resources and the resource-based view of the firm," *Journal of Management* 27 (2001): 701-721; R. Ployart, J. Weekley, and K. Baughman, "The structure and function of human capital emergence: A multilevel examination of the attraction-selection-attrition model," *Academy of Management Journal* 49 (2006): 661-677; T. Crook, S. Todd, J. Combs, D. Woehr, and D. Ketchen, "Does human capital matter? A meta-analysis of the relationship between human capital and firm performance," *Journal of Applied Psychology* 96 (2011): 443-456.
38. J. A. Sonnenfeld and M. A. Peiperl, "Staffing policy as a strategic response: A typology of career systems," *Academy of Management Review* 13 (1988): 588-600.
39. D. Lepak and S. Snell, "Examining the human resource architecture: The relationships among human capital, employment, and human resource configurations," *Journal of Management* 28 (2002): 517-543.
40. V. R. Ceriello and C. Freeman, *Human Resource Management Systems: Strategies, Tactics, and Techniques* (Lexington, MA: Lexington Books, 1991).
41. Constellation Energy, "Shining stars," *T+D* (October 2008): 35-36.
42. D. T. Jaffe and C. D. Scott, "Career Development for Empowerment in a Changing Work World." In *New Directions in Career Planning and the Workplace*, ed. J. M. Kummerow (Palo Alto, CA: Consulting Psychologist Press, 1991): 33-60; L. Summers, "A logical approach to development planning," *Training and Development* 48 (1994): 22-31; D. B. Peterson and M. D. Hicks, *Development First* (Minneapolis, MN: Personnel Decisions, 1995).
43. A. P. Carnevale, L. J. Gainer, and J. Villet, *Training in America* (San Francisco: Jossey-Bass, 1990); L. J. Gainer, "Making the competitive connection: Strategic management and training," *Training and Development* (September 1989): s1-s30.
44. S. Raghuram and R. D. Arvey, "Business strategy links with staffing and training practices," *Human Resource Planning* 17 (1994): 55-73.
45. K. Featherly, "Culture shock," *Training* (November 2005): 24-29.
46. J. Caprara, "Ciena's hybrid learning solutions engine," *T+D* (May 2011): 40-43; T. Bingham and P. Galagan, "Learning linked to success," *T+D* (May 2011): 34-39.
47. F. Hansen, "Chief concern: Leaders," *Workforce Management*, July 20, 2009: 17-20.
48. K. Linebaugh, "Idle workers busy at Toyota," *The Wall Street Journal* (October 13, 2008): B1, B3.
49. K. Ellis, "The mindset that matters: Linking learning to the business," *Training* (May 2005): 38-43.
50. K. Oakes, "Grand Central Training, Part 2," *T+D* (July 2005): 22-25.
51. ETS: Princeton, New Jersey, "A tested commitment to learning," *T+D* (October 2008): 38-40.
52. J. Li and A. Abei, "Prioritizing and maximizing the impact of corporate universities," *T+D* (May 2011): 54-57.

53. P. Galagan, "Back to bricks and mortar," *T+D* (March 2011): 30-31.
54. M. Morrison, "Leaner e-learning," *Training* (January 2008); 16-18.
55. "Identify needs, meet them," *T+D* (October 2005): 30-32.
56. M. Weinstein, "Getting McSmart," *Training* (May 2008): 44-47.
57. "Training Today: Update on corporate universities," *Training* (April 2005): 8.
58. "Ritz-Carlton: #9," *Training* (March 2005): 45-46.
59. G. Wolfe, "Leveraging the learning space," *T+D* (July 2007): 40-44.
60. J. Meister, "Ten steps to creating a corporate university," *Training and Development* (November 1998): 38-43.
61. L. Freifeld, "CU there," *Training* (May 2008): 48-49.
62. G. Johnson, "Nine tactics to take your corporate university from good to great," *Training* (July/August 2003) 38-42. "Professional and career development," from Sprint website. *http://careers.sprint.com/work.html*, accessed December 21, 2001.
63. S. S. McIntosh, "Envisioning virtual training organization," *Training and Development* (May 1995): 46-49.
64. H. Dolezalek, "EMC's competitive advantage," *Training* (February 2009): 42-46.
65. B. Mosher, "How 'siloed' is your training organization?" *Chief Learning Officer* (July 2003): 13.
66. "Carter & Burgess," *T+D* (October 2008): 55-56.
67. N. Morera, "A 'brand' new way of learning," *Chief Learning Officer* (May 30, 2011) accessed at http://clomedia.com, September 28, 2011.
68. E. Lowsen and C. Prive, "The psychology of change management," *The McKinsey Quarterly 2* (2003).
69. D. A. Nadler, "Concepts for the Management of Organizational Change." In *Readings in the Management of Innovation*, 2d ed, M. L. Tushman and N. L.Moore (Cambridge, MA: Ballenger): 722.
70. N. Miller, "Brave new role," *T+D* (June 2010): 54-58.
71. L. Freifeld, "TEIG locks in on leadership," *training* (January/February 2012): 34-39.
72. W. Webb, "Who moved my training?" *Training* (January 2003): 22-26; T. Seagraves, "The inside pitch," *T+D* (February 2005): 40-45; K. Oakes, "Over the top or on the money," *T+D* (November 2005): 20-22; H. Dolezalek, "Building buzz," *training* (March/April 2010): 36-38.
73. A. Hand, "How to enhance your training brand," *T+D* (February 2011): 76-77.
74. R. Cooperman, "Value over profit," *T+D* (May 2010): 58-62.
75. S. Boehle, "Get your message out," *Training* (February 2005): 36-41.
76. Ibid.
77. J. Gordon, "Selling it on the side," *Training* (December 2005): 34-39.
78. D. Sussman, "What HPLOs know," *T+D* (August 2005); 35-39.
79. N. DeViney and B. Sugrue, "Learning outsourcing: A reality check," *T+D* (December 2004): 40-45.
80. G. Johnson, "To outsource or not to outsource... That is the question," *Training* (August 2004): 26-29.
81. "2011 Training Industry Report," *Training* (November/December 2011) 33-35.
82. P. Harris, "Outsourced training begins to find its niche," *T+D* (November 2004); DeViney and Sugrue, "Learning outsourcing."
83. Harris, "Outsourced training begins." "Learning BPO Client Successes," from www.accenture.com, website for Accenture, accessed December 21, 2011.
84. C. Cornell, "Changing the supply chain," *Human Resource Executive* (March 2, 2005): 32-35.
85. T. Gainey and B. Klass, "The outsourcing of training and development: Factors affecting client satisfaction," *Journal of Management* 29(2): 207-229 (2003).

Parte 2

A concepção do treinamento

A Parte 2 foca na elaboração sistemática do treinamento. O Capítulo 3, "O diagnóstico de necessidades", trata do processo usado para determinar a necessidade de treinamento. Um diagnóstico de necessidades engloba a análise da organização, das pessoas e das tarefas envolvidas. O Capítulo 4, "Aprendizado e transferência de treinamento", aborda teorias sobre aprendizado e transferência do treinamento e suas implicações na criação de um ambiente que ajude os aprendizes a obterem os resultados desejados e utilizá-los no trabalho. O Capítulo 5, "Elaboração do programa", analisa as questões práticas do desenvolvimento de cursos e programas, da escolha e preparação de um local de treinamento, da seleção de um consultor ou vendedor e da criação de um ambiente de trabalho que maximize o aprendizado e a transferência de treinamento, incluindo o apoio de pares e gerentes. Aborda-se ainda o papel da gestão do conhecimento na transferência de treinamento. O Capítulo 6, "Avaliação do treinamento", oferece uma visão geral de como avaliar programas de treinamento, quais são os tipos de resultados que devem ser medidos e quais são os modelos de avaliação disponíveis.

A Parte 2 encerra com um caso sobre o uso de jogos eletrônicos no ambiente de trabalho para fins de treinamento.

3. O diagnóstico de necessidades
4. Aprendizado e transferência do treinamento
5. Elaboração do programa
6. Avaliação do treinamento

Capítulo 3

O diagnóstico de necessidades

Objetivos

1. Discutir o papel da análise da organização, de pessoas e de tarefas no diagnóstico de necessidades.
2. Identificar diferentes métodos utilizados no diagnóstico, além das vantagens e desvantagens de cada um.
3. Discutir as preocupações de gerentes de nível alto e intermediário quanto ao diagnóstico de necessidades.
4. Explicar como as características, *input*, *output*, consequências e *feedbacks* pessoais influenciam o desempenho e o aprendizado.
5. Criar condições para garantir a receptividade ao treinamento.
6. Discutir os passos envolvidos na condução de uma análise de tarefas.
7. Estudar os dados de uma análise de tarefas para determinar quais delas devem ser treinadas.
8. Explicar os modelos de competências e o processo pelo qual eles são desenvolvidos.

O diagnóstico de necessidades na B&W Pantex e NetApp

O diagnóstico de necessidades é um passo fundamental na elaboração de novos treinamentos e na revisão dos treinamentos existentes.

A usina da B&W Pantex, próxima de Amarillo, no Texas, é encarregada de garantir a segurança, proteção e confiabilidade do arsenal de armas nucleares da nação. As instalações são gerenciadas e operadas pela B&W Pantex para o Departamento de Energia/Administração Nacional de Segurança Nuclear dos Estados Unidos. A indústria de armamento nuclear é fortemente regulada e a maior parte do treinamento é focada em segurança e observância compulsória. Entretanto, a B&W Pantex também oferece treinamento técnico e cursos de desenvolvimento de gestão, sendo que cada funcionário possui um plano de desenvolvimento individual. O treinamento e o desenvolvimento na B&W Pantex é de alta qualidade e traz resultados de negócio: a empresa foi reconhecida pela American Society for Training and Development (Associação Americana de Treinamento e Desenvolvimento, ASTD) com o prêmio Best de 2010. A missão do departamento de treinamento técnico é oferecer treinamento de qualidade que seja necessário, preciso, na hora certa e que promova mudanças em comportamento ou habilidades.

Recentemente, o programa de treinamento técnico foi revisto para melhorar a sua eficácia e eficiência. A análise constatou que o treinamento exigia um grande compromisso de tempo longe do trabalho por parte dos funcionários e que 20% dos cursos representavam 8% das horas de treinamento. Consequentemente, o departamento de treinamento técnico reexaminou a sua oferta de cursos, considerando se o treinamento ainda era necessário, se os objetivos ainda eram relevantes, se oferecia informações redundantes e se o público-alvo havia mudado. A análise levou o departamento a consolidar ou remover mais de 700 cursos, além de reformular vários outros para reduzir o tempo de realização pela metade. Muitas sessões em sala de aula foram substituídas pelo treinamento com base em computador ou por reuniões informais entre os funcionários e o gerente. Como resultado, a eficiência do treinamento apresentou melhora de 49% e os funcionários começaram a participar de 5,5 horas de treinamento mensal.

A NetApp cria soluções inovadoras de armazenamento e gestão de dados que ajudam os clientes a acelerar os avanços nos negócios e atingirem uma eficiência de custos excepcional e, em 2012, foi eleita o sexto melhor ambiente de trabalho no relatório anual "100 Best Companies to Work For" da revista *Fortune*. A empresa é conhecida por vários de seus programas de treinamento e desenvolvimento, incluindo o "Treinamento em Todas as Coisas Especiais" (*Training On All Special Things*, TOAST), um programa de orientação das novas contratações com executivos de alto nível da NetApp e a NetApp University.

Como resultado do crescimento da empresa, era preciso que a NetApp desenvolvesse os engenheiros de suporte recém-contratados para que oferecessem serviços de nível mundial. Os programas existentes eram inadequados. Precisava-se de um treinamento que abordasse habilidades de solução de problemas para todos os aspectos do suporte, incluindo processos, sistemas, operações e competências sociais, para garantir que os engenheiros novatos atenderiam as demandas pelos serviços da empresa com competência. Para realizar o diagnóstico de necessidades, a NetApp solicitou que seus melhores funcionários participassem de grupos focais. Os grupos deveriam pensar sobre quais os tipos de suporte que os engenheiros precisavam saber para desempenharem suas funções. Com base nos grupos focais, identificaram-se mais de 1.400 tarefas, que foram classificadas de acordo com a dificuldade, frequência e importância. Um total de 500 tarefas foram vitais para que engenheiros de suporte passassem pelo primeiro ano de trabalho. Para tratar dessas tarefas, desenvolveu-se um programa de treinamento para novas contratações. Ele compreende *e-learning* (em que o aluno dita o ritmo), trabalho prático na sala de aula e casos com base no sistema de suporte computadorizado da empresa ou iniciados por clientes na *web*.

Fontes: Baseado em J. Salopek, "Keeping Knowledge Safe and Sound," *T+D* (October 2010): 64-66; www.pantex.com, the website for B&W Pantex. S. Varman and B. Collins, "On Ramp to Success at Network Appliances," *T+D* (July 2007); 58-61; www.netapp.com.

INTRODUÇÃO

Como vimos no Capítulo 1, "Introdução ao treinamento e desenvolvimento de funcionários", as práticas de treinamento eficazes compreendem o uso de um processo de elaboração de treinamento, que começa pelo diagnóstico de necessidades. Os passos seguintes incluem garantir que os funcionários tenham a motivação e as habilidades básicas necessárias para aprender, criar um ambiente de aprendizado positivo, certificar-se de que os funcionários apliquem as habilidades aprendidas no trabalho, selecionar o método de treinamento e avaliar se o treinamento alcançou os resultados desejados. Como destaca o exemplo da NetApp, antes de escolher um método de treinamento é importante determinar que tipo de treinamento é necessário e se os funcionários estão dispostos a aprender. O **diagnóstico de necessidades** é o processo usado para determinar a necessidade de treinamento.

Normalmente este diagnóstico envolve a análise da organização, das pessoas e das tarefas.[1] A **análise da organização** engloba a determinação da adequação do treinamento, levando-se em conta a estratégia de negócio da empresa, os recursos disponíveis para o treinamento e o apoio de pares e gerentes para atividades de treinamento. Você já está familiarizado com um dos aspectos da análise da organização, pois o Capítulo 2, "Treinamento estratégico", tratou do papel da estratégia de negócio da empresa na determinação da frequência e tipo de treinamento.

A **análise de pessoas** ajuda a identificar quem precisa de treinamento, e compreende (1) determinar se as deficiências de desempenho são resultado de falta de conhecimento, habilidade ou capacidade (uma questão de treinamento) ou de problemas motivacionais ou do desenho do trabalho, (2) identificar quem precisa de treinamento e (3) determinar a prontidão dos funcionários para o treinamento.

A **análise de tarefas** identifica as tarefas e conhecimentos, habilidades ou comportamentos importantes que devem ser enfatizados no treinamento para que os funcionários realizem suas tarefas.

POR QUE É PRECISO UM DIAGNÓSTICO DE NECESSIDADES?

O diagnóstico de necessidades é importante porque um gerente ou outro cliente que esteja solicitando treinamento (que foca no preenchimento das lacunas resultantes de falta de conhecimento ou habilidade) poderia, na verdade, querer ou precisar de outra coisa, como motivação de funcionários, mudanças em perspectivas ou atitudes ou redesenho do fluxo de trabalho.[2] Se um gerente solicita treinamento para um problema de desempenho, o que ele está procurando é uma solução para um problema que pode (ou não) envolver treinamento. Ao realizar um diagnóstico, a sua função é determinar se o treinamento é a solução mais apropriada.

Esse é o primeiro passo no processo de *design* instrucional e se não ele for conduzido corretamente, pode acontecer uma ou mais das seguintes situações:

- O treinamento pode ser usado erroneamente como uma solução para um problema de desempenho (quando a solução deveria tratar da motivação dos funcionários, plano de cargos ou melhor comunicação de expectativas de desempenho).
- Os programas de treinamento podem ter conteúdo, objetivos ou métodos errados.
- É possível que os funcionários sejam enviados a programas de treinamento para os quais não possuem as habilidades básicas, prerrequisitos ou confiança necessários ao aprendizado.
- O treinamento não apresentará aprendizado, mudanças comportamentais ou resultados financeiros esperados pela empresa.
- O dinheiro será gasto em programas desnecessários porque não são relacionados à estratégia de negócio da empresa.

A Figura 3.1 apresenta os três tipos de análises envolvidas no diagnóstico de necessidades e as causas e consequências resultantes. Há muitas causas ou "pontos de pressão" diferentes que indicam a necessidade de treinamento. Eles podem ser problemas de desempenho, novas tecnologias, solicitações de clientes internos ou externos, replanejamento de cargos, novas legislações, mudanças nas preferências do consumidor, novos

FIGURA 3.1 Causas e consequências do diagnóstico de necessidades

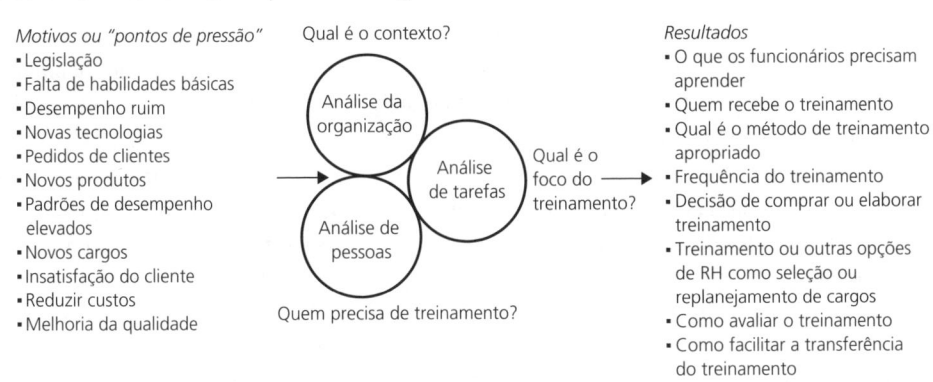

Motivos ou "pontos de pressão"
- Legislação
- Falta de habilidades básicas
- Desempenho ruim
- Novas tecnologias
- Pedidos de clientes
- Novos produtos
- Padrões de desempenho elevados
- Novos cargos
- Insatisfação do cliente
- Reduzir custos
- Melhoria da qualidade

Qual é o contexto?

Análise da organização

Análise de tarefas

Análise de pessoas

Quem precisa de treinamento?

Qual é o foco do treinamento?

Resultados
- O que os funcionários precisam aprender
- Quem recebe o treinamento
- Qual é o método de treinamento apropriado
- Frequência do treinamento
- Decisão de comprar ou elaborar treinamento
- Treinamento ou outras opções de RH como seleção ou replanejamento de cargos
- Como avaliar o treinamento
- Como facilitar a transferência do treinamento

produtos ou falta de habilidades básicas. Vale dizer que estes pontos não significam necessariamente que o treinamento é a solução adequada.

Tome como exemplo um motorista de caminhão que tem a função de entregar gases anestésicos em instalações médicas. O motorista comete o erro de ligar a fonte de alimentação de um anestésico fraco ao sistema de oxigênio do hospital e contamina todo o fornecimento de oxigênio local. Por que o motorista cometeu este erro, que se trata claramente de um problema de desempenho? É possível que isso tenha acontecido em decorrência da falta de conhecimento sobre a fonte de alimentação correta para o anestésico ou porque estava insatisfeito em relação a uma solicitação de aumento de salário negada pelo gerente recentemente ou ainda porque as válvulas para conectar o fornecimento de gás foram identificadas erroneamente. O treinamento só consegue tratar da falta de conhecimento. Os outros pontos de pressão exigem a análise e tomada de decisões relacionadas ao comportamento retaliatório do funcionário (demitir o motorista) ou desenho do ambiente de trabalho (lembrar supervisores e motoristas de conferir se as válvulas e fontes de abastecimento estão identificadas corretamente em todos os locais de trabalho).

Quais são as consequências de um diagnóstico de necessidades? Um diagnóstico oferece informações importantes sobre a maioria dos passos restantes na elaboração do treinamento. Como mostra a Figura 3.1, o processo de diagnóstico de necessidades resulta em informações sobre quem precisa de treinamento e o que precisa ser ensinado, incluindo as tarefas em que os participantes precisam ser treinados e requisitos de conhecimento, habilidade, comportamento, entre outros aspectos. O diagnóstico ajuda a determinar se a empresa terceirizará o seu treinamento (ou seja, comprará treinamento de um vendedor ou consultor) ou se desenvolverá o treinamento através de recursos internos.

Definir exatamente o que se precisa ensinar é um ponto crítico no passo seguinte do processo de *design* instrucional: a identificação dos resultados e objetivos do aprendizado. O Capítulo 4, "Aprendizado e transferência do treinamento", aborda a identificação de resultados e objetivos de aprendizado e a criação de um ambiente para que o treinamento aconteça e seja aplicado ao trabalho. Através da identificação dos resultados e dos recursos disponíveis para treinamento, o diagnóstico de necessidades oferece informações úteis para a escolha do método de treinamento e desenvolvimento apropriado (abordado na Parte 3 deste livro). Ele também indica os resultados que devem ser coletados para avaliar a sua eficácia. O processo de avaliação de treinamento é discutido no Capítulo 6, "Avaliação do treinamento".

QUEM DEVE PARTICIPAR DO DIAGNÓSTICO DE NECESSIDADES?

Tradicionalmente, apenas os instrutores tinham interesse no processo de diagnóstico de necessidades, mas como mostrou o Capítulo 2, à medida que o treinamento habitua-se a ajudar a empresa a atingir as suas metas estratégicas, os gerentes de nível intermediário e alto começam a ser envolvidos no processo.

A Tabela 3.1 mostra as questões que gerentes (de nível intermediário e alto) e instrutores têm interesse em responder em análises da organização, de pessoas e de tarefas. Os gerentes de níveis altos são diretores, CEOs e vice-presidentes. Eles enxergam o processo de diagnóstico de necessidades de uma perspectiva mais ampla da empresa em vez de focar em cargos específicos. Também são envolvidos no processo para que identifiquem o papel do treinamento em relação às outras práticas de recursos humanos da empresa (p. ex., seleção e compensação dos funcionários). Os gerentes de nível alto também estão envolvidos na definição da existência de conhecimentos, habilidades e capacidades necessárias para atender a sua estratégia e ser competitivo no mercado de trabalho. Já os gerentes de nível intermediário estão mais envolvidos na forma como o treinamento afeta o alcance das metas financeiras para as unidades específicas supervisionadas por eles. Consequentemente, para os gerentes de nível intermediário, a análise da organização foca na identificação (1) de quanto do orçamento desejam dedicar ao treinamento, (2) dos tipos de funcionários que devem receber o treinamento (p. ex., engenheiros ou funcionários centrais que estejam envolvidos diretamente na produção de bens ou serviços), e (3) de para quais cargos o treinamento pode fazer a diferença em termos de melhoria nos produtos ou no serviço ao consumidor.

TABELA 3.1 Principais preocupações de gerentes de nível alto e intermediário quanto ao diagnóstico de necessidades

	Gerentes de nível alto	Gerentes de nível intermediário	Instrutores
Análise da organização	O treinamento é importante para alcançar os nossos objetivos de negócio? Como o treinamento apoia a nossa estratégia de negócio? Quais são as ameaças à nossa base de talentos?	Eu quero investir dinheiro em treinamento? Quanto? Como o treinamento e o desenvolvimento ajudarão no alcance das minhas metas de negócio? Nós estamos retendo os principais talentos?	Eu tenho orçamento para comprar serviços de treinamento? Os gerentes apoiarão o treinamento?
Análise de pessoas	Funcionários de setores ou unidades de negócio específicas precisam de treinamento? O que os funcionários precisam fazer para realizar nossos objetivos de negócio?	Quem deve ser treinado? Gerentes? Funcionários centrais?	Como identificarei quais funcionários precisam de treinamento?
Análise de tarefas	A empresa tem pessoas com o conhecimento, habilidades, capacidades ou competências necessárias para competir no mercado?	Para quais cargos o treinamento pode fazer mais diferença na qualidade do produto ou no serviço ao consumidor?	Para quais tarefas os funcionários devem ser treinados? Quais conhecimentos, habilidades, capacidades ou outras características são necessárias?

Na DPR Construction, uma empresa de construção nacional com escritórios regionais espalhados por localidades como Atlanta, Geórgia, São Francisco, Califórnia e Washington, D.C., uma cúpula de treinamento anual é formada por pessoas-chave de toda a empresa para discutir as necessidades relacionadas aos objetivos de negócio.[3] Isso garante que o treinamento necessário seja bem situado para ajudar a atingir os objetivos. Cada equipe de negócio tem um patrocinador no grupo de aprendizado da empresa para auxiliar na implantação das estratégias de negócio. Uma estratégia de negócio importante está relacionada à sustentabilidade (ou seja, métodos de construção ecologicamente corretos, como o uso de telhados verdes para reduzir o escoamento de água). Além disso, os grupos de aprendizado contribuíram para o desenvolvimento de um aplicativo conhecido como *greenBook*, uma base de dados de produtos e serviços "verdes" que também ajuda a definir os custos de diferentes níveis de eficiência energética.

Como foi apresentado no Capítulo 2, os instrutores (inclusive gerentes de treinamento e *designers* instrucionais) devem verificar se o treinamento está alinhado à estratégia de negócio. Contudo, seu interesse primordial no diagnóstico de necessidades é obter informações para administrar, desenvolver e dar suporte aos programas de treinamento. São informações úteis para definir se o treinamento deve ser comprado ou elaborado na própria empresa, identificar as tarefas para as quais cada funcionário deve ser treinado e determinar o interesse e o apoio de gerentes de nível alto e intermediário.

Os gerentes de alto nível normalmente estão envolvidos em determinar se o treinamento atende à estratégia de negócio da empresa e depois fornecer os recursos financeiros apropriados, mas dificilmente estão envolvidos na identificação dos funcionários que necessitam de treinamento, das tarefas que precisam de treinamento ou o conhecimento, habilidades, capacidades e outras características necessárias à realização destas tarefas. Essa é a função dos **especialistas no assunto** (*subject-matter experts*, SMEs), que são funcionários, acadêmicos, gerentes, peritos técnicos, instrutores e até mesmo consumidores e fornecedores que sejam bem informados em relação a:

- Questões de treinamento, incluindo as tarefas a serem realizadas.
- Conhecimento, habilidades e capacidades exigidas para o bom desempenho das tarefas.
- Equipamento necessário.
- Condições sob as quais as tarefas devem ser realizadas.

Uma questão importante em relação aos especialistas no assunto é certificar-se de que tenham conhecimento sobre o assunto abordado pelo treinamento, além de serem realistas o suficiente para saberem priorizar o conteúdo crítico que precisa ser trabalhado no tempo disponível no currículo de treinamento. Os especialistas também devem ter informações que sejam relevantes para o negócio e entendimento da linguagem, ferramentas e produtos da empresa. Não há regras quanto aos tipos de funcionários representados no grupo que realiza o diagnóstico de necessidades. Ainda assim, é importante envolver no processo uma amostra de **incumbentes do cargo** (funcionários que estejam realizando determinado trabalho atualmente) porque eles tendem a ser os maiores conhecedores do cargo e podem representar entraves para o processo de treinamento caso sintam que não opinaram no diagnóstico.

A Fallon Clinic, um grupo médico de especialidade multilocal com 1.700 funcionários entre médicos, enfermeiros, terapeutas e pessoal de suporte eclesiástico, conduz um diagnóstico de necessidades contínuo para determinar onde o treinamento seria de maior valor.[4] O departamento de aprendizado e desenvolvimento da organização conduz um diagnóstico anual em toda a empresa que inclui o uso de pesquisas com funcionários e reuniões presenciais com gerentes e funcionários.

MÉTODOS UTILIZADOS NO DIAGNÓSTICO DE NECESSIDADES

Vários métodos são usados para identificar as tarefas e o conhecimento, habilidades, capacidades e outras características exigidas pelo trabalho na elaboração de um diagnóstico de necessidades, como a observação de funcionários em serviço, uso de tecnologia *on-line*, leitura de manuais e outros documentos técnicos, criação de grupos focais e entrevistas e aplicação de questionários com os especialistas no assunto. A Tabela 3.2 apresenta as vantagens e as desvantagens de cada método.

A Texas Instruments (TI), por exemplo, tentava definir de que forma especialistas em engenharia deveriam ser treinados para que se tornassem instrutores de novos engenheiros.[5] O problema era que o nível de conhecimento instrucional variava entre eles: alguns não tinham experiência alguma com ensino, enquanto outros já haviam ministrado cursos em faculdades locais. Quando os engenheiros sem experiência com ensino passaram a atuar como instrutores inexperientes, tanto eles quanto os aprendizes ficaram frustrados. Para avaliar as necessidades de treinamento dos engenheiros, os especialistas em treinamento e desenvolvimento utilizaram cinco dos sete métodos que constam na Tabela 3.2. Eles reuniram informações que fossem úteis para a análise da organização e das tarefas. A listagem dos treinamentos e as declarações da missão foram utilizadas para identificar a missão do departamento de engenharia, e as ofertas de cursos anteriores e atuais foram usadas para desenvolver os engenheiros. Para apontar as tarefas relevantes utilizaram-se estudos de competência e *checklists* de projetos. A observação em sala de aula dos instrutores novos e dos experientes serviram para identificar forças e fraquezas das suas apresentações (análise de pessoas). Tanto instrutores como não instrutores foram entrevistados para validar as informações reunidas através de documentações e pesquisas escritas.

Outro exemplo que se pode citar é a Boeing, que usa um processo emprestado do campo da inteligência artificial. Os especialistas são observados e entrevistados para averiguar os seus processos de raciocínio para solução de problemas, lidar com a incerteza e minimizar os riscos. As práticas especializadas que não estiverem cobertas serão então incluídas no currículo de treinamento.[6]

No caso de cargos recém-criados, os instrutores normalmente não têm incumbentes de cargo em quem confiar para obter essas informações. Em vez disso, diagramas técnicos, simulações e *designers* de equipamentos podem oferecer informações sobre os requisitos, tarefas e condições de treinamento sob os quais o trabalho é realizado. O estudo de dados históricos envolve a coleta de dados de desempenho de registros eletrônicos ou impressos. Ele informa quanto aos níveis de desempenho atuais, o que é útil na identificação de lacunas entre o desempenho atual e o desejado. Um diagnóstico de necessidades realizado em um hospital para descobrir as causas do índice elevado de erros de médicos nas requisições de radiologia (p. ex., raio X) coletou dados históricos sobre erros, inclusive exames incorretos, exames realizados do lado errado do corpo do paciente, uso de códigos de diagnóstico errados e requisições em duplicidade.[7] Os dados históricos foram usados em conjunto com entrevistas semiestruturadas e observações para identificar as causas dos erros e as intervenções para que diminuam.

Outra fonte de informações para empresas que incorporaram uma nova tecnologia é o *help desk*, usado frequentemente para lidar com solicitações relativas a problemas, deficiências no treinamento ou em documentação, *software* e sistemas.[8]

TABELA 3.2 Vantagens e desvantagens das técnicas de diagnóstico de necessidades

Técnica	Vantagens	Desvantagens
Observação	▪ Gera dados relevantes para o ambiente de trabalho ▪ Minimiza a interrupção do trabalho	▪ Necessita de observadores habilidosos ▪ O comportamento dos funcionários pode ser afetado pela observação
Questionários	▪ Baixo custo ▪ Pode coletar dados de um grande número de pessoas ▪ Os dados são facilmente resumidos	▪ Demanda tempo ▪ Existe a possibilidade de baixos índices de retorno e de respostas inapropriadas ▪ Carece de detalhes ▪ Só oferece informações relacionadas diretamente às perguntas feitas
Entrevistas	▪ Bom para revelar detalhes das necessidades de treinamento, além das causas e soluções para problemas ▪ Pode tratar de questões imprevistas que surgem ▪ Questões podem ser alteradas	▪ Demanda muito tempo ▪ É difícil de analisar ▪ Necessita de entrevistadores habilidosos ▪ Pode ser ameaçador para os especialistas no assunto ▪ É difícil de agendar ▪ Os especialistas no assunto só dão informações que consideram serem as desejadas pelo entrevistador
Grupos focais e ferramentas colaborativas	▪ Útil para questões complexas e controversas que individualmente podem ser difíceis ou indesejáveis de explorar ▪ As perguntas podem ser alteradas para abordar questões imprevistas	▪ Demanda muito tempo para organizar ▪ Os membros do grupo só dão as informações que consideram serem as desejadas pelo entrevistador
Documentação (manuais técnicos, registros)	▪ Boa fonte de informações sobre procedimentos ▪ Objetivo ▪ Boa fonte de informações sobre tarefas para novos cargos e cargos em processo de criação	▪ Pode-se ser incapaz de entender a linguagem técnica ▪ Os materiais podem ser obsoletos
Tecnologias on-line (software)	▪ Objetivo ▪ Minimiza a interrupção do trabalho ▪ Exige um envolvimento humano limitado	▪ Pode ser ameaçador para os funcionários ▪ Os gerentes podem usar as informações para punir e não para treinar ▪ Restrito a cargos que exigem a interação com o cliente por telefone ou computador
Estudos de dados históricos	▪ Oferece dados relativos ao desempenho e às práticas	▪ Os dados disponíveis podem ser imprecisos, incompletos ou não representativos do desempenho

Fonte: Baseado em S. V. Steadham, "Learning to Select a Needs Assessment Strategy," Training and Development Journal (January 1980): 56-61; R. J. Mirabile, "Everything You Wanted to Know About Competency Modeling," Training and Development (August 1997): 74; K. Gupta, A Practical Guide to Needs Assessment (San Francisco: Jossey-Bass, 1999); M. Casey and D. Doverspike, "Training Needs Analysis and Evaluation for New Technologies Through the Use of Problem-Based Inquiry," Performance Improvement Quarterly 18(1) (2005): 110-124.

O *software* de gerenciamento do *help desk* pode categorizar e rastrear solicitações e dúvidas por requerimento, por solicitante ou por vendedor. A capacidade de produção de relatórios embutida no *software* facilita a geração de documentos sobre problemas do usuário e a identificação de campos temáticos entre as solicitações. Sua análise é uma prática para a identificação de lacunas no treinamento. Tipos comuns de problemas apresentados pelas solicitações são analisados para determinar se ocorrem em decorrência de uma inadequada cobertura do programa de treinamento e/ou de documentações e ajudas de trabalho utilizadas pelos instrutores.

Existem tecnologias *on-line* para monitorar e acompanhar o desempenho de funcionários. Estas informações são úteis para identificar as necessidades de treinamento e oferecer *feedback* aos funcionários. Em centrais de atendimento, por exemplo, a tecnologia propicia a avaliação permanente do desempenho.[9] Um funcionário que desencadeie o sistema *on-line* ao não conseguir atender um determinado padrão, como o recebimento de mais de cinco retornos de chamada quanto a uma questão não solucionada, é encaminhado automaticamente para a ajuda de trabalho ou evento de treinamento apropriado. Como pode ser visto na Tabela 3.2, a tecnologia *on-line* apresenta várias vantagens: possibilidade de um relatório objetivo de comportamentos, dispensa da necessidade de um instrutor ou especialista no assunto para observar ou entrevistar funcionários e redução de interrupções do trabalho. Entretanto, o uso desse tipo de tecnologia no diagnóstico de necessidades é adequado apenas para um número restrito de cargos, que exigem interações com os clientes através de computador ou telefone.[10] Além disso, para que seja eficaz, os gerentes precisam garantir que as informações sejam usadas para o treinamento dos funcionários e não para punição. Caso contrário, os funcionários sentem-se ameaçados, o que acaba contribuindo para a insatisfação e rotatividade.

Como não há um único método de diagnóstico que seja superior aos outros, normalmente são usados vários. Eles variam quanto ao tipo de informações e quanto ao nível de detalhamento oferecido. A vantagem dos questionários é que a informação pode ser coletada com um número elevado de pessoas. Contudo, é difícil coletar informações detalhadas quanto às necessidades de treinamento através dos questionários. Embora demandem muito tempo, entrevistas presenciais e por telefone podem oferecer informações mais detalhadas quanto às necessidades de treinamento.

Os **grupos focais** são um tipo de entrevista que envolve reuniões presenciais com grupos de especialistas no assunto, composta por perguntas relacionadas a necessidades específicas de treinamento. Para fazer o diagnóstico de necessidades, também se pode usar o *crowdsourcing*. Nesse contexto, o ***crowdsourcing*** consiste em pedir a um grande grupo de funcionários (ou seja, à "multidão" ou *crowd* em inglês) que ajude a oferecer informações que eles normalmente não oferecem para o diagnóstico.

A Computer Services Corporation utiliza a Ideation, uma ferramenta com base na *web* para colaboração e *crowdsourcing* para ajudar na identificação de necessidades de treinamento.[11] O processo exige uma equipe examinadora para filtrar, organizar e trabalhar nas melhores ideias. É um processo que permite que o departamento de aprendizado envolva um grande número de funcionários no diagnóstico de necessidades em vez de confiar exclusivamente nas entrevistas com especialistas no assunto. É importante verificar os resultados de entrevistas e de observações porque o que os funcionários e gerentes dizem fazer pode ser diferente do que de fato fazem.

Na Brown-Forman Corporation, fabricante e comerciante de bebidas alcoólicas como a Jack Daniel's Tennessee Whiskey, as necessidades de treinamento são identificadas de maneiras diferentes, incluindo o monitoramento do desenvolvimento de funcionários e dados de gestão de desempenho, tendências na indústria de bebidas alcoólicas e questões levantadas pelos grupos operacionais da empresa que pagam pelos serviços de treinamento.[12]

A Yapi Kredi Academy foi criada para fornecer desenvolvimento e aprendizado para a sede do Yapi ve Kredi Bank em Istambul, na Turquia.[13] O comitê executivo do banco (inclusive CEO, vice-presidentes executivos e um comitê consultivo com gerentes seniores e indivíduos de fora do banco que identificam tendências, desafios e oportunidades na indústria) confere o direcionamento estratégico e a visão para a academia. O processo de diagnóstico de necessidades do banco inclui visitas a filiais, pesquisas e grupos focais, além de reuniões com unidades de negócio. A academia realizou uma pesquisa com mais de 3 mil funcionários de filiais sobre a satisfação com o treinamento recebido e experiências com planos de desenvolvimento individual e ofertas de treinamento. Os resultados obtidos foram usados para definir de que forma atender às necessidades de aprendizado e desenvolvimento.

Com a ênfase crescente na Gestão da Qualidade Total (TQM), muitas empresas também utilizam informações sobre as práticas de treinamento de outras empresas (um processo conhecido como ***benchmarking***) para decidir tipo, nível e frequência de treinamento apropriado.[14] A Chevron, Federal Express, GTE, Xerox e várias outras empresas são membros do fórum de *benchmarking* da ASTD. Um mesmo instrumento de pesquisa é realizado por cada empresa. Esta pesquisa engloba questões sobre custos do treinamento, tamanho do quadro de funcionários, gestão, *design*, elaboração de programas e oferta. Depois, as informações são resumidas e compartilhadas entre as empresas participantes.

O PROCESSO DE DIAGNÓSTICO DE NECESSIDADES

Esta seção analisa os três aspectos de um diagnóstico de necessidades: análise da organização, das pessoas e das tarefas. A Figura 3.2 ilustra o processo de diagnóstico de necessidades. Na prática, não há uma ordem específica para conduzir essas análises. A questão do tempo e do dinheiro a serem devotados ao treinamento está condicionada aos resultados das análises. Ainda que qualquer uma delas possa indicar a necessidade de treinamento, é preciso que as empresas levem em consideração as informações dos três tipos de análise antes que possam tomar a decisão de investir tempo e dinheiro em treinamento.

FIGURA 3.2 O processo de diagnóstico de necessidades

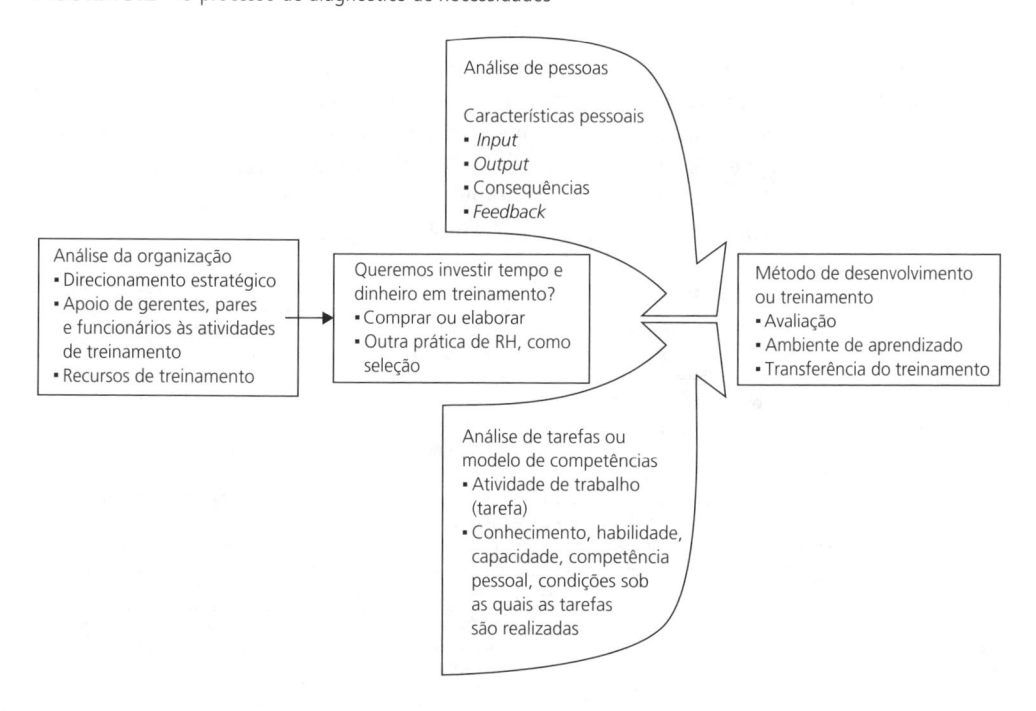

Análise de pessoas

Características pessoais
- *Input*
- *Output*
- Consequências
- *Feedback*

Análise da organização
- Direcionamento estratégico
- Apoio de gerentes, pares e funcionários às atividades de treinamento
- Recursos de treinamento

Queremos investir tempo e dinheiro em treinamento?
- Comprar ou elaborar
- Outra prática de RH, como seleção

Método de desenvolvimento ou treinamento
- Avaliação
- Ambiente de aprendizado
- Transferência do treinamento

Análise de tarefas ou modelo de competências
- Atividade de trabalho (tarefa)
- Conhecimento, habilidade, capacidade, competência pessoal, condições sob as quais as tarefas são realizadas

Como a análise da organização trata da identificação da adequação do treinamento aos objetivos estratégicos da empresa e da disponibilidade de orçamento, tempo e especialidade para o treinamento (o contexto para o treinamento), ela costuma ser realizada primeiro. Já a análise de pessoas e de tarefas é conduzida simultaneamente porque é difícil determinar se as deficiências de desempenho são um problema de treinamento sem que se entenda as tarefas e o ambiente de trabalho. Uma análise inicial da organização pode sugerir que uma empresa não deseja investir recursos financeiros em treinamento.

Análise da organização

A análise da organização abrange identificar se o treinamento apoia o direcionamento estratégico da empresa, se os gerentes, pares e funcionários apoiam atividades de treinamento e se os recursos para treinamento estão disponíveis. A Tabela 3.3 apresenta algumas questões que devem ser observadas pelos instrutores em uma análise da organização. Para responder essas questões, deve-se utilizar uma combinação de documentação, entrevistas ou grupos focais de gerentes e indivíduos no setor de treinamento.

Direcionamento estratégico da empresa

A maneira como a estratégia de negócio da empresa influencia o treinamento foi abordada no Capítulo 2. O papel estratégico do treinamento influi na frequência e no tipo de treinamento e em como o setor de treinamento está organizado dentro da empresa. Em empresas nas quais se espera que o treinamento contribua para o alcance de estratégias e metas de negócio, o volume de dinheiro alocado para treinamento e a frequência do treinamento provavelmente será maior do que em empresas nas quais o treinamento é feito a esmo ou sem propósito estratégico.

A estratégia de negócio também influencia o tipo de treinamento. Como foi mostrado no Capítulo 2, as empresas que adotaram uma estratégia de desinvestimento estão mais propensas a focarem em assistência para recolocação no mercado e treinamento em habilidades de procura de emprego do que as empresas com outras iniciativas estratégicas. Por último, quanto maior o papel estratégico do bom desempenho, maior é a probabilidade de a empresa organizar o setor de treinamento através dos modelos integrados ao negócio ou universidade corporativa. Os dois modelos enfatizam que o treinamento é utilizado para ajudar a solucionar problemas de negócio.

TABELA 3.3 Perguntas a serem feitas em uma análise da organização

- De que forma o conteúdo do treinamento afeta a relação dos nossos funcionários com os nossos consumidores?
- O que fornecedores, consumidores ou parceiros precisam saber sobre o programa de treinamento?
- De que forma este programa alinha-se às necessidades estratégicas do negócio?
- Devem-se dedicar recursos organizacionais a este programa?
- O que precisamos dos gerentes e pares para que este treinamento tenha êxito?
- Quais aspectos do ambiente de trabalho podem interferir no treinamento (p. ex., falta de equipamento, falta de tempo para praticar as novas habilidades)?
- Temos em nosso quadro especialistas que possam ajudar no desenvolvimento do conteúdo do programa e assegurar que entendamos as necessidades do negócio durante a elaboração do programa?
- Os funcionários enxergarão o programa de treinamento como uma oportunidade? Recompensa? Punição? Perda de tempo?
- Quais indivíduos ou grupos (p. ex., funcionários, gerentes, vendedores, fornecedores e desenvolvedores de programa) têm interesse no êxito do treinamento? Precisamos do apoio de quem?

Fontes: Baseado em F. Nickols, "Why a Stakeholder Approach to Evaluating Training?" *Advances in Developing Human Resources* (February 2005): 121-134; S. Tannenbaum, "A Strategic View of Organizational Training and Learning." In *Creating, Implementing, and Managing Effective Training and Development*, ed. K. Kraiger (San Francisco: Jossey-Bass, 2002): 10-52.

Apoio de gerentes, pares e funcionários para as atividades de treinamento

Vários estudos indicam que o apoio de pares e gerentes ao treinamento é vital, juntamente com o entusiasmo e a motivação do funcionário para participar do treinamento. Os fatores-chave para o sucesso são: uma atitude positiva entre os pares, gerentes e funcionários quanto à participação em atividades de treinamento, a disposição de gerentes e pares em oferecer informações aos instrutores sobre como podem usar o conhecimento, habilidades ou comportamento aprendidos em treinamentos para desempenhar suas funções de maneira mais eficaz, e as oportunidades dadas aos participantes para usarem o conteúdo do treinamento em seus trabalhos.[15] Se as atitudes e comportamentos de pares e gerentes não forem favoráveis, é provável que os funcionários não apliquem o conteúdo aos seus trabalhos.

Recursos de treinamento

É preciso verificar se a empresa possui orçamento, tempo e conhecimento para o treinamento. Uma das perguntas a serem respondidas pela empresa é se ela detém os recursos para elaborar programas de treinamento ou se ela deve adquiri-los com um vendedor ou consultor. Isso é conhecido como a decisão "comprar ou elaborar". Se a empresa está instalando um equipamento computadorizado em uma de suas fábricas, por exemplo, ela tem três estratégias possíveis para lidar com a necessidade de funcionários que entendam de computadores.

A primeira é decidir que, dado o conhecimento da equipe e o orçamento, pode-se usar consultores internos para treinar os funcionários afetados pela implantação do equipamento. A segunda opção é decidir que o melhor custo-benefício é identificar quais funcionários entendem de computadores por meio de testes e amostras de trabalho. Aqueles que não passarem no teste ou ficarem abaixo do padrão podem ser transferidos para outros cargos. A escolha dessa estratégia sugere que a empresa decidiu investir os recursos na seleção e alocação e não em treinamento. A terceira possibilidade, para o caso de uma empresa que não tem o tempo ou o conhecimento necessários, é decidir comprar o treinamento de um consultor. Discutiremos como identificar e escolher um vendedor ou consultor de qualidade para adquirir os serviços de treinamento no Capítulo 5, "Elaboração do programa".

Uma forma de a empresa identificar os recursos de treinamento é compartilhar as práticas com outras operações ou departamentos similares que a empresa possua espalhados pelo país.[16] A Pfizer Pharmaceuticals, por exemplo, criou uma "equipe de aprendizado virtual" para promover a troca de "boas práticas" de treinamento técnico entre as suas fábricas nos Estados Unidos. A equipe conta com gerentes de treinamento de Nova Iorque, Nova Jersey, Missouri, Nebraska, Indiana, Porto Rico e Bélgica. A cada três meses, os membros da equipe se encontram pessoalmente, além de realizarem teleconferências a cada seis semanas. Os objetivos da equipe são (1) definir um foco centralizado para as estratégias de treinamento da Pfizer, (2) possibilitar que gerentes de treinamento atuem como mentores para seus pares, trocando práticas de treinamento e (3) estabelecer padrões de treinamento para cada uma das fábricas. A equipe já fez contribuições valiosas, como o desenvolvimento de um novo padrão de treinamento de operadores, um método de dez passos para o ensino e avaliação das habilidades de funcionários que produzam medicamentos ou operem o maquinário. O padrão teve como base uma prática existente em uma das fábricas. Outro feito partiu dos representantes das equipes de Nova Iorque e Porto Rico, que descobriram que possuíam áreas de trabalho parecidas em suas fábricas e decidiram criar cada um deles um módulo para um novo plano de treinamento e depois transferir esse módulo para a outra localidade.

Análise de pessoas

A análise de pessoas ajuda a identificar funcionários que precisam de treinamento. Essa necessidade pode ser resultante dos pontos de pressão apresentados na Figura 3.1, incluindo problemas de desempenho, mudanças no trabalho ou uso de novas tecnologias. A análise de pessoas também ajuda a determinar a disposição dos funcionários para o treinamento. A **disposição para treinamento** existe (1) se os funcionários possuem as características pessoais (habilidades, atitudes, convicções e motivação) necessárias para aprender o conteúdo do programa e aplicá-lo no trabalho e (2) se o ambiente de trabalho facilitará o aprendizado sem interferir no desempenho. Este processo engloba a avaliação de características pessoais, *input* (entradas), *output* (saídas), consequências e *feedback*.[17]

Um dos principais pontos de pressão para o treinamento é o desempenho ruim ou abaixo do padrão. O desempenho ruim é percebido através das reclamações de consumidores, baixos índices de desempenho ou incidentes no trabalho, como acidentes ou comportamentos que coloquem a segurança em risco. Outro indicador da necessidade de treinamento são casos em que o trabalho altera-se de tal forma que os níveis atuais de desempenho precisam ser melhorados ou torna-se necessário que os funcionários realizem novas tarefas.

O processo de análise de pessoas

A Figura 3.3 mostra um processo para a análise de fatores que influenciam o desempenho e o aprendizado. As **características pessoais** são as habilidades, capacidades, atitudes e conhecimento do funcionário. O ***input*** **(entrada)** são as instruções que dizem ao funcionário o que, como e quando fazer. Também diz respeito aos recursos que os funcionários recebem para ajudar na realização do trabalho, como equipamentos, tempo ou orçamento. Já o ***output*** **(saída)** refere-se aos padrões de desempenho do trabalho. As **consequências** são o tipo de incentivo que os funcionários recebem pelo bom desempenho. O *feedback* é a informação recebida pelos funcionários durante a realização do trabalho.

Entrevistas ou questionários podem ser usados para avaliar características, *input* (entrada), *output* (saída), consequências e *feedback* pessoais. Uma empresa de entregas acreditava que os motoristas principais eram de grande valor para oferecer treinamento no local de trabalho aos novos funcionários.[18] A empresa empregava 110 motoristas principais cujo trabalho consistia em dirigir, entregar e escriturar as entregas. Estes motoristas beneficiavam-se porque a atividade de treinamento e o *coaching* tornavam o trabalho mais interessante, e a empresa beneficiava-se porque a parte prática do treinamento era relativamente barata e eficaz. Com frequência, os motoristas principais localizavam e corrigiam problemas de desempenho dos aprendizes, tendo um bom conhecimento dos aspectos técnicos do trabalho de entrega. Ainda que muitos deles fossem bons instrutores, a empresa achava que eles precisavam aprender como treinar e orientar os novos motoristas. Através da realização de entrevistas, a empresa identificou o

FIGURA 3.3 O processo para a análise de fatores que influenciam o desempenho e o aprendizado dos funcionários

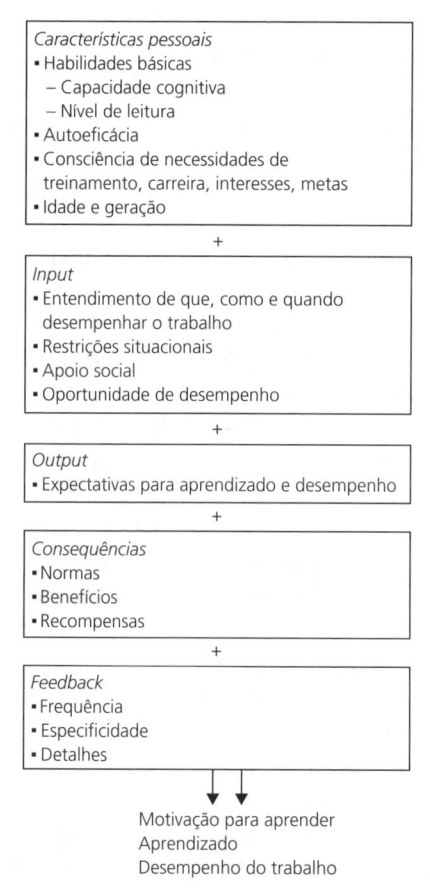

> *Características pessoais*
> - Habilidades básicas
>   – Capacidade cognitiva
>   – Nível de leitura
> - Autoeficácia
> - Consciência de necessidades de treinamento, carreira, interesses, metas
> - Idade e geração

+

> *Input*
> - Entendimento de que, como e quando desempenhar o trabalho
> - Restrições situacionais
> - Apoio social
> - Oportunidade de desempenho

+

> *Output*
> - Expectativas para aprendizado e desempenho

+

> *Consequências*
> - Normas
> - Benefícios
> - Recompensas

+

> *Feedback*
> - Frequência
> - Especificidade
> - Detalhes

↓ ↓

Motivação para aprender
Aprendizado
Desempenho do trabalho

Fontes: G. Rummler, "In Search of the Holy Performance Grail," *Training and Development* (April 1996): 26-31; C. Reinhart, "How to Leap over Barriers to Performance," *Training and Development* (January 2000): 20-24; G. Rummler and K. Morrill, "The Results Chain," *T+D* (February 2005): 27-35.

tipo de habilidades de treinamento e *coaching* que eram necessários. As entrevistas foram feitas com catorze motoristas principais, seis supervisores e dois vice-presidentes regionais. Para os motoristas eram feitas perguntas como:

- Que tipos de situações demandam uma orientação da sua parte?
- O que o impede de ser um bom *coach* no trabalho?
- Como você incentiva ou motiva outros motoristas principais? Você utiliza incentivos ou gratificações? Tenta outras formas (elogios, atenção pessoal)?
- Que tipos de problemas de desempenho comuns os novos contratados apresentam?
- Quais são os maiores problemas que você já enfrentou como um novo *coach* e instrutor? Quais erros você já cometeu? Que lições você aprendeu com o tempo?
- Conte sobre uma experiência de *coaching* bem-sucedida e uma malsucedida.

As tendências recorrentes observadas nos dados das entrevistas foram anotadas e classificadas. As perguntas relacionadas aos obstáculos para o *coaching*, por exemplo, relacionavam-se a três temas: falta de tempo para a atividade, ambiente físico (falta de privacidade) e relutância em treinar seus pares. Esses três tópicos foram abordados posteriormente no curso de *coaching*.

A **motivação para aprender** sofre influência de características pessoais, *input*, *output*, consequências e *feedback*, e representa a vontade dos participantes de aprender o conteúdo dos programas de treinamento.[19] Pense sobre como a sua motivação para aprender pode ser influenciada pelas características pessoais e pelo ambiente. Pode ser que você não tenha problemas para entender e compreender os conteúdos deste livro, mas o seu aprendizado pode ser inibido pela sua atitude em relação à matéria. Talvez você só curse esta disciplina porque ela está na sua grade de horários ou porque é obrigatória para a sua graduação. O aprendizado também pode ser inibido pelo ambiente, por exemplo, toda a vez que você se prepara para ler e revisar os conteúdos do livro, os seus colegas de quarto começam uma festinha. Mesmo que você não participe da festa, a música pode ser alta demais e atrapalhar a sua concentração.

A Marriott International, uma cadeia de hotéis e restaurantes, constatou que as características pessoais estavam tendo uma influência significativa no índice de êxito do programa de assistencialismo ao rabalho da empresa.[20] O programa em questão envolvia o treinamento dos beneficiados para ocuparem cargos nos hotéis e restaurantes da empresa. Muitos dos participantes não conseguiam finalizar o treinamento em razão das faltas decorrentes de creches pouco confiáveis, problemas com drogas ou parceiros abusivos. Consequentemente, a Marriot estabeleceu requisitos rígidos para a seleção de participantes para o programa. Esses requisitos incluem a existência de creche para os filhos, transporte e moradia fixa. Além disso, criou-se um exame toxicológico adicional para a detecção do uso de drogas durante o treinamento.

Vários estudos mostram que a motivação para aprender está relacionada ao ganho de conhecimento, mudanças comportamentais ou aquisição de habilidades resultantes do treinamento.[21] Além de levar em consideração fatores como características pessoais, *input*, *output*, consequências e *feedback* para determinar se o treinamento é a melhor solução para o problema de desempenho existente, os gerentes também devem considerá-los quando estiverem escolhendo quais funcionários participarão do programa de treinamento, pois são fatores que estão relacionados à motivação para aprender. As seções a seguir descrevem cada um desses fatores e a relação com desempenho e aprendizado.

Características pessoais

As características pessoais englobam as habilidades básicas, a capacidade cognitiva, as habilidades de linguagem e outros traços necessários ao funcionário para que realize o seu trabalho e tenha um aprendizado eficaz em programas de treinamento e desenvolvimento. Entre essas características também está a idade ou a geração do funcionário, que pode afetar a forma preferencial de aprendizado de cada um. Como vimos no Capítulo 1, as previsões recentes dos níveis de habilidade da força de trabalho e os resultados das pesquisas sugerem que as empresas estão com dificuldades em encontrar funcionários com conhecimento, habilidades ou capacidades certas para preencherem as vagas ou serem bem-sucedidos no treinamento preparatório para os trabalhos atuais.

Habilidades básicas

As **habilidades básicas** dizem respeito às habilidades necessárias para que os funcionários realizem o trabalho e aprendam o conteúdo dos treinamentos. Elas abrangem as capacidades cognitivas e as habilidades de leitura e escrita. O seu professor, por exemplo, está pressupondo que você tenha o nível de leitura necessário para compreender este livro e outros materiais utilizados, como *slides*, vídeos ou leituras. Se você não tivesse o nível de leitura adequado, é provável que não aprendesse muito sobre treinamento com este material. Como falamos no Capítulo 1, as estimativas recentes dos níveis de habilidade da força de trabalho nos Estados Unidos indicam que os gerentes provavelmente precisarão trabalhar com funcionários que não possuem as habilidades básicas. Para determinar os níveis dessas habilidades, pode-se aplicar um teste de alfabetização. A Tabela 3.4 apresenta as atividades envolvidas na realização de um teste de alfabetização.

É importante salientar que a detenção de um diploma de ensino médio ou de faculdade não é uma garantia de que o funcionário possua habilidades básicas. Se os participantes não possuírem as habilidades fundamentais de leitura, escrita e matemática para entender o treinamento, eles não serão capazes de aprender e não aplicarão o treinamento em seus trabalhos (um processo conhecido como transferência, que será abordado no Capítulo 4) e a empresa terá apenas desperdiçado dinheiro. Os instrutores precisam avaliar as forças e fraquezas de seus aprendizes para depois elaborarem o programa de treinamento. As fraquezas identificadas nas habilidades são usadas para determinar os pré-requisitos que os participantes precisam atender antes de entrarem em um programa de treinamento.

Mas como os instrutores identificam as lacunas nas habilidades?[22] Primeiramente, eles coletam informações gerais através de materiais de treinamento específicos para o cargo e de descrições de cargo. Eles também observam a rotina de trabalho para se familiarizarem com as habilidades necessárias. Depois, eles reúnem-se com os especialistas no assunto, como funcionários, gerentes, engenheiros e outros que tenham intimidade com o trabalho. Com a ajuda dos especialistas no assunto, identifica-se uma lista de atividades realizadas regularmente e organiza-se as prioridades da lista

TABELA 3.4 Passos para a realização de um teste de alfabetização

1º passo:	Observe os funcionários para determinar as habilidades básicas necessárias para serem bem-sucedidos no trabalho. Repare nos materiais utilizados no trabalho, nas tarefas realizadas e na leitura, escrita e cálculos feitos.
2º passo:	Reúna todos os materiais escritos e lidos no trabalho e identifique os cálculos que precisam ser feitos para determinar o nível necessário de proficiência em habilidades básicas. Isso inclui contas, notas e formulários, como inventários ou requisições.
3º passo:	Entreviste funcionários para saber quais são as habilidades básicas que eles acreditam serem necessárias para a realização do trabalho. Reflita sobre as exigências de habilidades básicas do trabalho.
4º passo:	Decida se os funcionários possuem as habilidades básicas necessárias para serem bem-sucedidos na realização do trabalho. Cruze as informações obtidas através da observação e entrevista dos funcionários e da avaliação dos materiais usados no trabalho. Escreva uma descrição de cada cargo no quesito habilidades de leitura, escrita e cálculo necessárias ao trabalho bem-sucedido.
5º passo:	Desenvolva ou adquira testes que façam perguntas relativas ao trabalho específico dos funcionários e solicite que eles realizem o teste.
6º passo:	Compare os resultados do teste (5º passo) com a descrição das habilidades básicas exigidas para o trabalho (4º passo). Se o nível de leitura, escrita e cálculo dos funcionários não for compatível com as habilidades básicas necessárias para o trabalho, existe um problema de habilidades básicas.

Fontes: U.S. Department of Education, U.S. Department of Labor, The Bottom Line: Basic Skills in the Workplace (Washington, DC: 1988): 14-15.

de acordo com a importância de cada atividade. Por último, os instrutores identificam as habilidades e níveis de habilidades necessários à realização das atividades ou tarefas do cargo. Os enfermeiros, por exemplo, precisam estar atentos a mudanças nas condições, reações e nível de conforto dos pacientes, devendo identificar e lembrar-se de detalhes ao observá-los. Essas atividades exigem habilidades de observação e, assim, o instrutor precisa encontrar ou criar um teste para medi-las. Uma vez que a análise das habilidades esteja completa, os instrutores fazem uma avaliação básica (ou pré-treinamento) das habilidades para identificar as lacunas que precisam ser solucionadas antes de inscrever os funcionários em sessões de treinamento.

Capacidade cognitiva

A **capacidade cognitiva** dos aprendizes influencia o quão bem eles aprendem com os programas de treinamento.[23] Ela engloba três dimensões: compreensão verbal, competência quantitativa e capacidade de raciocínio.[24] A *compreensão verbal* refere-se à capacidade de uma pessoa de entender e utilizar a linguagem escrita e falada. A *competência quantitativa* refere-se à rapidez e precisão com que uma pessoa pode resolver problemas matemáticos. A *capacidade de raciocínio* refere-se à capacidade da pessoa de inventar soluções para os problemas. As pesquisas mostram que a capacidade cognitiva está relacionada ao bom desempenho em todos os tipos de trabalho.[25] A importância de capacidades cognitivas para o sucesso do trabalho aumenta proporcionalmente à complexidade do mesmo.

Um caixa de supermercado, por exemplo, precisa de um nível baixo a moderado de todas as três dimensões de capacidades cognitivas em seu trabalho, enquanto um médico do setor de emergência precisa de um nível mais elevado. O caixa precisa (1) entender os diferentes valores de notas e moedas para que dê o troco correto ao cliente, (2) saber criar soluções para problemas (como o caixa deve lidar com itens que o cliente deseja comprar, mas que não estão etiquetados?) e (3) ser capaz de entender e comunicar-se com os clientes (compreensão verbal). Da mesma forma, o médico precisa de competência quantitativa, só que em um nível mais alto. Ao lidar com uma criança que está tendo convulsões em uma situação de emergência, por exemplo, o médico deve saber calcular a dosagem correta dos medicamentos de acordo com o peso da criança (tendo como base de comparação a dosagem adulta) para combater a convulsão. Ele precisa fazer um diagnóstico rápido da situação e determine quais são as ações (exames de sangue, raio X, fisioterapia respiratória etc.) necessárias. Neste caso, o médico também precisa comunicar claramente aos pais do paciente o tratamento e o processo de recuperação.

Para identificar funcionários sem as capacidades cognitivas necessárias para o trabalho ou programa de treinamento, as empresas utilizam testes por escrito. Veja, por exemplo, as medidas tomadas pela Federal Aviation Administration (FAA) para identificar os possíveis controladores de tráfego aéreo que realizarão o treinamento com sucesso.[26] O trabalho dos controladores exige pensamento analítico rápido e fortes habilidades comunicativas, que são enfatizadas e ainda mais desenvolvidas durante o treinamento. Além do treinamento em sala de aula, os controladores recebem outro através de simulações com base em computador de torres de controle e centros de controle de área, que direciona as aeronaves entre aeroportos. A FAA estima que, no passado, gastou $ 10 milhões com aprendizes malsucedidos, o que resultou na duplicação dos custos de treinamento. Para reduzir os custos com treinamento e aumentar o número de novos controladores que serão bem-sucedidos, a FAA utiliza um teste de capacidades cognitivas de oito horas que identifica se os candidatos são capazes de pensar espacialmente, se possuem boa memória de curto e longo prazo e se conseguem trabalhar sob pressão (habilidades necessárias aos bons controladores de tráfego aéreo). A determinação das exigências de capacidades cognitivas de um cargo faz parte do processo de análise de tarefas, abordado mais adiante neste capítulo.

Capacidade de leitura

A **legibilidade** é o grau de dificuldade de materiais escritos.[27] O material utilizado no treinamento deve ser avaliado para assegurar que o nível de leitura não seja superior ao que é exigido pelo trabalho. Uma avaliação de legibilidade normalmente envolve a análise do tamanho das frases e da dificuldade do vocabulário.

Se o nível de leitura dos aprendizes não estiver de acordo com o nível dos materiais de treinamento, existem quatro alternativas. Primeira, os instrutores podem decidir se é viável diminuir o nível de leitura dos materiais de treinamento ou utilizar treinamento por vídeo ou treinamento no local de trabalho, que envolve o aprendizado através da observação e prática e não da leitura. Segunda, que os funcionários sem o nível de leitura necessário sejam identificados através de testes de leitura e transferidos para outros cargos mais adequados aos seus níveis de habilidades. Terceira, utilizar testes de leitura em que os instrutores identificam os funcionários que não tenham as habilidades de leitura necessárias e oferecem um treinamento corretivo. Quarta, considerar se o cargo pode ser redesenhado para acomodar os níveis de leitura dos funcionários. Com certeza essa é a opção mais custosa e menos prática. Portanto, deve-se considerar métodos de treinamento alternativos ou então os gerentes podem eleger uma opção que não envolva treinamento, como, por exemplo, a seleção de funcionários para cargos ou oportunidades de treinamento tendo como base requisitos de leitura, cálculo, escrita e outras habilidades básicas.

Para desenvolver habilidades básicas e preencher as lacunas, muitas empresas optam pela avaliação de habilidades, pelo treinamento ou por uma combinação das duas coisas. Elas estão trabalhando para identificar e fechar essas lacunas, seja individualmente ou em parceria com órgãos governamentais.[28] A fabricante de papel Georgia-Pacific, por exemplo, utilizou avaliações de habilidades combinadas a um programa de treinamento para garantir que os funcionários tenham as habilidades básicas necessárias para serem bem-sucedidos no treinamento. Para que eles estivessem aptos a participar de programas de treinamento, deviam realizar testes de leitura e matemática e obter notas iguais ou superiores às equivalentes ao nono ano do sistema educacional norte-americano. Aqueles candidatos que tinham notas abaixo do esperado eram aconselhados a participarem de treinamentos de habilidades básicas. Os resultados destes testes eram comunicados de forma confidencial e não faziam parte das fichas pessoais dos funcionários. Este procedimento visava atenuar o receio dos funcionários de que a má alfabetização pudesse fazê-los perder os empregos, além de estabelecer a confiança necessária para motivá-los a participar de treinamentos para habilidades básicas. Uma faculdade local oferecia o treinamento básico em lugares próximos às fábricas da Georgia-Pacific para facilitar a participação dos funcionários nas aulas antes ou depois do trabalho. Como resultado da avaliação e do treinamento, a força de trabalho atual conseguiu atingir o padrão de habilidades básicas estabelecido pela empresa. Para assegurar que os novos funcionários atendam aos padrões estabelecidos, a Georgia-Pacific mudou os critérios de seleção. É exigido que os novos candidatos às vagas realizem um cronograma específico de disciplinas de 18 meses na faculdade local (ou atendam aos requisitos do mesmo).

A Delta Wire, uma pequena fábrica no Mississippi, desenvolveu um programa de treinamento de habilidades básicas para ajudar os funcionários a entenderem como registrar, interpretar e comunicar informações em um gráfico de controle estatístico. Isso ajudou a reduzir os defeitos nos produtos de 7 para 2%.

A McCain Foods Limited, fabricante multinacional de alimentos congelados, foi desafiada a ensinar o seu modelo de liderança a funcionários de alto desempenho com potencial gerencial que não têm o inglês como língua materna. Um diagnóstico de necessidades mostrou a existência de lacunas na capacidade desses funcionários em entender e participar de sessões de desenvolvimento de liderança. Além disso, eles estavam enfrentando dificuldades para se comunicarem em inglês nos e-mails, relatórios e reuniões. Consequentemente, a McCain Foods ofereceu treinamento em Inglês como Segunda Língua (*English as a Second Language*, ESL) para funcionários em 36 países nos quais existem fábricas e operações da empresa. Os participantes do programa ESL realizaram quase 40 horas de treinamento. Depois disso, estima-se que, como resultado da economia de tempo em e-mails, apresentações e reuniões em virtude da melhora nas habilidades de comunicação, os ganhos de produtividade sejam superiores a $ 500 mil.

O estado de Illinois concedeu à Caterpillar Inc. uma ajuda de treinamento de $ 500 mil para aprimorar as habilidades de 2.220 funcionários de 350 de seus fornecedores preferidos. O treinamento tinha como foco habilidades de *design*, montagem, leitura de *blueprint*, fusão e forja de metal, estatística e treinamento para computadores. Essa ajuda fazia parte de uma estratégia que tinha como propósito a criação de crescimento econômico e de empregos através do estado.

O estado de Indiana, por exemplo, está trabalhando junto a empresas para desenvolver programas de treinamento projetados para elevar os níveis das habilidades dos trabalhadores. Lá, estima-se que um terço dos funcionários tenham habilidades de instrução abaixo dos padrões necessários para se empregarem em uma economia baseada no conhecimento. Em resposta à escassez de engenheiros com habilidades necessárias em UNIX e Oracle nas suas operações na Carolina do Sul, a Computer Sciences Corporation (CSC) patrocinou um programa de aprendiz em tecnologia da informação em conjunto com uma escola técnica local. O programa combinou aprendizado prático com instrução em sala de aula orientada para o trabalho. Como resultado do treinamento recebido como aprendizes, a CSC conseguiu colocar mais de 40 pessoas para trabalhar em contas de clientes. Além disso, o esforço conjunto ajudou a reduzir a lacuna nas habilidades de tecnologia de informação na Carolina do Sul, que é parcialmente responsável pela taxa de desemprego de 12% do estado.

Autoeficácia

A **autoeficácia** é a convicção do funcionário de que ele pode ser bem-sucedido ao realizar o trabalho ou aprender o conteúdo do programa de treinamento. Pessoas que são contratadas através de programas de assistencialismo ao trabalho (projetados para encontrar emprego para beneficiados de programas de assistência do governo) tendem a não apresentarem autoeficácia. O ambiente de treinamento também pode parecer ameaçador para pessoas que há muito tempo não recebem treinamento ou educação formal, que não tenham experiência no assunto abordado no programa de treinamento ou que tenham sido malsucedidos no passado. O treinamento de funcionários no uso de equipamentos computadorizados representa uma ameaça potencial, por exemplo, especialmente se eles se sentirem intimidados pela nova tecnologia e não tiverem confiança em suas capacidades de dominar as habilidades necessárias para usá-la. As pesquisas mostram que a autoeficácia está relacionada ao desempenho em programas de treinamento.[29] Para elevar o nível de autoeficácia dos funcionários, pode-se:

1. Informar aos funcionários que o objetivo do treinamento é a melhora no desempenho e não a identificação de áreas em que eles sejam incompetentes.
2. Oferecer o máximo possível de informações sobre o programa de treinamento e o propósito do mesmo antes de iniciar o treinamento de fato.
3. Mostrar aos funcionários o sucesso no treinamento de seus pares que agora ocupam cargos semelhantes.
4. Oferecer *feedback* para que os funcionários saibam que o aprendizado está sob o controle deles e que eles têm a capacidade e a responsabilidade de superar as dificuldades encontradas durante o programa.

Consciência de necessidades de treinamento, interesses de carreira e metas

Para estarem motivados a aprender em programas de treinamento, os funcionários devem estar cientes dos seus pontos fortes e fracos e da relação entre o programa de treinamento e a melhoria de suas fraquezas.[30] Para isso, pode-se compartilhar *feedback* de desempenho com os funcionários, promover discussões sobre desenvolvimento de carreira ou pedir que eles realizem uma autoavaliação das suas forças e fraquezas, bem como de seus interesses e metas profissionais.

A Reynolds and Reynolds, uma empresa de serviços de informação de Ohio, utiliza pesquisas para obter a opinião dos funcionários de vendas sobre os tipos de treinamento que eles desejam.[31] A pesquisa indaga sobre quais treinamentos adicionais a empresa poderia oferecer para melhorar a eficácia das vendas e a produtividade e de que forma os funcionários querem receber o treinamento. Em resposta, 60% dos funcionários achavam que precisavam de mais treinamento sobre como criar e apresentar estimativas verossímeis sobre o retorno de investimentos para cada solução oferecida aos clientes. Treinamento em gestão do tempo, trabalho em ambiente virtual, tomada de decisões e solução de problemas e habilidades de compreensão estavam entre as áreas de desenvolvimento pessoal que os funcionários sugeriram que precisavam melhorar. A maioria dos funcionários tem preferência pelo treinamento em sala de aula, mas também mencionaram *webcasts*, treinamentos no local de trabalho ou DVDs. Depois, o diretor de treinamento interno compartilhou os resultados com as equipes de liderança em vendas, inclusive vice-presidentes e diretores de serviço. Os resultados foram utilizados como parte do processo de estabelecimento de metas para o departamento de treinamento.

Se possível, os funcionários devem poder escolher de quais programas participar e precisam entender como as tarefas reais de treinamento são feitas para aumentar a motivação para aprender. Diversos estudos sugeriram que dar aos funcionários o poder de escolha quanto aos programas que desejam e atender essas escolhas potencializa a motivação. Já oferecer opções aos funcionários sem necessariamente acatar as suas decisões pode comprometer a motivação em aprender.[32]

Idade e geração

Existem evidências biológicas de que algumas capacidades mentais diminuem dos 20 aos 70 anos.[33] A memória de curto prazo e a velocidade com que se processa a informação decaem à medida que envelhecemos. Porém com a idade vêm a experiência, o que pode compensar a perda de memória e agilidade mental. Ainda que com um ritmo constante, a perda de memória é muito maior em idades mais avançadas porque os recursos mentais estão mais esgotados do que em idades mais jovens.

O Capítulo 1 tratou de algumas das diferenças (e semelhanças) entre os funcionários de diferentes gerações. Os termos *Geração do milênio* e *Geração Y* referem-se às pessoas nascidas depois de 1980. Elas são otimistas, dispostas a trabalhar e aprender, valorizam a diversidade e são alfabetizadas tecnologicamente. O termo *Geração X* engloba nascidos entre 1965 e 1980. Os membros desta geração precisam de *feedback* e flexibilidade e não gostam de supervisão rigorosa. São pessoas que passaram por muitas mudanças em suas vidas (em termos de família, lares e cidades). Elas valorizam um equilíbrio entre o trabalho e a vida pessoal. Os *baby boomers* são aqueles nascidos entre 1946 e 1964 e são indivíduos competitivos, que trabalham arduamente e preocupam-se com o tratamento justo de todos os funcionários. Já os *tradicionalistas* são pessoas nascidas entre 1925 e 1945, são patrióticos e leais e têm grande conhecimento sobre a história das organizações e a vida profissional.

Cada geração possui preferências sobre a disposição do ambiente de aprendizado, tipo de instrução e atividades de aprendizado.[34] Os tradicionalistas preferem um ambiente estável e organizado e esperam que o instrutor ofereça conhecimentos. Por outro lado, a geração X prefere um ambiente de treinamento mais autodirecionado em que se possa fazer experiências e receber *feedback*. Sendo assim, é importante levar em consideração as idades e gerações dos aprendizes como parte da análise de pessoas. Discutiremos estas preferências e as suas implicações para a elaboração do treinamento no Capítulo 5.

Input (entrada: insumos e recursos)

As percepções que os funcionários têm de duas das características do ambiente de trabalho (restrições situacionais e apoio social) são determinantes para o desempenho e motivação para aprender. As **restrições situacionais** incluem a falta de ferramentas e equipamentos, materiais e suprimentos, apoio orçamentário e tempo adequados. Já o **apoio social** diz respeito à disposição de gerentes e pares em oferecer *feedback* e reforço.[35] Se os funcionários têm conhecimento, habilidades, atitudes e comportamentos necessários mas não têm as ferramentas adequadas e o equipamento necessário à realização do trabalho, o desempenho será inadequado.

Para garantir que o ambiente de trabalho contribua para a motivação dos participantes, os gerentes devem tomar as seguintes medidas:

1. Providenciar materiais, tempo, informações relativas ao trabalho e outros auxílios necessários para que os funcionários utilizem novas habilidades ou comportamento antes de participarem de programas de treinamento.

2. Falar positivamente aos funcionários sobre os programas de treinamento da empresa.
3. Sinalizar aos funcionários que eles estão fazendo um bom trabalho quando aplicarem o conteúdo do treinamento no trabalho.
4. Incentivar os membros de grupos de trabalho a envolverem uns aos outros no uso de novas habilidades, solicitando *feedback* e compartilhando experiências de treinamento e situações em que o conteúdo do treinamento pode ser útil.
5. Oferecer tempo e oportunidades aos funcionários para que pratiquem e apliquem no trabalho novas habilidades e comportamentos.

Output (saída: produtos e serviços)

O desempenho ruim ou abaixo do padrão pode aparecer porque os funcionários não sabem qual o nível que se espera deles. Eles podem não estar cientes dos padrões de qualidade relacionados à velocidade ou grau de personalização do serviço que é esperado. Existe a possibilidade de que tenham o conhecimento, habilidades e atitudes necessárias, mas que não atendam ao desempenho esperado por não saberem quais são os padrões de desempenho. Essa falta de consciência é um problema de comunicação e não um problema que o treinamento possa "consertar".

Para as tarefas, por exemplo, o nível de proficiência está relacionado ao quão bem os funcionários conseguem realizar uma tarefa. Para o conhecimento, o nível de proficiência pode estar relacionado aos resultados de um teste escrito. Os padrões ou níveis de desempenho são parte dos objetivos do aprendizado (abordados no Capítulo 4).

Consequências

Se os funcionários não acreditarem que recompensas ou incentivos por bom desempenho são adequados será improvável que atendam aos padrões de desempenho, ainda que tenham conhecimento, comportamento, habilidade e atitude necessários. Além disso, as **normas** do trabalho em grupo podem incentivar os funcionários a atenderem os padrões. Elas referem-se aos padrões aceitáveis de comportamento para os membros do grupo de trabalho. Como exemplo, podemos citar os operadores de bagagens da Northwest Airlines que trabalharam com lentidão no carregamento e descarregamento de bagagens das aeronaves durante as negociações dos contratos de trabalho. Como resultado, muitos passageiros tiveram suas partidas e chegadas atrasadas. Os operadores de bagagens tinham o conhecimento, habilidades e comportamentos necessários para descarregar as aeronaves mais rapidamente, mas decidiram trabalhar devagar na tentativa de mandar para a gerência a mensagem de que a empresa não era capaz de ter um bom desempenho caso as suas exigências de contratação não fossem atendidas.

As consequências também afetam o aprendizado em programas de treinamento. Sistemas de incentivo, como a oferta de vale presente válido para alimentação, vestuário ou cinema ou o acúmulo de pontos, que podem ser usados para o pagamento de matrícula em outros cursos, são úteis para motivar alguns funcionários a participarem e completarem cursos de treinamento.[36] Porém uma das formas mais poderosas de motivá-los no treinamento é a comunicação do valor pessoal do próprio treinamento. Por exemplo: como o treinamento ajudará a melhorar as habilidades e a carreira do funcionário e a lidar com os problemas enfrentados no trabalho? É importante que a comunicação do gerente quanto aos benefícios potenciais do treinamento seja realista. Expectativas não atendidas quanto aos programas de treinamento podem acabar prejudicando a motivação para aprender.[37]

Feedback

Quando os funcionários não recebem *feedback* sobre qual é o grau em que estão atendendo aos padrões de desempenho, podem surgir problemas de desempenho. Se os funcionários souberem o que eles devem fazer (*output*), mas não entenderem o quão perto o desempenho está em relação ao padrão, o treinamento pode não ser a melhor solução para o problema. É preciso que os funcionários recebam um *feedback* específico e detalhado do desempenho eficaz e ineficaz. Para que eles tenham um desempenho do nível-padrão, o *feedback* deve ser frequente e não apenas durante a avaliação anual de desempenho.

No Capítulo 4, será discutido em mais detalhes o papel do *feedback* para o aprendizado. Tenha em mente que o *feedback* é vital para moldar os comportamentos e habilidades dos *trainees*.

Como decidir se o treinamento é a melhor solução

Para decidir se o treinamento é necessário para resolver um problema de desempenho, os gerentes devem analisar as características do indivíduo, o *input*, o *output*, as consequências e o *feedback*. Como isso pode ser feito?[38] As seguintes questões devem ser avaliadas:

1. O problema de desempenho é importante? Ele tem o potencial de custar à empresa uma quantia significativa de dinheiro, seja por perda de produtividade ou de clientes?
2. Os funcionários sabem como ter um bom desempenho? Talvez tenham recebido pouco ou nenhum treinamento anteriormente, ou talvez o treinamento tenha sido ineficaz. (Este é um problema característico da pessoa.)
3. Os funcionários conseguem demonstrar o conhecimento ou comportamento corretos? Talvez eles tenham sido treinados, mas nunca tenham utilizado no trabalho (ou tenham utilizado com pouca frequência) o conteúdo do treinamento (conhecimento, habilidades etc.). (Este é um problema de *input*).
4. As expectativas de desempenho estavam claras (*input*)? Haviam obstáculos ao desempenho, como ferramentas ou equipamentos defeituosos?
5. Ofereceram-se consequências positivas pelo bom desempenho? Será que o bom desempenho não foi recompensado? Se os funcionários estiverem insatisfeitos com a compensação, por exemplo, os pares ou o sindicato podem incentivar uma diminuição no ritmo do trabalho. (Isso envolve consequências).
6. Será que os funcionários receberam *feedback* relevante, preciso, construtivo, específico e na hora certa quanto ao desempenho pessoal (Uma questão de *feedback*)?
7. As outras soluções (como o replanejamento de cargos ou a transferência de funcionários para outros cargos) são muito caras ou pouco realistas?

Se os colaboradores não possuem o conhecimento ou a habilidade para desempenhar um trabalho ainda que outros fatores sejam satisfatórios, é necessário o treinamento. Se eles possuem o conhecimento e a habilidade, mas o *input*, o *output*, as consequências ou o *feedback* são inadequados, o treinamento pode não ser a melhor alternativa. Se o mau desempenho for resultado de equipamentos defeituosos, é o reparo do equipamento, e não o treinamento, que resolverá o problema.

Também é importante levar em consideração as relações entre uma questão de cargo fundamental (um problema ou oportunidade que é fundamental para o sucesso do trabalho

TABELA 3.5 Exemplo de relações entre questão de cargo fundamental, questão de processo fundamental e questão de negócio fundamental

Questão de cargo fundamental	Questão de processo fundamental	Questão de negócio fundamental
Resultados desejados Não haver formulários de pedidos incompletos, pedidos 100% corretos *Resultados atuais* 10% de formulários de pedidos incompletos, 83% de pedidos corretos	*Resultados desejados* Ciclo dos pedidos de três dias *Resultados atuais* Ciclo dos pedidos de trinta dias	*Resultados desejados* Participação de mercado de 60% *Resultados atuais* Participação de mercado de 48%

Fonte: Baseado em G. A. Rummler and K. Morrill, "The Results Chain," *T+D* (February 2005): 27-35.

dentro da empresa), uma questão de processo fundamental (um problema ou oportunidade que é fundamental para o sucesso de um processo de negócio) e uma questão de negócio fundamental (um problema ou oportunidade que é fundamental para o sucesso da empresa).[39] Se as questões de cargo, de processo ou de negócio fundamentais forem relacionadas, o treinamento deve ser uma prioridade principal porque terá um efeito maior nos resultados do negócio e provavelmente receberá mais apoio da gerência. A Tabela 3.5 mostra as relações entre as questões de cargo, processo e negócio fundamentais para um representante de vendas. Esta análise é resultado de uma solicitação de um alto gerente que sugeriu que os representantes de vendas precisavam de mais treinamento porque pedidos de vendas incompletos estavam sendo encaminhados para a fabricação.

Veja a forma como uma empresa varejista de roupas casuais, atléticas e estilosas para crianças e jovens identifica se o desempenho deve ser abordado pelo treinamento ou por uma alternativa diversa. A Figura 3.4 mostra como essa varejista determina o tipo de necessidade, quem é afetado e qual é a estratégia corretiva. Como se vê na Figura 3.4, treinamento e desenvolvimento são apenas duas das alternativas possíveis, lidando com questões relacionadas especificamente a lacunas no conhecimento, compartilhamento de conhecimento e habilidades, aprendizado informal e apoio de gerentes e supervisores.

Análise de tarefas

A análise de tarefas resulta em uma descrição das atividades de trabalho, inclusive das tarefas realizadas pelo funcionário, e conhecimento, habilidades e capacidades exigidas para a realização das tarefas. Um **cargo** é uma posição específica que exige a realização de determinadas tarefas. (O cargo exemplificado na Tabela 3.6 é de um trabalhador em manutenção elétrica). Uma **tarefa** é a atividade de trabalho de um funcionário de um cargo específico. A Tabela 3.6 mostra várias tarefas para o cargo de trabalhador em manutenção elétrica que englobam a troca de lâmpadas, de tomadas e de interruptores. Para realizá-las, os funcionários devem ter níveis específicos de conhecimento, habilidades, capacidades e outras características (conjunto de elementos conhecido pelo acrônimo KSAO). O **conhecimento** inclui fatos ou procedimentos (p. ex., as propriedades químicas do ouro). A **habilidade** indica a competência para realizar uma tarefa (p. ex., habilidade de negociação, uma habilidade em fazer outra pessoa concordar em tomar determinada atitude). A **capacidade** abrange as capacidades físicas e mentais para realizar uma tarefa (p. ex., capacidade espacial, a capacidade de ver a relação entre os objetos no espaço físico). **Outras características** se referem às condições sob as quais as tarefas são realizadas, incluindo a identificação do equipamento e do ambiente em que o funcionário trabalha (p. ex., a necessidade do uso de máscaras de oxigênio, o trabalho em condições de calor extremo), as restrições de tempo para uma tarefa (p. ex., prazos), considerações de segurança ou padrões de desempenho.

FIGURA 3.4 Como resolver problemas de desempenho

1. O quê?
Determine o tipo de necessidade:

| Problema | Melhoria | Planejamento futuro |

2. Quem?
Determine o nível da organização que é impactado:

| Toda a organização | Divisão | Departamento | Indivíduo | Cargo |

3. Como?
Determine a estratégia corretiva:

Há um problema nos sistemas?	Há um problema de desenvolvimento organizacional?
Existem sistemas e recursos adequados disponíveis para que o desempenho melhore?	Existem barreiras políticas ao desempenho? Os incentivos equivalem ao desempenho?
Estamos recrutando as pessoas certas?	A colocação representa um problema?
Os nossos esforços de recrutamento estão direcionados à atração de funcionários que comecem com as competências básicas para fazer o trabalho?	O colaborador errado está ocupando o cargo? Você explorou as tendências comportamentais de funcionários? Elas atendem às exigências do cargo?
O *coaching* é necessário?	Existe uma necessidade de treinamento?
Existe treinamento informal ou transmissão de informações? Recebe apoio? Existem recursos para os funcionários desempenharem suas funções?	Os funcionários têm potencial para trabalhar nos cargos? Há uma lacuna de conhecimento que precise ser preenchida? Os gerentes e supervisores estão criando um ambiente de apoio que estimule o desempenho?

TABELA 3.6 Exemplos de itens para questionários de análise de tarefas para um cargo em manutenção elétrica

Cargo: Trabalhador em manutenção elétrica			
		Avaliação de desempenho de tarefas		
Tarefa #	Descrição da tarefa	Frequência	Relevância	Dificuldade
199-264	Trocar uma lâmpada	0 1 2 3 4 5	0 1 2 3 4 5	0 1 2 3 4 5
199-265	Trocar uma tomada	0 1 2 3 4 5	0 1 2 3 4 5	0 1 2 3 4 5
199-266	Instalar uma luminária	0 1 2 3 4 5	0 1 2 3 4 5	0 1 2 3 4 5
199-267	Trocar um interruptor	0 1 2 3 4 5	0 1 2 3 4 5	0 1 2 3 4 5
199-268	Instalar um novo disjuntor	0 1 2 3 4 5	0 1 2 3 4 5	0 1 2 3 4 5
		Frequência	Relevância	Dificuldade
		0 = Nunca 5 = Frequentemente	1 = Insignificante 5 = Muito alta	1 = Mais fácil 5 = Mais difícil

Fonte: E. F. Holton III and C. Bailey, "Top to Bottom Curriculum Redesign," *Training and Development* (March 1995): 40-44.

A análise de tarefas só deve ser conduzida depois que a análise da organização determinar que a empresa deseja investir tempo e dinheiro em treinamento. Por quê? Porque é um processo demorado e tedioso que envolve um grande compromisso de tempo para reunir e resumir os dados de várias pessoas dentro da empresa, inclusive gerentes, incumbentes de cargo e instrutores.

Passos de uma análise de tarefas

A Tabela 3.7 apresenta uma amostra de questionário de análise de tarefas. Estas informações são usadas para determinar quais tarefas serão o foco do programa de treinamento. A pessoa ou o comitê que está conduzindo o diagnóstico de necessidades deve decidir qual será a nota das avaliações em cada dimensão que determinará a inclusão de uma tarefa no programa de treinamento. Se as tarefas forem relevantes, frequentemente realizadas e com um nível de dificuldade de moderado a alto, devem ser acompanhadas de treinamento. As que não forem relevantes e tampouco frequentes não devem ser inclusas no treinamento. É difícil para gerentes e instrutores decidirem se as que são relevantes, mas pouco frequentes e com baixo grau de dificuldade, devem ser incluídas.

Uma análise de tarefas tem quatro passos:[40]

1. Selecionar o cargo ou os cargos que serão analisados.
2. Desenvolver uma lista preliminar das tarefas realizadas por determinado cargo através de (1) entrevista e observação de funcionários especialistas e seus gerentes e (2) conversas com outras pessoas que tenham realizado uma análise de tarefas.

TABELA 3.7 Modelo de questionário de declaração de tarefas

Nome	Data
Cargo	
Por favor, avalie cada uma das declarações de tarefas de acordo com três critérios: A *relevância* da tarefa para o desempenho eficaz, (2) com que *frequência* a tarefa é realizada e (3) o grau de *dificuldade* exigido para a realização eficaz da tarefa. Utilize a seguinte escala para fazer as avaliações:	
Relevância	*Frequência*
4 = A tarefa é fundamental para o desempenho eficaz. 3 = A tarefa é relevante mas não fundamental para o desempenho eficaz. 2 = A tarefa tem alguma relevância para o desempenho eficaz. 1 = A tarefa não tem nenhuma relevância para o desempenho eficaz. 0 = A tarefa não é realizada.	4 = A tarefa é realizada uma vez ao dia. 3 = A tarefa é realizada uma vez por semana. 2 = A tarefa é realizada uma vez em alguns meses. 1 = A tarefa é realizada uma ou duas vezes ao ano. 0 = A tarefa não é realizada.
Dificuldade	
4 = O desempenho eficaz da tarefa exige experiência e/ou treinamento anterior extenso (12-18 meses ou mais). 3 = O desempenho eficaz da tarefa exige pouca experiência e/ou treinamento anterior (6-12 meses). 2 = O desempenho eficaz da tarefa exige um curto período de experiência e/ou treinamento anterior (1-6 meses). 1 = O desempenho eficaz da tarefa não exige experiência e/ou treinamento anterior específicos. 0 = Esta tarefa não é realizada.	

Tarefa	Relevância	Frequência	Dificuldade
1. Garantir a manutenção de equipamentos, ferramentas e controles de segurança			
2. Monitorar o desempenho de funcionários			
3. Fazer a escala de funcionários			
4. Utilizar *softwares* estatísticos			
5. Monitorar as alterações feitas em processos utilizando métodos estatísticos			

3. Validar ou confirmar a lista preliminar. Este passo inclui pedir que um grupo de especialistas no assunto (incumbentes, gerentes etc.) responda várias questões relativas às tarefas verbalmente em uma reunião ou através de uma pesquisa por escrito. Os tipos de perguntas que podem ser feitas incluem: com que frequência realiza-se a tarefa? Quanto tempo leva a realização de cada tarefa? O quão importante ou fundamental é a tarefa para o bom desempenho do cargo? O quão difícil é para aprender a tarefa? A realização dessa tarefa é esperada de funcionários iniciantes?
4. Uma vez que as tarefas tenham sido identificadas, é importante fazer o mesmo com o conhecimento, as habilidades ou as capacidades necessárias à realização bem-sucedida de cada tarefa. Isso pode ser reunido através de entrevistas e questionários. Lembre-se da discussão realizada neste capítulo sobre como a capacidade influi no aprendizado. As informações relativas às exigências de habilidades básicas e capacidades cognitivas são fundamentais para definir se determinados níveis de conhecimento, habilidade e capacidade serão considerados pré-requisitos para o ingresso no programa de treinamento (ou no cargo) ou se é preciso oferecer um treinamento complementar em habilidades subjacentes.

A Tabela 3.8 resume os pontos-chave da análise de tarefas que devem ser lembrados.

Exemplo de uma análise de tarefas

Cada um dos quatro passos de uma análise de tarefas pode ser visto neste exemplo de uma empresa estatal. Os instrutores receberam o trabalho de desenvolver um sistema de treinamento em seis meses.[41] O propósito do programa era identificar tarefas e conhecimento, habilidades, capacidades e outras características que serviriam como base para os objetivos e planos de aula do programa.

A primeira fase do projeto envolveu a identificação de tarefas potenciais para cada cargo na área de manutenção elétrica pública. Procedimentos, listas de equipamentos e informações fornecidas por especialistas no assunto foram usadas para gerar as tarefas. Entre os especialistas no assunto estavam gerentes, instrutores e técnicos seniores. As tarefas foram incorporadas a um questionário (que abrangia 550 tarefas) aplicado em todos os técnicos do departamento de manutenção elétrica. A Tabela 3.6 apresenta exemplos de itens do questionário para um cargo em manutenção elétrica. Solicitou-se que os técnicos avaliassem cada tarefa de acordo com a relevância, a dificuldade e a frequência com que eram realizadas. Pediu-se que os que colocassem zero para uma determinada tarefa não avaliassem a dificuldade e a relevância da mesma.

TABELA 3.8 Pontos-chave ao conduzir uma análise de tarefas

- Uma análise de tarefas deve identificar tanto o que os funcionários fazem de fato quanto o que deveriam estar fazendo em seus cargos.
- A análise de tarefas inicia pela divisão do cargo em deveres e tarefas.
- Devem ser utilizados mais de dois métodos para a coleta de informações sobre tarefas para ampliar a fundamentação da análise.
- Para que a análise de tarefas seja útil, as informações precisam ser coletadas de especialistas no assunto, inclusive incumbentes de cargo, gerentes e funcionários familiarizados com o trabalho.
- Ao decidir como avaliar as tarefas, o foco deve ser naquelas que são necessárias para alcançar as metas e objetivos da empresa. É possível que essas não sejam as tarefas mais difíceis ou que demandam mais tempo.

Fonte: Adaptado de A. P. Carnevale, L. J. Gainer, and A. S. Meltzer, *Workplace Basics Training Manual* (San Francisco: Jossey-Bass, 1990).

Para analisar as notas coletadas através dos questionários, utilizou-se um *software* personalizado. O primeiro critério usado para determinar se uma tarefa exigia treinamento era a avaliação da relevância. Uma tarefa avaliada como "muito importante" era identificada como uma tarefa que exigia treinamento, independentemente da frequência ou da dificuldade. Se uma tarefa era avaliada como de importância moderada e difícil, também era sinalizada para treinamento.

A lista de tarefas sinalizadas para treinamento foi revisada por especialistas no assunto para determinar se ela descrevia precisamente as tarefas do cargo. O resultado foi uma lista de 487 tarefas. Para cada uma delas dois especialistas no assunto identificavam as características (KSAO) necessárias à sua realização. Isso abarcava informações sobre as condições de trabalho, sinais que desencadeavam o início e o fim da tarefa, padrões de desempenho, considerações sobre segurança e equipamentos e ferramentas necessárias. Mais de 14 mil conhecimentos, habilidades, capacidades e outras características foram agrupados em áreas e receberam um código de identificação. Depois foram agrupados áreas de qualificação. Estes grupos de tarefas diziam respeito às tarefas relacionadas que os funcionários deveriam dominar para desempenhar o trabalho, e foram usados para identificar os planos de aula e objetivos de cursos de treinamento. Além disso, os instrutores também os revisaram para identificar as habilidades que eram pré-requisitos para cada um deles.

MODELO DE COMPETÊNCIAS

No atual ambiente de negócios global e competitivo, muitas empresas estão enfrentando dificuldades para determinar se os funcionários possuem as competências necessárias para serem bem-sucedidos. Essas competências podem variar de uma unidade de negócio para outra e até mesmo através das funções dentro de uma unidade de negócio. Consequentemente, muitas empresas têm usado modelos de competências para ajudar na identificação de conhecimentos, habilidades, capacidades e características pessoais (atitudes, personalidade) necessárias para o bom desempenho em um cargo.

Tradicionalmente o diagnóstico de necessidades envolvia a identificação de conhecimentos, habilidades, capacidades e tarefas. Contudo, a tendência atual em treinamento é que o diagnóstico de necessidades tenha como foco as competências, especialmente para o caso de posições gerenciais. Essas **competências** são um conjunto de conhecimentos, habilidades, capacidades e características pessoais que permite que o funcionário tenha sucesso em seu trabalho.[42]

Um **modelo de competências** identifica as competências necessárias para cada cargo, e também oferece descrições das competências comuns para toda uma ocupação, organização, família de cargos ou cargo específico, podendo ser usados para a gestão do desempenho. Contudo uma das forças dos modelos é o fato de serem úteis para várias práticas de recursos humanos, incluindo recrutamento, seleção, treinamento e desenvolvimento. Pode-se usá-los para auxiliar na identificação dos melhores funcionários para preencher vagas e para servir como base para planos de desenvolvimento que possibilitam que funcionários e seus gerentes foquem em forças e áreas de desenvolvimento específicas. As competências englobadas nos modelos variam de acordo com as metas e a estratégia de negócio da empresa, podendo incluir competências em vendas, liderança, interpessoais, técnicas e outras. Os modelos costumam ter o nome de cada competência, os comportamentos que representam proficiência naquela competência e níveis que incluem descrições representativas dos graus demonstrados de domínio ou proficiência. A Tabela 3.9 mostra o grupo técnico de competências para um modelo de competências de um engenheiro de sistemas. O lado esquerdo da tabela lista as competências técnicas dentro do grupo técnico (como arquitetura de sistemas, migração de dados e documentação). O lado direito apresenta os comportamentos que podem ser usados para determinar o nível de proficiência de um engenheiro de sistemas para cada competência.

Uma maneira de entender os modelos de competências é compará-los à **análise de cargos**. Como você deve lembrar-se de outras aulas ou experiências, essa análise refere-se ao processo de desenvolvimento de uma descrição do cargo (tarefas, deveres e responsabilidades) e as especificações (conhecimentos, habilidades e capacidades) que um funcionário deve possuir para desempenhá-lo. E como a análise de cargos pode ser comparada ao modelo de competências? A análise de cargos é mais focada no trabalho e na tarefa (o que é realizado) enquanto o modelo de competências é focado no trabalhador (como os objetivos são atingidos e como o trabalho é realizado). Focar em "como" e não em "que" oferece informações valiosas para o treinamento e o desenvolvimento.

Um estudo recente pediu que especialistas em modelos de competências (consultores, profissionais de RH, acadêmicos e psicólogos industriais) comparassem e contrastassem o modelo de competências e a análise de cargos.[43] O estudo revelou diversas diferenças entre as duas coisas. A análise gera conhecimentos, habilidades e capacidades específicas para determinados cargos, sendo usada para criar requisitos específicos

TABELA 3.9 Competências de um modelo de competências

Grupo técnico	Avaliações de proficiência
Arquitetura de sistemas Capacidade de estabelecer protocolos e criar protótipos.	0 – É incapaz de realizar tarefas básicas. 1 – Entende princípios básicos, é capaz de realizar tarefas sem assistência ou orientação. 2 – Realiza tarefas de rotina com resultados confiáveis, trabalha com o mínimo de supervisão. 3 – Realiza tarefas complexas e variadas, é capaz de orientar ou ensinar os outros. 4 – É considerado um especialista nesta tarefa, capaz de descrever, ensinar e liderar os outros.
Migração de dados Capacidade de estabelecer os requisitos de plataforma necessários para coordenar a transferência de dados de forma eficiente e completa.	0 – É incapaz de realizar tarefas básicas. 1 – Entende princípios básicos, é capaz de realizar tarefas sem assistência ou orientação. 2 – Realiza tarefas de rotina com resultados confiáveis, trabalha com o mínimo de supervisão. 3 – Realiza tarefas complexas e variadas, é capaz de orientar ou ensinar os outros. 4 – É considerado um especialista nesta tarefa, capaz de descrever, ensinar e liderar os outros.
Documentação Capacidade de preparar documentação abrangente e completa contendo especificações, diagramas de fluxo, controle de processos e orçamentos.	0 – É incapaz de realizar tarefas básicas. 1 – Entende princípios básicos, é capaz de realizar tarefas sem assistência ou orientação. 2 – Realiza tarefas de rotina com resultados confiáveis, trabalha com o mínimo de supervisão. 3 – Realiza tarefas complexas e variadas, é capaz de orientar ou ensinar os outros. 4 – É considerado um especialista nesta tarefa, capaz de descrever, ensinar e liderar os outros.

Fonte: R. J. Mirabile, "Everything You Wanted to Know About Competency Modeling," *Training and Development* (August 1997): 73-77.

utilizados na seleção de funcionários. Já as competências sinalizadas no modelo de competências são mais gerais e acredita-se que tenham uma maior aplicação a uma variedade mais ampla de propósitos, incluindo seleção, treinamento, desenvolvimento e gestão do desempenho.

Outra maneira de pensar sobre modelos de competências é considerar a gestão de desempenho.[44] Ao identificar as áreas de competências pessoais que permitem que os funcionários tenham sucesso em seus trabalhos, os modelos de competências garantem uma avaliação do que é feito e de como é feito. O *feedback* de desempenho pode ser direcionado a exemplos concretos de comportamentos específicos e conhecimentos, habilidades, capacidades e outras características necessárias são descritos com clareza.

Como se identificam as competências e se desenvolvem modelos de competências? A Figura 3.5 ilustra o processo usado para o desenvolvimento de um modelo de competências. O primeiro passo é identificar a estratégia de negócio (as implicações da estratégia de negócio para o treinamento foram discutidas no Capítulo 2). Ela ajuda na identificação dos tipos de competências necessários para garantir que se alcancem as metas de negócio e que a estratégia da empresa seja apoiada. Alterações na estratégia de negócio podem levar à necessidade de novas competências ou mudanças nas antigas.

O segundo passo consiste em identificar o cargo ou posição que sofrerá a análise. O terceiro passo é identificar trabalhadores com desempenho eficaz e ineficaz. O quarto passo significa identificar as competências responsáveis pelo desempenho eficaz e ineficaz. Há várias abordagens para a identificação de competências, como a análise de um ou vários trabalhadores "estrela", a pesquisa com pessoas familiarizadas com o cargo (especialistas no assunto) e a investigação de dados de *benchmark* de trabalhadores com bom desempenho em outras empresas.[45]

O quinto passo é validar o modelo. Isso significa determinar se as competências inclusas no modelo estão verdadeiramente relacionadas ao desempenho eficaz. No exemplo das competências técnicas para o engenheiro de sistemas que foi apresentado na Tabela 3.9, é importante confirmar que (1) estas três competências são necessárias para o sucesso no cargo e (2) o nível de proficiência na competência é apropriado.

Seguir o processo de desenvolvimento esquematizado na Figura 3.5 garantirá que as competências e o modelo de competências sejam válidos. Porém os instrutores, os funcionários, os gerentes e outros especialistas devem ser treinados (especialmente se forem avaliadores inexperientes) sobre como determinar avaliações de competências precisas. O treinamento deve assegurar que os avaliadores entendam cada competência e as diferenças entre elas e que sejam capazes de distinguir níveis de proficiência baixos, médios e altos.[46]

FIGURA 3.5 Processo usado para o desenvolvimento de um modelo de competências

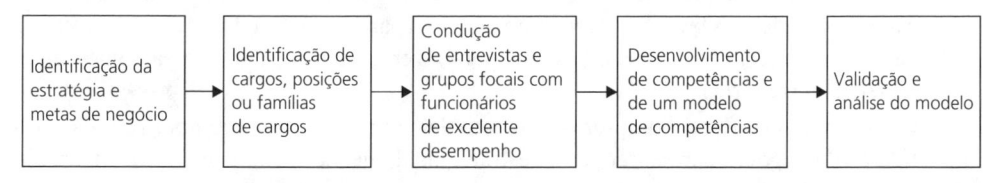

Identificação da estratégia e metas de negócio → Identificação de cargos, posições ou famílias de cargos → Condução de entrevistas e grupos focais com funcionários de excelente desempenho → Desenvolvimento de competências e de um modelo de competências → Validação e análise do modelo

Os modelos de competências têm diversas utilidades para treinamento e desenvolvimento:[47]

- Eles identificam os comportamentos necessários ao desempenho eficaz do cargo, garantindo que o *feedback* oferecido aos funcionários como parte de um programa de desenvolvimento (como o *feedback* 360 graus) esteja relacionado especificamente ao sucesso individual e organizacional.
- Eles oferecem uma ferramenta para a determinação de quais habilidades são necessárias para atender às necessidades atuais, bem como às futuras necessidades da empresa. Podem ser usados para avaliar a relação entre os programas de treinamento atuais e as necessidades do presente. Podem ser usados para avaliar se as ofertas relacionam-se bem às previsões de necessidades futuras em termos de habilidades.
- Ajudam a determinar quais habilidades são necessárias em diferentes pontos da carreira.
- Oferecem uma estrutura para *coaching* e *feedback* contínuos para capacitar funcionários para funções atuais e futuras. Ao comparar as competências pessoais atuais com as competências exigidas em outro cargo, os funcionários identificam as competências que precisam desenvolver e definem ações para desenvolvê-las. Entre estas ações podem estar cursos, experiências de trabalho e outros tipos de desenvolvimento.
- Os modelos criam um "mapa" para a identificação e desenvolvimento de funcionários que sejam candidatos potenciais para posições gerenciais (planejamento sucessório).
- Eles oferecem um conjunto comum de critérios que são usados para identificar as atividades de treinamento e aprendizado apropriadas aos funcionários, bem como para avaliar e recompensá-los. Isso ajuda a integrar e alinhar os sistemas e práticas de RH da empresa.

Na American Express, por exemplo, os modelos de competências ajudam os gerentes a liderarem as suas equipes, oferecendo uma estrutura que pode ser usada pelos funcionários para capitalizar sobre as forças e melhorar as fraquezas.[48] Esse modelo é utilizado para determinar o nível de talento de toda a empresa, englobando competências, forças e oportunidades.

A Tabela 3.10 apresenta o modelo de competência da Luxottica Retail, conhecida pelos óculos luxuosos, esportivos e de qualidade superior comercializados na LensCrafters, Sunglass Hut e Pearle Vision, desenvolvido para os seus colaboradores na área e em lojas.[49] O modelo abarca competências de liderança e gerenciais, funcionais e fundamentais. Além disso, as competências ajudariam os colaboradores a identificar e desenvolver as habilidades que precisavam para se candidatarem a cargos diferentes. Para fazer uso eficaz dos modelos de competências para a avaliação de desempenho, é preciso que estejam atualizados, guiem o desempenho do negócio, sejam relacionados ao cargo (validade) e relevantes (ou personalizados) para todas as unidades de negócio da empresa e ofereçam detalhes o bastante para fazer uma avaliação precisa do desempenho dos funcionários.

Na Luxottica Retail, o desenvolvimento de competências iniciou por reuniões dos líderes do negócio para entender as estratégias de negócio atuais e futuras. Para ga-

TABELA 3.10 Modelo de competências da Luxottica Retail

Liderança e gerencial	Fundamental
■ Liderança ■ Treinar e desenvolver os outros ■ Motivar os outros ■ Promover o trabalho em equipe ■ Pensar estrategicamente **Funcional** ■ Perspectiva global ■ Perspicácia financeira ■ Indicadores-chave de desempenho do negócio	■ Pensamento crítico ■ Promover a comunicação aberta ■ Construir relações e habilidades interpessoais ■ Desenvolver e gerenciar a si próprio ■ Adaptabilidade e flexibilidade ■ Foco no cliente ■ Agir com integridade ■ Diversidade e multiculturalismo ■ Motivação e comprometimento

Fonte: De C. Spicer, "Building a Competency Model," *HR Magazine*, April 2009, 34-36.

rantir que continuem relevantes, as competências através das marcas e unidades de negócio são revisadas a cada quatro ou cinco anos ou sempre que acontece uma grande mudança nos cargos ou na estratégia de negócio. Além disso, o peso de cada conjunto de competências na avaliação de desempenho também é revisado para assegurar que sejam apropriados (p. ex., que peso devem ter as habilidades funcionais?). Dependendo da relevância para determinado cargo, várias combinações de competências são usadas para avaliar o desempenho dos colaboradores. Eles recebem notas em uma escala que vai de 1 a 5 para cada competência, em que 5 representa "supera as expectativas". As equipes de RH, de treinamento e desenvolvimento e de operações trabalharam juntas para definir os níveis para cada competência. Ou seja, o que significa e como se parece a competência de um funcionário avaliado como "atende as expectativas" ou "abaixo das expectativas"? Isso era necessário para garantir que os gerentes utilizassem parâmetros de referência semelhantes ao avaliarem os funcionários quanto às suas competências.

ESCOPO DO DIAGNÓSTICO DE NECESSIDADES

Até aqui, este capítulo abordou vários aspectos do diagnóstico de necessidades, incluindo a análise da organização, das pessoas e das tarefas. Isso tudo engloba entrevistas, observações e até mesmo a pesquisa com os funcionários. Pode ser que você esteja pensado "parece bom, mas também parece ser um processo muito elaborado e demorado. E se eu não tiver tempo de conduzir um diagnóstico de necessidades completo? Devo abandonar o processo?".

Muitas vezes, pula-se o diagnóstico tendo como base suposições do tipo: o treinamento é sempre a questão ou ele é obrigatório, é muito caro, demora demais e é muito complexo ou os gerentes não vão cooperar. Apesar das restrições à realização de um diagnóstico de necessidades, é preciso verificar se existe um problema ou ponto de pressão e identificar a melhor solução (que pode ser o treinamento).

Mesmo que os gerentes exijam um treinamento de imediato, ainda assim deve-se realizar um diagnóstico de necessidades. Existem diversas maneiras de conduzir um diagnóstico rapidamente. Um **diagnóstico rápido de necessidades** refere-se ao diagnóstico de necessidades que é feito precisa e rapidamente mas sem sacrificar a qualidade do processo ou dos resultados.[50] A chave para conduzir um diagnóstico rápido é escolher os métodos que oferecerão os resultados nos quais você terá mais confiança, ao mesmo tempo em que usa o mínimo de recursos (tempo, dinheiro, especialistas no assunto). Existem alternativas variadas para fazer um diagnóstico rápido de necessidades. Em primeiro lugar, o escopo do diagnóstico dependerá da extensão do possível ponto de pressão. Se ele parece ser local e com pequeno impacto no negócio, a parte de reunião de informações para o diagnóstico consistirá de apenas algumas entrevistas com gerentes e incumbentes do cargo. No entanto, se o ponto de pressão tiver um grande impacto no negócio será preciso que se reúnam mais informações. Se, depois de entrevistar especialistas no assunto e incumbentes, você perceber que não está aprendendo nada de novo sobre o cargo, interrompa as entrevistas.

Em segundo lugar, pense em usar dados já disponíveis que tenham sido coletados para outros fins. Dados sobre erros, reclamações de clientes e entrevistas com funcionários que deixaram a empresa podem dar boas pistas sobre a fonte dos problemas de desempenho. A *web* também pode ser uma fonte útil para a realização de entrevistas e pesquisas com especialistas no assunto em diferentes localidades. Por fim, quando você estiver em sintonia com os problemas do negócio, avanços tecnológicos e outras questões que a organização está enfrentando, será capaz de prever as necessidades de treinamento. Por exemplo: se a empresa está abrindo escritórios de vendas em outros países e introduzindo novas tecnologias nas fábricas, o treinamento intercultural e o treinamento para o uso de novas tecnologias serão, sem dúvidas, necessários. Para estar preparado, entenda o negócio.

O diagnóstico de necessidades na prática

As operações de fabricação da Owens-Corning, uma empresa que trabalha com isolamento, tinham interesse em aumentar a produtividade, a qualidade do produto e a segurança do desempenho do negócio. Isso era consistente com a estratégia de toda a empresa de tentar aumentar o valor para os acionistas, garantir a dignidade individual e entregar o serviço ao consumidor. Para ajudar a alcançar as metas estratégicas, os especialistas que trabalhavam nas fábricas nas áreas de recursos humanos, treinamento, desenvolvimento da organização e gestão de projetos criaram um grupo para dirigir as atividades de treinamento.

A prioridade do grupo era estabelecer o treinamento dos supervisores. Na época, não havia treinamento formal para os supervisores da fabricação e, sendo assim, o grupo trabalhou para desenvolver um programa. As entrevistas feitas com gerentes de RH e instrutores da fábrica sugeriram que a criação de um programa de treinamento genérico não seria eficaz. Em consequência disso, o grupo desenvolveu uma pesquisa que foi aplicada com os funcionários de todas as fábricas. A pesquisa levantava questões específicas sobre as necessidades de habilidades dos supervisores, como "o supervisor escuta ativamente os indivíduos e equipes para garantir o entendimento" e "o supervisor cumpre os prazos de projetos, itens de ação ou pedidos especiais". Os dados coletados indicaram que as maiores deficiências dos supervisores eram a comunicação nos dois sentidos, habilidades de escuta ativa, estabelecimento de expectativas de desempenho, oferecimento de *feedback*, gestão de conflitos e gestão do tempo. A elaboração do programa de treinamento de supervisor de cada fábrica teve como base essas necessidades, levando em conta as particularidades de cada instalação e sua cultura.

Este exemplo ilustra vários aspectos do processo de diagnóstico de necessidades. Primeiro, o treinamento era visto como fundamental para que a empresa alcançasse os seus objetivos estratégicos. Consequentemente, foram alocados os recursos e o tempo necessários para o diagnóstico. Segundo, a análise de pessoas consistiu em uma pesquisa das habilidades de supervisores. A informação foi usada para identificar deficiências gerais em todas as fábricas. Terceiro, os programas de treinamento foram desenvolvidos para melhorar as deficiências identificadas através de métodos condizentes com o ambiente e a cultura da fábrica. Uma das fábricas usou um *workshop* de três dias, uma conferência trimestral sobre liderança (para atualizar e rememorar as habilidades dos supervisores) e uma conversa informal mensal sobre o mesmo tema.

Resumo

O primeiro passo para um esforço de treinamento bem-sucedido é determinar a existência da necessidade de treinamento, que é feito através de um processo conhecido como diagnóstico de necessidades. Esse processo possui três passos: análise da organização, das pessoas e das tarefas. Vários métodos, como observação, entrevistas, pesquisas ou questionários, são usados para conduzir um diagnóstico de necessidades. Cada um deles possui vantagens e desvantagens. A análise da organização vai determinar (1) até que ponto o treinamento é condizente com a estratégia de negócio e os recursos da empresa, e (2) se os pares e gerentes estão abertos para oferecer o apoio necessário aos funcionários para que eles usem o conteúdo do treinamento no ambiente de trabalho.

A análise de pessoas foca em identificar se há provas de que o treinamento é a solução apropriada, quem precisa do treinamento e se os funcionários possuem os pré-requisitos (em termos de habilidades, atitudes e convicções) para dominarem o conteúdo dos programas de treinamento. Tendo em vista que os problemas de desempenho são um dos principais motivos que fazem a empresa pensar em treinamento para os funcionários, é importante investigar de que forma as características pessoais, o *input*, o *output*, as consequências e o *feedback* relacionam-se com o desempenho e o aprendizado.

O treinamento provavelmente é a melhor resposta se os funcionários não souberem como desempenhar determinada tarefa. Se eles não receberem *feedback* sobre o desempenho, não tiverem o equipamento necessário, as consequências do bom desempenho forem negativas ou ainda se não estiverem cientes do padrão esperado de desempenho, o treinamento parece não ser a melhor solução.

Para ampliar a motivação em aprender nos programas de treinamento, os gerentes e instrutores precisam entender esses fatores antes de encaminhar os funcionários para o treinamento. A falta de habilidades básicas ou de leitura, por exemplo, pode inibir o desempenho e o aprendizado.

Uma análise de tarefas envolve a identificação da tarefa e do treinamento que os funcionários precisarão em termos de conhecimento, habilidades e capacidades. O modelo de competências é uma nova abordagem para o diagnóstico de necessidades, tendo como foco a identificação de competências pessoais como conhecimento, habilidades, atitudes, valores e outras características.

Palavras-chave

análise da organização, *110*
análise de cargos, *136*
análise de tarefas, *110*
análise de pessoas, *110*
apoio social, *128*
autoeficácia, *126*

benchmarking, *117*
capacidade, *131*
capacidade cognitiva, *124*
características pessoais, *120*
cargo, *131*
competências, *135*

conhecimento, *131*
consequências, *120*
crowdsourcing, *116*
diagnóstico de necessidades, *110*
diagnóstico rápido de necessidades, *139*
disposição para treinamento, *120*
especialistas no assunto, *113*
feedback, *120*
grupos focais, *116*
habilidade, *131*
habilidades básicas, *123*

incumbentes do cargo, *113*
input (entrada), *120*
legibilidade, *125*
modelo de competências, *135*
motivação para aprender, *122*
normas, *129*
output (saída), *120*
outras características, *131*
restrições situacionais, *128*
tarefa, *131*

Questões para debate

1. Qual dos fatores que influenciam o desempenho e o aprendizado você considera o mais importante? E o menos importante?
2. Descreva o método que você utilizaria se tivesse que realizar um diagnóstico de necessidades para um novo cargo em uma nova fábrica.
3. Suponhamos que você fosse usar a tecnologia *online* para identificar necessidades de treinamento de representantes de serviço ao consumidor para uma empresa de vestuário com base na *web*. Quais os passos que você tomaria para garantir que a tecnologia não representasse uma ameaça para os funcionários?
4. O diagnóstico de necessidades envolve a análise da organização, das pessoas e das tarefas. Qual dessas análises você considera a mais importante? E a menos importante? Por quê?
5. Por que se deve incluir os gerentes de alto nível no processo de diagnóstico de necessidades?
6. Explique como você faria para verificar se os funcionários têm o nível de leitura necessário para serem bem-sucedidos em um programa de treinamento. Como você determinaria se os funcionários possuem as habilidades necessárias com o computador para usarem um programa de treinamento com base na *web*?
7. Quais condições sugeririam que uma empresa deveria comprar o programa de um vendedor externo? Quais apontariam que a empresa deveria desenvolver o programa ela mesma?
8. Suponhamos que você tenha que preparar funcionários mais velhos com pouca experiência em computadores para participarem de um treinamento sobre como usar a Internet. Como você garantirá que tenham altos níveis de preparo para o treinamento? Como você determinará a disposição para o treinamento?
9. Reveja os exemplos de tarefas e as avaliações para o cargo de técnico em eletrônica. Quais tarefas você acha que deveriam ser destacadas no programa de treinamento? Por quê?
10. Explique o processo que você utilizaria para determinar a causa de um problema de desempenho. Faça uma ilustração para demonstrar o processo.

Tarefa	Relevância	Frequência	Dificuldade de aprendizado
1. Substituição de componentes	1	2	1
2. Conserto de equipamentos	2	5	5
3. Interpretação de leitura de instrumentos	1	4	5
4. Uso de ferramentas pequenas	2	5	1

Legenda das notas:
Frequência: 1 = muito pouco frequente a 5 = muito frequente
Relevância: 1 = muito importante a 5 = muito pouco importante
Dificuldade de aprendizado: 1 = fácil a 5 = muito difícil

11. Por que você levaria em conta as diferenças de idade e geração como parte do diagnóstico de necessidades? É algo importante? Explique. Fale sobre os tipos de evidências que você procuraria para verificar se um diagnóstico de necessidades foi realizado inadequadamente.
12. De que forma o modelo de competências é parecido com o diagnóstico de necessidades tradicional? E no que eles diferem?
13. O que é um diagnóstico rápido de necessidades? Como você realizaria um diagnóstico rápido de necessidades para que ele fosse válido e identificasse com precisão as necessidades de treinamento?

Exercícios de aplicação

1. Desenvolva um modelo de competências para o cargo de um amigo, cônjuge ou colega (alguém que não seja você). Para desenvolvê-lo, utilize o processo apresentado neste capítulo. Veja qual é a parte mais difícil do desenvolvimento do modelo. Como ele poderia ser usado?

2. O Departamento de Serviços Sociais norte-americano representa uma grande parte do orçamento nacional e do número total de funcionários. As responsabilidades do cargo de técnico em elegibilidade incluem fazer todos os contatos com clientes, interpretar políticas e tomar decisões financeiras relativas a várias formas de benefícios públicos. Os técnicos em elegibilidade devem ler muitas notas e anúncios de políticas e procedimentos novos ou revisados. Eles vinham reclamando que tinham dificuldade para ler e responder toda esta papelada. O condado decidiu então encaminhá-los para um programa de leitura dinâmica que custava US$ 250 por pessoa. O condado emprega 200 técnicos em elegibilidade.

   As avaliações preliminares do programa mostravam que os funcionários gostavam dele. Dois meses depois da realização do treinamento, os técnicos confessaram aos seus gerentes que não estavam aplicando o curso de leitura dinâmica em seus trabalhos, mas sim em leituras feitas por prazer em casa. Quando os gerentes perguntaram o motivo, a resposta mais comum foi "eu nem lia aquelas notas e anúncios mesmo".

   a. Avalie o processo de diagnóstico de necessidades que foi usado para decidir se a leitura dinâmica era necessária. O que foi bom? O que falhou?
   b. Como você teria conduzido o diagnóstico? Seja realista.

3. Veja as questões para os motoristas principais apresentadas na página 121. Escreva perguntas que poderiam ser usadas para entrevistar os seis principais supervisores e os dois vice-presidentes regionais. Em quais aspectos estas perguntas seriam diferentes das primeiras? Em quais aspectos seriam parecidas?

4. Várias empresas são conhecidas por relacionar os seus valores às suas práticas de RH de formas que conquistaram o sucesso do negócio e a satisfação dos funcionários. Entre elas pode-se citar a Southwest Airlines (www.iflyswa.com), Cisco Systems (www.cisco.com), SAS Institute (www.sas.com), Men's Wearhouse (www.menswearhouse.com), Intel (www.intel.com), Steelcase (www.steelcase.com), Whole Foods (www.wholefoods.com) e a TELUS (http://abouttelus.com). Escolha uma dessas empresas e acesse o *site* dela para realizar um diagnóstico de necessidades da organização. Leia sobre os valores e a visão da empresa e procure por declarações sobre a importância do treinamento e do desenvolvimento pessoal. O treinamento é importante para a empresa? Justifique a sua resposta e utilize dados do *site* para embasá-la.

5. Acesse *www.careeronestop.org/CompetencyModel*, o *site* (em inglês) do CareerOneStop, patrocinado pelo Department of Labor, Employment and Training Administration dos Estados Unidos para ajudar pessoas em busca de emprego, estudantes, negócios e profissionais de carreira. Escolha e analise um dos modelos de competências da indústria. Como eles podem ser úteis para o treinamento e desenvolvimento em empresas na indústria que você escolheu? Podem ser úteis para os funcionários? Ou para pessoas, como estudantes ou desempregados, interessadas em trabalhar naquela indústria?

Caso

As necessidades de treinamento na Summit Credit Union

A Summit Credit Union, que fica em Madison, Wisconsin, é uma pequena empresa cooperativa com 366 funcionários. Em 2008, uma fusão dobrou o tamanho da empresa e forçou a construção de uma nova cultura corporativa. A missão da Summit é melhorar as vidas financeiras dos cooperados e ajudá-los a realizarem seus sonhos. A Summit investiu na criação de um setor de aprendizado de ponta, incluindo uma equipe de sete profissionais capazes de elaborar e conduzir treinamentos orientados por instrutores, além de *e-learning*. A empresa trocou a compra de treinamento genérico para a elaboração de programas *on-line* e presenciais personalizados para as necessidades dos funcionários e para as metas e iniciativas da empresa. Espera-se que o setor de aprendizado desempenhe um papel fundamental ao lidar com questões de negócio como eficiência, crescimento dos empréstimos e aumento nas vendas. É esperado também que todos os membros da equipe de aprendizado contribuam para novas iniciativas, como novos produtos e serviços, sistemas ou regras. Recentemente, a Summit identificou um problema com os seus novos credores: eles estavam iniciando a realização de seus trabalhos sem as habilidades, informações e conhecimentos necessários. Uma das razões possíveis para isso era a forma como o currículo de treinamento de empréstimos é organizado. Os novos credores participavam de um curso sobre diferentes tipos de empréstimos e sobre o sistema, começavam a trabalhar e posteriormente retornavam para um curso sobre diretrizes de empréstimos, subscrição e técnicas de vendas.

Como você conduziria um diagnóstico de necessidades para verificar se os novos credores estavam começando a trabalhar sem o conhecimento e as habilidades necessárias ao bom desempenho, e se a organização do currículo de treinamento (ou outra questão relativa ao treinamento) era responsável pelo problema? Quem estaria envolvido na avaliação de necessidades?

Fonte: Baseado em J. Salopek, "Investing in learning," *T+D* (October 2011): 56-58.

Notas

1. I. L. Goldstein, E. P. Braverman, and H. Goldstein, "Needs Assessment," In *Developing Human Resources*, ed. K. N. Wexley (Washington, DC: Bureau of National Affairs, 1991): 5-35 to 5-75.
2. K. Tyler, "The strongest link,"*HR Magazine* (January 2011): 51-53; S. Villachica, D. Stepich, and S. Rist, "Surviving troubled times: Five best practices for training solutions," *Performance Improvement*, 50 (March 2011): 9-15.
3. A. Khanzode, C. Williams, and T. Van Derlinden, "Life on the cutting edge of learning," *T+D* (October 2009): 53-54.
4. R. Nichols, D. Segal, and D. Kessler, "Linking training to care," *T+D* (October 2009): 64-66.
5. J. Wircenski, R. Sullivan, and P. Moore, "Assessing Training Needs at Texas Instruments," *Training and Development* (April 1989): 61-63.
6. L. Overmyer-Day and G. Benson, "Training Success Stories," *Training and Development* (June 1996): 24-29.
7. B. Durman, S. Chyung, S. Villachica and D. Winiecki, "Root causes of errant ordered radiology exams: Results of a needs assessment,"*Performance Improvement*, 50 (January 2011): 17-24.
8. M. Casey and D. Doverspike, "Training needs analysis and evaluation for new technologies through the use of problem-based inquiry," *Performance Improvement Quarterly* 18(1) (2005): 110-24.
9. K. Ellis, "The right track," training (September 2004): 40-45.
10. K. Mahler, "Big Employer is watching," *The Wall Street Journal* (November 4, 2003): B1 and B6.
11. G. Siekierka, H. Huntley, and M. Johnson, "Learning is center stage at CSC," *T+D* (October 2009): 48-50.
12. P. Schamore, "Spirited learning," *T+D* (October 2009): 56-58.
13. J. Salopek, "From learning department to learning partner," *T+D* (October 2010): 48-50.
14. L. E. Day, "Benchmarking training," *Training and Development* (November 1995): 27-30.
15. J. Rouiller and I. Goldstein, "The relationship between organizational transfer climate and positive transfer of training," *Human Resource Development Quarterly* 4 (1993): 377-90. R. Noe and J. Colquitt, "Planning for Training Impact." In *Creating, Implementing, and Managing Effective Training and Development*, ed. K. Kraiger (San Francisco: Jossey-Bass, 2002): 53-79.
16. D. Zielinski, "Have you shared a bright idea today?" *training* (July 2000): 65-68.
17. G. Rummler, "In search of the Holy Performance Grail," *Training and Development* (April 1996): 26-31; D. G. Langdon, "Selecting interventions," *Performance Improvement* 36 (1997): 11-15.
18. K. Gupta, *A Practical Guide to Needs Assessment* (San Francisco: Jossey-Bass/Pfeiffer, 1999).
19. R. A. Noe, "Trainee attributes and attitudes: Neglected influences on training effectiveness," *Academy of Management Review* 11 (1986): 736-49. R. Noe and J. Colquitt, "Planning for Training Impact." In *Creating, Implementing, and Managing Effective Training and Development*, ed. K. Kraiger (San Francisco: Jossey-Bass, 2002): 53-79.
20. D. Milibank, "Marriott tightens job program screening," *The Wall Street Journal* (July 15, 1997): A1, A12.
21. T. T. Baldwin, R. T. Magjuka, and B. T. Loher, "The perils of participation: Effects of choice on trainee motivation and learning," *Personnel Psychology* 44 (1991): 51-66; S. I. Tannenbaum, J. E. Mathieu, E. Salas, and J. A. Cannon-Bowers, "Meeting trainees' expectations: The influence of training fulfillment on the development of commitment, self-efficacy, and motivation," *Journal of Applied Psychology* 76 (1991): 759-769; J. Colquitt, J. LePine, and R. Noe, "Toward an integrative theory of training motivation: A meta-analytic path analysis of 20 years of research," *Journal of Applied Psychology* 85 (2000): 678-707.
22. M. Eisenstein, "Test, then train," *T+D* (May 2005): 26-27.
23. M. J. Ree and J. A. Earles, "Predicting training success: Not much more than G," *Personnel Psychology* 44 (1991): 321-332.
24. J. Nunally, *Psychometric Theory* (New York: McGraw-Hill, 1978).
25. L. Gottsfredson, "The G factor in employment," *Journal of Vocational Behavior* 19 (1986): 293-296.
26. S. McCartney, "The air-traffic cops go to school," *The Wall Street Journal* (March 29, 2005): D1, D7.
27. D. R. Torrence and J. A. Torrence, "Training in the face of illiteracy," *Training and Development Journal* (August 1987): 44-49.
28. American Society for Training and Development, *Bridging the Skills Gap* (Alexandria, VA: American Society for Training and Development, 2009); R. Davenport, "Eliminate the skills gap," *T+D* (February 2006): 26-31; R. Zamora, "Developing your team members' basic skills," *Wenatchee Business Journal* (August 2005): C8; M. Davis, "Getting workers back to basics," *Training and Development* (October1997): 14-15.

29. M. E. Gist, C. Schwoerer, and B. Rosen, "Effects of alternative training methods on self-efficacy and performance in computer software training," *Journal of Applied Psychology* 74 (1990): 884-891; J. Martocchio and J. Dulebohn, "Performance feedback effects in training: The role of perceived controllability," *Personnel Psychology* 47 (1994): 357-373; J. Martocchio, "Ability conceptions and learning," *Journal of Applied Psychology* 79 (1994): 819-825.

30. R. A. Noe and N. Schmitt, "The influence of trainee attitudes on training effectiveness: Test of a model," *Personnel Psychology* 39 (1986): 497-523.

31. H. Johnson, "The Whole Picture," *training* (July 2004): 30-34.

32. M. A. Quinones, "Pretraining context effects: Training assignments as feedback," *Journal of Applied Psychology* 80 (1995): 226-38; Baldwin, Magjuka, and Loher, "The perils of participation," *Personnel Psychology* 44 (1991): 51-66.

33. R. Boyd, "Steady drop in brain process starts in 20s," *Columbus Dispatch*, November 17, 2000; A5.

34. C. Houck, "Multigenerational and virtual: How do we build a mentoring program for today's workforce?" *Performance Improvement*, 50 (February 2011): 25-30; K. Ball and G. Gotsill, *Surviving the Baby Boom Exodus* (Boston: Cengage Learning, 2011); R. Zemke, C. Raines, and B. Filipezak, "Generation gaps in the classroom," *Training* (November 2000): 48-54; J. Salopek, "The young and the rest of us," *Training and Development* (February 2000): 26-30.

35. L. H. Peters, E. J. O'Connor, and J. R. Eulberg, "Situational Constraints: Sources, Consequences, and Future Considerations." In *Research in Personnel and Human Resource Management*, ed. K. M. Rowland and G. R. Ferris (Greenwich, CT: JAI Press,1985), 79-114; E. J. O'Connor, L. H. Peters, A. Pooyan, J. Weekley, B. Frank, and B. Erenkranz, "Situational constraints effects on performance, affective reactions, and turnover: A field replication and extension," *Journal of Applied Psychology* 69 (1984): 663-672; D. J. Cohen, "What motivates trainees?" *Training and Development Journal* (November 1990): 91-93; J. S. Russell, J. R. Terborg, and M. L. Power, "Organizational performance and organizational level training and support," *Personnel Psychology* 38 (1985): 849-863.

36. L. Freifeld, "Why cash doesn't motivate...," *training* (July/August 2011): 16-20.

37. W. D. Hicks and R. J. Klimoski, "Entry into training programs and its effects on training outcomes: A field experiment," *Academy of Management Journal* 30 (1987): 542-552.

38. R. F. Mager and P. Pipe, *Analyzing Performance Problems: Or You Really Oughta Wanna*, 2d ed. (Belmont, CA: Pittman Learning, 1984); Carnevale, Gainer, and Meltzer, *Workplace Basics Training Manual* (San Francisco: Jossey-Bass, 1990); Rummler, "In Search of the Holy Performance Grail," *Training and Development* (April 1996): 26-31; C. Reinhart, "How to leap over barriers to performance," *Training Development* (January 2000): 46-49.

39. G. A. Rummler and K. Morrill, "The results chain," *T+D* (February 2005): 27-35; D. LaFleur, K. Smalley, and J. Austin, "Improving performance in a nuclear cardiology department," *Performance Improvement Quarterly* 18(1) (2005): 83-109.

40. I. Goldstein, "Training in Organizations." In *Handbook of Industrial/Organizational Psychology*, 2d ed., ed. M. D. Dunnette and L. M. Hough (Palo Alto, CA: Consulting Psychologists Press, 1991): 507-619.

41. E. F. Holton III and C. Bailey, "Top-to-bottom curriculum redesign," *Training and Development* (March 1995): 40-44.

42. M. Campion et al., "Doing competencies well: Best practices in competency modeling," *Personnel Psychology*, 64 (2011): 225-262; J. Shippmann et al., "The practice of competency modeling," *Personnel Psychology* 53 (2000): 703-740; A. Lucia and R. Lepsinger, *The Art and Science of Competency Models* (San Francisco: Jossey-Bass,1999).

43. J. S. Shippmann et al., "The practice of competency modeling," *Personnel Psychology* 53 (2000): 703-740.

44. A. Lucia and R. Lepsinger, *The Art and Science of Competency Models* (San Francisco: Jossey-Bass, 1999).

45. J. Kochanski, "Competency-based management," *Training and Development* (October 1997): 41-44; D. Dubois and W. Rothwell, "Competency-based or a traditional approach to training," *T+D* (April 2004): 46-57; E. Kahane, "Competency management: Cracking the code," *T+D* (May 2008): 71-76.

46. F. Morgeson, K. Delaney-Klinger, M. Mayfield, P. Ferrara, and M. Campion, "Self-presentation processes in job analysis: A field experiment investigating inflation in abilities, tasks, and competencies," *Journal of Applied Psychology* 89 (2004): 674-686; F. Lievens and J. Sanchez, "Can training improve the quality of inferences made by raters in competency modeling? A quasi-experiment," *Journal of Applied Psychology* 92 (2007): 812-819; F. Lievens, J. Sanchez, and W. DeCorte, "Easing the inferential leap in competency modeling: The effects of task-related information and subject matter expertise," *Personnel Psychology* 57 (2004): 881-904.

47. A. Lucia and R. Lepsinger, *The Art and Science of Competency Models* (San Francisco: Jossey-Bass, 1999); M. Derven, "Lessons Learned," *T+D* (December 2008) 68-73. M. Campion, A. Fink, B. Ruggeberg, L. Carr, G. Phillips, & R. Odman, "Doing Competencies Well: Best Practices in Competency Modeling," *Personnel Psychology*, 64 (2011): 225-262.

48. M. Derven, "Lessons learned," *T+D* (December 2008): 68-73.

49. C. Spicer, "Building a competency model," *HR Magazine* (April 2009): 34-36.

50. K. Gupta, *A Practical Guide to Needs Assessment* (San Francisco: Jossey-Bass, 1999); R. Zemke, "How to do a needs assessment when you don't have the time," *Training* (March 1998): 38-44; G. Piskurich, *Rapid Instructional Design* (San Francisco, CA: Pfeiffer, 2006).

Capítulo 4

Aprendizado e transferência do treinamento

Objetivos

1. Discutir os cinco tipos de resultados para o aluno.
2. Explicar as implicações da teoria da aprendizagem para o *design* instrucional.
3. Incorporar a teoria da aprendizagem de adultos na elaboração de um programa de treinamento.
4. Descrever como os alunos recebem, processam, armazenam, recuperam e agem sobre as informações.
5. Discutir as condições internas (dentro do aluno) e externas (ambiente de aprendizado) necessárias para que o participante desenvolva cada tipo de competência.
6. Discutir as implicações das habilidades abertas e fechadas e da transferência próxima e distante para a elaboração dos programas de treinamento.
7. Explicar as características da instrução e do ambiente de trabalho necessárias ao aprendizado e transferência de treinamento.

Dinamizar o treinamento significa melhorar seu aprendizado e transferência

Palestras tediosas, falta de conteúdo relevante no *e-learning*, treinamentos que não oportunizam a prática e o recebimento de *feedback*: todos estes métodos desmotivam os participantes e dificultam o aprendizado e a aplicação do que é absorvido no trabalho. Contudo, muitas empresas vêm usando métodos instrucionais inovadores para tornar o treinamento mais interessante e ajudar seus funcionários nesse processo.

A Verizon utiliza salas de aula virtuais orientadas por instrutores para oferecer treinamento a vários de seus funcionários que estão geograficamente dispersos. Por ter reconhecido a importância de manter os alunos ativamente envolvidos com o conteúdo do treinamento e uns com os outros, a empresa implantou diversas novas estratégias de aprendizado. O treinamento, que dá suporte ao processo de cobrança do serviço ao consumidor, combina debates orientados por um líder e tarefas interativas, que os participantes devem realizar em grupos reunidos em salas virtuais para um pequeno número de pessoas. Os seminários *on-line* (*webinars*) incluem votações *on-line* para manter os estudantes envolvidos. As aulas de tecnologia da informação contam com laboratórios e simuladores de equipamentos técnicos para a prática e o ensino. Para o treinamento em vendas, o Verizon's Virtual Trainer (Instrutor Virtual da Verizon, VT) traz, praticamente, o instrutor até a loja, para que o treinamento inicial seja oferecido por ele. O VT recebe como suporte: um documento preenchido pelo aluno e usado como ajuda de trabalho para reforçar o treinamento, um guia de discussão usado pelos gerentes para debaterem exemplos, ideias, conteúdo e atividades e um formulário de cenário e *coaching* que dá ao aluno a oportunidade de aplicar as habilidades após o treinamento.

No PNC Financial Services Group, a PNC University ofereceu treinamento com base na *web* a todos os seus funcionários para ajudar na conversão para o novo sistema de RH. Um recurso de ajuda *on-line* possibilitava que o funcionário usasse o método de aprendizado escolhido por meio de uma das quatro abordagens: "Veja!", "Experimente!", "Faça!" ou "Imprima!". "Veja!" apresentava um vídeo instrucional curto, mostrando a realização de uma tarefa. "Experimente!" permitia que os funcionários praticassem a inserção de transações em uma versão de simulação do sistema, recebendo *coaching*. "Faça!" possibilitava que os funcionários inserissem transações em um sistema em tempo real com a ferramenta de *coaching* Help, passando pela tarefa passo a passo. "Imprima!" permitia a impressão de procedimentos passo a passo para a realização de transações.

O treinamento oferecido aos técnicos de caminhões na ArvinMeritor (que agora se chama Meritor, Inc.) foi revisado para envolver mais os alunos e ver como eles podem aplicar o que aprenderam ao conserto de caminhões. Os técnicos realizam um preparatório *on-line* para o trabalho a fim de aprenderem sobre partes do eixo de tração traseira, operações e manutenção preventiva. Posteriormente, as aulas presenciais são usadas para realizar um trabalho prático, como desmontagem e montagem de partes do eixo de tração e realização de ajustes a eles. Após o treinamento, os alunos participam de uma etapa posterior ao trabalho em que revisam os conceitos abordados nas sessões práticas. Em intervalos de quatro a seis meses, os alunos precisam realizar práticas *on-line* usando tecnologias de simulação que possibilitam a escolha de ferramentas de uma caixa de ferramentas para medir, ajustar e trabalhar com os componentes do eixo de tração usando o *mouse* do computador.

A Colorado Springs Utilities é uma empresa de propriedade pública que fornece gás natural, água e energia elétrica para mais de 600 mil clientes. Todos os executivos da empresa emitem declarações públicas em apoio ao aprendizado, participam de eventos como instrutores ou palestrantes e incluem o objetivo e o resultado esperado das atividades de treinamento (objetivos de aprendizado) em suas metas de desempenho. Todos os programas de treinamento começam por uma sessão de *brainstorming* para identificar temas e atividades. Esta etapa envolve os participantes e ajuda-os a aproveitar o treinamento e a reter o que será aprendido. Em uma aula de treinamento em segurança, os estudantes participam de uma simulação de emergência e devem reagir usando habilidades aprendidas e conhecimentos sobre o plano de evacuação. Eles desempenham papéis e atividades diferentes em resposta a uma queda de energia. Em uma etapa seguinte, o instrutor avalia o desempenho dos participantes que depois discutem o que aprenderam e o que ainda precisa ser aprendido. Eles também realizam uma revisão e um exame escritos para garantir a retenção do conhecimento.

Fonte: Baseado em J. Salopek, "Colorado Springs Utilities: 2005 BEST Award Winner," *T+D* (October 2005): 38-40; M. Weinstein, "Wake-up Call," *Training* (June 2007): 48-50; M. Weinstein, "Verizon connects to success," *training*, January/February 2011: 40-42; M. Weinstein, "PNC invests in excellence," *training*, January/February 2011: 48-50.

INTRODUÇÃO

Ainda que utilizem métodos diferentes, o objetivo do treinamento nas quatro empresas que acabamos de apresentar é o mesmo: ajudar os funcionários a aprenderem para que apliquem o que foi aprendido ao trabalho e tenham um bom desempenho. Independentemente do método escolhido, são necessárias determinadas condições durante o treinamento e no local de trabalho dos participantes, entre elas:

- Oferta de oportunidades para que os participantes pratiquem e recebam *feedback*.
- Oferta de conteúdo de treinamento relevante.
- Identificação de quaisquer pré-requisitos necessários à realização do programa.
- Possibilidade dos participantes aprenderem através da observação e experiência e a garantia de que o ambiente coorporativo (incluindo gerentes e pares) apoie o aprendizado e o uso das novas habilidades no trabalho.

Na Colorado Springs Utilities, por exemplo, os instrutores e orientadores dão um *feedback*. Tanto na Colorado Spring Utilities quanto na ArvinMeritor, a relevância do conteúdo do treinamento é ainda maior porque os funcionários realizam tarefas e trabalham em problemas idênticos aos que enfrentarão no trabalho. Reconhecendo que funcionários podem ter suas preferências quanto à forma como desejam aprender, a PNC permite que eles escolham como preferem informar-se sobre o novo sistema de RH. Para assegurar que gerentes apoiem o treinamento e que participantes tenham a oportunidade de aplicar o que foi aprendido ao trabalho, a Verizon equipa os gerentes com um guia para ajudar a orientar e motivar o uso e o desenvolvimento das habilidades destacadas no treinamento.

Como você já deve ter percebido, este capítulo enfatiza não só o que deve acontecer durante as sessões de treinamento para que ocorra o aprendizado, mas também como garantir que os participantes utilizem o que foi visto na prática de seus trabalhos (transferência de treinamento). O **aprendizado** é uma mudança relativamente permanente nas competências humanas que pode abranger conhecimento, habilidades, atitudes, comportamentos e competências que não sejam resultados do processo de crescimento.[1] Uma parte importante do aprendizado é que os participantes memorizem o que foi aprendido e possam recordar-se disso. A **transferência de treinamento** refere-se à aplicação efetiva e contínua no trabalho daquilo que foi aprendido pelos funcionários no treinamento.[2] Como mostram as organizações que abrem este capítulo, as características dos participante, a elaboração do treinamento (ou o que acontece durante o treinamento) e o ambiente de trabalho influem no aprendizado e na aplicação do que foi aprendido.

A Figura 4.1 apresenta um modelo de aprendizado e transferência de treinamento. Como se vê no modelo, a transferência de treinamento inclui tanto a generalização do

FIGURA 4.1 Modelo de aprendizado e transferência de treinamento

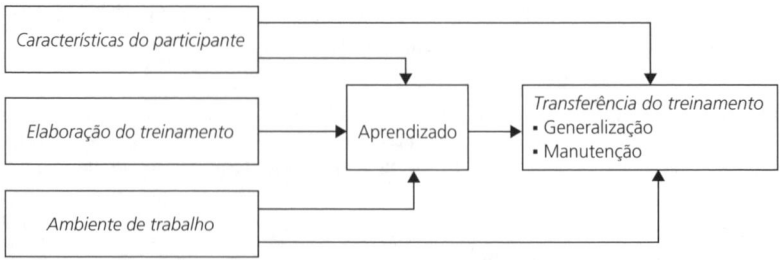

Fonte: Adaptado de T. T. Baldwin and J. K. Ford, "Transfer of Training: A Review and Directions for Future Research," *Personnel Psychology* 41 (1988): 63-103.

treinamento como a manutenção do que foi aprendido. A **generalização** diz respeito à capacidade do funcionário de aplicar o que foi aprendido em problemas no trabalho real e situações parecidas, embora não necessariamente idênticas, aos problemas e situações encontrados no ambiente de aprendizado. Já a **manutenção** refere-se ao processo de continuidade do uso do que foi aprendido ao longo do tempo.

É importante perceber que para que o treinamento seja eficaz, é necessário tanto o aprendizado quanto a transferência de treinamento. Os funcionários podem não aplicar ou aplicar incorretamente o conteúdo do treinamento ao trabalho, seja porque ele não contribuiu para o aprendizado, ou porque o ambiente de trabalho não oferece a oportunidade de usar o conteúdo do treinamento corretamente, ou ambos. Além disso, é um erro considerar a transferência do treinamento como uma preocupação posterior ao próprio treinamento porque ela diz respeito ao uso do conteúdo dele no trabalho. Por isso, a transferência deve ser levada em consideração durante a elaboração ou implantação do treinamento. Se você esperar a conclusão do treinamento para pensar em sua transferência, pode ser tarde demais. É provável que as percepções dos funcionários do ambiente de trabalho e do apoio ao treinamento tenham influenciado a motivação para aprender e o que foi aprendido (relembre a discussão sobre motivação para aprender que tivemos no Capítulo 3, "O diagnóstico de necessidades").

O escopo deste capítulo tem como base o modelo mostrado na Figura 4.1. Começaremos identificando o que deve ser aprendido, ou seja, quais são os resultados do aprendizado, que devem estar relacionados ao que é exigido para o bom desempenho do trabalho. Como mostra a abertura do capítulo, isso inclui o conserto de caminhões, a venda de produtos, o oferecimento de serviços, os sistemas operacionais e até mesmo escalar um poste para realizar manutenção! Como estudante, você está familiarizado com um dos tipos de resultados de aprendizado: habilidades intelectuais. Também falaremos sobre como os estilos de aprendizagem dos participantes podem influenciar a forma como preferem aprender. No Capítulo 3, abordamos a influência de outras características dos aprendizes, como habilidades básicas, capacidade cognitiva, autoeficácia, idade e geração, e interesses em motivação para aprender e no aprendizado.

A seguir, consideraremos a elaboração do treinamento, que inclui a reflexão sobre como criar um ambiente de aprendizado que ajude o participante a alcançar os resultados desejados e aplicá-los ao trabalho, e discutiremos diversas teorias de aprendizagem e transferência de treinamento.

O QUE É APRENDIZADO? O QUE É APRENDIDO?

Entender os resultados do aprendizado é fundamental porque eles influenciam com as características necessárias ao ambiente de treinamento para que ocorra o aprendizado. Se os participantes devem dominar habilidades motoras como escalar em um poste, por exemplo, é preciso que tenham oportunidades de praticar a escalada e que recebam *feedback* sobre as suas habilidades. Os resultados do aprendizado são apresentados na Tabela 4.1.

As **informações verbais** incluem nomes ou marcas, fatos e corpos de conhecimento. Assim como conhecimento especializado do que os funcionários precisam em suas funções. Um gerente, por exemplo, deve saber os nomes dos diferentes tipos de equipamentos, bem como o corpo de conhecimento relacionado à Gestão da Qualidade Total (TQM).

TABELA 4.1 Resultados do aprendizado

Tipo de resultado do aprendizado	Descrição da competência	Exemplo
Informação verbal	Expor, dizer ou descrever informações previamente armazenadas.	Expor três razões para seguir os procedimentos de segurança da empresa.
Habilidades intelectuais	Aplicar conceitos e regras generalizáveis para solucionar problemas e criar produtos originais.	Projetar e codificar um programa de computador que atenda às exigências do consumidor.
Habilidades motoras	Realizar uma ação física com precisão e no momento certo.	Disparar uma arma e atingir um pequeno alvo em movimento constante.
Atitudes	Escolher um curso de ação pessoal.	Optar por responder todos os e-mails recebidos dentro de 24 horas.
Estratégias cognitivas	Gerenciar os próprios processos de raciocínio e aprendizagem.	Utilizar três estratégias diferentes seletivamente para diagnosticar avarias em motores.

Fonte: R. Gagne and K. Medsker, *The Conditions of Learning* (New York: Harcourt-Brace, 1996).

As **habilidades intelectuais** abrangem conceitos e regras que são críticos para a solução de problemas, atendimento ao cliente e criação de produtos. Um gerente deve saber os passos do processo de avaliação de desempenho (p. ex., reunião de dados, resumo de dados ou preparo para uma entrevista de avaliação com o funcionário) para conduzir uma avaliação do funcionário.

As **habilidades motoras** abarcam a coordenação de movimentos físicos. Um técnico de manutenção de serviços de telefonia, por exemplo, deve ter a coordenação e a destreza necessárias para subir em escadas e postes.

As **atitudes** englobam um componente cognitivo (convicções), um componente afetivo (sentimentos) e um componente intencional (a maneira como uma pessoa pretende comportar-se em relação ao foco da atitude). Entre as atitudes importantes relacionadas ao trabalho, podemos citar a satisfação com o trabalho, o comprometimento com a organização e o envolvimento com o emprego. Suponha que você diga que um funcionário tem uma "atitude positiva" em relação aos seus afazeres. Isso significa que a pessoa gosta do trabalho (o componente afetivo). Pode ser que ela o aprecie porque ele é desafiador e dá a oportunidade para que se conheça pessoas (o componente cognitivo). Como ela gosta, pretende permanecer na empresa e dar o seu melhor (o componente intencional). Os programas de treinamento podem ser usados para desenvolver ou mudar atitudes, já que elas mostraram ter relação com o afastamento físico e mental do trabalho, a rotatividade e os comportamentos que afetam o bem-estar da empresa (p. ex., ajudar novos funcionários).

As **estratégias cognitivas** regulam o processo de aprendizado. Elas estão relacionadas à decisão do aprendiz em relação a quais informações atender (ou seja, prestar atenção), como memorizar e como solucionar problemas. Entre os cientistas que trabalham com a língua inglesa, por exemplo, é comum que memorizem as cores do espectro visível através do nome "Roy G. Biv" (que contém as iniciais das cores em inglês: *red, orange, yellow, green, blue, indigo, violet*).

Como indica este capítulo, cada resultado do aprendizado necessita de um conjunto diferente de condições. Antes de investigar esse processo em detalhes, o capítulo falará sobre as teorias que ajudam a explicar como as pessoas aprendem.

TEORIAS DA APRENDIZAGEM

Cada teoria sobre como as pessoas aprendem relaciona-se a diferentes aspectos do processo de aprendizagem. Muitas delas estão relacionadas à motivação para aprender, tema discutido no Capítulo 3. A aplicação dessas teorias para o ensino e elaboração de programas serão discutidas mais adiante neste capítulo e também no Capítulo 5, "Elaboração do programa".

Teoria do reforço

A **teoria do reforço** destaca que as pessoas são motivadas para desempenhar ou evitar certos comportamentos por causa das suas consequências.[3] Há vários processos na teoria do reforço. O *reforço positivo* é um resultado agradável de determinado comportamento, enquanto o *reforço negativo* é a retirada de um resultado desagradável. Pense sobre uma máquina que produz barulhos estridentes e rangidos, a menos que o operador segure as alavancas em uma posição específica. Consequentemente, ele aprenderá a segurar as alavancas naquela posição para evitar os barulhos. O processo de suspensão de reforços positivos ou negativos para eliminar um comportamento é conhecido como *extinção*. Já a punição é a apresentação de um resultado desagradável após determinado comportamento, levando à sua diminuição. Se um gerente grita com seus funcionários quando eles chegam atrasados, por exemplo, pode ser que evitem os gritos uma outra vez (mas também pode ser que liguem para avisar que estão doentes, peçam demissão ou enganem o chefe para que ele não perceba o atraso).

Da perspectiva do treinamento, a teoria do reforço sugere que é preciso que o instrutor identifique quais resultados o aluno considera mais positivos (e negativos) e relacione essas consequências à aquisição de conhecimento ou habilidades e à mudança de comportamento dos alunos. Como vimos no Capítulo 3, os alunos podem obter vários tipos de benefícios ao participarem de programas de treinamento, incluindo aprender uma forma mais fácil ou mais interessante de realizar uma tarefa (benefício relacionado ao trabalho), conhecer outros funcionários que podem servir como recurso quando surgir um problema (benefício pessoal) ou aumentar as oportunidades de cogitar novas posições na empresa (benefício relacionado à carreira). Segundo a teoria do reforço, os instrutores podem reter ou prover esses benefícios aos alunos que dominarem o conteúdo do programa. A eficácia do aprendizado depende do padrão ou do momento de oferta desses reforços ou benefícios. Da mesma forma, os gerentes podem oferecer os benefícios para garantir a transferência de treinamento.

A mudança comportamental é um método de treinamento com base principalmente na teoria do reforço. Um programa de treinamento em uma padaria, por exemplo, tinha como foco eliminar comportamentos de risco como passar sobre as esteiras (em vez de fazer a volta) e inserir as mãos nos equipamentos para retirar materiais presos sem antes desligá-los.[4] No programa, foram mostrados aos funcionários *slides* representando comportamentos seguros e de risco. Após a exibição dos *slides*, os funcionários visualizavam um gráfico do número de vezes em que se observaram comportamentos seguros nas últimas semanas. Os funcionários eram incentivados a aumentar o número demonstrado no trabalho. Eles recebiam várias razões para fazê-lo: para a sua própria segurança, para reduzir os custos para a empresa e para ajudar a fábrica a sair do último lugar no *ranking* de segurança das fábricas da empresa. Imediatamente após o treinamento, lembretes de segurança foram colocados nas áreas de trabalho. Continuou-se a coleta de dados sobre o número de comportamentos seguros realizados pelos funcionários, exibindo esses dados no gráfico que, após o treinamento, fica na área de trabalho. Os supervisores também foram instruídos a reconhecem os trabalhadores sempre que vissem o desempenho de um comportamento seguro. Neste exemplo, os dados de comportamentos seguros exibidos nas áreas de trabalho e o reconhecimento dos supervisores de comportamentos seguros representavam reforços positivos.

Teoria da aprendizagem social

A **teoria da aprendizagem social** afirma que pessoas aprendem através da observação de outras pessoas (modelos) que elas acreditem ser experientes e ter credibilidade.[5] Segundo a teoria da aprendizagem social, o aprendizado de novas habilidades ou comportamentos é decorrente (1) de experimentar diretamente as consequências do uso deste comportamento ou habilidade ou (2) do processo de observação de terceiros e da visualização das consequências do comportamento deles.[6]

Essa mesma teoria acredita que o aprendizado também é influenciado pela **autoeficácia** do indivíduo, que é o julgamento de uma pessoa sobre ela ser capaz de ser bem-sucedida ao aprender um conhecimento ou uma habilidade. O Capítulo 3 destacou a autoeficácia como um fator importante a ser considerado na fase de análise de pessoas do diagnóstico de necessidades. Por quê? Porque a autoeficácia é um dos indicadores da disposição para aprender. Um participante com alta autoeficácia fará esforços para aprender em um programa de treinamento e terá mais chances de persistir no aprendizado mesmo que o ambiente não seja propício para isso (p. ex., uma sala de treinamento barulhenta). Por outro lado, um indivíduo com baixa autoeficácia terá dúvidas e inseguranças sobre o domínio do conteúdo de um programa de treinamento, sendo mais provável que se afaste física ou psicologicamente (p. ex., sonhar acordado ou não conseguir comparecer ao programa). Essas pessoas acreditam que são incapazes de aprender e que, independentemente do seu nível de esforço, não aprenderão.

A autoeficácia de uma pessoa pode ser melhorada através de vários métodos: persuasão verbal, verificação lógica, observação de terceiros (modelo) e conquistas anteriores.[7] A **persuasão verbal** oferece incentivo pelas palavras para convencer os outros de que eles são capazes de aprender. A **verificação lógica** envolve a percepção de uma relação entre uma nova tarefa e uma tarefa sobre a qual já se tem domínio. O método do **modelo** consiste em pedir que funcionários que já dominaram os resultados do aprendizado demonstrem os mesmos aos outros participantes. Como resultado, é provável que os funcionários sejam motivados pela confiança e sucesso de seus pares. Já o método das **conquistas anteriores** implica possibilitar que os funcionários construam um histórico de realizações bem-sucedidas. Os gerentes podem colocar os funcionários em situações em que provavelmente serão bem-sucedidos e oferecer o treinamento para que eles saibam o que e como fazer.

A teoria da aprendizagem social sugere a existência de quatro processos envolvidos no aprendizado: atenção, retenção, reprodução motora e motivação (ver Figura 4.2).

A *atenção* sugere que os indivíduos não são capazes de aprender por observação a menos que tenham consciência dos aspectos importantes do desempenho de um modelo. Ela sofre influências das características do modelo e do aprendiz. Os alunos devem estar cientes das habilidades e comportamentos que devem observar e o modelo deve estar

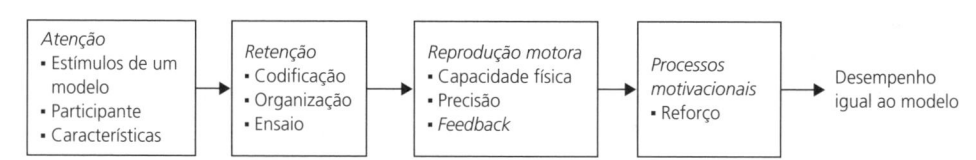

FIGURA 4.2 Processos da teoria da aprendizagem social

| Atenção
• Estímulos de um modelo
• Participante
• Características | → | Retenção
• Codificação
• Organização
• Ensaio | → | Reprodução motora
• Capacidade física
• Precisão
• Feedback | → | Processos motivacionais
• Reforço | → | Desempenho igual ao modelo |

Fonte: Baseado em A. Bandura, *Social Foundations of Thoughts and Actions* (Englewood Cliffs, NJ: Prentice Hall, 1986); P. Taylor, D. Russ-Eft, and D. Chan, "A meta-analytic review of behavior modeling training," *Journal of Applied Psychology,* 90 (2005): 692-709.

identificado claramente e ter credibilidade. Um aluno que tenha aprendido corretamente outras habilidades ou comportamentos através da observação do modelo tem uma tendência maior a responder ao modelo.

É preciso que os aprendizes lembrem quais comportamentos ou habilidades eles observaram. Este é o papel da *retenção*. Os alunos devem codificar na memória comportamentos e habilidades observados, na forma de imagens (símbolos) ou afirmações verbais, de maneira organizada para que sejam capazes de serem recordados quando uma situação pertinente surgir.

A *reprodução motora* envolve a experimentação dos comportamentos observados para verificar se eles resultam no mesmo reforço recebido pelo modelo. A reprodução de comportamentos ou habilidades depende da capacidade do aluno de se lembrar deles e de sua capacidade física. Um bombeiro, por exemplo, pode aprender os comportamentos necessários para carregar uma pessoa para longe de uma situação de risco e, ainda assim, ser incapaz de demonstrar este comportamento por não possuir a força necessária nos membros superiores. Veja que o desempenho de um comportamento tende a não ser perfeito na primeira tentativa. Por isso, é preciso que se tenham oportunidades de praticar e receber *feedback* para modificar o comportamento, de forma a deixá-lo próximo ao comportamento modelo.

A teoria da aprendizagem social destaca que comportamentos que são reforçados (um *processo motivacional*) serão repetidos no futuro. Uma fonte importante de conflitos e estresse para os gerentes está relacionada à entrevista de avaliação de desempenho. Através da observação de gerentes bem-sucedidos, um deles pode aprender comportamentos que possibilitem aos funcionários serem mais participativos em uma entrevista de avaliação de desempenho (p. ex., dar aos funcionários a oportunidade de expor as suas preocupações). Se o gerente utilizar esse comportamento na avaliação e for recompensado pelos funcionários (p. ex., se eles fizerem comentários do tipo "eu acho que essa reunião de *feedback* foi a melhor que já tivemos") ou se o novo comportamento levar a uma redução nos conflitos com funcionários (p. ex., reforço negativo), é provável que o gerente use o mesmo comportamento em ocasiões futuras.

Como veremos na discussão sobre os métodos de treinamento nos Capítulos 7 e 8, a teoria da aprendizagem social é a base dos modelos comportamentais de treinamento, tendo influenciado a forma como são usados em vídeos que fazem parte de programas de treinamento presenciais, *on-line* ou móveis. No programa de treinamento desenvolvido por Zenger Miller, que se chama "Getting Your Ideas Across" (Como Transmitir as suas Ideias), primeiro os funcionários são apresentados a cinco comportamentos básicos para transmitirem as suas ideias:

1. Expor o assunto e o objetivo da mensagem.
2. Apresentar argumentos para ajudar na compreensão.
3. Examinar os ouvintes em busca de reações e entendimento.
4. Lidar com as reações dos ouvintes quanto ao que foi apresentado.
5. Resumir o que é mais importante.

Depois, eles assistem a um vídeo de uma reunião de negócios em que um gerente está com dificuldades de fazer os seus subordinados aceitarem as suas ideias quanto à forma de lidar com uma mudança iminente do escritório. O gerente, que é o modelo, é ineficaz na transmissão das suas ideias aos seus subordinados. Como resultado, o vídeo mostra que eles ficam insatisfeitos com o gerente e suas ideias. O vídeo é então desligado e o instrutor lidera um debate entre os participantes sobre o que o gerente fez de errado. Assiste-se ao vídeo novamente e, desta vez, o gerente, que está na mesma situação, é mostrado usando os comportamentos-chave. Como resultado, os subordinados reagem positivamente ao chefe (modelo). Após esse trecho do vídeo, o instrutor lidera um novo debate sobre como o modelo utilizou os comportamentos para transmitir as ideias.

Após observação do modelo e discussão dos comportamentos-chave, os aprendizes se reúnem em duplas para praticar. Cada dupla recebe uma situação e uma mensagem para comunicar, e eles devem se revezar para tentar transmitir as suas ideias um ao outro, utilizando os comportamentos discutidos. Cada um deles deve dar *feedback* sobre o uso que o seu colega fez dos comportamentos. Além disso, o instrutor deve observar e oferecer *feedback* para as duplas. Antes de saírem, os participantes recebem um cartão de bolso com os comportamentos para levarem consigo para o trabalho. Eles ainda preenchem um guia de planejamento em que descrevem uma situação na qual desejem usar os comportamentos e como pretendem fazê-lo.

Teorias de metas

Teoria do estabelecimento de metas

A **teoria do estabelecimento de metas** defende que o comportamento é resultado das metas e intenções conscientes de uma pessoa.[8] As metas influenciam o comportamento de um indivíduo ao direcionarem energia e atenção, manterem o nível de esforço ao longo do tempo e motivarem o desenvolvimento de estratégias para o alcance das metas.[9] Pesquisas sugerem que metas específicas e desafiadoras resultam em um melhor desempenho do que metas vagas e fáceis.[10] Elas levam ao bom desempenho somente se a pessoa estiver comprometida, sendo menos provável que os funcionários comprometam-se com uma meta se eles acharem que ela é muito difícil.

Podemos ver um exemplo de como a teoria do estabelecimento de metas influencia os métodos de treinamento em um programa elaborado para melhorar as habilidades de direção de entregadores de pizza.[11] A maioria dos entregadores de pizza nos Estados Unidos são jovens motoristas inexperientes com idades entre 18 e 24 anos, que são pagos com base no número de pizzas entregadas. Isso cria uma situação em que os entregadores são recompensados por dirigirem de forma rápida, mas insegura (não utilizam equipamentos de segurança, não ligam o pisca e não param completamente em cruzamentos). Essas práticas tiveram como resultado um índice alto de acidentes.

Antes do estabelecimento das metas, os entregadores de pizza foram observados pelos gerentes ao deixar a loja e depois ao retornar. Os gerentes averiguaram o número de paradas completas em cruzamentos no período de uma semana. Na sessão de treinamento, os gerentes e os instrutores levantaram várias questões para discussão com os entregadores, como: Em quais situações você deve fazer uma parada completa? Quais são os motivos para se parar completamente? Quais são os motivos para não se parar completamente?

Após a discussão, solicitou-se que os entregadores de pizza concordassem quanto à necessidade de parada completa em cruzamentos. Depois do acordo, os gerentes compartilharam os dados coletados em relação ao número de paradas completas que eles haviam observado na semana anterior (o que era feito 55% das vezes). O instrutor pediu que os entregadores estabelecessem uma meta para paradas completas para o mês seguinte e decidiram que seria de 75%.

Depois do estabelecimento da meta, os gerentes de cada loja continuaram observando as paradas dos motoristas. No mês seguinte, um pôster fixado na área do trabalho mostrava a porcentagem de paradas completas por um período de quatro dias, além da porcentagem atual total.

A teoria do estabelecimento de metas também é usada na elaboração do programa de treinamento. Mais especificamente, a influência da teoria do estabelecimento de metas pode ser vista no desenvolvimento dos planos de lições de treinamento. Os planos de aula começam por metas específicas que oferecem informações sobre as ações que se esperam dos aprendizes, as condições sob as quais ocorrerá o aprendizado e o nível de desempenho que será considerado aceitável. As metas também podem fazer parte de planos de ação ou de exercícios de aplicação usados para motivar os funcionários a transferirem o treinamento.

Orientação por metas

A **orientação por metas** refere-se às metas mantidas por um participante em uma situação de aprendizado, podendo incluir uma orientação por aprendizado ou por desempenho. A **orientação por aprendizado** é a tentativa de aumentar a capacidade ou a competência em uma tarefa. As pessoas com orientação por aprendizado acreditam que o êxito do treinamento é definido pela demonstração de melhorias e progresso, preferem instrutores mais interessados em como os participantes aprendem do que em como eles desempenham e também enxergam erros e enganos como parte do processo de aprendizagem. A **orientação por desempenho** refere-se aos aprendizes que focam na atuação da tarefa e em como eles se comparam aos outros. As pessoas com orientação por desempenho definem êxito como o alto desempenho em relação aos outros, valorizam as capacidades mais do que o aprendizado e acham que erros e enganos geram ansiedade, preferindo evitá-los.

Acredita-se que a orientação por metas afete o esforço que um participante fará durante o aprendizado (motivação para aprender). Pesquisas mostraram que os funcionários com orientação para o aprendizado fazem mais esforços para aprender e utilizam estratégias de aprendizagem mais complexas do que aqueles com orientação para o desempenho.[12] Existem várias formas de criar uma orientação para o aprendizado,[13] entre as quais podemos citar a definição de metas relacionadas ao aprendizado e experimentação de novas formas de fazer os participantes desempenharem tarefas em treinamento, em vez de enfatizar a realização de tarefas treinadas, a diminuição da ênfase na competição entre eles, a criação de uma comunidade de aprendizagem (que será discutida mais adiante neste capítulo) e o espaço para que eles cometam erros e experimentem novos conhecimentos, habilidades e comportamentos durante o treinamento.

Teorias de necessidades

As teorias de necessidades ajudam a explicar o valor que uma pessoa deposita em determinados resultados. Uma **necessidade** é uma deficiência pela qual uma pessoa passa em algum momento e pode motivá-la a comportar-se de forma a suprir a deficiência. As teorias de necessidades de Abraham Maslow e Clayton Alderfer tinham como foco as necessidades fisiológicas, necessidades sociais (necessidade de interagir com outras pessoas) e necessidades de crescimento (autoestima e autorrealização).[14] Tanto Maslow quanto Alderfer acreditavam que as pessoas começavam a tentar satisfazer as necessidades pelo nível mais baixo, progredindo na hierarquia conforme as necessidades da base da pirâmide eram atendidas. Ou seja: se as necessidades fisiológicas não forem atendidas, o comportamento de uma pessoa terá como foco a satisfação das mesmas, antes de dar atenção a necessidades sociais ou de crescimento. A principal diferença entre as hierarquias de Alderfer e de Maslow é que o primeiro aceita a possibilidade de casos em que necessidades de níveis mais altos não são satisfeitas e, assim, os funcionários voltam a focar nas necessidades de níveis mais baixos.

A teoria de David McClelland tem como foco principal as necessidades de realização, afiliação e poder.[15] Para ele, essas necessidades podem ser aprendidas. A necessidade de realização diz respeito a uma preocupação por obter e manter padrões de excelência estabelecidos pelo próprio indivíduo. A necessidade de afiliação (ou associação) envolve o interesse em construir e preservar relações com outras pessoas e ser aceito por elas. Já a necessidade de poder é uma preocupação em obter responsabilidade, influência e reputação.

As teorias de necessidades sugerem que para motivar o aprendizado, os instrutores devem identificar as necessidades dos participantes e comunicá-los como o conteúdo do programa de treinamento relaciona-se ao suprimento das necessidades. Além disso, se determinadas necessidades básicas dos participantes (p. ex., necessidades fisiológicas ou de segurança) não forem atendidas, é pouco provável que se motivem para aprender. Tomemos como exemplo uma aula de treinamento em processamento de texto para secretárias em uma empresa que passa por um enxugamento. Ainda que se oferecesse o melhor treinamento possível, é incerto que ele teria resultados no aprendizado caso os funcionários acreditassem que a segurança dos seus empregos está ameaçada (necessidade de segurança não atendida) pela estratégia de redimensionamento e enxugamento da empresa ou caso achassem que as habilidades de processamento de texto abordadas no programa não seriam úteis para manter o emprego atual ou aumentar as chances de encontrar outro emprego dentro ou fora da empresa.

A teoria das necessidades também tem como implicação oferecer aos funcionários a possibilidade de escolherem os programas de treinamento dos quais desejam participar. Como vimos no Capítulo 3, dar o poder de escolha aos funcionários pode aumentar a motivação para aprender porque eles podem selecionar os programas que melhor combinam com as suas necessidades.

Teoria da expectativa

A teoria da expectativa sugere que o comportamento de um indivíduo tem como base três fatores: expectativa, instrumentalidade e valência.[16] As convicções nas relações entre a tentativa de desempenhar um comportamento e, de fato, desempenhá-lo bem são chamadas **expectativas**. A expectativa é semelhante à autoeficácia. Na teoria da expectativa, chama-se **instrumentalidade** a percepção de que um determinado comportamento (p. ex., participar de um programa de treinamento) é associado a um determinado resultado (p. ex., ser capaz de realizar um trabalho melhor). Já a **valência** é o valor que uma pessoa atribui a determinado resultado (p. ex., a importância de ter um melhor desempenho no trabalho).

A Figura 4.3 mostra como o comportamento é determinado com base na descoberta do produto matemático de expectativa, instrumentalidade e valência. As pessoas optam pelos comportamentos de valor mais alto.

Da perspectiva do treinamento, a teoria da expectativa sugere que é mais provável que o aprendizado aconteça quando os funcionários acreditam ser capazes de aprender o conteúdo do programa (expectativa). Além disso, o aprendizado e a transferência do treinamento são maiores quando vinculados a resultados como melhoria do desempenho do trabalho, aumento salarial, reconhecimento dos pares (instrumentalidade) e quando os funcionários valorizam esses resultados (valência).

Teoria da aprendizagem de adultos

A teoria da aprendizagem de adultos foi desenvolvida a partir da necessidade de uma teoria específica que tratasse de como os adultos aprendem. A maioria das teorias educacionais, bem como as instituições de educação formal, foi desenvolvida para educar exclusivamente crianças e jovens. A Pedagogia, arte e ciência de ensinar crianças, dominou o campo da teoria educacional. Ela confere ao instrutor a maior parte da responsabilidade de tomada de decisões sobre o conteúdo, método e avaliação do aprendizado. Os estudantes costumam ser vistos como (1) receptores passivos de orientações e conteúdos e (2) pouco responsáveis por trazer experiências que possam servir como recursos no ambiente de aprendizado.[17]

Ao reconhecerem as limitações das teorias educacionais formais, os psicólogos educacionais desenvolveram a **andragogia**, a teoria da aprendizagem de adultos. O nome mais comumente associado a essa teoria é Malcolm Knowles, cujo modelo tem como base diversos pressupostos:[18]

FIGURA 4.3 Teoria motivacional da expectativa

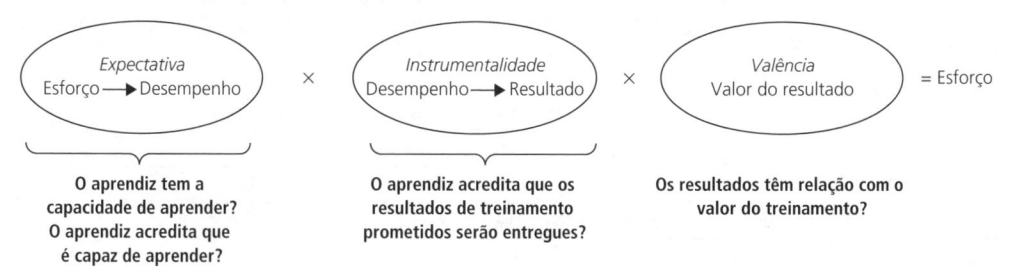

Expectativa Esforço → Desempenho × *Instrumentalidade* Desempenho → Resultado × *Valência* Valor do resultado = Esforço

- O aprendiz tem a capacidade de aprender? O aprendiz acredita que é capaz de aprender?
- O aprendiz acredita que os resultados de treinamento prometidos serão entregues?
- Os resultados têm relação com o valor do treinamento?

- Os adultos precisam saber por que estão aprendendo algo.
- Os adultos têm uma necessidade de serem autodirecionados.
- Os adultos contribuem com mais experiências relacionadas ao trabalho em uma situação de aprendizado.
- Os adultos entram em uma experiência de aprendizado com uma abordagem centrada no problema.
- Os adultos são motivados a aprender tanto por motivadores extrínsecos quanto intrínsecos.

A teoria do aprendizado de adultos é particularmente importante no desenvolvimento de programas de treinamento porque o público de muitos destes programas costuma ser de adultos, muitos dos quais não passaram a maior parte de seu tempo em um ambiente de educação formal. A Tabela 4.2 apresenta as implicações da teoria da aprendizagem de adultos para o aprendizado. Pense sobre como a teoria da aprendizagem de adultos é incorporada aos programas de treinamento.[19] O programa da Yapi ve Kredi Bank para ajudar gerentes a melhorarem suas habilidades de motivação e *coaching* de funcionários inclui sessões em sala de aula, nas quais os instrutores revisam situações comuns de estudos de caso sobre *coaching* e disponibilizam aos alunos leituras e vídeos *on-line*. Os gerentes seniores revisam as técnicas de *coaching* e desenvolvimento e os participantes do programa recebem tarefas de *coaching* para realizarem com seus pares.

O curso para gerentes de primeira linha da B&W Pantex tem como foco as habilidades sociais e pessoais (*soft skills*), bem como políticas de recursos humanos, disciplina e supervisão, através do treinamento orientado por um instrutor com apresentações em vídeo e dramatizações. O curso aborda situações da vida real tendo como base casos verídicos que aconteceram na empresa. Ele também conta com treinamento no local de trabalho, em que especialistas no assunto (SMEs) treinados e qualificados ensinam procedimentos e tarefas.

A Brown-Forman, uma das maiores empresas da indústria global de vinhos e bebidas (contando com marcas como Jack Daniel's Tennessee Whiskey, Southern Comfort, Finlandia vodka e Herradura tequila), criou um programa de treinamento de dois dias e meio com foco em ajudar os profissionais de marketing da empresa a construírem a marca. O CEO faz uma visita à turma para explicar a importância do conteúdo e o que motivou o desenvolvimento do curso. Durante o curso, os participantes trabalham em equipes para desenvolverem uma campanha para uma determinada marca através de apresentações e realização de exercícios. Alguns representantes das agências criativas da Brown-Forman participam do programa, que envolve a interação com consumidores

TABELA 4.2 Implicações da teoria da aprendizagem de adultos para o aprendizado

Questão de elaboração	Implicações
Auto-conceito	Planejamento mútuo e colaboração na instrução
Experiência	Uso da experiência do aluno como base para exemplos e aplicações
Prontidão	Desenvolvimento da aula com base nos interesses e competências do aluno
Perspectiva de tempo	Aplicação imediata do conteúdo
Orientação para o aprendizado	Centrada em questões e não em assuntos

Fonte: Baseada em M. Knowles, *The Adult Learner,* 4th ed. (Houston, TX: Gulf Publishing, 1990).

para identificar os padrões e preferências ao beber. Ao final do programa, as equipes participantes apresentam os projetos finais a um painel de executivos seniores de marketing, que atuam como jurados.

Teoria do processamento de informação

Comparadas às outras teorias de aprendizagem, as teorias do processamento de informação dão mais ênfase aos processos internos que acontecem quando o conteúdo de um treinamento é aprendido ou retido. A Figura 4.4 apresenta um modelo de processamento de informação. Estas teorias propõem que a informação ou as mensagens recebidas pelo aluno passam por diversas transformações no cérebro humano.[20]

O processamento de informações inicia quando uma mensagem ou um estímulo (que pode ser um som, cheiro, toque ou imagem) do ambiente é recebida pelos receptores (ou seja: ouvidos, nariz, pele e olhos). A mensagem é registrada nos sentidos e armazenada na memória de curto prazo para depois ser transformada ou codificada para armazenamento na memória de longo prazo. Um processo de busca acontece na memória, durante o qual é organizada uma resposta à mensagem ou ao estímulo. O gerador de respostas organiza a resposta do aluno e diz aos efetores (músculos) o que fazer. "O que fazer" está relacionado a um dos cinco resultados do aprendizado: informação verbal, habilidades cognitivas, habilidades motoras, habilidades intelectuais ou atitudes. Este *feedback* (de um terceiro ou do próprio aluno) oferece ao participante uma avaliação da resposta dada. Uma avaliação positiva da resposta oferece uma reiteração de que o comportamento é desejável e deve ser armazenado na memória de longo prazo para ser usado em outras situações semelhantes.

Além de enfatizar os processos internos necessários para apreender, armazenar, recuperar e responder mensagens, o modelo de processamento de informações destaca de que forma os acontecimentos externos influenciam o aprendizado. Esses acontecimentos incluem:[21]

- Mudanças na intensidade ou frequência do estímulo que afetem a atenção.
- Comunicação dos objetivos ao aluno para estabelecer uma expectativa.
- Melhora dos recursos perceptivos dos materiais (estímulo) para chamar a atenção do aluno para determinados aspectos.
- Instruções verbais, imagens, diagramas e mapas que mostrem formas de codificar o conteúdo do treinamento para que ele possa ser armazenado na memória.

FIGURA 4.4 Modelo do processamento humano de informações

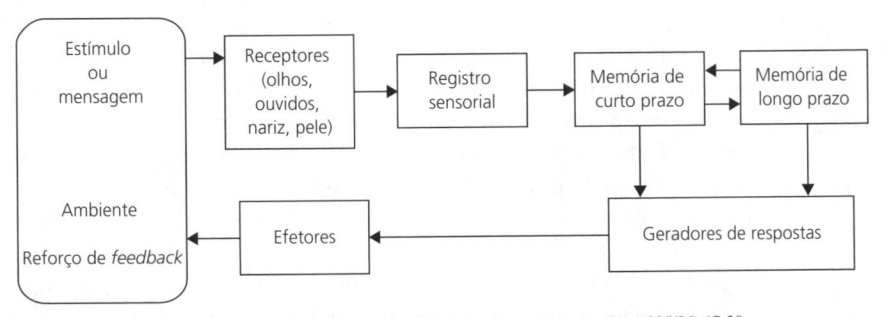

Fonte: Adaptado de R. Gagne, "Learning processes and instruction," *Training Research Journal*, 1 (1995/96):17-28.

- Contexto de aprendizado relevante (exemplos, problemas) para criar atalhos que facilitem a codificação.
- Demonstração ou instruções verbais para ajudar a organizar a resposta do aluno, além de facilitar a escolha da resposta correta.

TEORIA DA TRANSFERÊNCIA DE TREINAMENTO

É mais provável que a transferência de treinamento aconteça no momento em que, durante o treinamento, o participante trabalha em tarefas (p. ex., conhecimento, equipamento ou processos) que são muito parecidas ou idênticas ao ambiente de trabalho (transferência próxima). A transferência é mais difícil quando as tarefas realizadas durante o treinamento são diferentes do ambiente de trabalho (ou seja, transferência distante), como exemplo aplicar os princípios do serviço ao consumidor ao interagir com um cliente irritado na frente de uma fila longa de clientes em um caixa. As tarefas usadas durante o treinamento relacionam-se aos objetivos do treinamento.

As **habilidades fechadas** dizem respeito aos objetivos de treinamento que estão vinculados ao aprendizado de habilidades específicas que devem ser reproduzidas de forma idêntica pelo funcionário em seu trabalho. Já as **habilidades abertas** estão relacionadas a princípios de aprendizado mais gerais, como as habilidades de atendimento ao consumidor. Um vendedor, por exemplo, provavelmente é treinado em princípios ou processos gerais sobre como lidar com um cliente irritado, mas tem a liberdade de escolher como interagir com esse cliente, porque as intenções e reações possíveis não são totalmente previsíveis.[22] As habilidades abertas são mais difíceis de treinar do que as fechadas porque exigem que o funcionário não apenas adquira e lembre-se de princípios gerais como também reflita sobre como eles podem ser adaptados e usados para se encaixarem em diversas circunstâncias, muitas das quais não podem ser praticadas durante o treinamento. Além disso, o apoio do gerente e dos colegas no trabalho é importante para dar ao participante a oportunidade de aprender através da observação de como os funcionários experientes utilizam as habilidades e de receber *feedback* quando surgir uma oportunidade de aplicá-las. Mais adiante, neste capítulo, discutiremos as implicações da teoria da transferência de treinamento para a sua elaboração. No Capítulo 5, veremos como determinados recursos de elaboração de programas de treinamento podem facilitar o aprendizado e a transferência de habilidades abertas e fechadas.

Veja as questões de transferência de treinamento que a Continental Airlines está enfrentando para preparar os seus pilotos para pilotarem a nova aeronave 787 Dreamliner.[23] Primeiro, a Continental operará o avião em suas rotas norte-americanas para que as tripulações de voo e equipes de solo familiarizem-se com a novidade. A empresa pretende treinar em torno de 24 pilotos para cada avião entregue e a cabine de comando do 787 é semelhante à do 777, avião que os pilotos da Continental utilizam atualmente. O treinamento inclui o uso de um simulador de voo do 787 e cursos com base em computador. Uma das tarefas mais difíceis para os pilotos é se familiarizarem com um *display* que desce na frente deles, oferecendo informações importantes sobre o voo a fim de melhorar a visibilidade em condições difíceis de voo. Os pilotos gostam de usá-lo, mas afirmam que leva tempo para se habituarem porque demanda que ajustem as suas percepções de profundidade.

Três das teorias de transferência de treinamento têm implicações para a elaboração do treinamento (o ambiente de aprendizado): a teoria dos elementos idênticos, a abordagem

TABELA 4.3 Teorias da transferência de treinamento

Teoria	Ênfase	Condições apropriadas	Tipo de transferência
Elementos idênticos	O ambiente de treinamento é idêntico ao ambiente de trabalho.	O treinamento foca em habilidades fechadas. As características do ambiente de trabalho são previsíveis e estáveis. *Exemplo:* Treinamento para utilização de equipamentos.	Próxima
Generalização de estímulos	Os princípios gerais são aplicáveis a várias situações de trabalho diferentes.	O treinamento foca em habilidades abertas. O ambiente de trabalho é imprevisível e altamente variável. *Exemplo:* Treinamento em habilidades interpessoais.	Distante
Teoria cognitiva	Materiais pertinentes e esquemas de codificação melhoram o armazenamento e a recordação do conteúdo do treinamento.	Todos os tipos de treinamento e ambientes.	Próxima e distante

da generalização de estímulos e a teoria cognitiva da transferência.[24] A Tabela 4.3 apresenta os principais pontos de cada teoria e as condições em que ela é mais pertinente.

Teoria dos elementos idênticos

A **teoria dos elementos idênticos** afirma que a transferência do treinamento se dá quando o que está sendo aprendido na sessão de treinamento é idêntico ao que se deve realizar no trabalho.[25] A transferência será potencializada no mesmo nível em que as tarefas, materiais, equipamentos e outras características do ambiente de aprendizado forem semelhantes àquelas encontradas no ambiente de trabalho.

A aplicação da teoria dos elementos idênticos é exemplificada na simulação de treinamento com reféns utilizada pelo Departamento de Polícia de Baltimore. O Departamento de Polícia precisava ensinar aos sargentos determinadas habilidades para lidar com casos de barreiras de reféns em que vidas estejam em jogo, como é o caso de negociações com um marido perturbado que mantém sua esposa e/ou filhos como reféns. O sargento deve organizar os recursos rapidamente para conseguir um desfecho bem-sucedido do caso, com pouco ou nenhum dano. A opção pela simulação ocorreu porque ela oferece um modelo da realidade, sendo uma reprodução de uma situação real sem representar os riscos da mesma. Vários cenários podem ser incorporados à simulação, permitindo que os sargentos pratiquem as habilidades exatas necessárias ao enfrentar uma situação de crise envolvendo reféns.

Para iniciar a simulação os policiais são informados sobre a situação dos reféns. Depois, são orientados a assumir a resolução do problema na presença de um instrutor que já esteve envolvido pessoalmente em casos parecidos na vida real. Cada participante supervisiona um cenário fácil e um difícil. A simulação é projetada para ressaltar a importância do pensamento objetivo e tomada de decisões em uma situação em que o tempo é crítico. É fundamental que os policiais ajam de acordo com um conjunto de prioridades que deposita o maior valor na minimização dos riscos para os reféns e no isolamento dos suspeitos antes de iniciar a comunicação com os mesmos. Enquanto os participantes trabalham nos casos, as suas ações são avaliadas por um instrutor.

Ao final da simulação, os policiais devem ser capazes de demonstrar corretamente como libertar reféns. Entretanto, a ocorrência de situações deste tipo é relativamente baixa quando comparada a outras tarefas realizadas pelos policiais (p. ex., emitir infrações de trânsito ou investigar roubos). Por isso, o departamento receia que os policiais possam esquecer o que foi aprendido no treinamento e encontrar dificuldades quando surgirem situações com reféns. Para assegurar que os policiais façam a manutenção dessas habilidades (pouco usadas, mas muito importantes), o departamento de treinamento da Polícia de Baltimore organiza situações com reféns simuladas ocasionalmente.[26]

Outra aplicação para a teoria dos elementos idênticos pode ser encontrada no uso de simuladores para o treinamento de pilotos de companhias aéreas. Os pilotos são treinados em um simulador exatamente igual ao *cockpit* de uma aeronave comercial. Em termos psicológicos, o ambiente de aprendizado é completamente fiel ao ambiente de trabalho. O termo **fidelidade** refere-se ao grau de semelhança entre o ambiente de treinamento e o de trabalho. Se as habilidades relacionadas a voar, levantar voo, pousar e lidar com situações de emergência forem aprendidas no treinamento em simulador, elas serão transferidas para o cenário de trabalho real (aeronave comercial).

A abordagem dos elementos idênticos também foi usada para desenvolver instrumentos projetados para mensurar a semelhança entre trabalhos,[27] que serve para medir até que ponto o treinamento no conhecimento ou habilidade exigida para um cargo prepara o funcionário para desempenhar um outro cargo diferente.

A teoria dos elementos idênticos é aplicada a vários programas de treinamento, especialmente aqueles que lidam com o uso de equipamentos ou envolvem procedimentos específicos que precisam ser aprendidos. Essa teoria é particularmente relevante para garantir a ocorrência de **transferência próxima**, que é a capacidade dos funcionários de aplicarem as competências aprendidas à situação de trabalho de forma exata.

Essa teoria não incentiva a transferência em casos em que o ambiente de aprendizagem e treinamento não são necessariamente idênticos. Uma situação como essa tende a surgir no treinamento de habilidades interpessoais. O comportamento de uma pessoa em uma situação de conflito não é facilmente previsível, por exemplo. Sendo assim, os participantes devem aprender princípios gerais de resolução de conflitos que possam ser aplicados a uma ampla variedade de situações, conforme as circunstâncias exigirem (p. ex., um consumidor enfurecido *versus* um consumidor que não tem conhecimento sobre o produto).

Abordagem da generalização de estímulos

A **abordagem da generalização de estímulos** sugere que a forma de entender a questão da transferência é através da construção do treinamento de modo que as características ou princípios gerais mais importantes sejam enfatizados. Também é importante identificar o espectro das situações de trabalho ao qual esses princípios gerais podem ser aplicados. Essa abordagem destaca a **transferência distante**, que é a capacidade do funcionáro de aplicar as competências aprendidas ao ambiente de trabalho, mesmo que esse ambiente (equipamento, problemas e tarefas) não seja idêntico ao da sessão de treinamento.

Essa abordagem pode ser visualizada na elaboração de alguns programas de treinamento de habilidades que tem como base a teoria da aprendizagem social. Lembre-se do que foi discutido sobre essa teoria em que o uso de modelos, prática, *feedback* e reforço desempenham papéis vitais ao aprendizado. Um dos passos no desenvolvimento de programas eficazes de treinamento de habilidades interpessoais é identificar comportamentos-chave necessários ao sucesso em uma determinada situação. Os **comportamentos-chave** são aqueles que podem ser usados de forma bem-sucedida em uma ampla variedade de situações. O modelo demonstra esses comportamentos em um vídeo e os participantes têm a oportunidade de praticá-los.

Teoria cognitiva da transferência

A **teoria cognitiva da transferência** tem como base a teoria do processamento de informações que vimos anteriormente neste capítulo. Lembre-se de que o armazenamento e recuperação de informações eram aspectos fundamentais desse modelo de aprendizagem. Essa teoria sugere que a transferência é mais provável quando se oferece aos participantes materiais relevantes que aumentam a probabilidade de eles relacionarem o que encontram no ambiente de trabalho à competência adquirida. Também é importante ensinar aos participantes estratégias cognitivas para a codificação das competências adquiridas na memória, de forma que sejam facilmente recuperadas.

A influência da teoria cognitiva pode ser vista na elaboração de treinamentos que incentivem os aprendizes, como parte do programa, a considerarem possíveis aplicações do conteúdo do treinamento em seus trabalhos.

PROCESSO DE APRENDIZAGEM

Agora que você revisou as teorias de aprendizagem e transferência de treinamento, você está pronto para refletir sobre três questões: Quais são os processos físicos e mentais envolvidos na aprendizagem? Como ocorrem o aprendizado e a transferência? Os participantes possuem estilos de aprendizagem diferentes?

Processos mentais e físicos

A Tabela 4.4 apresenta os processos de aprendizagem, entre eles: expectativa, percepção, memória de trabalho, codificação semântica, armazenamento de longo prazo, recuperação, generalização e gratificação.[28] A tabela destaca que o aprendizado depende dos processos cognitivos do aluno, incluindo prestar atenção ao que deve ser aprendido (conteúdo do aprendizado), organizar o conteúdo em uma representação mental e fazer a ligação entre o conteúdo e conhecimentos existentes na memória de longo prazo.[29] A **expectativa** refere-se ao estado mental que o aluno carrega para os processos educacionais. Isso inclui fatores como disposição para o treinamento (motivação para aprender, habilidades básicas) e um entendimento do objetivo do ensino e os prováveis benefícios que podem resultar do aprendizado e da aplicação das competências adquiridas ao trabalho. A **percepção** é a capacidade de organizar a mensagem recebida do ambiente para que ela possa ser processada e atendida. Tanto a memória de trabalho quanto a codificação semântica estão relacionadas à memória de curto prazo. Na **memória de trabalho** acontece o ensaio e a repetição da informação, possibilitando que o material seja codificado para a memorização.

A memória de trabalho é limitada à quantidade de material que pode ser processada em um determinado tempo. Pesquisas sugerem que não mais do que cinco mensagens podem ser preparadas para armazenamento ao mesmo tempo. A **codificação semântica** refere-se ao próprio processo de codificação de mensagens recebidas.

TABELA 4.4 Relação entre processos de aprendizagem, eventos instrucionais e formas de instrução

Processos de aprendizagem	Eventos instrucionais externos	Formas de instrução
1. Expectativa	1. Informar ao aluno o objetivo da lição	1a. Demonstrar o desempenho esperado. 1b. Indicar o tipo de pergunta verbal a ser respondida.
2. Percepção	2. Apresentar estímulos com características distintivas	2a. Destacar as características do tópico que devem ser observadas. 2b. Usar formatação e imagens no texto para realçar determinados pontos.
3. Memória de trabalho	3. Limitar a quantidade de aprendizado	3a. Organizar materiais mais extensos em partes. 3b. Oferecer representações visuais do que deve ser aprendido. 3c. Oferecer prática e reforço de aprendizado para auxiliar na obtenção de automaticidade.
4. Codificação semântica	4. Oferecer orientação para aprendizagem	4a. Fornecer atalhos verbais para a sequência combinatória correta. 4b. Fornecer ligações verbais com um contexto relevante mais amplo. 4c. Usar diagramas e modelos para ilustrar as relações entre conceitos.
5. Armazenamento de longo prazo	5. Projetar a quantidade de aprendizado	5a. Variar contexto e cenário para a apresentação e retomada de materiais. 5b. Relacionar novos aprendizados às informações aprendidas anteriormente. 5c. Oferecer diversos contextos e situações durante a prática.
6. Recuperação	6. Fornecer atalhos para serem usados na recuperação	6a. Sugerir atalhos que induzam a recuperação de materiais. 6b. Utilizar sons ou rimas conhecidas como atalhos.
7. Generalização	7. Melhorar a retenção e a transferência do aprendizado	7a. Elaborar a situação de aprendizado para que compartilhe elementos com a situação ao qual o aprendizado se aplica. 7b. Oferecer relações verbais para conjuntos adicionais de informação.
8. Gratificação	8. Oferecer *feedback* sobre a exatidão do desempenho	8a. Oferecer *feedback* quanto à precisão e momento do desempenho. 8b. Confirmar se as expectativas iniciais foram atendidas.

Fonte: R. Gagne, "Learning processes and instruction," *Training Research Journal*, 1 (1995/96): 17-28.

Estratégias de aprendizagem diferentes influem a forma como o conteúdo do treinamento é codificado. Entre essas estratégias estão ensaio, organização e elaboração.[30] O **ensaio**, a mais simples delas, foca no aprendizado através da repetição (memorização). A **organização** demanda que o aluno encontre semelhanças e temáticas no material de treinamento. A **elaboração** exige que o participante relacione o material de treinamento a outros conhecimentos, habilidades ou comportamentos com os quais esteja mais familiarizado. Para aprenderem, os aprendizes utilizam uma combinação dessas estratégias. A "melhor" estratégia depende do resultado esperado. Para resultados relacionados ao conhecimento, ensaio e organização são as estratégias mais apropriadas. Para a aplicação de habilidades, é preciso elaboração. Uma vez que as mensagens tenham sido recebidas, ensaiadas e codificadas, elas estão prontas para o armazenamento na memória de longo prazo.

Para se utilizarem materiais aprendidos (p. ex., habilidades cognitivas ou informações verbais), é preciso recuperá-los. A **recuperação** envolve a identificação do material aprendido na memória de longo prazo e a utilização do mesmo para influenciar o desempenho. Para o processo de aprendizagem, não só é importante ser capaz de reproduzir exatamente o que foi aprendido, mas também ser capaz de adaptar o aprendizado para uso em situações parecidas (mas não idênticas). Isso é conhecido como **generalização**. Por fim temos a **gratificação**, que é o *feedback* recebido pelo aluno como resultado do uso do conteúdo aprendido. Ele é necessário para que o aluno adapte as suas respostas e reações para torná-las melhores. Além disso, fornece informações sobre os incentivos ou reforços que podem ser consequência do desempenho.

Ciclo de aprendizagem

A aprendizagem pode ser considerada um ciclo dinâmico que abrange quatro etapas: experiência concreta, observação reflexiva, conceituação abstrata e experimentação ativa.[31] Primeiramente, o participante encontra uma experiência concreta (p. ex., um problema de trabalho). O momento seguinte é pensar (observação reflexiva) sobre o problema, o que leva à geração de ideias sobre como resolvê-lo (conceituação abstrata) e, por último, à implantação direta das ideias ao problema (experimentação ativa). A implantação de ideias fornece *feedback* sobre a eficácia das mesmas, de forma que o aluno pode visualizar os resultados e recomeçar o processo de aprendizagem. Os aprendizes estão continuamente desenvolvendo conceitos, traduzindo-os em ideias, implementando-os e adaptando-os como resultado das observações pessoais de suas experiências.

Pesquisadores desenvolveram questionários para medir os pontos fracos e fortes do participante no ciclo de aprendizagem. Alguns indivíduos têm tendência a dar muita ou pouca atenção a uma das etapas do ciclo e até mesmo a evitar completamente certas etapas. A chave para o aprendizado eficaz é ser competente em cada uma das quatro etapas. Acredita-se que existam quatro estilos básicos de aprendizado, que combinam elementos de cada uma das quatro etapas que integram o ciclo de aprendizagem.

A Tabela 4.5 apresenta as características e a etapa de aprendizagem dominante para indivíduos que se encaixam em cada um dos estilos, que são conhecidos como: Divergentes, Assimiladores, Convergentes e Acomodadores.[32] Tenha em mente que ainda que os pesquisadores concordem sobre a existência de estilos e preferências de aprendizado, não há um consenso sobre como classificá-los.

Ao tentar combinar a instrução às preferências de aprendizagem, é importante que antes as estratégias instrucionais ou de treinamento sejam determinadas levando-se em consideração *o que* será ensinado ou os resultados do aprendizado. Depois os estilos de aprendizagem devem ser levados em conta para fazer os ajustes às estratégias instrucionais ou de treinamento.[33]

TABELA 4.5 Estilos de aprendizagem

Estilo de aprendizagem	Capacidades dominantes de aprendizagem	Características de aprendizagem
Divergente	■ Experiência concreta ■ Observação reflexiva	■ É bom em gerar ideias, enxergar uma situação a partir de múltiplas perspectivas e ter consciência de significado e valor ■ Tende a ter interesse em pessoas, cultura e artes
Assimilador	■ Conceituação abstrata ■ Observação reflexiva	■ É bom em raciocínio indutivo, criação de modelos teóricos e em reunir observações díspares em uma explicação integrada. ■ Tende a preocupar-se menos com pessoas do que com ideias e conceitos abstratos
Convergente	■ Conceituação abstrata ■ Experimentação ativa	■ É bom em determinação, aplicação prática de ideias e raciocínio hipotético-dedutivo ■ Prefere lidar com tarefas técnicas que com questões interpessoais
Acomodador	■ Experiência concreta ■ Experimentação ativa	■ É bom em implantar decisões, executar planos e envolver-se em novas experiências ■ Tende a ficar à vontade com outras pessoas, mas pode ser visto como impaciente ou insistente

Fonte: Baseado em D. Kolb, *Learning Style Inventory, Version 3.1* (Boston: Hay/McBer Training Resources Group, 2005).

A AmeriCredit, uma empresa de financiamento localizada em Fort Worth, Texas, está tentando modificar o treinamento para que combine melhor com os estilos de aprendizagem de seus funcionários.[34] A empresa criou uma base de dados para identificar e acompanhar o estilo de cada um. Além disso, esses estilos são levados em consideração durante a elaboração de cursos. Em uma nova aula *on-line*, os funcionários que preferirem aprender de forma ativa receberão informações em forma de tópicos e realizarão atividades para ajudar no aprendizado. Já aqueles que preferirem a reflexão e o raciocínio receberão materiais mais conceituais durante o curso e terão menor envolvimento em experiências. A empresa pretende comparar a nova aula que leva em consideração os estilos de aprendizagem a uma aula que não o faz para que seja possível determinar se a adaptação aos estilos resulta em alguma diferença na satisfação e no aprendizado do funcionário.

Implicações do processo de aprendizagem e transferência de treinamento para a instrução

A **instrução** refere-se à manipulação do ambiente feita pelo instrutor para auxiliar no aprendizado dos participantes.[35] Para que eles tenham maiores chances de aprender, é importante garantir a inclusão dessas formas de instrução no treinamento. O lado direito da Tabela 4.4 mostra as formas de instrução que apoiam a aprendizagem. As características de um ambiente de aprendizado e transferência de treinamento positivos devem ser incorporadas a cursos, programas ou métodos de treinamento específico que possam ser usados, sejam eles palestras, *e-learning* ou treinamento no próprio local de trabalho. A Tabela 4.6 resume as características de uma boa instrução que facilitam o processo de aprendizagem. Nesse ponto, bem como mais adiante neste capítulo, abordaremos essas características.

Os funcionários devem estar cientes dos objetivos

O **objetivo** é o propósito e o resultado esperado das atividades de treinamento, e os funcionários aprendem mais quando o compreendem. Pode haver um para cada sessão de treinamento, bem como objetivos gerais para o programa. Lembre-se da teoria de estabelecimento de metas, abordada anteriormente neste capítulo. Já que os objetivos podem servir como metas, é preciso que os participantes entendam, aceitem e comprometam-se em atingi-los para ter resultado. Os objetivos com base no diagnóstico de necessidades de treinamento ajudam os funcionários a entenderem a razão pela qual precisam de treinamento e o que precisa ser aprendido. Eles também são úteis na identificação dos tipos de resultados que devem ser medidos para avaliar a eficácia do programa de treinamento.

TABELA 4.6 Características da instrução e do ambiente de trabalho que facilitam o aprendizado e a transferência de treinamento

- Objetivos
- Conteúdo relevante
- Oportunidades de praticar
- Métodos para memorização do conteúdo do treinamento
- *Feedback*
- Observação, experiência e interação social
- Coordenação e organização adequadas do programa de treinamento
- Incentivo à responsabilidade e autogestão do aprendiz
- Garantia de que o ambiente de trabalho apoie o aprendizado e a transferência

Um objetivo de treinamento possui três componentes:[36]

1. Uma afirmação sobre o que se espera que o funcionário faça (desempenho ou resultado)
2. Uma afirmação sobre a qualidade ou nível de desempenho aceitáveis (critério)
3. Uma afirmação sobre as condições sob as quais se espera que o funcionário alcance o resultado desejado (condições)

O objetivo não deve descrever desempenhos que não possam ser observados concretamente, como "compreender" ou "saber". A Tabela 4.7 apresenta verbos que podem ser usados para resultados cognitivos, emocionais ou psicomotores (capacidades e habilidades físicas). O objetivo de um programa de treinamento em serviço ao consumidor para vendedores de varejo, por exemplo, poderia ser "Após o treinamento, o funcionário deverá ser capaz de demonstrar aos clientes enfurecidos que ele se importa com a questão [desempenho] através de um pedido de desculpas sucinto (usando menos de dez palavras), só depois que o cliente houver parado de falar [critério] e independentemente do nível de perturbação do mesmo [condições]". A Tabela 4.8 apresenta as características de bons objetivos de treinamento.

Alguns dos problemas mais comuns relacionados aos objetivos são falta de clareza, objetivos incompletos ou pouco específicos.[37] A Tabela 4.9 apresenta alguns exemplos de objetivos de aprendizagem. Conforme você analisa cada um dos objetivos, identifique se ele conta com os três componentes (desempenho, critério, condições). Esses objetivos são bons? Como poderiam ser melhorados?

TABELA 4.7 Exemplos de desempenho ou resultados para objetivos

Domínio	Desempenho
Conhecimento (recuperação de informações)	Organizar, definir, classificar, listar, recuperar, repetir
Compreensão (interpretação com suas próprias palavras)	Classificar, discutir, explicar, revisar, traduzir
Aplicação (aplicar a uma nova situação)	Aplicar, escolher, demonstrar, ilustrar, preparar
Análise (dividir em partes e demonstrar as relações entre elas)	Analisar, categorizar, comprar, esquematizar, testar
Síntese (agrupar para formar um todo)	Organizar, reunir, montar, propor, estabelecer
Avaliação (críticas com base em critérios)	Avaliar, atacar, argumentar, selecionar, comparar
Recebimento (prestar atenção)	Escutar, perceber, estar alerta
Resposta (participação mínima)	Responder, atender, aprovar, obedecer
Valorização (preferências)	Atingir, supor, apoiar, participar
Organização (desenvolvimento de valores)	Julgar, decidir, identificar-se com, selecionar
Caracterização (filosofia total da vida)	Acreditar, praticar, executar
Reflexos (movimentos involuntários)	Enrijecer, alongar, flexionar
Movimentos fundamentais (movimentos simples)	Engatinhar, caminhar, correr, alcançar
Percepção (resposta a estímulos)	Virar, curvar-se, equilibrar, rastejar
Capacidades físicas (movimentos psicomotores)	Mover objetos pesados, fazer movimentos rápidos
Movimentos hábeis (movimentos avançados adquiridos)	Tocar um instrumento, usar uma ferramenta manual

Fonte: Baseado em H. Sredl and W. Rothwell, "Setting Instructional Objectives," Chapter 16 in *The ASTD Reference Guide to Professional Training Roles and Competencies, Vol. II* (New York: Random House, 1987); and R. Mager, *Preparing Instructional Objectives*, 3d ed. (Atlanta: Center for Effective Performance, 1997).

TABELA 4.8 Características de bons objetivos de treinamento

- Dar uma ideia clara sobre o que se espera que o funcionário seja capaz de fazer ao final do treinamento.
- Incluir padrões de desempenho que possam ser medidos ou avaliados.
- Expor os recursos específicos (p. ex., ferramentas e equipamento) dos quais o funcionário precisa para realizar determinada ação ou comportamento.
- Descrever as condições sob as quais se espera que aconteça o desempenho do objetivo (p. ex., o ambiente de trabalho físico, como durante a noite ou em altas temperaturas; estresse mental, como clientes enfurecidos; ou problemas com equipamentos, como mau funcionamento de computadores).

TABELA 4.9 Exemplos de objetivos de aprendizagem

- Desenvolver uma equipe multifuncional diversificada que seja capaz de competir em um ambiente desafiador para produzir melhoras nos resultados.
- Utilizar habilidades de gestão de conflitos ao deparar-se com um conflito.
- Sorrir para todos os clientes, mesmo se estiver cansado (a menos que o cliente esteja enfurecido).
- Reduzir os defeitos nos produtos de 10 para 7%.
- Listar todos os nós de um DC-3 *multi-switch* corretamente, sem ajuda de um manual como referência.
- Utilizar o *software* com 100% de acurácia, tendo acesso ao guia rápido de referências.

Os funcionários precisam de conteúdo de treinamento relevante

É mais provável que os funcionários aprendam quando o treinamento estiver vinculado às experiências e tarefas de trabalho atuais, ou seja: quando for relevante para eles.[38] Para aumentar a relevância do conteúdo do treinamento, deve-se apresentar a mensagem usando conceitos, termos e exemplos com os quais os participantes estejam familiarizados. Além disso, o contexto do treinamento deve refletir o ambiente de trabalho. O **contexto do treinamento** é o ambiente físico, intelectual e emocional em que ocorre o treinamento. Em um programa de serviço ao cliente para vendedores de varejo, por exemplo, a relevância do material será maior se forem usadas situações que envolvam clientes insatisfeitos que são de fato enfrentadas pelos vendedores nas lojas. Entre as técnicas úteis para convencer os aprendizes da relevância do conteúdo do programa, podemos citar:[39]

- Contar casos em que outras pessoas foram bem-sucedidas ao aplicarem o conteúdo do treinamento, especialmente se forem antigos funcionários.
- Relacionar o conteúdo do treinamento ao que os funcionários já sabem sobre seus trabalhos.
- Mostrar de que forma o treinamento relaciona-se com as metas e com a estratégia da empresa.
- Expor de que forma os participantes podem usar ideias do conteúdo do treinamento no trabalho.
- Conversar sobre exemplos ou casos de bom trabalho e de mau trabalho que os participantes se lembrem de ter visto.
- Repetir a aplicação de ideias em diferentes contextos.
- Apresentar evidências de que o que eles aprenderão durante o treinamento é utilizado por funcionários de alto desempenho em suas ocupações.
- Mostrar como as condições enfrentadas pelos participantes no treinamento são parecidas com as condições no trabalho.
- Oferecer atividades de prática e aplicação que possam ser usadas no trabalho.
- Fornecer materiais impressos ou acesso eletrônico a materiais bem-organizados para que os funcionários possam recorrer aos mesmos durante o trabalho ou usarem-nos para ensinar terceiros.

- Permitir que os participantes escolham suas estratégias de prática e como preferem que o conteúdo do treinamento seja apresentado (p. ex., verbal ou visualmente, tendo problemas como base ou combinando abordagens múltiplas).

Os funcionários precisam de oportunidades para praticar

O termo **prática** refere-se ao ensaio físico ou mental de uma tarefa, conhecimento ou habilidade para alcançar a proficiência na tarefa ou habilidade ou demonstrar o conhecimento. A prática envolve fazer o funcionário demonstrar a competência aprendida (p. ex., estratégia cognitiva, informação verbal) que foi destacada nos objetivos de treinamento em padrões de desempenho e condições especificados. Para que a prática seja eficaz, é preciso que envolva ativamente o participante, contenha reforço de aprendizado (prática repetida), dispense tempo suficiente e inclua a unidade de aprendizagem adequada (quantidade de material). É melhor que haja uma combinação de exemplos e prática, e não somente prática.[40] Isso ajuda a evitar a sobrecarga da memória do aprendiz para que ele possa passar pelos processos cognitivos necessários à aprendizagem (seleção, organização e integração do conteúdo). A visualização de exemplos ajuda os alunos a desenvolverem um novo modelo mental para as habilidades, que podem depois ser usadas na prática. Exemplos de práticas incluem estudos de caso, simulações, dramatizações, jogos e perguntas orais e escritas.

Condições pré-prática

Os instrutores devem focar não só no conteúdo do treinamento como também em formas de permitir aos participantes o processamento de informações de maneira que facilitem o aprendizado e o uso do treinamento no trabalho. No treinamento, há várias medidas que podem ser implantadas antes da prática para aumentar a motivação dos participantes e facilitar a retenção do conteúdo do treinamento, como:[41]

1. Oferecer informações sobre o processo ou estratégia que resultará no melhor aprendizado possível. Por exemplo: em uma aula de serviço ao cliente, informar os funcionários sobre tipos de chamadas que serão recebidas (clientes enfurecidos, solicitações de informações sobre um produto, contestação de uma conta), como reconhecer essas chamadas e como conduzi-las.
2. Incentivar o funcionário a desenvolver uma estratégia (metacognição) que reflita no seu próprio processo de aprendizagem. A **metacognição** diz respeito ao controle individual sobre o próprio pensamento. Duas formas em que os indivíduos praticam a metacognição são monitoramento e controle.[42] Pesquisas mostram que a metacognição, incluindo a autorregulação, promove o aprendizado.[43] A **autorregulação** refere-se ao engajamento do aluno com o material do treinamento e à avaliação do seu próprio progresso rumo ao aprendizado. Os alunos que apresentam autorregulação têm mais chances de aprender de maneira eficaz porque são capazes de monitorar o progresso pessoal, identificar áreas em que precisam melhorar e adaptar a aprendizagem. Isso se mostra particularmente importante para treinamentos *on-line*, nos quais os alunos têm controle sobre a experiência de aprendizado e determinam, por exemplo, a evasão de treinamentos ou quanto esforço estão dispostos a fazer para aprender o conteúdo. A Tabela 4.10 apresenta como os instrutores podem incentivar a autorregulação.
3. Fornecer **organizadores avançados** (esquemas, textos, diagramas e gráficos) que ajudem o funcionário a organizar a informação que será apresentada e praticada.

TABELA 4.10 Exemplos de perguntas que estimulam a autorregulação

- Estou focado no material de treinamento?
- Compreendo os pontos importantes?
- Estabeleço metas para ajudar na memorização do material uma vez que o treinamento seja concluído?
- As táticas de estudo que venho utilizando são eficazes para aprender o material de treinamento?
- Iria melhor no teste se estudasse mais?
- Dediquei tempo suficiente à revisão para me lembrar de informações depois que o treinamento acabar?

Fonte: De T. Sitzmann, "Self-regulating online course engagement," *T+D* (March 2010): 26.

4. Auxiliar os participantes no estabelecimento de domínios ou metas de aprendizado desafiadoras.
5. Criar expectativas realistas para os funcionários ao informar o que acontecerá no treinamento.
6. Quando estiver treinando os funcionários em equipes, informar as expectativas de desempenho e esclarecer os papéis e responsabilidades dos membros da equipe.

A prática envolve experiência

Não haverá aprendizado se a prática dos funcionários for reduzida a conversas sobre o que se espera que eles façam. Usando novamente como exemplo o objetivo do treinamento de serviço ao cliente, a prática deveria envolver a participação dos aprendizes em dramatizações com clientes descontentes (clientes insatisfeitos com a qualidade do serviço, da mercadoria ou das políticas de troca). O treinamento deveria usar uma abordagem de aprendizagem ativa na qual os participantes exploram e fazem experiências para determinar as regras, princípios e estratégias para um desempenho eficaz.[44] Eles deveriam continuar praticando mesmo que já desempenharam o objetivo várias vezes (**reforço de aprendizado**). O reforço de aprendizado ajuda o participante a se sentir confortável usando os novos conhecimentos e habilidades e aumenta a duração da retenção do conhecimento, habilidade ou comportamento.

A sabedoria popular afirma que todos aprendemos mais com os nossos erros do que com os acertos. Contudo, a maioria das pessoas fica frustrada com os erros, o que leva a sentimentos de raiva e aflição. As pesquisas sugerem que, da perspectiva do treinamento, os erros podem ter utilidade.[45] O **treinamento em gestão de erros** implica dar oportunidades aos participantes para que eles cometam erros durante o processo. Eles recebem instrução que reforça que os erros ajudam na aprendizagem, sendo estimulados a cometerem erros e aprenderem com isso. Na verdade, pode ser que os participantes cometam mais erros e levem mais tempo para realizar o treinamento caso ele incorpore o treinamento em gestão de erros. Entretanto, isso ajuda a melhorar o uso que o funcionário faz no trabalho das habilidades aprendidas, ou seja: melhora a transferência do treinamento.

Esse tipo de treinamento é eficaz porque dá ao aprendiz a oportunidade de trabalhar a metacognição (ou seja, planejar como usar o conteúdo do treinamento, monitorar o seu uso e avaliar a forma como é usado). Isso resulta em um nível mais profundo de processamento cognitivo, levando à memorização e recuperação do treinamento. Os instrutores devem considerar a inclusão do treinamento em gestão de erros nos seus programas de treinamento paralelamente às abordagens tradicionais, dando aos aprendizes a chance de cometerem erros ao trabalharem sozinhos em questões e tarefas difíceis e incentivando o uso dos erros como forma de aprender.

É importante ressaltar que simplesmente permitir erros não promove a aprendizagem. Para que eles influam positivamente, é preciso ensinar aos participantes como fazerem de seus erros oportunidades de aprendizado. O treinamento em gestão de erros é especialmente útil quando o conteúdo do treinamento que deve ser aprendido não pode ser abordado em sua totalidade durante uma sessão de treinamento e, consequentemente, os participantes precisam descobrir sozinhos o que fazer ao se depararem com novas tarefas ou problemas.

Prática maciça versus *prática distribuída*

Há evidências de que a frequência da prática influencia na aprendizagem, dependendo do tipo de tarefa sendo treinada.[46] As condições de **prática maciça** são aquelas em que os indivíduos praticam uma tarefa continuamente, sem intervalos. Já em condições de **prática distribuída** os indivíduos têm intervalos nas sessões de treinamento, em geral, ela é superior à prática maciça. Contudo, a diferença na eficácia entre as duas práticas varia conforme as características da tarefa, entre elas: complexidade geral da tarefa, requisitos mentais e requisitos físicos.

A **complexidade geral da tarefa** é o grau em que uma tarefa exige diversos comportamentos diferentes, o número de escolhas envolvido no desempenho da tarefa e o grau de incerteza no seu desempenho. Os **requisitos mentais** referem-se ao grau em que uma tarefa demanda que a pessoa utilize ou demonstre habilidades mentais ou capacidades ou habilidades cognitivas para realizá-la. Os **requisitos físicos** referem-se ao grau em que uma tarefa exige que a pessoa utilize ou demonstre habilidades e capacidades físicas para desempenhar e concluir a tarefa. A Tabela 4.11 mostra as diferenças entre as elas.

Para tarefas de maior complexidade (incluindo tarefas que representam cenários de treinamento, como instrução com base na *web*, palestras e ensino a distância), períodos de descanso relativamente longos parecem ser benéficos para o aprendizado.

Após a prática, os participantes precisam de *feedback* específico para melhorar o aprendizado. Isso inclui *feedback* da própria tarefa ou trabalho, instrutores, gerentes e pares.

TABELA 4.11 Requisitos mentais, físicos e complexidade geral de tarefas

Requisitos mentais	Complexidade geral	Requisitos físicos	Tarefas
Baixo	Baixo	Alto	Perseguição rotativa, digitação, jogo de bola, subida de escada, transferência bilateral, giro da manivela
Alto	Moderado	Baixo	Tarefa de recuperação livre, videogames, língua estrangeira, tarefa de barra deslizante, reconhecimento por voz, palestras em sala de aula, localização de som, discriminação verbal, aprendizagem de labirintos, ligação de pontos, alfabeto de ponta-cabeça, ensino a distância, treinamento *web*
Baixo	Alto	Alto	Habilidades de ginástica, tarefa de equilíbrio
Alto	Alto	Alto	Simulação de controlador de tráfego aéreo, simulação de pasteurização do leite, simulação de controle de aeronaves, memorização de movimentos manuais, tarefa de caixa problema, memorização e execução de música

Fonte: J. Donovan and D. Radosevich, "A meta-analytic review of the distribution of practice effect: Now you see it, now you don't," *Journal of Applied Psychology*, 84 (1999):795-805.

Prática completa versus *prática parcial*

O último ponto relacionado à prática é quanto treinamento deve ser praticado por vez. Uma opção é praticar todas as tarefas ou objetivos ao mesmo tempo (**prática completa**). Outra opção é praticar um objetivo ou uma tarefa individualmente conforme ela for introduzida no programa de treinamento (**prática parcial**). Provavelmente, a melhor forma é empregar tanto a prática completa quanto a parcial em uma sessão de treinamento. Os participantes devem ter a oportunidade de praticar habilidades ou comportamentos individuais e, se as habilidades ou comportamentos introduzidos no treinamento tiverem relação entre si, devem demonstrar todos eles em uma sessão de prática após terem feito práticas individuais.

Um dos objetivos do treinamento em serviço ao cliente para vendedores de varejo é aprender como lidar com um cliente insatisfeito, por exemplo. Provavelmente os vendedores deverão aprender três comportamentos-chave: (1) cumprimentar clientes descontentes, (2) compreender as suas queixas, e depois (3) identificar e tomar a atitude apropriada. Pode-se realizar sessões de prática para cada um dos três comportamentos (prática parcial). Depois, realiza-se outra sessão de prática para que os vendedores pratiquem as três habilidades conjuntamente (prática completa). Caso eles só recebam oportunidades de praticar comportamentos individuais, é pouco provável que sejam capazes de lidar com um cliente insatisfeito.

Condições eficazes de prática

Para que a prática seja relevante para os objetivos de treinamento, várias condições devem ser atendidas.[47] A prática precisa englobar as ações destacadas nos objetivos de treinamento, ser realizada sob as condições determinadas nos objetivos, ajudar os participantes a alcançarem um desempenho que atenda aos critérios ou padrões estabelecidos, oferecer meios para avaliar até que ponto o desempenho deles atende aos padrões e possibilitar que corrijam seus próprios erros.

É preciso que o instrutor identifique o que os participantes farão durante a prática dos objetivos (desempenho), os critérios para alcance do objetivo e as condições sob as quais podem desempenhar os objetivos. Essas condições devem estar presentes na sessão de prática. O próximo passo para o instrutor é refletir sobre a adequação do desempenho dos participantes:

- Eles verão um modelo do desempenho desejado?
- Eles receberão um *checklist* ou descrição do desempenho desejado?
- Eles podem decidir se seu desempenho atende ao padrão, ou o treinador ou um equipamento fará a comparação entre o desempenho deles com os padrões?

O instrutor também precisa definir se os aprendizes são capazes de entender o que está errado e como consertar o erro, caso o desempenho não fique dentro do padrão, ou se precisarão da ajuda de um instrutor ou de um colega para isso.

Funcionários devem memorizar o conteúdo do treinamento

A memória trabalha através do processamento de estímulos percebidos pelos sentidos na memória de curto prazo. Se a informação for classificada como "importante", ela é alocada na memória de longo prazo, onde novas interconexões são feitas entre os neurônios ou conexões elétricas no cérebro. Os instrutores podem auxiliar os funcionários de várias formas no armazenamento de conhecimentos, habilidades, comportamentos e outros treinamentos na memória de longo prazo.⁴⁸ Uma delas é conscientizar os funcionários da forma como criam, processam e acessam a memória, pois é importante que eles entendam a forma como aprendem. Uma apresentação sobre os estilos de aprendizagem (abordados anteriormente neste capítulo) pode servir para determinar como os participantes preferem aprender.

Para criar memória a longo prazo, os programas de treinamento devem ter o conteúdo explícito e serem bastante detalhados. Uma abordagem utilizada pelos instrutores é a criação de um mapa conceitual que mostre as relações entre as ideias. Outra opção é usar diversas formas de revisão, como escrita, desenho ou dramatização. O ensino de palavras-chave, procedimentos e sequências, ou ainda a oferta de representações visuais, proporciona aos funcionários maneiras de recuperar informações. Lembrá-los de conhecimentos, comportamentos e habilidades que já conhecem e que são relevantes para o conteúdo do treinamento atual cria um vínculo com a memória de longo prazo e um *framework* para relembrar novos conteúdos do treinamento. Dicas de recuperação externas também são úteis. Tome como exemplo aquela vez em que você não conseguia encontrar as chaves ou a carteira. Ao tentar lembrar-se, você revisa todas as informações que estejam próximas temporalmente ou que aconteceram antes do sumiço. Muitas vezes você vai até o local em que se lembra de ter visto o objeto pela última vez, já que o ambiente pode dar dicas que ajudam na lembrança.

Pesquisas sugerem que se pode processar no máximo quatro ou cinco elementos de uma vez. Se for preciso ensinar um processo ou procedimento mais longo, a instrução deve ser dada em partes relativamente pequenas ou em sessões mais curtas para que não exceda os limites da memória.⁴⁹ A memória de longo prazo também é aprimorada quando se vai além do aprendizado de tentativa única. Quando um aprendiz demonstra corretamente um comportamento ou habilidade ou relembra um conhecimento, é frequente que se presuma que o indivíduo aprendeu determinada coisa (o que nem sempre é o caso). Fazer os aprendizes revisarem e praticarem em dias variados (reforço de aprendizado) ajuda-os a reter as informações na memória de longo prazo, contribuindo, desta maneira, para automatizar uma tarefa.

A **automatização** refere-se ao processo de tornar o desempenho de uma tarefa, a recuperação de um conhecimento ou a demonstração de uma habilidade tão automática que exija pouca reflexão ou atenção para sua execução, ajudando também a reduzir a demanda de memória.

Outra forma de evitar a sobrecarga dos participantes com materiais complexos é o repasse de trabalhos pré-treinamento que possam ser realizados *on-line* ou usando apostilas.⁵⁰ Os participantes podem se familiarizar com o "básico", como nomes, definições, princípios e características dos componentes, antes de receberem treinamento sobre a aplicação de princípios (p. ex., lidar com clientes enfurecidos) ou sobre o funcionamento de um processo (p. ex., testar patógenos em uma amostra de sangue, trocar a bomba d'água de um carro).

Funcionários precisam de feedback

O *feedback* trata-se de informações sobre o desempenho de um determinado indivíduo quanto aos objetivos do treinamento. Para que seja eficaz, o *feedback* deve focar em comportamentos específicos e ser apresentado o quanto antes após o comportamento observado no participante.⁵¹ O uso de vídeos é uma ferramenta poderosa para o repasse de *feedback,* em que os instrutores assistem ao vídeo junto dos aprendizes, agregando informações específicas sobre como os comportamentos devem ser modificados e elogiando comportamentos que atendem aos objetivos. O *feedback* também pode vir na forma de testes e questionários, observações no local de trabalho, dados de desempenho, intervenção de um mentor ou *coach*, comunicações por escrito ou interações interpessoais.

A especificidade do nível de *feedback* que é dado aos funcionários deve variar caso seja esperado que eles compreendam o que leva ao mau desempenho, e não só ao bom desempenho.[52] Nesse caso, os funcionários precisariam aprender como reagir quando o equipamento apresentasse defeitos e não apenas quando o equipamento estivesse funcionando corretamente, por exemplo. Sendo assim, o *feedback* oferecido durante o treinamento não deveria ser específico a ponto de o funcionário ter conhecimento limitado aos equipamentos em perfeito funcionamento. Os erros, a frequência reduzida de *feedback* ou *feedbacks* menos específicos ocasionam dificuldades que, ao serem enfrentadas durante a prática, podem ajudar os aprendizes a explorarem mais e processarem informações para identificar as respostas certas.

Funcionários aprendem através de observação, experiência e interação

Como foi mencionado anteriormente neste capítulo, uma das maneiras de aprender é através de observação e imitação das ações de modelos. Para que o modelo seja eficaz, comportamentos ou habilidades desejados devem ser especificados claramente e o modelo deve apresentar características (p. ex., idade ou posto) semelhantes às do público-alvo.[53] Tendo observado o modelo, os participantes têm a oportunidade de reproduzir em sessões práticas o que foi mostrado. Segundo a teoria da aprendizagem de adultos, os funcionários aprendem melhor fazendo,[54] o que implica oferecer a eles experiências práticas ou colocá-los junto dos experientes e dar as ferramentas e materiais necessários para que gerenciem suas próprias lacunas de conhecimento.

Os funcionários também aprendem melhor ao interagirem com o conteúdo do treinamento, com o instrutor e com outros alunos.[55] A Tabela 4.12 apresenta três tipos de aprendizagem através da interação e como usá-los. A **interação aprendiz-conteúdo** inclui a leitura de textos na *web* ou em livros, a escuta de módulos multimídia, o desempenho de atividades que exijam a manipulação de ferramentas ou objetos (como a escrita), a realização de estudos de caso e planilhas ou a criação de novos conteúdos com base nas informações aprendidas.

A **interação aprendiz-instrutor** é a troca entre um aluno e um especialista (instrutor). Para facilitar o aprendizado, os instrutores podem apresentar, demonstrar e reforçar o conteúdo. Além disso, o instrutor oferece apoio, incentivo e *feedback* que são valorizados pela maioria dos alunos. As trocas entre aluno e instrutor ajudam o aluno a

TABELA 4.12 Três tipos de interação instrucional

Tipo	Quando usar
Aprendiz-conteúdo	Exige o domínio de uma tarefa que se realize sozinho. Para aprender o processo de estudar informações e agir sobre as mesmas em um contexto de equipe.
Aprendiz-instrutor	Mais adequado à exploração aprofundada de tópicos e para desenvolver a análise e o pensamento críticos como um ponto forte.
Aprendiz-aprendiz	Exige o domínio de uma tarefa que se realize em grupo. Os aprendizes adquirirão novos conhecimentos ou validarão o entendimento através de trocas sobre os conteúdos com seus pares.

Fonte: Baseado em H. Nuriddin, "Building the right interaction," *T+D* (March 2010): 32-35; D. Leonard and W. Swap, "Deep Smarts," *Harvard Business Review* (September 2004): 88-97.

entender o conteúdo, aprimorar a autoconsciência e a autoavaliação, valorizar opiniões diferentes e implantar ideias novas no trabalho. Para ampliar as habilidades de análise e pensamento crítico, as discussões sempre devem ir além de instrutores que fazem perguntas e alunos que dão respostas.

A **interação aprendiz-aprendiz** é a interação entre alunos, com ou sem um instrutor. Essa interação, incluindo a observação e o compartilhamento de experiências com os seus pares, pode ser particularmente útil para treinar habilidades interpessoais (como comunicação), adquirir conhecimento pessoal com base na experiência (como conhecimento tácito sobre como fechar uma venda ou solucionar um conflito) e conhecimento específico sobre o conteúdo (como gerenciamento em uma localidade internacional) e aprender a lidar com a incerteza ou com novas situações (como a comercialização de um novo produto ou serviço).[56]

As **comunidades de prática (COPs)** são grupos de funcionários que trabalham juntos, aprendem uns com os outros e desenvolvem um entendimento conjunto sobre como realizar o trabalho.[57] As COPs podem contar com interações presenciais ou virtuais. Todas as empresas possuem comunidades de prática que surgem naturalmente como resultado das relações desenvolvidas pelos funcionários para realizarem seus trabalhos e como resultado do *design* do ambiente de trabalho.

Na Siemens Power Transmission, em Wendell, na Carolina do Norte, por exemplo, os gerentes buscavam uma maneira de impedir os funcionários de se reunirem no refeitório para terem conversas informais.[58] Isso foi antes de eles descobrirem que, na verdade, essas conversas estimulavam o aprendizado. Em suas discussões, eles desenvolviam estratégias de solução de problemas, compartilhavam informações sobre produtos e procedimentos e davam aconselhamento de carreira uns aos outros. Agora, a Siemens disponibiliza blocos de papel e projetores no refeitório para contribuir com essas reuniões informais. Os gerentes, que antes tinham como foco manter os trabalhadores no trabalho, agora incentivam, oferecem ferramentas e informações essenciais e permitem que os funcionários reúnam-se à vontade.

As comunidades de prática também assumem a forma de redes sociais, fóruns de discussão, servidores de listas e outras formas de comunicação mediada por computadores através das quais os funcionários se comunicam sem dificuldades. Ao fazer isso, pode-se ter acesso ao conhecimento de cada funcionário de forma relativamente rápida. É como se eles estivessem conversando com um grupo de especialistas. A Wyeth Pharmaceuticals possui 11 comunidades de prática com foco em manter a excelência do chão da fábrica.[59] O setor de manutenção usou a sua comunidade de prática para oferecer mais de 600 horas de treinamento em novas tecnologias e processos de manutenção. Como resultado, o equipamento ficou mais confiável e a produtividade foi elevada, aumentando o uso de equipamentos de 72 para 92% em uma das fábricas.

As COPs são mais eficazes para a aprendizagem e a melhoria do desempenho quando gerentes e funcionários acreditam ter contribuído com os processos operacionais centrais da empresa, como engenharia ou qualidade.[60] Ainda que tenham como benefício a melhoria da comunicação, uma das desvantagens das comunidades é que a participação costuma ser voluntária, o que leva alguns funcionários a não compartilharem seus conhecimentos a menos que a cultura organizacional incentive a participação. O funcionário pode relutar em participar sem um incentivo ou mesmo ter receio de que ao compartilhar seu conhecimento com os outros estará entregando a sua vantagem pessoal para casos de decisões sobre salários e promoções.⁶¹ Outra desvantagem em potencial é a sobrecarga de informações a ponto de os funcionários não conseguirem processá-las, o que pode fazê-los deixar a comunidade de prática.

Funcionários precisam que o programa de treinamento seja coordenado e organizado adequadamente

A coordenação do treinamento é um dos vários aspectos da **administração do treinamento**, que é a coordenação de atividades antes, durante e depois do programa.⁶² Ela envolve:

1. Comunicação dos cursos e programas aos funcionários.
2. Inscrição de funcionários em cursos e programas.
3. Preparação e processamento de materiais pré-treinamento, como leituras ou exames.
4. Preparação de materiais que serão usados na instrução (p. ex., cópias de projeções, casos).
5. Organização do local e sala de treinamento.
6. Teste de equipamentos usados na instrução.
7. Posse de equipamentos de *backup* (p. ex., cópias em papel dos *slides* ou uma lâmpada extra para o projetor), caso o equipamento apresente problemas.
8. Oferta de apoio durante a instrução.
9. Distribuição de materiais de avaliação (p. ex., testes, pesquisas de satisfação, levantamentos).
10. Facilitação da comunicação entre o instrutor e os participantes durante e após o treinamento (p. ex., coordenar a troca de endereços de e-mail).
11. Registro de conclusão nos registros de treinamento ou arquivos pessoais dos funcionários.

Uma boa coordenação garante que os participantes não se distraiam com fatores (como uma sala desconfortável ou materiais mal organizados) que poderiam interferir na aprendizagem. As atividades que precedem o programa incluem comunicar aos funcionários o objetivo do programa, o local onde ele será realizado, quem contatar em caso de dúvidas e quaisquer trabalhos que devam ser realizados antes do programa. É preciso preparar livros, caixas de som, folhas impressas e vídeos. Também é preciso reservar salas e equipamentos (como DVD players). A disposição física da sala de treinamento deve complementar a técnica de treinamento. Por exemplo: seria difícil ter uma sessão de formação de equipes eficaz se as cadeiras não pudessem ser movimentadas para atividades em grupo. Já se forem utilizados recursos visuais, é preciso que todos os participantes consigam enxergá-los. Certifique-se de que a sala é confortável e possui iluminação e ventilação adequadas. Deve-se informar aos participantes os horários de início, término e intervalos e a localização dos banheiros. Para minimizar as distrações, como troca de mensagens por telefone, solicite que os celulares sejam desligados durante a sessão. Caso os participantes devam avaliar o programa ou realizar testes para verificar o que foi aprendido, separe um tempo para essas atividades ao final do programa. Após o término, devem-se fazer os créditos e registros dos nomes dos participantes. Os materiais impressos e outros materiais de treinamento devem ser guardados ou devolvidos ao consultor. O fim de um programa também é um bom momento para refletir sobre possíveis melhorias, caso o programa venha a ser oferecido novamente no futuro. Questões práticas sobre a seleção e preparação do local de treinamento e a elaboração de um programa serão abordadas no Capítulo 5.

Incentivo à responsabilidade e autogestão do aprendiz

É preciso que os aprendizes assumam a responsabilidade pelo aprendizado e transferência,[63] o que inclui prepararem-se para o treinamento, envolverem-se com o mesmo e utilizarem seu conteúdo no trabalho. Antes, os funcionários precisam refletir sobre qual é o motivo de participarem do treinamento e definir metas de aprendizado específicas (sozinhos ou com o gerente, preferencialmente) como parte da realização de um plano de ação (os planos de ação serão trabalhados mais adiante neste capítulo). Além disso, eles devem cumprir as tarefas pré-treinamento que forem solicitadas. Durante o treinamento, é importante que os participantes estejam envolvidos, tenham vontade de mudar (p. ex., experimentar novos comportamentos ou aplicar novos conhecimentos) e peçam ajuda aos colegas e gerentes se for preciso.

A **autogestão** refere-se à tentativa de um indivíduo de controlar determinados aspectos da tomada de decisão e comportamentos. Os programas de treinamento devem preparar os funcionários para autogerirem o uso de novas habilidades e comportamentos no trabalho. A autogestão abrange:

1. Determinação do nível de apoio e das consequências negativas do uso de novas competências adquiridas no ambiente de trabalho.
2. Definição de metas para o uso de competências adquiridas.
3. Aplicação de competências adquiridas no trabalho.
4. Monitoramento do uso de competências adquiridas no trabalho.
5. Uso de autorreforço.[64]

Pesquisas sugerem que os funcionários expostos a estratégias de autogestão apresentam níveis mais altos de transferência de comportamentos e habilidades do que aqueles que não têm contato com tais estratégias.[65]

Garantia de que o ambiente de trabalho apoia o aprendizado e a transferência

Não há fórmula mágica para garantir que o treinamento seja transferido. Estratégias eficazes incluem certificar-se de que os aprendizes estejam motivados e que gerentes e colegas apoiem o aprendizado e a sua transferência.[66] Isso é particularmente importante quando se tratam de habilidades abertas, ou seja: os aprendizes têm mais opções sobre o que e como aplicar os princípios treinados. As habilidades fechadas incluem comportamentos fixos que sofrem menos influência dos gerentes, dos pares e do ambiente de trabalho. Além disso, a elaboração do treinamento visando aumentar o conhecimento e a autoeficácia tem uma relação positiva com a transferência de treinamento.

A Tabela 4.13 apresenta uma lista de obstáculos no ambiente de trabalho que podem inibir o aprendizado e a transferência do treinamento. Entre eles estão (1) a falta de apoio de pares e gerentes e (2) fatores relacionados ao próprio trabalho (p. ex., pressão por tempo). Tendo em vista a reestruturação, diminuição e corte de custos que vêm acontecendo em várias empresas, esses obstáculos representam uma realidade comum aos funcionários.

As novas tecnologias, por exemplo, possibilitam que o funcionário tenha acesso a recursos e demonstrações de produtos através da *web* e de DVDs em computadores pessoais. Mas quando os funcionários são treinados para usarem esses recursos e tecnologias de ponta, é comum que fiquem frustrados por não possuírem tais tecnologias no local de trabalho.

TABELA 4.13 Exemplos de obstáculos no ambiente de trabalho que inibem a transferência do treinamento

Condição de trabalho que representa obstáculo	Descrição da influência
■ Pressão por tempo ■ Equipamentos inadequados ■ Poucas oportunidades de usar as habilidades ■ Orçamento inadequado	■ O funcionário enfrenta dificuldades para usar novos conhecimentos, habilidades ou comportamentos.
Falta de apoio dos pares	
■ Os pares desencorajam o uso de novos conhecimentos e habilidades no trabalho. ■ Os pares não estão dispostos a oferecer *feedback*. ■ Os pares enxergam o treinamento como perda de tempo.	■ Os pares não apoiam o uso de novos conhecimentos, habilidades ou comportamentos.
Falta de apoio da gerência	
■ A gerência não aceita novas ideias ou sugestões aprendidas no treinamento. ■ A gerência não conversa sobre oportunidades de treinamento. ■ A gerência é contra o uso de habilidades aprendidas no treinamento. ■ A gerência passa a ideia de que o treinamento é uma perda de tempo. ■ A gerência não está disposta a oferecer reforço, *feedback* e incentivo para que os funcionários utilizem o conteúdo do treinamento.	■ Os gerentes não reforçam o treinamento nem oferecem oportunidades para que se usem novos conhecimentos, habilidades ou comportamentos.

Fonte: Baseada em J. Tracey and M. Tews, "Construct validity of a general training climate scale," *Organizational Research Methods*, 8 (2005): 353-374; R. D. Marx, "Self-managed skill retention," *Training and Development Journal* (January 1986): 54-57.

Esses obstáculos inibem a transferência porque podem ocasionar **retrocessos** que acontecem quando um funcionário utiliza competências já adquiridas e menos eficazes em vez de tentar aplicar a nova competência destacada no programa de treinamento. Os retrocessos para comportamentos e padrões antigos são comuns, mas os funcionários devem evitar o padrão recorrente de recair e usar competências (conhecimentos, habilidades, comportamentos e estratégias) ultrapassadas e ineficazes. Também é preciso que entendam que retrocessos são normais e que estejam preparados para lidar com isso, porque funcionários despreparados para enfrentar retrocessos podem desistir de usar as novas competências (especialmente indivíduos com baixa autoeficácia ou autoestima).

Uma forma de garantir o aprendizado e a transferência do treinamento é certificar-se de que o clima para a transferência seja positivo. O **clima para transferência** diz respeito à percepção que os aprendizes têm sobre uma ampla variedade de características do ambiente de trabalho que facilitam ou inibem o uso de habilidades ou comportamentos treinados. Isso inclui o apoio da gerência e de colegas, a oportunidade de colocar as habilidades em prática e as consequências do uso de competências aprendidas.[67] A Tabela 4.14 apresenta as características de um clima positivo para a transferência de treinamento.

Pesquisas mostram que o clima para transferência do treinamento está fortemente relacionado às mudanças positivas nos comportamentos administrativos e interpessoais dos gerentes após o treinamento. Para apoiar a transferência de treinamento financeiro com foco nas principais métricas de negócio da Southwest Airlines, após o treinamento toda a empresa recebe *checklists* de custos que explicam como os funcionários podem contribuir para o resultado final da empresa.[68] Os gerentes recebem pôsteres grandes que mostram os quatro "números mágicos" da empresa (lucro líquido, medida de custo unitário, margem líquida e o capital investido). Eles têm colunas em branco que os gerentes devem completar e atualizar regularmente para mostrar o desempenho no ano anterior, as metas do ano atual, os resultados até a data e os resultados trimestrais.

Vejamos como o ambiente de trabalho do Vanderbilt University Medical Center (VUMC) apoia a transferência do treinamento. O programa de treinamento de equipes

TABELA 4.14 Características de um clima positivo para aprender transferência de treinamento

Característica	Exemplo
Supervisores e colegas dão incentivo e estabelecem metas para que os aprendizes utilizem novas habilidades e comportamentos adquiridos no treinamento.	Gerentes recém-treinados conversam com seus supervisores e com outros gerentes sobre como aplicar no trabalho o treinamento que receberam.
Atalhos de tarefas: Características do *prompt* de trabalho de um funcionário ou lembretes para usar novas habilidades e comportamentos adquiridos durante o treinamento.	O trabalho de um gerente recém-treinado é elaborado para permitir que ele ou ela utilize as habilidades ensinadas no treinamento.
Consequências de feedback: Supervisores apoiam a aplicação das novas habilidades e comportamentos adquiridos no treinamento.	Os supervisores observam os novos gerentes que utilizam o treinamento.
Ausência de punição: Funcionários não são desencorajados abertamente a utilizarem novas habilidades e comportamentos adquiridos no treinamento.	Quando os gerentes recém-treinados não conseguem usar o treinamento, eles não são repreendidos.
Consequências de reforço extrínseco: Funcionários recebem recompensas extrínsecas por utilizarem novas habilidades e comportamentos adquiridos no treinamento.	Os gerentes recém-treinados que forem bem-sucedidos ao utilizarem o treinamento receberão um aumento salarial.
Consequências de reforço intrínseco: Funcionários recebem recompensas intrínsecas por utilizarem novas habilidades e comportamentos adquiridos no treinamento.	Os supervisores e outros gerentes valorizam novos gerentes que desempenhem o trabalho conforme foi aprendido no treinamento.

Fonte: Adaptado de J. B. Tracey, S. I. Tannenbaum, and M. J. Kavanagh, "Applying trained skills on the job: The importance of the work environment," *Journal of Applied Psychology*, 80(1995): 235-52; E. Holton, "What's *Really* Wrong: Diagnosis for Learning Transfer System Change." In *Improving Learning Transfer in Organizations*, ed. E. Holton and T. Baldwin (San Fransisco: Jossey-Bass, 2003): 59-79.

do VUMC é projetado para educar os participantes quanto a erros de segurança do paciente e como evitá-los, construção de equipes, checagens cruzadas e comunicação, tomada de decisões e *feedback* de desempenho.[69] Antes de iniciar o treinamento, os líderes do VUMC são preparados para ajudar com o êxito do treinamento. Administradores seniores, diretores médicos e funcionários de enfermagem participam de um campo de treinamento que destaca o programa de treinamento de equipes. Realiza-se uma pesquisa sobre clima de segurança para descobrir como cada departamento enxerga as atitudes do VUMC em relação às práticas de segurança e às questões relativas à segurança do paciente. Depois, cada departamento é analisado para localizar erros incorporados que sejam problemas do sistema e para avaliar como a equipe se comunica e como lida com conflitos. Após o treinamento, os supervisores médicos oferecem observações, *coaching* e *feedback*. Para alguns procedimentos são fornecidos *checklists*, como é o caso de transferência de pacientes, administração de medicamentos e sessões de instruções prévias e de realização de balanços. Estes *checklists* ajudam os participantes a usarem as estratégias enfatizadas no treinamento para melhorar a segurança do paciente e a qualidade da assistência. O VUMC também desenvolveu um vídeo que os pacientes devem assistir ao darem entrada no hospital.

Um exemplo interessante que ilustra vários recursos da boa instrução que acabam de ser explicados pode ser encontrado em programas de treinamento do Culinary Institute of America (CIA), que fica na região de Hudson River Valley, distante 90 minutos da cidade Nova Iorque. O CIA, uma das melhores instalações de treinamento para chefes de cozinha do mundo, possui em torno de 2 mil estudantes em tempo integral em seus programas. Os alunos formados pelo CIA trabalham como chefes nos melhores restaurantes do mundo e em cozinhas particulares de prestígio (como a Casa Branca) e dirigem operações de alimentos e bebidas para grandes redes hoteleiras como Marriott, Hyatt,

Radisson e Hilton. Além de oferecer programas de diplomação, o CIA também recebe mais de 6 mil funcionários de diversas empresas que possuem serviços de alimentação.

Quer um instrutor esteja ensinando o corte de carnes ou as técnicas de *sauté*, os ambientes de aprendizado dos programas são basicamente os mesmos. Uma palestra é seguida por uma demonstração e várias horas de prática supervisionada. Depois, o participante recebe um *feedback* do instrutor. Ao longo da sessão de treinamento, o instrutor passa de uma abordagem teórica ao papel de *coach*. Produzem-se vídeos para cada aula que o aluno assistirá, que podem ser vistos nos dormitórios ou no centro de aprendizado audiovisual, onde os alunos analisam as gravações seguindo o seu próprio ritmo.

Os programas do CIA tratam não apenas de aprendizado cognitivo mas também de aprendizado físico e emocional. Além das aulas de culinária, exige-se que os estudantes estudem psicologia, gestão da qualidade total, línguas, marketing, comunicação, gestão de serviços de alimentação e supervisão de equipes. Também constam no currículo preparação física e gerenciamento do estresse. Por quê? Graças ao ambiente de aprendizado criado pelo CIA, o instituto é reconhecido como líder mundial em treinamento gastronômico, oferecendo uma parâmetro para chefes do mundo todo.[70]

ÊNFASE INSTRUCIONAL PARA RESULTADOS DE APRENDIZAGEM

O debate sobre as implicações do processo de aprendizagem para a instrução oferece princípios gerais quanto à facilitação da aprendizagem. Entretanto, é preciso que se entenda a relação entre esses princípios gerais e o processo de aprendizagem. Para aprender cada resultado são necessárias diferentes condições internas e externas. As **condições internas** são processos que devem acontecer dentro do aluno para que se dê o aprendizado, abrangendo a forma como a informação é registrada, armazenada na memória e recuperada. Já as **condições externas** referem-se aos processos no ambiente de aprendizagem que facilitam a mesma, entre as quais pode-se citar o ambiente físico, bem como as oportunidades de praticar e receber *feedback* e reforço. As condições externas devem influenciar diretamente a forma de instrução. A Tabela 4.15 mostra o que é necessário durante a instrução em cada etapa do processo de aprendizagem. Durante o processo de memorização do conteúdo, por exemplo, são necessárias dicas verbais, relações verbais com um contexto relevante, e diagramas e modelos. Se o conteúdo do treinamento não for codificado (ou se for codificado incorretamente), o aprendizado será inibido.

Resumo

Para que o treinamento seja eficaz, é preciso haver aprendizado e sua transferência. Este capítulo iniciou pela definição de aprendizado e transferência de aprendizado e pela identificação das competências que podem ser aprendidas: informações verbais, habilidades intelectuais, habilidades motoras, atitudes e estratégias cognitivas. Para explicar como essas competências podem ser aprendidas, o capítulo abordou várias teorias da aprendizagem: teoria do reforço, teoria da aprendizagem social, teoria do estabelecimento de metas, teorias de necessidades, teoria da expectativa, teoria da aprendizagem de adultos e teoria do processamento de informações. Para entender como assegurar que o que é aprendido seja aplicado no trabalho, falou-se sobre três teorias da transferência de treinamento: elementos idênticos, generalização de estímulos e teoria cognitiva.

TABELA 4.15 Condições internas e externas necessárias aos resultados de aprendizagem

Resultado de aprendizagem	Condições internas	Condições externas
Informação verbal		
Legendas, fatos e proposições	Conhecimentos e informações verbais aprendidas anteriormente Estratégias para a codificação de informações na memória	Prática repetitiva Partes significativas Organizadores avançados Dicas para a recuperação
Habilidades intelectuais		
Saber como		Relação entre conhecimentos novos e adquiridos
Estratégias cognitivas		
Processo de reflexão e aprendizagem	Recordação de pré-requisitos, tarefas semelhantes e estratégias	Descrição verbal de estratégias Demonstração de estratégias Prática com *feedback* Variedade de tarefas que oportunizem a aplicação de estratégias
Atitudes		
Escolha da ação pessoal	Domínio de pré-requisitos Identificação com o modelo Dissonância cognitiva	Demonstração através de um modelo Ambiente positivo de aprendizagem Mensagem forte de uma fonte que tenha credibilidade Reforço
Habilidades motoras		
Ações musculares	Recordação de habilidades motoras Programa de coordenação	Prática Demonstração Redução gradativa de *feedback* externo

Fonte: Baseado em R. M. Gagne and K. L. Medsker, *The Conditions of Learning* (Fort Worth, TX: Harcourt-Brace College Publishers, 1996).

Depois, o capítulo examinou o processo de aprendizagem e suas implicações na forma como as pessoas aprendem. A seção sobre o processo de aprendizagem destacou que tanto os processos internos (expectativa, armazenamento e recuperação) quanto os externos (recompensas) influenciam no aprendizado. Examinou-se a influência potencial dos estilos de aprendizagem. Em seguida, o capítulo abordou a relação entre as implicações do processo de aprendizagem, a transferência de treinamento e a elaboração da instrução. Entre os elementos importantes da elaboração, podem-se citar: fazer os alunos entenderem por que devem aprender, incluir conteúdo relevante, oferecer oportunidades de prática, *feedback* e oportunidades de interação, além de um programa coordenado. Fora isso, a elaboração do programa deve incentivar a autogestão entre os alunos e garantir que o ambiente de trabalho apoie o aprendizado e a transferência.

Palavras-chave

abordagem da generalização de estímulos, *162*
administração do treinamento, *176*
andragogia, *157*
aprendizado, *148*
atitudes, *150*
autoeficácia, *152*
autogestão, *177*
automatização, *173*
autorregulação, *169*

clima para transferência, *178*
codificação semântica, *163*
complexidade geral da tarefa, *171*
comportamentos-chave, *163*
comunidades de prática (COP), *175*
condições externas, *180*
condições internas, *180*
conquistas anteriores, *152*
contexto do treinamento, *168*

elaboração, *164*
ensaio, *164*
estratégias cognitivas, *150*
expectativas, *157, 163*
feedback, *173*
fidelidade, *162*
generalização, *149, 164*
gratificação, *164*
habilidades abertas, *160*
habilidades fechadas, *160*
habilidades intelectuais, *150*
habilidades motoras, *150*
informações verbais, *149*
instrução, *166*
instrumentalidade, *157*
interação aprendiz-aprendiz, *175*
interação aprendiz-conteúdo, *174*
interação aprendiz-instrutor, *174*
manutenção, *149*
memória de trabalho, *163*
metacognição, *169*
modelo, *152*
necessidade, *156*
objetivo, *166*
organização, *164*
organizadores avançados, *169*

orientação por aprendizado, *155*
orientação por desempenho, *155*
orientação por metas, *155*
percepção, *163*
persuasão verbal, *152*
prática, *169*
prática completa, *172*
prática distribuída, *171*
prática maciça, *171*
prática parcial, *172*
recuperação, *164*
reforço de aprendizado, *170*
requisitos físicos, *171*
requisitos mentais, *171*
retrocessos, *178*
teoria cognitiva da transferência, *163*
teoria da aprendizagem social, *152*
teoria do estabelecimento de metas, *154*
teoria do reforço, *151*
teoria dos elementos idênticos, *161*
transferência de treinamento, *148*
transferência distante, *162*
transferência próxima, *162*
treinamento em gestão de erros, *170*
valência, *157*
verificação lógica, *152*

Questões para debate

1. Compare e diferencie duas das teorias a seguir: teoria da expectativa, teoria da aprendizagem social, teoria do reforço e teoria do processamento de informações.
2. Qual condição você considera a mais importante para a ocorrência do aprendizado? Qual você considera a menos importante? Por quê?
3. O aprendizado e a transferência do treinamento estão relacionados? Justifique a sua resposta.
4. De que forma os objetivos instrucionais contribuem para o aprendizado?
5. Suponha que você esteja treinando um funcionário para diagnosticar e consertar um fio solto em uma instalação elétrica. Depois de demonstrar o procedimento a ser seguido, você deixa que o funcionário mostre como se faz. Ele demonstra o processo corretamente e conserta o problema logo na primeira tentativa. Aconteceu o aprendizado? Justifique a sua resposta.
6. O seu chefe diz "Por que eu preciso dizer que tipo de competência de aprendizagem me interessa? Tudo o que eu quero é um programa de treinamento que ensine aos funcionários como prestar um bom serviço ao consumidor!". Explique ao chefe como "bom serviço ao consumidor" pode ser traduzido em diferentes resultados de aprendizagem.
7. De que forma a prática ajuda no aprendizado? O que um instrutor poderia fazer em uma sessão de treinamento para garantir que os aprendizes começassem uma autorregulação?
8. Permitir que os participantes cometam erros durante o treinamento pode ser útil? Explique.
9. Que condições de aprendizagem são necessárias para a retenção a curto e longo prazo do conteúdo do treinamento?
10. O que é transferência próxima? O que é transferência distante? Quais são as suas implicações para a elaboração do treinamento?
11. Como os funcionários podem aprender através da interação? Há tipos de interação que sejam melhores para o aprendizado em certas situações mas não em outras? Explique.
12. Como o ambiente de trabalho pode inibir o aprendizado e a transferência de treinamento? Explique. Quais características do ambiente de trabalho você acha que têm maior influência na transferência do treinamento? Justifique a sua resposta.

13. Você dispõe de uma experiência em sala de aula de um dia, em que você precisa ajudar um grupo de engenheiros e programadores a aprender como tornar-se gerente de projeto. Após o treinamento, eles deverão gerenciar projetos importantes. Fale sobre as características e atividades instrucionais que você utilizará para garantir que esses profissionais aprendam sobre gestão de projetos.

Exercícios de aplicação

1. Usando a fonte que você tiver disponível (revistas, periódicos, conversas pessoais com um instrutor etc.), encontre uma descrição de um programa de treinamento. Tendo em mente o que foi discutido neste capítulo, reflita sobre o processo de aprendizagem e as implicações para a instrução. Avalie o grau em que o programa que você escolheu facilita a aprendizagem. Dê sugestões para melhorar o programa.

2. Você é o diretor de treinamento de uma rede hoteleira, a Noe Suites. Cada hotel Noe Suites possui entre 100 e 150 apartamentos, uma pequena piscina coberta e um restaurante. Os hotéis estão estrategicamente localizados próximos a rampas de acesso a estradas importantes, em cidades universitárias como East Lansing, Michigan e Columbus, Ohio. Você recebe o e-mail a seguir do vice-presidente de operações. Elabore uma resposta.

    Para: Você, Diretor de Treinamento
    De: Vice-presidente de Operações, Noe Suites

    Como você deve saber, um dos aspectos mais importantes do serviço de qualidade é conhecido como "recuperação", ou seja: a capacidade do funcionário de responder de maneira eficaz às reclamações dos clientes. Há três resultados possíveis para uma reclamação de um cliente: o cliente reclama e fica satisfeito com a resposta, o cliente reclama e fica insatisfeito com a resposta ou o cliente não reclama e permanece insatisfeito. Muitos clientes insatisfeitos não reclamam porque preferem evitar confrontos, pois não há uma maneira conveniente de reclamar ou porque não achem que a reclamação vá surtir algum efeito.

    Eu decidi que para melhorar o nível de satisfação do cliente precisamos treinar a nossa equipe no aspecto "recuperação" do serviço ao cliente. A minha decisão teve base nos resultados de grupos focais que realizamos recentemente com nossos clientes. Um dos temas que surgiram nesses grupos focais foi uma certa fraqueza na área de recuperação. No mês passado, por exemplo, um garçom de um de nossos restaurantes derrubou o último pedaço de torta de mirtilo em uma cliente ao servi-la. O garçom não sabia como corrigir o problema a não ser pedindo desculpas.

    Eu decidi contratar dois consultores de renome na indústria de serviços para falar sobre recuperação e oferecer uma visão geral de diferentes aspectos do serviço de qualidade. Estes consultores trabalharam em várias indústrias de serviço e produção.

    Marquei com os consultores uma apresentação dividida em três sessões de treinamento, cada uma com três horas de duração. Haverá uma sessão para cada turno de funcionários (turno da manhã, tarde e noite).

    As sessões terão apresentações e perguntas e respostas. A primeira parte deve durar uma hora e meia. a segunda em torno de 45 minutos. Planejamos um intervalo de meia hora.

    A minha expectativa para o treinamento é que, depois de concluído, a equipe seja bem-sucedida ao recuperar-se de problemas no serviço.

    Como você é um especialista em treinamento, gostaria do seu *feedback* sobre a sessão de treinamento. Mais especificamente, gostaria de saber se você acha que os nossos funcionários aprenderão sobre recuperação se participarem deste programa. Eles serão capazes de recuperarem-se de problemas no serviço em suas interações com os clientes? Que recomendações você teria para melhorar o programa?

3. Identifique o que está errado com cada um dos seguintes objetivos e reescreva-os.

    a. Estar ciente das regras de segurança para a operação da máquina de cortar fita em 3 minutos.

    b. Em posse de um computador pessoal, uma mesa e uma cadeira, inserir os dados em um planilha do Microsoft Excel.

    c. Utilizar a *web* para aprender sobre práticas de treinamento.

    d. De posse de um endereço na cidade de Dublin, Ohio, ser capaz de dirigir a ambulância da estação até este endereço em menos de 10 minutos.

4. Acesse www.nwlink.com/~donclark/hrd/sat.html, a página (em inglês) do Big Dog's Instructional System Design (ISD). Esse *site* é um recurso excelente que trata de todos os aspectos do modelo ISD. Clique em "Learning" e vá até o mapa conceitual ou até a lista de termos abaixo do mapa. Clique em "Learning Styles" e faça a pesquisa Visual, Auditory, and Kinesthetic (VAK). Quais são as implicações do seu estilo de aprendizagem para a maneira como você aprende melhor? Que tipo de ambiente de aprendizagem é mais adequado ao seu estilo? Seja o mais específico possível.

5. Acesse cs.gmu.edu/cne/modules/dau/algebra/algebra_frm.html, um *site* que oferece um tutorial interativo para refrescar a sua memória sobre álgebra (em inglês). Escolha um tópico (como *Fractions*) e revise o módulo referente. O que o módulo inclui para ajudar na eficácia do processo de aprendizagem? Por quê?

6. Acesse http://agelesslearner.com/intros/adultlearning.html, um *site* sobre como os adultos aprendem, criado por Marcia L. Conner (em inglês). Em "How adults learn", clique em "learning styles". Depois, nesta página, clique em "Learning Style Assessment" e faça a avaliação. Quais são as implicações da avaliação para a maneira como você aprende melhor?

7. Acesse www.schneider.com, o *site* da Schneider National, uma empresa transportadora que oferece serviços de logística e transporte rodoviário (em inglês). Clique em "Jobs". Em "Company Drivers", clique em "Driving School Programs". Assista ao vídeo *Schneider, Truck Driving School Graduates*. Que tipos de resultados de aprendizagem são destacados no treinamento? Considerando-se as características da boa instrução abordadas neste capítulo, identifique os recursos do programa de treinamento da Schneider que contribuem para o aprendizado e transferência de treinamento. Explique como cada uma das características identificadas contribui para o aprendizado.

Caso

Plásticos perfeitos

Um pequeno grupo de empresas norte-americanas do setor de plásticos estabeleceu o programa de treinamento Global Standards for Plastic Certification (Padrões Globais para a Certificação de Plásticos, GSPC). O programa é elaborado seguindo uma série de protocolos reconhecidos mundialmente para garantir que trabalhadores tenham conhecimento aprofundado sobre produção, segurança, qualidade e outros elementos do negócio. O GSPC é o único programa de certificação estruturado para o setor de plásticos no mundo e está disponível para várias estratégias de processamento, possuindo três níveis de certificação. O Nível I concentra-se em conhecimentos gerais de uma empresa, com instrução de processamento limitada. O Nível II foca em procedimentos de produção e na capacidade de acompanhar e manter a qualidade do produto. Já o Nível III tem como foco os conhecimentos avançados de moldagem por injeção e a capacidade de usar essas informações no chão da fábrica. Cada um dos níveis impõe uma maior compreensão e responsabilidade do procedimento específico do negócio e da visão global das instalações. Para avançar para o próximo nível, o trabalhador precisa passar por um teste oral padronizado.

Descreva os diferentes tipos de características instrucionais que você acredita que cada um dos níveis desse programa deveria ter para que aconteça o aprendizado e para que os trabalhadores passem no teste oral.

Fonte: Baseado em P. Katen and D. Snyder, "U.S. manufacturers adopt training program," *Plastics News* (July 14, 2008): 7.

Notas

1. R. M. Gagne and K. L. Medsker, *The Conditions of Learning* (Fort Worth, TX: Harcourt-Brace, 1996).
2. M. L. Broad and J. W. Newstrom, *Transfer of Training* (Reading, MA: Addison-Wesley, 1992).
3. B. F. Skinner, *Science and Human Behavior* (New York: Macmillan, 1953).
4. J. Komaki, K. D. Barwick, and L. R. Scott, "A behavioral approach to occupational safety: Pinpointing and reinforcing safe performance in a food manufacturing plant," *Journal of Applied Psychology*, 63 (1978): 434-445.
5. A. Bandura, *Social Foundations of Thought and Action* (Englewood Cliffs, NJ: Prentice Hall, 1986); A. Bandura, "Self-efficacy mechanisms in human behavior," *American Psychologist* 37 (1982): 122-147.
6. Bandura, *Social Foundations of Thought and Action*.
7. M. E. Gist and T. R. Mitchell, "Self-efficacy: A theoretical analysis of its determinants and malleability," *Academy of Management Review*,17 (1992): 183-221.
8. E. A. Locke and G. D. Latham, *A Theory of Goal Setting and Task Performance* (Englewood Cliffs, NJ: Prentice Hall, 1990).
9. Ibid.
10. E. A. Locke et al., "Goal setting and task performance," *Psychological Bulletin*, 90 (1981): 125-152.
11. T. D. Ludwig and E. S. Geller, "Assigned versus participative goal setting and response generalization: Managing injury control among professional pizza drivers," *Journal of Applied Psychology*, 82 (1997): 253-261.
12. S. Fisher and J. Ford, "Differential effects of learner effort and goal orientation on two learning outcomes," *Personnel Psychology*, 51 (1998): 397-420.

13. D. VandeWalle, D. W. Cron, and J. Slocum, "The role of goal orientation following performance feedback," *Journal of Applied Psychology*, 86 (2001): 629-640; R. Noe and J. Colquitt, "Planning for Impact Training: Principles of Training Effectiveness," in *Creating, Implementing, and Managing Effective Training and Development*, ed. K. Kraiger (San Francisco: Jossey-Bass, 2002): 53-79; A. Schmidt and J. Ford, "Learning within a learner control training environment: The interactive effects of goal orientation and metacognitive instruction on learning outcomes," *Personnel Psychology*, 56 (2003): 405-429.

14. A. H. Maslow, "A theory of human motivation," *Psychological Reports*, 50 (1943): 370-396; C. P. Alderfer, "An empirical test of a new theory of human needs," *Organizational Behavior and Human Performance*, 4 (1969): 142-175.

15. D. McClelland, "Managing motivation to expand human freedom," *American Psychologist*, 33 (1978): 201-210.

16. V. H. Vroom, *Work and Motivation* (New York: John Wiley, 1964).

17. M. S. Knowles, "Adult Learning." In *The ASTD Training and Development Handbook*, ed. R. L. Craig (New York: McGraw-Hill): 253-265.

18. M. Knowles, *The Adult Learner*, 4th ed. (Houston: Gulf Publishing, 1990).

19. "Spirited learning," *T+D*, October 2009, 56-58; J. Salopek, "From learning department to learning partner, *T+D*, October 2010, 48-50; J. Salopek, "Keeping knowledge safe and sound," *T+D*, October 2010, 64-66.

20. R. M. Gagne and K. L. Medsker, *The Conditions of Learning* (Fort Worth, TX: Harcourt-Brace, 1996); W. C. Howell and N. J. Cooke, "Training the Human Information Processor: A Review of Cognitive Models,"in *Training and Development in Organizations*, ed. I. L. Goldstein and Associates (San Francisco: Jossey-Bass, 1991): 121-182.

21. R. M. Gagne, "Learning processes and instruction," *Training Research Journal*, 1 (1995/96): 17-28.

22. S. L. Yelonand, and J. K. Ford, "Pursuing a multidimensional view of transfer," *Performance Improvement Quarterly*, 12, 58-78 (1999); K. Kapp, "Matching the right design strategy to the right content," *T+D* (July 2011): 48-52.

23. D. Cameron, "Dreamliner's here: Now learn to fly it," *Wall Street Journal* (November 1, 2011): B3.

24. J. M. Royer, "Theories of the transfer of learning," *Educational Psychologist*, 14 (1979): 53-69.

25. E. L. Thorndike and R. S. Woodworth, "The influence of improvement of one mental function upon the efficiency of other functions," *Psychological Review*, 8 (1901): 247-261.

26. J. F. Reintzell, "When training saves lives," *Training and Development*, 51 (1997): 41-42.

27. J. A. Sparrow, "The measurement of job profile similarity for the prediction of transfer of learning," *Journal of Occupational Psychology*, 62 (1989): 337-341.

28. R. M. Gagne, "Learning processes and instruction," *Training Research Journal*, 1 (1995/96): 17-28.

29. R. Mayer, "Applying the science of learning: Evidence-based principles for the design of multimedia instruction," *American Psychologist* (November 2008): 760-769; R. Clark and R. Mayer, "Learning by viewing versus learning by doing: Evidence-based guidelines for principled learning environments," *Performance Improvement* 47 (2008): 5-13.

30. "Cognitive Strategies," Chapter 6 in Gagne and Medsker, *The Conditions of Learning* (Fort Worth, TX: Harcourt-Brace, 1996); M. Gist, "Training Design and Pedagogy: Implications for Skill Acquisition, Maintenance, and Generalization." In *Training for a Rapidly Changing Workplace*, ed. R. Quinches and A. Ehrenstein (Washington, D.C.: American Psychological Association, 1997): 201-222.

31. D. Kolb, "Management and the learning process," *California Management Review*, 18 (1996): 21-31.

32. D. Kolb, I. Rubin, and J. McIntyre, *Organizational Psychology: An Experimental Approach*, 3d ed. (Englewood Cliffs, NJ: Prentice Hall, 1984): 27-54; M. Delahousaye, "The perfect learner: An expert debate on learning styles," *Training* (March 2002): 28-36.

33. D. Merrill, "Instructional Strategies and Learning Styles: Which takes Precedence?" In *Trends and Issues in Instructional Technology*, R. Reiser and J. Dempsey, eds. (Englewood Cliffs, NJ: Prentice Hall, 2000).

34. H. Dolezalek, "AmeriCredit," *Training* (March 2003): 46-47.

35. R. M. Gagne, "Learning processes and instruction," *Training Research Journal*, 1 (1995/96): 17-28.

36. B. Mager, *Preparing Instructional Objectives*, 5th ed. (Belmont, CA: Lake Publishing, 1997); B. J. Smith and B. L. Delahaye, *How to Be an Effective Trainer*, 2d ed. (New York: John Wiley and Sons, 1987);S. Moore, J. Ellsworth, and R. Kaufman, "Objectives–are they useful? A quick assessment," *Performance Improvement Quarterly*, 47 (2008): 41-47.

37. J. Phillips and P. Phillips, "The power of objectives: Moving beyond learning objectives,"*Performance Improvement* (July 2010): 17-24.

38. K. A. Smith-Jentsch et al., "Can pre-training experiences explain individual differences in learning?" *Journal of Applied Psychology*, 81 (1996): 110-116; S. Caudron, "Learners speak out. What actual learners think about actual training, *Training and Development* (April 2000): 52-27.

39. J. K. Ford et al., "Relationship of goal orientation, metacognitive activity, and practice strategies with learning outcomes and transfer," *Journal of Applied Psychology*, 83 (1998): 218-33; A. Schmidt and J. Ford, "Learning within a learner control training environment: The interactive effects of goal orientation and metacognitive instruction on learning outcomes," *Personnel Psychology*, 56 (2003): 405-429; S. Yelon, L. Sheppard, and J. Ford, "Intention to transfer: How do autonomous professionals become motivated to use new ideas?" *Performance Improvement Quarterly*, 17(2) (2004): 82-103; M. Hequet, "Training no one wants," *Training* (January 2004): 22-28.

40. R. Clark and R. Mayer, "Learning by viewing versus learning by doing: Evidence-based guidelines for principled learning environments," *Performance Improvement*, 47 (2008): 5-13; T. Katz-Navon, E. Naveh, and Z. Stren, "Active learning: When is more better? The case of resident physicians' medical errors" *Journal of Applied Psychology*, 94 (2009): 1200-1209.

41. J. Cannon-Bowers et al., "A framework for understanding pre-practice conditions and their impact on learning," *Personnel Psychology*, 51 (1998): 291-320.

42. A. Schmidt and J. Ford, "Learning within a learner control training environment: The interactive effects of goal orientation and metacognitive instruction on learning outcomes," *Personnel Psychology*, 56 (2003): 405-429.

43. T. Sitzmann et al., "A multilevel analysis of the effect of prompting self-regulation in technology driven instruction," *Personnel Psychology*, 62 (2009): 697-734; T. Sitzmann and K. Ely, "Sometimes you need a reminder: The effects of prompting self-regulation on regulatory processes, learning, and attrition," *Journal of Applied Psychology*, 95 (2010): 132-144.

44. B. S. Bell and S. W. J. Kozlowski, "Active learning: Effects of core training design elements on self-regulatory processes, learning, and adaptability," *Journal of Applied Psychology*, 93 (2008): 296-316.

45. D. Heimbeck et al., "Integrating errors into the training process: The function of error management instructions and the role of goal orientation," *Personnel Psychology*, 56 (2003): 333-61; N. Keith and M. Frese, "Self-regulation in error management training: Emotion control and metacognition as mediators of performance effects," *Journal of Applied Psychology*, 90 (2005): 677-91; N. Keith and M. Frese, "Effectiveness of error management training: A meta-analysis," *Journal of Applied Psychology*, 93 (2008): 59-69.

46. J. Donovan and D. Radosevich, "A meta-analytic review of the distribution of practice effect: Now you see it, now you don't," *Journal of Applied Psychology*, 84 (1999): 795-805.

47. R. M. Mager, *Making Instruction Work* (Belmont, CA: David Lake, 1988).

48. R. Weiss, "Memory and learning," *Training and Development* (October 2000): 46-50; R. Zemke, "Toward a science of training," *Training* (July 1999): 32-36.

49. J. C. Naylor and G. D. Briggs, "The effects of task complexity and task organization on the relative efficiency of part and whole training methods," *Journal of Experimental Psychology*, 65 (1963): 217-224.

50. R. Mayer, "Applying the science of learning: Evidence-based principles for the design of multimedia instruction," *American Psychologist* (November 2008): 760-769.

51. R. M. Gagne and K. L. Medsker, *The Conditions of Learning* (Fort Worth, TX: Harcourt-Brace, 1996).

52. J. Goodman and R. Wood, "Feedback specificity, learning opportunities, and learning," *Journal of Applied Psychology*, 89 (2004): 809-821.

53. P. J. Decker and B. R. Nathan, *Behavior Modeling Training: Principles and Applications* (New York: Praeger, 1985); M. Merril, "First principles of instruction," *Educational Technology Research and Development*, 50 (2002): 43-59; K. Kapp, "Matching the right design strategy to the right content," *T+D* (July 2011): 48-52.

54. S. Caudron, "Learners Speak Out. What actual learners think about actual training."

55. B. Bell and S. W. J. Kozlowski, "Active learning: Effects of core training design elements on self-regulatory processes, learning, and adaptability," *Journal of Applied Psychology*, 93 (2008): 296-316; H. Nuriddin, "Building the right interaction," *T+D* (March 2010): 32-35.

56. D. Leonard and W. Swap, "Deep smarts," *Harvard Business Review* (September 2004): 88-97.

57. D. Stamps, "Communities of practice," *Training* (February 1997): 35-42.

58. D. Goldwasser, "Me, a trainer," *Training* (April 2001): 61-66.

59. M. Weinstein, "Rx for excellence," *Training* (February 2009): 48-52.

60. B. Kirkman et al., "Managing a new collaborative entity in business organizations: Understanding organizational communities of practice effectiveness.", *Journal of Applied Psychology*, 96 (2011): 1234-1245.

61. R. Williams and J. Cothrel, "Four smart ways to run on-line communities," *Sloan Management Review* (Summer, 2000): 81-91.

62. B. J. Smith and B. L. Delahaye, *How to Be an Effective Trainer*, 2d ed. (New York: John Wiley and Sons, 1987); M. Van Wa, N. J Cayer, and S. Cook, *Handbook of Training and Development for the Public Sector* (San Francisco: Jossey-Bass, 1993).

63. J. Barbazette, *Managing the Training Function for Bottom-Line Results* (San Francisco: Pfeiffer, 2008).

64. C. A. Frayne and J. M. Geringer, "Self-management training for joint venture general managers," *Human Resource Planning* 15 (1993); 69-85; L. Burke and T. Baldwin, "Workforce training transfer: A study of the effect of relapse prevention training and transfer climate." *Human Resource Management* (Fall 1999): 227-242; C. Frayne and J. Geringer, "Self-management training for improving job performance: A field experiment involving salespeople," *Journal of Applied Psychology* (2000): 361-372.

65. A. Tziner, R. R. Haccoun, and A. Kadish, "Personal and situational characteristics influencing the effectiveness of transfer of training strategies," *Journal of Occupational Psychology* 64 (1991): 167-177; R. A. Noe, J. A. Sears, and A. M. Fullenkamp, "'Release training: Does it influence trainees' post-training behavior and cognitive strategies?" *Journal of Business and Psychology* 4 (1990): 317-328; M. E. Gist, C. K. Stevens, and A. G. Bavetta, "Effects of self-efficacy and post-training intervention on the acquisition and maintenance of complete interpersonal skills," *Personal Psychology* 44 (1991): 837-861; M. J. Tews and J. B. Tracey, "An empirical examination of post training on-the-job supplements for enhancing the effectiveness of interpersonal skills training," *Personnel Psychology*, 61 (2008): 375-401.

66. B. Bell and S. W. J. Kozlowski, "Active learning: Effects of core training design elements on self-regulatory processes, learning, and adaptability," *Journal of Applied Psychology*, 93 (2008): 296-316; H. Nuriddin, "Building the right interaction," *T+D* (March 2010): 32-35.

67. J. B. Tracey, S. I. Tannenbaum, and M. J. Kavanaugh, "Applying trained skills on the job: The importance of the work environment," *Journal of Applied Psychology*, 80 (1995): 239-252; P. E Tesluk et al., "Generalization of employee involvement training to the job setting: Individual and situations effects," *Personnel Psychology*, 48 (1995): 607-632; J. K. Ford et al., "Factors affecting the opportunity to perform trained tasks on the job," *Personnel Psychology*, 45 (1992): 511-527; E. Holton, R. Bates, and W. Ruona, "Development of a generalized learning transfer system inventory," *Human Resource Development Quarterly*, 11 (2001): 333-360; K. Bunch, "Training failure as a consequence of organizational culture," *Human Resource Development Review*, 6 (2007): 142-163.

68. S. Boehle, "Dollars and sense," *Training* (June 2007): 42-45.

69. P. Keller, "Soaring to new safety heights," *T+D* (January 2006): 51-54.

70. R. Zemke, "Cooking up world-class training," *Training* 34 (1997): 52-58.

Capítulo 5

Elaboração do programa

Objetivos

1. Escolher e preparar um local de treinamento tendo como base a forma como os aprendizes envolvem-se e interagem com o conteúdo e entre si durante o curso.
2. Preparar-se para a instrução usando mapa curricular, plano de aula, documento de elaboração e mapa conceitual.
3. Explicar como a idade dos participantes, as diferenças geracionais e a personalidade podem influir na elaboração do programa.
4. Preparar uma solicitação de proposta e uma lista de questões para avaliar consultores e fornecedores de treinamento.
5. Explicar os elementos da elaboração do programa que devem garantir a transferência próxima e distante do treinamento.
6. Desenvolver um módulo de autogestão para o programa de treinamento.
7. Elaborar tarefas práticas e planos de ação para potencializar o aprendizado e a transferência de treinamento.
8. Fazer recomendações sobre o que os gerentes podem fazer antes, durante e após o treinamento para facilitar o aprendizado e a transferência.
9. Identificar diferentes formas de gerenciar o conhecimento e as condições necessárias para que os funcionários compartilhem conhecimento.

A reelaboração do programa reduz custos e agrada os alunos

A Autodesk, Inc. é líder em *softwares* de *design* tridimensional, engenharia e entretenimento para clientes nas áreas de produção, arquitetura, construção e entretenimento (os 16 últimos ganhadores do Oscar de Melhores Efeitos Visuais usaram *softwares* da Autodesk).

Tradicionalmente, a empresa costumava realizar dois eventos de treinamento anuais para os seus parceiros nos Estados Unidos e no Canadá. Esses eventos recebiam mais de 300 vendedores, que aprendiam sobre os recursos dos novos produtos e sobre a clientela, e mais de 700 engenheiros, que aprendiam sobre como dar suporte. O custo elevado, as demandas de planejamento e o apoio logístico necessário para isso levaram a Autodesk a repensá-los.

A empresa decidiu transformar o evento de treinamento presencial e orientado por um evento virtual com instrutor. Para desenvolver a sala de aula virtual, revisou-se o conteúdo central do programa (que incluía apresentações de PowerPoint® e demonstrações de produtos). O conteúdo de qualidade foi mantido enquanto outros materiais foram revisados ou suprimidos do programa. Para deixar o conteúdo mais envolvente e interativo, e para manter os participantes motivados, desenvolveram-se pesquisas, perguntas e respostas e testes. As perguntas, exercícios e pesquisas prendiam a atenção dos alunos e ofereciam *insight* sobre a ocorrência de aprendizado. Os *designers* instrucionais criaram "salas", onde aconteciam as aulas, e também desenvolveram espaços que ofereciam uma atividade de aprendizagem específica, como a realização de um exercício, e mapas de sessão para os instrutores usarem como esboço para suas apresentações. Isso os ajudou a organizar conteúdos, planejar interações e identificar o suporte técnico necessário. Todos os papéis e responsabilidades do evento de aprendizado virtual foram definidos cuidadosamente, sendo que o moderador era responsável por responder perguntas de alunos e resolver problemas técnicos. Toda a equipe fazia sessões práticas para ajudar o instrutor a ficar confortável ao dar aula e para manter o ritmo acelerado e não perder o interesse dos alunos.

Como resultado da mudança, a Autodesk reduziu a sua pegada de carbono e os gastos com viagem em um milhão de dólares. O treinamento fortemente interativo, virtual e orientado por um instrutor teve como resultado alunos satisfeitos, com maior conhecimento sobre os seus produtos para aumentar as vendas e melhorar o serviço ao cliente.

Fontes: S. Hall, "Virtual instructor-led training: Powerful, not PowerPoint," *T+D* (July 2010): 72-73; *www.autodesk.com* website for Autodesk.

INTRODUÇÃO

Como foi destacado no Capítulo 4, "Aprendizado e transferência do treinamento", para que aconteça o aprendizado e a transferência de treinamento, é preciso que os programas incluam material relevante, objetivos claros, oportunidades de prática e *feedback*, interação com o aluno e um ambiente de trabalho que dê apoio. Entretanto, somente essas características não são o bastante para criar um programa de treinamento eficaz. Para isso, também é preciso que a **elaboração do programa** (organização e coordenação) seja de alta qualidade para potencializar o aprendizado e a transferência de treinamento do aprendiz. A abertura deste capítulo mostrou como a Autodesk reelaborou o seu programa de treinamento para garantir que o conteúdo fosse apropriado, que os instrutores estivessem organizados e preparados, e que os alunos estivessem motivados e interagissem entre si e com o conteúdo.

É importante manter uma perspectiva ampla ao elaborar o treinamento, independentemente de ser um programa, aula ou curso *on-line* ou presencial. Os funcionários devem ser motivados a participar dos eventos de treinamento, utilizar o que aprenderam no trabalho, compartilhar conhecimentos e habilidades com terceiros e continuar adaptando e modificando o conhecimento e as habilidades adquiridas, para atender às mudanças nas necessidades do negócio e do cargo. Isso significa que a elaboração do programa deve abranger não só o que acontecerá durante o treinamento com base em planos de aula, como também a criação das condições adequadas antes do treinamento, para garantir que os participantes estejam dispostos, prontos e motivados para aprender. Além disso, devem-se adotar medidas para garantir que após o treinamento, o conhecimento e as habilidades adquiridas sejam usados no trabalho e compartilhados com outros funcionários.

A Figura 5.1 mostra as três fases do processo de elaboração do programa: pré-treinamento, evento de aprendizagem e pós-treinamento. Como foi visto no Capítulo 3, "O diagnóstico de necessidades", as informações coletadas durante o diagnóstico são importantes para a identificação de atividades adequadas de pré-treinamento, para a elaboração do evento de aprendizagem e para garantir a transferência do treinamento após o seu término. A Fase 1, engloba preparar, motivar e estimular os aprendizes para que participem do evento de aprendizagem. Nessa fase, também se deve garantir que o ambiente de trabalho (ou seja: clima, gerentes e pares) apoie o aprendizado e a transferência. A Fase 2 foca na criação de um ambiente de aprendizado positivo, incluindo o planejamento das atividades que acontecerão durante o treinamento, a seleção de um instrutor qualificado, a escolha de um local de treinamento, a criação de interações positivas com os alunos e de um projeto de verdade para o programa. A Fase 3 envolve a transferência de treinamento e a aplicação do que foi aprendido pelos alunos aos seus trabalhos. Normalmente a maior parte do esforço, atenção e verba tende a ser dedicada à elaboração e seleção do evento de aprendizado propriamente dito. Entretanto, o que acontece antes (pré-treinamento) e depois (pós-treinamento) do evento de aprendizagem pode ser igualmente (se não mais) importante para determinar se os alunos estão motivados para aprender/adquirir novos conhecimentos e habilidades e aplicar/compartilhar/usar o que aprenderam.

Este capítulo aborda questões importantes sobre a elaboração do programa relacionadas às três fases do processo instrucional. O capítulo inicia com abordagem sobre a elaboração de um programa eficaz, incluindo a escolha e preparação de um local, identificação e escolha dos melhores instrutores, e como eles podem organizar o local de treinamento e criar um ambiente instrucional que impulsione aprendizado. Em seguida, o capítulo apresenta currículos, cursos e aulas e demonstra como usar documentos de elaboração e planos de aula. Como muitas empresas não possuem a equipe, os recursos ou a experiência necessários à elaboração de programas de treinamento, o capítulo termina com uma discussão sobre como identificar e selecionar um fornecedor ou consultor de serviços de treinamento. Há ainda uma discussão sobre questões importantes sobre a transferência de treinamento, incluindo como criar um ambiente de trabalho que dê apoio, equipar os aprendizes com habilidades de autogestão e conquistar o apoio de gerentes e pares. Aborda-se ainda o papel da gestão do conhecimento na facilitação do aprendizado e da transferência de treinamento.

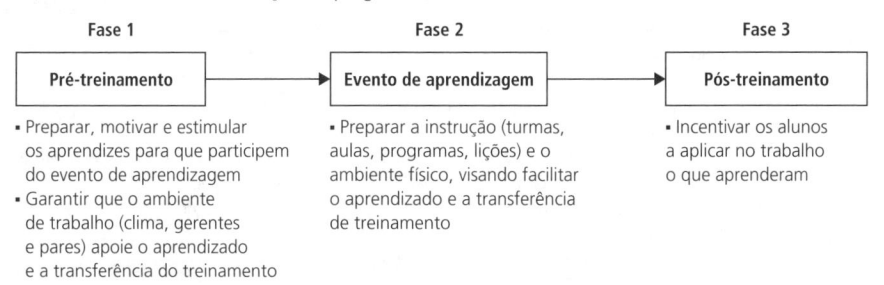

FIGURA 5.1 Processo de elaboração do programa

Fase 1	Fase 2	Fase 3
Pré-treinamento	**Evento de aprendizagem**	**Pós-treinamento**
• Preparar, motivar e estimular os aprendizes para que participem do evento de aprendizagem • Garantir que o ambiente de trabalho (clima, gerentes e pares) apoie o aprendizado e a transferência do treinamento	• Preparar a instrução (turmas, aulas, programas, lições) e o ambiente físico, visando facilitar o aprendizado e a transferência de treinamento	• Incentivar os alunos a aplicar no trabalho o que aprenderam

Fontes: Baseado em J. Zenger, J. Folkman, and K. Sherwin, "The promise of phase 3," *T+D* (January 2005): 31-34; C. Wick, R. Pollock, and A. Jefferson, "A new finish line for learning," *T+D* (July 2009): 64-69; J. Halsey, "How to ENGAGE and bring out the brilliance in everyone," From *www.trainingmag.com*, the website for *Training* magazine, accessed August 3, 2011.

CONSIDERAÇÕES SOBRE A ELABORAÇÃO DE PROGRAMAS EFICAZES
Seleção e preparação do local de treinamento

O **local de treinamento** é o ambiente em que acontecerá o treinamento, e tem as seguintes características:[1]

1. É confortável e acessível.
2. É silencioso, reservado e livre de interrupções.
3. Possui espaço suficiente para que os aprendizes movimentem-se com facilidade e tenham espaços de trabalho adequados, além de oferecer boa visibilidade para que todos enxerguem uns aos outros, o instrutor e qualquer exibição visual ou exemplos usados (p. ex., vídeos, amostras de produtos, gráficos e *slides*).

Detalhes a serem considerados na sala de treinamento

A Tabela 5.1 apresenta as características que devem ser usadas pelo instrutor, *designer* do programa ou gerente para avaliar o local de treinamento. Tenha em mente que muitas vezes os instrutores não podem dar-se ao luxo de escolher o local de treinamento "perfeito". Em vez disso, fazem uma avaliação do local para se familiarizar com os pontos fortes e fracos do ambiente e ajustar o programa de treinamento e/ou a disposição física do local (p. ex., reposicionar o instrutor para que ele fique mais próximo das tomadas e equipamentos eletrônicos).

Tendo em vista que o aprendizado pode ser facilitado através de envolvimento físico e mental, é importante que isso seja levado em conta ao escolher, projetar ou decidir como usar um espaço para treinamento. A Blue Cross Blue Shield de Michigan, por exemplo, mudou seu treinamento para salas de aula com espaços que podem ser reconfigurados conforme a necessidade.[2] Como as aulas de treinamento podem envolver

TABELA 5.1 Detalhes a serem considerados ao avaliar uma sala de treinamento

- *Ruídos.* Verifique a existência de ruídos do sistema de aquecimento ou condicionamento de ar das salas e corredores adjacentes ou que venham de fora do prédio.
- *Cores.* Tons pastel como laranja, verde, azul e amarelo são acolhedores. Variações de branco parecem frios e estéreis. Já cores escuras, como preto e marrom, fecham a sala psicologicamente e são cansativos.
- *Estrutura da sala.* Utilize salas com formato parecido com um quadrado. As salas e assentos estão em desnível? Salas longas e estreitas dificultam a visualização, audição e participação dos *trainees* nas discussões. Veja se existem salas de descanso próximas e disponíveis caso seja necessário.
- *Iluminação.* A fonte principal de iluminação deve ser de lâmpadas fluorescentes. Luzes incandescentes devem ser distribuídas pela sala e usadas com a ajuda de um *dimmer* quando forem feitas projeções.
- *Revestimento de paredes e piso.* Na área de reuniões é aconselhável o uso de carpetes. Dê preferência às cores sólidas, que não tiram a atenção. Nas paredes só devem existir objetos relacionados às sessões.
- *Cadeiras da sala de reuniões.* As cadeiras devem ter rodinhas, suporte giratório e encostos que deem suporte à região lombar.
- *Brilho.* Confira se existe brilho e elimine-o de superfícies metálicas, monitores e espelhos.
- *Teto.* É preferível que se tenha um pé-direito duplo.
- *Tomadas.* Deve haver tomadas a cada dois metros por toda a sala. Também deve haver uma tomada de telefone. O instrutor deve ter tomadas à sua disposição, bem como os participantes (para ligarem seus *laptops*, se for preciso).
- *Acústica.* Verifique a absorção ou reverberação do som em paredes, forro, piso e mobiliário. Faça testes de voz com três ou quatro pessoas para monitorar clareza e a altura.
- *Tecnologia.* Verifique se a sala tem telas permanentes e um computador com acesso à Internet para o instrutor (e para os participantes, se necessário).

Fonte: Baseado em C. L. Finkel, "Meeting Facilities," in the *ASTD Training and Development Handbook*, 3d ed., ed. R. L. Craig (New York: McGraw-Hill, 1996): 978-989.

aprendizado *on-line*, trabalhos em equipe, movimentação física e reflexão silenciosa, os espaços precisam de equipamentos e móveis flexíveis que possam ser movidos dentro da sala (ou retirados para criar mais espaço livre). O segredo é ter uma sala de aula capaz de acomodar uma ampla variedade de atividades e interações instrutor-aprendiz, aprendiz-aprendiz e aprendiz-conteúdo. Em um curso de vendas, por exemplo, os alunos precisam trabalhar em duplas. Usando um mapa desenhado no chão para retratar os passos do processo de vendas, eles caminham por cada uma das etapas, e isso os ajuda a memorizar melhor o processo completo.

Ao escolherem espaços de treinamento, seja na própria empresa ou em um local terceirizado, como um centro de eventos ou um hotel, os instrutores do The Economical Insurance Group (TEIG) levam em consideração o número de participantes para determinar o tamanho da sala e garantir que o espaço físico seja envolvente e promova um sentimento de comunidade entre as pessoas. Eles certificam-se de que o espaço possa incorporar uma mistura de métodos de treinamento com base em tecnologia (como gráficos, multimídia, tecnologia *flash* e ferramentas de *feedback* imediato) e presenciais (como mesas redondas entre pequenos grupos). Além disso, para cursos como treinamento em liderança, o ambiente fora de sala de aula deve ser confortável (com áreas silenciosas, jardins ou um *lounge*) para estimular a criação de uma rede de contatos (*networking*), a criatividade e a inovação.

Às vezes, pode ser que o instrutor tenha que trabalhar em um espaço que não é o ideal. Na Century 21 Real Estate LLC os instrutores sempre conhecem o espaço antes do treinamento para considerarem os pontos fortes e as limitações e saberem usá-los para potencializar o aprendizado. Uma das sessões de treinamento aconteceu, por exemplo, em um hotel e os instrutores precisaram trabalhar com mesas de restaurante. A Steelcase reformou as suas salas de aula para que o conteúdo fosse projetado a partir de diferentes lados da sala e não só da frente, de forma que os alunos olhassem uns para os outros.[3] Os instrutores podem ficar em qualquer local da sala porque usam um controle para projetar conteúdo do *laptop* de qualquer aluno ou instrutor em uma ou mais telas. Além das salas de aula a Steelcase tem lanchonetes e pequenas salas para incentivar a colaboração e a troca de conhecimentos, e áreas mais silenciosas para o trabalho individual.

Disposição dos assentos A disposição dos assentos no local do treinamento deve ter como base o tipo de interação que deseja-se estabelecer entre aprendizes e entre aprendizes e instrutores.[4] A Figura 5.2 mostra várias formas de dispor os assentos.

A disposição de mesas em semicírculo permite que os participantes enxerguem bem de qualquer local da sala. Eles podem transitar facilmente da escuta de uma apresentação para a prática em grupo e ainda comunicar-se com todas as pessoas na sala. Esse tipo de organização também é eficaz para treinamentos em que os participantes trabalhem em grupos para analisar problemas e resumir informações.

Caso o treinamento envolva principalmente a aquisição de conhecimento e os métodos mais usados sejam palestras e apresentações audiovisuais, a disposição tradicional é apropriada. A instrução em sala de aula tradicional possibilita a interação com o instrutor, mas dificulta o trabalho em equipes (especialmente se os assentos forem fixos).

FIGURA 5.2 Exemplos de disposição de assentos

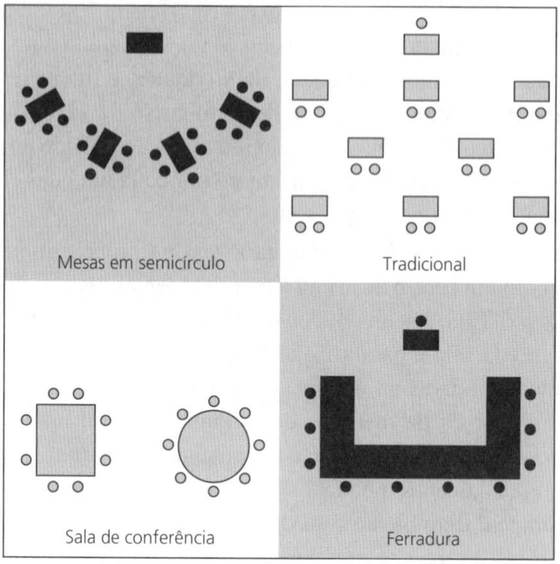

Mesas em semicírculo | Tradicional
Sala de conferência | Ferradura

Fonte: Baseado em F. H. Margolis and C. R. Bell, *Managing the Learning Process* (Minneapolis, MN: Lakewood Publications, 1984).

Se o treinamento dá destaque às discussões com todo o grupo, com poucas apresentações e sem interações em grupos menores, uma disposição do tipo sala de conferência é a mais recomendável. Já se o treinamento demandar tanto apresentações quanto instrução para todo o grupo, a disposição em ferradura é bastante útil.

Escolha de instrutores

Optar por instrutores ou consultores profissionais é uma saída óbvia para as empresas. Externos ou internos, eles devem ser especialistas no assunto e ter experiência em treinamento.[5] Programas do tipo treine o instrutor são necessários para gerentes, funcionários e "especialistas" que tenham conhecimento sobre o conteúdo, mas precisam melhorar suas habilidades em apresentações e comunicação, entender melhor os principais componentes do processo de aprendizagem (p. ex., *feedback*, prática) ou aprender como desenvolver planos de aula. Para isso, pode-se pedir que funcionários e gerentes obtenham certificados que comprovem o domínio de habilidades necessárias a instrutores eficazes. Para aumentar as chances de sucesso em seus primeiros cursos, os novos instrutores devem ser observados ou receber *coaching* e *feedback* de instrutores mais experientes. Ao usarem especialistas da própria empresa no treinamento, é importante que se destaque que esses profissionais devem passar o conteúdo da maneira mais concreta possível (p. ex., usando exemplos), especialmente se o público não estiver familiarizado com o assunto. Os especialistas tendem a usar conceitos mais abstratos e avançados, o que pode confundir os aprendizes.[6]

Usar gerentes e funcionários como instrutores pode aumentar a relevância do conteúdo assimilado do treinamento, pois eles entendem o negócio da empresa e tendem a tornar o conteúdo diretamente aplicável ao trabalho dos aprendizes. Além disso, tê-los presidindo as sessões de treinamento pode aumentar o apoio dos mesmos ao aprendizado e diminuir os custos de contratação de consultores externos. Atuar como instrutor pode ser gratificante para gerentes e funcionários caso sejam reconhecidos pela empresa ou caso a experiência de treinamento esteja vinculada aos seus planos de desenvolvimento pessoal.

A SCC Soft Computer, uma pequena empresa que buscava introduzir uma nova linha de produtos de sistemas de informação clínica para o diagnóstico genético e molecular, precisava de especialistas no assunto para ajudar no desenvolvimento de ferramentas e servir como instrutores para a equipe e os clientes.[7] A contratação de instrutores profissionais com experiência em genética era cara demais. Assim, a SCC criou um curso de treine o instrutor para não instrutores que já tivessem orientado algum tipo de treinamento informal, como demonstrações de produtos durante visitas de clientes. O conteúdo do curso abarcava a aplicação de princípios de aprendizagem para adultos, identificação e desenvolvimento de objetivos de aprendizagem, criação de conteúdo para os objetivos de aprendizagem, criação e uso de ajudas de treinamento, desenvolvimento de um plano de aula e estruturação de uma aula, planejamento da avaliação usando reação, aprendizado, comportamento e resultados (tópico abordado no Capítulo 6) e identificação de formas de transferência de habilidades.

Na Alltel Wireless, uma empresa de comunicação sem fio, os novos instrutores participam de várias aulas para aprenderem o que precisam saber e fazer.[8] Eles também podem trabalhar para obter um certificado de instrutor sênior. Nesse programa os participantes comparecem a um treinamento na empresa ou através de um fornecedor, tendo o seu desempenho avaliado. Ao final de um treinamento sobre centrais de atendimento, por exemplo, o instrutor é avaliado de duas formas. Primeiro, um gerente de treinamento observa a aula e avalia as habilidades instrucionais do novo instrutor. Segundo, o novo instrutor é avaliado com base no número de aprendizes que passam em um teste, comprovando que tenham as habilidades necessárias para trabalhar em uma central de atendimento.

Como os instrutores podem tornar instrução e local de treinamento favoráveis à aprendizagem

No papel de instrutor você pode tomar diversas medidas antes e durante o treinamento, para tornar a sala e a instrução favoráveis à aprendizagem.[9]

Como criar um cenário de aprendizagem

Antes de escolher uma sala de treinamento, pense sobre como se espera que os participantes aprendam. Ou seja: defina até que ponto eles decidem quando, onde e como aprenderão (autodireção), e se o aprendizado acontecerá através da interação (colaboração).[10] A Tabela 5.2 descreve os tipos de sala de treinamento que são adequadas para o nível de autodireção e colaboração necessários ao aprendizado. Uma sala de aula com móveis fáceis de movimentar, por exemplo, contribui para um alto nível de colaboração, mas um baixo nível de autodireção. Ela pode ser usada para palestras, apresentações, discussões e grupos pequenos. Uma sala de ensino a distância que tenha computadores, câmeras e equipamentos processadores de dados dá suporte ao aprendizado que exija baixa colaboração e alta autodireção. Um aprendizado autodirigido que exija baixa colaboração é mais adequado a laboratórios equipados com computadores e *softwares* que suportem o aprendizado *on-line*, o treinamento com base em computadores ou a instrução em *softwares*. É claro que para essas configurações de aprendizado não é imprescindível um espaço dedicado ao treinamento porque

TABELA 5.2   Como combinar salas de treinamento com exigências de aprendizagem

Para aprendizagem que demanda	Salas de treinamento sugeridas
Alta colaboração, baixa autodireção	▪ Salas de aula com salas de descanso ▪ Auditório para palestras com salas de intervalo
Alta colaboração, alta autodireção	▪ Salas de descanso ▪ Sala de projetos ▪ Sala de conferência
Baixa colaboração, baixa autodireção	▪ Sala de aula ▪ Sala de computadores ▪ Auditório para palestras
Baixa colaboração, alta autodireção	▪ Sala de ensino a distância ▪ Laboratório de mídias ▪ Laboratório de computadores

Fontes: Baseado em "Workplace Issues: One in a Series. Learning Environments for the Information Age," disponível no *site* da Steelcase website, **www.steelcase.com** (accessed March 1, 2006), and "Rethinking Higher Education Spaces," disponível em www.steelcase.com (accessed June 12, 2012).

os participantes podem trabalhar a partir de seus computadores pessoais, em casa ou no trabalho. As vantagens e as desvantagens do aprendizado *on-line* são abordadas no Capítulo 8, "Métodos de treinamento com base em tecnologia", mas saiba que os funcionários podem não gostar da ausência de colaboração presencial característica de programas de aprendizado *on-line*.

Pense sobre as exigências físicas da sala de treinamento. Os aprendizes precisam se concentrar e escrever? Precisam enxergar imagens detalhadas? Opte por uma sala que seja grande o suficiente para atender ao seu propósito e não apenas para acomodar um determinado número de pessoas. Evite colocar 25 pessoas em uma sala que comporte 250. Já um número pequeno de pessoas em uma sala muito grande deixa o ambiente impessoal, e elas podem se sentir insignificantes. Pense sobre o *design* da sala com bastante antecedência e trabalhe com o coordenador do local de treinamento para elaborar um cenário que atenda às necessidades de aprendizado.

Preparação de materiais

Ao ocupar a posição de instrutor, você deve conhecer muito bem o conteúdo. Use ensaios mentais e físicos para ajudar a construir a sua confiança e avaliar o ritmo e o momento certo de usar os materiais. Observe instrutores experientes para ter novas ideias. Elabore o treinamento da perspectiva do público, perguntando "E então?" para tudo que planeje fazer. Se for utilizar computadores, CD-ROMs, Internet, ensino a distância ou outras tecnologias, certifique-se de que saiba operar os equipamentos e tenha materiais de *backup*, em caso de problemas com a tecnologia. As suas apresentações devem estar disponíveis em pelo menos dois formatos (p. ex., *slides* de PowerPoint e projeções). Chegue à sala de treinamento com pelo menos 15 minutos de antecedência para conferir se está arrumada corretamente, os materiais disponíveis e a tecnologia ligada. Cumprimente os participantes quando eles entrarem na sala.

Conheça o público: diferenças de idade, geração e personalidade

Para ser um instrutor eficaz, deve-se estar em contato com a cultura geral e acontecimentos do mundo, familiarizar-se com estudos e pesquisas relevantes e conhecer o público.[11] Os instrutores devem estar cientes dos valores compartilhados pelos alunos que possam se basear em idade, personalidade e outras características, como localização geográfica ou profissão. Isso ajudará no uso de linguagem, exemplos, histórias, ilustrações e referências que os alunos possam se identificar por meio de suas experiências.

Diferenças geracionais e de idade   Os tradicionalistas preferem uma sala padrão de treinamento com um ambiente de aprendizado estável e ordenado. Eles não querem se expor para outros participantes, valorizando a apresentação direta de informações e materiais de treinamento que estejam organizados logicamente. Gostam que o instrutor peça que compartilhem experiências ou episódios e também que ofereça conhecimento especializado.

Os *baby boomers* preferem o aprendizado em sala de aula. Eles respondem bem a atividades de treinamento interativas, gostam de atividades em grupo e materiais de treinamento bem-organizados que contenham uma visão geral das informações e uma maneira fácil de acessar outras informações mais detalhadas. Comparados aos outros grupos, são especialmente motivados a aprender se acreditarem que o conteúdo do treinamento trará benefícios pessoais. Eles precisam traduzir os conhecimentos deles em habilidades.

Os integrantes da Geração X preferem um ambiente de aprendizagem autodirigido que inclua métodos tecnológicos, como CD-ROMs e treinamento *web*, seguindo o próprio ritmo de trabalho. Os alunos dessa geração são altamente motivados e enxergam o treinamento como forma de aumentar a empregabilidade. Gostam de aprender fazendo, através de experimentação e *feedback*, e respondem melhor a materiais de treinamento que ofereçam estímulo visual e relativamente poucas palavras.

Ainda que entendam de tecnologia, os integrantes da Geração Y gostam de aprender sozinhos, ajudando outras pessoas a aprender também. Preferem uma abordagem de estudo mista que envolva aprendizado *on-line* no próprio ritmo – para a aquisição de conceitos, ideias e conhecimentos básicos –, seguido de atividades em grupo e práticas em que trabalhem com terceiros em questões, casos e dramatizações.[12] São motivados a aprender habilidades e adquirir conhecimentos que tornem suas vidas profissionais menos estressantes e aumentem a empregabilidade. Valorizam bastante o dinheiro e, portanto, vincular o treinamento a incentivos monetários pode facilitar o aprendizado. Da mesma forma que os integrantes da Geração X, eles preferem atividades de treinamento divertidas e interativas, usando música, artes e jogos. A UPS enfrentava taxas de insucesso muito acima do normal entre os seus motoristas da Geração Y. A ideia inicial era treiná-los usando videogames e simulações. Entretanto, um diagnóstico de necessidades constatou que ainda que esses funcionários quisessem usar tecnologia no treinamento eles também queriam treinamento prático nas habilidades necessárias para serem motoristas bem-sucedidos. Como resultado, as novas instalações de aprendizado Integrad da UPS em Maryland incluíram aprendizado *on-line*, *podcasts* e vídeos, além de treinamento em sala de aula e simulações em direção de caminhões de entrega e entrega de pacotes nas ruas de uma cidade fictícia chamada Clarksville.[13]

O potencial que as diferenças geracionais tem de afetar a aprendizagem sugere que estar ciente das idades e gerações dos alunos é importante porque ajuda os instrutores a criar um ambiente de aprendizagem e desenvolver materiais que correspondam às preferências do aprendiz. Pesquisas recentes que resumem as descobertas de estudos sobre a influência da idade no desempenho em treinamentos descobriram que o treinamento com o ritmo ditado pelo aluno teve a maior influência no desempenho de profissionais com mais de 40 anos.[14] A possibilidade de ditar o próprio ritmo permitiu aos profissionais mais velhos assumir a responsabilidade pelo aprendizado, focar no que deve ser aprendido e entender o treinamento, bem como sua importância. O treinamento em grupos pequenos também foi vantajoso para os profissionais nessa faixa etária. Provavelmente, a maioria dos grupos é composta por uma mistura de gerações. Se bem gerenciados, os funcionários podem aprender bastante com a interação entre gerações diferentes. Os profissionais de todas as faixas etárias precisam sentir que a participação na sessão, ao fazer perguntas, responder e debater as questões, é valorizada e recompensada. Se um grupo de aprendizes inclui todas as gerações, o treinamento deve seguir uma abordagem mista, usando exemplos que incluem representantes de diferentes gerações e abordagens de treinamento variadas (como especialistas, envolvimento do público, trabalho em grupo, atividades de aprendizado autodirigido e aprendizado *on-line*).

Personalidade Além de entender os estilos de aprendizagem dos aprendizes, abordados no Capítulo 4, algumas empresas vêm usando outras ferramentas de avaliação para que os instrutores compreendam melhor as preferências e características dos alunos que frequentarão os cursos e programas. O Grupo de Aprendizagem e Desenvolvimento da PricewaterhouseCoopers (PwC) começou a usar o Myers-Briggs Type Indicator (MBTI) como uma ferramenta para os instrutores entenderem as necessidades e estilos dos alunos.[15] Trata-se de uma ferramenta de avaliação projetada para ajudar os indivíduos a entenderem suas personalidades e como usar suas preferências no trabalho e na vida pessoal. A teoria do MBTI sugere que as personalidades são diferenciadas por quatro dimensões: reunimos informações com ênfase em fatos e detalhes (Sentido ou S) ou em padrões e possibilidades abstratas (Intuição ou N). Tomamos decisões com base em análises lógicas (Pensamento ou T) ou em valores pessoais (Sentimento ou F). Além disso, há diferenças na orientação em relação ao ambiente e como lidamos com ele. Indivíduos Extrovertidos (E) obtêm energia de interações interpessoais, enquanto os Introvertidos (I) obtêm energia de si mesmos. Pessoas com preferência por Julgamento (J) desejam estrutura e fechamento, enquanto Percepção (P) buscam as que preferem ter várias decisões alternativas. A avaliação MBTI resulta em uma classificação de personalidades que está relacionada a cada uma das quatro dimensões citadas anteriormente. Estas dimensões combinam-se para formar 16 tipos de personalidade (p. ex., um indivíduo pode ser ISTJ, ENFP ou INFP).

Os instrutores podem pedir aos alunos que realizem o teste de personalidade antes de participarem dos treinamentos. Depois, eles podem usar as informações sobre os tipos de personalidade para elaborar um treinamento personalizado. Se um instrutor tem uma aula com participantes que apresentam o quesito Sensação alto, por exemplo, isso significa que esses alunos tendem a receber e processar informações através de uma abordagem linear que envolva os cinco sentidos. Consequentemente, o instrutor deveria garantir a inclusão de métodos de treinamento que envolvam vários sentidos. A lógica e a análise têm apelo com alunos Pensadores, enquanto os alunos Empáticos precisam de uma razão pessoal para aprender. Para alunos Pensadores, os instrutores podem destacar a lógica de uma abordagem e, para os Empáticos, deve-se dar ênfase a necessidades pessoais, crenças, valores e experiências. O nível de introversão ou extroversão dos alunos pode ajudar um instrutor a decidir entre o uso de um ambiente de aprendizagem estruturado ou flexível.

Caso não seja possível avaliar com antecedência os estilos de aprendizagem ou personalidade dos participantes, ainda assim pode-se assegurar que pelo menos algumas partes do treinamento agradará a maioria dos alunos. Na American Fidelity Assurance Company, o treinamento enfatiza uma abordagem centrada no aluno para atingir funcionários com diferentes estilos de aprendizagem. Isso significa que em cada curso os instrutores da empresa são incentivados a incluir várias atividades e criar um ambiente de aprendizagem com brinquedos, música, figuras vívidas, tabelas, gráficos e exercícios que exigem trabalho em duplas para estimular a interação.

Pré-treinamento: como aumentar a motivação para aprender através de comunicação, pré-trabalho e envolvimento da gerência

O importante papel da motivação no aprendizado foi abordado no Capítulo 4. Também é essencial comunicar como o curso será relevante e útil. Uma maneira de fazê-lo é compartilhar depoimentos ou exemplos de como outros aprendizes beneficiaram-se do curso. Tarefas de pré-trabalho ou pré-treinamento, como solicitar leituras dos aprendizes, pedir que, enviem por e-mail ou tragam para a aula problemas relacionados ao trabalho, levantar questões que possam ser usadas como exemplos e discutidas durante a aula, ajudam a aumentar a relevância do curso e a motivação em aprender, colaborando para que os alunos venham à aula ou ao programa com um propósito e um foco.

A motivação do funcionário para aprender e usar o conteúdo do treinamento também pode ser melhorada se os gerentes reforçarem a importância da participação deles no treinamento, bem como conversarem sobre as suas expectativas para o uso do conteúdo no trabalho (ou até mesmo para ensinar a outros colegas o que aprenderam no treinamento). Mais adiante neste capítulo abordaremos detalhadamente como conquistar o apoio da gerência.

Ofereça uma visão geral da aula

Ao iniciar uma aula ou *workshop*, é importante dar aos alunos uma ideia do todo (ou seja, o que o curso cobrirá), incluindo objetivos, cronograma, atividades, exercícios e outras informações relevantes.[16] O conceito geral, a utilidade, o objetivo e a relevância para o trabalho devem ser apresentados primeiro, seguido de uma explicação sobre como o curso está estruturado para atingir os seus objetivos. Isso é importante para deixar os alunos no estado mental apropriado ao aprendizado e permitir que entendam o significado e a relevância pessoal e profissional do conteúdo das aulas (lembre-se do que foi discutido no Capítulo 4). Usando um fluxograma ou um esquema do curso, apresente os tópicos gerais e depois subtópicos mais específicos. Também pode-se usar um mapa conceitual para organizar e apresentar o conhecimento, o que ajuda o aluno a organizar o conteúdo na memória. Pode-se também voltar ao fluxograma ou esquema durante a aula para mostrar como o conteúdo abordado se encaixa no curso e tem relação com o próximo assunto. A Figura 5.3 mostra um mapa conceitual para um curso sobre a realização de uma revisão de desempenho eficaz.

Ajude os aprendizes a reterem e relembrarem o conteúdo do treinamento   O uso de mnemônica e metáforas pode ser útil para lembrar de ideias importantes, pois ajuda a relacionar conceitos, comportamentos e conhecimentos que serão aprendidos ao que o aluno já detém. A *mnemônica* utiliza-se de acrônimos, em que a primeira letra da

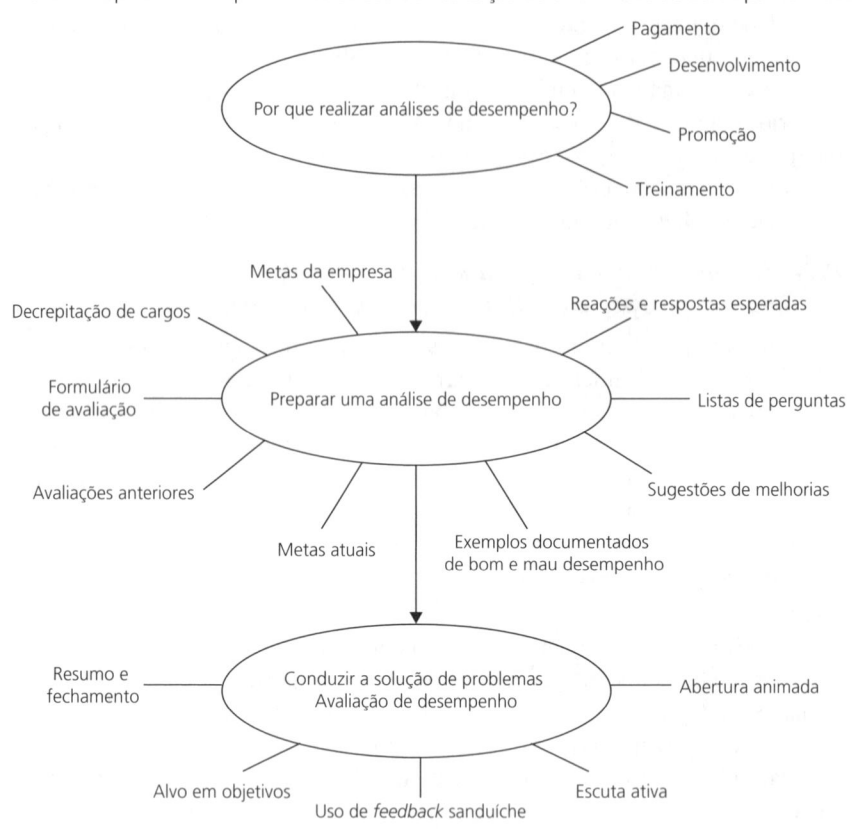

FIGURA 5.3 Mapa conceitual para um curso sobre a realização de uma revisão de desempenho eficaz

Por que realizar análises de desempenho?
- Pagamento
- Desenvolvimento
- Promoção
- Treinamento

Preparar uma análise de desempenho
- Metas da empresa
- Decrepitação de cargos
- Formulário de avaliação
- Avaliações anteriores
- Metas atuais
- Exemplos documentados de bom e mau desempenho
- Reações e respostas esperadas
- Listas de perguntas
- Sugestões de melhorias

Conduzir a solução de problemas — Avaliação de desempenho
- Resumo e fechamento
- Alvo em objetivos
- Uso de *feedback* sanduíche
- Escuta ativa
- Abertura animada

palavra representa um termo ou etapa do processo. Em um curso que destaca um método para a proteção de ideias em reuniões, por exemplo, o acrônimo PIN é usado para ajudar os alunos a lembrarem de identificar os aspectos positivos da ideia (P), apresentar implicações interessantes ou importantes da ideia (I), e só depois de refletirem sobre o valor da ideia, criticá-la (N).[17]

Outra forma de ajudar os aprendizes a memorizarem o que aprenderam é fazer eles refletirem sobre como podem usar o conteúdo do treinamento. Os **exercícios de aplicação** permitem aos aprendizes memorizar o conteúdo do treinamento e aplicá-lo no cenário de trabalho, quando se depararem com as deixas certas (problemas e situações) no ambiente. O uso de exercícios de aplicação no treinamento os ajuda a entenderem a relação entre as competências aprendidas e a aplicação no mundo real, o que facilita a lembrança de determinada competência quando for necessário.

Gestão da sala de aula

Monitore a existência de cadeiras sobressalentes na sala, latas de lixo transbordando e pilhas de materiais que tenham sobrado de sessões de treinamento anteriores. Uma sala bagunçada, desorganizada e pouco convidativa cria distrações ao aprendizado. Dê intervalos com frequência para que os participantes possam sair da sala e regressar prontos para reiniciar a aprendizagem.

Interação com os aprendizes

Na posição de instrutor, você carrega a responsabilidade pela experiência de aprendizado dos participantes do treinamento. Os assuntos abordados, a metodologia utilizada e as expectativas devem ser comunicadas. Você também deve ser dramático para chamar a atenção para pontos importantes. Pesquisas sugerem que os alunos lembram-se melhor do conteúdo do treinamento quando o instrutor demonstra entusiasmo e evita distrações vocais (p. ex., uso de "hum").[18] Também deve-se usar um estilo casual e deixar os alunos à vontade.[19] Você deve saber também que suas expectativas para o aprendizado dos alunos, bem como o seu estereótipo podem estar alinhados aos julgamentos dos alunos (ou seja, uma profecia autorrealizável).[20] Sendo assim, expectativas negativas de um instrutor podem levar a uma avaliação negativa do treinamento por parte dos alunos.[21]

Uma maneira de manter os aprendizes engajados é ter como base tanto o tamanho da sala quanto o número de participantes. Quanto maior for a sala, mais exagerados devem ser os gestos e os movimentos, para ganhar a atenção do público. Já para criar uma sensação de intimidade com o grupo de treinamento, o instrutor deve aproximar-se. Ficar em pé na frente da sala é uma forma de estabelecer autoridade. Uma das melhores alternativas para conquistar a atenção dos aprendizes é propor uma discussão em diferentes pontos da sala. O instrutor deve se esforçar para liderar a instrução sem perder o foco nos alunos, ajudando-os a desenvolver as suas próprias respostas, utilizar ferramentas e técnicas e usar materiais de referência para chegarem a soluções que sejam eficazes no treinamento e no trabalho. Pode-se fazer perguntas que levem os alunos a respostas ou pontos que se queira ressaltar. O instrutor deve empenhar-se em interagir com a sala, pois os alunos podem ter mais experiências, aplicações e exposição aos tópicos do treinamento na vida real do que o instrutor.

Como instrutor, você também deve criar um ambiente de treinamento onde os participantes possam aprender uns com os outros. A Edward Jones, uma empresa de serviços financeiros em St. Louis, Missouri, incentiva o aprendizado por meio da combinação de treinamento com *coaching* e *feedback* constantes. Além disso, o tamanho de uma turma normal não excede 12 alunos, muitas vezes incluindo especialistas no assunto e um instrutor. As sessões de treinamento são no formato de perguntas e respostas, o que engaja os alunos. A Edward Jones também distribui pesquisas durante o curso para descobrir a opinião dos alunos sobre o grau de dificuldade das aulas e se eles acreditam que estão aprendendo. Isso permite que os instrutores adaptem os planos de aula durante o seu andamento para melhorar a aprendizagem. A Tabela 5.3 dá exemplos de como fazer os alunos envolverem-se em uma sessão de treinamento.

Como lidar com alunos-problema

Como lidar com funcionários que não desejam ser treinados mesmo sendo informados com antecedência sobre o curso e sobre como o mesmo se relaciona com o negócio?[22] Primeiro, assuma o comando da sessão, informe as suas referências e diga de forma amigável e assertiva porque o treinamento é importante e como ele irá ajudá-los. Depois, deixe que eles exponham as suas frustrações. Entre os métodos úteis para isso, pode-se pedir para os alunos descreverem o que estariam fazendo se não estivessem no programa, desenharem representações de como a pessoa sentada ao

TABELA 5.3 Exemplos de como envolver os aprendizes

- Preparar e distribuir questões em aberto, relacionadas ao conteúdo, para serem discutidas em grupos menores.
- Usar atividades ou jogos criativos que estejam relacionados ao conteúdo do treinamento.
- Utilizar avaliações ou escalas para que os aprendizes conheçam eles mesmos e os colegas.
- Incorporar as dramatizações.
- Concluir a sessão de treinamento pedindo que os aprendizes (individualmente ou em equipes de uma mesma empresa ou grupo de trabalho) reflitam sobre as seguintes questões: "Como resultado desta sessão, o que você planeja começar, parar ou continuar a fazer?", "Sobre qual assunto você gostaria de ter mais informações?".

Fonte: Baseado em J. Curtis, "Engage Me, Please!" *T+D* (November 2008): 68-73.

lado sente-se em relação ao treinamento ou pedir que se reúnam em grupos menores, sendo que um dos grupos deve fazer uma lista dos dez principais motivos para não estar na aula, e o outro uma lista de dez motivos para estar na aula. Reúna a turma e discuta primeiro os motivos contra e depois a favor. Para aqueles alunos que perturbam, dormem ou interrompem constantemente as sessões de treinamento, cogite usar atividades em que se movimentem, envolvam-se e energizem-se. Somente como último recurso, após esgotar todas as outras opções, peça ao participante disperso que saia da sessão.

Como gerenciar dinâmicas de grupo

Para garantir uma distribuição equilibrada de conhecimento e especialidade nos grupos, peça que os aprendizes sinalizem se consideram-se novatos, experientes ou especialistas em relação ao conhecimento sobre determinado tópico, e organize os grupos de modo que alunos com diferentes níveis de conhecimento possam interagir. Para alterar as dinâmicas em grupo, mude as posições dos alunos dentro da sala. Fique atento às dinâmicas de grupo, circulando pela sala e observando quais grupos estão frustrados ou estagnados, quem afastou-se e quem está dominando o grupo. O papel do instrutor é certificar-se de que todos no grupo tenham a oportunidade de contribuir. Muitas vezes, a disposição dos assentos e o formato da mesa, conferem autoridade aos aprendizes de acordo com o local que ocupam. A cabeceira de uma mesa retangular, por exemplo, é o lugar de uma autoridade. Colocar uma pessoa que fala pouco no "lugar de poder" cria uma oportunidade para que ela assuma um papel de liderança no grupo.

Curso do currículo e elaboração da aula

Tenha em mente que ainda que a responsabilidade pela elaboração do programa de treinamento seja do *designer* instrucional, do profissional de recursos humanos ou do gerente, os "clientes" do programa também devem estar envolvidos nisso. Como já foi visto no Capítulo 3, os gerentes e funcionários participam do processo de diagnóstico de necessidades. Além disso, o papel dessas pessoas inclui analisar protótipos do programa, oferecer exemplos e conteúdo e participar do programa como instrutores.[23]

Um **currículo** é um programa de estudos elaborado para atender a um objetivo de aprendizagem complexo, como a preparação de um aluno para se tornar um vendedor, um técnico certificado em redes de computadores, um enfermeiro licenciado ou um gerente.[24] Um currículo costuma englobar várias disciplinas e focar no desenvolvimento de um conjunto de competências necessárias ao desempenho de um trabalho, e são realizados durante um período mais extenso.

Em comparação com um currículo, uma **disciplina** ou **programa** normalmente cobre objetivos de aprendizagem mais específicos e visa a um número limitado de competências ou habilidades. As disciplinas podem abordar tópicos como negociação, gestão de talentos, serviço ao consumidor e (conforme você aprende) até mesmo treinamento e desenvolvimento. Normalmente, uma disciplina possui unidades ou lições que são seções ou módulos menores, cobrindo diferentes tópicos. O período de tempo para as disciplinas podem variar de algumas horas, um dia inteiro ou até semanas.

Os objetivos de currículos costumam ser mais amplos e menos mensuráveis que os objetivos de disciplinas e lições.[25] Por exemplo: para uma disciplina de gestão de projetos dentro de um currículo, um objetivo poderia ser "Descrever as quatro etapas do ciclo de vida do projeto usando texto e gráficos". Já entre os objetivos para um currículo em gestão de projetos poderíamos encontrar "Aplicar modelos de ajuda na tomada de decisões ao selecionar um projeto". Esse é um objetivo bem mais amplo do que o objetivo de uma disciplina porque descreve conhecimentos, habilidades e capacidades gerais desenvolvidos ao longo do currículo e que provavelmente serão destacados em várias disciplinas.

Mapa curricular

Um **mapa curricular** é uma imagem representando todos os cursos ou disciplinas em um currículo, os caminhos que os alunos podem tomar e as sequências em que as matérias devem ser feitas (p. ex., identificar disciplinas que são pré-requisitos). A Figura 5.4 mostra um exemplo de um mapa curricular para o programa de treinamento em gestão da segurança. Isso inclui:[26]

1. Uma afirmação breve sobre o propósito da disciplina e por que ela é importante.
2. Habilidades necessárias como pré-requisitos para a disciplina.
3. Os objetivos de aprendizagem ou competências abrangidos pela disciplina e os objetivos de apoio, que possibilitem o alcance do objetivo de aprendizagem.
4. O formato do conteúdo e as expectativas para a disciplina. As expectativas podem estar relacionadas ao tipo de conteúdo a ser coberto, como ele será apresentado ou qual será a sua estrutura.
5. O método de oferta do conteúdo (p. ex., *on-line*, sala de aula, aprendizado híbrido).

FIGURA 5.4 Exemplo de um mapa curricular para o programa de treinamento em gestão da segurança

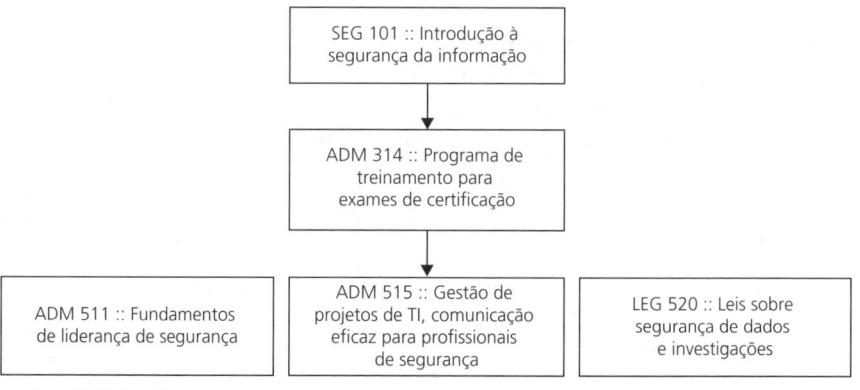

```
SEG 101 :: Introdução à
segurança da informação
          │
          ▼
ADM 314 :: Programa de
treinamento para
exames de certificação
          │
          ▼
ADM 511 :: Fundamentos    ADM 515 :: Gestão de        LEG 520 :: Leis sobre
de liderança de segurança  projetos de TI, comunicação  segurança de dados
                          eficaz para profissionais    e investigações
                          de segurança
```

Fonte: Baseado em SANS Security Management Training Curriculum, from *http://www.suns.org/security-training/curriculums/management*.

Documento de elaboração

Um documento de elaboração pode ser usado para guiar o desenvolvimento do treinamento e explicá-lo aos gerentes, especialistas no assunto, analistas ou outros instrutores. A Tabela 5.4 mostra um modelo de documento de elaboração.[27] As informações para o documento têm base naquilo que foi obtido no diagnóstico de necessidades discutido no Capítulo 3.

O nível de detalhes no documento de elaboração pode variar. O *escopo do projeto* abrange as metas, resultados ou expectativas de realizações para os participantes, uma descrição deles, uma descrição de quanto tempo levará o desenvolvimento da disciplina e os pontos de conferência e tarefas que precisam ser realizadas à medida que ela é desenvolvida e a duração que terá. Para definir a duração de uma disciplina, consideram-se as capacidades dos aprendizes e a disponibilidade deles para o treinamento, os recursos necessários, se a disciplina é parte de um currículo mais extenso, ou se é um curso único, e se há necessidade de desenvolver módulos para a prática de conceitos e habilidades sem sobrecarregar os participantes.

A *oferta* inclui o que será coberto, como será oferecido (p. ex., presencialmente ou *on-line*), uma estimativa da duração do treinamento e a identificação de quaisquer condições ou questões em particular que possam afetar a disciplina (p. ex., problemas para obter o equipamento para dramatizações em vídeo ou para o fornecimento de *feedback*).

Os *objetivos* referem-se aos objetivos da disciplina ou do programa, que são declarações sucintas e mais amplas sobre os seus propósitos.

Os *recursos* dizem respeito aos materiais (estojos, DVDs, vídeos, modelos, mapas do processo, *podcasts*, planos de aula ou guias a serem usados pelos facilitadores ou pelos participantes) que precisem ser adquiridos ou desenvolvidos para a disciplina. *Quem está envolvido* inclui instrutores, *designers* do programa e indivíduos envolvidos na elaboração, oferta e avaliação do programa. O *esquema de tópicos* é um breve esquema dos tópicos cobertos pelo programa. As *relações com outros programas* dizem respeito a outras necessidades, como um programa de treine o instrutor ou a introdução ou inauguração do programa pelo gerente. A Tabela 5.5 exemplifica um documento de elaboração simples para a avaliação de desempenho (ou *feddback* de desempenho) de uma disciplina projetada para melhorar a eficácia de gerentes ao realizar essas avaliações. As sessões de avaliação de desempenho são encontros entre um gerente e um funcionário, em que as forças e as fraquezas do desempenho do funcionário são discutidas, estabelecendo-se metas para melhoria.

Plano de aula ou de disciplina

Os planos de aula normalmente são mais detalhados do que o documento de elaboração, pois incluem os passos específicos relacionados à aula, atividades do instrutor e do aprendiz e o tempo alocado para cada assunto abordado.

TABELA 5.4 Modelo de documento de elaboração

Escopo do projeto	Oferta	Objetivos
■ Meta	■ Conteúdo	■ Recursos
■ Público	■ Método	■ Quem está envolvido
■ Tempo e pontos de verificação da elaboração	■ Hora do treinamento	■ Esquema de tópicos
■ Duração da disciplina	■ Problemas e oportunidades	■ Administração e avaliação
		■ Relações com outros programas

Fonte: Baseado em G. Piskurich, *Rapid Instructional Design* (San Francisco: Pfeiffer, 2006).

TABELA 5.5 Documento de elaboração

- *Propósito:* Preparar os gerentes para conduzirem sessões de análise de desempenho eficazes com seus relatórios diretos
- *Metas:* Os gerentes serão capazes de conduzir uma sessão de análise do desempenho usando a abordagem de solução de problemas
- *Público-alvo:* Gerentes
- *Período de treinamento:* 1 dia
- *Método:* Palestra, vídeo, dramatização
- *Número de participantes por sessão:* 20 a 25
- *Local:* Diversos
- *Pré-requisitos:* Não há
- *Problemas e oportunidades:* Introdução do novo sistema de avaliação de desempenho; o gerente não gosta de conduzir sessões de *feedback*
- *Instrutor:* Caroline O'Connell e facilitadores

Os planos de aula podem ser elaborados para programas com duração de uma semana, um dia ou algumas horas. Se o treinamento transcorrer ao longo de vários dias, um plano de aula é elaborado para cada um deles.

O **plano de aula detalhado** transforma o conteúdo e o encadeamento das atividades de treinamento em um guia que é usado pelo instrutor para ajudar na oferta do treinamento. A Tabela 5.6 representa um plano de aula. Ele oferece uma lista de conteúdos para a atividade de treinamento, que ajuda a garantir que essas atividades sejam consistentes independentemente de quem for o instrutor. Ele também garante que tanto o aprendiz quanto o instrutor estejam cientes dos objetivos da disciplina e do programa. A maioria dos departamentos de treinamento tem planos de aula redigidos que são armazenados em *notebooks* ou bancos de dados eletrônicos. Como os planos de aula são registrados, eles podem ser compartilhados com clientes do departamento de treinamento (gerentes que pagam pelos serviços de treinamento) para fornecer informações detalhadas sobre as atividades e objetivos do programa.

A Tabela 5.7 mostra as características de um plano de aula eficaz. O plano de aula inclui objetivos de aprendizagem, tópicos cobertos, público-alvo, duração da aula, esquema da aula, atividade envolvida, qualquer tipo de preparação ou pré-requisito exigido, como será feita a avaliação do aprendizado e passos para garantir a transferência de treinamento.[28]

Ao desenvolver o esquema da aula os instrutores devem pensar sobre a ordem adequada de introdução dos assuntos, perguntando-se "Quais conhecimentos e habilidades precisam ser ensinados primeiro?". "Em qual ordem os conhecimentos, habilidades e comportamentos devem ser ensinados?". "Qual é a ordem que fará mais sentido para os aprendizes?". Também é importante levar em consideração qual é o público-alvo. Informações sobre treinamento e experiências anteriores, motivação para se inscrever nas aulas, interesses, estilos de aprendizagem e *background* (p. ex., educação e experiência de trabalho) são úteis para escolher exemplos relevantes, determinar o conteúdo do programa, decidir sobre materiais de apoio e cimentar a credibilidade do treinamento. As informações sobre o público-alvo podem ser recuperadas a partir da análise de pessoas do diagnóstico de necessidades (ver Capítulo 3). Para coletar informações adicionais, conversa-se com os "clientes" (p. ex., gerentes) que solicitaram o programa de treinamento e com participantes anteriores do programa (se houver).

Os materiais de apoio incluem equipamentos necessários à oferta de instrução, como computadores, projetores suspensos ou aparelhos de DVD. Os instrutores devem

TABELA 5.6 Modelo de um plano de aula detalhado

Nome da disciplina: Como conduzir uma sessão de análise de desempenho eficaz
Nome da aula: Como usar o estilo solucionador de problemas na análise do desempenho
Duração da aula: Um dia inteiro
Objetivos de aprendizagem: 1. Explicar qual é a finalidade de análises de desempenho. 2. Descrever os passos da preparação para uma análise de desempenho. 3. Descrever os comportamentos usados no estilo solucionador de problemas 4. Demonstrar corretamente os comportamentos adotados em uma dramatização de análise de *feedback*.
Público-alvo: Gerentes
Pré-requisitos: • Aprendiz: Não há • Instrutor: Familiaridade com as abordagens falar e vender, falar e ouvir e solução de problemas utilizadas em entrevistas de avaliação de desempenho.
Disposição da sala: Mesas em semicírculo
Materiais e equipamentos necessários: Projetor, canetas, transparências, DVD player, DVD chamado "Entrevistas de avaliação de desempenho", exercícios de dramatização
Avaliação e exercícios: Dramatização; ler artigo chamado "Como realizar uma entrevista de avaliação eficaz"
Comentário: O artigo deve ser distribuído duas semanas antes da aula.

Atividade em linhas gerais	Tarefa do instrutor	Tarefa do aprendiz	Horário
Introdução e apresentação de motivos para a realização de análises	Apresentação	Escuta	8-8h50
Discussão sobre como preparar uma análise e os passos para a sua realização	Formulação de perguntas	Participação	8h50-10h
Intervalo			10-10h20
Assistir a vídeos sobre três estilos diferentes de análise	Abordagem dos pontos fortes e fracos de cada estilo	Observação	10h20-11h20
Almoço			11h30-13h
Apresentação, com vídeos, de oito comportamentos-chave do estilo solucionador de problemas	Apresentação	Escuta	13-14h
Dramatização	Assistência ao exercício	Prática com uso de comportamentos-chave	14-15h
Encerramento	Responder perguntas	Fazer perguntas	15-15h15

providenciar a aquisição de quadros brancos, *flip charts* ou marcadores que serão usados nas aulas. Da mesma forma, os exercícios para prática ou preparação dos aprendizes, como leituras, exercícios de dramatização, avaliações ou pré-testes precisam ser solicitados ou reproduzidos (uma vez que se tenham permissões de *copyright*). Em termos de atividades de instrutores e aprendizes, o foco deve ser em garantir que a aula tenha tantos recursos para um processo de aprendizagem positivo quanto possível, incluindo comunicação de objetivos, *feedback*, oportunidades de praticar, de compartilhar experiências e de fazer perguntas e uso de modelos ou demonstração. Entre as estratégias de transferência e retenção, podemos citar salas de bate-papo, reuniões de acompanhamento com o gerente e planejamento de ações. Estas estratégias serão abordadas mais adiante neste capítulo.

Os quatro objetivos de aprendizagem da aula "Como conduzir uma sessão de análise de desempenho eficaz" constam na Tabela 5.6. Os oito comportamentos-chave referidos na seção "Objetivos de aprendizagem" são os seguintes: (1) explique o propósito da reunião; (2) peça ao funcionário que conte o que fez para merecer reconhecimento;

TABELA 5.7 Características de um plano de aula eficaz

Característica	
Objetivos ou resultados de aprendizagem	▪ A aula foi elaborada com que finalidade? ▪ Qual é o padrão para a aprendizagem bem-sucedida?
Público-alvo	▪ Quem participará da aula? Quais são as características do público?
Pré-requisitos (aprendizes e instrutor)	▪ O que os aprendizes precisam fazer antes de poderem beneficiar-se das aulas? Quem está habilitado para participar do programa? Quem está habilitado para atuar como instrutor?
Duração	▪ Quanto tempo será dedicado para cada parte da aula?
Esquema da aula	▪ Quais são os tópicos que serão abordados? Em qual ordem?
Atividade	▪ Quais serão os papéis dos aprendizes e do instrutor durante cada um dos tópicos abordados?
Materiais de apoio	▪ Que materiais e/ou equipamentos são necessários para a oferta da instrução ou para facilitá-la?
Ambiente físico	▪ Há necessidade de um determinado tamanho ou disposição de sala?
Preparação	▪ Os aprendizes têm tarefas de casa que devem ser realizadas antes das aulas? ▪ O que o instrutor precisa fazer?
Tópico da aula	▪ Que tópico será abordado na aula?
Avaliação	▪ Como a aprendizagem será avaliada (p. ex., testes, dramatizações)?
Transferência e retenção	▪ O que será feito para garantir que o conteúdo do treinamento seja usado no trabalho?

Fontes: Baseado em R. Vaughn, *The Professional Trainer* (Euclid, OH: Williams Custom Publishing, 2000); R. F. Mager, *Making Instruction Work*, 2d ed. (Atlanta, GA: Center for Effective Performance, 1997); L. Nadler and Z. Nadler, *Designing Training Programs*, 2d ed. (Houston, TX: Gulf Publishing, 1992); Big Dog's Human Resource Development website, *www.nwlink.com/donclark/hrd.html*.

(3) peça ao funcionário para descrever o que deve parar de fazer, começar a fazer ou fazer diferente; (4) peça que o funcionário indique áreas em que você pode lhe dar assistência; (5) dê ao funcionário a sua opinião quanto ao desempenho dele; (6) questione quais são as preocupações do funcionário quanto a sua avaliação e escute o que ele tem a dizer; (7) concordem quanto a passos e ações a serem tomados por vocês dois; e (8) combinem um encontro de acompanhamento.[29]

Entre os pré-requisitos estão (1) a organização do local de treinamento, do equipamento e dos materiais necessários; (2) a preparação do instrutor; e (3) os pré-requisitos para o participante. No exemplo, o instrutor precisa de um computador com DVD player para mostrar um vídeo sobre estilos de *feedback* de desempenho. Ele também precisa de um projetor suspenso para registrar os argumentos elaborados pelos aprendizes durante a discussão planejada sobre as forças e fraquezas dos estilos apresentados no vídeo. A sala deve ser disposta com mesas em semicírculo para que os participantes enxerguem o instrutor e também uns aos outros. Além disso, esta disposição é boa para exercícios de dramatização que exijam que os participantes trabalhem em grupos de dois ou três.

Os pré-requisitos para o aprendiz referem-se a qualquer preparação, habilidades básicas ou conhecimentos que ele deve deter antes de participar do programa. Reveja a discussão sobre habilidades básicas no Capítulo 3. Os pré-requisitos para o instrutor indicam o que ele precisa fazer para se preparar para a sessão (p. ex., alugar equipamentos ou revisar a sessão de treinamento do dia anterior) e quaisquer qualificações educacionais necessárias. Os planos de aula também podem abordar como a lição será avaliada e os exercícios e tarefas que os aprendizes deverão realizar. Neste exemplo, eles devem ler um artigo sobre como realizar uma entrevista de *feedback* de desempenho eficaz. O instrutor precisa estar familiarizado com: o propósito da avaliação de desempenho, a preparação para essa análise e quais são os comportamentos usados em entrevistas de *feedback* de desempenho.

Visão geral do plano de aula

A **visão geral do plano de aula** combina as principais atividades do programa de treinamento a horários ou intervalos de tempo específicos.[30] A Tabela 5.8 dá um exemplo de visão geral de um plano de aula para o treinamento em *feedback* de desempenho.

A montagem de uma visão geral do plano de aula ajuda o instrutor a determinar quanto tempo precisa ser alocado para cada tópico coberto pelo programa. Esse plano também é útil para determinar quando os instrutores são necessários durante o programa, quanto tempo dos participantes será demandado, os intervalos para lanches, almoço e jantar e as oportunidades de praticar e receber *feedback*. Para o treinamento em *feedback* de desempenho, o plano de aula mostra que mais ou menos a metade da duração do treinamento é dedicada ao aprendizado ativo por parte dos aprendizes (discussões, dramatizações, sessão de perguntas e respostas).

A experiência do Health Partners, que administra a cobertura do Medicaid e do Medicare para pacientes na Filadélfia, Pensilvânia e arredores, ilustra a importância do planejamento de aula e da elaboração do programa.[31] A empresa instalou uma grande atualização no seu sistema de processamento de dados mas a maioria dos funcionários não estava familiarizada com as mudanças. Para realizar o treinamento, a Health Partners identificou os funcionários que estavam familiarizados e solicitou que atuassem como instrutores em meio turno. Em vez de oferecer aulas que durassem o dia todo, entediantes e pesadas, a equipe de treinamento dividiu o treinamento em várias sessões de 45 minutos para que os funcionários conseguissem facilmente encaixar em suas agendas de trabalho. O currículo foi organizado por departamento e não por tarefas, e equipes de outros departamentos foram convidadas a participar do programa para que pudessem entender como toda a empresa utilizava o sistema. Uma parte do horário de treinamento era dedicada a conversar com os funcionários sobre o estresse advindo de mudanças no ambiente de trabalho e os benefícios do novo sistema. As equipes de gestão também encontravam-se frequentemente com os instrutores para os atualizarem sobre os tipos de problemas enfrentados pelos funcionários ao trabalharem com o novo sistema, de forma que essas questões pudessem ser incorporadas ao treinamento.

TABELA 5.8 Exemplo de visão geral da aula

8-8h50	Introdução. Por que realizar análises de desempenho?
8h50-10h	Conversa sobre como se preparar e os passos para a análise solucionadora de problemas
10-10h20	Intervalo
10h20-11h30	Visualização de vídeos de três estilos de *feedback* de desempenho. Discussão de forças e fraquezas de cada estilo
11h30-13h	Almoço
13h-14h	Apresentação e vídeo de oito comportamentos-chave da abordagem solucionadora de problemas
14h-15h	Dramatizações
15-15h15	Fechamento (perguntas e respostas)

Como escolher um fornecedor ou consultor de serviços de treinamento

Entre os fornecedores, podem estar consultores independentes, empresas de consultoria, empresas especializadas na elaboração e comercialização de programas de treinamento ou instituições acadêmicas. Muitas empresas utilizam solicitações de proposta para identificar vendedores e consultores que ofereçam serviços de treinamento.[32] Uma **solicitação de proposta** (*request for proposal*, RFP) é um documento que esboça, para possíveis vendedores e consultores, o tipo de serviço que a empresa está buscando, o tipo e o número de referências necessárias, o número de funcionários que precisam ser treinados, os fundos para o projeto, o processo de acompanhamento usado para determinar o nível de satisfação e o nível do serviço, a data em que se espera finalizar o projeto e a data em que as propostas serão recebidas pela empresa. A RFP pode ser enviada a consultores e fornecedores potenciais ou divulgada no *site* da empresa. Ela é importante porque oferece um conjunto-padrão de critérios para avaliar todos os consultores, ajudando a eliminar a necessidade de avaliar fornecedores que não possam prover os serviços necessários.

Normalmente, a RFP identificará vários fornecedores que atendem aos critérios e o passo seguinte será a escolha do provedor favorito. A Tabela 5.9 dá exemplos de perguntas que podem ser feitas aos fornecedores. Os gerentes e instrutores devem investigar a reputação de cada um, entrando em contato com outros clientes e com organizações competentes, como é o caso da American Society for Training and Development (ASTD) nos Estados Unidos. Deve-se avaliar a experiência do consultor (p. ex., em que indústrias ele trabalhou?). Os gerentes devem considerar cuidadosamente os serviços, materiais e taxas apresentadas no contrato de consultoria. Não é raro que os materiais de treinamento, como manuais e folhetos, sejam de propriedade do consultor, por exemplo. Se a empresa desejar usar os materiais para treinamentos no futuro, é preciso pagar taxas adicionais ao consultor.

Ao optar por um consultor ou outro fornecedor externo, também é importante saber até que ponto o programa de treinamento será personalizado tendo como base as necessidades da empresa ou se o consultor oferecerá serviços de treinamento com base em um *framework* genérico que é aplicado a várias organizações diferentes. A Towers Perrin, uma empresa de consultoria reconhecida e bem-sucedida de Nova Iorque, afirmou para vários clientes que estudaria profundamente as empresas e ofereceria um programa de treinamento personalizado para atender as necessidades de

TABELA 5.9 O que perguntar para fornecedores e consultores

- Quanta e que tipo de experiência a sua empresa tem na elaboração e oferta de treinamento?
- Quais são as qualificações e experiências da sua equipe?
- Você pode fornecer demonstrações ou exemplos de programas de treinamento desenvolvidos anteriormente?
- Você pode oferecer referências de clientes para os quais trabalhou?
- Você tem comprovações de que os seus programas funcionam?
- Quais métodos de *design* instrucional você utiliza?
- Como os seus produtos e serviços encaixam-se às nossas necessidades?
- O que você pode dizer sobre custos recorrentes, como aqueles relativos à administração, atualização e manutenção do programa de treinamento? Você oferece suporte técnico?

Fontes: Baseado em R. Zemke and J. Armstrong, "Evaluating Multimedia Developers," *Training* (November 1996): 33-38; B. Chapman, "How to Create the Ideal RFP," *Training* (January 2004): 40-43; M. Weinstein, "What Vendors Wished You Knew," *Training* (February 2010):122-125.

cada uma. Entretanto seis empresas (incluindo Nissan North America, Thompson Consumer Electronics e Harris Bank) receberam exatamente as mesmas 18 recomendações (p. ex., separar o conceito de ações afirmativas do conceito de gestão da diversidade).[33]

Quanto tempo um fornecedor ou consultor leva para desenvolver um programa de treinamento? A resposta é: depende.[34] Alguns consultores estimam que o tempo de desenvolvimento varia de 10 a 20 horas para cada hora de instrução. Conteúdos altamente técnicos podem exigir reuniões mais frequentes com especialistas no assunto, aumentando o tempo em até 50%. Para programas *on-line*, móveis ou de realidade virtual, o tempo de desenvolvimento varia entre 300 e 1.000 horas por hora de programa, dependendo da quantidade de animações, gráficos, vídeos e áudio, de quanto conteúdo novo precisa ser desenvolvido, do número de exercícios de prática, do tipo de *feedback* que será oferecido aos participantes e da quantidade de ramificações para diferentes sequências instrucionais.

Implicações da transferência de treinamento na elaboração do programa

Relembre o que foi falado sobre elementos idênticos e transferência próxima e generalização de estímulos e transferência distante no Capítulo 4. Uma das principais decisões que os instrutores precisam tomar é se o ambiente e as condições de aprendizagem devem ser exatamente como as do ambiente profissional ou se os princípios gerais devem ser destacados para serem aplicados a várias situações de trabalho. Além disso, para facilitar a transferência de treinamento, os instrutores devem refletir sobre como incentivar os funcionários a autogerirem o uso das habilidades aprendidas e como garantir que gerentes e pares ofereçam oportunidades de uso do conteúdo do treinamento, apoiem o treinamento e ofereçam suporte eletrônico para o desempenho.

Como determinar se o foco é a transferência próxima ou a distante

O grau de flexibilidade e variabilidade das habilidades e conhecimentos necessários ao bom desempenho do aprendiz é importante para determinar até que ponto o ambiente e as condições de aprendizagem devem coincidir com as condições de trabalho.[35] Por exemplo: se as tarefas destacadas no treinamento envolvem saber como reagir a situações previsíveis com respostas padronizadas, o treinamento deve ser elaborado com ênfase em elementos idênticos e transferência próxima. Alguns exemplos de procedimentos que os funcionários das empresas devem seguir com exatidão são atender o telefone, proteger escritórios e prédios, lidar com perguntas de clientes, acessar computadores ou usar *softwares*. Em programas com ênfase na transferência próxima, os aprendizes:[36]

- Precisam seguir procedimentos, processos e listas de conferência padronizadas.
- Devem receber explicações sobre diferenças entre tarefas de treinamento e trabalho.
- Devem ser incentivados a focarem apenas nas diferenças importantes entre as tarefas de treinamento e de trabalho (p. ex., velocidade de realização) e não em diferenças pouco relevantes (p. ex., equipamentos de modelos diferentes, mas com os mesmos recursos).

- Devem receber uma explicação sobre por que e como o procedimento deve ser realizado para que entendam os conceitos por trás do procedimento.
- Precisam aprender os comportamentos ou habilidades que contribuem para o desempenho eficaz.

Veja a importância, por exemplo, de seguir esses princípios cuidadosamente ao elaborar um treinamento para policiais, em que os novos contratados (cadetes) praticam tiro ao alvo. Durante as sessões de prática, os cadetes atiram um pente de munição, esvaziam os cartuchos nas mãos e descartam os cartuchos vazios na lata de lixo mais próxima. Esse processo é repetido várias vezes. Após se formar da academia de polícia, um oficial novato envolveu-se em um tiroteio. Ele atirou com a sua arma, esvaziou os cartuchos na mão e foi procurar uma lata de lixo para descartar os cartuchos vazios. Como resultado, ele foi visto pelo atirador, baleado e morto!

Diferentemente, se as tarefas enfatizadas no treinamento envolvem interações mais variáveis com pessoas ou equipamentos e respostas imprevisíveis, a instrução deve destacar a transferência distante. Esse é o caso para ensinar alunos a lidar com situações novas envolvendo reflexões originais para desenvolver uma solução, criar um novo produto ou resolver um problema difícil. Em programas com ênfase na transferência distante, deve-se:[37]

- Ensinar conceitos gerais, princípios amplos ou comportamentos-chave.
- Abordar princípios gerais que possam ser aplicados a mais contextos do que aqueles apresentados na sessão de treinamento.
- Oferecer uma lista de *prompts* ou perguntas que sirvam como gatilho para conjuntos de pensamentos e questões, como "De que forma isso se parece com problemas que já enfrentei antes?" e "Será que eu identifiquei o verdadeiro problema?". Isso ajuda os aprendizes a enxergarem as conexões entre as estratégias que foram eficazes em diferentes situações.

Incentivo à autogestão

Uma forma de preparar os funcionários para lidar com os obstáculos encontrados em ambientes de trabalho (como carência de oportunidades para usar as habilidades ou um gerente pouco solidário) é oferecer instrução sobre técnicas de autogestão ao final do programa de treinamento. A Tabela 5.10 apresenta um exemplo de instrução em autogestão. O módulo inicia por uma discussão sobre retrocessos, enfatizando que eles não são prova de incapacidade pessoal e sim o resultado de hábitos de uso de conhecimentos e habilidades desenvolvidos com o tempo. Os retrocessos oferecem informações úteis sobre como melhorar, pois ajudam a identificar as circunstâncias que têm influência mais negativa na transferência do treinamento. Depois, um comportamento, uma habilidade ou uma estratégia específica, que deve ser mensurável e contável, é visada para a transferência. O passo seguinte é identificar os obstáculos que inibem a transferência do treinamento, o que pode incluir características do ambiente de trabalho e características pessoais (como baixa autoeficácia). Em seguida, os participantes recebem uma visão geral sobre habilidades ou estratégias que possam ser usadas para lidar com esses obstáculos. Entre elas pode-se citar gestão do tempo, criação de uma rede de apoio pessoal (pessoas com quem se pode falar sobre como

TABELA 5.10 Conteúdo de um modelo de módulo sobre autogestão

1. Falar sobre retrocessos.	- Observar evidências de incapacidade - Oferecer um caminho para a melhoria
2. Identificar habilidades visadas para a transferência.	- Especificar as habilidades - Torná-las mensuráveis e contáveis
3. Identificar fatores pessoais ou ambientais que contribuam para os retrocessos.	- Baixa autoeficácia - Pressão por tempo - Carência de apoio de gerentes ou pares
4. Abordar habilidades e estratégias de enfrentamento.	- Gestão do tempo - Estabelecimento de prioridades - Automonitoramento - Autorrecompensa - Criação de uma rede de apoio pessoal
5. Identificar quando os retrocessos são prováveis.	- Situações - Ações para lidar com retrocessos
6. Discutir recursos para garantir a transferência de habilidades.	- Gerente - Instrutor - Outros funcionários

Fontes: Adaptado de R. D. Marx, "Improving Management Development Through Relapse Prevention Strategies," *Journal of Management Development* 5 (1986): 27-40; M. L. Broad and J. W. Newstrom, *Transfer of Training* (Reading, MA: Addison-Wesley, 1992); R. D. Marx and L. A. Burke, "Transfer Is Personal." In *Improving Learning Transfer in Organizations,* ed. E. Holton and T. Baldwin (San Francisco: Jossey-Bass, 2003): 227-242.

transferir habilidades para o cenário de trabalho) e automonitoramento para identificar êxitos na transferência de habilidades para o trabalho. Para aprenderem a lidar com os retrocessos, os aprendizes são instruídos a estarem alertas às situações em que a ocorrência dos mesmos é provável. A parte final do módulo aborda os recursos que ajudam na transferência de treinamento, como comunicação com o instrutor e outros funcionários por e-mail e conversas com o chefe.

Usemos como exemplo um gerente que participou de um programa de treinamento projetado para aumentar as suas habilidades de liderança. Após uma discussão sobre retrocessos, o gerente identifica uma habilidade visada (p. ex., a tomada de decisões participativa, que é discutir problemas e soluções possíveis com os subordinados antes de tomar decisões que afetem o grupo de trabalho). O gerente então define a habilidade e como ela será medida: "Discutir problemas e soluções com meus subordinados ao menos duas vezes por semana". Em seguida, o gerente identifica fatores que podem contribuir para um retrocesso. Um dos fatores é a falta de confiança do gerente em sua capacidade de lidar com subordinados que discordam da sua visão. Entre as estratégias de enfrentamento que o gerente identifica estão (1) agendar horários no calendário para se reunir com subordinados (gestão de tempo); (2) comunicar ao chefe a meta de transferência e pedir ajuda (criar um grupo de apoio); e (3) fazer um treinamento em assertividade. Em que situações é mais provável que o gerente experimente retrocessos? Ele identifica que é mais provável que retroceda para o estilo autocrático quando estiver diante de um curto período de tempo para tomar uma decisão (pressão de tempo como obstáculo).

O gerente reconhece que pode ser inadequado tentar chegar a um consenso quando as restrições de tempo forem severas e os subordinados não tiverem experiência. No último passo do módulo, o gerente sugere que ele vá (1) encontrar-se com o seu mentor para analisar o progresso; (2) falar com outros gerentes sobre como eles usam a tomada de decisões participativa de maneira eficaz; e (3) comunicar-se com outros gerentes que participaram da sessão de treinamento com ele. O gerente também se compromete a monitorar o próprio uso de tomada de decisões participativa, anotando casos de sucesso e insucesso em um diário.

Como incentivar o apoio da gerência ao treinamento

O **apoio da gerência** refere-se ao nível em que os gerentes dos aprendizes (1) enfatizam a importância de participar de programas de treinamento; (2) ressaltam a aplicação do conteúdo do treinamento no trabalho; e (3) oferecem oportunidades para que os funcionários usem no trabalho o que aprenderam. Os gerentes podem comunicar as expectativas aos participantes, bem como oferecer o incentivo e os recursos necessários à aplicação do treinamento no trabalho. Uma empresa pediu aos aprendizes e seus chefes que preparassem e enviassem bilhetes uns aos outros. As notas descreviam o que a outra pessoa deveria "começar a fazer", "continuar a fazer", "fazer menos" ou "parar de fazer" para melhorar a transferência de treinamento.[38]

Os gerentes podem oferecer diferentes níveis de apoio às atividades de treinamento, como mostra a Figura 5.5.[39] Quanto mais alto o nível de apoio, maior a probabilidade de transferência do treinamento. Os gerentes devem envolver-se ativamente na elaboração e oferta de programas de treinamento. O nível básico de apoio que um gerente pode dar é a aceitação (permitir que os funcionários participem do treinamento), enquanto o nível mais elevado é a participação ativa no treinamento atuando como instrutor.

Os gerentes que atuam como instrutor estão mais propensos a oferecer várias das funções de apoio de níveis mais baixos, como reforço do uso de capacidades adquiridas recentemente, discussão do progresso com os aprendizes e oferta de oportunidades de prática. Os gerentes também podem facilitar a transferência através do reforço (uso de

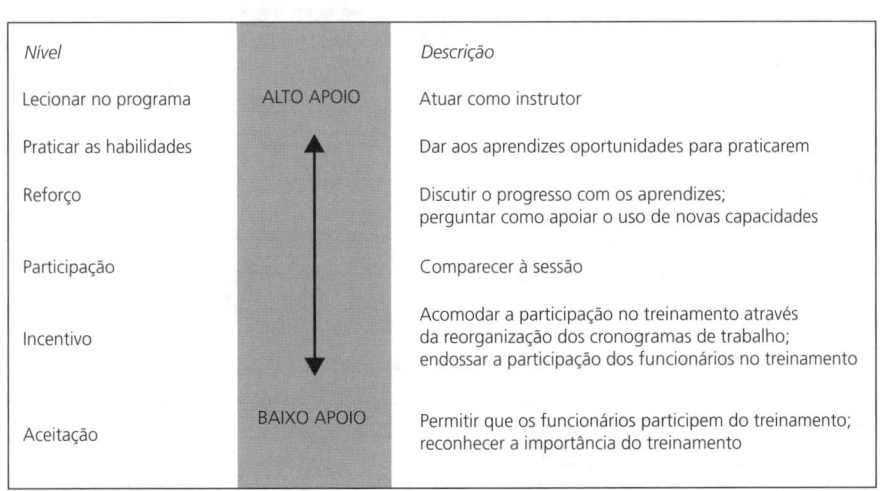

FIGURA 5.5 Níveis de apoio da gerência ao treinamento

Nível		Descrição
Lecionar no programa	ALTO APOIO	Atuar como instrutor
Praticar as habilidades	↑	Dar aos aprendizes oportunidades para praticarem
Reforço		Discutir o progresso com os aprendizes; perguntar como apoiar o uso de novas capacidades
Participação		Comparecer à sessão
Incentivo	↓	Acomodar a participação no treinamento através da reorganização dos cronogramas de trabalho; endossar a participação dos funcionários no treinamento
Aceitação	BAIXO APOIO	Permitir que os funcionários participem do treinamento; reconhecer a importância do treinamento

FIGURA 5.6   Modelo de plano de ação

Assunto do treinamento _____

Meta
Preencher com o conteúdo do treinamento (conhecimento, habilidade, comportamento, competência etc.) e aplicação (projeto, problema etc.)

_____
_____
_____
_____

Estratégias para o alcance da meta
Comportamento modificador (O que eu farei diferente?)

_____
_____
_____

Recursos necessários (Equipamentos, financeiros)

_____
_____
_____

Apoio de pares e da gerência (Seja o mais específico possível)

_____
_____
_____

Estratégias para receber *feedback* sobre o meu progresso
(Inclua reuniões com pares e gerentes, automonitoramento do progresso, reação de clientes etc.)

_____
_____
_____

Resultados esperados
O que será diferente?

_____
_____

Quem perceberá a diferença?

_____
_____

O que será percebido?

_____
_____
_____

Datas de acompanhamento do progresso _____

planos de ação). Um **plano de ação** é um documento em que estão escritos os passos que o aprendiz e o gerente tomarão para garantir que o treinamento seja transferido para o trabalho (ver o modelo de plano de ação mostrado na Figura 5.6).

O plano de ação deve começar pela identificação de uma meta e, em seguida, são definidas as estratégias para que ela seja alcançada. Depois, traçam-se as estratégias para obtenção de *feedback* e identificação dos resultados esperados. Para realizar os seus planos de ação, os aprendizes podem precisar de algum suporte técnico adicional, como acesso a especialistas que respondam perguntas ou a materiais de referência. O plano de ação também conta com um cronograma para o progresso, com datas e horários específicos em que gerente e funcionário devem reunir-se para discutir o progresso que está sendo feito no uso de capacidades aprendidas no trabalho.

A Tabela 5.11 apresenta um *checklist* que pode ser usado para determinar o nível de apoio da gerência antes, durante e após o treinamento. Quanto maior o número de afirmações com as quais os gerentes concordarem, maior é o nível de apoio ao programa de treinamento. Há diversas maneiras de obter o apoio dos gerentes.[40] Primeiro, os gerentes precisam ser colocados a par do propósito do programa e da relação entre isso e os objetivos e a estratégia de negócio. Os gerentes devem receber um cronograma com os tópicos e um *checklist* do que deve ser feito após o treinamento para garantir a transferência. Segundo, deve-se incentivar os aprendizes a trazerem os problemas e situações enfrentadas no trabalho para a sessão de treinamento. Isso pode ser usado como exercícios de prática ou incorporado nos planos de ação. Os participantes devem identificar problemas e situações em conjunto com seus gerentes. Terceiro, deve-se compartilhar com os gerentes as informações relativas aos benefícios do curso obtidas através de participantes anteriores. Quarto, os instrutores podem encarregar os aprendizes de fazerem planos de ação com seus gerentes. Quinto, utilizam-se gerentes como instrutores se possível (treinam-se os gerentes primeiro e depois dá-se a eles a responsabilidade de treinarem os seus subordinados).

TABELA 5.11 *Checklist* para determinar o nível de apoio de um gerente ao treinamento

Por favor, leia cada afirmação e marque aquelas que se apliquem a você:
( ) Eu conversei sobre o curso e estabeleci objetivos de aprendizagem para os funcionários.
( ) Eu compreendo o propósito do treinamento.
( ) Eu sei como o treinamento atende ao que os funcionários precisam aprender.
( ) Eu sei o suficiente sobre o treinamento para apoiar os funcionários no uso do que aprenderam quando retornarem ao trabalho.
( ) O funcionário fez planos de ação ou outros tipos de contratos de aprendizagem elaborados para ajudar na aplicação do aprendizado no trabalho.
( ) Eu comuniquei minhas expectativas quanto ao treinamento.
( ) Eu incentivo os funcionários a compartilharem o que aprenderam após a aula ou programa.
( ) Eu incentivo os funcionários a participarem do treinamento para evitar distrações usando encaminhamentos de chamada ou notificações de e-mail de ausência do escritório.
( ) Eu permito que os funcionários participem de treinamentos.
( ) Após o treinamento, eu questionarei os funcionários quanto aos objetivos de aprendizagem e discutirei como aplicá-los.
( ) Após o treinamento, eu farei uma reunião com os funcionários para ouvir as ideias que eles têm sobre como aplicar o que aprenderam.
( ) Eu darei oportunidades para que compartilhem o que aprenderam com outros funcionários.
( ) Eu reconheço e recompenso o aprendizado que é demonstrado no trabalho.

Fonte: Baseado em R. Saunderson, "ROI for recognition," *training* (November/December 2010): 52-54; A. Rossett, "That was a great class, but..." *Training & Development* (July 1997): 21.

A Mac's Convenience Stores em Toronto, Canadá, queria que os gerentes de mercado oferecessem mais consultoria de negócios às suas lojas e também que se certificassem de que as lojas tivessem boa aparência, os funcionários vestissem uniformes limpos, um bom serviço ao consumidor fosse oferecido e informações de saúde e segurança fossem divulgadas.[41] O entendimento financeiro tornou-se um comportamento-chave para ocupar o posto e os gerentes de mercado receberam treinamento. Para garantir a transferência do treinamento, o trabalho com operadores de loja para melhorar as vendas virou uma exigência importante do cargo, bem como parte da avaliação de desempenho e nível salarial dos gerentes de mercado. Além disso, esses gerentes eram responsáveis por oferecer treinamento financeiro aos operadores de loja. O treinamento teve como resultado aumentos na rentabilidade e redução nos custos relacionados a furtos por parte de funcionários e de clientes em todo o estado.

A Alltel Wireless, empresa mencionada no início deste capítulo, utiliza gerentes como instrutores.[42] Quando acontecem mudanças nos sistemas, produtos ou políticas, os gerentes são os principais instrutores para os funcionários. A Alltel usa uma série de teleconferências mensais para educar os gerentes sobre novas estratégias de marketing, novos planos de tarifas, novos serviços de dados ou *wireless* e novas ofertas de produtos, como fones para telefones. A ênfase das sessões não é restrita à comunicação de mudanças, estendendo-se à educação de gerentes quanto ao uso eficaz de princípios de aprendizagem para treinar funcionários. As teleconferências podem, por exemplo, contar com uma dramatização feita pelos gerentes para ensinar vendedores a falarem com consumidores sobre *upgrades* de equipamentos.

A KLA-Tencor, uma fornecedora de soluções em controle de processos para a indústria de semicondutores, valoriza, investe e vincula o treinamento e o desenvolvimento à estratégia de negócio da empresa. Em razão do seu alto grau de investimento em treinamento, a KLA-Tencor toma várias medidas junto aos seus funcionários e gerentes para garantir que o treinamento seja levado a sério e utilizado no trabalho.[43]

Uma das preocupações da empresa era que muitos funcionários enxergavam o treinamento como férias de seus trabalhos. Para lidar com essa questão, a empresa incorporou uma política de passar/reprovar ao seu currículo de treinamento. Se um funcionário for reprovado em alguma parte do treinamento, uma ação administrativa é tomada imediatamente. O funcionário é afastado da aula e desenvolve-se um plano de melhoria do desempenho que exige que ele refaça as aulas. A política de passar/reprovar resultou em maiores níveis de competência entre os funcionários, redução de funcionários com desempenho marginal e economia de 1,4 milhão de dólares. Mas o resultado mais importante foi a mudança na forma como os funcionários enxergam o treinamento. Em vez de saírem rapidamente quando termina a sessão de treinamento, os funcionários têm ficado até mais tarde e formado grupos de estudo para realizarem tarefas de casa e exercícios. O índice de atraso nas aulas caiu de 20% para zero. Essa política também aumentou o moral dos instrutores técnicos porque eles conseguem ver que os estudantes estão de fato aprendendo e interessados nas aulas.

Os gerentes prestam atenção ao desenvolvimento de suas equipes porque parte de seus planos de incentivos tem como base o treinamento. O plano de incentivos compreende metas fiscais, estratégicas (treinamento e desenvolvimento) e de produtividade. Normalmente, de 10 a 30% do bônus pago a um gerente é por causa do desenvolvimento mas, para alguns gerentes, até 75% de seus bônus podem estar no desenvolvimento da equipe, mensurado através dos níveis de treinamento e certificação dos funcionários. A porcentagem pode variar, dependendo do quão crítico é o treinamento para as operações do negócio. Os planos de incentivos também ajudam os funcionários a receberem bônus, que estão vinculados a metas de produtividade. Para alguns cargos, como engenheiro de serviços, os bônus variam de 10 a 15%. O plano de incentivos torna o treinamento uma responsabilidade não apenas de gerentes como também de cada funcionário.

Apoio dos pares

Pode-se aprimorar a transferência do treinamento criando-se uma **rede de apoio**,[44] que é um grupo de dois ou mais aprendizes que se reunem e discutem o seu progresso no uso de capacidades adquiridas no trabalho através de reuniões presenciais, comunicações por e-mail ou interações em uma rede social semelhante ao Facebook. Os participantes podem compartilhar também como lidaram com um ambiente de trabalho que interferia no uso do conteúdo do treinamento. Uma empresa no meio-oeste norte-americano agendou uma série de reuniões com cada grupo de treinamento de duas a 12 semanas após a sessão de treinamento.[45] Quanto maior o número de reuniões entre pares que os aprendizes comparecessem (especialmente aqueles que sentiam que havia pouco apoio da gerência ao treinamento), mais o aprendizado era transferido para o ambiente de trabalho.

Os instrutores também podem usar uma *newsletter* para mostrar como os funcionários lidam com questões de transferência de treinamento. A *newsletter*, distribuída a todos os participantes, contém entrevistas com aprendizes que foram bem-sucedidos no uso de novas habilidades. Os instrutores também encaminham o participante a um mentor, que pode ser um funcionário mais experiente ou até mesmo um colega que participou do mesmo programa de treinamento anteriormente, que pode dar conselhos e apoio em assuntos relacionados às questões de transferência de treinamento (p. ex., como encontrar oportunidades para usar as capacidades adquiridas).

Oportunidade de usar capacidades adquiridas

A oportunidade de usar as capacidades adquiridas (**oportunidade de desempenhar**) representa o nível em que o aprendiz recebe ou procura experiências que permitam a aplicação de conhecimentos, habilidades e comportamentos – recentemente adquiridos no treinamento –, sendo influenciada tanto pelo ambiente de trabalho quanto pela motivação do participante. Uma forma de os aprendizes terem a oportunidade de usar as capacidades adquiridas é através da atribuição de experiências de trabalho (p. ex., problemas ou tarefas) que exijam o uso de tais capacidades. O gerente dos aprendizes costuma desempenhar um papel-chave na determinação de atribuições no trabalho.

A oportunidade de desempenhar é determinada pela abrangência, nível de atuação e tipo de tarefa.[46] A *abrangência* inclui o número de tarefas treinadas desempenhadas no trabalho. O *nível de atuação* é o número de vezes ou a frequência com que as tarefas treinadas são desempenhadas no trabalho. Por fim, o *tipo de tarefa* refere-se à dificuldade ou à natureza crítica das tarefas treinadas que são de fato desempenhadas no trabalho. Os aprendizes que recebem oportunidades de desempenhar o conteúdo do treinamento no trabalho estão mais propensos a preservarem as capacidades aprendidas do que aqueles que recebem poucas oportunidades.[47]

Para medir as oportunidades de desempenhar, solicita-se que antigos aprendizes indiquem (1) se desempenham uma tarefa; (2) quantas vezes desempenham uma tarefa; e (3) até que ponto eles desempenham tarefas difíceis e desafiadoras. Aqueles que relatarem baixos níveis de oportunidade de desempenhar podem ser candidatos preferenciais para "cursos de atualização" (aulas elaboradas para deixar que os aprendizes pratiquem e analisem o conteúdo do treinamento). Baixos níveis de oportunidades de desempenhar também podem indicar que o ambiente de trabalho está interferindo no uso das novas habilidades. O gerente pode não apoiar as atividades de treinamento ou não dar ao funcionário a oportunidade de desempenhar tarefas usando as habilidades destacadas no treinamento, por exemplo. Por último, os baixos níveis podem indicar que o conteúdo do treinamento não é relevante para o cargo ocupado pelo funcionário.

Suporte tecnológico

Um **sistema eletrônico de apoio ao desempenho** (*electronic performance support system*, **EPSS**) é um aplicativo que pode oferecer treinamento de habilidades, acesso à informação e aconselhamento especializado, conforme solicitado.[48] Um EPSS pode ser usado para aumentar a transferência de treinamento, oferecendo aos participantes uma fonte de informações na qual podem recorrer conforme a sua necessidade enquanto tentam aplicar no trabalho as capacidades aprendidas. O uso de EPSS no treinamento é abordado em detalhes no Capítulo 8.

A Cagle's, empresa processadora de aves com base em Atlanta, utiliza o EPSS com os funcionários que fazem a manutenção das máquinas de processamento.[49] Como as máquinas que medem e cortam os frangos estão em constante processo de sofisticação, é impossível treinar os técnicos continuamente para que saibam todos os detalhes do equipamento. Entretanto, os técnicos são treinados em procedimentos básicos para saber como operar esse tipo de máquina. Quando as máquinas apresentam um problema, os técnicos dependem do que aprenderam no treinamento e do EPSS, que oferece instruções mais detalhadas sobre como efetuar reparos. O EPSS também informa os técnicos sobre a disponibilidade de peças e onde podem encontrar peças de substituição. Esse sistema consiste em um monitor de computador do tamanho de um selo, anexado a um visor que aumenta a tela. O monitor é ligado a um computador leve, com mais ou menos a metade do tamanho de um CD player portátil. No visor há um microfone que o técnico utiliza para dar instruções verbais ao computador. O EPSS ajuda os funcionários a diagnosticarem e consertarem as máquinas rapidamente. A velocidade é um fator muito importante já que a fábrica processa mais de 100 mil frangos por dia (e o frango é um alimento perecível).

Os instrutores também podem monitorar o uso que os aprendizes fazem do EPSS, o que fornece informações valiosas sobre problemas de transferência de treinamento enfrentados por eles. Os problemas podem estar relacionados à elaboração do treinamento (p. ex., falta de compreensão do processo ou procedimento) ou ao ambiente de trabalho (p. ex., os funcionários não têm ou não conseguem encontrar os recursos ou equipamentos necessários à realização de uma tarefa).

Gestão do conhecimento para aprendizagem e transferência de treinamento

Lembre-se do Capítulo 2, "Treinamento estratégico", em que vimos que o termo *conhecimento* refere-se ao que os indivíduos ou equipes de funcionários fazem ou sabem como fazer (conhecimento humano e social), bem como as regras, processos, ferramentas e rotinas de uma empresa (conhecimento estruturado). O conhecimento pode ser tácito ou explícito. O conhecimento tácito é o conhecimento pessoal com base em experiências individuais e influenciado por percepções e valores e sua comunicação exige trocas pessoais através de discussões e demonstrações. O conhecimento explícito refere-se a manuais, fórmulas e especificações que são descritas em linguagem formal e para gerenciá-lo, é possível colocá-lo em um banco de dados ou em um sistema de gestão do conhecimento. A Fluor Corporation, por exemplo, tem um sistema de conhecimento com base na *web* que dá aos funcionários acesso a todos os procedimentos, diretrizes, padrões e boas práticas necessárias para as suas funções específicas no trabalho.[50]

A **gestão do conhecimento** é o processo de aprimoramento do desempenho de uma empresa através da elaboração e implantação de ferramentas, processos, sistemas, estruturas e culturas que melhorem a criação, o compartilhamento e o uso do conhecimento.[51] A gestão do conhecimento pode ajudar as empresas a colocarem os produtos no mercado mais rapidamente, atenderem melhor os clientes, desenvolverem produtos e serviços inovadores e atraírem novos funcionários e reterem os atuais, dando a eles a oportunidade de aprender e desenvolverem-se.

Como é feita a gestão do conhecimento? Há várias formas de ajudar a criar, compartilhar e usar conhecimento:[52]

1. Utilizar tecnologias, e-mail e redes sociais (como Facebook ou MySpace) ou portais na intranet da empresa para possibilitar que as pessoas armazenem informações e compartilhem com terceiros.
2. Publicar diretórios que listem o que os funcionários fazem, como eles podem ser contatados e o tipo de conhecimento que detêm.
3. Desenvolver mapas informativos que identifiquem onde determinados conhecimentos estão armazenados na empresa.
4. Criar os cargos de diretor de informática (*chief information officer*, CIO) e de gestor da aprendizagem (*chief learning officer*, CLO) para catalogar e facilitar a troca de informações na empresa.
5. Solicitar que os funcionários façam apresentações para os outros sobre o que aprenderam nos programas de treinamento dos quais participaram.
6. Permitir que os funcionários tirem folgas do trabalho para adquirirem conhecimento, estudarem problemas, participarem de treinamento e usarem tecnologias.
7. Criar uma biblioteca *on-line* de recursos de aprendizagem, como periódicos, manuais técnicos, oportunidades de treinamento e seminários em vídeo.
8. Projetar o espaço do escritório para facilitar a interação entre os funcionários.
9. Criar comunidades de prática (COPs) usando reuniões presenciais, *wikis* ou *blogs* para funcionários que têm interesses em comum sobre um assunto (p. ex., produto, serviço, consumidor ou tipo de problema), onde possam colaborar e compartilhar ideias, soluções e inovações.
10. Utilizar "análises pós-ação" ao final de cada projeto para revisar o que aconteceu e o que se pode aprender com isso.

Veja os seguintes exemplos de empresas que utilizam diferentes formas de compartilhamento e criação de conhecimento.

O compartilhamento de conhecimento pode envolver análises ou auditorias do projeto após a sua realização, seguidas pelo compartilhamento de *insights* obtidos na análise com outros funcionários. O processo "After-Action Review" (Análise Pós-Ação) do exército norte-americano, por exemplo, é adotado por várias empresas, pois abrange uma análise de cada missão, projeto ou atividade crítica.[53] A análise reflete sobre quatro questões: (1) O que pretendíamos fazer? (2) O que de fato aconteceu? (3) Por que aconteceu? e (4) O que faremos (parar de fazer, continuar a fazer, pensar em fazer) a seguir? As lições aprendidas são disponibilizadas através de *sites* e esclarecimentos junto a todos os níveis de liderança do exército. O Steelcase University Learning Center oferece o espaço físico necessário para compartilhar conhecimento.[54] Ele dispõe de "zonas de informação" que incluem quadros brancos e murais de avisos por todo o espaço. A disposição do mobiliário é flexível, podendo acomodar novas tecnologias e oferecer privacidade individual ou até promover o trabalho em grupo e o aprendizado colaborativo.

Na MWH Global, empresa de engenharia e consultoria ambiental, um *software* foi usado para analisar os dados dos funcionários sobre colegas com quais eles interagiam mais frequentemente e a quem eles recorriam quando precisavam de alguém especialista em determinado assunto.[55] Depois, o programa traçou uma rede de nós e linhas interconectados, representando as pessoas e as relações entre elas. A rede oferece um mapa corporativo de como o trabalho é feito e quem são os especialistas técnicos bem-relacionados, além de ajudar a identificar relações informais entre indivíduos que não constem no quadro organizacional tradicional. A Solvay, uma empresa da indústria farmacêutica e química, utiliza mapas para facilitar a inovação. Após convidar pesquisadores da universidade para se juntarem à empresa, a Solvay mapeou as redes internas e externas de seus cientistas antes e depois do acontecimento para ver em que pontos a pesquisa se sobrepunha e em que pontos existia potencial para colaboração.

Como falamos no Capítulo 1, "Introdução ao treinamento e desenvolvimento de funcionários", muitas empresas têm interesse na gestão do conhecimento porque estão passando por uma perda de conhecimento tácito e explícito, resultante da aposentadoria de funcionários mais velhos. A indústria de energia elétrica está enfrentando a perda de muitos trabalhadores talentosos, incluindo engenheiros e gerentes[56] (estima-se que entre 30 e 40% dos funcionários nessa indústria estariam aptos a aposentarem-se até 2013). Ela também está passando por uma escassez de recém-formados com as habilidades em ciências, tecnologia e matemática necessárias para preencherem imediatamente ou mesmo receberem treinamento para ocupar as vagas. Isso significa que as empresas de serviços públicos precisam encontrar maneiras de apreender e compartilhar o conhecimento entre os funcionários experientes e os menos experientes. A PacificCorp de Portland, Oregon, tem um documento que os funcionários devem usar para registrar os procedimentos praticados. A Puget Sound Energy, no estado de Washington, contratou redatores técnicos para entrevistarem funcionários e escreverem relatórios. A DTE Energy Corporation, que fica em Ann Arbor, Michigan, incentiva os engenheiros experientes a atuarem como mentores para os menos experientes. O engenheiro-chefe de controles e instrumentação da usina nuclear Fermi II, que tem 42 anos de experiência, está atuando como mentor de um novo engenheiro contratado em 2007. Eles trabalham juntos na substituição de instrumentos com novos equipamentos digitais, o que ajuda o engenheiro menos experiente a aprender sobre a sala de equipamentos e de controle, além de pegar as habilidades interpessoais necessárias para lidar com os trabalhadores de manutenção.

A Grant Thornton LLP, uma empresa de contabilidade de Chicago, desenvolveu e implantou um sistema de gestão do conhecimento conhecido como "K-Source",[57] que foi projetado para ajudar a alcançar as principais metas de negócio, como aumento nas vendas, melhoria no serviço ao consumidor, apoio aos valores da empresa e aumento da eficiência de serviços internos. O K-Source conta com uma comunidade de prática *on-line* para cada linha de serviço oferecida pela empresa, grupo da indústria ou região geográfica. Um gerente de conhecimento incentiva os funcionários a contribuírem com o K-Source, solicitando a participação e fazendo disso parte das metas de avaliação de desempenho. Com o K-Source os funcionários podem criar perfis pessoais, configurar *feeds* de notícias personalizados de *sites* sobre finanças, acessar aulas, livros eletrônicos e *webcasts* e participar de discussões *on-line*.

A Datatel, um provedor de soluções em tecnologia e serviços de negócios para instituições de ensino superior na América do Norte, oferece salas virtuais de conhecimento para os seus 500 funcionários.[58] Uma delas inclui fóruns de discussão, perguntas frequentes e planos de aprendizagem para diferentes cargos. Ela quer que os seus funcionários consigam acessar conhecimento e conversar sobre qualquer área de interesse que tenham. Outra sala faz parte de uma iniciativa de melhoria da produtividade, a qual inclui painéis de discussão do tipo "pergunte aos especialistas", ajudas de trabalho e compartilhamento de documentos.

Pontos fundamentais para a gestão do conhecimento eficaz

Há várias considerações fundamentais para a gestão do conhecimento eficaz, incluindo a colaboração entre o treinamento e o departamento de tecnologia da informação, a criação de posições de liderança encarregadas da gestão do conhecimento, a oferta de tecnologias fáceis de usar e a certeza da confiança e disposição do funcionário para compartilhar conhecimento.[59]

Colaboração entre o treinamento e a tecnologia da informação   Para que a gestão do conhecimento seja eficaz, o departamento de treinamento e o departamento de tecnologia da informação precisam colaborar.[60] O treinamento ajuda a desenvolver a cultura, bem como o conteúdo e as estratégias de aprendizagem. A tecnologia da informação desenvolve os sistemas para o acesso, compartilhamento e armazenamento de conhecimento e para a oferta de treinamento. A intranet do Royal Bank of Canada, por exemplo, atua como repositório central para informações sobre iniciativas realizadas, planejadas ou em andamento na empresa. Ela também contém modelos e outras ferramentas para os gerentes de projeto de treinamento. Um *site* independente conta com resumos postados por funcionários que participaram de conferências e aulas. Os tecnólogos desenvolveram a infraestrutura e os instrutores recomendaram os recursos que deveriam ser inclusos.[61] Após cada missão, projeto ou atividade crítica do exército norte-americano, as lições aprendidas são identificadas, codificadas e disponibilizadas através de *sites*.[62] Elas incluem uma avaliação de quatro questões simples mas importantes, mencionadas anteriormente (O que pretendíamos fazer? O que de fato aconteceu? Por que aconteceu?

O que faremos novamente da próxima vez e o que tentaremos melhorar?). O Center for Army Lessons Learned (Centro para Lições Aprendidas do Exército, CALL) criou uma rede que disseminou mais de 265 mil produtos, questionou mais de 54 mil soldados e líderes e transferiu mais de 24 mil lições de militares e analistas civis para as forças em combate e nos Estados Unidos.

Criação de posições de liderança em gestão do conhecimento Algumas empresas, como a IBM, a General Mills e a Randstad da América do Norte, criaram posições de liderança para fomentar o aprendizado contínuo e a gestão do conhecimento. São os **gestores da aprendizagem (*chief learning officers,* CLOs)**, também conhecidos como **gestores do conhecimento**. O trabalho do CLO é desenvolver, implantar e vincular uma cultura de conhecimento/aprendizagem à infraestrutura de tecnologia de uma empresa, incluindo bases de dados e intranets. Eles precisam garantir que os instrutores, tecnólogos da informação e unidades de negócio apoiem e contribuam para o desenvolvimento de práticas de gestão do conhecimento. Esses profissionais também são responsáveis por apoiar ativamente os objetivos estratégicos de negócio, oferecendo direção, gestão e apoio às atividades de aprendizado e desenvolvimento, garantindo que a gestão do conhecimento seja traduzida em benefícios visíveis para o negócio.[63]

A CLO da Computer Sciences Corporation (CSC), por exemplo, preside o Conselho da Diretoria de Aprendizagem, reunindo gestores de aprendizagem das unidades de negócio que a ajudam a entender as necessidades da empresa em termos de treinamento e desenvolvimento.[64] Recentemente, o seu Departamento de Aprendizado e Desenvolvimento Global criou um programa para atender às necessidades dos 1.800 executivos seniores e gerentes com alto potencial. O programa é promovido pela diretoria da empresa, diretores de operações e diretores-executivos.

Na empresa de eletrodomésticos Whirlpool, a gestão do conhecimento levou ao desenvolvimento de "mentores da inovação" que incentivam os funcionários a testarem novas ideias em todo o mundo.[65]

Tecnologia fácil de usar Os sistemas de gestão do conhecimento fracassam por dois motivos: porque a tecnologia é muito complicada ou porque as empresas não dão atenção suficiente para a motivação dos funcionários ao compartilharem conhecimento.[66] É importante construir a infraestrutura tecnológica correta e facilitar o acesso e o compartilhamento de informações entre os funcionários dentro do contexto de seus cargos. Por exemplo: para ajudar os médicos a acompanharem o grande volume de artigos sobre doenças, medicamentos e pesquisas que são agregados à literatura médica a cada ano, a Partners HealthCare incorpora o conhecimento através de um sistema *on-line* de gestão de ordem de pacientes.[67] O sistema relaciona o conhecimento clínico mais recente e o histórico do paciente ao sistema de gestão. O sistema pode questionar as ações dos médicos que, por sua vez, precisam responder com uma justificativa (mas é claro que os médicos têm a possibilidade de se sobreporem ao sistema).

A equipe de apoio de vendas da empresa de *software* Exact Target Inc. enfrentava dificuldades para responder todas as perguntas sobre produtos e clientes de seus 75 representantes.[68] Algumas das questões técnicas levavam horas para serem respondidas e muitas perguntas repetidas eram feitas por diferentes representantes de vendas. Assim, a Exact Target começou a colocar os representantes de vendas para responderem às questões uns dos outros, usando um *site*, que pode ser acessado de um computador, dispositivo móvel ou celular, onde todas as perguntas feitas e suas respostas eram armazenadas. Os representantes de vendas inscrevem-se para receber alertas sempre que uma nova pergunta for postada. Atualmente, os representantes que estão usando o sistema o acessam em média três vezes por semana, sendo que 12 deles consideram o sistema eficaz em seus trabalhos e estão incentivando os outros e mostrando a eles como usar. Eles podem classificar as perguntas e respostas dos outros representantes usando uma escala de cinco estrelas para identificar os *posts* mais úteis ou para sinalizar postagens incorretas e o mecanismo de busca do *site* mostra as postagens com as melhores colocações. Além de postar perguntas e respostas, os representantes podem divulgar informações ou documentos úteis com os quais se depararam no trabalho. A Exact Target está mesclando a troca informal de informações com o treinamento formal. A empresa postou 25 vídeos de treinamento e estudos de caso e pretende postar mais informações sobre o treinamento em vendas, estudos de casos de clientes e vídeos com testes *on-line* que os representantes deverão realizar para obterem certificados de competência para vender determinados produtos e serviços.

Confiança e disposição para compartilhar informações A confiança e a disposição para compartilhar informações são fatores pessoais fundamentais com relação ao compartilhamento de conhecimento. Os funcionários podem não conhecer ou não confiar em outros funcionários, acumular conhecimento para ter poder sobre os outros, temer que as suas ideias sejam ridicularizadas ou desafiadas ou achar que compartilhar conhecimento demanda muito trabalho e responsabilidades adicionais.[69] Para incentivar o compartilhamento, as empresas precisam reconhecer e promover aqueles funcionários que aprendem, ensinam e compartilham.

Veja o seguinte exemplo: o incentivo para que os técnicos de campo da Xerox em todo o mundo contribuam com o banco de dados de dicas de manutenção da empresa é serem reconhecidos como um líder de pensamento ou especialista.[70] Logo que o sistema foi disponibilizado, os técnicos não achavam que era natural oferecer o que sabiam. Para superar a ansiedade dos engenheiros, os gerentes enviavam sugestões da sede da empresa e ofereciam recompensas, como dinheiro ou camisetas, em troca de dicas. Os gerentes também incluíam os nomes das pessoas que contribuíam, o que os levava a receber recados de indivíduos que achassem as contribuição deles úteis. Hoje, o sistema detém 70 mil sugestões e economiza milhões de dólares por ano com custos de consertos. Outras formas de incentivar o compartilhamento de conhecimento são mostrar que as ideias compartilhadas são usadas pela empresa e mostrar casos de sucesso. A AT&T utiliza o compartilhamento de conhecimento para ajudar as equipes de vendas globais a compartilharem informações competitivas que foram úteis para fechar vendas.

Como a gestão do conhecimento tem o potencial de melhorar a competitividade de uma empresa, as empresas que estão gerindo conhecimento utilizam várias medições para avaliar a eficácia das suas práticas (a avaliação será discutida em detalhes no Capítulo 6). Essas medições estão relacionadas aos benefícios para a empresa e para o cliente, incluindo a capacidade de atrair e reter funcionários-chave, comprometimento do funcionário com a empresa, incentivo e facilitação de trabalho em equipe eficaz, uso de boas práticas e revisão e atualização das mesmas, introdução de novos produtos, satisfação do cliente e relações recorrentes com os clientes.[71]

RESUMO

O aprendizado é um aspecto importante de qualquer programa de treinamento. Porém é igualmente importante incentivar os funcionários a usarem no trabalho as capacidades adquiridas (transferência do treinamento). Este capítulo abordou questões importantes sobre a elaboração do programa relacionadas às três fases do processo instrucional: pré-treinamento, evento de aprendizagem e pós-treinamento. O capítulo tratou da elaboração de um programa eficaz, incluindo a escolha e preparação de um local de treinamento, identificação e escolha dos melhores instrutores, comunicação com aprendizes e decisão sobre como os instrutores podem organizar o local de treinamento e criar um ambiente instrucional que leve ao aprendizado. As diferenças de idade, geração e personalidade dos participantes devem ser levadas em consideração durante a elaboração do treinamento. O capítulo apresentou e discutiu a importância de um currículo, mapas curriculares, aulas e lições e mostrou como usar documentos de elaboração e planos de aula no programa. Como muitas empresas não possuem a equipe, os recursos ou a experiência necessários à elaboração de programas de treinamento, o capítulo também abordou como identificar e selecionar um fornecedor ou consultor para os serviços de treinamento. Encerrou-se com uma discussão sobre questões importantes de pós-treinamento relativas à transferência de treinamento, incluindo como criar um ambiente de trabalho que dê apoio, equipar os aprendizes com habilidades de autogestão e conquistar o apoio de gerentes e pares. O importante papel da gestão do conhecimento na facilitação do aprendizado e da transferência de treinamento também foi lembrado. Para que os funcionários utilizem um sistema de gestão do conhecimento, é preciso que seja fácil localizar e usar o conhecimento e é preciso que os funcionários tenham confiança e disposição para compartilhar conhecimento.

Palavras-chave

apoio da gerência, *211*
currículo, *200*
disciplina, *201*
elaboração do programa, *188*
exercícios de aplicação, *202*
gestão do conhecimento, *217*
gestores da aprendizagem (*chief learning officers*, CLOs), *220*
gestores do conhecimento, *220*
local de treinamento, *190*

mapa curricular, *201*
oportunidade de desempenhar, *215*
plano de ação, *213*
plano de aula detalhado, *203*
programa, *201*
rede de apoio, *215*
sistema eletrônico de apoio ao desempenho (*electronic performance support system*, EPSS), *216*
visão geral do plano de aula, *206*
solicitação de proposta (*request for proposal*, RFP), *207*

Questões para debate

1. O que é um documento de elaboração? O que está incluso nele? Como ele é útil para o treinamento?
2. De que forma a elaboração da aula pode ser diferente para *baby boomers* e para integrantes da Geração X?
3. Como um mapa conceitual pode ajudar os alunos?
4. Explique as três fases do processo instrucional. Qual você considera a mais importante? Por quê?
5. O que poderia ser feito para aumentar a probabilidade de transferência de treinamento se as condições do ambiente de trabalho fossem desfavoráveis e não pudessem ser alteradas?
6. O treinamento em serviço ao consumidor envolve a transferência distante. Quais características de elaboração você usaria em um programa de treinamento em serviço ao consumidor para garantir a

ocorrência de transferência do treinamento? O que é um mapa curricular? Qual é a sua importância?

7. O que é um exercício de aplicação? Por que isso deve ser levado em consideração ao se elaborar um programa ou aula de treinamento?

8. Como você motivaria gerentes para que desempenhassem um papel mais ativo na garantia da transferência de treinamento?

9. Se fosse solicitado que você implantasse um sistema de gestão do conhecimento, o que você recomendaria para assegurar que os funcionários compartilhassem e acessassem o conhecimento? Explique as suas recomendações.

10. Que tipo de disposição de assentos você escolheria para um treinamento que envolvesse discussões de caso em pequenos grupos? E para uma palestra com uma apresentação de PowerPoint e uso de vídeos do YouTube? Justifique as suas escolhas.

Exercícios de aplicação

1. Desenvolva um questionário para medir o grau de apoio que o ambiente de trabalho dá à transferência de treinamento. Inclua as questões e escalas de medição que você usaria. O *checklist* na Tabela 5.10 pode ser usado como exemplo. Dê uma explicação lógica para a sua escolha de escalas de medição e questões, ou seja, por que elas foram inclusas no questionário?

2. A seguir há uma lista de perguntas elaboradas para medir a motivação dos aprendizes para a transferência de treinamento. Faça essas perguntas a vários amigos de trabalho, colegas ou funcionários. Peça que eles falem sobre por que responderam dessa forma.

    Para cada uma das seguintes afirmações, diga se você concorda plenamente, concorda parcialmente, discorda parcialmente ou discorda totalmente.

    a. As habilidades e conhecimento que adquiri ao participar de programas de treinamento foram úteis na resolução de problemas relacionados ao trabalho.

    b. Antes de participar de programas de treinamento, normalmente eu penso sobre como eu usarei o conteúdo do programa.

    c. Eu acredito que é provável que o meu desempenho profissional melhore se eu usar os conhecimentos e habilidades adquiridos em programas de treinamento.

    d. Não é realista acreditar que dominar o conteúdo dos programas de treinamento possa melhorar a minha produtividade no trabalho.

    e. Normalmente eu consigo usar no trabalho as habilidades e conhecimentos adquiridos em programas de treinamento.

    f. Normalmente há mais problemas ao aplicar o conteúdo do programa de treinamento às minhas atividades diárias do que os instrutores imaginam.

    g. Antes de participar de programas de treinamento, costumo identificar problemas ou projetos específicos em que eu gostaria de receber ajuda.

    Prepare um resumo escrito do que você aprendeu sobre motivação para a transferência do treinamento.

3. Elabore um plano de ação que um gerente e um funcionário pudessem usar para facilitar a transferência do treinamento. Justifique cada categoria inclusa no documento.

4. Desenhe um mapa curricular para a área de sua especialidade. Como isso lhe ajuda como aluno? Como você acha que isso ajuda a faculdade? E o seu orientador acadêmico?

5. Este exercício está relacionado ao exercício de aplicação número 2 no Capítulo 4. Desta vez você recebe o e-mail a seguir do vice-presidente de operações. Elabore uma resposta.

    Obrigado pelas suas recomendações em relação ao "Programa de Melhoria da Qualidade dos Serviços". Para melhorar a capacidade da equipe do hotel de responder de maneira eficaz às reclamações dos clientes (ou seja, "recuperação"), incorporamos muitas das suas ideias ao programa, incluindo:

    a. Solicitar que os funcionários trouxessem para a aula um exemplo de problema com um cliente.

    b. Dar aos aprendizes a oportunidade de praticar como lidar com um cliente enfurecido.

    c. Oferecer *feedback* aos participantes durante as dramatizações.

    d. Solicitar que os instrutores identificassem e comunicassem os objetivos do programa aos aprendizes.

    e. Solicitar que os instrutores comunicassem aos participantes comportamentos-chave específicos relacionados ao serviço ao consumidor.

    Agora, estou preocupado em saber como garantir que os nossos investimentos em treinamento valeram a pena. Ou seja, eu gostaria de ver que os funcionários aplicam eficaz e constantemente as habilidades e conhecimentos obtidos no treinamento. Que recomendações você faria?

6. Acesse o *site* do SANS Institute, http://sans.org (em inglês), que oferece informações sobre treinamento em segurança da informação. Em "Find Training," vá até "Training Curricula" e clique em

um dos tópicos listados. Que informações são oferecidas? De que forma são úteis para os alunos? E para os instrutores?
7. Acesse o *site* da empresa de consultoria Booz Allen Hamilton, www.boozallen.com (em inglês). Clique em "Careers" e veja os *links* nesta seção do *site*. Busque informações sobre os programas de treinamento da empresa. A empresa tem um ambiente de trabalho que apoia o treinamento? Explique.
8. Uma forma de diagnosticar problemas na transferência do treinamento ou de garantir a ocorrência da mesma é preencher a matriz apresentada a seguir. Essa matriz leva em consideração as responsabilidades do gerente, do instrutor e do aprendiz pela transferência do treinamento antes, durante e após o treinamento. Preencha cada espaço da matriz mostrando as reponsabilidades de cada um.

	Antes do treinamento	Durante o treinamento	Após o treinamento
Gerente			
Instrutor			
Aprendiz			

Caso

O CEO Institute

A meta do CEO Institute da Campbell Soup Company é criar uma experiência de liderança relevante para os seus participantes. A Campbell está tentando ajudar os participantes a aprenderem através da formulação de ideias e experiências e a tirarem um tempo para refletir sobre o que aprenderam e aplicar isso a todos os aspectos de suas vidas. Cada turma tem entre 20 e 24 participantes que representam um corte transversal dos locais, unidades de negócio e setores da empresa. Cada participante deve enviar uma carta ao CEO falando sobre seu comprometimento pessoal com o programa e o que pretende alcançar. O programa é dividido em cinco módulos, cada um com encontros de meio dia seguidos por um horário para reflexão e estudo. Alguns dos módulos incluem a avaliação do estilo de liderança do participante e apresentações de integrantes da equipe de liderança executiva em que eles compartilham como desenvolveram o seu estilo de liderança e o que aprenderam sobre liderança eficaz. Os cinco módulos focam nos princípios de liderança, entender líderes através de diferentes indústrias, desenvolver uma filosofia e modelo de liderança pessoal e o que aprenderam e o que fariam diferente no lugar do líder. Entre os módulos, que são oferecidos com alguns meses de intervalo, os participantes têm exercícios para fazer em casa, como leituras e reuniões de *coaching* de pares com outro participante do programa. A ideia é expor os participantes a vários estilos de liderança e dar o tempo e as ferramentas para que desenvolvam os seus próprios modelos de liderança.

Identifique os elementos de elaboração que ajudam a garantir que os participantes aprendam sobre liderança e coloquem isso em prática. Explique como esses elementos incentivam o aprendizado e a transferência.

Fonte: Baseado em N. Reardon, "Making leadership personal," *T+D* (March 2011): 44-49.

Notas

1. B. Smith and B. Delahaye, *How to Be an Effective Trainer* (New York: Wiley, 1987); M. Van Wart, N. Cayer, and S. Cook, *Handbook of Training and Development for the Public Sector.* (San Francisco: Jossey-Bass, 1993).
2. M. Weinstein, "Training spaces," *training* (September/October 2010): 34-37.
3. J. Meister and K. Willyerd, *The 2020 Workplace* (New York, HarperCollins, 2010).
4. L. Nadler and Z. Nadler, *Designing Training Programs*, 2d ed. (Houston: Gulf Publishing Company, 1994); T. W. Goad, "Building Presentations: A Top-Down Approach," in *Effective Training Delivery* (Minneapolis: Lakewood Publishing, 1989): 21-24; F. H. Margolis and C. R. Bell, *Managing the Learning Process* (Minneapolis: Lakewood, 1984).
5. M. Welber, "Save by growing your own trainers," *Workforce* (September 2002): 44-48; T. Adams, A. Kennedy, and M. Marquart, "The reluctant trainer," *T+D* (March 2008): 24-27.
6. P. Hinds, M. Patterson, and J. Pfeffer, "Bothered by abstraction: The effects of expertise on knowledge transfer and subsequent novice performance," *Journal of Applied Psychology*, 86 (2001): 1232-1243; S. Merrill, "Training the Trainer 101," *T+D* (June 2008): 28-31.
7. M. Weinstein, "Training is in SCC's genes," *training* (January/February 2011): 44-46.

8. H. Dolezalek, "Certify me," *Training* (June 2008): 54-59.
9. D. Booher, "Make the room work for you," *Training and Development,* S5-S7; D. Abernathy, "Presentation tips from the pros," *Training and Development* (October 1999): 19-25.
10. Steelcase, "Workplace Issues: One in a Series. Learning Environments for the Information Age," available from the Steelcase website, *www.steelcase.com* (accessed March 1, 2006).
11. G. Dutton, "Are you tuned in to your trainees?" *training* (January/February 2011): 104-105.
12. K. Tyler, "Generation gaps," *HR Magazine* (January 2008): 69-72.
13. P. Ketter, "What can training do for Brown?" *T+D* (May 2008): 30-36.
14. J. Callahan, D. Kiker, and T. Cross, "Does method matter? A meta-analysis of the effects of training method on older learner training performance," *Journal of Management,* 29 (2003): 663-680.
15. R. Daisley, "Considering personality type in adult learning: Using the Myers-Briggs Type Indicator in instructor preparation at PricewaterhouseCoopers," *Performance Improvement* (February 2011): 15-23.
16. E. Albu, "Presenting course outlines in a flow chart format," *T+D* (February 2010): 76-77.
17. K. Albrecht, "Take time for effective learning," *training,* (July 2004): 38-42; K. Kapp, "Matching the right design strategy to the right content," *T+D* (July 2011): 48-52.
18. A. Towler and R. Dipboye, "Effects of trainer expressiveness, organizations, and trainee goal orientation on training outcomes," *Journal of Applied Psychology,* 86 (2001): 664-673.
19. A. Towler and R. Dipboye, "Effects of Trainer Expressiveness, Organization, and Trainee Goal Orientation on Training Outcomes"; T. Sitzmann et al., "A review and meta-analysis of the nomological network of trainee reactions," *Journal of Applied Psychology,* 93 (2008): 280-295.
20. D. Eden and A. Shani, "Pygmalion goes to boot camp: Expectancy, leadership, and trainee performance," *Journal of Applied Psychology,* 67 (1982): 194-199.
21. J. Shapiro, E. King, and M. Quinones, "Expectation of obese trainees: How stigmatized trainee characteristics influence training effectiveness," *Journal of Applied Psychology,* 92 (2007): 239-249.
22. M. Hequet. "Training No One Wants," *training* (January 2004): 22-28.
23. P. Kirschner, C. Carr, and P. Sloep, "How expert designers design," *Performance Improvement Quarterly,* 15 (2002): 86-104.
24. J. Phillips, "Seven issues to consider when designing training curricula," *Performance Improvement* (August 2010): 9-15.
25. Ibid.
26. M. Driscoll and S. Carliner, *Advanced Web-based Training Strategies: Unlocking Instructionally Sound Online Learning* (Hoboken, NJ: Wiley, 2005).
27. G. Piskurich, *Rapid Instructional Design* (San Francisco: Pfeiffer, 2006).
28. Van Wart, Cayer, and Cook, *Handbook of Training and Development for the Public Sector.*
29. G. P. Latham and K. N. Wexley, *Increasing Productivity Through Performance Appraisal,* 2d ed. (Reading, MA: Addison-Wesley, 1994).
30. Ibid.
31. P. Kiger, "Health Partners delivers training that works," *Workforce* (November 2002): 60-64.
32. B. Gerber, "How to buy training programs," *Training* (June 1989): 59-68.
33. D. Blackmen, "Consultants' advice on diversity was anything but diverse," *The Wall Street Journal* (March 11, 1997): A1, A16.
34. R. Zemke and J. Armstrong, "How long does it take? (The sequel)," *Training* (May 1997): 11-15.
35. S. L. Yelon, and J. K. Ford, "Pursuing a multidimensional view of transfer," *Performance Improvement Quarterly,*12 (1999), 58-78; K. Kapp, "Matching the right design strategy to the right content," *T+D* (July 2011): 48-52; M. Merrill, "First principles of instruction," *Educational Technology Research and Development,* 50 (2002): 43-59.
36. M. Machin, "Planning, Managing, and Optimizing Transfer of Training," in *Creating Implementing, and Managing Effective Training and Development,* ed. K. Kraiger (San Francisco: Jossey-Bass, 2002): 263-301; J. Kim and C. Lee, "Implications of near and far transfer of training on structured on-the-job training," *Advances in Developing Human Resources* (November 2001): 442-451; S. Yelon and J. Ford, "Pursuing a multidimensional view of transfer," *Performance Improvement Quarterly,* 12 (1999): 58-78.
37. S. Yelon and J. Ford, "Pursuing a multidimensional view of transfer," *Performance Improvement Quarterly* 12 (1999): 55-78.
38. H. Martin, "Lessons learned," *The Wall Street Journal* (December 15, 2008): R11.
39. J. M. Cusimano, "Managers as facilitators," *Training and Development,* 50 (1996): 31-33: R. Bates, "Managers as Transfer Agents," in *Improving Learning Transfer in Organizations,* ed. E. Holton and T. Baldwin (San Francisco: Jossey-Bass, 2003): 243-270.
40. S. B. Parry. "Ten ways to get management buy-in," *Training and Development* (September 1997): 21-22; M. L. Broad and J. W. Newstrom, *Transfer of Training* (Reading, MA: Addison-Wesley, 1992)
41. S. Boehle. "Dollars and Sense," *training* (June 2007): 42-25.
42. J. Gordon. "Getting serious about supervisory training," *Training* (February 2006): 27-29.
43. K. Ellis, "Developing for dollars," *Training* (May 2003): 34-39; G. Johnson, "KLA-Tencor," *Training* (Match 2003): 48-49.
44. C. M. Petrini, "Bringing it back to work," *Training and Development Journal* (December 1990): 15-21.
45. H. Martin, "Lessons learned," *The Wall Street Journal* (December 15, 2008): R11.
46. J. Ford, M. Quinones, D. Sego, and J. Sorra. "Factors Affecting the Opportunity to Perform Trained Tasks on the Job," *Personnel Psychology* 45 (1992): 511-527.
47. M. Quinones, J. Ford, D. Sego, and E. Smith, "The effects of individual and transfer environment characteristics on the opportunity to perform trained tasks," *Training Research Journal,* 1 (1995/96): 29-48.
48. G. Stevens and E. Stevens, "The truth about EPSS," *Training and Development,* 50 (1996): 59-61.
49. "In your face, EPSS," *Training* (April 1996): 101-102.
50. T. Davenport, L. Prusak, and B. Strong, "Putting ideas to work," *The Wall Street Journal* (March 10, 2008): R11.
51. D. DeLong and L. Fahey, "Diagnosing cultural barriers to knowledge management," *Academy of Management Executive,* 14 (2000): 113-127; A. Rossett, "Knowledge management meets analysis," *Training and Development* (May 1999): 63-68; M. Van Buren, "A yardstick for knowledge management," *Training and Development* (May 1999): 71-78.

52. Gephart, Marsick, Van Buren, and Spiro, "Learning Organizations Come Alive; Davenport, Prusak, and Strong, "Putting Ideas to Work."
53. "Center for Army Lessons Learned Named in Info World 100 for 2008 Top IT Solutions," at http://usacac.army.mil/cacz/call/index. asp, website for the Center for Army Lessons Learned (accessed March 30, 2009).
54. "A recipe for sharing knowledge," *OD/Leadership Network News* (December 2005). Available at www.steelcase.com/na/ (February 28, 2006).
55. J. MacGregor, "The office chart that really counts," *Business Week* (February 27, 2006): 48-49.
56. B. Roberts, "Can they keep the lights on?" *HR Magazine* (June 2010): 62-68.
57. "Grant Thornton LLP (USA)," *T+D*, October 2010, 74.
58. J. Salopek, "Re-discovering knowledge," *T+D*, October 2010, 36-38.
59. J. Collins, "It's all in here! How do we get it out?" *T+D* (January 2011): 59-61.
60. J. Gordon, "Intellectual capital and you," *Training* (September 1999): 30-38; D. Zielinski, "Have you shared a bright idea today?" *Training* (July 2000): 65-68.
61. K. Ellis, "Share best practices globally," *Training* (July 2001): 32-38.
62. D. Garvin, A. Edmondson, and F. Gino, "Is yours a learning organization?". *Harvard Business Review* (March 2008): 109-116. "Center for Army Lessons Learned Named in Info World 100 for 2008 Top IT Solutions."
63. T. O'Driscoll, B. Sugrue, and M. Vona, "The C-level and the value of learning," *T+D* (October 2005): 70-77.
64. J. Salopek. "Computer Sciences Corporation," *T+D* (October 2005): 58.
65. D. Pringle, "Learning gurus adapt to escape corporate axes," *The Wall Street Journal* (January 7, 2003): B1, B4.
66. P. Babcock, "Shedding light on knowledge management," *HR Magazine* (May 2004): 46-50; R. Davenport, "Does knowledge management still matter?" *T+D* (February 2005): 19-25.
67. Babcock, "Shedding Light on Knowledge Management."
68. K. Spors, "Getting Workers to Share Their Know-how with Their Peers," *The Wall Street Journal* (April 3, 2008): B6.
69. T. Aeppel, "On factory floor, top workers hide secrets to success," *The Wall Street Journal* (July 1, 2002): A1, A10; D. Lepak and S. Snell, "Managing Human Resource Architecture for Knowledge-Based Competition," in *Managing Knowledge for Sustained Competitive Advantage*, ed. S. Jackson, M. Hitt, and A. DeNisi (San Francisco: Jossey-Bass, 2003): 127-154.
70. S. Thurm, "Companies Struggle to Pass on Knowledge That Workers Acquire," *The Wall Street Journal,* (January 23, 2006): B1.
71. M. Van Buren, "A yardstick for knowledge management," *Training and Development* (May 1999): 71-78; L. Bassi and D. McMumer, "Developing measurement systems for managing in the knowledge era," *Organizational Dynamics,* 34 (2005): 185-96.

Capítulo 6

Avaliação do treinamento

Objetivos

1. Explicar por que a avaliação é importante.
2. Identificar e escolher os indicadores a serem usados para avaliar um programa de treinamento.
3. Falar sobre o processo usado para planejar e implantar uma boa avaliação de treinamento.
4. Discutir as forças e fraquezas de diferentes modelos de avaliação.
5. Escolher o modelo de avaliação adequado tendo como base as características da empresa e a importância e o propósito do treinamento.
6. Realizar uma análise de custo-benefício para um programa de treinamento.
7. Explicar o papel da análise da força de trabalho e do uso de painéis na determinação do valor das práticas de treinamento.

A avaliação coloca o treinamento em primeiro plano na Kelly Services

A Kelly Services oferece uma variedade de serviços aos seus clientes, como terceirização, consultoria e contratação tradicional, gestão de RH, gestão de fornecedores e *outplacement* (recolocação no mercado de trabalho). Fundada em 1946, a especialidade tradicional da Kelly era inicialmente a oferta de serviços de escritório (a marca "Kelly Girl") e contratação de pessoal para centrais de atendimento, indústria de bens de consumo e montagem de eletrônicos. Hoje ela evoluiu para uma líder global de soluções em força de trabalho. A empresa conta com aproximadamente 6.700 colaboradores, muitos dos quais trabalham para prover mais de 530 mil funcionários por ano aos seus clientes. Ela pode providenciar funcionários técnicos ou profissionais em engenharia, finanças e contabilidade, tecnologia da informação, direito, ciências e assistência à saúde. As metas de negócio da empresa incluem aumentar a participação de mercado fora dos Estados Unidos, melhorar a eficácia operacional e identificar, desenvolver, envolver e liderar talentos de destaque. A Kelly tem o desafio de criar soluções inovadoras e gerar novos negócios, tanto para si quanto para seus clientes.

O departamento de Aprendizagem Global da Kelly desempenha um importante papel estratégico na empresa porque o treinamento é visto como um ponto fundamental para seu sucesso. Exemplo disso é que, durante a fase inicial da recessão econômica, o treinamento em sala de aula continuou a receber fundos, enquanto houve cortes no orçamento de outros departamentos. Para reduzir os custos com treinamento, o departamento de Aprendizagem Global converteu o treinamento presencial em disciplinas virtuais orientadas por instrutores. O Grupo de Aprendizagem Global continua encarregado de desenvolver soluções de aprendizagem relacionadas ao negócio e tem sido capaz de demonstrar a sua eficácia através de avaliações que incluem o uso de relatos e dados numéricos para comprovar relações causais entre o aprendizado e os resultados, explicitando a relação entre eles e coletando informações sobre a realização de disciplinas e matrículas, o cumprimento das regras, o custo por participante e avaliações dos treinamentos pelos funcionários que participaram.

Quando os gerentes seniores da Kelly pediram ajuda ao departamento de Aprendizagem Global para lidarem com a lentidão da produtividade entre os novos funcionários e com a alta rotatividade, a resposta foi a criação de um novo programa para novos funcionários (conhecido como "Kelly Experience"). Uma comparação dos índices de rotatividade de funcionários que participaram do programa e de rotatividade geral demonstrou uma queda de 13% para aqueles que participaram. A produtividade foi 27% maior para os novos funcionários que cumpriram o programa em relação aos que não o fizeram. Além disso, o Aprendizagem Global desenvolveu o Treinamento em Soluções Globais para aumentar a rentabilidade dos funcionários de vendas. Os líderes seniores e os vendedores globais ajudaram no desenvolvimento de 13 disciplinas que enfatizavam que os vendedores precisam fazer perguntas sobre as necessidades dos consumidores e saber como reconhecer oportunidades de venda cruzada. Os resultados mostraram que a venda média de funcionários que cumpriram pelo menos uma das 13 disciplinas foi 84% superior aos que não participaram do programa. Uma iniciativa de treinamento projetada para treinar vendedores sobre como vender de maneira agressiva e eficaz uma das soluções de força de trabalho mais complexas da empresa (que inclui terceirização e consultoria) compreendia 30 horas de estudos de caso, exercícios de dramatização e uma prova. Os participantes recebiam uma nota de aprovação ou reprovação que determinava o escopo de suas responsabilidades de vendas. Os resultados da avaliação mostraram que os participantes do programa aumentaram as oportunidades de vendas em 63% e aumentaram o número de soluções vendidas por contato com o cliente de 22 para 26%.

Fonte: Baseado em P. Harris, "Learning, at your service," *T+D* (October 2010): 57-58; www.kellyservices.com, the website for Kelly Services.

INTRODUÇÃO

Como ilustra a abertura deste capítulo, a Kelly Services queria mostrar que o tempo, o dinheiro e o esforço devotados ao treinamento realmente fazem a diferença, sendo de interesse do setor de treinamento avaliar a eficácia dos programas. A **eficácia do treinamento** diz respeito aos benefícios que a empresa e os funcionários recebem do treinamento. Para os funcionários, isso é aprendizado de novas habilidades ou comportamentos. Já para a empresa, é o aumento das vendas e clientes mais satisfeitos. Uma avaliação de treinamento mede indicadores ou critérios específicos para definir os benefícios do programa. Os **indicadores do treinamento** ou **critérios** referem-se às medidas que o instrutor e a empresa utilizam para avaliar os programas de treinamento. A **avaliação do treinamento** é o processo de reunir os resultados necessários para determinar se o treinamento é eficaz. Para a Kelly Services, alguns dos resultados eram avaliações dos cursos de treinamento feitas pelos funcionários, índice de rotatividade e vendas. A empresa também precisava ter confiança de que o seu processo de coleta de informações oferecia dados precisos que pudessem ser usados para chegar a conclusões válidas sobre a eficácia de seus programas de treinamento. O **modelo de avaliação** refere-se ao grupo de informações (o que, quando, como e de quem) que será usado para determinar a eficácia do programa. A Kelly Services usou um modelo de avaliação de pós-teste com grupo de comparação para determinar a eficácia da "Kelly Experience". Isso quer dizer que os dados sobre rotatividade e produtividade foram coletados depois que os funcionários participaram do "Kelly Experience" e também com funcionários que não participaram do programa. A empresa comparou os dados dos dois grupos de funcionários e constatou que a rotatividade era mais baixa e a produtividade era mais alta entre aqueles que participaram do programa. Qualquer organização que faça avaliações de treinamento precisa ter confiança de que o treinamento (e não algum outro fator) é o responsável pelas mudanças nos indicadores de interesse (p. ex., rotatividade, produtividade). O grau de confiança no fato de que quaisquer mudanças nos indicadores de interesse são decorrentes do treinamento depende do tipo de avaliação usado.

Lembre-se do modelo de elaboração de treinamento do *Instructional Systems Design* (ISD) mostrado na Figura 1.2 do Capítulo 1, e os tópicos abordados do Capítulo 2 ao 5. As informações do diagnóstico de necessidades, as características do ambiente de aprendizagem e os passos tomados para garantir a transferência do treinamento deveriam ser usados no desenvolvimento de um plano de avaliação. Para identificar resultados de treinamento adequados, uma empresa deve olhar para sua estratégia de negócio, análise organizacional (Por que estamos realizando o treinamento? Como ele relaciona-se com o negócio?), análise de pessoas (Quem precisa de treinamento?), análise de tarefas (Qual é o conteúdo do treinamento?), objetivos de aprendizagem e plano para transferência de treinamento.

Este capítulo o ajudará a entender por que e como avaliar programas de treinamento. O capítulo inicia com os tipos de indicadores usados na avaliação de um programa de treinamento. A seção seguinte discute os elementos práticos a serem considerados na escolha de um modelo de avaliação e apresenta uma visão geral dos diferentes modelos. Também é analisado o processo envolvido na realização da avaliação de um programa. Para terminar, discutem-se os indicadores que podem ser usados para avaliar o valor estratégico do setor de treinamento.

MOTIVOS PARA AVALIAR O TREINAMENTO

As empresas estão investindo milhões em programas de treinamento para obterem vantagens competitivas. Investe-se em treinamento porque o aprendizado cria conhecimento e, frequentemente, é este conhecimento que distingue funcionários e empresas bem-sucedidas dos demais. Pesquisas que resumem os resultados de estudos que examinaram a relação entre o treinamento e indicadores de recursos humanos (como atitudes e motivação, comportamentos e capital humano), indicadores de desempenho organizacional (desempenho e produtividade) ou indicadores financeiros (lucros e dados financeiros) descobriram que as empresas que realizam treinamentos têm maior probabilidade de ter mais resultados positivos na área de recursos humanos e quanto ao desempenho.[1] A influência do treinamento é mais significativa para esses tipos de resultados e menos representativa para os financeiros. A pesquisa não surpreende, já que o treinamento afeta o desempenho financeiro de uma organização e o faz através da sua influência nas práticas de recursos humanos. Como foi destacado no Capítulo 2, "Treinamento estratégico", o treinamento está fortemente relacionado aos resultados organizacionais quando combinado à estratégia de negócio e à intensidade de capital da organização e como as empresas fazem grandes investimentos em treinamento e educação e enxergam o treinamento como uma estratégia para serem bem-sucedidas, elas esperam que os resultados ou benefícios advindos do treinamento sejam mensuráveis.

Na TELUS, uma empresa de telecomunicações canadense, a avaliação do treinamento é bem mais do que contar o número de programas cumpridos pelos funcionários a cada ano.[2] Os funcionários devem preencher pesquisas trimestrais que indagam sobre como o uso de aprendizado formal e informal melhorou os seus desempenhos e carreiras.

Jim Skinner, o CEO do McDonald's, tem três prioridades principais para a empresa: crescimento sustentável de longo prazo para a empresa, gestão de talentos e desenvolvimento de lideranças e promoção de estilos de vida balanceados.[3] O McDonald's é famoso pela quantidade de treinamento que oferece aos seus funcionários, incluindo integrantes da equipe, gerentes e executivos (lembre-se do que foi falado sobre a Universidade do Hambúrguer do McDonald's, no Capítulo 2). A rede avalia o treinamento de diversas maneiras, como através de clientes ocultos e de linha direta com o consumidor, que oferecem avaliações da qualidade do serviço e do produto nos restaurantes. Outra opção é observar a velocidade de lançamentos dos produtos, que aumentou com a ajuda do treinamento e reduziu o tempo de lançamento de 18 para 6 meses.

O McDonald's também verifica a rotatividade de funcionários em intervalos de 90 dias e de um ano como forma de medir a eficácia do treinamento, o qual é elaborado para que os funcionários sejam produtivos e estejam satisfeitos, o que os influencia a permanecerem no trabalho e, talvez, comprometerem-se com uma carreira dentro da empresa. Na verdade, 70% dos gerentes da rede começaram como integrantes da equipe. O McDonald's acredita que se o treinamento não for conduzido adequadamente, todos os aspectos do produto serão prejudicados, incluindo a comercialização e a precisão dos pedidos, os ingredientes, a divisão de porções e até mesmo a temperatura do alimento. Os dados de vendas e de visitantes mostram que as regiões onde os restaurantes têm mais pessoas treinadas apresentam números de vendas e visitantes mais altos.

A avaliação do treinamento oferece uma forma de entender os investimentos que o treinamento produz e fornece as informações necessárias para melhorar o treinamento.[4] Se a empresa receber um retorno inadequado de seus investimentos em treinamento, é provável que o reduza ou busque fornecedores fora da empresa que possam oferecer experiências de treinamento que melhorem o desempenho, a produtividade, a satisfação do cliente ou qualquer outro resultado de interesse da empresa. A avaliação do treinamento oferece os dados necessários para comprovar que o treinamento oferece benefícios à empresa. Ela envolve tanto avaliação formativa quanto somativa.[5]

Avaliação formativa

A **avaliação formativa** refere-se à avaliação do treinamento que ocorre durante a elaboração e o desenvolvimento do programa. Isso quer dizer que ela ajuda a garantir que

(1) o programa de treinamento esteja bem organizado e transcorra tranquilamente e (2) os participantes aprendam e fiquem satisfeitos com o programa. A avaliação formativa dá informações sobre como melhorar o programa e normalmente, ela envolve a coleta de dados qualitativos sobre o programa (opiniões e convicções). Esse tipo de avaliação questiona clientes, funcionários, gerentes e especialistas no assunto sobre as suas opiniões quanto à descrição do conteúdo e dos objetivos do treinamento e à elaboração do programa. Eles também avaliam a clareza e a facilidade de uso de uma parte do programa de treinamento através de uma demonstração da mesma forma como o treinamento será entregue (p. ex., *on-line*, presencial ou por vídeo).[6] A avaliação formativa pode ser conduzida individualmente ou em grupos, antes que o programa seja disponibilizado para toda a empresa. Os instrutores ainda podem ser envolvidos na avaliação das demandas de tempo do programa. Como resultado dessa avaliação, o conteúdo do treinamento pode ser modificado para ficar mais preciso, mais fácil de entender ou mais atraente, e o método de treinamento pode sofrer ajustes para melhorar o aprendizado (p. ex., dar aos aprendizes mais oportunidades de praticar ou receber *feedback*). Ademais, apresentar o programa de treinamento aos gerentes e clientes o quanto antes pode fazê-los comprarem o programa, um fator importante para que ajudem os funcionários a aprender e transferir habilidades. Isso também permite que algumas questões sejam esclarecidas antes da implantação do programa.

O **teste-piloto** é o processo de visualização prévia do programa de treinamento com aprendizes e gerentes potenciais ou com outros clientes (pessoas que estejam pagando pelo desenvolvimento do programa). Ele pode ser usado como um "ensaio" para apresentar o programa aos gerentes, aprendizes e clientes, além de ser usado na avaliação formativa. Ao finalizar a apresentação do programa, pode-se solicitar a aprendizes e gerentes que digam se, nas suas opiniões, gráficos, vídeos e músicas usados no programa contribuíram para o (ou interferiram no) aprendizado. Também se pode perguntar se foi fácil mover-se pelo programa e realizar os exercícios e ainda solicitar que avaliem a qualidade do *feedback* oferecido pelo programa após a realização dos exercícios. As informações obtidas a partir dessa visualização prévia são usadas pelos desenvolvedores do programa para melhorarem-no antes que seja disponibilizado a todos os funcionários. O St. George Bank desenvolveu um novo sistema de treinamento com base na *web* para bancários[7] e antes de oferecer o programa a todos os bancários, ele foi revisado por um pequeno grupo de representantes considerados usuários típicos do programa. Os bancários deram sugestões de melhoria e os *designers* instrucionais incorporaram-nas à versão final do programa.

Avaliação somativa

Uma **avaliação somativa** é uma avaliação realizada para determinar a extensão das mudanças nos participantes resultantes da participação no programa de treinamento. A avaliação somativa inclui a estimativa dos benefícios monetários (também conhecidos como retorno sobre investimento, ROI) que a empresa recebe do programa. Esse tipo de avaliação costuma envolver a coleta de dados quantitativos (numéricos) através de testes, classificações de comportamentos ou indicadores de desempenho como volume de vendas, acidentes ou patentes.

A partir da discussão sobre avaliação somativa e formativa, deve estar evidente por que um programa de treinamento deve ser avaliado:

1. Para identificar as forças e fraquezas do programa. Isso inclui determinar se o programa está atendendo aos objetivos de aprendizagem, se a qualidade do ambiente de aprendizagem é satisfatória e se está acontecendo a transferência do treinamento para o trabalho.
2. Para avaliar se o conteúdo, a organização e a administração do programa (cronograma, acomodações, instrutores e materiais) contribuem para o aprendizado e uso do conteúdo do treinamento no trabalho.
3. Para identificar se os funcionários beneficiam-se muito ou pouco do programa.
4. Para auxiliar no marketing dos programas através da coleta de informações, perguntando aos participantes se eles recomendariam o programa a outras pessoas, por que eles participaram e qual é o nível de satisfação.
5. Para determinar os benefícios e custos financeiros do programa.
6. Para comparar os custos e os benefícios do treinamento aos outros investimentos (como o replanejamento de cargos ou um melhor sistema de seleção de funcionários).
7. Para comparar os custos e os benefícios de diferentes programas de treinamento e escolher o melhor.

VISÃO GERAL DO PROCESSO DE AVALIAÇÃO

Antes que o capítulo explique detalhadamente cada aspecto da avaliação do treinamento, você precisa entender o processo de avaliação, que está resumido na Figura 6.1. A discussão anterior sobre avaliação formativa e somativa sugere que avaliar o treinamento compreende dissecar o programa tanto antes quanto depois da sua realização. A Figura 6.1 destaca que a avaliação do treinamento deve ser considerada por gerentes e instrutores antes que de fato aconteça. Como foi sugerido anteriormente neste capítulo, as informações obtidas através do processo de elaboração do treinamento mostrado na Figura 6.1 são de grande valor para a sua avaliação.

O processo de avaliação deveria começar pelo diagnóstico de necessidades (como visto no Capítulo 3, "O diagnóstico de necessidades") porque ele ajuda a identificar quais são os conhecimentos, as habilidades, os comportamentos ou outras competências necessárias para o bom desempenho do funcionário. O diagnóstico ajuda a focar a avaliação, identificando o propósito do programa, os recursos necessários (humanos, financeiros e empresariais) e os indicadores que servirão como provas da eficácia do programa.[8]

O próximo passo no processo é identificar objetivos de treinamento específicos e mensuráveis para guiar o programa. As características de bons objetivos são abordadas no Capítulo 4, "Aprendizado e transferência do treinamento". Quanto mais específicos e mensuráveis forem os objetivos, mais fácil será a identificação dos indicadores relevantes para a avaliação. Além de levar em consideração os objetivos de aprendizagem e do programa no desenvolvimento de indicadores de aprendizagem, também é importante considerar as expectativas dos indivíduos que apoiam o programa e têm interesse nele (partes interessadas, como aprendizes, gerentes e instrutores).[9] Se o diagnóstico de necessidades for benfeito, é provável que os interesses das partes coincidam consideravelmente com os objetivos de aprendizagem e do programa. A análise do ambiente de trabalho para determinar a transferência do treinamento (abordada no Capítulo 5, "Elaboração do programa") pode ser útil para definir como o conteúdo do treinamento

FIGURA 6.1 Processo de avaliação

```
┌─────────────────────────────────────────┐
│ Realizar um diagnóstico de necessidades │
└─────────────────────────────────────────┘
                    │
                    ▼
┌─────────────────────────────────────────────┐
│ Desenvolver objetivos de aprendizagem       │
│ mensuráveis e analisar a transferência       │
│ de treinamento                              │
└─────────────────────────────────────────────┘
                    │
                    ▼
┌─────────────────────────────────────────┐
│ Desenvolver medidas de avaliação         │
└─────────────────────────────────────────┘
                    │
                    ▼
┌─────────────────────────────────────────┐
│ Escolher uma estratégia de avaliação     │
└─────────────────────────────────────────┘
                    │
                    ▼
┌─────────────────────────────────────────┐
│ Planejar e executar a avaliação          │
└─────────────────────────────────────────┘
```

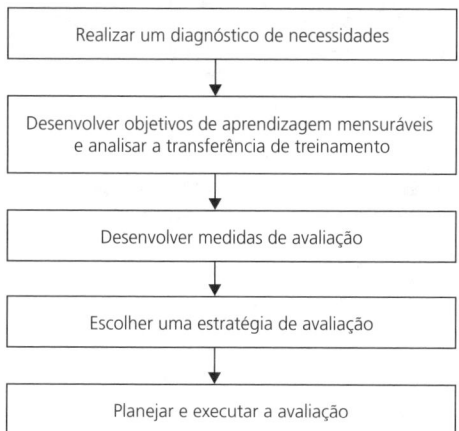

Fontes: Baseado em D. A. Grove and C. Ostroff, "Program Evaluation," in *Developing Human Resources,* ed. K. N. Wexley (Washington, D. C.: Bureau of National Affairs, 1991): 5-185 to 5-220; K. Kraiger, D. McLinden, and W. Casper, "Collaborative Planning for Training Impact," *Human Resource Management* (Winter 2004): 337-51.

será usado no trabalho. Tendo como base os objetivos de aprendizagem e a análise da transferência do treinamento, as medidas de avaliação são elaboradas para avaliar até que ponto há aprendizado e transferência de treinamento.

Uma vez que os indicadores tenham sido identificados, o próximo passo é a definição de uma estratégia de avaliação. Para selecionar um modelo, deve-se levar em conta fatores como grau de especialidade, com que rapidez as informações são necessárias, potencial de mudança e cultura organizacional. O planejamento e a execução da avaliação envolvem a visualização prévia do programa (avaliação formativa), bem como a coleta de indicadores de treinamento de acordo com o modelo de avaliação. Os resultados da avaliação são usados para modificar, promover ou obter apoio adicional para o programa. Eles também podem ser usados para incentivar todas as partes interessadas no processo de treinamento (gerentes, funcionários e instrutores) a elaborarem ou escolherem treinamentos que contribuam para que a empresa atenda à estratégia de negócio e para que os gerentes e funcionários atendam às suas metas.[10]

INDICADORES USADOS NA AVALIAÇÃO DE PROGRAMAS DE TREINAMENTO

Para avaliar o seu programa de treinamento, uma empresa deve identificar quais indicadores ou critérios serão medidos.

A Tabela 6.1 mostra os seis indicadores de avaliação de treinamento: indicador de reação, indicador cognitivo ou de aprendizado, indicador de comportamento ou com base em habilidades, indicador afetivo, indicador de resultados financeiros e indicador de retorno sobre investimento.[11]

A tabela mostra ainda as avaliações de treinamento, o *framework* de cinco níveis de Kirkpatrick para categorizar os resultados de treinamento, uma descrição de cada um deles e como eles são medidos. Tanto os resultados de nível 1 quanto os de nível 2 (reação e aprendizado) são coletados ao final do treinamento, antes que os aprendizes retornem ao trabalho. O resultado de nível 3 (comportamento/habilidades) também pode ser coletado ao final do treinamento para determinar o nível do comportamento ou habili-

TABELA 6.1 Indicadores de avaliação

Indicador ou critério	Nível	O que é medido	Exemplos	Métodos de medição
Reação	1	• Satisfação dos alunos	• Sala de treinamento confortável • Utilidade de materiais e conteúdo do programa	• Levantamentos • Entrevistas
Aprendizado ou cognitivo	2	• Princípios, fatos, técnicas, procedimentos ou processos adquiridos pelos alunos	• Princípios de elétrica • Regras de segurança • Passos de uma entrevista	• Testes • Amostras de trabalho
Com base em habilidades e comportamentos	2 ou 3	• Interpessoal • Habilidades ou comportamentos técnicos ou motores adquiridos pelos alunos	• Preparação de uma sobremesa • Corte de madeira • Pouso de uma aeronave • Escuta	• Testes • Observações • Classificação própria, de pares, clientes e/ou gerentes • Amostras de trabalho
Afetivo	2 ou 3	• Atitudes e motivação dos alunos	• Tolerância à diversidade • Atitudes de segurança • Orientação para o serviço ao cliente	• Pesquisas de atitude • Entrevistas • Grupos focais
Resultados financeiros	4	• Recompensas para a empresa	• Produtividade • Qualidade • Custos • Clientes recorrentes • Fatos relacionados à satisfação do cliente	• Observação • Dados de desempenho de registros ou bancos de dados da empresa
Retorno sobre investimento	5	• Identificação e comparação dos benefícios e dos custos do treinamento	• Retorno em produtividade dividido pelos custos do treinamento	• Valor econômico

Fontes: Baseado em K. Kraiger, J. K. Ford, and E. Salas, "Application of cognitive, skill-based, and affective theories of learning outcomes to new methods of training evaluation," *Journal of Applied Psychology,* 78 (2) (1993): 311-328; K. Kraiger, "Decision-Based Evaluation," in K. Kraiger (ed.), *Creating, Implementing, and Managing Effective Training and Development* (San Francisco: Jossey-Bass, 2002): 331-375; D. Kirkpatrick, "Evaluation," in *The ASTD Training and Development Handbook,* 2nd ed., ed. R. L. Craig (New York: McGraw-Hill, 1996): 294-312.

dade do participante naquele momento. Já os critérios dos níveis 4 e 5 (resultados financeiros e retorno sobre investimento) podem ser usados para estabelecer se o treinamento gerou uma melhora nos resultados do negócio, como produtividade ou satisfação do cliente. Eles podem ainda ajudar a definir se os benefícios do treinamento são superiores aos seus custos. Tenha em mente que os níveis não indicam a importância dos resultados.[12] Os resultados que são coletados na avaliação têm base nas necessidades de treinamento, objetivos do programa e razões estratégicas para o treinamento. Isso será abordado na seção "Práticas de avaliação", mais adiante neste capítulo.

Avaliação de reação

A **avaliação de reação** refere-se à percepção que os aprendizes têm do programa, incluindo instalações, instrutores e conteúdo (essas avaliações são muitas vezes classificados como uma medida de "conforto"). Frequentemente, são chamadas *avaliações do instrutor* ou *de aula* e a informação é coletada ao final do programa. As reações são úteis para identificar o que os participantes acharam que foi bem-sucedido ou o que inibiu a aprendizagem. Segundo a classificação de Kirkpatrick, os resultados relacionados à reação são critérios de nível 1.

Esse tipo de avaliação costuma ser coletado através de um questionário que deve ser preenchido pelos participantes. Uma avaliação de reação deve incluir questões relacionadas à satisfação do aprendiz com o instrutor, com os materiais de treinamento e com a administração do mesmo (p. ex., facilidade de matrícula e precisão da súmula da disciplina), bem como quanto à clareza dos objetivos da disciplina e à relevância do conteúdo do treinamento.[13] A Tabela 6.2 mostra um questionário com perguntas sobre estas áreas.

Uma avaliação acurada deve abranger todos os fatores relacionados a um ambiente de aprendizagem de sucesso.[14] A maioria das avaliações de instrutores ou de aulas tem itens relacionados à preparação e didática do instrutor, capacidade de liderar uma discussão, organização dos materiais e conteúdo do treinamento, uso de recursos visuais, estilo de apresentação, capacidade e disposição para responder perguntas e capacidade de instigar o interesse dos participantes. Os itens são provenientes de manuais de instrutor, programas de certificação e observação de instrutores bem-sucedidos. Popularmente, diz-se que os aprendizes que gostam do programa de treinamento (que têm reações positivas) aprendem mais e estão mais propensos a mudarem comportamentos e melhorarem o desempenho (transferência do treinamento). Será mesmo? Estudos recentes sugerem que são as reações que têm a maior relação com as mudanças nas avaliações afetivas de aprendizagem.[15] Além disso, pesquisas constataram que as reações estão fortemente relacionadas a mudanças no conhecimento declarativo e processual, o que desafia estudos anteriores que sugeriam que as reações não tinham relação com a aprendizagem.

Para disciplinas como treinamento em diversidade ou em ética as reações dos aprendizes são ainda mais importantes porque afetam a receptividade dos mesmos à mudança de atitudes. Em casos em que a tecnologia é usada para a oferta da instrução, observou-se que as reações têm a relação mais forte com a motivação pós-treinamento, a autoeficácia do participante e o conhecimento declarativo. Isso indica que, para os métodos de treinamento com base em computador e os métodos *on-line*, é importante garantir que o acesso dos aprendizes seja fácil e que o conteúdo seja relevante.

TABELA 6.2 Exemplo de avaliação de reação

Leia cada uma das afirmações a seguir. Indique qual é o seu grau de concordância ou discordância com cada afirmação, usando a escala a seguir.				
Discordo totalmente	Discordo	Neutro	Concordo	Concordo totalmente
1	2	3	4	5

1. Eu detinha o conhecimento e as habilidades necessárias para aprender nesta disciplina.
2. As instalações e o equipamento facilitaram o aprendizado.
3. A disciplina alcançou todos os objetivos definidos.
4. Eu entendi claramente os objetivos da disciplina.
5. A forma como a disciplina foi oferecida foi eficaz para o aprendizado.
6. Os materiais que eu recebi durante a disciplina foram úteis.
7. O conteúdo da disciplina foi organizado logicamente.
8. Havia tempo suficiente para aprender o conteúdo da disciplina.
9. Eu senti que o instrutor queria que nós aprendêssemos.
10. Eu sentia-me confortável para fazer perguntas ao instrutor.
11. O instrutor estava preparado.
12. O instrutor tinha conhecimento sobre o conteúdo da disciplina.
13. Eu aprendi muito com esta disciplina.
14. O que eu aprendi nesta disciplina é útil no meu trabalho.
15. As informações que eu recebi sobre a disciplina foram corretas.
16. Em geral, eu fiquei satisfeito com o instrutor.
17. Em geral, eu fiquei satisfeito com a disciplina.

Avaliação de aprendizado ou cognitiva

A **avaliação cognitiva** é usada para determinar o grau de familiaridade dos aprendizes com princípios, fatos, técnicas, procedimentos e processos trabalhados no programa de treinamento. Ele também mede quais conhecimentos os aprendizes aprenderam no programa. No modelo de Kirkpatrick, as avaliações cognitivas estão entre os critérios de nível 2 (aprendizado). Para a avaliação, costuma-se usar testes escritos. A Tabela 6.3 oferece um exemplo de itens de um teste usado para medir o conhecimento dos participantes sobre habilidades de tomada de decisões. Esses itens ajudam a medir se o funcionário sabe como tomar uma decisão (qual é o processo que utilizaria), porém não servem para determinar se ele de fato utiliza as habilidades de tomada de decisão no trabalho.

Veja como a Grant Thornton, uma empresa de contabilidade e consultoria, utiliza testes para avaliar um de seus programas de treinamento. A empresa introduziu uma nova metodologia e novas ferramentas de serviços tributários para aproximadamente 1.400 profissionais do ramo em mais de 50 escritórios.[16] A solução de treinamento, chamada Tax Symphony, envolvia o aprendizado híbrido, com um programa em sala de aula de três dias em nível nacional e local, suporte ao desempenho com base na *web* e *webcasts*. A nova metodologia foi apresentada durante uma conferência sobre tributação e após essa conferência, o conteúdo foi ensinado em escritórios locais, usando avatares para apresentar clipes de áudio gravados e atividades de grupo. Os resultados da avaliação mostraram que 86% dos participantes do programa que realizaram o teste após o treinamento foram aprovados com uma nota média de 85%, 11% pontos percentuais a mais que as notas dos testes de programas em sala de aula em nível nacional. O uso de avatares em lugar de instrutores reais nos escritórios locais economizou $ 72 mil nos custos do treinamento.

Avaliação com base em habilidades e comportamentos

A **avaliação com base em habilidades** é usada para avaliar o nível de habilidades e comportamentos técnicos ou motores. Essa avaliação inclui a aquisição ou o aprendizado de habilidades e o uso de habilidades no trabalho (transferência de habilidades), relacionados ao nível 2 (aprendizado) e ao nível 3 (comportamento). O nível do aprendizado e da transferência de habilidades por parte dos aprendizes pode ser avaliada através da observação do desempenho em amostras de trabalho, como simuladores. Um médico residente, por exemplo, pode realizar uma cirurgia enquanto é observado pelo cirurgião, que dá conselhos e assistência conforme for necessário. Pode ser solici-

TABELA 6.3 Exemplos de itens usados para medir habilidades de tomada de decisões

Para cada questão, marque todas as opções que se aplicam.
1. Se o meu chefe devolvesse um trabalho e pedisse que eu fizesse alterações, eu:
   __ Provaria para ele que o trabalho não precisa de nenhuma alteração.
   __ Faria o que ele pediu, mas perguntaria que pontos do trabalho deveriam ser alterados.
   __ Faria as alterações sem falar com o meu chefe.
   __ Solicitaria uma transferência para outro departamento.
2. Se eu estivesse estabelecendo um novo processo em meu escritório, eu:
   __ Faria isso sozinho, sem pedir ajuda.
   __ Pediria sugestões ao meu chefe.
   __ Pediria sugestões às pessoas que trabalham para mim.
   __ Trataria do assunto com amigos de fora da empresa.

Fonte: Baseado em A. P. Carnevale, L. J. Gainer, and A. S. Meltzer, *Workplace Basics Training Manual* (San Francisco: Jossey-Bass, 1990): 8.12.

TABELA 6.4 Exemplo de um formulário de avaliação com base em habilidades e comportamentos

Tarefa de avaliação: considere que você passou os últimos três meses observando e interagindo com o diretor ou assistente de direção que você está avaliando. Leia a definição e os comportamentos associados com a habilidade. Depois, preencha a sua avaliação usando a seguinte escala:					
Sempre	Frequentemente	Às vezes	Raramente	Nunca
1	2	3	4	5

I. *Sensibilidade:* capacidade de perceber as necessidades, preocupações e problemas pessoais dos outros; tato ao lidar com pessoas de diferentes procedências; habilidades na resolução de conflitos; capacidade de lidar de maneira eficaz com pessoas em termos de necessidades emocionais; conhecimento de quais informações comunicar para quem.
Nos últimos três meses, qual foi o grau em que o diretor ou o assistente de direção:
__ 1. Suscitou as percepções, sentimentos e preocupações dos outros?
__ 2. Expressou reconhecimento verbal ou não verbal quanto aos sentimentos, necessidades e preocupações dos outros?
__ 3. Tomou atitudes que premeditaram os efeitos emocionais de comportamentos específicos?
__ 4. Refletiu perfeitamente o ponto de vista dos outros, confirmando-o, aplicando-o ou incentivando o *feedback*?
__ 5. Comunicou aos outros todas as informações necessárias ao desempenho do trabalho?
__ 6. Desviou de conflitos desnecessários com os outros em situações problemáticas?

II. *Firmeza:* capacidade de reconhecer quando é preciso tomar uma decisão e agir rapidamente. (Não considere a qualidade da decisão.)
Nos últimos três meses, qual foi o grau em que o indivíduo:
__ 7. Reconheceu a necessidade de tomar uma decisão ao definir os resultados de tomar ou deixar de tomar determinada decisão?
__ 8. Determinou se uma solução de curto ou longo prazo era mais apropriada para diversas situações enfrentadas na escola?
__ 9. Considerou alternativas à decisão?
__ 10. Fez uma decisão em tempo tendo como base os dados disponíveis?
__ 11. Manteve-se firme após a tomada da decisão, resistindo à pressão dos outros?

tado aos participantes que classifiquem os seus próprios comportamentos e habilidades (autoavaliação). No entanto, tendo em vista que as pesquisas sugerem que o uso exclusivo de autoavaliações resulta em uma avaliação positiva errônea da transferência de comportamentos ou habilidades, é recomendado que as avaliações sejam coletadas de várias perspectivas (p. ex., gerentes e subordinados ou pares).[17] A Tabela 6.4 mostra um exemplo de formulário de avaliação, que foi usado como parte da avaliação de um programa de treinamento desenvolvido para melhorar as habilidades gerenciais de diretores de escola.

Avaliação afetiva

A **avaliação afetiva** engloba atitudes e motivação. Entre os indicadores que podem ser coletados através desse modelo de avaliação estão a tolerância à diversidade, motivação para aprender, atitudes de segurança e orientação para o serviço ao cliente. Esse tipo de avaliação pode ser feita através da aplicação de pesquisas. A Tabela 6.5 apresenta exemplos de questões em uma pesquisa que pretende medir metas profissionais, planos e interesses (a atitude de interesse específica depende dos objetivos do programa). A avaliação afetiva corresponde ao nível 2 (aprendizado) e ao nível 3 (comportamento) de Kirkpatrick, variando conforme eles forem avaliados. Se os aprendizes respondessem a uma pesquisa sobre as suas atitudes, isso seria considerado uma medida de aprendizado. As atitudes em relação a metas e interesses profissionais, por exemplo, poderiam ser um indicador apropriado para avaliar treinamentos focados na autogestão de carreira.

Avaliação de resultados financeiros

A avaliação de **resultados financeiros** é usada para determinar o retorno do programa de treinamento para a empresa. Entre os exemplos de resultado financeiro, pode-se citar

TABELA 6.5 Exemplo de avaliação afetiva: metas profissionais, planos e interesses

1. Neste momento eu tenho em mente uma meta profissional definida.
2. Eu tenho uma estratégia para alcançar as minhas metas profissionais.
3. O meu gerente está ciente das minhas metas profissionais.
4. Eu procurei informações sobre as áreas específicas do meu interesse profissional junto a amigos, colegas ou fontes da empresa.
5. Eu tomei a iniciativa de conversar com meu gerente sobre os meus planos de carreira.

o aumento na produção e a redução nos custos relacionados à rotatividade de funcionários de talento (gerentes ou outros funcionários), acidentes e inatividade de equipamentos, bem como melhorias na qualidade do produto ou no serviço ao consumidor.[18] A avaliação de resultados financeiros está relacionada aos critérios de nível 4 no quadro de Kirkpatrick.

Os funcionários do governo de Chesterfield County, Virgínia, por exemplo, demonstraram a aplicação do aprendizado através de medições de custos evitados, horas economizadas por ano e serviço ao cliente.[19] A IKON Office Solutions, Inc. queria garantir que a equipe de vendas tivesse uma proficiência aceitável ao demonstrar o funcionamento de copiadoras.[20] A atividade de vendas foi medida antes e depois do programa. Antes do treinamento, a atividade do setor de vendas estava abaixo das metas da empresa. Quatro meses após o treinamento, a publicidade indireta (*product placement*) aumentou em 200%.

A LQ Management LLC, empresa-matriz da La Quinta Inns and Suites, é responsável por fazer o treinamento para hotéis.[21] Recentemente, a empresa implantou uma nova estratégia de vendas concebida para gerar a melhor tarifa disponível para cada hotel, tendo como base a demanda de clientes e as taxas de ocupação. Utilizou-se um programa de treinamento envolvendo um jogo experiencial ("Buddy's View") para estimular a equipe a entender como as novas estratégias de venda afetariam os negócios, além de melhorarem o serviço ao cliente. Para avaliar a eficácia do programa, a empresa coleta indicadores de resultados financeiros do negócio (critérios de nível 4 para Kirkpatrick), mais especificamente as mudanças percentuais na qualidade do serviço e na intenção do cliente de voltar ao hotel antes e depois do programa.

Avaliação de retorno sobre investimento

A avaliação de **retorno sobre investimento (ROI)** é a comparação entre os benefícios financeiros advindos do treinamento e os custos do mesmo. Ele costuma ocupar o nível 5 (ver Tabela 6.1). Os custos com o treinamento podem ser diretos ou indiretos.[22] Os **custos diretos** abarcam salários e benefícios para funcionários envolvidos no treinamento, como aprendizes, instrutores, consultores e funcionários que elaboraram o programa; os materiais do programa; o aluguel ou compra de equipamentos ou salas de aula e os custos com deslocamentos. Já os **custos indiretos** são aqueles que não estão diretamente relacionados à elaboração, desenvolvimento ou oferta do programa de treinamento, o que inclui materiais de escritório em geral, instalações e equipamentos e gastos relacionados; gastos e deslocamentos que não são creditados diretamente a um programa; gestão do departamento de treinamento e salários de pessoal não relacionado a um programa específico, salários administrativos e de pessoal de apoio. Os **benefícios** representam o valor obtido pela empresa em razão do programa de treinamento.

O departamento de treinamento de operações técnicas da Northwest Airlines conta com 72 instrutores que são responsáveis por treinar milhares de técnicos em manutenção de aeronaves e mais de 10 mil fornecedores externos que trabalham na manutenção da frota de aeronaves da Northwest.[23] Cada um dos instrutores trabalha com um tipo de avião, como por exemplo, o Airbus 320. A maior parte do treinamento é orientada por instrutores em salas de aula, mas outros programas de instrução utilizam um simulador ou acontecem em um avião real.

Ao acompanhar os dados do departamento de treinamento, que possibilitou a avaliação do programa, o departamento de operações técnicas demonstrou o seu valor através da comprovação da contribuição dos seus serviços para o negócio. Por exemplo: o departamento de operações técnicas aumentou a satisfação do cliente e a produtividade do treinamento, melhorou as avaliações posteriores, conhecimentos e ganhos de desempenho, proveu argumentos para que a alta gerência oferecesse recursos financeiros para o treinamento e, assim, conseguiu reduzir o custo do treinamento de um técnico em 16%.

Para alcançar esses resultados, o departamento de treinamento em operações técnicas desenvolveu o Índice de Qualidade do Treinamento (*Training Quality Index*, TQI). O TQI é um programa de computador que reúne dados sobre o desempenho, a produtividade, o orçamento e as disciplinas do departamento de treinamento e permite a análise detalhada dessas informações. Ele rastreia todos os dados, divididos em cinco categorias: eficácia, quantidade, percepções, impacto financeiro e impacto operacional. A qualidade do treinamento é inclusa na categoria eficácia. Os ganhos em conhecimento, por exemplo, estão relacionados à diferença nas avaliações de conhecimento dos aprendizes, medidas através de provas antes e depois do treinamento. O sistema pode oferecer relatórios de desempenho relacionados aos orçamentos e ao custo do treinamento diário por aluno, entre outros custos. Os indicadores coletados também estão relacionados às metas do departamento, às estratégias do departamento e, em última análise, à estratégia geral da companhia aérea. Aquelas perguntas que eram feitas com frequência antes do desenvolvimento do TQI, mas que não podiam ser respondidas (como "Como se justifica o custo do treinamento?", "Qual é o impacto operacional do treinamento?" e "Quanto treinamento os técnicos receberam?"), agora o são através desse sistema. A demanda por treinamento pode ser avaliada em relação ao número de passageiros e de rotas para determinar o número correto de instrutores nos locais certos para apoiar as necessidades de negócio. Esses ajustes aumentam a satisfação dos clientes e resultam em visões positivas das operações de treinamento.

COMO DECIDIR SE OS ITENS MEDIDOS ESTÃO ADEQUADOS

Uma questão importante na escolha de indicadores é definir se eles são capazes de determinar a eficácia do programa de treinamento. Indicadores de treinamento apropriados precisam ser relevantes, confiáveis, discriminadores e práticos.[24]

Relevância

A **relevância de critérios** refere-se ao grau de relação entre os resultados do treinamento e as capacidades adquiridas enfatizadas no programa. As capacidades adquiridas necessárias ao êxito no programa de treinamento devem ser as mesmas exigidas para ser bem-sucedido no trabalho e os resultados alcançados no treinamento devem ser os mais parecidos possíveis com o que os aprendizes aprenderam no programa. Isso quer dizer que os indicadores devem ser medidas válidas de aprendizagem. Uma forma de garantir a relevância desses indicadores é escolhê-los com base nos objetivos de aprendizagem para o programa. Relembre o que foi visto no Capítulo 4: os objetivos de aprendizagem mostram a ação esperada, as condições sob as quais o aprendiz deve desempenhar e o nível ou padrão de desempenho.

A Figura 6.2 mostra duas formas em que as avaliações de treinamento podem carecer de relevância. A **contaminação de critérios** refere-se ao grau em que avaliações de treinamento medem capacidades inapropriadas ou são afetadas por condições alheias. Se as avaliações do desempenho no trabalho feitas pelos gerentes forem usadas como indicadores de treinamento, por exemplo, os aprendizes podem receber classificações mais altas simplesmente porque os gerentes sabem que eles participaram do programa de treinamento, acreditam que o programa é válido e, portanto, fazem melhores avaliações para garantir que o treinamento pareça afetar positivamente o desempenho. Os critérios também podem ser contaminados se as condições em que se medem os resultados forem diferentes daquelas do ambiente de aprendizagem.

Pode-se solicitar, por exemplo, que os participantes demonstrem habilidades na produção de planilhas eletrônicas usando uma versão mais nova do mesmo *software* usado no programa de treinamento. É provável que essa demonstração não resulte em mudanças nas habilidades dos funcionários em relação aos níveis apresentados antes do treinamento. Nesse caso, pode ser que os funcionários tenham aprendido as habilidades necessárias, mas que o ambiente de avaliação fosse significativamente diferente do ambiente de aprendizagem e, por isso, não se observam mudanças no nível de habilidade.

Os critérios também podem ser deficientes. A **deficiência de critérios** é o fracasso em medir os indicadores do treinamento destacados entre os objetivos do mesmo. Os objetivos de um programa de treinamento em habilidades com planilhas eletrônicas, por exemplo, destacavam que os participantes deviam entender os comandos disponíveis (p. ex., calcular) e usar a planilha para elaborar estatísticas usando um conjunto de dados. Um modelo de avaliação que usa apenas os resultados do aprendizado, como um teste de conhecimento sobre combinações de teclas, é deficiente porque a avaliação não mede os resultados incluídos nos objetivos (p. ex., usar uma planilha para calcular uma média e um desvio-padrão para um conjunto de dados).

FIGURA 6.2 Deficiência, relevância e contaminação de critérios

Confiabilidade

A **confiabilidade** é o grau em que os indicadores podem ser medidos de forma consistente ao longo do tempo. Por exemplo: um instrutor aplica um teste escrito aos funcionários de um restaurante para medir o conhecimento sobre padrões de segurança e avaliar um programa de treinamento em segurança do qual participaram. O teste é feito antes (pré-treinamento) e depois (pós-treinamento) do programa. Um teste confiável inclui itens cujos significados ou interpretações não mudam com o tempo e permite que o instrutor acredite que a melhora apresentada nas notas dos testes pós-treinamento é resultado do aprendizado ocorrido no treinamento, e não das características do teste (p. ex., itens que estão mais claros na segunda avaliação) ou do ambiente (p. ex., participantes que tiveram melhor desempenho no teste pós-treinamento porque a sala de aula era mais silenciosa e confortável).

Discriminação

A **discriminação** refere-se ao grau em que o desempenho dos aprendizes no resultado avaliado reflete de fato as diferenças reais de desempenho. Um teste escrito que mede o conhecimento de eletricistas sobre princípios de elétrica, por exemplo, precisa detectar as diferenças reais entre os conhecimentos dos participantes sobre o tema.

Viabilidade

A **viabilidade** refere-se à facilidade com que se pode coletar os resultados da avaliação do treinamento. Um dos motivos que leva as empresas a não incluírem indicadores de aprendizagem, desempenho e comportamento em suas avaliações dos programas é que a coleta é muito onerosa (demanda muito tempo e energia, o que prejudica o negócio). Ao avaliar um programa de treinamento em vendas, por exemplo, pode ser inviável pedir aos clientes que avaliem o comportamento do vendedor porque isso comprometeria muito o tempo do cliente, o que provavelmente causaria danos a futuras relações de vendas.

PRÁTICAS DE AVALIAÇÃO

A Figura 6.3 apresenta os indicadores usados em práticas de avaliação do treinamento. Pesquisas sobre as práticas de avaliação das empresas apontam que os indicadores de reação (avaliação afetiva) e cognitivos são os mais frequentemente usados na avaliação do treinamento.[25] Apesar do menor uso de indicadores comportamentais e financeiros, as pesquisas sugerem que o treinamento pode ter um efeito positivo nesses resultados.[26] Tenha em mente que, ainda que a maioria das empresas realize avaliações de treinamento, algumas pesquisas indicam que 20% delas não o fazem!

Quais indicadores de treinamento devem ser coletados?

A partir do que foi discutido sobre resultados e práticas de avaliação, você pode ter ficado com a impressão de que é obrigatório coletar indicadores de todos os cinco níveis para poder avaliar o programa de treinamento. Embora esse seja o ideal, são os objetivos do programa de treinamento que determinam quais indicadores devem ser relacionados à estratégia de negócio em um sentido mais amplo, como visto no Capítulo 2.

FIGURA 6.3 Práticas de avaliação de treinamento

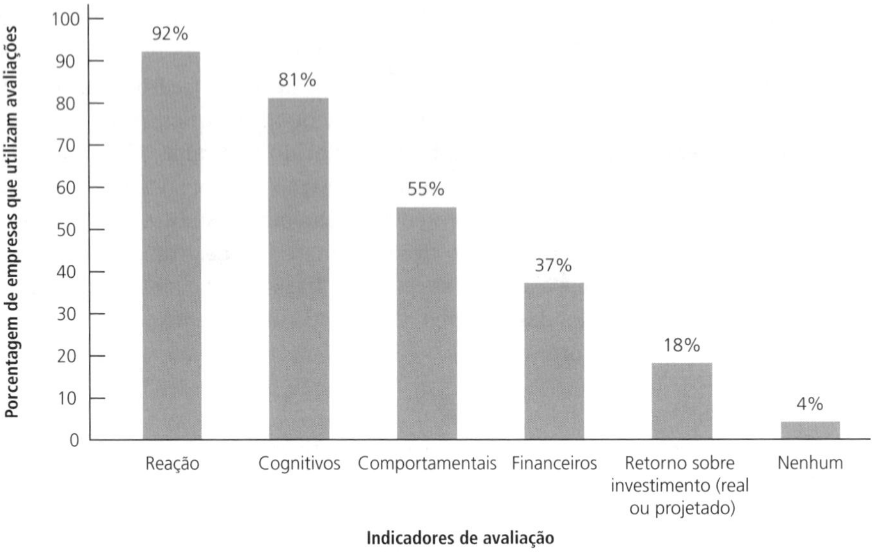

[Gráfico de barras - Porcentagem de empresas que utilizam avaliações por Indicadores de avaliação:
- Reação: 92%
- Cognitivos: 81%
- Comportamentais: 55%
- Financeiros: 37%
- Retorno sobre investimento (real ou projetado): 18%
- Nenhum: 4%]

Nota: Os entrevistados eram 704 profissionais de alto nível das áreas de negócios, RH e aprendizagem que participavam de um estudo da ASTD/i4cp, "The Value of Evaluation: Making Training Evaluations More Effective".

Fonte: Baseado em L. Patel, *2010 State of the Industry Report* (Alexandria, VA: American Society for Training and Development, 2010).

É importante estar ciente das limitações de escolher apenas avaliações de reação e avaliações cognitivas. Lembre-se das discussões anteriores sobre aprendizado e transferência de treinamento (Capítulos 4 e 5): para que o treinamento tenha êxito, é preciso que ocorra o aprendizado *e também* a transferência do treinamento. A Figura 6.4 mostra os vários objetivos de programas de treinamento e as suas implicações para a escolha de indicadores para avaliação. O normal é que os programas de treinamento tenham objetivos relacionados tanto ao aprendizado quanto à transferência, de forma que os funcionários adquiram habilidades cognitivas e conhecimento e também que o uso do conhecimento ou das estratégias que aprenderam reflita-se no comportamento que eles têm no trabalho. Assim sendo, para garantir uma avaliação adequada, as empresas devem coletar indicadores relacionados ao treinamento e à transferência.

O setor de treinamento da Ernst & Young utiliza testes de conhecimento (nível 2) para todas as disciplinas de ensino eletrônico da empresa, o que representa 50% do treinamento total.[27] As novas disciplinas e programas utilizam a transferência de comportamento (nível 3) e os resultados financeiros do negócio (nível 4). Independentemente do programa, os líderes da empresa estão interessados em saber se os aprendizes acreditam que o treinamento foi um bom investimento do seu tempo e dinheiro e se recomendariam a sua realização a outros funcionários (nível 1). O setor de treinamento rastreia esses resultados automaticamente. Os gerentes utilizam o treinamento e o desenvolvimento para incentivar mudanças comportamentais perceptíveis nos funcionários que trarão resultados desejáveis para o negócio, como satisfação do cliente ou baixa rotatividade de funcionários.

Observe que as medidas de avaliação não estão perfeitamente relacionadas umas às outras. Embora seja tentador presumir que funcionários satisfeitos aprendem mais

FIGURA 6.4 Objetivos do programa de treinamento e suas implicações para a avaliação

Objetivo

Aprendizado → Transferência do treinamento

Indicadores

Reações: Os aprendizes gostaram do programa?
O ambiente ajudou no aprendizado?
O material era relevante?
Aprendizado/cognitivos: Provas escritas
Comportamento/com base em habilidades:
Desempenho em uma amostra de trabalho

Comportamento/com base em habilidades:
Classificações por pares ou gerentes com base na observação do comportamento
Afetivos: motivação ou atitudes de trabalho dos funcionários
Financeiros: A empresa beneficiou-se através de vendas, qualidade, produtividade e redução de acidentes ou de reclamações?
Desempenho em equipamentos de trabalho

e que eles aplicarão o conhecimento e as habilidades ao trabalho, levando a mudanças comportamentais e resultados positivos para a empresa, pesquisas indicam que a relação entre os resultados de reação, cognitivos, comportamentais e financeiros é pequena.[28]

Quais são as melhores medidas de avaliação para treinamento? A resposta depende dos objetivos do treinamento em questão. Se os objetivos instrucionais identificaram resultados relacionados ao negócio, como melhora na qualidade do serviço ao cliente ou do produto, então os resultados financeiros devem constar na avaliação. Como mostra a Figura 6.4, tanto os resultados de reação como os cognitivos podem afetar a aprendizagem. As avaliações de reação fornecem informações sobre até que ponto o instrutor, as instalações ou o ambiente de aprendizagem podem ter prejudicado o aprendizado. Já as avaliações de aprendizado ou cognitivas medem diretamente o grau de domínio que os aprendizes têm do conteúdo do treinamento. Entretanto, avaliações de reação e cognitivas não servem para determinar se os participantes de fato usam o conteúdo do treinamento no trabalho. Tanto quanto possível, a avaliação deve incluir indicadores comportamentais ou com base em habilidades, afetivos ou financeiros para determinar o grau de transferência de treinamento.

Quanto tempo após o treinamento devem-se coletar os dados? Não há um padrão estabelecido para quando cada um dos indicadores de treinamento devem ser coletados. Na maioria dos casos, as reações costumam ser medidas imediatamente após o treinamento.[29] Aprendizado, comportamentos e resultados financeiros devem ser medidos depois de transcorrido tempo suficiente para determinar se o treinamento teve alguma influência nesses resultados. A transferência de treinamento positiva é demonstrada quando o aprendizado acontece e observam-se mudanças positivas em resultados relacionados a habilidades, afetivos ou financeiros. A transferência negativa fica evidente quando acontece o aprendizado, mas os resultados das habilidades, afetivos ou financeiros são inferiores aos níveis anteriores ao treinamento. Os resultados de estudos sobre avaliação afirmam que a falta de transferência ou a transferência negativa indicam que o treinador e o gerente precisam investigar se foi oferecido um bom ambiente de aprendizagem (p. ex., oportunidades de prática e *feedback*), se os funcionários estavam motivados e prontos para aprender e se o diagnóstico de necessidades identificou o que precisava ser aprendido corretamente.

MODELOS DE AVALIAÇÃO

O modelo de avaliação do treinamento determina o quanto se pode confiar nos resultados, isto é: quanta convicção uma empresa pode ter de que o treinamento é responsável pelas mudanças nos resultados da avaliação ou de que ele não foi capaz de influenciar esses resultados. Nenhum modelo de avaliação pode assegurar que os resultados da mesma devem-se completamente ao treinamento, mas o avaliador busca o formato mais rigoroso possível (dadas as circunstâncias em que a avaliação acontece) para eliminar respostas alternativas para os resultados da avaliação.

Esta discussão sobre os formatos começa pela identificação das "explicações alternativas" que o avaliador deve tentar controlar. Em seguida, comparam-se vários modelos de avaliação. Por último, discutem-se as circunstâncias práticas que o instrutor deve levar em consideração para selecionar um modelo.

Ameaças à validade: explicações alternativas para os resultados da avaliação

A Tabela 6.6 apresenta algumas ameaças à validade de uma avaliação. **Ameaças à validade** são fatores que levarão o avaliador a questionar (1) a credibilidade dos resultados do estudo ou (2) até que ponto os resultados da avaliação são aplicáveis a outros grupos de aprendizes e situações.[30] A credibilidade dos resultados refere-se à **validade interna**. As ameaças à validade interna estão relacionadas às características da empresa (história), às medidas de avaliação (instrumentação, testes) e aos indivíduos no estudo de avaliação (amadurecimento, regressão em direção à média, evasão, diferenças iniciais do grupo). Essas características podem levar o avaliador a chegar às conclusões erradas

TABELA 6.6 Ameaças à validade

Ameaças à validade interna	Descrição
Empresa • História	• Algo acontece, causando mudanças nos resultados do treinamento.
Indivíduos • Amadurecimento • Evasão • Diferenças iniciais do grupo	• As mudanças nos resultados do treinamento são consequência do crescimento físico ou do estado emocional dos participantes. • Participantes abandonam o estudo (p. ex., saem da empresa). • O grupo de treinamento é diferente do grupo de comparação em aspectos individuais que influenciam os resultados (conhecimento, habilidades, capacidades e comportamento).
Indicadores de resultados • Testes • Instrumentação • Regressão à média	• Os aprendizes são sensibilizados a terem um bom desempenho em medições pós-teste. • A interpretação que os aprendizes fazem dos resultados muda ao longo da avaliação. • Participantes com notas altas ou baixas movem-se em direção à média em medições pós-treinamento.
Ameaças à validade externa	**Descrição**
• Reação ao teste preliminar • Reação à avaliação • Interação de seleção e treinamento • Interação de métodos	• A aplicação de um teste antes do treinamento leva os participantes a prestarem atenção naquilo que constava no teste. • Ser avaliado leva o aprendiz a esforçar-se mais no programa de treinamento. • As características dos funcionários influenciam a eficácia do programa. • Os resultados de aprendizes que receberam diferentes métodos só podem ser generalizados para aqueles que receberam o mesmo treinamento na mesma ordem.

Fonte: Baseado em T. D. Cook, D. T. Campbell, and L. Peracchio, "Quasi-Experimentation," in *Handbook of Industrial and Organizational Psychology*, 2d ed., Vol. 1, eds. M. D. Dunnette and L. M. Hough (Palo Alto, CA: Consulting Psychologists Press, 1990): 491-576.

quanto à eficácia do treinamento. Um processo de avaliação precisa de validade interna para passar confiança de que seus resultados (especialmente se eles forem positivos) devem-se ao programa de treinamento e não a algum outro fator. Pense, por exemplo, em um grupo de gerentes que participou de um programa de treinamento sobre habilidades comunicativas. Enquanto participavam do programa, foi anunciado que a empresa passaria por uma reestruturação. Logo após, os gerentes tornam-se melhores comunicadores simplesmente porque estão com medo de perderem seus empregos caso não o façam, ou seja: pode ser que não tenha acontecido nenhum aprendizado real no programa de treinamento.

Os instrutores também estão interessados na generalização dos resultados do estudo para outros grupos e situações (eles têm interesse na **validade externa** do estudo). Como mostra a Tabela 6.6, as ameaças à validade externa estão relacionadas à forma como os participantes do estudo reagem ao serem inclusos no estudo e os efeitos de vários tipos de treinamento. Como a avaliação não costuma envolver todos os funcionários que realizaram o programa (ou que participarão no futuro), os instrutores querem poder dizer que o treinamento será eficaz com grupos parecidos no futuro.

Métodos de controle de ameaças à validade

Tendo em vista que os instrutores desejam com frequência usar o resultado do estudo das avaliações como base para modificar programas de treinamento ou demonstrar que eles funcionam (como forma de obter fundos adicionais para os treinamentos junto às pessoas que controlam o orçamento), é importante minimizar as ameaças à validade. Há três formas de fazer isso: uso de pré-testes e pós-testes nos modelos de avaliação, grupos de comparação e atribuição aleatória.

Pré-testes e pós-testes Uma forma de melhorar a validade interna dos resultados de uma avaliação é estabelecendo primeiro uma base ou **valor pré-treinamento** para o indicador. Uma nova medição dos indicadores pode ser feita após o treinamento, o que é conhecido como **valor pós-treinamento**. Uma comparação entre os dois valores medidos serve como indicador do grau de mudança dos participantes em razão do treinamento.

Uso de grupos de comparação A validade interna pode ser aprimorada através do uso de um **grupo de comparação** ou de controle, que é um grupo de funcionários que participa do processo de avaliação, mas não participa do programa de treinamento. Os funcionários de comparação possuem características pessoais (p. ex., gênero, educação, idade, ocupação e nível de habilidade) tão parecidas com as dos aprendizes quanto possível. O uso de um grupo de comparação ajuda a eliminar a possibilidade de que as mudanças detectadas nos indicadores de resultados sejam decorrentes de outros fatores que não o treinamento. Quando os participantes de um processo de avaliação apresentam desempenho de nível mais alto simplesmente em razão da atenção que estão recebendo, chamamos este fenômeno de **efeito de Hawthorne**. O uso de grupos de comparação ajuda a mostrar que quaisquer efeitos observados devem-se especificamente ao treinamento e não à atenção dispensada aos aprendizes. Eles também ajudam a controlar os efeitos da história, testes, instrumentação e amadurecimento porque o tratamento dado ao grupo de comparação e ao grupo de treinamento é semelhante.

Pense sobre a avaliação de um programa de treinamento em segurança, por exemplo. Os comportamentos de segurança são medidos antes e depois do treinamento, tanto com o grupo de aprendizes quanto com o grupo de comparação. Se o nível de comportamentos seguros melhorar para o grupo de treinamento em relação aos níveis pré-treinamento, mas manter-se relativamente estável para o grupo de comparação, a conclusão que se pode tirar é de que as diferenças observadas nos comportamentos são em razão do treinamento e não de outro fator qualquer, como a atenção dispensada a ambos os grupos ao solicitar a participação no estudo.

Lembre-se de que pode haver um grupo de comparação disponível naturalmente já que nem todos os funcionários receberão o treinamento ao mesmo tempo ou o treinamento não será realizado em todas as unidades da empresa. Aqueles que não receberem o treinamento inicialmente podem participar do grupo de comparação, podendo-se agendar o treinamento para eles em um momento posterior, após a conclusão da avaliação.

Atribuição aleatória A **atribuição aleatória** é o ato de nomear funcionários para participarem do treinamento ou do grupo de comparação aleatoriamente. As atribuições aleatórias ajudam a garantir que os aprendizes sejam parecidos quanto às características pessoais como idade, gênero, capacidade e motivação. Como muitas vezes é impossível identificar e medir todas as características individuais que podem influenciar os resultados, a atribuição aleatória assegura que essas características estejam distribuídas igualmente nos dois grupos. Isso ajuda a diminuir os efeitos de funcionários que abandonam o estudo (evasão) e as diferenças entre os dois grupos em termos de capacidade, conhecimento, habilidade ou outras características pessoais.

Vale lembrar que frequentemente a atribuição aleatória é impraticável, pois as empresas querem treinar funcionários que precisem de treinamento. Além disso, elas podem não estar dispostas a oferecer um grupo de comparação. Uma solução para esse problema é identificar os fatores que diferenciam os dois grupos e controlá-los durante a análise dos dados (um procedimento estatístico conhecido como *análise de covariância*). Outro método é estabelecer as características dos participantes depois que eles forem designados e garantir que o grupo de comparação inclua funcionários de características semelhantes.

Tipos de avaliação

Para avaliar programas de treinamento, pode-se usar vários modelos diferentes.[31] A Tabela 6.8 compara cada um deles em termos de indivíduos envolvidos (aprendizes ou grupo de comparação), momento da coleta dos indicadores (pré-treinamento, pós-treinamento), custos, tempo levado para realização da avaliação e capacidade do formato de descartar explicações alternativas para os resultados. Como mostra a Tabela 6.7, os formatos de pesquisa variam quanto à inclusão de medidas de avaliação pré-treinamento e pós-treinamento e de um grupo de comparação. Em geral, os modelos que usam medições antes e depois do treinamento e incluem um grupo de comparação reduzem o risco de fatores alternativos serem responsáveis pelos resultados da avaliação. Isso aumenta a confiança do instrutor para usar os resultados na tomada de decisões. A desvantagem óbvia desses formatos é que eles são mais caros e demandam mais tempo do que as avaliações que não usam medições pré e pós-treinamento nem grupos de comparação.

Somente pós-teste

O modelo **somente pós-teste** refere-se a uma avaliação em que apenas os resultados posteriores ao treinamento são coletados. Para fortalecer esse formato pode-se acrescentar um grupo de comparação (o que ajuda a descartar explicações alternativas para

TABELA 6.7 Comparação de modelos de avaliação

Formato	Grupos	Pré--treinamento	Pós--treinamento	Custo	Tempo	Força
Somente pós-teste	Aprendizes	Não	Sim	Baixo	Baixo	Baixo
Pré-teste/pós-teste	Aprendizes	Sim	Sim	Baixo	Baixo	Médio
Somente pós-teste com grupo de comparação	Aprendizes e grupo de comparação	Não	Sim	Médio	Médio	Médio
Pré-teste/pós-teste com grupo de comparação	Aprendizes e grupo de comparação	Sim	Sim	Médio	Médio	Alto
Séries temporais	Aprendizes	Sim	Sim, diversos	Médio	Médio	Médio
Séries temporais com grupo de comparação e reversão	Aprendizes e grupo de comparação	Sim	Sim, diversos	Alto	Médio	Alto
Quatro grupos de Solomon	Aprendizes A	Sim	Sim	Alto	Alto	Alto
	Aprendizes B	Não	Sim			
	Grupo de comparação A	Sim	Sim			
	Grupo de comparação B	Não	Sim			

Medidas de avaliação

as mudanças). O modelo é apropriado quando se puder esperar que os participantes (e o grupo de comparação, se houver) tenham níveis parecidos de resultados nas avaliações de conhecimento, de comportamento ou financeiros (p. ex., mesma quantia de vendas ou mesma consciência sobre como fechar uma venda) antes do treinamento.

Vejamos o modelo de avaliação utilizado pela Mayo Clinic para comparar dois métodos de oferta de um novo treinamento para gerentes.[32] A Mayo Clinic é um dos principais centros de educação e pesquisa médica no mundo e, recentemente, passou por um crescimento considerável em razão do acréscimo de um novo hospital e clínica na região de Phoenix (a Mayo Clinic também está presente em Rochester, Minnesota). Nesse processo, funcionários que não estavam completamente preparados foram colocados em posições gerenciais, o que causou um aumento nos índices de insatisfação e rotatividade de funcionários. Como um diagnóstico de necessidades indicou que os funcionários estavam abandonando o trabalho por estarem insatisfeitos com o gerenciamento, a Mayo decidiu iniciar um novo programa de treinamento elaborado para ajudar os novos gerentes a melhorarem as suas habilidades. Haviam divergências se o treinamento seria mais bem administrado em uma sala de aula ou individualmente com um orientador. Como a prática de *coaching* seria mais cara do que o treinamento em sala de aula, optou-se por realizar uma avaliação usando um modelo de pós-teste com grupo de comparação. Antes de treinar todos os gerentes, a Mayo realizou três sessões de treinamento com no máximo 75 gerentes em cada uma. Em cada sessão, os gerentes eram divididos em três grupos: um grupo que recebia quatro dias de treinamento em sala de aula, um grupo que recebia treinamento individual com um orientador e um grupo que não recebia treinamento (grupo de comparação). A clínica coletou resultados em termos de reações (os participantes gostaram do programa?), aprendizado, transferência e resultados financeiros. A avaliação não encontrou diferenças estatisticamente significativas dos efeitos do *coaching* em relação aos efeitos do treinamento em sala de aula ou de nenhum treinamento. Consequentemente, decidiu-se confiar em cursos em sala de aula para os novos gerentes e utilizar o *coaching* como possibilidade apenas para gerentes com problemas críticos e urgentes no trabalho.

Pré-teste/pós-teste

O **pré-teste/pós-teste** é um modelo de avaliação em que os indicadores são coletados tanto no pré quanto no pós-treinamento. Não há grupo de comparação, o que dificulta a exclusão do efeito de condições de negócio ou de outros fatores como explicações para as mudanças. Esse formato é usado com frequência por empresas que desejam avaliar um programa de treinamento mas se sentem desconfortáveis em excluir alguns funcionários, ou que pretendem treinar apenas um pequeno grupo deles.

Pré-teste/pós-teste com grupo de comparação

O **pré-teste/pós-teste com grupo de comparação** inclui aprendizes e um grupo de comparação. Os indicadores de pré e pós-treinamento são coletados com ambos os grupos. Se a melhora for maior para o grupo que participou do treinamento do que para o grupo de comparação, isso prova que o treinamento é responsável pela mudança, controlando a maioria das ameaças à validade.

A Tabela 6.8 apresenta um exemplo para o modelo pré-teste/pós-teste com grupo de comparação. Essa avaliação envolvia determinar a relação entre três condições ou tratamentos e o aprendizado, satisfação e uso de habilidades no computador.[33] As três condições ou tratamentos (tipos de treinamento virtual) eram modelos comportamentais, estudo no ritmo próprio e palestras. Também foi incluso no estudo um grupo de comparação. O uso de modelos comportamentais incluía assistir a um vídeo que mostrava um modelo desempenhando os comportamentos-chave necessários à realização de uma tarefa, que consistia em realizar procedimentos no computador. (O uso de modelos comportamentais é discutido em detalhes no Capítulo 7, "Métodos tradicionais de treinamento".)

Quarenta funcionários foram incluídos em cada condição. As medidas de aprendizagem incluíam um teste com 11 itens elaborados para medir as informações que os participantes precisavam saber para operar o sistema de computador (p. ex., "A formatação exclui todos os dados no disco?"). Além disso, a compreensão dos procedimentos (compreensão processual) foi medida apresentando-se aos aprendizes cenários em telas de computador e perguntando a eles o que apareceria a seguir. Para medir o uso de habilidades em computadores (resultado de aprendizado com base em habilidades) solicitou-se aos funcionários que realizassem seis tarefas no computador (p. ex., mudança de diretórios). Já a satisfação com o programa (reação) foi medida através de seis itens (p. ex., "Eu recomendaria este programa a outras pessoas").

Como mostra a Tabela 6.8, os indicadores de aprendizado e de habilidades foram coletados com os aprendizes antes que eles participassem do programa (pré-treinamento). Esses mesmos indicadores também foram coletados imediatamente após o treinamento

TABELA 6.8 Exemplo de modelo pré-teste/pós-teste com grupo de comparação

	Pré-treinamento	Treinamento	1º momento pós--treinamento	2º momento pós--treinamento
Palestras	Sim	Sim	Sim	Sim
Estudo no ritmo próprio	Sim	Sim	Sim	Sim
Modelo comportamental	Sim	Sim	Sim	Sim
Sem treinamento (comparação)	Sim	Não	Sim	Sim

Fonte: Baseado em S. J. Simon and J. M. Werner, "Computer training through behavior modeling, self-paced, and instructional approaches: A field experiment," *Journal of Applied Psychology,* 81 (1996): 648-659.

(1º momento pós-treinamento) e quatro semanas após o treinamento (2º momento pós--treinamento). A medida de satisfação foi coletada logo após o treinamento.

Os indicadores coletados no segundo momento pós-treinamento ajudaram a determinar a ocorrência de transferência e retenção de informações e habilidades do treinamento. Na coleta imediatamente após o treinamento pode parecer que os aprendizes aprenderam e adquiriram as habilidades relacionadas ao treinamento em computadores, mas é a coleta quatro semanas após o treinamento que dá informações sobre o nível de retenção de habilidades e conhecimentos deles.

Os procedimentos estatísticos conhecidos como análise de variância e análise de covariância foram usados para testar as diferenças entre os indicadores pré e pós-treinamento para cada condição. Além disso, analisaram-se as diferenças entre cada uma das condições de treinamento e o grupo de comparação, determinando se as diferenças entre os grupos são grandes o suficiente para concluir com um alto grau de certeza que elas foram causadas pelo treinamento e não por variações por acaso nas notas dos participantes.

Séries temporais

O termo **séries temporais** refere-se a um modelo de avaliação em que os resultados do treinamento são coletados periodicamente, tanto antes quanto depois do treinamento (nos outros formatos discutidos aqui, os resultados do treinamento são coletados só uma vez depois do treinamento e talvez uma vez antes). Pode-se aumentar a força desse formato através do uso da **reversão**, que consiste em deixar os participantes sem receberem a intervenção do treinamento durante um período de tempo. Também se pode usar um grupo de comparação aliado a esse formato. Uma das vantagens do modelo de séries temporais é que ele permite uma análise da estabilidade dos resultados do treinamento ao longo do tempo. Outra vantagem é que usar a reversão e o grupo de comparação ajuda a descartar as explicações alternativas para os resultados da avaliação. O modelo de séries temporais é usado frequentemente para avaliar programas que foquem na melhoria de resultados prontamente observáveis (como índices de acidente, produtividade ou absenteísmo). Para avaliar os efeitos do treinamento em novos contratados, a CHG Healthcare Services primeiro estabelece uma base de desempenho que inclui medições do total de faturamento, inscrições recebidas e entrevistas.[34] Conforme os novos cursos de treinamento são introduzidos, a CHG pode acompanhar a influência que eles têm no desempenho dos novos contratados tendo como base essas medidas.

A Figura 6.5 mostra uma série temporal usada para avaliar o quanto o programa de treinamento melhorava o número de comportamentos seguros em uma fábrica de produção de alimentos,[35] a qual vinha apresentando um índice de acidentes de trabalho parecido com o índice da indústria de mineração, a área de trabalho mais perigosa. Os funcionários estavam assumindo comportamentos perigosos, como colocar as mãos em esteiras rolantes para desobstruí-las (o que resultava em membros esmagados).

Para melhorar a segurança, a empresa desenvolveu um programa de treinamento que ensinava comportamentos seguros aos funcionários, dava incentivos aos comportamentos seguros e estimulava-os a monitorarem os seus próprios comportamentos. Para avaliar o programa, o modelo incluía um grupo de comparação (o departamento de composição) e um grupo treinado (o departamento de embalagem). O departamento de composição é responsável por medir e misturar os ingredientes, preparar a massa, colocá-la no forno e removê-la do mesmo quando estiver pronta e empacotar o produto final. O departamento de embalagem, por sua vez, é responsável por ensacar, selar e etiquetar as embalagens e

FIGURA 6.5 Exemplo de um modelo de séries temporais

Porcentagem de tarefas desempenhadas com segurança por funcionários de dois departamentos de uma fábrica de alimentos durante um período de 25 semanas

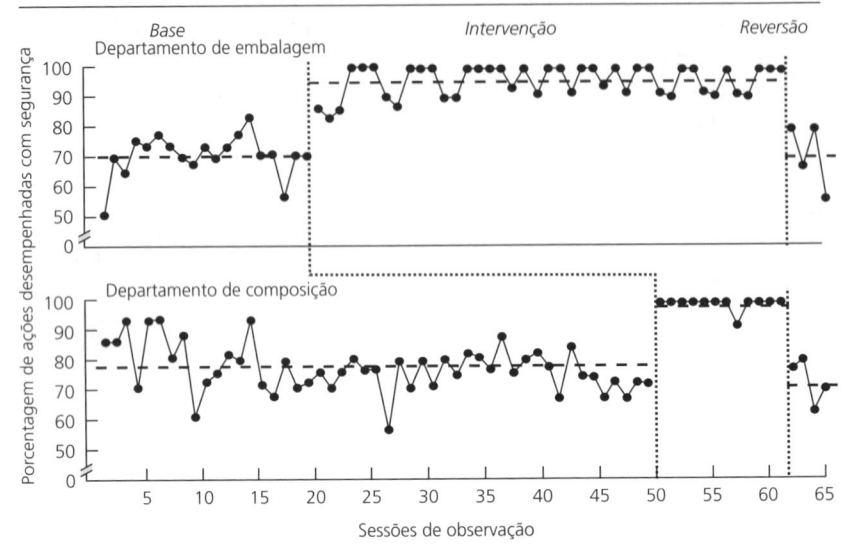

Fonte: J. Komaki, K. D. Badwick, and L. R. Scott, "A behavioral approach to occupational safety: Pinpointing safe performance in a food manufacturing plant," *Journal of Applied Psychology,* 63 (1978). Copyright 1978 by the American Psychological Association. Adaptado com permissão.

empilhá-las em paletas para o transporte. Os resultados eram provenientes de observações de comportamentos seguros, realizadas durante um período de 25 semanas.

A base de comparação mostra a porcentagem de atos seguros antes da introdução do programa de treinamento em segurança. Um treinamento direcionado para o aumento do número de comportamentos seguros foi introduzido depois de 5 semanas (20 sessões de observação) no departamento de embalagem e depois de 10 semanas (50 sessões de observação) no departamento de composição. Depois de aproximadamente 62 sessões de observação, retirou-se o treinamento dos dois departamentos. A retirada do treinamento resultou em uma redução das ações de trabalho realizadas de forma segura (em relação aos níveis pré-treinamento). Como se pode ver, o número de atos seguros observados variou em ambos os grupos ao longo do período de observação. Entretanto, o número de comportamentos seguros aumentou após a realização do programa de treinamento junto ao grupo treinado (departamento de embalagem). O nível de atos seguros manteve-se estável durante o período de observação (observe o período de intervenção). Quando o departamento de composição recebeu o treinamento (após 10 semanas), observou-se um aumento parecido na porcentagem de comportamentos seguros.

Quatro grupos de Solomon

O modelo de **quatro grupos de Solomon** combina pré-teste/pós-teste com grupo de comparação e o modelo de grupo de controle somente pós-teste. No modelo de quatro grupos de Solomon, um grupo de treinamento e um de comparação têm os seus resultados medidos tanto antes quanto depois do treinamento. Outro grupo de treinamento e um de controle são medidos apenas após o treinamento. Esse formato controla a maioria das ameaças à validade interna e externa.

Pode-se ver uma aplicação do modelo quatro grupos de Solomon na Tabela 6.9. Esse formato foi usado para comparar os efeitos do treinamento com base em aprendizagem integrativa e treinamento tradicional (com base em palestras) do planejamento de recursos de fabricação. O planejamento de recursos de fabricação é um método para planejar, coordenar e integrar de maneira eficaz o uso de todos os recursos de uma empresa de manufatura.[36] As sessões do treinamento tradicional começam com uma série de atividades que têm o intuito de criar um ambiente relaxado e positivo para o aprendizado. Pergunta-se aos estudantes o que significa para eles o planejamento de recursos de fabricação, tentando-se reafirmar as convicções dos alunos e unir os aprendizes em torno de um entendimento comum quanto ao assunto. Os estudantes apresentam materiais de treinamento e participam de discussões em grupo, jogos, histórias e poesia relacionados aos processos de fabricação.

Como a empresa tinha interesse nos efeitos da aprendizagem integrativa comparados aos do treinamento tradicional, os grupos que receberam o treinamento tradicional foram usados como grupos de comparação (e não grupos que não receberam treinamento algum). Como indicadores foram usados um teste de planejamento de recursos de fabricação (teste de conhecimento) e uma avaliação de reação. O estudo constatou que os participantes dos grupos com base em aprendizagem integrativa aprenderam ligeiramente menos do que os participantes dos grupos de treinamento tradicional. Contudo, aqueles que participaram do grupo de aprendizagem integrativa tiveram reações muito mais positivas do que os outros.

Considerações sobre a escolha de um modelo de avaliação

Não há apenas um modelo de avaliação adequado, que deve ser escolhido tendo como base uma avaliação dos fatores apresentados na Tabela 6.10. Há vários motivos para que a opção por não avaliar ou avaliar de forma menos rigorosa possa ser mais apropriada do que um formato mais rigoroso que inclua um grupo de comparação, atribuições aleatórias ou medições pré e pós-treinamento. Em primeiro lugar, os instrutores e gerentes podem estar relutantes em dedicar tempo e esforço à avaliação de treinamento. Em segundo lugar, eles podem não ter o grau de especialidade necessário para realizarem um processo de avaliação. Em terceiro lugar, uma empresa pode enxergar o treinamento como um investimento pelo qual espera receber pouco ou nenhum retorno. Deve-se considerar um modelo de avaliação mais rigoroso (pré-teste/pós-teste com grupo de comparação) se uma das seguintes condições for verdadeira:[37]

1. Os resultados da avaliação podem ser usados para mudar o programa.
2. O programa de treinamento é contínuo e tem o potencial de exercer uma influência importante em funcionários ou clientes.

TABELA 6.9 Exemplo do modelo de quatro grupos de Solomon

	Pré-teste	Treinamento	Pós-teste
Grupo 1	Sim	Com base em aprendizagem integrativa	Sim
Grupo 2	Sim	Tradicional	Sim
Grupo 3	Não	Com base em aprendizagem integrativa	Sim
Grupo 4	Não	Tradicional	Sim

Fonte: Baseado em R. D. Bretz and R. E. Thompsett, "Comparing traditional and integrative learning methods in organizational training programs," *Journal of Applied Psychology,* 77 (1992): 941-951.

TABELA 6.10 Fatores que influenciam a escolha do modelo de avaliação

Fator	Como o fator influencia a escolha do modelo de avaliação
Potencial de mudança	O programa pode ser modificado?
Importância	O treinamento ineficaz afeta o serviço ao cliente, a segurança, o desenvolvimento do produto ou as relações entre os funcionários?
Tamanho	Quantos aprendizes estão envolvidos?
Propósito do treinamento	O treinamento é conduzido em função do aprendizado, dos resultados financeiros ou de ambos?
Cultura da organização	A demonstração de resultados faz parte das normas e expectativas da empresa?
Grau de especialidade	Pode-se analisar um estudo complexo?
Custo	A avaliação é muito cara?
Prazo	Quando a informação é necessária?

Fonte: Baseado em S. I. Tannenbaum and S. B. Woods, "Determining a strategy for evaluating training: Operating within organizational constraints," *Human Resource Planning,* 15 (1992): 63-81.

3. O programa de treinamento envolve várias aulas e um grande número de aprendizes.
4. A justificativa de custos para o treinamento tem como base indicadores numéricos (aqui, a empresa tem forte orientação para a avaliação).
5. Os instrutores ou outras pessoas na empresa são especialistas (ou possuem o orçamento para comprar o conhecimento especializado fora da empresa) em elaborar e avaliar os dados coletados em um processo de avaliação.
6. O custo do treinamento cria uma necessidade de demonstrar que ele funciona.
7. Há tempo suficiente para conduzir uma avaliação. Nesse caso, informações quanto à eficácia do treinamento não são imediatamente necessárias.
8. Há interesse em medir mudanças (em conhecimentos, comportamentos, habilidades etc.) em relação aos níveis pré-treinamento ou em comparar dois ou mais programas diferentes.

Se uma empresa está interessada em saber o quanto as habilidades comunicativas dos funcionários mudaram em razão do programa de treinamento, por exemplo, é preciso usar um formato pré-teste/pós-teste com grupo de comparação. Os funcionários devem ser aleatoriamente atribuídos às condições de treinamento ou não. Os recursos desse modelo de avaliação oferecem um alto grau de confiança na relação entre as mudanças nas habilidades e a participação no programa de treinamento.[38] Este tipo de formato também se faz necessário se a empresa quiser comparar a eficácia de dois programas.

Os modelos avaliativos sem pré-teste ou grupos de comparação são mais indicados para situações em que a empresa esteja interessada em verificar se um determinado nível de desempenho foi ou não alcançado. (Por exemplo, os funcionários que participaram do treinamento conseguem comunicar as suas ideias adequadamente?) Nestes casos, as empresas não querem determinar quanta mudança ocorreu e sim se os participantes atingiram o objetivo.

A estratégia de avaliação de uma empresa para um treinamento oferecido aos profissionais da área tributária mostra como as normas da empresa em relação à avaliação e ao propósito do treinamento influenciam o modelo escolhido.[39] Essa empresa de consultoria enxerga o treinamento como um método eficaz de desenvolvimento de recursos humanos e espera que o treinamento ofereça um bom retorno sobre o investimento feito. A empresa utilizou uma combinação de critérios afetivos, cognitivos, comportamentais e financeiros para avaliar um programa de cinco semanas elaborado com a finalidade de preparar os profissionais da área tributária para entenderem as leis tributárias estaduais e locais. O treinamento envolvia duas semanas de autoestudo e três semanas de trabalho em sala de aula. O formato utilizado foi pré-teste/pós-teste com grupo de comparação. Antes de participarem do curso, os aprendizes foram testados para determinar seus conhecimentos sobre o assunto, além de responderem a uma pesquisa que avaliava a autoconfiança em preparar impostos de renda corretamente. Os avaliadores também identificaram as horas faturáveis dos funcionários (contadores) relacionadas ao cálculo de impostos estaduais e locais e a renda gerada por essa atividade. Após o término do programa os avaliadores repetiram o processo, identificando horas faturáveis e pesquisando a autoconfiança dos participantes. Os resultados da avaliação indicam que os contadores estavam levando mais tempo para fazer os impostos estaduais e locais do que antes do treinamento. Constatou-se também que os contadores treinados produziram uma receita maior do que aqueles que ainda não haviam recebido o treinamento (grupo de comparação). Houve uma melhora significativa na confiança dos contadores após o treinamento e eles mostraram-se mais dispostos a promoverem os seus conhecimentos sobre a preparação de impostos estaduais e locais. Por último, após um período de 15 meses, a receita ganha pela empresa compensou e superou o custo do treinamento. O aumento na receita para os contadores treinados foi em média de 10%.

COMO DETERMINAR O RETORNO SOBRE INVESTIMENTO

O retorno sobre investimento (ROI) é um indicador importante do treinamento. Esta seção do capítulo fala sobre como calcular o ROI através de uma análise de custo-benefício. Neste caso, uma **análise de custo-benefício** é o processo de determinação dos benefícios econômicos de um programa de treinamento por uso de métodos de contabilidade que consideram os custos e os benefícios do treinamento. Informações sobre o custo do treinamento são importantes por várias razões:[40]

1. Para entender os gastos totais do treinamento, englobando custos diretos e indiretos.
2. Para comparar os custos de programas de treinamento alternativos.
3. Para avaliar a proporção de dinheiro investido em desenvolvimento, administração e avaliação do treinamento, bem como para comparar o que foi gasto em treinamento para diferentes grupos de funcionários (isentos e não isentos, por exemplo).
4. Para controlar os custos.

Há um interesse maior em medir o ROI de programas de treinamento e desenvolvimento em função da necessidade de mostrar os resultados dos mesmos para justificar os fundos e aumentar o status do setor de treinamento e desenvolvimento.[41] A maioria dos instrutores e gerentes acredita que as atividades de treinamento e desenvolvimento oferecem um valor, como melhorias em produtividade ou serviço ao cliente, redução de custos, economia de tempo e diminuição da rotatividade de funcionários. O retorno sobre investimento comprova o valor econômico advindo dos programas. Entretanto, é importante lembrar que o ROI não substitui outros resultados do programa que fornecem dados quanto ao seu êxito tendo como base reações dos participantes e ocorrência de aprendizado e transferência do treinamento.

Normalmente, o retorno sobre investimento é usado para mostrar a eficácia de custo de um programa depois que ele foi oferecido, mas ele também é útil para prever o valor potencial de um novo programa de treinamento, escolher o método com melhor relação de custo-benefício através da estimativa e comparação de custos e benefícios de cada abordagem e tomar decisões sobre financiamento e oferta de programas no futuro.[42]

Veja o uso do retorno sobre investimento na LensCrafters, empresa que reúne em um só lugar o oftalmologista, uma ampla variedade de armações e lentes e um laboratório de fabricação de lentes.[43] A LensCrafters possui localizações e horários de funcionamento convenientes, além de ter a capacidade de produzir óculos ali mesmo. Com ênfase no serviço ao cliente, a empresa oferece um local completo e promete fazer os seus óculos em uma hora. Dave Palm, um profissional de treinamento que trabalha na LensCrafters, recebeu uma ligação de um gerente regional preocupado. O gerente disse que ainda que os executivos da empresa soubessem que os funcionários precisavam ser bem-treinados para projetar óculos e que eles estavam satisfeitos com o treinamento, os executivos queriam saber se o dinheiro investido em treinamento estava dando algum retorno. Palm decidiu unir-se à equipe de operações para identificar como vincular o treinamento a resultados mensuráveis como rentabilidade, qualidade e vendas. Após conversar com os funcionários do setor de operações, ele decidiu vincular o treinamento ao desperdício causado por falhas na qualidade que demandam refazer o produto, ao desempenho e às vendas de lojas e satisfação do cliente. Para o processo de avaliação, ele escolheu duas regiões e comparou os resultados de ambas aos resultados de uma localidade em que não houve treinamento. Palm descobriu que todas as lojas nas regiões em que houve treinamento reduziram o desperdício, aumentaram as vendas e melhoraram a satisfação do cliente. Como resultado, a LensCrafters repassou mais recursos financeiros ao seu departamento de treinamento ($ 10 milhões por ano para o desenvolvimento e administração de programas de treinamento) do que qualquer outra concorrente do setor. Como o departamento de treinamento demonstrou que contribui para as operações do negócio, ele também recebeu fundos para desenvolver um sistema de treinamento multimídia.

O processo de determinação do retorno sobre investimento começa pela compreensão dos objetivos do programa de treinamento.[44] Depois, fazem-se planos para coletar os dados relacionados à medição desses objetivos. O próximo passo é isolar (se possível) os efeitos do treinamento de outros fatores que possam influenciar os dados. Por fim, os dados são convertidos em um valor monetário e o ROI é calculado. A escolha de indicadores de avaliação e a elaboração de uma avaliação que ajuda a isolar os efeitos do treinamento foram abordadas anteriormente neste capítulo. A próxima seção trata de como determinar os custos e os benefícios e oferece exemplos de análises de custo-benefício e de cálculos de retorno sobre investimento.

Como a análise do retorno sobre investimento pode ser onerosa, ela deve ser limitada a determinados programas de treinamento. A análise do ROI é mais adequada a programas que tenham foco em uma questão operacional (resultados mensuráveis e identificáveis disponíveis), estejam vinculados a uma estratégia que diz respeito a toda a empresa (p. ex., melhor serviço ao cliente), sejam caros, sejam muito visíveis, tenham interesse gerencial, sejam realizados por muitos funcionários e sejam permanentes.[45] Na Deloitte, uma empresa de consultoria tributária e auditoria, os gerentes não exigem a análise do ROI para muitos programas.[46] Como o produto da empresa é o conhecimento, os investimentos em treinamento são vistos como uma parte importante do negócio.

A Deloitte ganha dinheiro através das horas faturáveis oferecidas pelos seus consultores aos clientes e o treinamento é de grande ajuda para que estejam preparados para servirem às necessidades dos clientes atendidos. O retorno sobre investimento é calculado principalmente para disciplinas ou programas que sejam novos ou caros. A análise de ROI foi conduzida para analisar uma simulação elaborada com a finalidade de ajudar novos funcionários a aprenderem mais rapidamente sobre atendimento ao cliente, por exemplo. Na Deloitte, o uso de simulação fez os novos contratados serem 30 a 40% mais rápidos no serviço ao cliente, resultando em um ROI de mais de $ 66 bilhões após o desconto dos custos do programa.

Determinação dos custos

O modelo de requisitos de recursos é um método para comparar custos de programas de treinamento alternativos.[47] Esse modelo compara equipamentos, instalações, pessoal e custos com materiais em diferentes estágios do processo de treinamento (diagnóstico de necessidades, desenvolvimento, elaboração do treinamento, implantação e avaliação). O estudo de requisitos de recursos ajuda a determinar as diferenças gerais nos custos entre vários programas de treinamento.

A contabilidade também pode ser usada para calcular custos.[48] Sete categorias de fontes de despesa são: custos relativos ao desenvolvimento ou compra do programa, materiais instrucionais para instrutores e aprendizes, equipamentos e ferramentas, instalações, viagens e hospedagem, salários do instrutor e equipe de apoio e custo da perda de produtividade enquanto os funcionários participam do programa (ou o custo de funcionários temporários para cobri-los). Esse método identifica ainda quando os custos incorreram. Os custos de elaboração são aqueles relacionados ao diagnóstico de necessidades e desenvolvimento do programa. Os custos administrativos são os relacionados a aluguéis, salário do instrutor e outros custos que surgem a cada vez que o programa é oferecido. Já os custos por participante abarcam refeições, materiais e perda de produtividade ou gastos incorridos para cobrir a ausência do funcionário enquanto ele participa do treinamento.

Determinação dos benefícios

Para identificar os benefícios potenciais do treinamento, a empresa deve analisar as motivações originais que levaram à realização dele. O treinamento pode ter sido realizado para reduzir os custos de produção ou os custos com horas extras ou para aumentar o volume de negócios recorrentes. Vários métodos podem ser úteis na identificação dos benefícios do treinamento:

1. Literatura técnica, acadêmica e profissional que resume os benefícios que apresentaram relação com um programa de treinamento específico.
2. Programas-piloto de treinamento que avaliam os benefícios com um pequeno grupo de aprendizes antes que a empresa comprometa mais recursos com o treinamento.
3. Observação de profissionais de bom desempenho que ajudam a empresa a definir o que eles fazem diferente em relação aos trabalhadores malsucedidos.[49]
4. Aprendizes e seus gerentes que dão estimativas dos benefícios do treinamento.

Uma consultora de treinamento e desenvolvimento da Apple Computer estava preocupada com a qualidade e a consistência do programa de treinamento usado com as operações de montagem.[50] Ela queria mostrar que ele não só era eficaz como também resultava em benefícios financeiros. Para isso, a consultora optou por um modelo de avaliação que envolvia dois grupos treinados separadamente (cada grupo formado por 27 funcionários) e dois grupos sem treinamento (grupos de comparação). Ela coletou um histórico pré-treinamento do que vinha acontecendo na linha de produção em relação a cada resultado medido (ou seja, produtividade, qualidade e eficácia da mão de obra). Para determinar a eficácia do treinamento, comparou-se o desempenho entre os grupos de treinamento e de comparação por um período de dois meses após o treinamento. A consultora conseguiu demonstrar que o grupo de comparação que não recebeu treinamento tinha dois mil minutos a mais de inatividade do que o grupo treinado, o que mostrou que o treinamento contribuía definitivamente para os objetivos do negócio da Apple.

Para realizar uma análise de custo-benefício, a consultora pediu a cada funcionário do grupo de treinamento que estimasse o efeito de uma mudança comportamental em uma determinada medida de negócio (p. ex., desmembrar as tarefas para melhorar a produtividade ou a eficiência). Para obter uma estimativa de custo-benefício para cada grupo de aprendizes, a consultora multiplicou o custo-benefício mensal pelo nível de confiança e dividiu pelo número de aprendizes. Por exemplo: um grupo de 20 aprendizes estimou um custo-benefício mensal total de $ 336 mil relativos a melhorias no negócio e apresentou um nível de confiança médio de 70%. O cálculo é o seguinte: 70% multiplicado por 336 mil que resultou em um custo-benefício de $ 235 mil. Esse número foi dividido por 20 ($ 235.200/20 aprendizes) para dar uma estimativa média de custo-benefício por funcionário ($ 11.760). Para calcular o ROI, siga estes passos:[51]

1. Estabaleça os indicadores (p. ex., qualidade, acidentes).
2. Atribua um valor aos indicadores.
3. Determine a mudança no desempenho após descartar outras possíveis influências nos resultados do treinamento.
4. Obtenha um volume anual de benefícios (resultados operacionais) do treinamento, comparando os resultados financeiros após o treinamento com aqueles anteriores a ele (valor em dinheiro).
5. Defina os custos de treinamento (custos diretos + custos indiretos + custos de desenvolvimento + despesas gerais + compensação para os funcionários).
6. Calcule o valor total de benefícios, fazendo o valor dos benefícios menos os custos do treinamento (resultados operacionais).
7. Calcule o ROI, dividindo os resultados operacionais pelos custos. O ROI dá uma estimativa do retorno monetário esperado para cada unidade monetária investida em treinamento.

Exemplo de uma análise de custo-benefício

Uma análise de custo-benefício é mais bem explicada através de exemplos.[52] Uma madeireira produz painéis que empreiteiros usam como material de construção e emprega 300 trabalhadores, 48 supervisores, sete superintendentes de turno e um gerente de fábrica. O negócio tinha três problemas: primeiro, 2% dos painéis produzidos diariamente eram rejeitados em função de má qualidade. Segundo, a área de produção passava por um mau serviço de limpeza e organização, com painéis prontos empilhados de forma inapropriada, podendo cair sobre os funcionários. Terceiro, o número de acidentes evitáveis era superior à média da indústria. Para corrigir esses problemas, supervisores, superintendentes e gerente participaram de um treinamento sobre (1) gestão do desempenho e habilidades interpessoais relacionadas a problemas de qualidade e maus hábitos de trabalho por parte dos funcionários e (2) recompensa aos funcionários por melhoria no desempenho. O treinamento aconteceu em um hotel próximo à fábrica. O programa era um vídeo adquirido de um fornecedor e o instrutor para o programa era um consultor. A Tabela 6.11 mostra cada tipo de custo e como isso foi determinado.

Para identificar os benefícios do treinamento, consideraram-se os objetivos do programa de treinamento e o tipo de resultado que o programa deveria influenciar, o que incluía a qualidade dos painéis, a organização da área de produção e o índice de acidentes. A Tabela 6.12 mostra como foram calculados os benefícios do programa.

Uma vez que os custos e benefícios do programa tenham sido determinados, calcula-se o ROI dividindo o retorno ou benefícios pelos custos. Neste exemplo, o ROI era 5,72, ou seja: cada unidade monetária investida no programa dava um retorno de quase seis vezes o valor em benefícios. Como uma empresa pode decidir se o ROI é aceitável? Uma das maneiras é os gerentes e instrutores concordarem quanto ao nível aceitável para o retorno sobre investimento. Outro método é usar o ROI que outras empresas obtiveram de tipos parecidos de treinamento. A Tabela 6.13 oferece exemplos de ROI obtidos em vários tipos de programas de treinamento.

TABELA 6.11 Como determinar os custos usando uma análise de custo-benefício

Custos diretos	
Instrutor	$ 0
Instrutor interno (12 dias a $ 125 por dia)	1.500
Benefícios adicionais (25% do salário)	375
Gastos com viagens	0
Materiais ($ 60 x 56 aprendizes)	3.360
Espaço de sala de aula e equipamento audiovisual (12 dias a $ 50 por dia)	600
Bebidas ($ 4 por dia x 3 dias x 56 aprendizes)	672
Total de custos diretos	*$ 6.507*
Custos indiretos	
Gestão do treinamento	$ 0
Salários administrativos	750
Benefícios adicionais (25% do salário)	187
Postagens, envios e telefone	0
Materiais de aprendizagem pré e pós-treinamento ($ 4 x 56 aprendizes)	224
Total de custos indiretos	*$ 1.161*
Custos de desenvolvimento	
Pagamento pela compra do programa	$ 3.600
Treinamento do instrutor	
Taxa de registro	1.400
Viagens e hospedagem	975
Salário	625
Benefícios (25% do salário)	156
Total de custos de desenvolvimento	*$ 6.756*
Despesas adicionais	
Apoio organizacional em geral, tempo da alta gerência (10% dos custos diretos, indiretos e de desenvolvimento)	$ 1.443
Total de despesas adicionais	*$ 1.443*
Compensação para os aprendizes	
Salários e benefícios dos aprendizes (com base no tempo de afastamento do trabalho)	$ 16.969
Total de custos de treinamento	$ 32.836
Custo por aprendiz	*$ 587*

TABELA 6.12 Como determinar os benefícios usando uma análise de custo-benefício

Área dos resultados operacionais	Como são medidos	Resultados antes do treinamento	Resultados depois do treinamento	Diferenças (+ ou –)	Custos
Qualidade dos painéis	Porcentagem rejeitada	2% rejeitados – 1.440 painéis por dia	1,5% rejeitados – 1.080 painéis por dia	0,5% – 360 painéis	$ 720 por dia; $ 172.800 ao ano
Organização	Inspeção visual seguindo um *checklist* de 20 itens	10 falhas (média)	2 falhas (média)	8 falhas	Não mensurável em unidade monetária
Acidentes evitáveis	Número de acidentes	24 por ano	16 por ano	8 por ano	$ 48.000 ao ano
	Custo direto dos acidentes	$ 144.000 ao ano	$ 96.000 ao ano	$ 48.000 ao ano	

$$ROI = \frac{Retorno}{Investimento} = \frac{Benefícios - Custos}{Custos} = \frac{220.800 - 32.836}{32.836} = 5{,}72$$

Total de benefícios = $ 187.964

Fonte: Adaptado de D. G. Robinson and J. Robinson, "Training for impact," *Training and Development Journal* (August 1989): 30-42.

TABELA 6.13 Exemplos de ROIs

Indústria	Programa de treinamento	ROI
Empresa de engarrafamento de bebidas	*Workshops* sobre os papéis dos gerentes	15:1
Grande banco comercial	Treinamento em vendas	21:1
Prestadora de serviços de gás e eletricidade	Modificação de comportamentos	5:1
Empresa petrolífera	Serviço ao cliente	4,8:1
Organização de manutenção de saúde (HMO)	Treinamento de equipes	13,7:1

Fonte: Baseado em J. J. Philips, "ROI: The search for best practices," *Training and Development* (February 1996): 45.

Lembre-se da discussão sobre o novo programa de treinamento da Mayo Clinic.[53] Para determinar o retorno sobre investimento da Mayo, o departamento de recursos humanos calculou que um terço dos 84 funcionários retidos (29 funcionários) teria saído da empresa em consequência da insatisfação. O departamento acreditava que essa retenção era resultado do impacto do treinamento. O custo de rotatividade de um funcionário para a Mayo foi calculado em 75% da compensação total média ou $ 42 mil por funcionário. Ao multiplicar os $ 42 mil pelos 29 funcionários retidos, a economia foi igual a $ 609 mil. Entretanto, devem-se considerar os custos do programa de treinamento. Se o custo anual do programa ($ 125 mil) for subtraído da economia, a nova quantia é de $ 484 mil. Estes números têm bases em estimativas, mas mesmo que o valor da economia líquida fosse cortado pela metade, ainda assim o ROI seria superior a 100%. Ao conseguir quantificar os benefícios advindos do programa, o departamento de recursos humanos da Mayo conquistou uma maior credibilidade dentro da empresa.

Outros métodos de análise de custo-benefício

Outros métodos mais sofisticados estão disponíveis para determinar o retorno do treinamento como a **análise da utilidade**, um método de análise de custo-benefício que envolve a avaliação (1) do retorno do treinamento com base em estimativas da diferença de desempenho entre funcionários com e sem treinamento, (2) do número de indivíduos treinados, (3) do período de tempo que se espera que um programa de treinamento influencie o desempenho, e (4) da variabilidade no desempenho do grupo de funcionários sem treinamento.[54] A análise da utilidade exige o uso de um modelo de pré-teste/pós-teste com grupo de comparação para obter uma estimativa da diferença no desempenho entre funcionários treinados e não treinados. Outros tipos de análises econômicas avaliam o treinamento conforme ele beneficia a empresa ou o governo através de custos de treinamento direto e indireto, subsídios do governo pagos por treinamento, aumentos salariais recebidos pelos funcionários como resultado da conclusão do término do treinamento, alíquotas de impostos e taxas de interesse.[55]

Considerações práticas na determinação do ROI

Como vimos anteriormente neste capítulo, a análise do retorno sobre investimento pode não ser apropriada para todos os programas de treinamento. Os programas mais adequados para esse tipo de análise têm resultados claramente identificáveis, não são eventos isolados, têm alta visibilidade dentro da empresa, são focados estrategicamente e têm efeitos que podem ser isolados. Nos exemplos de análises de ROI deste capítulo, os resultados eram mensuráveis. No exemplo da empresa madeireira era fácil enxergar as mudanças na qualidade, contar os índices de acidente e observar comportamentos de limpeza e arrumação. Para programas que focam em resultados relacionados aos aspectos da personalidade (*soft skills*), como atitudes ou habilidades interpessoais, pode ser mais difícil estimar o valor.

Mostrar a relação entre o treinamento e o ganho de participação de mercado ou outros resultados estratégicos de negócio pode ser problemático. Esses resultados podem ser influenciados por vários outros fatores que não estejam diretamente relacionados ao treinamento (ou mesmo sob o controle da empresa), como o desempenho de concorrentes e altas e baixas da economia. As unidades de negócio podem não estar coletando os dados necessários para identificar o retorno sobre investimento de programas de treinamento no desempenho individual. Além disso, a avaliação do treinamento geralmente é bastante cara. A Verizon Communications emprega 240 mil pessoas e estima gastar aproximadamente $ 5 mil por um estudo de ROI.[56] Em razão do grande número de programas de treinamento oferecidos pela empresa, é caro demais conduzir um ROI para cada programa.

As empresas estão descobrindo que, apesar destas dificuldades, a demanda para análise do ROI ainda é alta. Consequentemente, as empresas estão usando formas criativas para avaliar os custos e benefícios do treinamento.[57] Para calcular o ROI para um programa de treinamento elaborado para diminuir as faltas, pediu-se aos aprendizes e aos seus supervisores que estimassem o custo de uma falta. Fez-se uma média destes valores para obter uma estimativa. A Cisco Systems rastreia com que frequência os seus parceiros retornam ao *site* em busca de instrução adicional. A empresa de consultoria em gestão A. T. Kearney acompanha o êxito do treinamento através de quanto negócio é gerado a partir de clientes anteriores.

Casos de sucesso e retorno sobre expectativas

Uma forma de estabelecer o valor do treinamento e superar a dificuldade de avaliar o treinamento usando um formato que possa descartar e isolar os seus efeitos nos resultados é apoiar-se em retorno sobre expectativas e casos de sucesso. O **retorno sobre expectativas (ROE)** refere-se ao processo pelo qual a avaliação demonstra às principais partes interessados no negócio, como gerentes de alto nível, que as suas expectativas quanto ao treinamento foram atendidas.[58] O ROE depende do estabelecimento de uma parceria de negócio com as partes interessadas desde o início do programa de treinamento até a sua avaliação.

Em vez de apoiar-se no ROI, a Verizon Communications utiliza o ROE do treinamento. Antes do treinamento, solicita-se que os gerentes seniores que sejam financeiramente responsáveis pelo programa de treinamento identifiquem as suas expectativas quanto ao que o programa deve alcançar e que forneçam uma estimativa de custo do problema ou questão atual. Após o treinamento, pergunta-se a esses gerentes se as expectativas que eles tinham foram atendidas. Eles também são incentivados a estipular um valor monetário para as expectativas. O ROE é usado como uma estimativa em uma análise ROI. A Verizon Communications continua realizando análises de retorno sobre investimento para disciplinas e programas de treinamento em que estão disponíveis números para os objetivos (p. ex., treinamento em vendas) e em que a influência do treinamento pode ser melhor isolada (modelos de avaliação que tenham grupos de comparação e coletem resultados pré e pós-treinamento).

Os **casos de sucesso** são exemplos concretos do impacto do treinamento que mostram como o aprendizado levou a resultados que a empresa considera válidos e que os gerentes consideram verossímeis.[59] Os casos de sucesso não tentam isolar a influência do treinamento e sim provar que ele foi útil. A Federated Department Stores, por exemplo, queria mostrar a eficácia do seu programa Leadership Choice, que foi elaborado para aumentar as vendas e beneficiar o desempenho das lojas Federated ao ajudar líderes a melhorarem a eficácia pessoal, desenvolverem um plano focado no cliente para melhorar o desempenho do negócio e reconhecerem o impacto das decisões nos resultados do negócio.[60] Ao final do programa, os participantes deviam estabelecer uma meta de negócio e de liderança para ser trabalhada nos três meses seguintes. Como os gerentes do programa tinham um amplo leque de responsabilidades nas várias divisões da empresa, era preciso mostrar que o programa produzia resultados para diferentes gerentes com diferentes responsabilidades. Consequentemente, utilizaram-se exemplos concretos para ilustrar o valor do programa à gerência. Reveja na Tabela 6.10 que convém que a empresa leve em consideração a sua cultura organizacional quando escolher um modelo de avaliação. Como a contação de histórias é uma parte importante da cultura da Federated, o uso de casos de sucesso foi uma maneira aceitável de mostrar o impacto do programa de liderança aos gerentes seniores.

Os participantes que relataram um bom progresso relacionado às suas metas foram entrevistados e estudos de caso foram escritos para ressaltar o impacto do programa nas áreas de prioridade da gerência, que eram categorias como "experiência de compra na loja" e "variedade diferenciada de produtos". Um gerente estabeleceu como meta aumentar as vendas através de novas opções de *design* de gravatas e lenços, de forma que o andar de vendas ficasse visualmente interessante. Ele orientou um novo comprador a assumir maior responsabilidade pelo negócio de acessórios de pescoço, revisou futuras estratégias de compra e visitou as lojas concorrentes. Como resultado, esse gerente excedeu a sua meta de aumentar as vendas em 5%.

COMO MEDIR CAPITAL HUMANO E ATIVIDADE DE TREINAMENTO

Até aqui, este capítulo focou em como avaliar programas de treinamento. É importante lembrar que a avaliação também pode englobar a determinação da extensão da contribuição das atividades de aprendizado e treinamento e do setor de treinamento para a estratégia da empresa e da forma como ajudam a alcançar as metas do negócio. O Capítulo 1 destacou que há um reconhecimento crescente de que o treinamento, o desenvolvimento e a aprendizagem podem e devem contribuir para o desempenho do funcionário e para as metas de negócio (ver Figura 1.1). No Capítulo 2, abordou-se o papel de indicadores no processo de treinamento e desenvolvimento estratégicos. Os indicadores são usados para determinar o valor que as atividades de aprendizagem ou o setor de treinamento oferecem à empresa.

Uma forma de entender o valor que o aprendizado agrega à empresa é através de comparações com outras. Todos os anos a American Society of Training and Development (ASTD) prepara um relatório que resume o treinamento oferecido em nível de empresa nos Estados Unidos. Esse relatório contém informações sobre tempo de treinamento e métodos de oferta que as empresas podem usar para práticas de *benchmarking* ou para se compararem com outras empresas de ramo ou tamanho semelhantes.

A Tabela 6.14 oferece exemplos de diferentes indicadores. Estes indicadores são válidos para fins de *benchmarking*, para entender o volume atual de atividades de treinamento na empresa e para rastrear tendências históricas na atividade de treinamento. Entretanto, sua coleta não dá conta de questões como a eficácia do treinamento ou se a empresa está usando os dados para tomar decisões estratégicas de treinamento.[61]

O valor das atividades de aprendizagem é melhor determinado através do uso de um sistema de análise. A **análise da força de trabalho** refere-se ao uso de métodos quantitativos e científicos para analisar bancos de dados de recursos humanos, demonstrações financeiras corporativas, pesquisas com funcionários e outras fontes de dados para tomar decisões com base em evidências e mostrar que as práticas de recursos humanos (incluindo treinamento, desenvolvimento e aprendizagem) influenciam indicadores importantes da empresa.[62]

Cada empresa precisa usar os dados e indicadores que estão relacionados à sua estratégia ou metas de negócio. Veja como a Superior Energy Services em Nova Orleans apoiou-se na análise da força de trabalho para identificar e reduzir a rotatividade, por exemplo.[63] A indústria petrolífera tem um índice de rotatividade anual de aproximadamente 35%. A Superior Energy Services, Inc. conseguiu quantificar a receita perdida para cada tipo de cargo, o que foi importante porque o modelo de negócio da empresa opera sobre horas faturáveis e, portanto, a rotatividade implica perda de receita. A

TABELA 6.14 Indicadores de treinamento

- Despesa por funcionário
- Horas de ensino recebidas por funcionário
- Despesas como uma porcentagem da folha de pagamento
- Despesas como uma porcentagem da receita
- Custo por hora de ensino recebida
- Porcentagem das despesas com serviços externos
- Horas de ensino recebidas por integrante da equipe de treinamento e desenvolvimento
- Porcentagem média de atividades de ensino terceirizadas
- Porcentagem média de conteúdo do ensino por área (p. ex., habilidades básicas, serviço ao cliente, desenvolvimento executivo etc.)
- Porcentagem média de horas de ensino oferecidas por métodos de oferta diferentes (orientado por instrutor, com base em tecnologia etc.)

Fontes: M. Green and E. McGill, *State of the Industry, 2011* (Alexandria, VA: American Society for Training and Development, 2011); L. Weatherly, *The Value of People: The Challenges and Opportunities of Human Capital Measurement and Reporting* (Alexandria, VA: Society for Human Resource Management, 2003).

empresa constatou que mais ou menos a metade dos funcionários que se demitiam eram operadores ou supervisores habilidosos. Usando um modelo estatístico para a previsão da probabilidade de rotatividade, a empresa conseguiu identificar que os supervisores que eram treinados em habilidades de *coaching* tinham um índice mais baixo de rotatividade. Como resultado, os supervisores que não haviam sido treinados anteriormente receberam o treinamento em habilidades de *coaching*. Os resultados mostraram que após o treinamento a rotatividade caiu 8%, ocasionando uma perda menor de receita.

Observe como a A. G. Edwards e a Accenture medem e determinam o valor do capital humano.[64] A empresa de serviços financeiros e de seguros de Saint Louis, Missouri, ofereceu 813 mil horas de treinamento aos seus 15.413 funcionários nos Estados Unidos e na Europa. Ainda que todas as iniciativas de investimento em capital humano sejam avaliadas cuidadosamente pela A. G. Edwards, elas não fazem parte do processo de orçamento anual. O presidente da A. G. Edwards quer fortalecer a empresa no futuro fazendo o que for preciso para obter os planejadores financeiros mais bem-treinados do ramo. Um dos indicadores utilizados pela empresa para medir o progresso em relação à meta é contar o número de funcionários que obtiveram credenciais profissionais no nível da indústria, como se tornar um planejador financeiro com certificação.

A Accenture, uma empresa de serviços de tecnologia e consultoria em gestão global, investiu em torno de $ 400 milhões no desenvolvimento de funcionários no ano de 2004. A empresa descobriu que havia um aumento de 17 a 20% na demanda por consultores que haviam participado de mais treinamentos e que os índices de retenção para esses funcionários era 14% maior do que para os funcionários que não tinham participado dos níveis mais altos de treinamento disponível.

Algumas empresas estão usando painéis (*dashboards*) para medir a eficácia, os benefícios financeiros e a relação das atividades de ensino com as estratégias e metas do negócio. Um **painel** é uma interface virtual projetada para receber e analisar os dados dos departamentos de uma empresa a fim de oferecer informações aos gerentes e outras pessoas responsáveis pela tomada de decisões.[65] Os painéis podem ser elaborados a partir de dados de diferentes fontes, como o sistema de informações de recursos humanos da empresa ou o sistema de inscrição em cursos e gestão da aprendizagem e são úteis porque oferecem uma representação visual usando gráficos da relação entre as atividades de ensino e os dados de desempenho do negócio, inclusive de medidas relacionadas aos ativos intangíveis, como o capital humano (reveja uma discussão sobre o capital humano no Capítulo 1). Eles permitem que o usuário acesse e utilize os dados de diferentes formas, isolando áreas problemáticas ou criando categorias com base em fórmulas pré-calculadas (como custo por hora de ensino recebida).

A Key Bank, de Cleveland, Ohio, é uma das maiores empresas de serviços financeiros dos Estados Unidos.[66] A sua estratégia de negócio é construir relações com os clientes através de soluções com foco nos clientes e no serviço excepcional. O Key Bank oferece uma ampla variedade de programas de treinamento e desenvolvimento para ajudar os funcionários a crescer pessoal e profissionalmente. Para ajudar a garantir a eficiência e a eficácia de suas atividades de treinamento, o Key Bank usa um painel que permite o acesso em tempo real a dados sobre alinhamento estratégico, eficácia e investimento em programas de treinamento por toda a empresa. O painel de atividades de treinamento oferece informações históricas sobre aprendizado e treinamento (uma perspectiva de "retrovisor"), identifica quais áreas recebem mais recursos e o progresso dos funcionários no treinamento e na aquisição de habilidades. O usuário identifica o período que ele está interessado em visualizar e depois opta por ver informações de toda a empresa ou de áreas específicas. O painel também oferece uma perspectiva de aprendizado futuro (uma perspectiva "para-brisas"). Essas informações são úteis para que os gerentes de treinamento visualizem se as metas de treinamento locais estão sendo atendidas, se estão em andamento ou, então, atrasadas, ajudando-os a planejar melhor os treinamentos futuros e ajustar as metas de treinamento junto aos gerentes locais.

Resumo

A avaliação oferece informações usadas para determinar a eficácia do treinamento, envolvendo a identificação de indicadores apropriados para medições. Este capítulo observa que uma boa avaliação exige que se reflita sobre ela antes da realização do treinamento. As informações do diagnóstico de necessidades e os objetivos de aprendizagem específicos e mensuráveis ajudam a identificar os indicadores que devem ser englobados no formato da avaliação. Os indicadores utilizados na avaliação de programas de treinamento incluem a satisfação dos aprendizes com o programa, o aprendizado de conhecimentos ou habilidades e sua transferência para o local de trabalho e resultados como vendas, produtividade ou prevenção de acidentes. A avaliação também pode envolver a comparação de custos do treinamento e de benefícios recebidos (ROI). Os indicadores usados na avaliação do treinamento ajudam a determinar o grau de aprendizado e transferência de treinamento do programa. A avaliação ainda envolve a escolha do modelo adequado para potencializar a confiança que se pode depositar nos resultados, modelo esse que tem como base uma análise cuidadosa sobre como minimizar as ameaças à validade interna e externa e também no propósito, grau de especialidade e outras características da empresa e do treinamento. Os modelos usados variam de acordo com a inclusão de medidas de avaliação pré e pós-treinamento e do uso de um grupo de treinamento e um grupo de comparação. O capítulo encerra com uma discussão sobre como medir e exibir a contribuição do treinamento para os ativos de capital humano da empresa.

Palavras-chave

ameaças à validade, *244*
análise da força de trabalho, *261*
análise da utilidade, *258*
análise de custo-benefício, *253*
atribuição aleatória, *246*
avaliação afetiva, *237*
avaliação cognitiva, *236*
avaliação com base em habilidades, *236*
avaliação de reação, *234*
avaliação do treinamento, *228*
avaliação formativa, *230*
avaliação somativa, *231*
benefícios, *238*
casos de sucesso, *260*

confiabilidade, *241*
contaminação de critérios, *240*
custos diretos, *238*
custos indiretos, *238*
deficiência de critérios, *240*
discriminação, *241*
efeito de Hawthorne, *245*
eficácia do treinamento, *228*
grupo de comparação, *245*
indicadores do treinamento (critérios), *228*
modelo de avaliação, *229*
painel, *262*
pré-teste/pós-teste com grupo de comparação, *248*
pré-teste/pós-teste, *248*

quatro grupos de Solomon, *250*
relevância de critérios, *239*
resultados financeiros, *237*
retorno sobre expectativas (ROE), *259*
retorno sobre investimento (ROI), *238*
reversão, *249*
séries temporais, *249*

somente pós-teste, *246*
teste-piloto, *231*
validade externa, *245*
validade interna, *244*
valor pós-treinamento, *245*
valor pré-treinamento, *245*
viabilidade, *241*

Questões para debate

1. O que se pode fazer para incentivar as empresas a avaliarem os programas de treinamento?
2. O que ameaças à validade têm a ver com a avaliação do treinamento? Identifique ameaças à validade interna e externa. Elas são parecidas? Explique.
3. Quais são os pontos fortes e os pontos fracos de cada um destes formatos: somente pós-teste, pré-teste/pós-teste com grupo de comparação e somente pré-teste/pós-teste?
4. O que são resultados financeiros? Por que você acha que a maioria das organizações não utiliza resultados financeiros para avaliar os programas de treinamento?
5. Este capítulo tratou de vários fatores que influenciam a escolha do modelo da avaliação. Quais destes fatores você acha que teriam a maior influência na sua escolha de um modelo de avaliação? Quais teriam menos influência? Justifique as suas respostas.
6. Como você estimaria os benefícios de um programa de treinamento elaborado para ensinar os funcionários a usarem a Internet para monitorar os preços das ações?
7. Há duas semanas, um grupo de gerentes ($N = 25$) participou do módulo de resolução de problemas de um programa de desenvolvimento de lideranças. O módulo consistia em dois dias nos quais o grupo focava no processo correto a ser usado na resolução de problemas. Cada gerente supervisionou de 15 a 20 funcionários. A empresa está disposta a mudar o programa e há uma ênfase crescente na empresa para mostrar que os gastos com treinamento são justificáveis e foi solicitado que você avalie este programa. O seu chefe deseja receber os resultados da avaliação em no máximo seis semanas. Fale sobre os indicadores que você coletaria e o modelo que seria utilizado. Como a sua resposta poderia ser alterada caso os gerentes ainda não tivessem participado do programa?
8. Que considerações práticas devem ser feitas ao calcular o ROI de um programa de treinamento?
9. Quais indicadores poderiam ser úteis para a avaliação da eficácia do setor de treinamento de uma empresa? Discorra sobre o assunto e classifique a importância dos indicadores.
10. O que é retorno sobre expectativas (ROE)? Como ele pode ser usado para mostrar os custos e os benefícios do treinamento sem a coleta de estatísticas e condução de análises? Explique os seus pontos fortes e fracos comparado à análise de custo-benefício.

Exercícios de aplicação

1. Considere este curso como um programa de treinamento. Em grupos de até cinco alunos, identifiquem (a) os tipos de resultados que vocês recomendariam para uma avaliação desta disciplina e (b) o modelo de avaliação que você usaria. Justifique a sua escolha tendo como base a minimização das ameaças à validade e considerações práticas.
2. A Domino's Pizza queria determinar se um novo funcionário poderia aprender como fazer uma pizza através de um método de treinamento virtual (CD-ROM). O CD-ROM abordava o procedimento correto para sovar a massa e abri-la para caber em uma forma de 30 centímetros. Os padrões de qualidade da Domino' Pizza destacam o formato redondo da pizza, uma borda simétrica e uma espessura da massa uniforme. Tradicionalmente, usava-se o treinamento no local de trabalho para ensinar aos novos funcionários como fazer a pizza.
   a. Quais indicadores ou critérios a Domino's Pizza deveria medir para determinar se o treinamento virtual é um método eficaz para ensinar novos funcionários a abrirem a massa da pizza para caber em uma forma de 30 cm? Quem estaria envolvido na avaliação?

b. Descreva o modelo de avaliação que você recomendaria para determinar se o treinamento por CD-ROM é mais eficaz do que o treinamento no trabalho.
3. Peça ao seu instrutor uma cópia do formulário, pesquisa ou folha de avaliação que é usada pela sua faculdade, universidade ou empresa para avaliar a disciplina ou o programa no qual você está trabalhando este texto. Analisando esta avaliação, responda às seguintes perguntas:
   a. Quais são as forças e fraquezas do formulário de avaliação?
   b. Quais mudanças você sugeriria para melhorar o formulário (p. ex., questões diferentes, questões adicionais etc.)?
   c. Como a avaliação deveria ser usada para melhorar de fato a instrução que você recebe?
4. A Sears elaborou um programa de treinamento para melhorar as vendas de ferramentas e equipamentos. O programa de duas horas envolvia ensino a distância e era transmitido das instalações de treinamento da Sears para 50 vendedores em dez lojas nos Estados Unidos. Os vendedores recebem $ 15 por hora. O programa envolve treinar os vendedores em como organizar a exibição de mercadorias para atrair a atenção dos compradores. As vendas de ferramentas e produtos nas dez lojas inclusas no programa eram de em média $ 5 mil por semana antes do treinamento e de $ 6.500 após o programa. Os custos do programa incluíam:

Instrutor	$ 10.000
Ensino a distância (aluguel de espaço no satélite)	5.000
Materiais ($ 100 por vendedor, sendo 50 vendedores)	5.000
Salários e benefícios dos vendedores (50 vendedores com ganhos de $ 15 por hora em um programa de treinamento de duas horas)	1.500

Qual é o ROI deste programa?

5. A Cablevision desenvolveu um curso de *e-learning* que ensinava vendedores como aumentar o número de assinantes de televisão a cabo, aumentando assim a receita. A empresa quer saber se os vendedores vão aumentar a venda de serviços mais caros de televisão a cabo (p. ex., canais *premium*) e se tentarão vender outros produtos (p. ex., acesso à Internet). A empresa também quer saber o ROI deste programa de treinamento.
   a. Quais indicadores de treinamento a empresa deve coletar? De quem os indicadores devem ser coletados?
   b. Qual modelo de avaliação você recomendaria? Defenda a sua recomendação.
   c. Mostre como a Cablevision pode realizar uma análise de ROI. Descreva as informações que a empresa deve coletar e como fazer isso.
6. O departamento de tecnologia da informação de uma empresa de serviços financeiros, que contava com 100 funcionários, tinha um alto índice de rotatividade. Uma pesquisa revelou que o motivo pelo qual a maioria deles deixava a empresa era a insatisfação com o nível de treinamento. O índice de rotatividade médio era de 23% ao ano. O custo de recrutar e treinar um novo funcionário era de $ 56.625. Para lidar com esse problema, a empresa desenvolveu um programa de treinamento de habilidades com duração média de 80 horas anuais por funcionário. O salário médio do funcionário era de $ 35 a hora. O instrutor, a sala de aula e os outros custos somavam $ 170 mil.
   a. Qual é o custo total do treinamento? Qual é o custo total da rotatividade?
   b. Se o índice de rotatividade caísse 8% (de 23 para 15%), qual seria o benefício financeiro do programa de treinamento?
   c. Qual foi o ROI do programa?
   d. Quanto o índice de rotatividade precisaria ser diminuído (partindo de 23%) para que o programa de treinamento apresentasse benefício?
7. Acesse www.roiinstitute.net, o *site* do ROI Institute, Inc., a principal fonte de pesquisa, treinamento e *networking* para profissionais do Phillips ROI Methodology™ (em inglês). Clique em "Tools". Analise o texto "Nations Hotels-Measuring the ROI in Business Coaching". Quais são os pontos fortes desta abordagem para determinar o ROI? E os pontos fracos?

Caso

Um investimento sadio no Sisters of Charity Providence Hospital

No Sisters of Charity Providence Hospital, um hospital com 304 leitos da Colúmbia, Carolina do Sul, um setor de treinamento que lide com lacunas de desempenho e apoie o serviço de qualidade é uma das principais prioridades.

Os programas de treinamento e desenvolvimento estão vinculados às metas estratégicas do hospital: tornar-se um empregador desejado e oferecer excelência operacional em serviços. Não só é importante desenvolver programas que apoiem a estratégia como também programas que ofereçam provas de como podem contribuir. Uma das prioridades tem sido desenvolver líderes a partir de seus atuais gerentes. O primeiro programa do hospital, Leading Edge, incluía um currículo com foco em gestão financeira e de desempenho, identificação e recrutamento de talentos e mudança na gestão. O foco do treinamento tinha como base as necessidades e fraquezas do desempenho de gerentes de nível médio. O treinamento usava uma variedade de métodos, sendo que cada programa incluía um conjunto de atividades de formação de equipes e uma análise de desempenho da organização. Implantaram-se processos formais para responsabilizar os líderes pelo desempenho nas suas áreas. Os objetivos originais abarcavam (1) o aumento dos ganhos antes de juros, depreciação e amortização e (2) a melhoria da satisfação de funcionários e pacientes.

Quais indicadores o hospital deveria avaliar para determinar a eficácia do programa Leading Edge? Qual modelo de avaliação deveria ser usado? Explique as escolhas que você fez.

Fonte: Baseado em "The healthy glow of learning," *T + D* (October 2008): 63-64.

Caso 2   **Aprendizado na prática**

Metas de negócio guiam o aprendizado na Verizon

As três metas de negócio da Verizon para 2011 eram (1) construir um negócio e uma força de trabalho que fossem tão bons quanto as suas redes, (2) liderar no retorno aos investidores e (3) ser reconhecida como uma empresa de tecnologia icônica. As unidades de negócio estratégico alinham as suas prioridades com as metas de negócio gerais da empresa e o setor de Aprendizagem e Desenvolvimento da Verizon estabelece prioridades e iniciativas de treinamento que apoiam as metas da unidade de negócio e da empresa em geral. Para ajudar no retorno aos investidores, o presidente e CEO da empresa desenvolveu um programa de desenvolvimento em educação executiva personalizado, tendo como intuito ajudar gerentes seniores a entenderem como guiar retornos de longo prazo. O programa oferece ferramentas, processos e indicadores que ajudam a entender como influenciar positivamente o valor para os investidores. Como parte do programa, os gerentes trabalham em equipes interfuncionais e recebem uma tarefa para identificar barreiras contra aumento do retorno. Ao final da sessão, cada equipe apresenta as suas recomendações aos altos executivos da empresa. Muitas delas foram implantadas, resultando em mudanças como novos processos orçamentários e novos programas de melhoria de processos. Além disso, cada gerente escolhe uma ou duas ações com as quais ele se compromete para influenciar positivamente o retorno aos investidores. Essas ações fazem parte da análise de desempenho do gerente sênior. Como a inovação e as novas tecnologias são o que leva a Verizon ao sucesso, a empresa está usando as mídias sociais para treinamento e ensino *on-demand*. Uma das formas de ensino preferidas dos funcionários são os vídeos distribuídos no canal da empresa no YouTube, utilizados para demonstrar os processos do sistema para equipes de vendas, por exemplo. Muitos dos vídeos tornam-se "virais", com os funcionários recomendando aos seus pares um vídeo que acabaram de assistir. A Verizon também expandiu a sua rede social para colaboração *peer-to-peer* interna. Recentemente o Yammer.com foi lançado, com mais de oito mil membros e mais de 400 grupos. As equipes de vendas utilizam esse *site* para postarem perguntas e compartilharem boas práticas. A Verizon está explorando o uso de *tablets* para possibilitar que os funcionários do varejo acessem as informações de que precisam ao trabalharem com um cliente. A Verizon projeta que até 2022 a sua organização de ensino terá maior ênfase na facilitação e moderação de conteúdo gerado por usuários do que em gerar ou oferecer conteúdo próprio. No futuro, a empresa espera que a sua força de trabalho utilize o suporte móvel *on-line* conforme for necessário.

Questões

1. Você acha que é mais fácil para uma empresa como a Verizon, que tem ênfase em tecnologia e inovação, adotar e usar novas tecnologias (como mídias sociais) no treinamento? Por quê?
2. Quais indicadores a Verizon deveria usar para mostrar a eficácia de seu canal interno no YouTube?

3. Será que todo o treinamento oferecido pela Verizon deveria estar disponível para os funcionários sempre que eles precisassem? Justifique a sua resposta. Suporte ao desempenho é a mesma coisa que ensino?

Fontes: Baseado em L. Freifeld, "Verizon's new # is 1,"*training* (January/February 2012): 28-30; M. Weinstein, "Verizon Connects to Success,"*training* (January/February 2011): 40-42.

Notas

1. P. Tharenou, A. Saks, and C. Moore, "A review and critique of research on training and organizational-level outcomes," *Human Resource Management Review,* 17 (2007): 251-273.
2. P. Galagan, "Measure for measure," *T1D* (May 2011): 28-30.
3. T. Bingham and P. Galagan, "M training: They're lovin' it," *T1D* (November 2006): 29-32; www.mcdoalds.com, website for McDonalds, accessed September 15, 2011.
4. A. Purcell, "20/20 ROI," *Training and Development* (July 2000): 28-33.
5. M. Van Wart, N. J. Cayer, and S. Cook, *Handbook of Training and Development for the Public Sector* (San Francisco: Jossey-Bass, 1993).
6. K. Brown and M. Gerhardt, "Formative evaluation: An integrative practice model and case study," *Personnel Psychology,* 55 (2002): 951-983.
7. J. Salopek, "BEST 2005: St. George Bank," *T + D* (October 2005): 68.
8. D. Russ-Eft and H. Preskill, "In search of the Holy Grail: Return on investment evaluation in human resource development," *Advances in Developing Human Resources,* 7 (February 2005): 71-85.
9. K. Kraiger, D. McLinden, and W. Casper, "Collaborative planning for training impact," *Human Resource Management,* 43 (4) (2004): 337-351; F. Nickols, "Why a stakeholder approach to evaluating training," *Advances in Developing Human Resources,* 7 (February 2005): 121-134.
10. K. Kraiger, D. McLinden, and W. Casper, "Collaborative planning for training impact," *Human Resource Management* (Winter 2004): 337-51; R. Brinkerhoff, "The success case method: A strategic evaluation approach to increasing the value and effect of training," *Advances in Developing Human Resources,* 7 (February 2005): 86-101.
    K. Kraiger, J. K. Ford, and E. Salas, "Application of cognitive, skill-based, and affective theories"; J. J. Phillips, "ROI: The search for best practices"; D. L. Kirkpatrick, "Evaluation of Training," in *Training and Development Handbook,* 2d ed., ed. R. L. Craig (New York: McGraw-Hill, 1976): 18-1 to 18-27.
12. K. Kraiger, J. K. Ford, and E. Salas, "Application of cognitive, skill-based, and affective theories of learning outcomes to new methods of training evaluation," *Journal of Applied Psychology,* 78 (1993): 311-328; J. J. Phillips, "ROI: The search for best practices," *Training and Development* (February 1996): 42-47; G. M. Alliger et al., "A meta-analysis of the relations among training criteria," *Personnel Psychology,* 50 (1997): 341-355; K. Kraiger, "Decision-Based Evaluation," in *Creating, Implementing, and Managing Effective Training and Development,* ed. K. Kraiger (San Francisco: Jossey-Bass, 2002): 331-375; G. Alliger and E. Janek, "Kirkpatrick's levels of training criteria: Thirty years later," *Personnel Psychology,* 42 (1989): 331-342.
13. R. Morgan and W. Casper, "Examining the factor structure of participant reactions to training: A multidimensional approach," *Human Resource Development Quarterly,* 11 (2000): 301-317; K. Brown, "An examination of the structure and nomological network of trainee reactions: A closer look at 'smile sheets,' " *Journal of Applied Psychology,* 90 (2005): 991-1001; G. Vellios, "On the level," *T1D* (December 2008): 26-29.
14. G. Hopkins, "How to design an instructor evaluation," *Training and Development* (March 2000): 51-53.
15. T. Sitzmann et al., "A review and meta-analysis of the nomological network of trainee reactions," *Journal of Applied Psychology,* 93 (2008): 280-295.
16. "Grant Thornton," *T1D* (October 2010): 75.
17. P. Taylor, D. Russ-Eft, and H. Taylor, "Transfer of management training from alternative perspectives," *Journal of Applied Psychology,* 94 (2009): 104-121.
18. J. J. Phillips, "Was it the training?" *Training and Development* (March 1996): 28-32.
19. Chesterfield County, Virginia, "2011 Training Top 125," *Training* (January/February 2011): 87.
20. Ikon Office Solutions, "2011 Training Top 125," *Training* (January/February 2011): 87.
21. "LQ Management LLC," *T1D* (October 2008): 76-77.
22. J. J. Phillips, "ROI: The search for best practices," *Training and Development* (February 1996): 42-47.
23. J. Schettler, "Homegrown solutions," *Training* (November 2002): 76-79.
24. D. A. Grove and C. Ostroff, "Program Evaluation." In *Developing Human Resources,* ed. K. N. Wexley (Washington, D. C.: Bureau of National Affairs, 1991): 5-185 to 5-220.
25. H. J. Frazis, D. E. Herz, and M. W. Horrigan, "Employer-provided training: Results from a new survey," *Monthly Labor Review,* 118 (1995): 3-17.
26. W. Arthur, Jr. et al., "Effectiveness of training in organizations: A meta-analysis of design and evaluation features," *Journal of Applied Psychology,* 88 (2003): 234-245.
27. J. Gordon, "Eye on ROI," *Training* (May 2007): 43-45.
28. G. Alliger and E. Janek, "Kirkpatrick's levels of training criteria: Thirty years later," *Personnel Psychology,* 42 (1989): 331-342.
29. W. Arthur, Jr., W. Bennett, P. Edens, and S. Bell, "Effectiveness of training in organizations: A meta-analysis of design and evaluation features," *Journal of Applied Psychology,* 88 (2003): 234-245.
30. T. D. Cook, D. T. Campbell, and L. Peracchio, "Quasi-experimentation." In *Handbook of Industrial and Organizational Psychology,* 2d ed., Vol. 1, eds. M. D. Dunnette and L. M. Hough (Palo Alto, CA: Consulting Psychologists Press, 1990): 491-576.
31. Ibid.; J. J. Phillips, *Handbook of Training Evaluation and Measurement Methods,* 2d ed. (Houston, TX: Gulf Publishing, 1991).
32. D. Sussman, "Strong medicine required," *T1D* (November 2005): 34-38.
33. S. J. Simon and J. M. Werner, "Computer training through behavior modeling, self-paced, and instructional approaches: A field experiment," *Journal of Applied Psychology,* 81 (1996): 648-659.
34. CHG Healthcare Services, "2011 Training Top 125," *Training* (January/February 2011): 87.

35. J. Komaki, K. D. Bardwick, and L. R. Scott, "A behavioral approach to occupational safety: Pinpointing and reinforcing safe performance in a food manufacturing plant," *Journal of Applied Psychology*, 63 (1978): 434-445.
36. R. D. Bretz and R. E. Thompsett, "Comparing traditional and integrative learning methods in organizational training programs," *Journal of Applied Psychology*, 77 (1992): 941-51.
37. S. I. Tannenbaum and S. B. Woods, "Determining a strategy for evaluating training: Operating within organizational constraints," *Human Resource Planning*, 15 (1992): 63-81; R. D. Arvey, S. E. Maxwell, and E. Salas, "The relative power of training evaluation designs under different cost configurations," *Journal of Applied Psychology*, 77 (1992): 155-160.
38. P. R. Sackett and E. J. Mullen, "Beyond formal experimental design: Toward an expanded view of the training evaluation process," *Personnel Psychology*, 46 (1993): 613-627.
39. B. Gerber, "Does your training make a difference? Prove it!" *Training* (March 1995): 27-34.
40. A. P. Carnevale and E. R. Schulz, "Return on investment: Accounting for training," *Training and Development Journal* (July 1990): S1-S32.
41. J. Phillips and P. Phillips, "Distinguishing ROI myths from reality," *Performance Improvement* (July 2008): 12-17.
42. J. Mattox, "ROI: The report of my death is an exaggeration," *T1D* (August 2011): 30-33.
43. A. Purcell, "20/20 ROI," *Training and Development* (July 2000): 28-33.
44. J. Phillips and P. Phillips, "Using action plans to measure ROI," *Performance Improvement*, 42 (2003): 22-31.
45. K. Ellis, "What's the ROI of ROI?" *Training* (January 2005): 16-21; B. Worthen, "Measuring the ROI of training," *CIO* (February 15, 2001): 128-136; D. Russ-Eft and H. Preskill, "In search of the Holy Grail: Return on investment evaluation in human resource development," *Advances in Developing Human Resources* (February 2005): 71-85.
46. J. Gordon, "Eye on ROI," *Training* (May 2007): 43-45.
47. A. P. Carnevale and E. R. Schulz, "Return on investment: Accounting for training," *Training and Development Journal* (July 1990): S1-S32; G. Kearsley, *Costs, Benefits, and Productivity in Training Systems* (Boston: Addison-Wesley, 1982).
48. S. D. Parry, "Measuring training's ROI," *Training and Development* (May 1996): 72-77.
49. D. G. Robinson and J. Robinson, "Training for impact," *Training and Development Journal* (August 1989): 30-42; J. J. Phillips, "How much is the training worth?" *Training and Development* (April 1996): 20-24.
50. A. Purcell, "20/20 ROI," *Training and Development* (July 2000): 28-33.
51. J. J. Phillips, *Handbook of Training Evaluation and Measurement Methods*, 2d ed. (Houston, TX: Gulf Publishing, 1991); J. J. Phillips, "ROI: The search for best practices," *Training and Development* (February 1996): 42-47; J. Phillips and P. Phillips, "Moving from evidence to proof," *T1D* (August 2011): 34-39.
52. D. G. Robinson and J. Robinson, "Training for impact," *Training and Development Journal* (August 1989): 30-42.
53. D. Sussman, "Strong medicine required," *T1D* (November 2005): 34-38.
54. J. E. Matheiu and R. L. Leonard, "Applying utility analysis to a training program in supervisory skills: A time-based approach," *Academy of Management Journal*, 30 (1987): 316-335; F. L. Schmidt, J. E. Hunter, and K. Pearlman, "Assessing the economic impact of personnel programs on workforce productivity," *Personnel Psychology*, 35 (1982): 333-347; J. W. Boudreau, "Economic considerations in estimating the utility of human resource productivity programs," *Personnel Psychology*, 36 (1983): 551-576.
55. U. E. Gattiker, "Firm and taxpayer returns from training of semiskilled employees," *Academy of Management Journal*, 38 (1995): 1151-1173.
56. B. Worthen, "Measuring the ROI of training," *CIO* (February 15, 2001): 128-136.
57. D. Abernathy, "Thinking outside the evaluation box," *Training and Development* (February 1999): 19-23; E. Krell, "Calculating success," *Training* (December 2002): 47-52; D. Goldwater, "Beyond ROI," *Training* (January 2001): 82-90.
58. J. Kirpatrick and W. Kirkpatrick, "Creating ROE: The end is the beginning," *T1D* (November 2011): 60-64. J. Kirkpatrick and W. Kirkpatrick, "ROE's rising star: Why return on expectations is getting so much attention," *T1D* (August 2010): 34-38.
59. R. Brinkerhoff, "The success case method: A strategic evaluation approach to increasing the value and effect of training," *Advances in Developing Human Resources*, 7 (February 2005): 86-101; J. Kirkpatrick and W. Kirkpatrick, "ROE's rising star: Why return on expectations is getting so much attention," *T1D* (August 2010): 34-38.
60. C. Wick and R. Pollock, "Making results visible," *T1D* (June 2004): 46-51.
61. E. Holton and S. Naquin, "New metrics for employee development," *Performance Improvement Quarterly*, 17 (2004): 56-80.
62. E. Frauenheim, "Numbers game," *Workforce Management*, March 2011:20-21; P. Gallagher, "Rethinking HR," *Human Resource Executive*, September 2, 2009: 1, 18-23; B. Roberts, "How to put analytics 'on your side,'" *HR Magazine*, October 2009: 43-46; A. Rossett, "Metrics matter," *T1D* (March 2010): 64-69.
63. B. Roberts, "Analyze this!," *HR Magazine*, October 2009: 35-41.
64. R. Stolz, "The capital idea," *Human Resource Executive* (February 2005): 1, 24-29.
65. D. Galloway, "Achieving accurate metrics using balanced scorecards and dashboards," *Performance Improvement* (August 2010): 38-45.
66. D. Mallon, "At a glance," *T1D* (December 2009): 66-68; www.key.com, webpage for Key Bank, accessed September 15, 2011.

Parte 3

Métodos de treinamento e desenvolvimento

A Parte 3 deste livro aborda os diferentes métodos de treinamento e desenvolvimento. O Capítulo 7, "Métodos de treinamento tradicionais", apresenta treinamentos práticos e de grupo, o que inclui local de trabalho (*on-the-job training*), simulações e jogos, palestras e formação de grupos, como aprendizagem pela ação e treinamento de equipes. O Capítulo 8, "Métodos de treinamento com base em tecnologia", aborda tópicos como Twitter e Facebook e foca em alguns dos mais novos métodos com base em tecnologia. *E-learning*, aprendizado *on-line*, aprendizagem a distância, realidade virtual e mundos virtuais, como o Second Life, ferramentas colaborativas, como *blogs* e *wikis*, e aprendizado móvel usando *smartphones* e *tablets* com mídias sociais são exemplos de alguns dos métodos abordados. Também fala-se sobre *blended learning** (aprendizagem híbrida). Os Capítulos 7 e 8 mostram como cada método é usado para ajudá-lo a entender as forças e fraquezas potenciais de cada um, bem como resultados de pesquisas importantes. Muitas empresas estão movendo-se em direção a uma abordagem *blended learning* para beneficiarem-se dos pontos fortes da instrução presencial e também da instrução assistida por tecnologia.

---

7. Métodos de treinamento tradicionais
8. Métodos de treinamento com base em tecnologia

* N. de R.T.: Modalidade que combina aprendizagem presencial com aprendizagem mediada pela Internet. (Abbad et al., 2010, p. 292)

Capítulo 7

Métodos de treinamento tradicionais

Objetivos

1. Discutir as forças e fraquezas de métodos de treinamento de apresentação, práticos e com formação de grupos.
2. Oferecer recomendações para treinamento eficaz no local de trabalho.
3. Desenvolver um estudo de caso.
4. Desenvolver um módulo de aprendizado autodirigido.
5. Falar sobre os componentes-chave do treinamento de modelagem do comportamento.
6. Explicar as condições necessárias para que a aprendizagem de aventura seja eficaz.
7. Discutir qual deveria ser o foco do treinamento em equipe para melhorar o seu desempenho.

O treinamento no La Quinta Hotels encanta os hóspedes

O La Quinta opera mais de 800 hotéis em 46 Estados dos Estados Unidos, Canadá e México sob as bandeiras La Quinta Inns e La Quinta Inns and Suites. O La Quinta quer que os seus nove mil funcionários ofereçam os melhores quartos, clima e serviço cortês em cada um dos hotéis. A cultura do La Quinta destaca a melhoria contínua e a sua filosofia operacional salienta o cuidado com funcionários, hóspedes e manutenção dos hotéis impecavelmente limpos e bem-cuidados. Isso significa que o treinamento desempenha um papel importante no sucesso de quem trabalha nos hotéis.

Todos eles possuem um plano de treinamento pessoal que é ajustado especialmente para os seus respectivos cargos, o que os ajuda a focar a atenção no que precisam saber para serem bem-sucedidos no trabalho. O La Quinta utiliza diferentes métodos de treinamento para ajudar os funcionários a aprenderem, incluindo treinamento on-line, pequenos grupos de treinamento envolvendo jogos em que enfrentam situações do mundo real que aconteceram no hotel e DVDs. A meta do treinamento em pequenos grupos é deixar o aprendizado divertido e, ao mesmo tempo, promovê-lo através de conversas e trocas de ideias.

Um dos métodos de treinamento usados é um jogo semelhante ao Banco Imobiliário, que guia os funcionários pelas operações de *front-desk* (recepção) e ajuda-os a aprenderem como oferecer um serviço de qualidade superior. O programa de treinamento envolve pequenos grupos que trabalham em conjunto com um facilitador para analisar os diferentes cenários e situações de serviço. Solicita-se ao grupo que pensem sobre como os funcionários podem oferecer o melhor serviço em cada um dos cenários. Os funcionários da recepção são melhores "especialistas" em serviço ao cliente do que qualquer instrutor. Já para o treinamento dos funcionários de governança e manutenção, o La Quinta utiliza DVDs. Os funcionários recebem um pequeno tocador de DVD portátil para ser usado quando precisarem aprender tarefas frequentemente realizadas no trabalho. O DVD sobre a limpeza dos banheiros, por exemplo, analisa o ciclo completo de limpeza. Os funcionários podem levá-lo até o banheiro e assistirem ao processo de limpeza de um banheiro antes de começar. Eles podem avançar para frente e voltar o DVD conforme for necessário para aprenderem no próprio ritmo.

O La Quinta também usa jogos que incluem funcionários de diversos setores e níveis, incluindo funcionários de manutenção, recepção, governança e supervisores. O propósito do jogo é ajudar os funcionários a trabalharem juntos e entenderem a necessidade de comunicarem-se uns com os outros para solucionarem os problemas dos hóspedes. Tendo a fotografia de um quarto como exemplo, solicita-se aos funcionários que apontem pequenos detalhes que podem levar a um problema maior. Se o controle remoto da televisão precisa de pilhas e não foi conferido se estava funcionando adequadamente, por exemplo, o próximo hóspede daquele quarto não conseguirá assistir à televisão e terá o incômodo de ter de esperar que novas pilhas sejam entregues.

Os gerentes dos hotéis também recebem treinamento. Os novos gerentes realizam um treinamento no local de trabalho com duração de 18 dias, oferecido por um instrutor que seja um gerente experiente em seu próprio hotel. Após esse treinamento, os novos gerentes viajam até o escritório da empresa em Dallas, no Texas, para quatro dias de aula oferecidos por instrutores corporativos e executivos da empresa. Como parte da aula, os novos gerentes desenvolvem planos de ação específicos para os seus hotéis.

Fontes: Baseado em "Who is La Quinta?" "Culture," and "Training/Development," from www.lq.com, website for La Quinta Inns and Suites, accessed January 23, 2012. "La Quinta Hotels: Hands-On Training," *Training* (March/April 2008): 38-39.

INTRODUÇÃO

O La Quinta utiliza uma combinação de métodos de treinamento para garantir que camareiras, funcionários da manutenção e recepcionistas ofereçam um serviço de excelência. Para a maioria das empresas, incluindo o La Quinta, os métodos de treinamento precisam ser desenvolvidos ou adquiridos dentro de um orçamento, com certa urgência, e deve ser disponibilizado aos funcionários que precisam dele.

Antes de discutirmos métodos de treinamento específicos, é importante que você reflita mais amplamente sobre os métodos que as empresas estão usando para ajudar os funcionários a aprenderem e como a ênfase colocada em cada um destes métodos está mudando. A Figura 7.1 mostra um sistema de aprendizagem com quatro quadrantes. Este sistema mostra que "como" e "o que" os funcionários aprendem varia e influencia o método de treinamento usado.[1] O desenvolvimento orientado de competências significa que a empresa definiu um conjunto amplo de competências ou habilidades para determinados cargos ou para toda a empresa. Métodos de treinamento e desenvolvimento como palestras ou treinamento *on-line* são direcionados às necessidades mais comuns na empresa.

O aprendizado com base em um contexto, que ocorre no local e durante o desempenho diário do trabalho, tende a ser mais orientado às necessidades dos funcionários e incluir métodos de treinamento no local de trabalho, simulações e aprendizado móvel. Tanto o desenvolvimento orientado de competências quanto a aprendizagem contextual orientada são, normalmente, atividades de treinamento formal elaboradas pelas empresas para alcançarem metas de aprendizagem específicas e espera-se dos funcionários que eles participem destas atividades de aprendizagem. Os quadrantes inferiores incluem a aprendizagem social, ou seja, atividades de ensino em que os funcionários colaboram uns com os outros em duplas ou em grupos. O desenvolvimento de competências sociais melhora competências relacionadas ao trabalho através da interação com terceiros, como um mentor ou *coach*, ou através de experiências de trabalho desafiadoras. Essas competências nem sempre são necessárias ao bom desempenho do trabalho do indivíduo, mas ajudam a preparar os funcionários para futuras funções ou cargos.

A aprendizagem contextual social é informal e de um funcionário a outro (*peer-to-peer*), ocorrendo espontaneamente conforme surge a necessidade. Normalmente, envolve funcionários que compartilham seus conhecimentos sobre questões, problemas e assuntos relacionados aos seus cargos atuais. Os funcionários sempre aprenderam em reuniões presenciais e conversas por telefone com os seus pares, a novidade é que a maior disponibilidade e acesso a telefones e *tablets* oferecem uma maneira de interagir com os outros que é multimídia, de baixo custo, fácil de usar e conhecida pelos funcionários. Utilizam-se mídias sociais como *blogs* e *wikis*, redes sociais (como o Facebook) e *microblogs* (como o Twitter), o que oferece possibilidades para a aprendizagem contextual social assistida por tecnologia. O uso de *blogs*, *wikis*, redes sociais e microblogs será abordado no Capítulo 8, "Métodos de treinamento com base em tecnologia". Lembre-se de que os métodos de treinamento podem atravessar o quadrante mostrado na Figura 7.1 se incluírem vários tipos de aprendizado, como salas de aula virtuais que incluem simulações e uso de redes sociais.

FIGURA 7.1 Sistema de aprendizagem

Criado e orientado pela empresa

Desenvolvimento de competência orientado
(Exemplo: palestra *on-line*, aprendizado móvel)

Aprendizagem contextual orientada
(Exemplo: simulação, treinamento no local de trabalho, modelagem do comportamento, aprendizagem experiencial)

Aprendizagem com base em competência ←→ Aprendizagem com base em contexto

Desenvolvimento de competência social
(Exemplo: orientação, experiências de trabalho, *coaching*)

Aprendizagem contextual social
(Exemplo: mídias sociais)

Criado e orientado por usuários

Fonte: De J. Meister and K. Willyerd, *The 2020 workplace. How innovative companies attract, develop, and keep tomorrow's employees today* (New York: Harper Business 2010).

Atualmente, a maioria dos métodos de treinamento das empresas situa-se nos Quadrantes 1, 2 e 3, embora algumas estejam começando a explorar como facilitar o aprendizado de pares, seja presencialmente ou através de mídias sociais. Isso acontece porque tradicionalmente as atividades de treinamento e desenvolvimento foram muito "focadas no instrutor", ou seja, o instrutor e a empresa detêm a responsabilidade por garantir que os funcionários aprendam [2] e o aluno desempenha um papel passivo como destinatário das informações, e o aprendizado ocorre até o ponto em que os "especialistas" em ensino oferecem as condições apropriadas para isso ou as condições sejam inerentes ao método de aprendizagem. O instrutor carrega a responsabilidade por identificar o que deve ser aprendido, determinar os métodos mais adequados e avaliar até que ponto a aquisição de conhecimentos e habilidades foi resultado das atividades de ensino.

Recentemente, o treinamento e o desenvolvimento têm destacado um papel mais ativo do aprendiz em razão do reconhecimento crescente de que ele é tão importante quanto o instrutor, além de sua participação na ocorrência do aprendizado.[3] Além disso, também há um reconhecimento crescente da importância do aprendizado informal e maior disponibilidade e uso de tecnologias *on-line* e móveis na oferta de instrução e colaboração social.[4] O uso de tecnologias dá ao funcionário a oportunidade de escolher quando, como, de quem e até mesmo qual conteúdo deseja aprender. A Figura 7.1 oferece uma visão geral do quanto que as empresas estão usando os diferentes métodos de treinamento. O treinamento em sala de aula orientado por um instrutor permanece sendo o método usado com mais frequência, mas o uso do *e-learning* e a combinação de métodos continua em crescimento.

Independentemente de ser um método de treinamento tradicional ou com base em tecnologia, para que um treinamento seja eficaz é preciso ter como base o modelo de elaboração do treinamento mostrado na Figura 1.2 do Capítulo 1, "Introdução ao treinamento e desenvolvimento de funcionários". O diagnóstico de necessidades, um ambiente de aprendizagem positivo e a transferência do treinamento são elementos críticos para a eficácia do programa. Lembre-se do que foi falado sobre diagnóstico de necessidades, aprendizado e transferência do treinamento nos Capítulos 3, 4 e 5.

Os Capítulos 7 e 8 apresentam vários métodos de treinamento. Este capítulo foca em **métodos de treinamento tradicionais**, que exigem um instrutor ou facilitador e envolvem interação presencial entre os participantes. Entretanto, a maioria dos métodos aqui abordados pode ser adaptado para o *e-learning*, realidade virtual ou outras novas tecnologias usadas para a oferta de treinamento. Uma palestra em sala de aula, por exemplo, pode acontecer presencialmente com os aprendizes (treinamento tradicional) ou pode ser oferecida através de uma sala de aula virtual. Além disso, a instrução pode ser em tempo real (síncrona) ou com tempo de atraso (assíncrona). Através da tecnologia, participa-se de uma palestra ao vivo (ainda que os participantes não estejam na mesma sala de aula que o instrutor) ou pode-se gravá-la em DVD. Assim, ela será visualizada pelos aprendizes quando for conveniente para eles em computadores pessoais que deem acesso ao meio apropriado à visualização da palestra (p. ex., DVD player ou conexão com a Internet).

O Capítulo 8, "Métodos de treinamento com base em tecnologia", discute o treinamento *on-line*, o *e-learning*, a realidade virtual e as mídias sociais. O uso de treinamento com base em tecnologia está crescendo por causa dos aumentos potenciais na eficácia do aprendizado, bem como reduções nos custos dele.

Tenha em mente que muitos programas de treinamento de empresas utilizam uma combinação de métodos para aproveitar os pontos fortes de cada um para o aprendizado e a transferência. O programa de treinamento da Colorado Springs Utilities, por exemplo, inicia por uma sessão de *brainstorming* para envolver os aprendizes e ajudá-los a aproveitarem o treinamento e reterem mais do que for aprendido.[5] Em uma aula de treinamento em segurança os estudantes experimentam uma simulação de emergência e precisam reagir usando as suas novas habilidades e o conhecimento sobre o plano de evacuação. Os participantes desempenham papéis e atividades diferentes em resposta a uma queda de energia. Em uma etapa seguinte, o instrutor faz uma crítica do desempenho e os aprendizes discutem o que foi aprendido (e o que ainda precisa ser aprendido). Eles também realizam uma revisão e uma prova escrita para garantir a retenção do conhecimento.

A Whataburger, um negócio familiar que conta com 700 restaurantes em 10 estados, promove uma atividade de treinamento anual chamada WhataGames, que visa aumentar a lealdade dos funcionários, o orgulho pelo trabalho que fazem e a produtividade.[6] O treinamento WhataGames inclui um jogo de perguntas e respostas que testa o conhecimento dos funcionários sobre itens do menu, procedimentos e história da empresa (p. ex., "Qual temperatura o frango precisa atingir para cozinhar adequadamente? Resposta: 165 °C"). Para se prepararem para a competição os funcionários estudam a história da empresa e os manuais de operações. Durante a competição What's Cooking, equipes de funcionários são testadas em uma simulação de um grande movimento no horário de almoço. Há inspetores que examinam todos os pedidos preparados quanto à precisão e apresentação. Além de beneficiar a empresa, as equipes vencedoras dividem mais de US$ 140 mil em prêmios.

Os métodos de treinamento tradicionais discutidos neste capítulo estão organizados em três categorias amplas: métodos de apresentação, métodos práticos e métodos de formação de grupos.[7] As seções a seguir descrevem cada método, discutem as vantagens e desvantagens e dão dicas para um instrutor encarregado de elaborar ou selecionar um método. Este capítulo termina pela comparação dos métodos com base em várias características, como resultados influenciados de aprendizagem, grau de facilitação da transferência do aprendizado, custo e eficácia.

MÉTODOS DE APRESENTAÇÃO

Os **métodos de apresentação** são aqueles em que os aprendizes são destinatários passivos de informações, como fatos, processos e métodos de resolução de problemas. Os métodos de apresentação em sala de aula orientados por um instrutor incluem palestras, vídeos, livros de exercícios e manuais, DVDs e jogos, ou seja, uma combinação de métodos que pode envolver os aprendizes ativamente e ajudar na transferência do treinamento.

Palestra

Em uma **palestra**, os instrutores comunicam verbalmente o que se deseja que os participantes aprendam. A comunicação de capacidades aprendidas costuma ser de uma só via: do instrutor para o público. Como mostra a Figura 7.2, a apresentação em sala de aula orientada por um instrutor continua sendo um método de treinamento popular, apesar do surgimento de novas tecnologias, como vídeos interativos e instrução assistida por computadores.

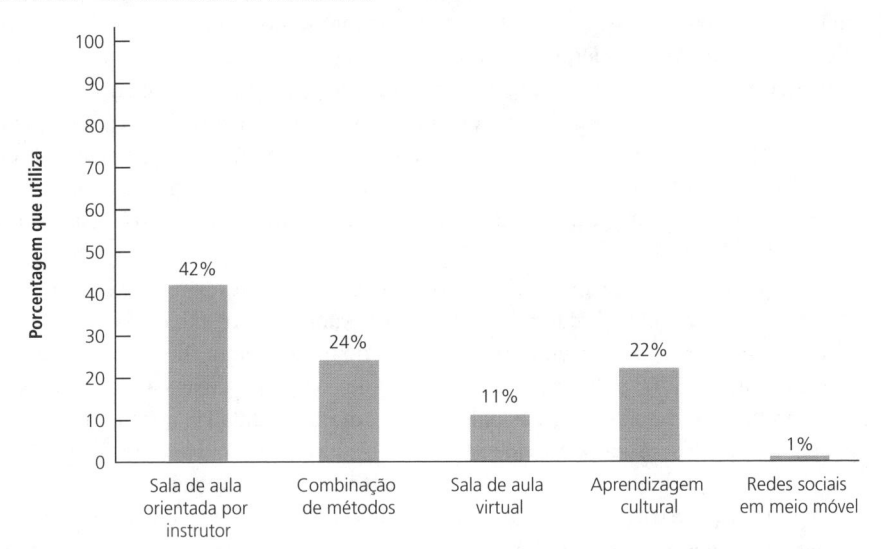

FIGURA 7.2 Uso de métodos de treinamento

- Sala de aula orientada por instrutor: 42%
- Combinação de métodos: 24%
- Sala de aula virtual: 11%
- Aprendizagem cultural: 22%
- Redes sociais em meio móvel: 1%

Fonte: Baseado em "2011 training industry report," *Training* (November/December 2011): 30.

Uma palestra pode ser uma das maneiras mais baratas e menos demoradas de apresentar um grande volume de informações com eficiência e de forma organizada.[8] O formato de palestra também é útil por ser facilmente empregado com grupos grandes. Além de ser o principal meio para comunicar grandes volumes de informação, as palestras também são usadas para dar suporte a outros métodos de treinamento, como modelagem do comportamento ou técnicas com base em tecnologia. Uma palestra pode ser usada para passar informações sobre o propósito do programa de treinamento, modelos conceituais ou comportamentos-chave aos aprendizes antes que eles recebam um treinamento mais interativo e personalizado às suas necessidades particulares.

A Tabela 7.1 descreve diversas variações do método de palestra-padrão. Todas as variações oferecem vantagens e desvantagens.[9] O ensino em equipe agrega mais conhecimento especializado e perspectivas diferentes à sessão de treinamento. Ele exige mais tempo por parte dos instrutores para não apenas prepararem as suas sessões, mas também coordená-las com outros instrutores, especialmente quando houver um alto grau de integração entre os assuntos abordados pelos profissionais. Os painéis são bons para

TABELA 7.1 Variações do método de palestra

Método	Descrição
Palestra-padrão	O instrutor fala e usa recursos visuais, como quadros-negros, quadros brancos ou *slides* de PowerPoint, enquanto os aprendizes escutam e absorvem as informações.
Ensino em equipe	Dois ou mais instrutores apresentam diferentes tópicos ou visões alternativas sobre o mesmo tópico.
Palestrantes convidados	Um ou mais palestrantes comparecem à sessão de treinamento durante um período predeterminado. A instrução principal é conduzida pelo instrutor.
Painéis	Dois ou mais palestrantes apresentam informações e fazem perguntas.
Apresentações de alunos	Grupos de aprendizes apresentam tópicos da aula.

mostrar aos participantes diferentes pontos de vista em um debate. Uma possível desvantagem do painel é que aqueles aprendizes que desconhecerem o tópico podem ter dificuldades para entenderem os pontos importantes. A participação de palestrantes convidados pode motivar o aprendizado, trazendo exemplos e aplicações relevantes para os aprendizes e para que os palestrantes convidados sejam eficazes, os instrutores devem estabelecer expectativas junto a eles quanto à relação da apresentação com o conteúdo da disciplina. Apresentações de aprendizes podem aumentar a relevância do material e a atenção do público, mas também podem inibir o aprendizado caso eles não tenham habilidades em fazer apresentações.

O método de palestra apresenta várias desvantagens, pois tende a carecer de envolvimento dos participantes, *feedback* e conexão relevante com o ambiente de trabalho (elementos que inibem aprendizado e transferência do treinamento). Também é difícil para o instrutor julgar com rapidez e eficiência o nível de compreensão dos alunos. Para superar esses problemas, é comum que as palestras sejam incrementadas por momentos de perguntas e respostas, discussões, vídeos, jogos e estudos de caso. Essas técnicas permitem que o instrutor crie uma participação mais ativa, exemplos relacionados ao trabalho e exercícios na palestra para facilitar o aprendizado e a transferência do treinamento.

Na Sony Pictures' Imageworks o treinamento assume diferentes formas.[10] Antes de iniciarem um novo projeto, os funcionários são treinados novamente, por exemplo. A empresa cria efeitos visuais digitais e animações, sendo que para cada projeto ela utiliza novos métodos e tecnologias para que a animação se encaixe melhor às personagens e à atmosfera de cada filme. Os funcionários têm aulas durante várias horas por dia para atualizarem suas habilidades. Depois, eles trabalham no desenvolvimento de um quadro de animação de um filme pronto. O quadro pode incluir as personagens, por exemplo, e os funcionários precisam desenvolver o ambiente, o cabelo ou a animação, dependendo do que estão estudando. A Imageworks possui tutoriais *on-line* que podem ser acessados pelos funcionários para aprenderem sobre outros assuntos, como iluminação. Os tutoriais ajudam no aprendizado de terminologia básica, de forma que os funcionários consigam comunicar-se e trabalhar com colaboradores de áreas diferentes das suas.

Na Constellation Energy, o treinamento de novos contratados envolve 30 horas de pré-treinamento mais duas semanas de instrução em sala de aula com foco no desenvolvimento de habilidades em vendas relevantes para uma empresa de energia.[11] Os participantes aprendem sobre as questões enfrentadas pelos seus clientes em potencial, além de modelos para ajudarem os clientes a gerirem custos e riscos ao longo do tempo. Eles também preparam ferramentas e materiais para os seus mercados-alvo e participam de dramatizações. Ao final do treinamento, os funcionários reúnem-se com os gerentes para desenvolverem um plano de implantação do que foi aprendido.

Técnicas audiovisuais

A **instrução audiovisual** inclui o uso de projetores, *slides* e vídeos. O uso de vídeos é um método instrucional bastante popular.[12] Eles são usados para melhorar habilidades de comunicação, de entrevista e de serviço ao cliente e para ilustrar como um procedimento (p. ex., soldagem) deve ser seguido. O recurso de vídeo raramente é usado sozinho e sim em conjunto com palestras para mostrar experiências e exemplos da vida real. Vejamos como uma empresa está usando os vídeos em seu programa de treinamento.

Às 5h30, os motoristas da Morse Bros., uma empresa de Oregon que fornece produtos agregados, como concreto, cascalho e pedras, preparam-se para fazer a entrega do primeiro de vários carregamentos. No ramo do concreto, um produto perecível precisa ser entregue periodicamente aos locais de construção. Através da oferta de treinamento em produtos aos motoristas e ao instruí-los a evitar tombamentos e o excesso de inatividade nos canteiros de obras, a Morse Bros. conseguiu reduzir os custos e aumentar a satisfação do cliente.

E qual é o método que a empresa usa para treinar os seus motoristas? Ela produz vídeos que são apresentados por motoristas-mentores. O trabalho desse funcionário é selecionar o vídeo da semana, agendar as sessões de visualização, manter registros de presença e mediar uma discussão de fechamento após cada vídeo. Eles são treinados para chamarem a atenção aos pontos fundamentais abordados no vídeo e relacionarem isso às questões enfrentadas pelos motoristas no trabalho. Como as sessões de treinamento são marcadas no início da manhã, quando os motoristas estão começando o turno, o tempo é limitado e os vídeos raramente ultrapassam 10 minutos. Um deles, chamado *Another Pair of Eyes* (Outro Par de Olhos), treina os motoristas para observarem procedimentos de teste usados por órgãos fiscalizadores nos locais de trabalho. O teste de amostras acontece várias vezes por mês, sendo que uma amostra reprovada pode deixar a empresa sujeita à demolição e remoção da estrutura de concreto. A Morse Bros. oferece treinamento sobre procedimentos de teste e análise porque frequentemente as amostras são reprovadas em decorrência da contaminação (p. ex., sujeira) que entra no cilindro de teste. Outro vídeo destaca as precauções para os dias de tempo frio: esvaziar todos os tanques e mangueiras ao final do dia e parar o tambor na posição neutra. A cada sessão de treinamento, solicita-se que os motoristas respondam a várias perguntas relacionadas ao conteúdo do programa. Ao final da sessão, os motoristas e o motorista-mentor discutem o que pode estar interferindo na qualidade do produto ou na pontualidade da entrega. Posteriormente essas informações serão compartilhadas com os gerentes da empresa.[13]

O uso de vídeos no treinamento traz várias vantagens.[14] Primeiro, os instrutores podem analisar e diminuir ou acelerar o ritmo da aula, o que dá flexibilidade para personalizar a sessão de acordo com o grau de especialização dos participantes. Segundo, os aprendizes podem assistir ao vídeo várias vezes se tiverem acesso a ele durante e após a sessão de treinamento, o que lhes dá controle sobre o próprio aprendizado. Terceiro, os funcionários podem ser expostos a equipamentos, problemas e acontecimentos que não são facilmente demonstráveis, como mau funcionamento de equipamentos, clientes enfurecidos ou situações de emergência. Quarto, os aprendizes recebem instrução consistente, já que o conteúdo do programa não é afetado pelos interesses e metas de um determinado instrutor. Quinto, gravar em vídeo as ações dos funcionários permite que eles vejam e escutem o próprio desempenho sem a interpretação do instrutor, ou seja, o vídeo fornece um *feedback* instantâneo. Consequentemente, os participantes não podem atribuir o mau desempenho à parcialidade de avaliadores externos, seja o instrutor ou os pares. Sexto, o vídeo exige pouco conhecimento sobre tecnologia e equipamentos, sendo que a maioria dos instrutores e aprendizes são capazes de usar um DVD player.

A maioria dos problemas do uso de vídeos resulta da abordagem criativa utilizada.[15] Isso inclui conteúdo demais para o aprendiz, diálogos ruins entre os atores (o que atrapalha a credibilidade e a clareza da mensagem), uso excessivo de humor ou música e dramas que confundem a compreensão dos pontos importantes destacados no vídeo.

MÉTODOS PRÁTICOS

Os **métodos práticos** são aqueles que exigem que o participante esteja ativamente envolvido no aprendizado, incluindo treinamento no local de trabalho, simulações, estudos de caso, jogos de negócios, dramatizações e modelagem do comportamento. Esses métodos são ideais para desenvolver habilidades específicas, compreender como habilidades e comportamentos podem ser transferidos para o trabalho, experimentar todos os aspectos da realização de uma tarefa ou lidar com questões interpessoais que surgem no trabalho.

Treinamento no local de trabalho

O **treinamento no local de trabalho** (*on-the-job training*) refere-se ao ensino de funcionários novos ou inexperientes no próprio local de trabalho e durante o expediente através da observação de pares ou gerentes no desempenho de suas atividades e da imitação posterior dos comportamentos que foram observados. O treinamento no local de trabalho é um dos tipos de treinamento informal mais antigos e usados.[16] Ele é considerado informal porque não acontece necessariamente como parte de um programa de treinamento e porque os gerentes, pares ou mentores atuam como instrutores, mas, se for informal demais, é menos provável que o aprendizado ocorra. Esse tipo de treinamento pode ser usado para funcionários recém-contratos, para atualizar as habilidades de funcionários experientes quando forem introduzidas novas tecnologias, para fazer o treinamento cruzado de funcionários de um departamento ou unidade e para orientar funcionários que foram transferidos ou promovidos para novos cargos.

O treinamento no local de trabalho assume diversas formas, como programas de aprendizagem e de aprendizado autodirigido (ambos serão abordados mais adiante), e oferece várias vantagens em relação a outros métodos de treinamento.[17] Ele pode ser personalizado de acordo com as experiências e capacidades dos aprendizes e é aplicável imediatamente ao trabalho porque ocorre no local de trabalho, usando ferramentas e equipamentos reais. Consequentemente, os funcionários são altamente motivados a aprender e tanto eles quanto os instrutores estão no local de trabalho e continuam trabalhando enquanto o treinamento acontece. Isso significa que as empresas economizam em custos relacionados a levar os funcionários para outro local, contratar instrutores e alugar locais de treinamento. O treinamento no local de trabalho pode ser oferecido a qualquer momento e os instrutores estarão disponíveis porque são gerentes ou pares.

A Reliance Industries, um dos maiores grupos da Índia, utiliza o treinamento no local de trabalho na Nagothane Manufacturing Division (uma refinaria que produz polímeros e produto químicos).[18] Em razão do rápido crescimento da empresa e da demanda por funcionários experientes, era preciso diminuir o período que levava para que novos engenheiros pudessem começar a contribuir. Em resposta à essa necessidade, a equipe de treinamento identificou mentores que pudessem ajudar a acelerar o aprendizado dos novos engenheiros. Os mentores e os novos contratados são pareados cuidadosamente com base em um diagnóstico do estilo de treinamento do mentor e do estilo de aprendizagem do funcionário. Os mentores são agrupados com até três novos funcionários, cada um pelo período de nove meses e trabalham juntos em quatro módulos de aprendizagem, cada um com dois meses de duração, sendo que os planos de aula são predeterminados e o progresso é rastreado através de um portal *on-line*. Como resultado, o período de tempo que leva para que os novos engenheiros possam contribuir diminuiu de 12 para 6 meses.

Na Sweets Candy, uma fábrica de doces de Salt Lake City, Utah, os novos funcionários recebem treinamento em procedimentos de segurança e de evacuação de emergência em uma sessão de orientação e, depois, são designados para um mentor.[19] O mentor trabalha com o novo funcionário por duas semanas, oferecendo treinamento prático individualizado. As equipes fazem reuniões semanais e os gerentes oferecem treinamento em questões de segurança ao longo do ano. Os funcionários também recebem uma ficha de contato de segurança semanal, na qual anotam ameaças à segurança que tenham presenciado no trabalho e como resolveram o problema. As fichas de segurança são devolvidas e a cada mês a empresa faz uma celebração da segurança na qual as fichas são incorporadas a um desenho e os funcionários ganham prêmios como um dia de folga ou um cartão-presente de $ 10. Todas as fichas de contato de segurança são analisadas para identificar questões e ameaças à segurança, que depois são comunicadas aos funcionários.

O treinamento no local de trabalho é um método atraente porque, em comparação com outros métodos, ele demanda pouco investimento de tempo ou dinheiro. Os gerentes ou pares com conhecimento especializado no trabalho são usados como instrutores, e isso pode ser tentador para deixá-los conduzir o treinamento como acharem melhor. No entanto, há várias desvantagens desta abordagem desestruturada. É possível que os gerentes e pares não usem um mesmo processo para a realização de uma tarefa e que acabem transmitindo (além das habilidades úteis) hábitos ruins aos aprendizes. Além disso, eles podem não compreender que demonstração, prática e *feedback* são condições importantes para esse treinamento ser eficaz. O treinamento no local de trabalho desestruturado pode resultar em funcionários mal treinados, funcionários que usem métodos ineficazes ou perigosos para produzirem um produto ou proverem um serviço e variações na qualidade de produtos e serviços.

A Tabela 7.2 mostra os princípios de um treinamento no local de trabalho estruturado. Como ele envolve o aprendizado através da observação de terceiros, o seu sucesso tem como base princípios destacados pela teoria da aprendizagem social. Isso inclui um instrutor com credibilidade, um gerente ou par que sirva como modelo do comportamento ou habilidade, a comunicação de comportamentos-chave específicos, prática, *feedback* e reforço. Na Rochester Gas and Electric em Rochester, Nova Iorque, os instrutores das áreas de química e radiação ensinam funcionários experientes a conduzirem o treinamento no local de trabalho.[20] Enquanto ensinam como demonstrar o uso do *software* aos novos funcionários, o instrutor pode pedir que eles observem outros instrutores de treinamento no local de trabalho durante o treinamento de novos membros para que aprendam novas técnicas de ensino. Independentemente do tipo específico, programas eficazes de treinamento no local de trabalho incluem:

1. Declaração que descreve o propósito do treinamento no local de trabalho e destaca o apoio da empresa.
2. Especificação clara de quem é responsável por conduzir o treinamento no local de trabalho. Se os gerentes forem os responsáveis, isso é mencionado em suas descrições de cargo e faz parte de suas avaliações de desempenho.

TABELA 7.2 Princípios do treinamento no local de trabalho

Preparação para a instrução
1. Dividir o trabalho em passos importantes.
2. Preparar os equipamentos e materiais necessários.
3. Decidir quanto tempo será dedicado ao treinamento no local de trabalho e quando se espera que os funcionários tenham competência nas áreas de habilidade.

Instrução
1. Comunicar aos funcionários o objetivo da tarefa e pedir que observem a sua demonstração.
2. Mostrar aos funcionários como fazer a tarefa sem falar nada.
3. Explicar os pontos ou comportamentos-chave (escrever os pontos-chave para os aprendizes, se possível).
4. Mostrar como fazer mais uma vez.
5. Pedir aos participantes que façam uma ou mais partes da tarefa e elogiar a reprodução correta (opcional).
6. Pedir aos participantes que realizem toda a tarefa e elogiá-los pela reprodução correta.
7. Caso cometam erros, solicitar que continuem praticando até atingir a reprodução precisa.
8. Elogiar os funcionários pelo sucesso no aprendizado da tarefa.

Transferência do treinamento
Oferecer materiais de apoio e ajudas de trabalho como fluxogramas e *checklists*. Providenciar o apoio e observação do gerente ou instrutor, especialmente para tarefas difíceis ou complexas.

Avaliação
Preparar e deixar um tempo reservado para provas e exercícios finais e pesquisas sobre a reação dos participantes.

Fontes: Baseado em R. Buckley and J. Caple, "Developing one-to-one training programs," *T ID* (April 2010): 108-109; W. J. Rothwell and H. C. Kazanas, "Planned OJT Is Productive OJT," *Training and Development Journal* (October 1990): 53-55; P. J. Decker and B. R. Nathan, *Behavior Modeling Training* (New York: Praeger Scientific, 1985).

3. Análise completa das práticas de treinamento no local de trabalho (conteúdo do programa, tipos de cargos, duração do programa e economias) de outras empresas de indústrias parecidas.
4. Treinamento de gerentes e pares nos princípios de treinamento no local de trabalho estruturado (ver Tabela 7.2).
5. Disponibilidade de planos de aula, *checklists*, manuais de procedimentos, manuais de treinamento, contratos de aprendizagem e relatórios de progresso para os funcionários que conduzem o treinamento no local de trabalho.
6. Avaliação dos níveis de habilidades básicas (leitura, cálculo e escrita) dos funcionários antes do treinamento no local de trabalho.[21]

O programa de treinamento no local de trabalho utilizado pela Borden's North American Pasta Division possui várias dessas características, por exemplo.[22] Nem todos os gerentes e pares são usados como instrutores. A Borden's investe na seleção, treinamento e recompensa de instrutores para garantir a eficácia do treinamento no local de trabalho. Os funcionários e gerentes interessados em serem instrutores devem candidatar-se para isso. Depois, aqueles que forem escolhidos precisam realizar um curso rigoroso de treine o instrutor que envolve treinamento em sala de aula, bem como tempo no chão de fábrica para aprenderem como operar o maquinário e ensinar corretamente outros funcionários a usarem o equipamento. Os aprendizes são responsáveis por realizar um *checklist* que exige que verifiquem que o instrutor ajudou-os a aprenderem as habilidades necessárias para operar o equipamento e usar técnicas instrucionais eficazes.

Aprendizado autodirigido

O **aprendizado autodirigido** faz os funcionários assumirem a responsabilidade por todos os aspectos da aprendizagem, incluindo quando ela acontece e quem está envolvido.[23] Os aprendizes dominam o conteúdo do treinamento, que foi predeterminado, seguindo o próprio ritmo e sem o auxílio de um instrutor. O instrutor pode atuar como facilitador, ficando à disposição para avaliar o aprendizado ou responder às perguntas do aprendiz, mas não é ele que controla ou dissemina a instrução. Um modelo de aprendizado autodirigido para vendedores poderia envolver a leitura de jornais ou publicações do ramo, conversas com especialistas ou navegação na Internet para descobrir novas ideias relacionadas ao ramo varejista.[24] Além disso, o aprendizado autodirigido pode contar com uma empresa que ofereça aos funcionários informações como bancos de dados, disciplinas de treinamento e seminários, sem deixar de responsabilizar os funcionários pela iniciativa de aprender. Como a eficácia desse tipo de aprendizado tem base na motivação do funcionário em aprender, as empresas oferecem seminários sobre o processo de aprendizado autodirigido, autogestão e como se adaptar ao ambiente, aos clientes e à tecnologia.

O aprendizado autodirigido apresenta várias vantagens.[25] Ele permite que os aprendizes aprendam no próprio ritmo e recebam *feedback* sobre o desempenho na aprendizagem. Para a empresa, o uso de aprendizado autodirigido demanda menos instrutores, reduz os custos associados a viagens e salas de reunião e torna o treinamento mais realista em vários locais. O aprendizado autodirigido oferece conteúdo de treinamento consistente, que apreende o conhecimento de especialistas, além de facilitar o acesso de funcionários plantonistas aos materiais de treinamento. O Four Seasons Hotels, por exemplo, enfrentou o desafio de inaugurar um novo hotel em Bali, Indonésia.[26] Era preciso ensinar habilidades de língua inglesa a 580 funcionários que não falavam inglês nem entendiam a culinária ou os costumes ocidentais. O Four Seasons criou um centro de aprendizado autodirigido que permite aos funcionários ensinar inglês a eles mesmos. O centro destaca a comunicação como um todo, não só aprender a falar inglês. Por esse motivo, ele conta com gravadores de vídeo, módulos de treinamento, livros e revistas. Para se moverem do nível mais baixo ao mais alto de habilidades de inglês, os funcionários recebem incentivos monetários. Além do inglês, o centro também ensina japonês (língua falada por 20% dos visitantes do hotel em Bali) e oferece treinamento em indonésio, a língua nativa da Indonésia, aos gerentes estrangeiros.

Uma grande desvantagem do aprendizado autodirigido é que os aprendizes precisam estar motivados a aprenderem sozinhos e sentirem-se confortáveis ao fazê-lo. Da perspectiva da empresa, o aprendizado autodirigido resulta em maiores custos e mais tempo de desenvolvimento do que para outros tipos de programas de treinamento.

Há vários passos no desenvolvimento de um programa de aprendizado autodirigido eficaz:[27]

1. Realizar uma análise do cargo para identificar as tarefas que precisam ser abordadas.
2. Redigir objetivos de aprendizagem centrados no aprendiz, diretamente relacionados às tarefas. Como os objetivos assumem o lugar do instrutor, é preciso indicar quais informações são importantes, quais ações devem ser tomadas pelo funcionário e o que ele precisa dominar.
3. Desenvolver o conteúdo do pacote de aprendizado. Isso envolve a elaboração de roteiros (para vídeos) ou telas (para treinamento com base em computador). O conteúdo tem como exemplo os objetivos de aprendizagem centrados no participante. Outro ponto a considerar ao desenvolver o conteúdo é o meio que será usado para comunicá-lo (p. ex., papel, vídeo, computador ou *site*).

4. Dividir o conteúdo em partes menores ("blocos"). Os blocos devem começar pelos objetivos que serão abordados e incluir um método para que os aprendizes avaliem o próprio aprendizado. Cada bloco também deve conter exercícios práticos.
5. Desenvolver um pacote de avaliação que inclua avaliação do aprendiz e avaliação do pacote de aprendizado autodirigido. A avaliação do aprendiz deve ter base nos objetivos (um processo conhecido como *referência de critério*). Isso quer dizer que as perguntas devem ser desenvolvidas diretamente a partir do que está escrito nos objetivos e respondidas diretamente a partir dos materiais. A avaliação do pacote de aprendizado autodirigido deve envolver a determinação da facilidade de usar e da atualização do material, se o pacote está sendo usado como deveria e se os aprendizes estão dominando os objetivos.

É provável que esse tipo de aprendizado torne-se mais comum no futuro, à medida que as empresas busquem treinar com flexibilidade, aproveitar a tecnologia e incentivar funcionários a serem proativos com o aprendizado, e não mais serem dirigidos pelo empregador.

Programa de aprendiz

O **programa de aprendiz** é um método de treinamento que combina trabalho e estudo em treinamento no local de trabalho e em sala de aula.[28] Para ser considerado um aprendiz registrado sob as regulamentações estaduais ou federais nos Estados Unidos, os aprendizes devem cumprir pelo menos 144 horas de treinamento em sala de aula e obter 2 mil horas ou um ano de experiência no local de trabalho*.[29] A Tabela 7.3 mostra as principais ocupações para aprendizes nos Estados Unidos. Os aprendizes norte-americanos podem ser patrocinados por empresas individuais ou por grupos de empresas em cooperação com um sindicato. Como mostra a Tabela 7.3, a maior parte dos programas de aprendizagem pertence a ramos especializados, como trabalho com encanamento, carpintaria, elétrica e ajuste de tubulação. A Tabela 7.4 é um exemplo de programa de aprendiz para um operador de máquinas.

Em um programa de aprendiz, as horas e semanas que devem ser dedicadas ao cumprimento de unidades de habilidades específicas são claramente definidas. O treinamento no local de trabalho envolve dar assistência a um aprendiz registrado sob as regulamentações do Estado, incluindo modelos, prática, *feedback* e avaliação.[30] Primeiro o empregador confere se o funcionário tem os requisitos de conhecimento da operação ou processo. Depois, o instrutor (que costuma ser um funcionário mais experiente ou habilitado) demonstra cada passo do processo, destacando questões de segurança e passos importantes. O funcionário sênior dá ao aprendiz a oportunidade de realizar o processo até que todas as partes estejam confiantes de que o aprendiz consegue desempenhá-lo de forma segura e adequada.

Uma das maiores vantagens de programas de aprendiz é que os aprendizes podem receber um pagamento enquanto aprendem, o que é importante porque os programas podem durar vários anos. Conforme as habilidades vão melhorando, é comum que o salário do aluno aumente automaticamente. Além disso, programas de aprendizagem costumam ser experiências de aprendizado eficazes porque envolvem aprender por que e como uma tarefa é realizada através da instrução em sala de aula, oferecida por escolas

---

* N. de T.: Para informações em relação ao Brasil, consulte o *Manual da Aprendizagem*, publicado pelo Ministério do Trabalho e Emprego.

TABELA 7.3 As 25 principais ocupações para aprendizes ativos

Posição no ranking	Ocupação	Total de ativos matriculados	Número de programas ativos
1	Eletricista	45.609	3.209
2	Motorista de caminhões pesados	37.805	39
3	Carpinteiro	33.027	446
4	Encanador	18.578	2.644
5	Trabalhador de construção civil	9.836	94
6	Ajustador de tubulação (construção)	9.542	722
7	Trabalhador de lâminas de metal	8.754	518
8	Trabalhador de metal estrutural	8.659	131
9	Trabalhador especializado em telhados	5.943	139
10	Montador de elevadores	5.746	62
11	Instalador de gesso acartonado	5.541	44
12	Instalador de *sprinkler*	5.433	124
13	Engenheiro de operações	4.837	131
14	Pintor (construção)	4.795	248
15	Caldeireiro	4.089	32
16	Assentador de tijolos (construção)	3.729	194
17	Técnicos e profissionais especializados em energias renováveis.	3.185	381
18	Instalador de calefação/ar-condicionado	3.099	601
19	Trabalhador de manutenção de redes elétricas	3.087	297
20	Instalador ou reparador de redes elétricas	2.886	92
21	Instalador de isolamento	2.328	101
22	Agente penitenciário	2.290	58
23	Especialista em assistência à criança	2.282	971
24	Cozinheiro (hotéis ou cruzeiros)	2.259	1
25	Pedreiro	2.240	127
	Total de ocupações	**292.163**	**25.290**

Fonte: Baseado em "Top 25 Apprenticeship Occupations Ranked by Total as of September 30, 2007," from U.S. Department of Labor, Employment and Training Administration. Available at www.doleta.gov/OA/top-25-occupations.cfm.

técnicas, escolas de ensino médio ou faculdades locais. Também é comum que programas de aprendiz levem a empregos em tempo integral para os aprendizes nas empresas em que estão sendo treinados uma vez que o programa seja finalizado.

Do ponto de vista da empresa, os programas de aprendiz atendem necessidades específicas de treinamento em negócios e ajudam a atrair funcionários talentosos. Nas instalações da sua fábrica em Toledo, Ohio, a Libbey Glass oferece programas de aprendizagem nas áreas de fabricação de moldes, conserto de máquinas, construção e manutenção.[31] Esses programas são vistos como os melhores empregos dentro da empresa porque os ganhos são altos e a maioria dos aprendizes tem turnos diurnos de trabalho em vez de trabalharem à tarde e à noite. O programa de aprendiz foi caro para a empresa, mas distribuiu dividendos. Cada aprendiz demanda o apoio de um aprendiz registrado

TABELA 7.4 Exemplo de programa de aprendiz para operadores de máquinas nos Estados Unidos

Horas	Semanas	Unidade
240	6,0	Trabalho na bancada
360	9,0	Furadeira de bancada
240	6,0	Tratamento térmico
200	5,0	Traçado básico
680	17,0	Torno (convencional e controle numérico)
800	20,0	Torno mecânico
320	8,0	Ferramentas de retificação
640	16,0	Traçado avançado
960	24,0	Fresadora
280	7,0	Fresa de perfil
160	4,0	Retífica plana
240	6,0	Retífica externa
280	7,0	Retífica interna
200	5,0	Retífica cilíndrica
520	13,0	Fresadora horizontal
240	6,0	Retífica de furos
160	4,0	Alesagem vertical
600	15,0	Fresadora de controle numérico
240	6,0	Controle numérico computadorizado
640	16,0	Treinamento relacionado
8.000	200,0	TOTAL

Período probatório: as horas a seguir estão inclusas nas horas totais listadas anteriormente, mas devem ser realizadas nas primeiras mil horas do programa de aprendiz:

Horas	Semanas	Unidade
80	2,0	Furadeira de bancada (probatório)
280	7,0	Trabalho com torno (probatório)
360	9,0	Fresadora (probatório)
40	1,0	Traçado básico (probatório)
80	2,0	Treinamento relacionado (probatório)
840	**21,0**	**TOTAL**

Fonte: A. H. Howard III, "Apprenticeship." In *The ASTD Training and Development Handbook*, 4th ed., ed. R. L. Craig (New York: McGraw-Hill, 1996): 808.

sob as regulamentações do Estado para cada tarefa de trabalho. Isso quer dizer que o trabalho está sendo feito por dois funcionários, quando normalmente só exigiria um trabalhador. O programa também exige que os aprendizes sejam avaliados a cada mil horas para atender aos padrões do Ministério do Trabalho dos Estados Unidos. As análises são realizadas por um comitê formado pela gerência, que também desenvolve provas e outros materiais de avaliação. Os integrantes do comitê não podem desempenhar seus deveres normais durante o período em que analisam os aprendizes, o que leva a carga de trabalho a ser distribuída entre outros funcionários ou reagendada para outro momento. O programa oferece muitos benefícios para a Libbey: a empresa está desenvolvendo funcionários mais receptivos a mudanças no ambiente empresarial, o trabalho pode ser realizado na Libbey, sendo que a empresa não precisa terceirizar o trabalho para trabalhadores autônomos, e a Libbey ganha uma vantagem na atração de funcionários talentosos que gostam da ideia de que após a realização do programa eles estarão aptos a serem promovidos para outras posições dentro da empresa, incluindo cargos gerenciais. Além disso, o programa de aprendiz ajuda a Libbey a ajustar as experiências de trabalho e de treinamento para atenderem às necessidades específicas da manutenção, o que é necessário para criar e consertar equipamentos de moldagem da fábrica usados na produção de produtos de vidro.

Programas de aprendiz também são usados na preparação de novos gerentes. O presidente e CEO da Goldcorp, uma empresa da indústria de mineração, oferece àqueles que estão cursando MBA a oportunidade de candidatarem-se para um programa de aprendiz de nove meses.[32] O aprendiz segue o CEO da Goldcorp e observa reuniões da diretoria, negociações, aquisições e outros aspectos importantes do negócio. A empresa espera que esse programa atraia mais alunos de MBA para a indústria de mineração, vista por muitos graduados como um negócio sujo e perigoso. O Hyatt Hotels oferece vários programas em que os aprendizes de gestão realizam treinamentos nas áreas de comodidades, artes culinárias, vendas, operações hoteleiras, contabilidade e serviços de restauração.[33] Os funcionários fazem uma rotação por todas as partes do hotel e desempenham todos os aspectos de cada cargo, desde lavar louças até o serviço de restauração, e depois passam o resto do tempo de treinamento em suas respectivas áreas de especialidade. Os funcionários que completam o treinamento são colocados em posições gerenciais iniciais.

Além dos custos de desenvolvimento e do comprometimento de tempo que a gerência precisa fazer em programas de aprendiz, outra desvantagem de muitos deles é que, apesar dos esforços para que sejam inclusivos, ainda há limitação ao acesso de minorias e mulheres.[34] Além disso, não há nenhuma garantia de que haverá vagas disponíveis ao final do programa. Os programas de aprendiz preparam aprendizes que são bem-treinados em um ofício ou ocupação. Devido à natureza variável dos cargos (graças a novas tecnologias e uso de equipes interfuncionais), muitos empregadores podem relutar em empregar trabalhadores de programas de aprendiz por acreditarem que como os aprendizes foram treinados estritamente em uma só ocupação ou empresa, os graduados podem apresentar somente habilidades para determinada empresa e serem incapazes de adquirirem novas habilidades ou adaptá-las às mudanças no ambiente de trabalho.

Simulações

Uma **simulação** é um método de treinamento que representa uma situação real em que as decisões dos aprendizes levam a resultados que refletem o que aconteceria caso estivessem realmente no trabalho. Um exemplo desse método é o treinamento para pilotos realizado em simuladores de voo. As simulações, que permitem que os funcionários visualizem o impacto de suas decisões em um ambiente artificial e livre de riscos, são usadas para ensinar habilidades de produção e processos, além de habilidades de gestão e interpessoais. Como você verá no Capítulo 8, as novas tecnologias ajudaram no desenvolvimento da realidade virtual, um tipo de simulação que imita com ainda mais precisão o ambiente de trabalho.

Os simuladores são réplicas do equipamento físico que é usado pelos funcionários no trabalho. Os instaladores da Time Warner Cable, por exemplo, aprendem a instalar corretamente cabos e conexões de Internet movendo-se por casas de dois andares construídas dentro do centro de treinamento da empresa.[35] Os aprendizes furam paredes e arrastam-se pelas construções, aprendendo como trabalhar em diferentes tipos de casa. Os novos funcionários das centrais de atendimento da American Express aprendem em um ambiente simulado que reproduz uma central de atendimento real.[36] Eles vão até um laboratório que contém estações idênticas às que são encontradas em uma central, com todos os materiais (pastas, materiais de referência etc.) rigorosamente iguais. O simulador usa uma réplica do banco de dados da central de atendimento e inclui uma dramatização que usa um *software* de reconhecimento de fala que simula chamadas ao vivo. Após aprenderem sobre transações, os participantes respondem a chamadas simuladas que exigem a prática do que foi aprendido. O simulador oferece *feedback* sobre erros cometidos durante as chamadas e mostra qual seria a forma correta, além de acompanhar o desempenho dos aprendizes e alertar os instrutores caso um deles esteja ficando para trás. O simulador prepara os funcionários da central de atendimento em 32 dias, uma melhora em relação ao programa anterior em sala de aula com treinamento no local de trabalho que levava 12 semanas. Desde que eles começaram o treinamento em ambiente simulado, a rotatividade entre os funcionários da central é 50% menor. A American Express acredita que a redução na rotatividade se dá porque o ambiente de treinamento prepara melhor os novos funcionários para lidarem com o barulho e com o ritmo de uma central de atendimento de verdade.

Trinta gerentes globais de alto potencial da Automatic Data Processing, Inc., divididos em grupos de seis, participaram de uma simulação virtual que reproduzia o modelo de negócio da empresa.[37] O grupo faz o papel da direção executiva da empresa, devendo operar um negócio rentável e financeiramente saudável durante cinco rodadas, criando oportunidades de crescimento em um mercado global competitivo.

Um aspecto fundamental dos simuladores é o grau de semelhança com os equipamentos e situações enfrentados pelo aprendiz no trabalho. Lembre-se do que foi falado sobre transferência próxima no Capítulo 5, "Elaboração do programa". Os simuladores de voo incluem distrações com as quais os pilotos precisam lidar, como escutar sons de alertas de tráfego no *cockpit*, gerados por um sistema de avisos computadorizado, ao mesmo tempo em que escutam as instruções do controlador de tráfego aéreo.[38] É por isso que custa caro desenvolver os simuladores e é por isso que eles precisam de atualizações constantes conforme novas informações sobre o ambiente de trabalho são obtidas.

Estudos de caso

Um **estudo de caso** é uma descrição de como os funcionários ou a organização lidaram com uma situação difícil. Os aprendizes devem analisar e criticar as ações tomadas, indicando quais seriam as ações mais adequadas e sugerindo o que poderia ser feito diferente.[39] Uma das principais suposições da abordagem de estudo de caso é que é mais provável que os funcionários lembrem-se e utilizem os conhecimentos e habilidades se houverem aprendido através de um processo de descoberta.[40] Os casos são especialmente adequados ao desenvolvimento de habilidades intelectuais como análise, síntese e avaliação, que costumam ser requisitos para gerentes, médicos e outros profissionais. Os casos também ajudam os funcionários a desenvolverem a disposição de assumir riscos dados determinados resultados, tendo como base a análise da situação. Para usar os casos de maneira eficaz, o ambiente de aprendizagem deve dar aos participantes a oportunidade de prepararem e debaterem as suas análises dos casos, além de organizar a comunicação presencial e eletrônica entre os aprendizes. Como o envolvimento é fundamental para a eficácia do método, os participantes devem estar dispostos e serem capazes de analisar o caso e depois comunicar e defender uma posição.

A Tabela 7.5 apresenta o processo usado para o desenvolvimento de um caso. O primeiro passo é identificar um problema ou situação. É importante considerar se a história está relacionada aos objetivos instrucionais, provoca uma discussão, força a tomada de decisões, pode ser contada em um espaço de tempo razoável e é aplicável às situações que os funcionários podem vir a enfrentar. Devem estar prontamente disponíveis informações sobre o problema ou situação. O passo seguinte é pesquisar documentos, entrevistar participantes e obter dados que forneçam detalhes sobre o caso. O terceiro passo é delinear a história e relacionar os detalhes e evidências aos seus pontos relevantes. No quarto passo determina-se a mídia que será usada para apresentar o caso, sendo que a essa altura do desenvolvimento dele o instrutor deve considerar como o exercício será conduzido. Isso envolve definir se os aprendizes trabalharão em grupos ou individualmente e como eles relatarão os resultados de suas análises. Por último é preciso preparar os materiais do caso em si: montar as apresentações (figuras, tabelas, descrições de cargo etc.), escrever a história, preparar perguntas para orientar a análise e redigir uma abertura para o caso que seja interessante, prenda a atenção e ofereça uma orientação breve sobre o caso.

Há diversas fontes disponíveis com casos preexistentes. Uma das principais vantagens de usar um caso já existente é que ele já está desenvolvido, embora o caso possa não ter uma relação de fato com situações ou problemas de trabalho que o aprendiz enfrentará. É especialmente importante revisar os casos já existentes para determinar o quão significativos eles serão para o participante. Há casos relacionados a uma ampla variedade de problemas na gestão de negócios (p. ex., gestão de recursos humanos, operações, marketing, propaganda etc.) disponíveis de fontes como Harvard Business School, Darden Business School, Ivey Business School e outras.

Uma organização que soube utilizar estudos de caso de maneira eficaz é a Central Intelligence Agency (CIA).[41] Os casos são historicamente corretos e utilizam dados reais. "O Ataque Líbio", por exemplo, é usado em cursos de gestão para ensinar qualidades de liderança, enquanto "O Caso do Selo" é usado para ensinar os novos funcionários sobre a estrutura de ética da agência. A CIA usa mais ou menos 100 casos, sendo um terço focado em gestão e o restante em treinamento operacional, contrainteligência e análise. Os casos são usados no currículo de treinamento, cujos objetivos incluem ensinar os estudantes a analisarem e resolverem situações complexas e ambíguas. A CIA descobriu que para que os casos usados no treinamento fossem verossímeis e relevantes para os aprendizes o material devia ser o mais legítimo possível e estimular os alunos a tomarem decisões parecidas com as que devem tomar no ambiente de trabalho. Por esse motivo, a CIA trabalha com oficiais aposentados para pesquisar e escrever casos, garantindo a acurácia dos mesmos. A CIA desenvolveu até um *workshop* sobre redação de casos para preparar os instrutores para usarem o método.

TABELA 7.5 Processo para o desenvolvimento de um caso

1. Identifique uma história.	4. Decida questões administrativas.
2. Reúna informações.	5. Prepare os materiais para o caso.
3. Prepare um esquema da história.	

Fonte: Baseado em J. Alden and J. K. Kirkhorn, "Case Studies," in *The ASTD Training and Development Handbook*, 4th ed., ed. R. L. Craig (New York: McGraw-Hill, 1996): 497-516.

Jogos de negócios

Os **jogos de negócios** são usados principalmente para o desenvolvimento de habilidades de gestão porque exigem que os aprendizes reúnam e analisem informações e tomem decisões. Eles estimulam o aprendizado pois os participantes são ativamente envolvidos e porque simulam a natureza competitiva do negócio: relações trabalhistas (acordo em negociações de contrato), ética, marketing (o preço que deve ser cobrado por um novo produto) e finanças (financiamento da compra de nova tecnologia).

Entre as características dos jogos de negócios, podemos citar:[42] o jogo envolve uma competição entre aprendizes, equipes ou contra um critério estabelecido, como o tempo ou a quantidade; o jogo é elaborado para demonstrar a compreensão ou aplicação de um conhecimento, habilidade ou comportamento; há várias possibilidades de ação alternativas e os participantes podem estimar as consequências de cada uma; os aprendizes não sabem ao certo quais serão as consequências dos seus atos porque isso depende parcialmente das decisões dos outros participantes do jogo e, por último, há regras que limitam o comportamento dos mesmos.

Para garantir o aprendizado e a transferência de treinamento, os jogos usados no treinamento devem ser simples o bastante para que os aprendizes consigam jogar em um curto período. A relevância do jogo é ainda maior se ele for realista, já que os participantes precisam sentir que estão envolvidos em um negócio e adquirindo conhecimento, habilidades e comportamentos que são úteis no trabalho.[43] A análise do jogo com a ajuda de um instrutor pode fazê-los entenderem a experiência e facilitar o aprendizado e a transferência, o que pode incluir *feedback*, discussões sobre os conceitos apresentados no jogo e instruções sobre como aplicar no trabalho o que foi visto no jogo. A Tabela 7.6 contém perguntas que podem ser usadas para a análise do jogo.

Na ConAgra Foods os novos vice-presidentes participam de um jogo no último de oito dias de treinamento em liderança.[44] As equipes administram um negócio simulado com base na ConAgra, fazendo uma rotação entre papéis nas áreas de vendas e marketing, pesquisa e desenvolvimento, e finanças. Elas competem por negócios e por participação de mercado, enquanto desenvolvem o trabalho em equipe e outras habilidades interpessoais. Ao final do jogo, os executivos da ConAgra escolhem as equipes vencedoras com base em resultados financeiros e em habilidades de trabalho em equipe.

A Sun Microsystems usa jogos para ensinar os novos funcionários sobre a estrutura, estratégia e história da empresa e para retratá-la como uma empresa inovadora, com valores fortes. O jogo se passa em um planeta conhecido como "Solaris", cuja sociedade tem base nos valores centrais da Sun. O jogo contém grupos de colonos perdidos que se estabelecem no planeta após vagarem pelo espaço. Os colonos fazem da criação de uma rede de informações a sua meta.

Uma análise das pesquisas sobre jogos de computador mostra que os aprendizes aprendem mais quando estão ativamente envolvidos no aprendizado do conteúdo (em vez

TABELA 7.6 Perguntas usadas para a análise do jogo

- Como o resultado do jogo afetou o seu comportamento e o comportamento da equipe?
- O que você aprendeu a partir do jogo?
- Quais aspectos do jogo o fazem lembrar situações de trabalho?
- Como o jogo relaciona-se com o seu trabalho?
- O que você aprendeu com o jogo que pretende usar no trabalho?

Fonte: Baseado em S. Sugar, "Using Games to Energize Dry Material." In *The ASTD Handbook of Training Design and Delivery*, ed. G. Piskurich, P. Beckschi, and B. Hall (New York: McGraw-Hill, 2000): 107-120.

de lerem um texto ou escutarem uma explicação), têm acesso ilimitado ao jogo e quando o jogo é usado como complemento de outros métodos de treinamento, como palestras.[45] Os jogos podem acelerar o desenvolvimento de um *framework* de informações para os integrantes da equipe e também a formação de grupos coesos. Para alguns grupos (como executivos seniores), os jogos podem representar atividades de treinamento mais relevantes (por serem realistas) do que técnicas de apresentação, como instrução em sala de aula.

Dramatizações

As **dramatizações** são experiências em que os aprendizes assumem papéis como gerente, cliente ou funcionário descontente e exploram o que está envolvido naquele papel.[46] Elas costumam ser incluídas em programas de treinamento envolvendo habilidades interpessoais, como comunicação, vendas, fornecimento de *feedback* de desempenho, *coaching*, liderança e formação de equipes. Elas podem ser feitas em grupos pequenos de dois ou três, em que todos os aprendizes participam da dramatização, ou então alguns participantes podem candidatar-se para dramatizar enquanto os restantes observam. Nesse tipo de atividade, os resultados dependem das reações emocionais (e subjetivas) dos outros funcionários.

No Wequassett Resort and Golf Club em Chatham, Massachusetts, o cronograma de treinamento aborda tanto a necessidade de satisfazer os hóspedes como a necessidade de ajudar funcionários novos e antigos a aprenderem como fazer isso.[47] Entre abril e outubro o resort está fechado, mas 340 funcionários começam a trabalhar na primavera norte-americana, antes que o resort abra ao público. Metade dos funcionários recebe o treinamento pela primeira vez, enquanto os funcionários que estão de volta precisam de um treinamento de atualização. A Wequassett Academy oferece 70 disciplinas em quatro escolas (relações com o cliente, treinamento técnico, informação e tecnologia e gestão). A meta é oferecer um serviço que leve os hóspedes a retornarem e recomendarem o resort aos amigos, sendo o treinamento alinhado ao negócio da empresa, que exige um toque pessoal. O treinamento envolve a instrução em sala de aula com dramatizações e também o uso de DVDs. Antes de poderem trabalhar os funcionários precisam completar um *checklist* de competências com êxito. Os garçons, por exemplo, devem fazer disciplinas sobre conhecimento de vinhos e de menu e de serviços de alimentação.

Para que a dramatização seja eficaz, os instrutores precisam envolver-se em diversas atividades antes, durante e depois. A Tabela 7.7 mostra as atividades envolvidas em um exercício de dramatização eficaz.

Modelagem do comportamento

A **modelagem do comportamento** apresenta aos aprendizes um modelo que demonstra os comportamentos-chave a serem reproduzidos e oferece a oportunidade de praticá-las.

TABELA 7.7 Atividades para dramatizações eficazes

- Fornecer informações sobre o propósito e o contexto da dramatização.
- Garantir a oferta de um roteiro com detalhes o bastante para que os aprendizes compreendam seus papéis.
- Organizar a sala de forma que os aprendizes possam ver e ouvir as dramatizações.
- Desenvolver e usar folhas de observação e *checklists* que destacam as questões abordadas na dramatização.
- Analisar a experiência dos atores e dos observadores, a relação da dramatização com o contexto da empresa e pontos importantes para o aprendizado.

Fontes: Baseado em S. Karve, "Setting the stage for effective role plays," *T+D* (November 2011): 76-77; S. Thiagarajan, "Instructional Games, Simulations, and Role Plays." In *The ASTD Training and Development Handbook*: 517-533.

A modelagem do comportamento tem como base princípios da teoria da aprendizagem social (discutida no Capítulo 4, "Aprendizado e transferência do treinamento"), que destaca que o aprendizado acontece através (1) da observação de comportamentos demonstrados por um modelo e (2) do reforço vicário. O **reforço vicário** acontece quando um aprendiz vê um modelo recebendo reforço por usar determinados comportamentos.

A modelagem do comportamento é mais adequada ao ensino de habilidades e comportamentos do que ao ensino de informações factuais ou conhecimentos. Pesquisas sugerem que ela é uma das técnicas mais eficazes para o ensino de habilidades interpessoais e habilidades no computador.[48]

A Tabela 7.8 apresenta as atividades envolvidas em uma sessão de treinamento de modelagem do comportamento, o que inclui introdução, preparação e desenvolvimento da habilidade e planejamento da aplicação.[49] Cada sessão de treinamento, que dura em torno de quatro horas, foca em uma habilidade interpessoal, como *coaching* ou comunicação de ideias. Cada uma compreende uma apresentação de análise racional dos comportamentos-chave, um vídeo de um modelo desempenhando-os, oportunidades de prática através de dramatização, avaliação do desempenho do modelo no vídeo e uma sessão de planejamento dedicada a entender como os comportamentos-chave podem ser usados no trabalho. Nas sessões de prática os aprendizes recebem *feedback* sobre o grau de aproximação entre os seus comportamentos e os demonstrados pelo modelo. A dramatização e o desempenho modelado têm como base acontecimentos reais do cenário de trabalho no qual o funcionário deve ser bem-sucedido.

Programas de treinamento de modelagem do comportamento bem-preparados identificam os comportamentos-chave, criam a exibição da modelagem, oferecem oportunidades de prática e facilitam a transferência do treinamento.[50] O primeiro passo no desenvolvimento de programas de treinamento com modelagem do comportamento é determinar (1) as tarefas que não estão sendo realizadas adequadamente por causa da falta de habilidade ou comportamento e (2) os comportamentos-chave exigidos para realizar a tarefa. Um **comportamento-chave** é uma parte de um conjunto de comportamentos necessários à realização de uma tarefa. Na modelagem do comportamento, os comportamentos-chave normalmente são desempenhados em uma ordem específica para que a tarefa seja cumprida. Para identificá-los, faz-se um estudo das habilidades e comportamentos necessários à realização da tarefa e das habilidades ou comportamentos usados pelos funcionários que são eficazes nesta mesma tarefa.

TABELA 7.8 Atividades em um programa de treinamento de modelagem do comportamento

Introdução (45min)
- Assistir ao vídeo que apresenta os comportamentos-chave.
- Escutar a base lógica para o módulo da habilidade.
- Discutir experiências no uso da habilidade.

Preparação e desenvolvimento da habilidade (2h30min)
- Visualizar o modelo.
- Participar de dramatizações e práticas.
- Receber *feedback* verbal e em vídeo sobre o desempenho de comportamentos-chave.

Planejamento da aplicação (1h)
- Estabelecer uma meta de melhoria.
- Identificar situações nas quais usar os comportamentos-chave.
- Identificar aplicações dos comportamentos-chave no local de trabalho.

TABELA 7.9 Exemplos de comportamentos-chave na análise de problemas

- Obter todas as informações relevantes, realizando as seguintes ações:
  – Reformular a questão ou o problema para observar se surgem novos problemas
  – Elencar as principais questões
  – Considerar outras fontes de informação possíveis
- Identificar as possíveis causas.
- Se necessário, coletar informações adicionais.
- Avaliar as informações para garantir que atendam a todos os critérios principais.
- Apresentar novamente o problema, levando-se em consideração as novas informações.
- Definir quais são os critérios que indicam a resolução do problema ou questão.

A Tabela 7.9 apresenta comportamentos-chave para um programa de treinamento de modelagem do comportamento em análise de problemas. Ela especifica os comportamentos de que o aprendiz precisa para ser eficaz em habilidades de análise de problemas. Veja que os comportamentos-chave não especificam os comportamentos exatos necessários a cada passo da resolução de um problema, e sim comportamentos mais gerais que são apropriados a uma ampla gama de situações. Para aprenderem como sacar, por exemplo, os jogadores de tênis devem seguir uma sequência de atividades detalhada (p. ex., alinhar os pés com a linha de base, levar a raquete atrás da cabeça, jogar a bola, trazer a raquete para frente novamente, flexionar o punho e acertar a bola). Pessoas que estejam aprendendo habilidades interpessoais devem desenvolver comportamentos-chave mais gerais porque sempre há mais de uma maneira de realizar a tarefa. O desenvolvimento de comportamentos-chave gerais promove a transferência distante (visto no Capítulo 5). Assim, os participantes serão preparados para o uso em várias situações.

Outra consideração importante no desenvolvimento de programas de modelagem do comportamento é a **exibição da modelagem**, que mostra os comportamentos-chave que os aprendizes praticarão para desenvolver o mesmo conjunto de comportamentos. O método predominante é o vídeo, ainda que a modelagem computadorizada também venha sendo usada (o uso de novas tecnologias no treinamento é discutido no Capítulo 8). Exibições de modelagem eficazes apresentam seis características:[51]

1. A exibição apresenta claramente os comportamentos-chave. A música e as características da situação exibida não interferem na visualização e compreensão dos comportamentos-chave por parte dos aprendizes.
2. O modelo é verossímil para os aprendizes.
3. Apresenta-se uma visão geral dos comportamentos-chave.
4. Cada comportamento-chave é repetido. Mostra-se ao aprendiz a relação entre o comportamento do modelo e cada um dos comportamentos-chave.
5. Está inclusa uma análise dos comportamentos-chave.
6. A exibição apresenta os modelos fazendo uso positivo e negativo dos comportamentos-chave (ou seja, modelos ineficazes que não usam os comportamentos-chave).

Oferecer oportunidades de prática envolve (1) fazer os aprendizes ensaiarem cognitivamente e refletirem sobre os comportamentos-chave e (2) colocar os participantes em situações (como dramatizações) em que eles precisem usar os comportamentos-chave. Os aprendizes podem interagir com mais uma pessoa na dramatização ou em grupos de três ou mais, nos quais cada um tem a chance de praticar. A mais eficaz das sessões de prática permite que os participantes exercitem os comportamentos várias vezes em um pequeno grupo no qual a ansiedade ou o receio em ser avaliado é reduzido, já que os outros funcionários conhecem a empresa e o trabalho.

As sessões de prática devem incluir um método para dar *feedback* aos funcionários que ofereça reforço pelos comportamentos desempenhados corretamente, além de informações sobre o que pode ser melhorado. Se forem usadas dramatizações, por exemplo, os aprendizes podem receber *feedback* dos participantes que atuaram como observadores e, ainda, as sessões de prática podem ser gravadas e reproduzidas posteriormente para eles. O uso do vídeo captura objetivamente o comportamento dos aprendizes e oferece *feedback* útil e detalhado e fazê-los assistirem ao vídeo mostra a eles exatamente o que precisa ser melhorado e identifica os comportamentos que eles estão reproduzindo corretamente.

A modelagem do comportamento ajuda a garantir que a transferência do treinamento ocorra através do planejamento da aplicação. O **planejamento da aplicação** prepara os funcionários para usarem os comportamentos-chave no trabalho, ou seja: ele potencializa a transferência do treinamento. Para planejar a aplicação, todos os participantes preparam um documento escrito identificando situações específicas nas quais deveriam usar os comportamentos-chave. Alguns programas chegam a solicitar que os aprendizes façam um "contrato" delineando os comportamentos-chave que eles concordam em aplicar no trabalho. Posteriormente, o instrutor acompanha-os para verificar se o desempenho deles está de acordo com o contrato. O planejamento da aplicação também prepara os funcionários para lidarem com fatores e situações que possam inibir o uso dos comportamentos-chave (semelhante à prevenção de retrocessos discutida no Capítulo 4). Como parte do processo de planejamento da aplicação, o aprendiz pode ser pareado com um outro e os dois são informados de que se espera que eles comuniquem-se periodicamente para discutir erros e acertos no uso de comportamentos-chave.

MÉTODOS DE FORMAÇÃO DE GRUPOS

Métodos de formação de grupos são métodos de treinamento elaborados para melhorar a eficácia em grupo ou em equipe. Uma **equipe** refere-se a duas ou mais pessoas com papéis ou funções específicas que trabalham juntas e dividem a responsabilidade por atingir uma meta em comum ou realizar tarefas dentro de uma empresa.[52] Nos métodos de formação de grupos os aprendizes compartilham ideias e experiências, constroem uma identidade de grupo, compreendem a dinâmica das relações interpessoais e aprendem sobre as forças e fraquezas deles mesmos e dos colegas de trabalho. Estão disponíveis várias técnicas de treinamento para melhorar o trabalho em grupo, estabelecer uma nova equipe ou melhorar as interações entre equipes diferentes. Todas elas envolvem exame dos sentimentos, percepções e convicções sobre o funcionamento da equipe, discussões e desenvolvimento de planos para aplicar o que foi aprendido no treinamento ao desempenho da equipe no cenário profissional. Os métodos de formação de grupos englobam a aprendizagem de aventura, o treinamento de equipes e a aprendizagem pela ação.

Muitas vezes, esses métodos envolvem a **aprendizagem experiencial**, que compreende quatro etapas: (1) obter teoria e conhecimento conceitual; (2) participar de uma simulação comportamental; (3) analisar a atividade; e (4) conectar a teoria e a atividade a situações no local de trabalho ou na vida real.[53]

Para que um programa de treinamento experiencial seja bem-sucedido, deve-se seguir algumas diretrizes. Em primeiro lugar, o programa deve estar amarrado a um problema de negócio específico. Os aprendizes devem ser retirados de suas zonas de conforto, mas sem que isso diminua a motivação dele ou a sua capacidade de entender o propósito do programa. Podem ser usados vários modos de aprendizagem, como auditivo, visual e cinestésico. Ao preparar atividades para esse tipo de programa de treinamento, os instrutores devem pedir que os participantes contribuam para as metas dele. É importante que existam expectativas claras sobre o propósito, os resultados esperados e o papel do aprendiz no programa. Por fim, o programa de treinamento precisa ser avaliado. Os programas de treinamento que incluem aprendizagem experiencial devem ser vinculados às mudanças nas atitudes e comportamentos dos funcionários e a outros resultados de negócio. Se os programas de aprendizagem experiencial não seguirem essas diretrizes, podem ser questionados. O inspetor do serviço postal dos Estados Unidos, por exemplo, pediu demissão após o surgimento de críticas às atividades de treinamento das equipes. Tanto funcionários atuais dos serviços postais quanto os antigos tinham reclamado das atividades de treinamento junto a senadores norte-americanos, pois incluíam funcionários embrulhando uns aos outros em papel higiênico, vestindo-se de gatos e segurando placas onde se lia "trabalho em equipe".[54]

Aprendizagem de aventura

A **aprendizagem de aventura** é um método de aprendizagem experiencial que foca no desenvolvimento de trabalho em equipe e de habilidades de liderança através de atividades estruturadas.[55] É uma aprendizagem que compreende treinamento na natureza e ao ar livre, atividades de improviso, círculos de tambores e até mesmo aulas de culinária. A aprendizagem de aventura parece ser mais adequada ao desenvolvimento de habilidades relacionadas à eficácia de grupos, como autoconhecimento, resolução de problemas, gestão de conflitos e tomada de riscos. Ela pode envolver atividades físicas exaustivas e desafiadoras, como conduzir trenós de cães ou escalar montanhas, além de usar atividades estruturadas em grupo ou individuais, como escalada de paredes, aulas de arvorismo, jogo de confiança, subida de escadas e tirolesa.

A atividade "A Viga", por exemplo, exige que os membros da equipe atravessem de uma árvore a outra por uma viga a dois metros de altura, apenas com a ajuda da equipe. Os participantes podem ajudar, gritando instruções e incentivos.[56] As atividades de arvorismo podem acontecer a um ou oito metros do chão. Na formatação mais alta, trata-se de um exercício individual que tem o propósito de ajudar o aprendiz a superar os seus medos. Já quando realizada na altura mais baixa, a atividade exige que toda a equipe realize o circuito com êxito para desenvolver a identidade, a coesão e as habilidades de comunicação dela.

Para melhorar suas habilidades em liderança e trabalho em equipe, os advogados da Weil, Gotshal & Manges de Nova Iorque trabalharam em conjunto com os bombeiros da cidade para aprenderem como ligar uma mangueira de incêndio, ajustar a pressão da água e apagar o fogo.[57] Na escola de bombeiros, equipes de quatro pessoas entram em prédios em chamas e resgatam passageiros de acidentes simulados e outras emergências. O programa do Corpo de Bombeiros de Nova Iorque foi criado para ajudar as equipes a desenvolverem habilidades de tomada de decisões e resolução de problemas. Essas habilidades são especialmente importantes para equipes de trabalho formadas por funcionários de diferentes áreas de especialidade que trabalhem em projetos grandes ou lidem com problemas complexos que exigem coordenação e delegação de tarefas.

A aprendizagem de aventura também engloba atividades que exigem coordenação mas que cansam menos fisicamente. Nos círculos de tambores, cada integrante da equipe recebe um tambor e os facilitadores da atividade trabalham com os participantes para criar uma orquestra de tambores. A Toyota investiu 20 mil em tambores para acomodar 40 pessoas no seu centro de treinamento em Torrance, Califórnia.[58] Os círculos de tambores são realizados duas vezes por semana. A Toyota acredita que os círculos de tambores servem como metáforas da forma como equipes de alto desempenho devem atuar: de forma cooperativa e calma. A *Cookin' Up Change* (Cozinhando a Mudança) é uma das várias disciplinas de formação de equipes oferecidas nos Estados Unidos por *chefs*, hotéis e escolas de culinária.[59] Esse tipo de disciplina é usado por empresas como Honda e Microsoft. A ideia é que aulas de culinária ajudam a fortalecer habilidades de comunicação e criação de *networking*, exigindo que os integrantes da equipe trabalhem juntos para criar uma refeição completa. Cada equipe deve decidir quem faz o que na cozinha (p. ex., cozinhar, cortar, limpar etc.) e quem prepara o prato principal, as saladas e a sobremesa. É comum que se peça aos integrantes da equipe para trocarem as atribuições durante a preparação para ver como a equipe reage à mudança.

Para que esses programas sejam bem-sucedidos, os exercícios devem estar relacionados aos tipos de habilidades que se espera que os participantes desenvolvam. Após os exercícios, um facilitador experiente deve coordenar uma discussão sobre o que aconteceu durante a prática, o que foi aprendido, como os acontecimentos do exercício relacionam-se com a situação de trabalho e como estabelecer metas e aplicar o que foi aprendido ao trabalho.[60] A Quantum Corporation, uma empresa com sede na Califórnia, desenvolveu um projeto para vistoriar a infraestrutura *on-line* da empresa em todas as suas operações globais.[61] O projeto incluía um grupo diversificado com integrantes dos departamentos de tecnologia da informação, engenharia, marketing e *design* gráfico. Todos na equipe eram funcionários muito talentosos mas que não estavam acostumados a trabalharem juntos, além de muitos deles estarem geograficamente dispersos, o que aumentava essa dificuldade. A Quantum contratou um grupo de atores para orientar a equipe em uma série de atividades de improviso elaborada para que os integrantes da equipe compartilhassem histórias pessoais. Usando música, acessórios, iluminação e fantasias, os atores interpretaram os casos contados pela equipe. Em outros momentos eram os integrantes da equipe que atuavam. As sessões possibilitavam que eles fizessem perguntas aos atores ou entre si. Como resultado, a equipe saiu da atividade com maior empatia e compreensão uns pelos outros e o desenvolvimento de relações pessoais criaram laços interpessoais positivos que os ajudaram a cumprir prazos e realizar projetos.

Contudo, há algumas desvantagens nessa abordagem. As exigências físicas de alguns tipos de programas de aprendizagem de aventura e a necessidade dos aprendizes tocarem uns nos outros durante alguns exercícios pode aumentar o risco de a empresa receber reclamações de negligência em razão de danos pessoais, provocação intencional de sofrimento emocional e invasão de privacidade. Além disso, a Lei dos Americanos Portadores de Deficiência (Americans with Disabilities Act, ADA) levanta questões sobre a determinação de que funcionários com deficiências participem de experiências de treinamento fisicamente exigentes.[62]

Em razão da natureza fisicamente exigente da aprendizagem de aventura, é importante levar em consideração quando dar preferência a esse método sobre os outros. A aprendizagem de aventura possibilita que os participantes interajam interpessoalmente em uma situação que não é regida por regras formais de negócio. Esse tipo de ambiente é importante para que os funcionários formem uma equipe de trabalho coesa e, além disso, os exercícios de aprendizagem de aventura permitem que eles compartilhem uma forte experiência emocional, o que ajuda a quebrar padrões difíceis de comportamento, deixando-os abertos à mudança. Os aprendizes comportam-se nos exercícios da mesma maneira que fariam ao trabalharem como equipe (p. ex., desenvolvimento do plano de lançamento de um produto) e, ao analisarem os comportamentos assumidos durante os exercícios, ganham conhecimento sobre comportamentos ineficazes.

A aprendizagem de aventura funciona? Não foram realizadas avaliações rigorosas do seu impacto sobre a produtividade ou o desempenho, mas ex-participantes frequentemente relatam ter adquirido uma maior compreensão deles mesmos e de como interagir com colegas de trabalho.[63] Uma das chaves para o êxito de um programa de aprendizagem de aventura é insistir que grupos completos participem juntos, de forma que a dinâmica do grupo que está inibindo a eficácia possa vir à tona e ser trabalhada.

Treinamento de equipes

O **treinamento de equipes** refere-se ao programa elaborado para melhorar a eficácia de equipes. Há vários tipos diferentes de equipes nas empresas, incluindo as de produção, de serviço, de projeto, de gestão e os comitês. O trabalho em equipe tende a ser episódico,[64] ou seja, as equipes envolvem-se em um ciclo que consiste em identificar as suas metas, ter interações interpessoais e tomar atitudes para alcançar as metas. Esse ciclo é repetido conforme as metas são alcançadas e as tarefas realizadas, e a equipe parte para novas metas ou tarefas. Independentemente do tipo de equipe, o sucesso do desempenho depende do conhecimento, atitudes e comportamentos dos integrantes. A Figura 7.3 mostra os três componentes do desempenho em equipe: conhecimento, atitude e comportamento.[65] A exigência comportamental significa que os integrantes precisam realizar ações que permitam a comunicação, coordenação, adaptação e realização de tarefas complexas para atingir o objetivo. Já o componente conhecimento exige que os integrantes tenham modelos mentais ou estruturas de memória que permitam que ajam com eficácia em situações novas ou imprevistas. As convicções dos integrantes sobre a tarefa e os sentimentos em relação aos colegas estão relacionados ao componente atitude, enquanto o moral, a coesão e a identidade da equipe estão relacionados ao desempenho da equipe.

No exército e em áreas do setor privado (p. ex., usinas nucleares e companhias aéreas), por exemplo, grande parte do trabalho é realizada por tripulações, grupos ou equipes. O sucesso do desempenho depende da coordenação de atividades individuais para tomar

FIGURA 7.3 Componentes do desempenho em equipe

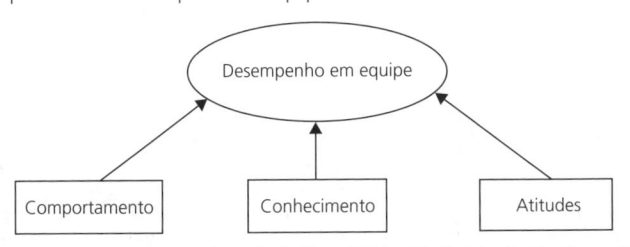

Fonte: Baseado em E. Salas and J. A. Cannon-Bowers, "Strategies for Team Training." In *Training for 21st-Century Technology: Applications of Psychological Research,* eds. M. A. Quinones and A. Dutta (Washington, D.C.: American Psychological Association, 1997): 249-281.

decisões, do desempenho da equipe e da disposição em lidar com situações potencialmente perigosas (p. ex., um reator nuclear superaquecido). Pesquisas sugerem que as equipes que são treinadas de maneira eficaz desenvolvem procedimentos para identificar e solucionar falhas, coordenar a reunião de informações e assistir uns aos outros.[66]

A Figura 7.4 ilustra os quatro principais elementos da estrutura do treinamento de equipes (ferramentas, métodos, estratégias e objetivos do treinamento de equipes). Várias ferramentas ajudam a definir e organizar a oferta do treinamento para equipes,[67] além de criar o ambiente necessário (p. ex., *feedback*) à ocorrência do aprendizado. Essas ferramentas trabalham em conjunto com diferentes métodos de treinamento para ajudar a montar estratégias instrucionais, que são uma combinação de métodos, ferramentas e conteúdos exigidos ao desempenho eficaz.

As estratégias abrangem o treinamento cruzado, treinamento de coordenação e treinamento do líder da equipe. O **treinamento cruzado** faz os integrantes da equipe entenderem e praticarem as habilidades uns dos outros, para que estejam preparados para assumir o lugar de um integrante quando ele estiver permanente ou temporariamente fora da equipe. Pesquisas sugerem que a maioria das equipes de trabalho seria beneficiada ao oferecer aos integrantes pelo menos uma compreensão dos papéis dos colegas para discutir a compensação de diversas estratégias e comportamentos que afetam o desempenho da equipe.[68] O **treinamento de coordenação** instrui a equipe sobre como compar-

FIGURA 7.4 Principais elementos da estrutura do treinamento de equipes

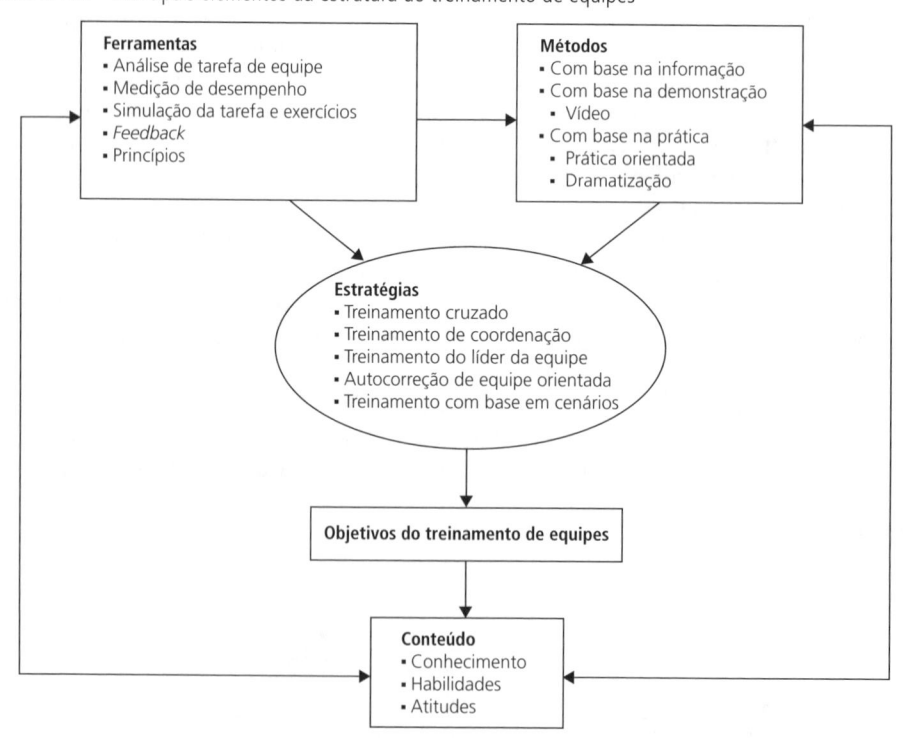

Ferramentas
- Análise de tarefa de equipe
- Medição de desempenho
- Simulação da tarefa e exercícios
- *Feedback*
- Princípios

Métodos
- Com base na informação
- Com base na demonstração
- Vídeo
- Com base na prática
- Prática orientada
- Dramatização

Estratégias
- Treinamento cruzado
- Treinamento de coordenação
- Treinamento do líder da equipe
- Autocorreção de equipe orientada
- Treinamento com base em cenários

Objetivos do treinamento de equipes

Conteúdo
- Conhecimento
- Habilidades
- Atitudes

Fontes: Baseado em E. Salas and J. A. Cannon-Bowers, "Strategies for Team Training," in *Training for 21st- Century Technology: Applications of Psychological Research*, eds. M. A. Quinones and A. Dutta (Washington, D.C.: American Psychological Association, 1997): 249-281; J. Cannon-Bowers and C. Bowers, "Team Development and Functioning." In S. Zedeck (eds.). *APA Handbook of Industrial and Organizational Psychology* (Washington, D.C.: American Psychological Association, 2011): 597-650.

tilhar informações e responsabilidades de tomada de decisão para potencializar o seu desempenho. Ele é especialmente importante para equipes de aviação comercial ou cirúrgicas que estejam no comando do monitoramento de diferentes aspectos de equipamentos e do ambiente, mas que devam compartilhar informações para tomar as decisões mais eficazes quanto à assistência ao paciente ou à segurança da aeronave.

O **treinamento do líder da equipe** refere-se ao treinamento recebido pelo gerente da equipe ou facilitador sobre como solucionar conflitos dentro da equipe ou ajudar a coordenar as atividades ou outras habilidades. O **treinamento com base em cenários** refere-se ao treinamento que insere os integrantes da equipe em um contexto realista enquanto aprendem. Esse tipo de treinamento ajuda os aprendizes a experimentarem as consequências de suas ações, fazerem ajustes, realizarem as suas tarefas e construírem a autoeficácia da equipe (sentimento de que a equipe é capaz de realizar as tarefas com êxito). A **autocorreção de equipe orientada** diz respeito ao treinamento que destaca o aprendizado contínuo e o compartilhamento de conhecimento em equipes. Nesse tipo de treinamento, os integrantes da equipe observam os comportamentos uns dos outros e dão e recebem *feedback*.

Obviamente, os funcionários precisam de habilidades técnicas que possam ajudar a equipe a realizar a tarefa, mas eles também precisam de habilidades em comunicação, adaptabilidade, resolução de conflitos e outas questões relacionadas ao trabalho em equipe.[69] O treinamento em equipe costuma envolver vários métodos: palestras ou vídeos podem ser usados para disseminar conhecimentos relacionados a habilidades de comunicação aos aprendizes, enquanto as dramatizações ou simulações servem para dar a eles a oportunidade de colocar em prática as habilidades de comunicação destacadas na palestra.

O Aquarius é um laboratório submarino usado durante a Missão de Operações em Meio Ambiente Extremo da NASA (*NASA Extreme Environment Mission Operations*, NEEMO). A base, que fica a alguns quilômetros da costa de Key Largo, na Flórida, pertence ao National Oceanic and Atmosphere Administration (NOAA) e é gerenciada pela University of North Carolina.[70] A experiência NEEMO coloca os astronautas em um ambiente com desafios que se assemelham ao ambiente fisicamente hostil e psicologicamente estressante experimentado em missões de longa duração. Os desafios permitem que a tripulação experimente os efeitos da gravidade no espaço, na lua e em Marte, oferecem um cronograma comprimido para a realização das tarefas, praticam procedimentos como caminhadas espaciais para consertar ou substituir equipamentos e procedimentos de emergência usados para resgatar membros da tripulação e realizam tarefas com comunicação com atraso ou limitada com a tripulação de controle da missão. A experiência NEEMO ajuda os integrantes da tripulação a desenvolverem processos de equipe importantes, como comunicação, coordenação, monitoramento de desempenho e comportamentos de apoio para superarem os desafios e desempenharem as tarefas enfrentadas, tanto no Aquarius quanto nas missões espaciais.

A United Airlines enviou os seus coordenadores ou agentes de rampa para o Pit Instruction and Training (Pit Crew U), que foca na preparação, prática e trabalho de equipe das equipes de box da NASCAR. A United está usando o treinamento para desenvolver métodos padronizados para descarregar, carregar e liberar as suas aeronaves com maior eficácia.[71] O Pit Instruction and Training, que fica próximo de Charlotte, Carolina do Norte, conta com uma pista de corrida de 402 metros e uma área de boxes com *pit stops* para seis carros. A escola oferece programas para treinar novas equipes de box de corridas, mas a maioria de seus negócios provém de empresas interessadas em ensinar as suas equipes a trabalharem com a mesma segurança, eficácia e eficiência das equipes de box da NASCAR. As equipes de box da NASCAR trabalham assim porque cada integrante sabe quais tarefas realizar (trocar pneus, usar uma parafusadeira pneumática, abastecer ou limpar respingos) e, uma vez que tenham terminado o serviço, posicionam novos equipamentos para o próximo *pit stop*. Na Pit Crew U os aprendizes trabalham como integrantes do box de verdade. Eles aprendem a manusear macacos, trocar pneus e encher tanques de combustível de carros de corrida. As suas ações são gravadas e cronometradas, da mesma forma que é feito com equipes reais, e recebem *feedback* de instrutores e de integrantes das equipes de box profissionais que trabalham na NASCAR. Além disso, o programa exige que os aprendizes lidem com circunstâncias imprevistas semelhantes ao que encontram no trabalho. Por exemplo: em um *pit stop*, porcas de roda foram espalhadas intencionalmente no local de parada do carro enquanto os funcionários da United eram observados para ver se perceberiam e recolheriam as porcas. Em seus empregos, os agentes de rampa são responsáveis pela remoção dos detritos que ficam no asfalto para que eles não sejam sugados pelos motores dos aviões e não danifiquem os equipamentos. Em outro *pit stop* as equipes da United precisaram trabalhar com um número reduzido de integrantes, o que acontece às vezes quando a rampa está com falta de pessoal em decorrência de faltas.

O treinamento da United faz parte de um investimento multimilionário que engloba a atualização de equipamentos e a oferta de *scanners* de bagagem. O propósito do treinamento é padronizar as tarefas realizadas pelo pessoal de rampa, reforçar que eles precisam ser ordenados e comunicativos e aumentar o seu moral. O treinamento era opcional para os funcionários de rampa, que sobreviveram a cortes de pessoal e foram solicitados a fazer concessões em seus ganhos para salvar a empresa da falência. A United já começou a programar períodos mais curtos em solo em alguns aeroportos, antecipando os resultados positivos do programa. Com a redução do tempo em solo a United pode oferecer mais voos diários sem precisar aumentar a sua frota. Assim, a empresa espera ganhar competitividade através da redução de oito minutos no tempo médio da aeronave no solo.

Aprendizagem pela ação

A **aprendizagem pela ação** dá um problema real às equipes ou grupos de trabalho, faz que trabalhem em solucioná-lo e comprometam-se com um plano de ação e depois os responsabiliza pela execução do plano.[72] As empresas utilizam esse método para resolver problemas importantes, desenvolver líderes, formar equipes de alto desempenho rapidamente e transformar a cultura organizacional. A Tabela 7.10 mostra os passos envolvidos na aprendizagem pela ação. Vários tipos de problemas são abordados, incluindo como mudar o negócio, fazer melhor uso da tecnologia, remover barreiras entre o cliente e a empresa e desenvolver líderes globais. Normalmente, esse tipo de aprendizagem envolve entre seis e 30 funcionários, podendo também incluir clientes e fornecedores. Há diversas variáveis na composição do grupo. Uma delas é que o grupo inclui um só cliente para o problema abordado. Às vezes os grupos incluem representantes interfuncionais que tenham alguma participação no problema.

A Novartis, uma empresa com negócios na indústria farmacêutica e na assistência à saúde animal e do cliente, utiliza a aprendizagem pela ação para trabalhar em questões (como o marketing) que são importantes para todos os negócios centrais da empresa.[73]

TABELA 7.10 Passos da aprendizagem pela ação

- Identificação dos responsáveis e "padrinhos" envolvidos na aprendizagem pela ação, incluindo CEOs e integrantes da alta gerência
- Identificação do problema ou questão
- Identificação e seleção de um grupo de indivíduos capaz de lidar com a questão
- Identificação de instrutores que possam ajudar o grupo a reformular o problema e melhorar a resolução de problemas através da escuta, oferta de *feedback*, levantamento de hipóteses e assim por diante
- Apresentação do problema para o grupo
- Discussão em grupo, incluindo a reformulação do problema e o consenso sobre qual é de fato o problema, o que o grupo deve fazer para solucioná-lo e como o grupo deve agir
- Reunião e análise de dados relevantes à solução do problema, feitas pelo grupo como um todo e também pelos indivíduos que o compõe
- Apresentação do grupo sobre como solucionar o problema, tendo como meta assegurar o compromisso dos "padrinhos" de atuarem conforme as recomendações do grupo
- Autorreflexão e balanço da atividade (p. ex., O que o grupo e seus integrantes aprenderam? O que poderia ser feito diferente?)

Fontes: Baseado em M. Marquardt, "Harnessing the power of action learning," *T1D* (June 2004): 26-32; D. Dotlich and J. Noel, *Action Learning* (San Francisco: Jossey-Bass, 1998).

O grupo também pode conter funcionários de diversas funções que foquem em seus próprios problemas funcionais, cada qual contribuindo para resolver os problemas identificados. Os funcionários devem desenvolver ideias e soluções inovadoras em um período curto. Normalmente, a equipe precisa reunir dados para a resolução do problema através de visitas aos clientes, funcionários, academia e/ou líderes do setor. Uma vez que a equipe tenha reunido os dados e desenvolvido as suas recomendações, ela deve apresentá-las aos altos executivos.

A ATC, uma empresa de gestão de serviços de transporte de Illinois, usou a aprendizagem pela ação para ajudar a potencializar a rentabilidade através da redução dos custos operacionais.[74] Os funcionários foram divididos em Equipes de Exercícios de Ação para identificarem formas de reduzir custos e para fazerem exercícios de *brainstorming* e soluções eficazes. O processo tinha como premissa que aqueles funcionários mais próximos ao trabalho têm as melhores ideias sobre como solucionar problemas. Equipes de cinco a sete funcionários encontravam-se por algumas horas, uma vez por semana, durante um período de 45 a 60 dias. Uma equipe que trabalha no inventário de peças, por exemplo, poderia ser formada por um vendedor de peças, alguns funcionários da manutenção, um supervisor e um funcionário de operações. Essas equipes estudaram problemas e questões como horas extras, manutenção preventiva, absenteísmo, inventário de peças e procedimentos de inspeção de segurança ineficazes. Elas reuniram várias ideias, priorizaram-nas de acordo com o potencial de cada uma, desenvolveram, instalaram e testaram planos de ação e mediram os resultados. As soluções geradas pelas equipes resultaram em uma economia de mais de $ 1,8 milhão para a empresa.

Seis Sigma, treinamento para **Black Belt** *e* **Kaizen**

O Seis Sigma e o Kaizen, programas de treinamento *black belt*, envolvem princípios da aprendizagem pela ação, equipando os funcionários com ferramentas de medição e estatística para ajudar a reduzir os defeitos e cortar custos.[75] O Seis Sigma é um padrão de qualidade com uma meta de não mais do que 3,4 defeitos por milhão de processos. Há vários níveis de treinamento Seis Sigma que resultam em funcionários certificados como *green belts*, campeões ou especialistas (*champions*) ou *black belts*.[76] Para se tornarem *black belts* os aprendizes devem participar de *workshops* e tarefas por escrito sob a orientação de instrutores especialistas. O treinamento envolve quatro sessões de quatro dias, distribuídas em mais ou menos 16 semanas. Entre as sessões de treinamento, os candidatos aplicam o que foi aprendido a projetos que são atribuídos a eles e depois os utilizam na sessão seguinte. Os participantes também são obrigados a realizar provas orais e escritas e ainda a desenvolver dois ou mais projetos que tenham impacto significativo no resultado final da empresa. Após terminarem o treinamento *black belt*, os funcionários podem desenvolver, treinar e liderar equipes Seis Sigma, atuar como mentores e aconselhar a gerência sobre projetos úteis e oferecer ferramentas e métodos estatísticos aos integrantes da equipe. Uma vez que tenham liderado diversas equipes, os *black belts* podem realizar treinamentos adicionais e tornar-se mestres *black belt* para, então, ensinar outros *black belts* e ajudar gerentes seniores a integrarem o Seis Sigma às metas de negócio da empresa.

A McKesson Corporation treinou entre 15 e 20 *black belts* e realocou-os às suas unidades de negócio originais como representantes Seis Sigma de suas equipes.[77] Quando o compromisso de dois anos acaba, os *black belts* retornam ao negócio em posições mais altas, ajudando a divulgar a abordagem por toda a organização e garantindo que os líderes estejam comprometidos com a filosofia Seis Sigma. Na maioria das divisões da empresa, o treinamento é imposto aos vice-presidentes seniores, que participam de sessões de treinamento de introdução e detalhes sobre como identificar um projeto com potencial Seis Sigma. Em toda a empresa, espera-se que os gerentes e diretores participem do treinamento básico. O esforço Seis Sigma tem mostrado benefícios todos os anos desde que teve início em 1999.

A Just Born, empresa que fabrica os doces Mike and Ike e Peeps, utiliza o Wow... Now Improvement Process, um processo Kaizen personalizado para melhorar os processos e resultados do negócio.[78] O Wow... Now Improvement Process inclui treinar os funcionários em como identificar oportunidades de melhoria, coletar dados, fazer melhorias, medir resultados e refinar práticas com base nos resultados. *Kaizen,* a palavra em japonês para melhoria, é um dos princípios subjacentes à produção enxuta (*lean*) e à gestão da qualidade total (o pensamento *lean* foi abordado no Capítulo 1). O termo **Kaizen** refere-se às práticas compartilhadas por funcionários de todos os níveis da empresa que focam na melhoria contínua dos processos do negócio.[79] Como ilustra o Wow... Now Improvement Process, o Kaizen envolve considerar um ciclo contínuo de atividades, incluindo o ciclo PDCA (planejar, fazer, verificar e agir). As técnicas de controle de processo estatístico são usadas pelos funcionários para identificar as causas dos problemas e possíveis soluções, incluindo análise do fluxo de processo, diagramas de causa e efeito, gráficos de controle, histogramas e gráficos de dispersão.

Ainda que a aprendizagem pela ação não tenha sido avaliada formalmente, o processo parece potencializar o aprendizado e a transferência do treinamento porque envolve problemas em tempo real enfrentados pelos funcionários. Além disso, a aprendizagem pela ação pode ser útil na identificação de dinâmicas de equipe disfuncionais que poderiam atrapalhar a resolução eficaz de problemas. A aprendizagem de aventura na General Electric exige que os funcionários utilizem e apliquem habilidades de formação de equipes, solução de problemas, gestão de mudanças, resolução de conflitos, comunicação, *coaching* e facilitação. A empresa acredita que esse tipo de aprendizagem resultou em benefícios como maior velocidade na tomada e implantação de decisões, funcionários com maior facilidade em trabalhar além de fronteiras e unidades de negócio, gerência mais disposta a assumir riscos e aumento no diálogo aberto e na confiança entre os funcionários.[80]

COMO ESCOLHER UM MÉTODO DE TREINAMENTO

Se você estiver na posição de instrutor ou de gerente, é provável que deva escolher um método de treinamento, o que pode parecer difícil em razão do grande número de métodos disponíveis. Uma maneira de selecionar um método de treinamento é através da comparação. A Tabela 7.11 avalia cada método discutido neste capítulo com relação a várias de suas características. Também são identificados os tipos de resultados de aprendizagem relacionados a cada um. Cada método e quesitos, como característica do ambiente de aprendizagem, transferência do treinamento, custo e eficácia, recebem uma classificação de nota alta, média ou baixa.

De que forma você pode usar essa tabela para escolher um método de treinamento? O primeiro passo na escolha do método é identificar o tipo de resultado que você quer que o treinamento influencie. Como vimos no Capítulo 4, esses resultados podem ser informações verbais, habilidades intelectuais, estratégias cognitivas, atitudes e habilidades motoras. Pesquisas sobre métodos específicos mostram que, para que o aprendizado seja eficaz, o método instrucional precisa combinar com o resultado desejado. Pesquisas em modelagem do comportamento e dramatização apontam que esses métodos levam a resultados positivos mas que a eficácia varia de acordo com os critérios usados para avaliá-los.[81] Isso destaca que o *método* de aprendizagem específico usado para oferecer o treinamento não é o mais importante, e sim a escolha de um método com base nos resultados desejados e nas características que facilitam o aprendizado e a transferência de treinamento.

Como vimos no Capítulo 4, para que o aprendizado ocorra o aprendiz precisa entender os objetivos do programa de treinamento e ter a oportunidade de praticar e receber *feedback*, e o conteúdo do treinamento deve ser relevante. Além disso, uma forma poderosa de aprender é através da observação e interação com outras pessoas. Como foi visto no Capítulo 5, a transferência do treinamento refere-se ao grau em que o treinamento será empregado no trabalho. Em geral, quanto mais o conteúdo e o ambiente do treinamento prepararem os funcionários para o uso dos resultados do aprendizado no trabalho, maior será a probabilidade de transferência. No Capítulo 6, "Avaliação do treinamento", vimos que dois tipos de custos são importantes: custos de desenvolvimento e custos administrativos. O primeiro está relacionado à elaboração do programa de treinamento, incluindo os custos de adquirir ou criar o programa. Já o segundo tipo incorre cada vez que o método de treinamento é usado, estando relacionado aos custos com consultores, instrutores, materiais e instrutores. A taxa de eficácia tem base tanto em pesquisas acadêmicas quanto em recomendações de profissionais da área.

Vale destacar várias tendências na Tabela 7.11. Primeiro, há uma sobreposição considerável entre resultados de aprendizagem através dos métodos de treinamento. Os métodos de formação de equipe são únicos porque focam tanto no aprendizado individual quanto coletivo (p. ex., melhoria dos processos de grupo). Se você estiver interessado em melhorar a eficácia de grupos ou de equipes, deve escolher um dos métodos de formação de grupos (p. ex., aprendizagem de aventura, treinamento de equipe ou aprendizagem pela ação). Segundo, a comparação entre métodos de apresentação e métodos práticos ilustra que a maioria dos métodos práticos oferece um melhor ambiente de aprendizagem e transferência do treinamento. Os métodos de apresentação também são menos eficazes. Se você não tiver limitações financeiras para usar no desenvolvimento e administração do treinamento, opte por um método prático em detrimento do método de apresentação. Se você for operar com um orçamento limitado, utilize o treinamento no local de trabalho estruturado, pois esse é um método prático, relativamente barato e eficaz. Já se você tiver um orçamento maior, considere métodos práticos que facilitem a transferência do treinamento, como simuladores. Lembre-se de que muitos dos métodos abordados neste capítulo podem ser adaptados ao uso *on-line*, ao *e-learning* e ao ensino a distância. Esses métodos serão detalhados no Capítulo 8.

Se for possível, utilize vários métodos diferentes dentro de um mesmo programa de treinamento para tirar vantagem das forças de cada um, facilitando o aprendizado e a transferência. A Home Depot, por exemplo, treina os vendedores de eletrodomésticos usando materiais em que o aluno dita o próprio ritmo, uma disciplina com base em vídeo e treinamento orientado por instrutor.[82] O treinamento no próprio ritmo é usado para instruir os funcionários sobre uma categoria de eletrodomésticos (p. ex., lava-louças) e para que conheçam os produtos disponíveis na loja. O programa com base em vídeo ensina aos vendedores como destacar as características e benefícios de cada produto para o cliente. Os vendedores participam de dramatizações e são avaliados quanto às capacidades de seguir as estratégias de venda da empresa. Além disso, todos os vendedores precisam passar por uma disciplina orientada por um instrutor com carga horária de oito horas, que ajuda a avaliar as necessidades dos clientes, responder perguntas e fazer a venda.

Resumo

As empresas estão utilizando vários métodos de treinamento para guiar o desenvolvimento de competências e o aprendizado contextual. Embora novas tecnologias como as redes sociais sejam usadas na oferta do treinamento por algumas empresas, a maior parte do treinamento ainda acontece de forma presencial e orientada por um instrutor. Este capítulo abordou métodos de treinamento presenciais tradicionais, incluindo métodos de apresentação, práticos e de formação de equipes. Os métodos de apresentação (como palestras) são eficazes para comunicar informações (conhecimento) de forma eficiente a um grande número de aprendizes. Este tipo de método deve ser complementado por oportunidades de prática, discussão e *feedback* para facilitar o aprendizado.

Os métodos práticos são aqueles em que os participantes envolvem-se diretamente no aprendizado, sendo ideais para o desenvolvimento de habilidades e comportamentos. Entre eles, podemos citar o treinamento no local de trabalho, simulações, aprendizado autodirigido, jogos de negócios, estudos de caso, dramatizações e modelagem do comportamento. Os métodos citados podem ser caros de se desenvolver, mas incorporam as condições necessárias ao aprendizado e à transferência do treinamento.

Os métodos de formação de grupos como treinamento de equipe, aprendizagem pela ação e aprendizagem de aventura focam em ajudar as equipes a ampliarem as habilidades necessárias ao trabalho em equipe eficaz (p. ex., autoconhecimento, resolução de conflitos e coordenação) e a construírem coesão e identidade para a equipe. As técnicas de formação de grupos podem abarcar o uso de métodos de apresentação, bem como de exercícios nos quais os integrantes da equipe precisam interagir e comunicar-se entre si.

TABELA 7.11 Comparação dos métodos de treinamento

	Apresentação			Práticos						Formação de grupos			
	Palestra	Vídeo	Treinamento no local de trabalho	Aprendizado autodirigido	Programa de aprendiz	Simulação	Estudo de caso	Jogos de negócios	Dramatizações	Modelagem do comportamento	Aprendizagem de aventura	Treinamento de equipes	Aprendizagem pela ação
Resultado de aprendizagem													
Informação verbal	Sim	Sim	Sim	Sim	Sim	Não	Sim	Sim	Não	Não	Não	Não	Não
Habilidades intelectuais	Sim	Não	Não	Sim	Sim	Sim	Sim	Sim	Não	Não	Não	Sim	Não
Estratégias cognitivas	Sim	Não	Sim	Sim	Não	Sim	Sim	Sim	Sim	Sim	Sim	Sim	Sim
Atitudes	Sim	Sim	Não	Não	Não	Não	Não	Não	Sim	Não	Sim	Sim	Sim
Habilidades motoras	Não	Sim	Sim	Não	Sim	Sim	Não	Não	Não	Sim	Não	Não	Não
Ambiente de aprendizagem													
Objetivo claro	Médio	Baixo	Alto	Alto	Alto	Alto	Médio	Alto	Médio	Alto	Médio	Alto	Alto
Prática	Baixo	Baixo	Alto	Alto	Alto	Alto	Médio	Médio	Médio	Alto	Médio	Alto	Médio
Relevância	Médio	Médio	Alto	Médio	Alto	Alto	Médio	Médio	Médio	Médio	Baixo	Alto	Alto
Feedback	Baixo	Baixo	Alto	Médio	Alto	Alto	Médio	Alto	Alto	Alto	Médio	Médio	Alto
Observação e interação com terceiros	Baixo	Médio	Alto	Médio	Alto	Alto	Médio	Alto	Alto	Alto	Alto	Alto	Alto
Transferência de custos do treinamento	Baixo	Baixo	Alto	Médio	Alto	Alto	Médio	Médio	Médio	Alto	Baixo	Alto	Alto
De desenvolvimento	Médio	Médio	Médio	Alto	Alto	Alto	Médio	Alto	Médio	Médio	Médio	Médio	Baixo
Administrativos	Baixo	Baixo	Baixo	Médio	Alto	Baixo	Baixo	Médio	Médio	Médio	Médio	Médio	Médio
Eficácia	Alto para informações verbais	Médio	Alto para treinamento no local de trabalho estruturado	Médio	Alto	Alto	Baixo	Médio	Médio	Alto	Baixo	Médio	Alto

O treinamento de equipes tem uma longa história de sucesso na preparação de tripulações de voo e de equipes cirúrgicas, embora a sua eficácia no desenvolvimento de equipes de gestão não tenha sido claramente estabelecida.

Palavras-chave

aprendizado autodirigido, *280*
aprendizagem de aventura, *293*
aprendizagem experiencial, *292*
aprendizagem pela ação, *298*
autocorreção de equipe orientada, *297*
comportamento-chave, *290*
dramatizações, *289*
equipe, *292*
estudo de caso, *286*
exibição da modelagem, *291*
instrução audiovisual, *276*
jogos de negócios, *288*
Kaizen, *300*
métodos de apresentação, *274*
métodos de formação de grupos, *292*

métodos de treinamento tradicionais, *273*
métodos práticos, *278*
modelagem do comportamento, *289*
palestra, *274*
planejamento da aplicação, *292*
programa de aprendiz, *282*
reforço vicário, *290*
simulação, *285*
treinamento com base em cenários, *297*
treinamento cruzado, *296*
treinamento de coordenação, *296*
treinamento de equipes, *295*
treinamento do líder da equipe, *297*
treinamento no local de trabalho, *278*

Questões para debate

1. Quais são as diferenças entre a aprendizagem contextual social e o desenvolvimento orientado de competências? São necessários ambos os tipos de aprendizado (e métodos de treinamento associados)? Explique.
2. Quais são os pontos fortes e os pontos fracos da palestra, do estudo de caso e da modelagem do comportamento?
3. Se você precisasse escolher entre aprendizagem de aventura e aprendizagem pela ação para desenvolver uma equipe eficaz, qual você escolheria? Defenda a sua escolha.
4. Fale sobre o processo de treinamento com modelagem do comportamento.
5. De que forma as características do aprendiz podem afetar o aprendizado autodirigido?
6. Quais são os componentes do desempenho em equipe eficaz? Como o treinamento pode fortalecer estes componentes?
7. A Tabela 7.11 compara várias características dos métodos de treinamento. Explique por que simulação e modelagem do comportamentos receberam notas altas quanto à transferência do treinamento.
8. Quais são os motivos que podem levar o treinamento no local de trabalho a ser ineficaz? O que pode ser feito para garantir a sua eficácia?
9. Por que os programas de aprendizagem são atraentes para os funcionários? E por que eles são atraentes para as empresas?
10. Fale sobre os passos de um programa de aprendizagem pela ação. Qual aspecto da aprendizagem pela ação você considera mais benéfico para o aprendizado? E o menos benéfico? Explique. Defenda as suas escolhas.

Exercícios de aplicação

1. Escolha um cargo com o qual você esteja familiarizado. Desenvolva um módulo de aprendizado autodirigido para trabalhar uma habilidade que seja importante para o cargo escolhido.
2. Acesse o *site* da Sabre Corporate Development www.sabrehq.com (em inglês). Clique em Team Building Events. Escolha uma das atividades ou eventos que se encontram nesta página e faça uma análise. Fale sobre o que você faria para garantir que o evento de formação de equipes que você selecionou fosse bem-sucedido.

3. Dividam-se em duplas de estudantes. Um dos alunos será designado o "instrutor" e o outro o "aprendiz". O aprendiz deve sair da sala por alguns instantes enquanto o instrutor lê as instruções sobre como fazer um copo de papel de dobraduras. Os aprendizes podem retornar à sala quando os instrutores tiverem lido as instruções. Em seguida, os instrutores devem treinar os aprendizes sobre como fazer um copo de papel de dobraduras (o que deve levar em torno de 15 minutos). Quando o coordenador do treinamento informar que o tempo acabou, os alunos que atuaram como instrutores devem anotar os passos que eles seguiram para conduzir o treinamento. Já os aprendizes devem fazer uma avaliação sobre as forças e fraquezas da sessão de treinamento (5-10 minutos). Se houver tempo, invertam os papéis.

Suplemento do Exercício de Aplicação nº 3
Passos e pontos-chave para fazer um copo de papel:

	Passos da operação	Pontos-chave
	Passo: um segmento lógico da operação em que algo é feito para avançar na tarefa.	Ponto-chave: quaisquer instruções ou informações que ajudem na realização correta, segura e fácil do passo.
8½" × 11"	Coloque uma folha de papel tamanho 21x28cm à sua frente sobre uma superfície plana.	1. Certifique-se de que a superfície seja lisa e esteja livre de objetos.
	Dobre o canto inferior esquerdo para cima.	2a. Alinhe os cantos à direita. b. Faça uma dobra bem marcada.
	Vire o papel.	3. Com a sua mão direita, pegue a ponta inferior direita e leve-a para cima (a aba dobrada não deve estar por baixo).
	Dobre para cima o excesso inferior que sobrou.	4a. Alinhe os cantos à direita. A dobra deve estar alinhada à margem inferior. b. Faça uma dobra bem marcada.
"C" "B" "A"	Dobre a ponta inferior esquerda alinhada com a borda "A".	5a. Mantenha as bordas "B" e "C" paralelas. b. Segure a borda inferior no centro com o seu dedo, enquanto faz a dobradura.
"D"	Dobre a ponta superior para baixo até o ponto "D".	6a. Segure firmemente com a mão esquerda. b. Traga o canto superior para baixo com a mão direita.
	Separe os cantos inferiores direitos e dobre o que está por cima para trás.	7a. Segure com a mão esquerda. b. Dobre com a mão direita. c. Faça a dobradura bem marcada.
	Vire o copo e dobre para trás a aba que sobrou.	8. Marque bem as dobraduras.
	Confira se o copo segura a água.	9. Abra o copo e olhe dentro dele.

Fonte: De P. Decker and B. Nathan, *Behavior Modeling Training* (New York: Praeger Scientific, 1985).

Esteja preparado para falar sobre o processo de treinamento e sobre as suas reações como instrutor ou como aprendiz. Esteja pronto também para falar sobre o grau em que o treinamento seguiu os passos para o treinamento no local de trabalho eficaz.

4. Analise um dos seguintes *sites* que contêm simulações: www.income-outcome.com ou www.celemi.com (em inglês).
 Descreva a situação que a simulação pretende representar. Quais elementos da simulação reproduzem o ambiente de trabalho? Como se poderia melhorar a simulação para garantir a ocorrência de aprendizado e transferência de treinamento?

5. Acesse www.drumcafe.com, o *site* do Drum Café (em inglês), uma empresa especializada na formação de equipes corporativas através do uso de círculos de tambores. Veja o *site* e responda às perguntas:
 a. O que são círculos de tambores? Quais são as habilidades que os participantes podem desenvolver?

b. Quais recomendações você faria para garantir a transferência do treinamento em uma empresa que utiliza círculos de tambores para treinar equipes?

c. Você acha que os círculos de tambores são bons para o treinamento de equipes? Justifique a sua resposta.

6. Acesse www.5off5on.com, o *site* do Pit Instruction and Training (em inglês), uma empresa que oferece treinamento para equipes de box de corridas, além de treinamento de equipes. Clique em "Group and Lean Training".

a. Quais habilidades podem ser melhoradas por esse tipo de treinamento?

b. O que pode ser feito para garantir a transferência do treinamento?

c. Como você recomendaria que fosse feita a avaliação da eficácia desse programa?

Caso

Métodos de treinamento para caixas de banco

A BB&T Corporation, de Winston-Salem, na Carolina do Norte, está entre as principais empresas *holding* financeiras dos Estados Unidos, com $ 152 bilhões em ativos. Os seus bancos subsidiários operam em torno de 1.500 centros financeiros nas Carolinas, Virgínia, Virgínia Ocidental, Kentucky, Geórgia, Maryland, Tennessee, Flórida, Alabama, Indiana e Washington, D.C. A estratégia operacional da BB&T diferencia-se de outras empresas *holding* financeiras. Os subsidiários da BB&T estão organizados como um grupo de bancos comunitários, cada um com um presidente regional, o que permite que as decisões sejam tomadas localmente, próximas ao cliente. Isso também torna o serviço ao cliente do BB&T mais responsivo, confiável e empático. A empresa estava com um índice de rotatividade anual de 30% entre os caixas de bancos e, com base nisso, decidiu que o seu treinamento no local de trabalho era ineficaz. As tarefas dos caixas incluem:

- Fazer o balanço de dinheiro, moedas e cheques nas gavetas ao final de cada turno e calcular as transações diárias usando computadores e calculadoras
- Descontar cheques e fazer pagamentos após conferir se as assinaturas estão corretas, se as quantias escritas por extenso e numéricas são iguais e se as contas têm fundos suficientes
- Receber cheques e dinheiro para depósitos, verificar as quantias e conferir se os envelopes de depósitos estão corretos
- Examinar endosso de cheques e conferir informações como datas, nomes de bancos, identificação das pessoas que estão recebendo os pagamentos e legalidade dos documentos
- Registrar as transações dos clientes nos computadores e gerar recibos
- Contar dinheiro em espécie, moedas e cheques recebidos, seja à mão ou usando uma máquina de contar dinheiro, para prepará-los para depósitos ou envios a outros bancos ou ao Sistema de Reserva Federal dos Estados Unidos
- Preparar e conferir cheques administrativos
- Organizar e arquivar depósitos e cheques
- Solicitar uma quantia de dinheiro para atender às necessidades diárias do banco
- Receber e contar os inventários diários de retiradas e cheques de viagem

Diariamente, os caixas de bancos utilizam várias habilidades para cumprir suas tarefas, incluindo:

- *Comunicar-se com supervisores, pares e subordinados* – Dar informações a supervisores, colegas de trabalho e subordinados por telefone, por escrito, por e-mail ou pessoalmente
- *Monitorar processos, materiais e entorno* – Monitorar e analisar informações de materiais, acontecimentos e ambiente para detectar ou avaliar problemas
- *Identificar objetos, ações e acontecimentos* – Identificar informações ao categorizar, estimar e reconhecer diferenças ou semelhanças e detectar mudanças de circunstâncias ou acontecimentos

- *Estabelecer e manter relações interpessoais* – Desenvolver relações de trabalho construtivas e cooperativas com terceiros e mantê-las ao longo do tempo
- *Desempenhar ou trabalhar diretamente com o público* – Isso inclui oferecer serviços aos clientes do banco
- *Interagir com computadores* – Usar computadores e sistemas computadorizados (*hardware* e *software*) para programar, escrever, configurar, registrar dados ou processar informações
- *Avaliar informações para determinar a observância de padrões* – Utilizar informações relevantes e o juízo individual para determinar se os acontecimentos ou processos estão de acordo com leis, regulamentos ou padrões
- *Obter informações* – Observar, receber e obter informações de todas as fontes relevantes
- *Tomar decisões e solucionar problemas* – Analisar informações e avaliar os resultados para escolher a melhor solução para os problemas
- *Processar informações* – Compilar, codificar, categorizar, calcular, tabular ou verificar informações e dados

Descreva o método ou a combinação de métodos de treinamento que você recomendaria para o treinamento de caixas de banco do BB&T. Justifique a sua escolha.

Fontes: Baseado em "BB&T Winston-Salem, North Carolina, Channeling Aristotle," *T+D* (October 2008): 50-52; www.bbt.com, website for BB&T. Tasks and work responsibilities are taken from http://onlinecenter.onet.org, O*Net online summary report for bank tellers (Job Code 43-0071.00). (Accessed January 23, 2012.)

Notas

1. J. Meister and K. Willyerd, *The 2020 Workplace* (New York: HarperCollins, 2010).
2. K. Kraiger, "Transforming our models of learning and development: Web-based instruction as enabler of third-generation instruction," *Industrial and Organizational Psychology: Perspectives on Science and Practice*, 1 (2008): 454-457.
3. B, Bell, and S. Kozlowski,"Goal orientation and ability: Interactive effects on self-efficacy, performance, and knowledge,"*Journal of Applied Psychology*, 87 (2002): 495-505; J. Colquitt, J. LePine, and R. Noe, "Toward an integrative theory of training motivation: A meta-analytic path analysis of 20 years of research," *Journal of Applied Psychology*, 85 (2000): 678-707.
4. M. Green, and E. McGill, E. *State of the Industry, 2011* (Alexandria, VA: American Society for Training and Development, 2011).
5. J. Salopek, "Colorado Springs Utility: 2005 BEST Award Winner," *T1D* (October 2005): 38-40.
6. J. Breal, "Secret Sauce," *Fast Company* (May 2007): 61-63.
7. M. Green, and E. McGill, *State of the Industry, 2011* (Alexandria, VA: American Society for Training and Development, 2011); "2011 Training Industry Report," *Training* (November/December 2011): 22-35.
8. M. Van Wart, N. J. Cayer, and S. Cook, *Handbook of Training and Development for the Public Sector* (San Francisco: Jossey-Bass, 1993); R. S. House, "Classroom Instruction."In *The ASTD Training and Development Handbook*, 4th ed., ed. R. L. Craig (New York: McGraw-Hill, 1996): 437-452.
9. M. Van Wart, N. J. Cayer, and S. Cook, *Handbook of Training and Development for the Public Sector* (San Francisco: Jossey-Bass, 1993).
10. K. Tyler, "15 Ways to Train on the Job," *HR Magazine* (September 2008): 105-108.
11. "Constellation Energy," *T1D* (October 2008): 35-36.
12. H. Dolezalek, "Industry Training Report," *Training* (October 2004): 33-34.
13. T. Skylar, "When Training Collides with a 35-Ton Truck," *Training* (March 1996): 32-38.
14. L. Ford, "Caught on Tape," *T1D* (December 2005): 63-64.
15. R. B. Cohn, "How to Choose a Video Producer," *Training* (July 1996): 58-61.
16. R. DeRouin, T. Parrish, and E. Salas, "On-the-job training: Tips for ensuring success," *Ergonomics in Design* 13 (Spring 2005): 23-26; D. Gallup and K. Beauchemin, "On-the-job training." In *The ASTD Handbook of Training Design and Delivery*, ed. G. Piskurich, P. Beckschi, and B. Hall (New York: McGraw-Hill, 2000): 121-132.
17. R. DeRouin, T. Parrish, and E. Salas, "On-the-job training: Tips for ensuring success," *Ergonomics in Design* 13 (Spring 2005): 23-26; C. Aik, "The synergies of the learning organization, visual factory management, and on-the-job training," *Performance Improvement* 44 (2005): 15-20.
18. "Reliance Industries Limited, Nagothane Manufacturing Division," *T1D* (October) 2008: 78.
19. N. Woodward, "Making safety job no. 1," *HR Magazine* (January 2007): 60-65.
20. B. Filipczak, "Who owns your OJT?" *Training* (December 1996). 44-49; R. DeRouin, T. Parrish, and E. Salas, "On-the-job training: Tips for ensuring success," *Ergonomics in Design* 13 (Spring 2005): 23-26; D. Gallup and K. Beauchemin, "On-the-job training," in *The ASTD Handbook of Training Design and Delivery*, ed. G. Piskurich, P. Beckschi, and B. Hall (New York: McGraw-Hill, 2000): 121-132.
21. W. J. Rothwell and H. C. Kazanas, "Planned OJT is productive OJT," *Training and Development Journal* (October 1996): 53-56; R. Buckley and J. Caple, "Developing one-to-one training programs," *T1D* (April 2010): 108-109.
22. B. Filipczak, "Who owns your OJT?" *Training* (December 1996): 44-49.
23. G. M. Piskurich, *Self-Directed Learning* (San Francisco: Jossey-Bass, 1993).
24. S. Boyer and B. Lambert, "Take the handcuffs off sales team development with self-directed learning," *T1D* (November 2008): 62-66.
25. G. M. Piskurich, "Self-Directed Learning," in *The ASTD Training and Development Handbook*, 4th ed., ed. R. L. Craig

(New York: McGraw-Hill, 1996), 453-72; G. M. Piskurich, "Developing Self-Directed Learning," *Training and Development* (March 1994): 31-36.

26. C. M. Solomon, "When training doesn't translate," *Workforce* (March 1997): 40-44.

27. P. Warr and D. Bunce, "Trainee characteristics and the outcomes of open learning," *Personnel Psychology* 48 (1995): 347-375; T. G. Hatcher, "The ins and outs of self-directed learning," *Training and Development* (February 1997): 35-39.

28. R. W. Glover, *Apprenticeship Lessons from Abroad* (Columbus, OH: National Center for Research in Vocational Education, 1986).

29. Commerce Clearing House, *Orientation-Training* (Chicago: Personnel Practices Communications, Commerce Clearing House, 1981): 501-505.

30. A. H. Howard III, "Apprenticeships." In *The ASTD Training and Development Handbook*: 803-813.

31. M. Rowh, "The rise of the apprentice," *Human Resource Executive* (February 2006): 38-43.

32. A. Ciaccio, "'You're hired': Goldcorp stint touts opportunities in mining," *The Wall Street Journal*, September 25, 2005: B6.

33. M. Rowh, "The rise of the apprentice," *Human Resource Executive* (February 2006): 38-43.

34. *Eldredge v. Carpenters JATC* (1981), 27 Fair Employment Practices (Bureau of National Affairs): 479.

35. M. Pramik, "Installers learn on practice dwellings," *Columbus Dispatch*, February 7, 2003: F1.

36. H. Dolezalek, "Pretending to learn," *Training* (July/August 2003): 20-26.

37. "Best practices and outstanding initiatives: Automatic Data Processing, Inc.: Leaders in action," *Training* (January/February 2011): 94-95.

38. S. McCartney, "Addressing small errors in the cockpit," *The Wall Street Journal* (September 13, 2005): D5.

39. J. Alden and J. Kirkhorn, "Case Studies." In *The ASTD Training and Development Handbook*: 497-516.

40. H. Kelly, "Case method training: What it is and how it works," in *Effective Training Delivery*, ed. D. Zielinski(Minneapolis: Lakewood Books, 1989): 95-96.

41. T. W. Shreeve, "On the case at the CIA," *Training and Development* (March 1997): 53-54.

42. S. Wiebenga, "Guidelines for selecting, using, and evaluating games in corporate training," *Performance Improvement Quarterly* 18 (2004): 19-36; S. Sugar, "Using games to energize dry material," in *The ASTD Handbook of Training Design and Delivery:* 107-120.

43. D. Schwartz, J. Bransford, and D. Sears, "Efficiency and Innovation in Transfer" In *Transfer of Learning: Research and Perspectives*, ed. J. Mestre (Greenwich, CT: Information Age Publishing, 2004).

44. D. Zielinski, "Training games," *HR Magazine* (March 2010): 64-66.

45. T. Sitzmann, "A meta-analytic examination of the instructional effectiveness of computer-based simulation games," *Personnel Psychology*, 64 (2011): 489-528.

46. S. Thiagarajan, "Instructional Games, Simulations, and Role Plays," in *The ASTD Training and Development Handbook*: 517-533; S. Karre, "Setting the stage for effective role plays," *T1D* (November 2011): 76-77.

47. "Wequassett Resort and Golf Club: Heroic customer service," *Training* (March/April 2008): 36-37.

48. S. J. Simon and J. M. Werner, "Computer training through behavior modeling, self-paced, and instructional approaches: A field experiment," *Journal of Applied Psychology* 81 (1996): 648-659; P. Taylor, D. Russ-Eft, and D. Chan, "A meta-analytic review of behavior modeling training," *Journal of Applied Psychology* 90 (2005): 692-709.

49. W. C. Byham and A. Pescuric, "Behavior modeling at the teachable moment," *Training* (December 1996): 51-56.

50. P. Decker and B. Nathan, *Behavior Modeling Training* (New York: Praeger Scientific, 1985).

51. Ibid.; T. T. Baldwin, "Effects of alternative modeling strategies on outcomes of interpersonal/skills training," *Journal of Applied Psychology*, 77 (1992): 147-154.

52. J. Cannon-Bowers and C. Bowers, "Team development and functioning," in S. Zedeck (ed.) *APA Handbook of Industrial and Organizational Psychology* (Washington, D.C.: American Psychological Association, 2010): 597-650; J. Mathieu et al., "Team effectiveness 1997-2007: A review of recent advancements and a glimpse into the future," *Journal of Management* 34 (2008): 410-476; S. Kozlowski and D. Ilgen, "Enhancing the effectiveness of work groups and teams," *Psychological Science in the Public Interest* 7 (2006): 77-124.

53. D. Brown and D. Harvey, *An Experiential Approach to Organizational Development* (Englewood Cliffs, NJ: Prentice Hall, 2000); J. Schettler, "Learning by doing," *Training* (April 2002): 38-43; P. Mirvis, "Executive development through consciousness-raising experiences," *Academy of Management Learning and Education* (June 2008): 173-188.

54. S. Lueck, "Postal Service's top inspector should be fired, senators say," *The Wall Street Journal*, (May 2, 2003): A2.

55. R. J. Wagner, T. T. Baldwin, and C. C. Rowland, "Outdoor training: Revolution or fad?" *Training and Development Journal* (March 1991): 51-57; C. J. Cantoni, "Learning the ropes of teamwork," *The Wall Street Journal*, (October 2, 1995): A14.

56. C. Steinfeld, "Challenge courses can build strong teams," *Training and Development* (April 1997): 12-13.

57. G. Kranz, "From fire drills to funny skills," *Workforce Management* (May 2011): 28-32.

58. M. Regan, "Execs scale new heights in the name of teamwork," *Columbus Dispatch* (February 15, 2004): F2.

59. D. Mishev, "Cooking for the company," *Cooking Light* (August 2004): 142-147.

60. G. M. Tarullo, "Making outdoor experiential training work," *Training* (August 1992): 47-52.

61. J. Schettler, "Learning by doing," *Training* (April 2002): 38-43

62. C. Clements, R. J. Wagner, and C. C. Roland, "The ins and outs of experiential training," *Training and Development* (February 1995): 52-56.

63. G. M. McEvoy, "Organizational change and outdoor management education," *Human Resource Management* 36 (1997): 235-250.

64. M. Marks, J. Mathieu, and S. Zaccaro, "A temporally based framework and taxonomy of team processes," *Academy of Management Review* 26 (2001): 356-376.

65. E. Salas and J. A. Cannon-Bowers, "Strategies for Team Training." In *Training for 21st-Century Technology: Applications for Psychological Research*, ed. M. A. Quinones and A. Dutta (Washington, D.C.: American Psychological Association, 1997): 249-281.

66. R. L. Oser et al., *Toward a Definition of Teamwork: An Analysis of Critical Team Behaviors*, Technical Report 89-004 (Orlando, FL: Naval Training Research Center, 1989).

67. E. Salas and J. A. Cannon-Bowers, "Strategies for Team Training." In *Training for 21st-Century Technology: Applications of Psychological Research,* eds. M. A. Quinones and A. Dutta (Washington, D.C.: American Psychological Association, 1997): 249-281.
68. M. Markset al., "The impact of cross-training on team effectiveness," *Journal of Applied Psychology,* 87 (2002): 3-13.
69. E. Salas, C. Burke, and J. Cannon-Bowers, "What We Know about Designing and Delivering Team Training: Tips and Guidelines." In *Creating, Implementing, and Managing Effective Training and Development,* ed. K. Kraiger (San Francisco: Jossey-Bass, 2002): 234-262.
70. R. Noe, A. Dachner, B. Saxton, and K. Keeton, *Team Training for Long-Duration Missions in Isolated and Confined Environments: A Literature Review, Operational Assessment, and Recommendations for Practice and Research.* National Aeronautics and Space Administration (NASA) Technical Report NASM/TM-2011-216162, available from http://ston.jsc.nasa.gov/collections/TRS.
71. S. Carey, "Racing to improve," *The Wall Street Journal* (March 24, 2006): B1, B6.
72. D. Dotlich and J. Noel, *Active Learning: How the World's Top Companies Are Recreating Their Leaders and Themselves* (San Francisco: Jossey-Bass, 1998).
73. M. Marquardt, "Harnessing the power of action learning," *T1D* (June 2004): 26-32; "Learning at Novartis,"from the Novartis website, www.novartis.com/careers/learning-at-novartis/index.shtml (accessed June 21, 2012,).
74. "A Team Effort," *Training* (September 2002): 18.
75. H. Lancaster, "This kind of black belt can help you score some points at work," *The Wall Street Journal,* (September 14, 1999): B1; S. Gale, "Building frameworks for six sigma success," *Workforce* (May 2003): 64-66.
76. J. DeFeo, "An ROI story," *Training and Development* (July 2000): 25-27.
77. S. Gale, "Six Sigma is a way of life," *Workforce* (May 2003): 67-68.
78. M. Sallie-Dosunmu, "Born to grow," *TD* (May 2006): 33-37.
79. A. Brunet and S. New, "Kaizen in Japan: an empirical study," *International Journal of Production and Operations Management* 23 (2003): 1426-1446.
80. M. Marquardt, "Harnessing the power of action learning," *T1D* (June 2004): 26-32.
81. M. Burke and R. Day, "A cumulative study of the effectiveness of managerial training," *Journal of Applied Psychology* 71 (1986): 232-245.
82. "Outstanding Training Initiatives. The Home Depot: Appliance Within," training (March 2006): 64-66.

Capítulo 8

Métodos de treinamento com base em tecnologia

Objetivos

1. Explicar como as novas tecnologias estão influenciando o treinamento.
2. Avaliar um *site* de treinamento *on-line*.
3. Explicar de que forma o aprendizado e a transferência do treinamento são potencializados pelas novas tecnologias.
4. Falar sobre as forças e limitações do *e-learning*, métodos de treinamento de aprendizagem móvel e simulações.
5. Falar dos diferentes tipos de mídias sociais e das condições propícias ao seu uso para o treinamento.
6. Descrever para um gerente os diferentes tipos de aprendizagem a distância.
7. Recomendar o que deve ser incluso em um sistema eletrônico de suporte ao desempenho.
8. Comparar e contrastar as forças e as fraquezas de métodos de treinamento tradicionais e com base em tecnologia.
9. Identificar e explicar os benefícios de sistemas de gestão da aprendizagem.

Os métodos de aprendizagem evoluem no Farmers Insurance Group

O Farmers Insurance Group é a terceira maior seguradora de carros e casas dos Estados Unidos, além de oferecer outros seguros e produtos financeiros. A empresa conta com 60 mil funcionários e agentes exclusivos ou autônomos em todo o país, processando milhões de cotações de seguros, novas apólices, renovações e contas ao ano. Nesta indústria, as exigências legais e a introdução de novos produtos, processos e serviços tornam o treinamento e o desenvolvimento elementos críticos ao sucesso do negócio. No Farmers Insurance, os profissionais de aprendizagem são recompensados com base no grau de mudança de comportamento que os programas de treinamento causaram nos funcionários e na forma como ajudaram o negócio a alcançar os seus objetivos. O aprendizado é oferecido com base no resultado desejado.

O Farmers utiliza uma abordagem *blended learning* (aprendizagem híbrida) para oferecer treinamento eficaz aos seus funcionários multigeracionais e aos agentes distribuídos pelos Estados Unidos, pois acredita que ela seja a mais eficaz. Consequentemente, os seus programas de treinamento integram instrução presencial, impressa, *on-line*, vídeo, áudio, simulações virtuais e *coaching*. A tecnologia é usada para oferecer conhecimento, enquanto o treinamento orientado por instrutor é usado no desenvolvimento de habilidades.

Nos últimos cinco anos, o volume de treinamento oferecido em sala de aula e orientado por um instrutor caiu de 90 para 50%. Agora, os outros 50% representam o treinamento *on-line* ou informal. O grupo usa métodos de treinamento variados para ajudar os seus funcionários a lidarem com as mudanças que foram feitas no processamento de solicitações, taxas, cobranças e sistemas do produto em apoio à estratégia de negócio (Farmers Future 2020), que tem ênfase na experiência do cliente, na distribuição e na excelência da gestão de produtos. Os gerentes de campo, por exemplo, precisavam participar de um treinamento *on-line* elaborado para oferecer os novos conhecimentos necessários. Depois, eles receberam treinamento orientado por um instrutor, vídeos e guias. Em decorrência da crescente taxa de insucesso das novas agências, o Farmers também revisou o programa de treinamento para novos agentes, que então passou a incluir maior uso de *coaching*, suporte ao desempenho e métodos multimídia, garantindo que os novos agentes aprendam conhecimentos e habilidades no momento em que forem relevantes para o trabalho em vez de forçá-los a aprenderem tudo de uma só vez e frustrá-los por não conseguirem lembrar-se de todas as informações das quais precisarão no futuro. Como resultado da reformulação do programa, a conversão de novos agentes em funcionários em tempo integral aumentou em 12%, as vendas excederam as metas em 11% e as taxas de sucesso das agências subiram 10%.

Ao reconhecer o potencial das novas tecnologias para a oferta de treinamento e instrução a empresa começou a utilizar salas de aula virtuais, aprendizagem móvel, redes sociais, iPads e simulações. Desenvolveu-se um aplicativo para clientes, agentes de vendas e funcionários, chamado iFarmers, que ajuda os clientes a aprenderem sobre os diferentes produtos da seguradora. Outro aplicativo, conhecido como iClaims, permite o acesso dos clientes para que contribuam e gerenciem as suas solicitações. Já o aplicativo iAgent oferece aprendizado com foco nos negócios aos agentes de vendas. O Farmers também está testando redes sociais como um recurso no qual funcionários colaborem, criem e compartilhem conhecimento e ofereçam suporte ao desempenho. Alguns programas de treinamento estão utilizando as redes sociais para exercícios colaborativos. O programa "Agency Insider" do Farmers permite que os alunos especifiquem se preferem usar Twitter, Facebook, e-mail ou um *feed* RSS (Really Simple Syndication).

Fontes: Baseado em www.farmers.com, the website for Farmers Insurance; L. Freifeld, "Farmers' Premier Position," *training* (January/February 2011): 26-31; J. Salopek, "Thriving through change, cultivating growth," *T+D* (October 2010): 53-54.

INTRODUÇÃO

A abertura deste capítulo ilustra o grande impacto da tecnologia na oferta de programas de treinamento. O Farmers Insurance está usando uma combinação de métodos de treinamento tradicionais e de novas tecnologias (uma abordagem *blended learning*). A aprendizagem *on-line* oferece aos aprendizes acesso ao treinamento a qualquer hora ou lugar. O uso de tecnologias desse tipo exige colaboração entre as áreas de treinamento, tecnologia da informação e alta gerência. O diagnóstico de necessidades, a elaboração, a transferência e a avaliação são elementos fundamentais ao uso eficaz de tecnologias de treinamento, pois ainda que tecnologias como mídias sociais, *tablets* e realidade virtual ofereçam recursos e possibilidades empolgantes, é vital que as empresas usem tecnologias de treinamento que apoiem as necessidades do negócio e do aluno.

A tecnologia está mudando o aprendizado e o treinamento em ambientes corporativos, escolas, faculdades e universidades. Na Ohio State University, os alunos que estão cursando a disciplina Mulher, Cultura e Sociedade (*Women, Culture and Society*) encontram-se imersos no Second Life, uma sala de aula virtual tridimensional.[1] Os alunos exploram e experimentam realidades como raça, classe, orientação sexual, igualdade econômica, capacidades físicas, violência e ambiente em uma sociedade virtual na qual eles podem escolher e mudar identidade, gênero e raça. Uma aluna que estava estudando sobre deficiências teve a chance de encontrar-se com um participante do Second Life que tem paralisia cerebral na vida real e que deu a ela uma cadeira de rodas, possibilitando que ela utilizasse a cadeira para circular pelo mundo virtual, aprendendo sobre as atitudes das pessoas em relação à deficiência. A simulação do Second Life conta com uma réplica de uma universidade de verdade, espaços de exposição, locais de encontro próximos ao mar ou à montanha para grupos de discussão e uma biblioteca virtual de estudos sobre a mulher. Na Faculdade de Medicina, os alunos utilizam o iPod Touch nas salas de aula e clínicas.[2] Ele permite que os estudantes acessem uma ampla variedade de materiais, como gravações de palestras, leituras, materiais e vídeos do sistema de gestão da aprendizagem da universidade, além de baixarem imagens de alta qualidade.

Como vimos no Capítulo 7, "Métodos de treinamento tradicionais", o treinamento em sala de aula e orientado por um instrutor ainda é o método de treinamento mais popular. Entretanto, a expectativa é de que o uso da tecnologia na oferta do treinamento aumente dramaticamente na próxima década, à medida que a tecnologia for sendo aprimorada, seu custo for diminuindo, as empresas forem reconhecendo a economia potencial do treinamento por meio de *tablets*, telefones e mídias sociais, além da ampliação da necessidade por treinamento personalizado.[3] A Tabela 8.1 oferece um panorama do uso de novas tecnologias no treinamento. Como você verá mais adiante neste capítulo, é pouco provável que as novas tecnologias de treinamento substituam a instrução presencial totalmente. Em vez disso, ela será combinada às novas tecnologias de treinamento (combinação conhecida como *blended learning*) para potencializar o aprendizado.

O desenvolvimento, disponibilidade e uso de mídias sociais como Twitter e Facebook têm o potencial de influenciar significativamente o treinamento e o aprendizado, pois são ferramentas usadas por muitas pessoas em suas vidas diárias (especialmente pela Geração Y). Muitas empresas estão começando a usar essas ferramentas para recrutar novos funcionários e divulgar e desenvolver produtos e serviços, além de estarem sendo usadas na aprendizagem. A Figura 8.1 mostra o uso de ferramentas

TABELA 8.1 Uso de novas tecnologias no treinamento

- 11% das horas de treinamento são oferecidas em uma sala de aula virtual e 22% são oferecidas *on-line*.
- 33% das horas de aprendizado envolvem métodos com base em tecnologia.
- 69% das empresas utilizam sistemas de gestão da aprendizagem. Divididas por tamanho, 85% das grandes empresas (10 mil funcionários ou mais), 54% das empresas de médio porte (1.000-9.999 funcionários) e 52% das pequenas empresas (100-999 funcionários) utilizam sistemas de gestão da aprendizagem.
- 28% das grandes empresas (10 mil funcionários ou mais) oferecem treinamento *on-line*, frente a 20% de médio porte (1.000-9.999) e 21% das pequenas empresas (100-999 funcionários).

Fontes: M. Green and E. McGill, *State of the Industry, 2011* (Alexandria, VA: American Society for Training and Development, 2011); "2011 training industry report," *Training* (November/December 2011): 22-35.

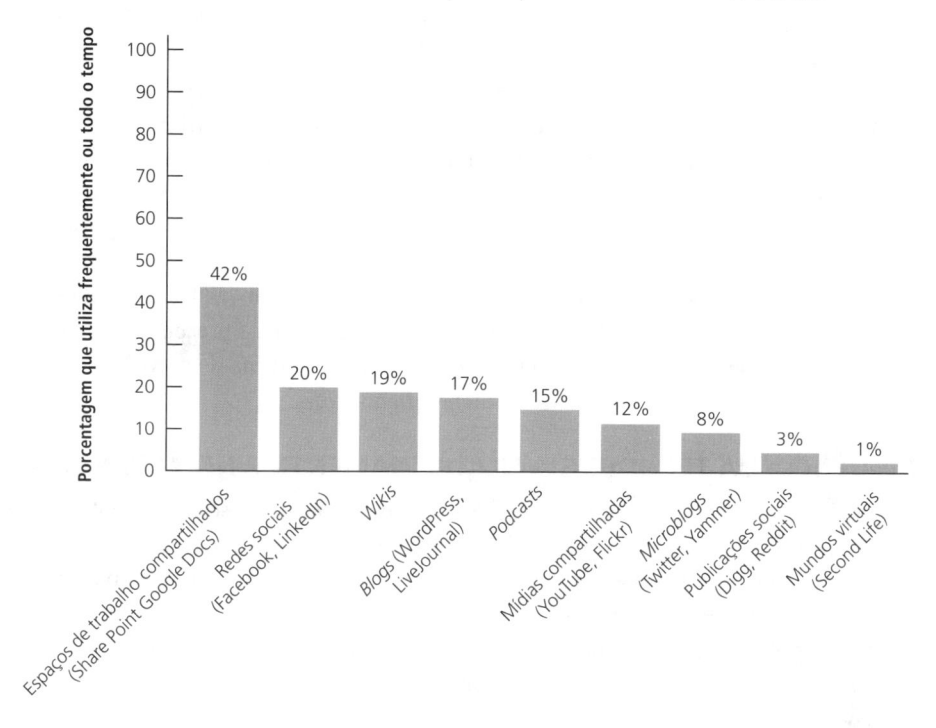

FIGURA 8.1 Uso de ferramentas de mídias sociais para o aprendizado relacionado ao trabalho

[Gráfico de barras — Porcentagem que utiliza frequentemente ou todo o tempo:
- Espaços de trabalho compartilhados (Share Point Google Docs): 42%
- Redes sociais (Facebook, LinkedIn): 20%
- Wikis: 19%
- Blogs (WordPress, LiveJournal): 17%
- Podcasts: 15%
- Mídias compartilhadas (YouTube, Flickr): 12%
- Microblogs (Twitter, Yammer): 8%
- Publicações sociais (Digg, Reddit): 3%
- Mundos virtuais (Second Life): 1%]

Fonte: Baseado em L. Patel, "The rise of social media," *T+D* (July 2010): 60-61.

de mídias sociais para aprendizado relacionado ao trabalho. As mídias sociais estão remodelando o aprendizado ao dar ao funcionário o acesso e o controle do seu próprio aprendizado através de relações e colaborações com terceiros. Ferramentas como espaços de trabalho compartilhados, redes sociais, *wikis*, *blogs*, *podcasts* e *microblogs* são empregadas na aprendizagem, sendo que como mostra a Figura 8.1, espaços de trabalho compartilhados, redes sociais e *wikis* são os meios mais usados no aprendizado.[4] Parecem existir diferenças geracionais no uso e percepção dos benefícios potenciais dessas ferramentas: os integrantes da Geração Y acreditam que as mídias sociais são úteis para o aprendizado e para a realização das atividades e usam-nas muito mais do que os *baby boomers* ou os integrantes da Geração X. Pode ser que isso aconteça porque a Geração Y está mais propensa a usar ferramentas de mídias sociais em suas vidas pessoais e, consequentemente, sentem-se mais confortáveis em usá-las também no trabalho.

O desenvolvimento de *tablets*, como o iPad, também tem potencial de influenciar o treinamento e o aprendizado, já havendo estimativas de que quase 40% dos executivos pretendem incorporá-los em suas novas iniciativas de treinamento e desenvolvimento.[5] Espera-se que eles sejam usados para aprendizado e suporte ao desempenho e também para *coaching* e *mentoring* dos funcionários, jogos móveis e *microblogs*.

Este capítulo começa discutindo a influência de novas tecnologias na oferta, suporte e administração do treinamento. Aborda-se também como a tecnologia modificou o ambiente de aprendizagem. Em seguida, o capítulo explora o treinamento com base em computador e o *e-learning*. O *e-learning* destaca o aprendizado através de interações com o conteúdo do treinamento, compartilhamento com outros aprendizes e uso de recursos da Internet. Serão introduzidas as tecnologias com as quais já temos familiaridade em nossas vidas fora do trabalho, como mídias sociais, *tablets* e *smartphones*, que estão começando a ser usados para treinamento. Depois, discute-se o uso de sistemas de especialistas e sistemas de tutoria inteligente como um método instrucional e também para o suporte ao desempenho no local de trabalho. Além disso, este capítulo mostra como os sistemas de gestão da aprendizagem ajudam na oferta e administração de programas de treinamento. A última seção compara os vários métodos de treinamento com base em novas tecnologias e mostra que uma abordagem *blended learning*, que mistura métodos presenciais tradicionais e métodos com base em tecnologia, pode ser a melhor forma de aproveitar os pontos fortes de todos os métodos de treinamento disponíveis.

A INFLUÊNCIA DA TECNOLOGIA NO TREINAMENTO E NO APRENDIZADO

Os Capítulos 1 e 2 abordaram o papel que o treinamento e o desenvolvimento deveriam desempenhar para ajudar as empresas a executarem as suas estratégias de negócios e lidarem com as forças que influenciam o ambiente de trabalho. Para que o treinamento ajude uma empresa a obter vantagem competitiva, ele precisa apoiar as metas de negócio e ser oferecido, conforme a necessidade, para funcionários geograficamente dispersos, quer estejam trabalhando de casa ou em outro país. Os custos do treinamento (como custos de viagem) devem ser minimizados, enquanto os benefícios, incluindo aprendizado e transferência do treinamento, devem ser potencializados. Para que o aprendizado ocorra, o ambiente de treinamento deve incluir princípios de aprendizagem como prática, *feedback*, material relevante e capacidade de aprender através da interação com terceiros.

As novas tecnologias tornaram possível a redução dos custos associados à oferta de treinamento aos funcionários, o aumento na eficácia do ambiente de aprendizagem e a contribuição do treinamento para as metas de negócio. A Tabela 8.2 lista, descreve e dá exemplos de alguns dos métodos de treinamento com novas tecnologias que abordaremos neste capítulo. As novas tecnologias influenciaram a oferta, a administração e o suporte ao treinamento, tornando possíveis vários benefícios:[6]

- Os funcionários têm controle sobre quando e onde desejam receber treinamento.
- Os funcionários acessam sistemas especializados e conhecimentos quando houver a necessidade.
- Através do uso de avatares, realidade virtual e simulações, o ambiente de aprendizagem pode ter a mesma aparência, dar a mesma sensação e ser exatamente como o ambiente de trabalho.
- Os funcionários escolhem o tipo de mídia (impressa, som, vídeo etc.) que desejam usar em um programa de treinamento.
- Matrículas, testes e registros são feitos eletronicamente, reduzindo a papelada e o tempo gasto em atividades administrativas.
- As conquistas dos funcionários durante o treinamento são monitoradas.

TABELA 8.2 Novas tecnologias usadas para treinamento

E-learning, aprendizagem on-line e treinamento com base em computador (CBT)
▪ Treinamento oferecido usando um computador ou a *web*. Pode incluir CDs ou DVDs de textos e/ou vídeos.
Webcasts/Seminários on-line
▪ Oferta de instrução ao vivo através da *web* a aprendizes em diferentes localidades.
Podcasts
▪ Oferta de arquivos de áudio e vídeo através da *web*.
Aprendizagem móvel
▪ Oferta de treinamento através de dispositivos móveis, como *smartphones* e *tablets*.
Blended learning
▪ Treinamento oferecido com uma abordagem de oferta que combina tecnologia e instrução presencial, como sala de aula e treinamento *on-line*.
Wikis
▪ *Sites* que permitem a vários usuários criarem, editarem e atualizarem o conteúdo e compartilharem conhecimento.
Aprendizagem a distância
▪ Treinamento oferecido *on-line* ou através de *webcasts* e salas de aula virtuais aos aprendizes que se encontram em outras localidades, muitas vezes com o suporte de ferramentas comunicativas como chats, e-mails e discussões *on-line*.
Mídias sociais
▪ Tecnologia *on-line* e móvel usada para criar comunicações interativas e possibilitar a criação e a troca de conteúdo gerado pelos usuários. Inclui *wikis*, *blogs*, redes sociais como Facebook, MySpace e LinkedIn, *microblogs* como o Twitter e mídia compartilhada como o YouTube.
Espaços de trabalho compartilhados (Exemplo: Google Docs)
▪ Um espaço hospedado em um servidor na *web* no qual as pessoas podem compartilhar informações e documentos.
Feeds RSS
▪ Conteúdos atualizados enviados automaticamente aos assinantes em vez de usar o e-mail.
Blogs (Exemplo: WordPress)
▪ Uma página em que o autor posta o conteúdo de sua escolha e os leitores podem comentar.
Salas de *chat* e fóruns de discussão
▪ Uma sala de *chat* ou um fórum de mensagens nos quais os alunos comunicam-se. A comunicação pode ocorrer ao mesmo tempo ou em momentos diferentes. Um facilitador ou instrutor modera as conversas, que são agrupadas por tópico.
Microblogs ou microcompartilhamento (Exemplo: Twitter)
▪ Ferramentas de *software* que possibilitam comunicações em pequenos textos, *links* e multimídia, seja através de aplicativos autossuficientes, de comunidades *on-line* ou redes sociais.

Fontes: Baseado em R. Johnson and H. Gueutal, *Transforming HR Through Technology* (Alexandria, VA: SHRM Foundation, 2010); American Society for Training and Development, *Transforming Learning with Web 2.0 Technologies*, 2010 survey report; T. Bingham and M. Conner, *The New Social Learning* (Alexandria, VA: American Society for Training and Development Press, 2010); A. Kaplan and M. Haenlein, "Users of the world unite! The challenges and opportunities of social media," *Business Horizons*, 53 (2010): 59-68.

▪ Os métodos de treinamento tradicionais, como instrução em sala de aula e modelagem do comportamento, são oferecidos aos aprendizes sem a necessidade de exigir que venham até uma central de treinamento.

Veja como a tecnologia influenciou o treinamento na IBM e na UPS.[7] Na IBM, a estratégia de aprendizagem é voltada para que os funcionários aprendam todos os dias de forma dinâmica, tendo como base seus cargos atuais e o que precisarão fazer no futuro. Para melhor preparar a próxima geração de líderes da empresa e para fazer melhor uso de sua força de trabalho global, a IBM está usando novas tecnologias (como plataformas *on-line* de aprendizagem colaborativa que possibilitam que os funcionários aprendam com os seus pares) e ferramentas virtuais que dão acesso imediato a especialistas. O aprendizado por pares pode ocorrer espontaneamente no ambiente *on-line* da mesma forma que aconteceria se todos os funcionários da IBM se encontrassem em um mesmo prédio. Os funcionários participantes do ambiente *on-line* tridimensional da empresa criam avatares (representações virtuais dos funcionários) para interagirem uns com os outros e discutirem e compartilharem ideias. Na UPS, a tecnologia tornou mais complexo o trabalho do motorista. Os motoristas precisam manejar o caminhão com segurança, serem proficientes no uso do DIAD (um computador de mão) e entenderem como se manter seguros durante a entrega de um pacote. Para isso, desenvolveu-se o centro de treinamento Integrad, em Maryland. O Integrad inclui um simulador elaborado para ensinar os novos contratados a colocarem e retirarem pacotes das prateleiras, do chão e da porta traseira, ao mesmo tempo em que atendem aos padrões de tempo estabelecidos pela empresa para tais atividades e minimizam o estresse e o desgaste, que levam a lesões. Em média, os motoristas descem e sobem no caminhão pelo menos 120 vezes ao longo de suas rotas, o que pode desgastar os tornozelos caso o movimento seja incorreto. No Integrad, os aprendizes fazem entregas enquanto instrutores e outros aprendizes atuam como clientes em uma cidade simulada com lojas, ruas e até uma doca de carregamento.

Tecnologia e colaboração

A tecnologia possibilita a ocorrência da **colaboração digital**, que é o uso da tecnologia para aumentar e estender a capacidade dos funcionários de trabalharem juntos independentemente da distância.[8] Ela abrange sistemas eletrônicos de mensagens e de reunião, comunidades de aprendizagem *on-line* organizadas por assunto nas quais os funcionários podem acessar áreas de discussão e compartilhar conteúdo e *links* da *web*, redes sociais e sistemas de tratamento de documentos com tecnologias colaborativas que possibilitam a interação interpessoal, que pode ser síncrona ou assíncrona.[9]

Na **comunicação síncrona**, instrutores, especialistas e alunos interagem uns com os outros ao vivo e em tempo real, da mesma forma que fariam presencialmente em uma sala de aula. Tecnologias como teleconferências por vídeo e disciplinas *on-line* ao vivo (salas de aula virtuais) tornam possível a comunicação síncrona. Já a **comunicação assíncrona** refere-se às interações que não acontecem em tempo real, ou seja, as pessoas não estão *on-line* e não podem comunicar-se umas com as outras sem um atraso de tempo, embora os alunos possam acessar informações e recursos quando quiserem. Entre os recursos que possibilitam a comunicação assíncrona, podemos citar e-mail, disciplinas na *web* em que o aprendiz dita o próprio ritmo ou em CD-ROM, grupos de discussão e bibliotecas virtuais.

A cadeia de restaurantes Shoney's e Captain D's possui mais de 350 restaurantes em mais de 20 estados.[10] A cada ano, mais de oito mil funcionários precisam ser treinados no nível básico da parte operacional do negócio, incluindo como fazer batatas fritas, salgadinhos *hushpuppies* e salada *coleslaw*. Além desses, 600 novos gerentes precisam receber treinamento em questões relacionadas aos negócios e operações de retaguarda dos restaurantes. O maior desafio enfrentado pela Shoney's era treinar com consistência funcionários geograficamente dispersos. A solução encontrada pela empresa foi a implantação do OneTouch, um aplicativo de comunicação em tempo real que combina vídeo, dados, um canal de voz bidirecional e páginas na *web*, para que os integrantes da equipe possam interagir com os instrutores. O OneTouch pode ser disponibilizado em computadores pessoais, bem como em depósitos e estações de manutenção. Os sistemas de área de trabalho são posicionados em um local apropriado do restaurante e os indivíduos ou grupos de funcionários reúnem-se em torno do computador para o treinamento. Os módulos de treinamento incluem assuntos como orientação, cozinha e salão de uma forma interativa: os tópicos são apresentados e seguidos por testes para garantir a ocorrência do aprendizado. O programa para a salada, por exemplo, mostra aos aprendizes quais são os ingredientes de uma salada *coleslaw* e onde eles ficam guardados no restaurante. O programa contém um vídeo que os participantes podem assistir e recorrer ao praticarem. Após praticarem, realiza-se uma prova e o gerente verifica se o assunto foi encerrado antes de seguir para o próximo programa. O treinamento é consistente e fácil de atualizar, além de possibilitar que as equipes de cozinha e balcão aprendam umas com as outras, o que dá flexibilidade à equipe do Shoney's (p. ex., funcionários do balcão que também sabem cozinhar).

Tecnologia e ambiente de aprendizagem

Como foi visto no Capítulo 7, a aprendizagem costumava ser um processo bastante linear em que os instrutores apresentavam informações aos alunos e a prática e a aplicação aconteciam após o término da instrução (veja o ambiente de aprendizagem em sala de aula mostrado na Figura 8.2). Tradicionalmente, o ambiente de aprendizagem incluía apenas o instrutor e os alunos. O instrutor era responsável por apresentar o conteúdo, responder às perguntas e aplicar provas, enquanto os aprendizes desempenhavam um papel passivo na aprendizagem. A comunicação do conteúdo da disciplina era unilateral: do instrutor para o aluno. Os especialistas e os materiais de pesquisa eram separados do ambiente de aprendizagem e qualquer contato além do instrutor e dos materiais designados para aquela disciplina exigia que os alunos procurassem fora do ambiente de aprendizagem formal. Além disso, os alunos precisavam esperar até que a instrução fosse dada para depois terem acesso aos materiais e especialistas. Por fim, a interação entre os alunos se dava principalmente fora da sala de treinamento e era limitada aos que trabalhavam em uma mesma região geográfica.

A tecnologia possibilitou que a aprendizagem virasse um processo mais dinâmico. Como se vê no lado direito da Figura 8.2, o ambiente de aprendizagem pode ser expandido para incluir maior interação entre os alunos e o conteúdo do treinamento e também entre alunos e o instrutor. O instrutor pode ajudar a elaborar o conteúdo, que é oferecido principalmente através de tecnologias, como aprendizado *on-line*, simulações, iPods ou iPads. O papel do instrutor passa a ser mais o de um *coach* ou fonte de recursos para responder às dúvidas dos alunos, estando menos envolvido na oferta do conteúdo. O aprendizado ocorre sobretudo através das trocas com outros alunos, usando *blogs, wikis* ou outros tipos de treinamento em mídias sociais, trabalhando em projetos em equipe virtuais, participando de jogos, escutando, trocando ideias, interagindo com especialistas (engenheiros, gerentes etc.) e descobrindo aplicações e ideias através de *hiperlinks* que levam o aluno a outro *site*.

Os especialistas e os materiais de pesquisa podem fazer parte do ambiente de aprendizagem. Enquanto os alunos interagem com o conteúdo do treinamento por meio de exercícios, aplicações e simulações, eles discutem o que estão aprendendo com outros alunos ou recorrem a especialistas e aos recursos disponíveis na Internet. A oferta e a administração do treinamento (p. ex., acompanhamento do progresso do aluno) são feitas através de um sistema de gestão da aprendizagem (abordado mais adiante neste capítulo). No ambiente *blended learning*, mostrado no final da Figura 8.2, os aprendizes têm acesso a um currículo de treinamento misto que compreende tanto a instrução *on-line* quanto em sala de aula. A colaboração pode acontecer entre aprendizes, entre

FIGURA 8.2 Tipos de ambiente de aprendizagem

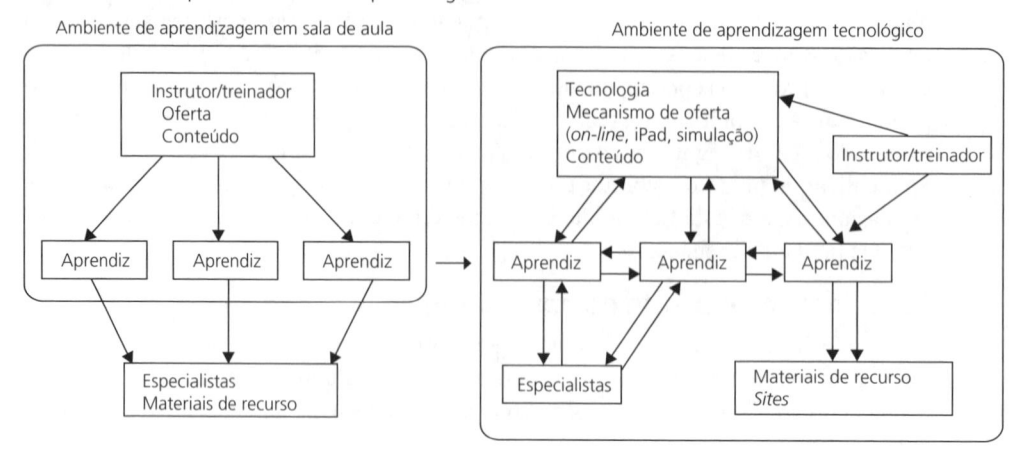

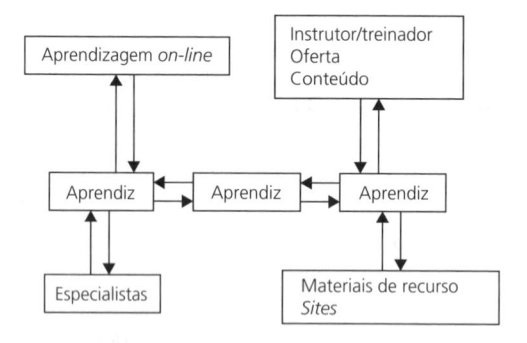

Ambiente de aprendizagem em sala de aula

- Instrutor/treinador
- Oferta
- Conteúdo
- Aprendiz
- Especialistas
- Materiais de recurso

Ambiente de aprendizagem tecnológico

- Tecnologia
- Mecanismo de oferta (*on-line*, iPad, simulação)
- Conteúdo
- Instrutor/treinador
- Aprendiz
- Especialistas
- Materiais de recurso
- *Sites*

Ambiente *blended learning*

- Aprendizagem *on-line*
- Instrutor/treinador
- Oferta
- Conteúdo
- Aprendiz
- Especialistas
- Materiais de recurso
- *Sites*

aprendizes e o conteúdo do treinamento (p. ex., simulação ou jogo), entre aprendizes e instrutores e entre aprendizes e especialistas. É importante que as novas tecnologias criem um ambiente de aprendizagem dinâmico, englobando colaboração, envolvimento ativo do participante e acesso a outros recursos. É provável que um ambiente de aprendizagem dinâmico inclua o uso de tecnologias **Web 2.0**, como redes sociais, *blogs*, *wikis* e Twitter.[11] A iniciativa Learning 2.0 da Qualcomm envolve o uso de tecnologias Web 2.0 como publicação social (*social bookmarking*), *blogs* e ferramentas semelhantes às encontradas no Facebook e no YouTube para construir relações entre os aprendizes e o conteúdo do treinamento.

As tecnologias recentes, como *smartphones*, *tablets* e *laptops*, possibilitaram que o treinamento fosse oferecido em vários locais diferentes, acompanhando os aprendizes quer eles estejam no trabalho ou em casa. Muitos dos métodos apresentados neste capítulo possuem estas características, como é o caso da aprendizagem *on-line* e do *e-learning*. A aprendizagem à distância normalmente envolve videoconferências e/ou computadores para oferecer a instrução para os aprendizes, que não se encontram no mesmo local. Já as tecnologias móveis possibilitam que o treinamento seja oferecido através de iPods, iPhones, iPads e computadores de mão nos quais os aprendizes podem acessar programas de treinamento a qualquer hora ou lugar. As novas tecnologias de treinamento são multimídias, englobando textos, gráficos, vídeos e áudios, e permitindo que o conteúdo seja apresentado de várias maneiras, atendendo às preferências e estilos de aprendizagem dos funcionários. A próxima seção descreve as novas tecnologias de treinamento, como elas são usadas e as possíveis vantagens e desvantagens para a aprendizagem.

TREINAMENTO COM BASE EM COMPUTADOR, APRENDIZAGEM *ON-LINE* E *E-LEARNING*

O **treinamento com base em computador (CBT)** refere-se à oferta de conteúdo de forma autossuficiente usando *softwares* ou DVDs, sem a necessidade de conexão com a Internet. Os aprendizes ainda podem interagir com o conteúdo do treinamento, responder perguntas e escolher as respostas tendo em vista como se comportariam em determinadas situações, mas não é possível colaborar com outros alunos. A Wipro Technologies, por exemplo, desenvolveu uma ferramenta chamada Unified Learning Kit (ULK), um *laptop* portátil programável que possibilita que os novos funcionários façam experimentos com tópicos de engenharia.[12] Um ULK pode ensinar mais de dez assuntos técnicos diferentes relacionados à engenharia de *hardware* e de *software*. Já a aprendizagem *on-line* e o *e-learning* referem-se à instrução oferecida através da web.[13] Esses métodos de treinamento podem incluir e integrar instrução através de textos, uso de simulações, jogos e vídeos e colaboração com o uso de *blogs*, *wikis*, redes sociais e *hiperlinks* a recursos adicionais.

Tanto a aprendizagem *on-line* como o *e-learning* incluem a oferta de instrução através do uso da Internet ou da *web*, que pode ser acessado com uma senha através da Internet pública ou da intranet privada da empresa. Há muitas características possíveis que podem ser englobadas na aprendizagem *on-line* para ajudar os participantes a aprenderem e transferirem o treinamento para o trabalho. Os programas *on-line* que utilizam vídeo, por exemplo, podem proporcionar experiências interativas para os funcionários, tendo em vista que esses recursos têm um valor especialmente grande para ajudar aprendizes a aprenderem habilidades técnicas ou interpessoais. A seguir, falaremos mais sobre os recursos e as vantagens desse tipo de aprendizagem.

Durante o diagnóstico de necessidades de treinamento, a Bayer Pharmaceuticals constatou que os seus especialistas técnicos precisavam de novas habilidades para gerenciar projetos grandes.[14] Eram habilidades relacionadas a manter os gerentes de projeto focados na tarefa, gerenciar prioridades conflitantes, gerenciar equipes interfuncionais grandes e supervisionar funcionários que não respondiam a eles. Tudo isso era importante para reduzir o tempo necessário para levar as descobertas das pesquisas ao mercado. Para treinar tais habilidades, a Bayer usou uma simulação virtual que exige que equipes gerenciem um projeto de grande escala. As decisões gerenciais tomadas afetam as chances de êxito e um computador calcula a probabilidade de sucesso de cada equipe. A simulação contém obstáculos que podem afetar negativamente um projeto, como funcionários desmotivados, absenteísmo e projetos em atraso. Ela também inclui trabalho *on-line* que os aprendizes precisam realizar antes do treinamento, um pré-trabalho que dá a eles uma visão geral dos passos envolvidos na gestão do projeto. Todos os participantes realizam autoavaliações dos seus comportamentos ao trabalhar em equipe (p. ex., resolução de conflitos), que são usadas para discutir as relações entre líderes e integrantes da equipe. Tendo completado a simulação, os aprendizes podem acessar um *site* do programa com *newsletters* e dicas para a gestão de projetos. Como resultado, os funcionários que realizaram a simulação estão demonstrando maior confiança na capacidade de gerenciar um projeto e lidar com mudanças nas prioridades, além de atacarem as questões da equipe mais rapidamente.

A Chiquita, uma empresa distribuidora de frutas frescas, precisava ajudar os funcionários a entenderem como podiam contribuir para as metas de negócio da empresa através de um novo sistema de gestão do desempenho, chamado Perform to Grow.[15] Ainda que se tenham desenvolvido módulos de aprendizado para que os funcionários praticassem com as ferramentas e passos dentro do sistema Perform to Grow, os escritórios na América Central, África, Ásia e Europa Oriental não tinham a mesma tecnologia que estava disponível nos escritórios da América do Norte e da Europa Ocidental. Por esse motivo, a Chiquita gravou os módulos de *e-learning* em CD-ROMs para que fossem distribuídos aos funcionários nestas localidades.

O currículo de vídeo interativo de 25 discos da Federal Express inclui disciplinas relacionadas à etiqueta com o consumidor, direção defensiva e procedimentos de entrega.[16] Como a Federal Express descobriu, vídeos interativos têm muitas vantagens. Primeiro, porque o treinamento é individualizado e os funcionários controlam quais aspectos do programa de treinamento querem visualizar. Eles podem avançar quando se sentirem competentes ou retornar para revisar tópicos. Segundo, os funcionários recebem *feedback* imediato quanto ao desempenho. Terceiro, o treinamento fica acessível 24 horas por dia, independentemente dos horários de trabalho dos funcionários. Do ponto de vista do empregador, o alto custo de desenvolvimento dos programas de vídeo interativos e da compra de equipamentos foi compensado pela redução nos custos com instrutores e viagens que estavam atrelados a um local de treinamento centralizado. Na Federal Express, o uso de vídeos interativos possibilitou o treinamento de 35 mil funcionários que têm contato com o cliente em 650 localidades por todo o país, economizando milhões. Sem isso, a Federal Express não seria capaz de oferecer treinamento consistente de qualidade.

Possíveis recursos da aprendizagem on-line

Na aprendizagem *on-line* é possível permitir que os alunos interajam com o conteúdo do treinamento e com outros alunos e que decidam como desejam aprender.[17] A Figura 8.3 mostra os recursos que podem ser integrados à aprendizagem *on-line*, incluindo conteúdo, colaboração e compartilhamento, *links* para outros recursos, controle do aluno, oferta e administração. É importante observar que nem todos esses recursos são incorporados aos métodos de aprendizagem *on-line*. Um dos motivos para isso é que certos métodos tornam difícil a incorporação de alguns desses recursos. Como você verá mais além neste capítulo, a aprendizagem a distância que envolve teleconferência pode limitar a colaboração entre os aprendizes e o instrutor além de os aprendizes não terem controle sobre o conteúdo, práticas e velocidade do aprendizado. Outro motivo para não incorporar um recurso é a opção dos próprios responsáveis pela elaboração do treinamento. Ainda que o *e-learning* possa incluir todos os recursos para facilitar o ensino apresentados na Figura 8.3, é possível que ele fique aquém do seu potencial se os desenvolvedores do programa não incluírem oportunidades para que os participantes colaborem. Como mostra a Figura 8.3, não só a aprendizagem *on-line* pode fornecer conteúdo ao aprendiz como também pode dar a ele a capacidade

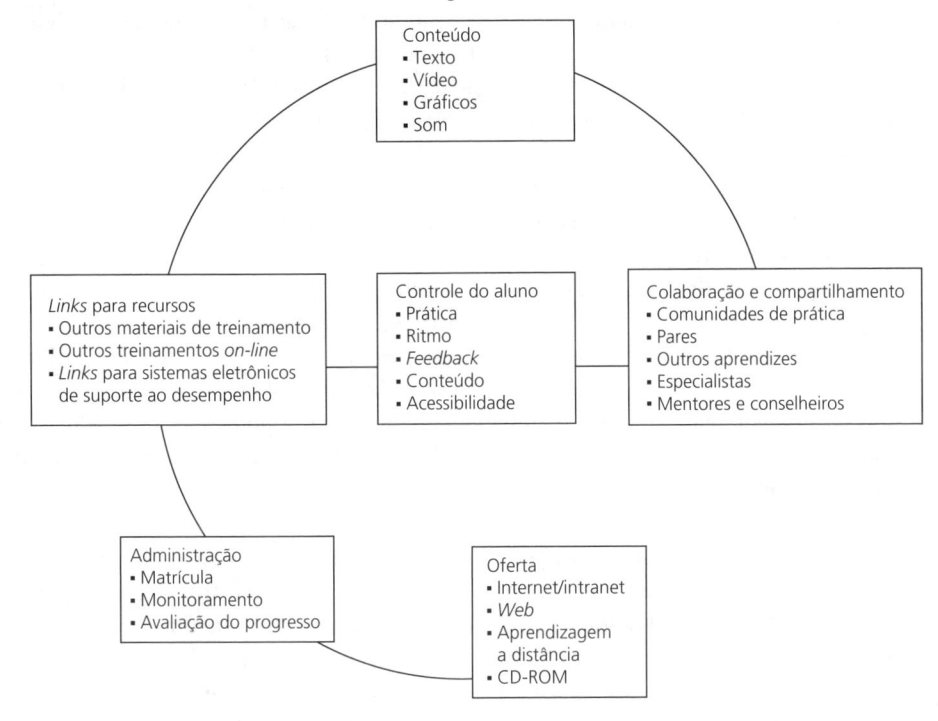

FIGURA 8.3 Possíveis caracterísitcas do *e-learning*

```
                    ┌─────────────────┐
                    │ Conteúdo        │
                    │ • Texto         │
                    │ • Vídeo         │
                    │ • Gráficos      │
                    │ • Som           │
                    └─────────────────┘

┌──────────────────────────┐  ┌─────────────────────┐  ┌──────────────────────────────┐
│ Links para recursos      │  │ Controle do aluno   │  │ Colaboração e compartilhamento│
│ • Outros materiais de    │  │ • Prática           │  │ • Comunidades de prática     │
│   treinamento            │  │ • Ritmo             │  │ • Pares                      │
│ • Outros treinamentos    │  │ • Feedback          │  │ • Outros aprendizes          │
│   on-line                │  │ • Conteúdo          │  │ • Especialistas              │
│ • Links para sistemas    │  │ • Acessibilidade    │  │ • Mentores e conselheiros    │
│   eletrônicos de suporte │  │                     │  │                              │
│   ao desempenho          │  │                     │  │                              │
└──────────────────────────┘  └─────────────────────┘  └──────────────────────────────┘

        ┌──────────────────────┐    ┌──────────────────┐
        │ Administração        │    │ Oferta           │
        │ • Matrícula          │    │ • Internet/intranet│
        │ • Monitoramento      │    │ • Web            │
        │ • Avaliação do       │    │ • Aprendizagem   │
        │   progresso          │    │   a distância    │
        └──────────────────────┘    │ • CD-ROM         │
                                    └──────────────────┘
```

de controlar o que aprende, a velocidade com que progride no programa, quanto pratica e até mesmo quando aprende. Para apresentar o conteúdo da disciplina, podem ser usados textos, vídeos, gráficos e sons. A aprendizagem *on-line* ainda abarca vários aspectos da administração do treinamento, como matrículas, testes e avaliações e monitoramento do progresso dos participantes.

Vantagens da aprendizagem **on-line**

Os possíveis recursos que são integráveis à aprendizagem *on-line* podem oferecer vantagens sobre outros métodos de treinamento (as vantagens do *e-learning* constam na Tabela 8.3). As iniciativas do *e-learning* são elaboradas para contribuir para os objetivos de negócio estratégicos de uma empresa.[18] Ele apoia iniciativas da empresa como

TABELA 8.3 Vantagens do *e-learning*

- Apoia a estratégia de negócio e os objetivos da empresa.
- É acessível a qualquer hora e lugar.
- O público abrange funcionários e gerentes, além de vendedores, consumidores e clientes.
- O treinamento é oferecido a funcionários geograficamente dispersos.
- O treinamento é oferecido com mais rapidez e a mais funcionários em um período mais curto de tempo.
- É fácil de atualizar.
- Recursos positivos de um ambiente de aprendizagem, como prática, *feedback*, objetivos e avaliação, são incorporados no programa. O aprendizado é aprimorado através do uso de diversas mídias (som, texto, vídeo, gráficos etc.) e da interação do aprendiz.
- Pode-se eliminar a papelada relacionada à gestão do treinamento (matrícula, avaliação etc.).
- Os alunos são conectados a outros conteúdos, especialistas e pares.

Fontes: Baseado em D. Hartley, "All aboard the e-learning train," *Training and Development* (July 2000): 37-42; V. Beer, *The Web Learning Field Book: Using the World Wide Web to Build Workplace Learning Environments* (San Francisco: Jossey-Bass, 2000).

ampliação do número de clientes, início de novas formas de fazer negócios, como *e-business* (oferta de produtos e serviços pela Internet) e aceleração do desenvolvimento de novos produtos ou serviços. Esse tipo de aprendizado envolve um público maior do que os programas de treinamento tradicionais que focam em funcionários porque ele pode abranger parceiros, fornecedores, vendedores e clientes em potencial.

A Lucent Technologies, empresa que projeta e fornece tecnologias de redes de comunicação, dedicou recursos significativos para garantir que os clientes e parceiros de negócio tivessem acesso ao *e-learning*.[19] No *site* da empresa estão disponíveis aos clientes disciplinas de treinamento em produtos que abrangem instalação, conserto e manejo de equipamentos da Lucent. Os usuários podem participar de disciplinas, registrar-se e pagar por aulas, acompanhando o progresso. A empresa também oferece treinamento aos seus parceiros de negócios, que precisam ser certificados nos produtos da Lucent antes de receberem descontos especiais. À medida que o volume de disciplinas oferecidas *on-line* aumenta, a empresa também tenta aumentar a porcentagem de alunos que cumprem disciplinas *on-line*. Atualmente, cerca de metade dos usuários ainda participam de treinamento em sala de aula.

O Ritz Camera Centers utiliza o *e-learning* para manter os seus funcionários atualizados quanto às informações sobre os produtos e melhorar as suas habilidades em vendas.[20] Optou-se por esse formato porque a empresa precisava de uma maneira sistemática de alcançar todos os associados rapidamente, com materiais facilmente gerenciáveis e atualizáveis. Os funcionários da empresa conseguem acessar cursos curtos de treinamento *on-line* sobre uma ampla variedade de tecnologias e marcas. Cada módulo é criado mensalmente e pode permanecer ativo por até um ano (dependendo do ciclo de vida dos produtos), oferecendo informações sobre os recursos dos produtos, diferenças competitivas e benefícios. Os módulos contêm avaliações do treinamento na forma de testes, que os funcionários precisam realizar e ser aprovados. Além disso, o Ritz consegue acompanhar a participação dos funcionários através de um portal *on-line*.

Oferecer treinamento a funcionários geograficamente dispersos e assim diminuir os custos com viagens é um dos motivos pelos quais a aprendizagem *on-line* é a segunda abordagem de treinamento mais popular (depois dos materiais impressos) entre os pequenos negócios.[21] Para esse tipo de empresa, a aprendizagem *on-line* não só diminui os custos de deslocamento como também dá aos funcionários flexibilidade para encaixar o treinamento nos seus horários de trabalho. A Golden Harvest Seeds, Inc. constatou que o seu programa de treinamento em vendas, que atendia 250 funcionários e dois mil revendedores de sementes autônomos, não tinha uma boa participação e que as sessões de treinamento tomavam muito tempo de trabalho. Para enfrentar o problema de frequência e aumentar a eficácia do treinamento, a Golden Harvest contratou uma empresa para produzir e postar vídeos *on-line* que ensinassem aos vendedores como vender as sementes da empresa. Posteriormente, constatou-se que os funcionários estavam assistindo aos vídeos, que as vendas e a demanda por mais cursos aumentaram e que os custos de treinamento por pessoa diminuíram de mais de $ 175 para menos de $ 100.

Outro exemplo que pode ser citado é o da Nike, que foi desafiada a elaborar um programa de treinamento para varejistas com lojas por todo os Estados Unidos e níveis elevados de rotatividade.[22] A Nike queria um programa que oferecesse informações em pouco tempo para facilitar o aprendizado dos vendedores sem removê-los do salão de vendas. Assim, foi desenvolvido o Sports Knowledge Underground, que parece com um mapa de metrô no qual as diferentes estações representam o treinamento de diferentes produtos. A Estação do Vestuário ramifica-se na linha Tecnologias do Vestuário, Linha de Produtos de Corrida e Linha de Produtos Nike Pro. Nenhum dos segmentos excede cinco minutos e cada um dá ao vendedor o conhecimento necessário sobre o produto. Ao final do treinamento, os vendedores passam por testes e dão *feedback*, que é enviado aos desenvolvedores do programa. Esse programa é usado atualmente por mais de 20 mil associados de vendas e espera-se que mais realizem o treinamento conforme ele for disponibilizado nas lojas. Ele parece estar causando um impacto positivo no negócio: as lojas que contam com o programa perceberam um aumento de 4% nas vendas.

Algumas empresas têm requisitos de treinamento que todos os funcionários precisam cumprir para que a empresa atenda às exigências legais ou de qualidade. A aprendizagem *on-line* permite que mais funcionários tenham acesso a esse tipo de programa em um período mais curto do que seria se fosse usada a instrução presencial. As empresas de serviços financeiros, por exemplo, são frequentemente desafiadas a manter os seus funcionários globais atualizados quanto a mudanças constantes nos produtos, políticas e regulamentações do governo. O treinamento presencial não é eficiente em termos de custo e não consegue ser oferecido sempre no momento oportuno.

A Sanofi U.S., por exemplo, estava atrás de seus competidores no conhecimento de produtos dentro da força de vendas em diabetes.[23] A empresa precisava de uma solução de treinamento que pudesse ser realizada pela força de vendas em campo ou durante viagens. Tendo em vista essas necessidades, desenvolveu-se uma solução através do *e-learning*: um campus virtual chamado Universidade de Diabetes. Os participantes podem ser guiados pelo campus por um "professor" e participar de diferentes tipos de atividades de aprendizagem, como jogos, vídeos e áudio. O *e-learning* permite que os varejistas rastreiem o desempenho de cada um dos funcionários e compare isso aos dados de vendas deles.[24] As linhas de produtos estão vinculadas a determinados cursos de certificados e, por isso, para vender esses produtos os funcionários precisam antes finalizar o aprendizado daquele curso e passar em um teste. Em outro caso, uma rede de mercados precisava treinar a sua equipe de farmácia quanto às regras de privacidade que faziam parte do Health Insurance Portability and Accountability Act (HIPAA). Para treinar a equipe rapidamente, um treinamento foi postado *on-line*, facilitando o acesso dos funcionários através de *laptops*, caixas registradoras, *smartphones* ou iPads.[25] O treinamento *on-line* dá às empresas varejistas, como a ótica Luxottica, a capacidade de acompanhar quem se matricula e realiza as disciplinas via Internet exigidas para alguns cargos (como oculistas habilitados).

O *e-learning* também é fácil de atualizar, graças a linguagens de marcação como o HTML. As mudanças podem ser feitas no servidor que armazena o programa e, dessa forma, funcionários no mundo todo podem acessar o programa atualizado. Os recursos administrativos desse modelo tornam a gestão do treinamento um processo mais eficiente e livre de papel. A CCH, por exemplo, desenvolveu o Shared Learning, um módulo de administração *on-line* que permite que as empresas monitorem a realização do *e-learning* por parte dos aprendizes. O programa registra quantas vezes o funcionário realizou uma mesma aula e quanto tempo ele levou em cada uma, além de marcar o ponto em que o aprendiz saiu da sala de aula *on-line* para que posteriormente ele possa voltar a partir desse mesmo ponto.[26]

Eficácia da aprendizagem on-line

O *e-learning* é eficaz para todos os tipos de aprendizes e resultados de aprendizagem? Tanto as pesquisas quanto a experiência das empresas sugerem que o *e-learning* é eficaz para uma ampla variedade de resultados, inclusive de conhecimento, habilidades e comportamentos.[27] A Tabela 8.4 mostra alguns dos resultados de pesquisas quanto à eficácia da aprendizagem *on-line* em relação a outros métodos de treinamento. Essa aprendizagem é mais eficaz em treinamentos que destaquem resultados cognitivos, como conhecimentos declarativos e processuais (lembre-se da discussão sobre resultados nos Capítulos 4 e 6). Ela pode facilitar maior interação social entre os participantes do que os métodos de aprendizagem presenciais porque os outros participantes são igualmente ou mais acessíveis do que o instrutor e há diversos métodos disponíveis para permitir que os alunos interajam, como e-mails, *blogs*, *wikis* e salas de bate-papo.[28]

Além disso, os funcionários podem estar mais motivados a participarem porque nesse método são evitados sentimentos de inadequação e baixa autoestima, o que costuma minar a participação na aprendizagem presencial. A Delaware North Companies (DNC), uma empresa de serviços de alimentação e hospitalidade com base em Buffalo, Nova Iorque, oferece os seus serviços a parques nacionais, estádios e aeroportos. A DNC dá treinamento interativo *on-line*, seguido por aulas virtuais.[29] Na DNC, as habilidades interpessoais, como gerenciamento de uma equipe, técnicas de comunicação eficaz, delegação, empoderamento e resolução de conflitos, foram identificadas como mais adequadas ao treinamento *on-line*. Já as habilidades técnicas e funcionais mostraram-se mais adequadas ao treinamento no local de trabalho.

Apesar da crescente popularidade da aprendizagem *on-line*, muitas empresas como Home Depot, Inc., Recreational Equipment, Inc. e Qwest Communications International ainda preferem métodos de treinamento presenciais para o ensino de

TABELA 8.4 Resultados de pesquisas sobre a eficácia da aprendizagem *on-line*

- A instrução *on-line* é mais eficaz do que a instrução presencial para o aprendizado de conhecimento declarativo (conhecimento cognitivo avaliado através de testes escritos elaborados para medir se os aprendizes lembram-se de conceitos apresentados no treinamento).
- A instrução *on-line* e a instrução em sala de aula são igualmente eficazes no aprendizado de conhecimento processual (capacidade dos alunos de desempenharem as habilidades ensinadas no treinamento).
- Os alunos ficam igualmente satisfeitos com a instrução em sala de aula e com a instrução *on-line*.
- A instrução *on-line* parece ser mais eficaz do que a instrução em sala de aula (1) quando os alunos recebem controle sobre o conteúdo, a sequência e o ritmo, (2) em disciplinas mais longas e (3) quando os alunos conseguem praticar o conteúdo e receber *feedback*.
- Ambos os tipos são igualmente eficazes quando são usados métodos instrucionais semelhantes (se as duas abordagens usarem vídeos, exercícios de prática ou testes, por exemplo).
- Os funcionários que mais aproveitam a aprendizagem *on-line* são aqueles que utilizam mais oportunidades de prática disponíveis e levam mais tempo na realização do treinamento.
- O *e-learning* não é eficaz para todos os alunos, especialmente aqueles que possuem baixa autoeficácia no computador.

Fontes: Baseado em K. Kraiger, "Transforming our models of learning and development: Web-based instruction as enabler of third-generation instruction," *Industrial Organizational Psychology* 1 (2008): 454-467; T. Sitzmann et al., "The comparative effectiveness of web-based and classroom instruction: A meta-analysis," *Personnel Psychology* 59 (2006): 623-634; E. Welsh et al., "E-learning: Emerging uses, empirical results and future directions," *International Journal of Training and Development* 7 (2003): 245-258.

habilidades para cargos complexos que envolvam a venda e o conserto de equipamentos.[30] A aprendizagem *on-line* é usada para treinar funcionários quando o cargo ocupado exige o uso de um conjunto-padrão de procedimentos ou fatos. A Recreational Equipment, Inc., por exemplo, utiliza dramatizações entre funcionários novos e instrutores que simulam uma ampla gama de comportamentos de clientes, ajudando-os a entender a diferença entre os que desejam um produto específico e aqueles que querem falar sobre diferentes opções. A Qwest Communications estima que 80% do treinamento no seu departamento de rede é realizado presencialmente e os 20% restantes, *on-line*. Para que os funcionários aprendam a consertar e instalar equipamentos, a empresa acredita que eles precisam de experiências práticas parecidas com as que encontrarão ao trabalharem em domicílios ou endereços comerciais. A aprendizagem *on-line* é de grande valor, mas é insuficiente para ensinar habilidades analíticas, conceituais e interpessoais complexas.[31] O motivo para isso pode ser a falta de comunicações ricas, o fato de que alguns aprendizes estejam relutantes em interagir com outros e que, ainda que a aprendizagem *on-line* aumente a acessibilidade ao treinamento, os funcionários com agendas de trabalho lotadas tenham mais chances de postergar, não fazer ou fazer de qualquer jeito as atividades. Mais adiante neste capítulo trataremos de como a aprendizagem *on-line* pode ser melhorada através da combinação da instrução presencial e do *e-learning* (o que é conhecido como *blended learning*). O uso de vídeos, gráficos, sons e textos é combinado às experiências de aprendizado ativo, como casos, dramatizações e simulações. Além disso, a *blended learning* oportuniza ao aluno praticar, fazer perguntas e interagir com outros alunos e pares tanto presencialmente como *on-line*.

DESENVOLVIMENTO DE APRENDIZAGEM *ON-LINE* EFICAZ

A Tabela 8.5 dá dicas para o desenvolvimento de aprendizagem *on-line* eficaz.[32] O *design* do treinamento ou o modelo ADDIE que foi visto no Capítulo 1, "Introdução ao treinamento e desenvolvimento de funcionários", deve continuar sendo usado na elaboração do *e-learning*. Entretanto, a ênfase em cada estágio deve ser um pouco diferente.[33] O diagnóstico de necessidades, a criação de uma experiência de aprendizagem *on-line* positiva, o controle do aluno e a oferta de tempo e espaço para essa aprendizagem são três pontos centrais que devem ser analisados para a aprendizagem *on-line* eficaz.

O diagnóstico de necessidades

O diagnóstico de necessidades inclui convencer a gerência a apoiar a aprendizagem *on-line*. Além disso, o departamento de tecnologia da informação precisa estar envolvido na elaboração de qualquer programa *on-line* para garantir que a capacidade tecnológica da rede da empresa fique clara, para assegurar que os aprendizes consigam acessar os navegadores e conexões necessárias para usarem todas as ferramentas relacionadas (p. ex., e-mail, salas de bate-papo, *hiperlinks*) e para obter suporte técnico quando necessário. Podem ser necessários tutoriais *on-line* para apresentar aos participantes as capacidades do sistema de *e-learning* e mostrar como navegar na *web*. Lembre-se que vimos no Capítulo 3, "O diagnóstico de necessidades", que um diagnóstico de necessidades determina os recursos da empresa para o treinamento e as

TABELA 8.5 Dicas para o desenvolvimento de aprendizagem *on-line* eficaz

Diagnóstico de necessidades	- Identificar a conexão entre a aprendizagem *on-line* e as necessidades do negócio. Conseguir o apoio da gerência. - Ter certeza de que os funcionários tenham acesso à tecnologia e ao suporte. - Consultar especialistas em tecnologia da informação quanto às exigências do sistema. - Identificar necessidades de treinamento específicas (conhecimento, habilidades, competências, comportamentos). - Se necessário, treinar líderes em tópicos básicos de computador e Internet.
Criação de uma experiência de aprendizagem positiva	- Incorporar princípios de aprendizagem (prática, *feedback*, material relevante, apelo ao envolvimento ativo do aluno e apelo a vários sentidos). - Elaborar uma disciplina para a largura de banda disponível (ou aumentar a largura de banda para se adequar às necessidades dos cursos). - Utilizar jogos e simulações que sejam atraentes para os alunos. - Estruturar materiais adequadamente. - Dar aos aprendizes a oportunidade de comunicarem-se e colaborarem uns com os outros e com o instrutor, com especialistas ou com facilitadores. - Tornar o programa fácil de usar: módulos curtos, conteúdo que não sobrecarregue os aprendizes e páginas que não confundam. - Oferecer incentivos à realização do treinamento. - Manter cada segmento instrucional contido nele mesmo. - "Cortar em pedaços" os módulos de treinamento. - Criar transições suaves entre os segmentos. - Qualquer áudio, vídeo ou animação deve ser útil para o aluno, caso contrário será um desperdício de tempo e de largura de banda. - Fornecer especificações claras ao desenvolvedor quanto aos formatos e tamanho máximo de arquivos, dimensões de janela e imagem, navegação, fontes e largura de banda disponível. - Fornecer diretrizes claras aos redatores e *designers* instrucionais quanto ao número máximo de palavras por tela, quantos exercícios interativos incluir e quais exercícios são mais adequados ao conteúdo. - Conduzir uma avaliação formativa (teste-piloto) antes de usar a aprendizagem *on-line* em grande escala.
Oferta de tempo e espaço sob o controle do aluno	- Dar o controle aos alunos, incluindo a possibilidade de pular seções e módulos e a possibilidade de pausar, marcar, revisar e voltar ao ponto em que pararam. - Dar aos alunos um tempo no treinamento dedicado para participarem da aprendizagem *on-line*.

Fontes: Baseado em K. Dobbs, "What the online world needs now: Quality," *Training* (September 2000): 84-94; P. Galagan, "Getting started with e-learning." *Training and Development* (May 2000): 62-64; D. Zielinski, "Can you keep learners online?" *Training* (March 2000): 65-75; V. Beer, *The Web Learning Field Book: Using the World Wide Web to Build Workplace Learning Environments* (San Francisco Jossey-Bass, 2000); E. Zimmerman, "Better training is just a click away," *Workforce* (January 2001): 36-42; R. Clark and R. Mayer, *E-Learning and the Science of Instruction* (San Francisco: John Wiley, 2003); E. Salas, R. DeRouin, and L. Littrell, "Research-Based Guidelines for Designing Distance Learning: What We Know So Far," in *The Brave New World of eHR*, ed. H. Gueutal and D. Stone (San Francisco: Jossey-Bass, 2005): 104-137; S. Boehle, "Putting the learning back into e-learning," *Training* (January 2006): 29-35; A Rossett and L. Schafer, "What to do about e-dropouts," *T+D* (June 2003): 40-46; M. Morrison, "Leaner e-learning," *Training* (January 2008): 16-18.

tarefas a serem treinadas, além de analisar os funcionários que precisam de treinamento. O processo de diagnóstico de necessidades para o treinamento *on-line* deve incluir uma avaliação da tecnologia (como parte da análise organizacional) e uma avaliação das habilidades de que os usuários precisam para o treinamento *on-line* (análise de pessoas). Isso abrange uma análise técnica focada na identificação dos requisitos mínimos de computação (largura de banda, memória, espaço no disco rígido, *software* e velocidade de processamento).

A **largura de banda** refere-se ao volume de *bytes* e *bits* (informação) que pode ser transmitido entre computadores por segundo. Gráficos, imagens, animações e vídeos da disciplina podem ser lentos de baixar (*download*), derrubando o sistema. As disciplinas de aprendizagem *on-line* devem ser elaboradas para a largura de banda disponível no sistema da empresa. Pode-se aumentar a largura de banda através do aumento da velocidade de acesso nos computadores dos usuários, da compra e instalação de servidores e *switches* (*hardware*) mais rápidos na rede da empresa ou do incentivo aos funcionários para que acessem a *web* quando a demanda não for tão alta.[34] Em breve a largura de banda pode deixar de ser um problema porque os servidores de computador serão capazes de transferir mais dados com mais rapidez, os computadores pessoais terão maior velocidade de processamento e os cabos e sistemas de comunicação sem fio que transmitem os dados terão maior capacidade. A aprendizagem *on-line* também deve tentar incorporar interatividade sem a exigência do uso de *plug-ins*. Um **plug-in** é um *software* adicional que precisa ser instalado no computador para possibilitar que se escute música, assista a vídeos e realize-se outras funções, podendo ser caros se exigirem que a empresa pague licenças, além de poderem afetar como o computador processa tarefas. Se os aprendizes tiverem problemas com a tecnologia repetidamente (como *downloads* lentos, redes inativas ou dificuldades com um *plug-in*), é provável que percam a paciência e relutem em participar do treinamento *on-line*.

A Grant Thornton LLP, uma empresa de contabilidade, serviços tributários e consultoria global, criou a Grant Thornton University (GTU), um local para todas as necessidades de treinamento da empresa.[35] Através da GTU os funcionários podem se registrar em qualquer disciplina, seja *on-line* ou presencial, e terem acesso a mais de mil horas de *webcasts* ao vivo e cursos em salas de aula virtuais. Para garantir que a GTU seja bem-sucedida, a empresa investigou as necessidades de aprendizagem do seu negócio e o melhor método de oferta para cada assunto (um diagnóstico de necessidades). Os caminhos de aprendizagem foram divididos por requisitos de habilidades e competências e estão relacionados ao desempenho do trabalho. Por exemplo, se um funcionário receber *feedback* de desempenho sugerindo que precise melhorar as habilidades de trabalho em equipe, o gerente pode identificar o curso apropriado pelo cargo e pelas competências exigidas. O método ideal é uma combinação de aulas em ritmo próprio e salas de aula virtuais ao vivo. As aulas em ritmo próprio entregam o conteúdo enquanto o treinamento ao vivo é usado para sessões de perguntas e respostas e estudos de caso, além de dar aos participantes a oportunidade de interagir com pares e especialistas. Para obter apoio à GTU, o CEO da empresa convidou os gerentes a participarem de uma abertura virtual em seus computadores pessoais. A abertura abrangia as metas estratégicas da iniciativa, mostrava aos gerentes como a tecnologia funcionava e deixava que testassem vários conteúdos.

Como criar uma experiência de aprendizagem *on-line* positiva

Na fase de elaboração e desenvolvimento, as características de um ambiente de aprendizagem positivo que foram abordadas no Capítulo 4 (p. ex., objetivos, prática, interação) devem ser incluídas para ajudarem na retenção do conteúdo e na criação de uma experiência significativa que motive os alunos. Devem-se criar fluxogramas ou *storyboards* que abarquem todos os componentes da disciplina como menu principal, módulos, páginas na *web* para cada aula, avaliações, fóruns de discussão, imagens, preferências de cor e menu de ajuda. Para elaborar o programa, utiliza-se a prototipagem.[36] A **prototipagem** é um processo iterativo no qual as ideias iniciais de *design* são propostas e oferecidas de forma grosseira em um protótipo de trabalho *on-line* que é revisado e refinado por integrantes da equipe de *design*. Vários tipos de mídias devem ser selecionados para agradar os diferentes estilos de aprendizagem, para haver maior alcance possível, o que inclui texto, animação, imagem, vídeo, áudio, jogo, simulação ou até mesmo *e-books*. O *e-learning* deve ser elaborado para reduzir o conteúdo ou o trabalho que não tenha relação com os objetivos de aprendizagem. Conteúdos alheios aos objetivos podem atrapalhar os limitados recursos de processamento cognitivo dos aprendizes, resultando em menos aprendizado. A Tabela 8.6 oferece vários princípios de elaboração que devem ser levados em consideração para a criação de uma experiência de aprendizagem *on-line* positiva.

Vale lembrar que a simples disponibilização de textos *on-line* não é necessariamente uma maneira eficaz de aprendizado. O **reaproveitamento** refere-se ao ato de transformar diretamente um programa de treinamento presencial orientado por um instrutor para o formato eletrônico. A aprendizagem *on-line* que foi meramente reaproveitada a partir de um programa de treinamento ineficaz continuará sendo ineficaz. Infelizmente, na pressa de desenvolver programas *on-line* muitas empresas estão reaproveitando treinamentos ruins. O melhor *e-learning* utiliza as vantagens da Internet combinadas aos princípios de um bom ambiente de aprendizagem. A aprendizagem *on-line* eficaz aproveita-se da natureza dinâmica da *web* e da possibilidade de usar vários recursos de aprendizagem, como *hiperlinks* para outros *sites* de treinamento e conteúdos, oferecendo controle ao aprendiz e possibilitando que ele colabore com outros participantes, aliados ao uso de vídeo, som, texto e gráficos para prender a atenção do aluno. A aprendizagem *on-line* eficaz equipa os aprendizes com conteúdo significativo relacionado a atividades realistas para o local de trabalho, exemplos relevantes, possibilidade de aplicar o conteúdo a problemas e questões de trabalho e oportunidade de praticar e receber *feedback* através de problemas, exercícios, tarefas e testes.

Para que os materiais não confundam ou sobrecarreguem os participantes, o conteúdo da aprendizagem *on-line* deve ser organizado adequadamente.[37] Antes de tudo, é oferecida uma orientação aos aprendizes sobre o novo programa, explicando como aprender *on-line*, como obter ajuda e como interagir com pares, instrutores e facilitadores.[38] Os participantes devem receber uma visão geral da disciplina ou do programa e quais são os fatores do êxito na sua realização. Após a implantação de um programa de *e-learning*, o foco deve mudar para como distribuir, manter, atualizar e aprimorar da melhor maneira o programa. A avaliação continua a envolver a coleta

TABELA 8.6 Princípios para a criação de uma experiência de aprendizagem positiva

- A instrução inclui imagens e palavras relevantes.
- O texto está alinhado ao que é visualizado.
- As visualizações complexas são explicadas através de áudio ou texto e não por texto e áudio narrando o texto.
- Visualizações, palavras e sons alheios ao conteúdo são omitidos.
- Os alunos são envolvidos socialmente através de agentes conversacionais.
- Os conceitos-chave são explicados antes do término da tarefa ou processo associado aos conceitos.
- São oferecidos lembretes que incentivam a autorregulação.
- O conteúdo é apresentado em sequências curtas sobre as quais os alunos têm controle.
- São sugeridos exercícios e atividades que reproduzem o contexto do trabalho.
- As respostas dos alunos para testes e exercícios recebem explicações.
- Os exercícios são distribuídos dentro do módulo e entre módulos e não em um só lugar.

Fontes: Baseado em R. Clark and R. Mayer, "Learning by doing: Evidence-based guidelines for principled learning environments," *Performance Improvement* 47 (2008): 5-13; R. Mayer, "Applying the science of learning: Evidence-based principles for the design of multimedia instruction," *American Psychologist* (November 2008): 760-769; R. Clark and R. Mayer, *E-Learning and the Science of Instruction*, 2d ed. (San Francisco: Jossey-Bass/Pfeiffer, 2008); T. Sitz Mann and K. Ely. "Sometimes you need a reminder: The effects of prompting self-regulation on regulatory processes, learning, and attrition." *Personnel Psychology* 95 (2010): 132-144.

de um conjunto de reações, aprendizados, comportamentos e resultados financeiros, incluindo uma ênfase em questões relacionadas à quantia e a qualidade dos exercícios interativos e multimídia e a facilidade de uso das ferramentas de navegação. Os materiais desse tipo de aprendizagem precisam ser organizados em módulos pequenos e relevantes em termos de informação, cada um deles relacionado a uma ideia ou conceito e conectados entre si de uma forma que incentive o aprendiz a estar ativamente envolvido na aprendizagem.

O envolvimento ativo inclui pedir aos participantes que encontrem recursos na Internet, experimentem testes e jogos, escolham entre ações alternativas ou comparem o que eles sabem ao conhecimento de um especialista ou modelo. Dentro de cada módulo são disponibilizados objetivos, vídeos, exercícios de prática, *links* para materiais que aprofundam o conteúdo do módulo e testes. O encadeamento dos módulos deve fazer sentido, sendo organizados por critério de importância ou pela ordem em que os conteúdos serão aprendidos (pré-requisitos). Os aprendizes têm a opção de escolher pular alguns materiais com os quais já estejam familiarizados ou tenham competência, tendo como base um teste do conteúdo, ou podem voltar para módulos anteriores nos quais precisem praticar mais.

Controle do aluno

Uma das maiores vantagens do uso da *web* é que ela dá controle ao aluno. O **controle do aluno** refere-se à oportunidade recebida pelos aprendizes de aprenderem ativamente através de exercícios, exploração de *links* para outros materiais e conversas com outros participantes e especialistas seguindo um ritmo próprio, o que compreende a capacidade de selecionar como o conteúdo é apresentado (p. ex., texto, imagem, vídeo etc.), pausar, pular, revisar conteúdo e ser remetido a recursos adicionais. No entanto, a simples oferta do controle ao aluno não garante que ele utilizará os recursos oferecidos pela aprendizagem *on-line* (p. ex., exercícios de prática).[39] Os aprendizes precisam ter acesso a instruções sobre como usar as ferramentas de controle, caso contrário as dificuldades no uso tirarão o tempo e a atenção que deveriam ser devotados ao aprendizado. Ainda, as empresas precisam comunicar a importância e a relevância do conteúdo do treinamento para os cargos dos funcionários e responsabilizá-los pelo cumprimento do treinamento.

As pesquisas dão várias recomendações para a potencialização dos benefícios do controle do aluno.[40] Os programas de treinamento não devem permitir que os participantes controlem a quantia de *feedback* recebido porque eles poderiam confiar demais no *feedback* e acabar reduzindo a retenção em longo prazo do material abordado no treinamento. É bom que o programa ofereça práticas sobre cada tópico repetidas vezes ao longo do aprendizado para que os aprendizes não se esqueçam dos assuntos que já foram vistos. O programa deve oferecer prática aos participantes através de diferentes exemplos para ajudar na transferência do conteúdo do treinamento (sejam habilidades ou conhecimentos), não apenas para a variedade de situações que são encontradas no trabalho como também para situações inesperadas. Uma forma de melhorar o desempenho na aprendizagem *on-line* é provocando a **autorregulação** que, como vimos no Capítulo 4, refere-se ao envolvimento do aluno com o material do treinamento e com a avaliação do seu próprio progresso em relação ao aprendizado. Lembretes *on-line* solicitando aos aprendizes que se recordem de ponto-chave ou estabeleçam metas para ajudá-los a utilizarem e lembrarem o conteúdo após o curso contribuem para que eles memorizem princípios ou objetivos fundamentais apresentados no treinamento e saibam como aplicar conhecimento e habilidades.

Dar tempo e espaço para a aprendizagem *on-line*

O uso da avaliação formativa para protótipos de treinamentos *on-line* pode ser útil na identificação da duração adequada para os módulos (as avaliações formativas foram abordadas no Capítulo 6, "Avaliação do treinamento"). Os usuários finais (gerentes, aprendizes em potencial) são envolvidos na avaliação formativa para garantir que música, gráficos, ícones, animações, vídeos e outros recursos facilitem a aprendizagem e não a atrapalhem. Também é preciso que testem o conteúdo, o navegador e o mapa do *site* para garantir que possam mover-se facilmente pelo módulo de aprendizado e acessar recursos e *links* para outros *sites* conforme a necessidade. A aprendizagem *on-line* enfraquece a distinção entre o treinamento e o trabalho. É irrealista esperar que os participantes estejam motivados e sejam capazes de realizar o treinamento *on-line* durante os intervalos de dias de trabalho normais ou usando o tempo pessoal livre.[41]

As empresas precisam garantir que os funcionários tenham tempo e espaço para o *e-learning*, ou seja, que eles tenham um tempo dedicado a aprender, protegido das tarefas de trabalho.[42] Os funcionários devem receber comunicações precisas sobre o conteúdo e os tipos de atividades nas disciplinas *on-line*.[43] É importante que os gerentes reservem tempo nos cronogramas dos funcionários e que os funcionários agendem "horários de treinamento" para realizarem o treinamento e evitarem interrupções. Algumas empresas estão se distanciando da expectativa inicial de que o aprendizado *on-line* pudesse ocorrer no computador do funcionário sem que ele se afastasse do trabalho e, em vez disso, estão estabelecendo laboratórios de aprendizagem para que ele se dê longe das distrações do local de trabalho. Dividir em pedaços ou usar módulos de treinamento de uma ou duas horas ajuda os aprendizes a aprenderem e reterem mais do que fariam em uma aula de treinamento-padrão de um dia inteiro. O treinamento também é mais facilmente integrado ao ambiente de trabalho, já que os participantes podem dedicar uma ou duas horas para uma sessão de aprendizagem em seus escritórios e depois voltar às suas responsabilidades de trabalho.

Tendo em vista as demandas de trabalho enfrentadas pelos funcionários, os aprendizes precisam de incentivos à aprendizagem *on-line*. Algumas empresas oferecem prêmios em dinheiro e mercadorias aos funcionários que fazem testes de competência *on-line* para mostrar que finalizaram o treinamento e aprenderam o conteúdo, enquanto outras utilizam programas de certificação para garantir que as disciplinas *on-line* sejam cumpridas. Na Symbol Technologies, uma fabricante de *scanners* de códigos de barras de mão e computadores, os aprendizes de vendas devem realizar disciplinas *on-line* para serem certificados como vendedores.[44] Se não o fizerem, não podem seguir em outros programas de treinamento necessários para que sejam vendedores bem-sucedidos. A empresa farmacêutica Aventis Pharma AG simplesmente eliminou outras opções de treinamento, como o aprendizado em sala se aula. Se os funcionários quiserem treinamento, a única opção que têm é a aprendizagem *on-line*.

Tecnologias para colaboração e *links*

O Capítulo 4 destacou que muitas vezes o aprendizado acontece como resultado da interação ou do compartilhamento entre funcionários, que aprendem através do contato informal e desestruturado com especialistas e pares. A colaboração pode envolver uma troca entre dois ou mais aprendizes ou entre o instrutor e outros especialistas.

Os **hiperlinks** são *links* que permitem que o funcionário acesse outros *sites*, bem como comunicações com *links* para especialistas, instrutores e outros alunos. A página de recursos de aprendizagem da Owens Corning tem *hiperlinks* para todas as formas disponíveis de informação de treinamento, como programas em CD-ROM, *on-line* ou orientados por instrutor. O *site* dá suporte à inscrição em disciplinas *on-line* e permite o envio de testes aos aprendizes, a correção dos mesmos e o uso dos resultados para matriculá-los nas disciplinas apropriadas.[45]

Pesquisas sugerem que o motivo pelo qual alguns funcionários não conseguem realizar disciplinas *on-line* e preferem a instrução presencial orientada por um instrutor é a vontade de aprender e fazer contato com os seus pares.[46] A aprendizagem *on-line* eficaz conecta os participantes e facilita a interação e o compartilhamento através do uso de ferramentas de aprendizagem colaborativa como salas de bate-papo, fóruns de discussão ou mídias sociais. Outros métodos para interação e compartilhamento dos alunos incluem fazê-los participarem em projetos colaborativos *on-line* e receberem *mentoring* e *coaching* de especialistas. Essa aprendizagem também deve oferecer um *link* entre os aprendizes e o "instrutor", que pode responder às perguntas, fornecer recursos adicionais e incentivar a discussão entre os participantes em tópicos como possíveis aplicações do conteúdo do treinamento e problemas comuns de aprendizagem.

MÍDIAS SOCIAIS: *WIKIS*, *BLOGS*, *MICROBLOGS* E REDES SOCIAIS

As **mídias sociais** são tecnologias móveis *on-line* usadas para criar comunicações interativas que permitam a criação e a troca de conteúdo gerado pelos usuários, como *blogs*, *wikis*, redes do tipo Facebook, MySpace e LinkedIn, *microblogs* como o Twitter e mídia compartilhada como o YouTube.[46a] As mídias sociais podem ser usadas para:

- Fornecer *links* para recursos como seminários *on-line*, vídeos e artigos relacionados a novos conteúdos de aprendizagem.
- Ajudar a determinar questões e necessidades de treinamento futuras, usando funções de marcação.
- Reforçar e sustentar a aprendizagem.
- Atuar como ferramenta de *coaching* ou aconselhamento.
- Estabelecer vínculo com os alunos antes, durante e depois de um evento de treinamento formal.
- Envolver funcionários da Geração X e da Geração Y.
- Oferecer conteúdo antes do evento de aprendizagem presencial.

Um **blog** é uma página na *web* em que o autor posta o conteúdo de sua escolha e os leitores podem comentar. Há vários tipos diferentes de *blogs*, incluindo *blogs* pessoais escritos por uma pessoa, *blogs* de empresas usados para fins de marketing e fortalecimento da marca, *blogs* que tratam de um assunto específico e *blogs* com base em mídia (*videoblogs* ou *vlogs*) ou dispositivos (*blogs* de dispositivos móveis). Há várias considerações quanto ao uso eficaz de *blogs* no treinamento.[47] Para que um *blog* seja útil para o treinamento ele deve estar relacionado aos objetivos de aprendizagem, caso contrário os aprendizes podem entender que é apenas uma atividade para passar o tempo e não enxergarem os benefícios. Os *blogs* são especialmente úteis para que os aprendizes analisem e resumam informações, reflitam sobre o conteúdo da lição ou da disciplina e compartilhem ideias e aplicações do conteúdo. Os instrutores precisam oferecer *feedback* relevante e no tempo certo às postagens do *blog*, além de passarem diretrizes sobre como será feita a avaliação e que tipos de postagens são desejáveis (p. ex., novas ideias, relativas à aplicação, "o que eu aprendi?"). Eles também são úteis para disciplinas de treinamento envolvendo trabalho em grupo, como projetos e casos, porque através do *blog* os integrantes da equipe podem compartilhar comentários, visões e até mesmo realizar um *brainstorming*.

Uma **wiki** é um *site* que permite que vários usuários criem, editem e atualizem o conteúdo e compartilhem conhecimento. Um ***microblog*** ou **microcompartilhamento** refere-se a ferramentas de *software*, como o Twitter, que possibilitam comunicações em pequenos textos, *links* e multimídia, seja através de aplicativos autossuficientes ou através de comunidades *on-line* ou redes sociais. As **mídias compartilhadas** referem-se a mídias de áudio ou vídeo, como o YouTube, que são acessadas e compartilhadas com terceiros.

E como as mídias sociais estão sendo usadas para o aprendizado, o treinamento e a desenvolvimento? Muitas empresas estão usando redes sociais para ajudar os funcionários a aprenderem informalmente e compartilharem conhecimento, tanto conforme a necessidade quanto como parte de disciplinas de treinamento formal.

Veja como as empresas e organizações sem fins lucrativos a seguir utilizam as redes sociais.[48] As organizações militares, diplomáticas e de inteligência norte-americanas utilizam o Intellipedia para apreenderem, compartilharem e cruzarem informações de relatórios sobre situações por todo o mundo. O *site* tem sido valioso para dar informações em tempo real a essas comunidades. Durante a guerra no Iraque, por exemplo, quando insurgentes organizaram ataques usando dispositivos explosivos improvisados com cloro, alguém perguntou o que os oficiais no campo deveriam fazer para coletar provas do uso do cloro. Como resposta, mais de 20 especialistas em todo o mundo ajudaram a criar um conjunto de instruções em dois dias, sem nunca se encontrarem presencialmente. A Intellipedia é revisada por voluntários que respondem às perguntas e acompanham as páginas da *wiki* dentro de suas áreas de especialidade. A identidade dos especialistas que contribuem é fornecida por usuários.

A Advantage Sales and Marketing (ASM), uma agência de marketing e vendas de Irvine, Califórnia, acrescentou as redes sociais ao seu programa de treinamento em vendas (Accelerated Career Excellence in Sales, ACES), que ensina aos indivíduos como se tornarem gerentes de gestão de negócios. O programa de aprendizagem de cinco meses conta com um encontro presencial entre os participantes para uma sessão de treinamento de dois dias. Depois, eles retornam aos seus respectivos mercados de venda. O restante do tempo do programa é usado para trabalhar no campo com mentores e realizar módulos de treinamento *on-line*. Durante o programa, os funcionários têm acesso à comunidade *on-line* da ACES para interagirem com líderes de venda seniores, pares, mentores e outros funcionários no programa que tenham relação com vendas. A adição da plataforma de redes sociais ao programa de treinamento incentivou os funcionários a compartilharem conhecimento. Um aluno do programa contatou todos os mentores da ACES para identificar as melhores práticas de um tópico específico, por exemplo, e depois compilou as informações obtidas em um documento que ele compartilhou com toda a comunidade de alunos.

A Verizon utiliza as ferramentas de redes sociais para treinar funcionários para que saibam dar suporte a novos produtos e dispositivos. O Blog de Dispositivos, O Fórum de Dispositivos e as Comunidades de Aprendizagem garantem que os funcionários estejam prontos para oferecer suporte aos clientes quando os novos produtos e dispositivos forem colocados no mercado, envolvendo a força de trabalho multigeracional da empresa e facilitando a aprendizagem de um funcionário a outro (*peer-to-peer*). O Blog de Dispositivos fornece informações e atualizações sobre dispositivos sem fio (como o Droid), perguntas mais frequentes (FAQs), vídeos no estilo "como fazer" e dicas de resolução de problemas. O Fórum de Dispositivos possibilita que funcionários do varejo aprendam com pares e fabricantes de produtos. Assim, os funcionários podem fazer perguntas uns aos outros, compartilhar questões, postar dicas, fazer sugestões e contatarem especialistas em produtos. As Comunidades de Aprendizagem, que são acessadas através do Blog de Dispositivos, incluem *vlogs*, fóruns de discussão, *links* para módulos de treinamento *on-line* e demonstrações de produtos. Além dessas ferramentas, os funcionários têm acesso à Minha Rede para colaborarem com os seus pares, compartilharem conhecimento e documentos e criarem grupos de trabalho. Alguns instrutores também utilizam para postar conteúdos complementares para os alunos.

A IBM utiliza mídias sociais para conectar os seus funcionários em todo o mundo. O *site* da IBM, conhecido como w3, contribui para a integração global da empresa. O w3 On Demand Workplace é uma ferramenta poderosa de produtividade e colaboração para 400 mil funcionários da IBM em 75 países, podendo ser usada na localização de recursos e conhecimento de pares em todo o mundo para ajudar os clientes a inovarem e serem bem-sucedidos. Os funcionários podem criar perfis pessoais, marcar *sites* e histórias como favoritos, comentar em *blogs* de empresas, contribuir para *wikis*, compartilhar arquivos e ler e analisar periódicos, vídeos e *podcasts*.

A Special People in Northeast, Inc. (SPIN), uma organização sem fins lucrativos que oferece serviços a indivíduos com deficiências, disponibiliza *on-line* aos seus funcionários *webcasts* e vídeos, manuais de "como fazer" e fluxogramas de processos para garantir que o conhecimento de funcionários-chave seja documentado e que as práticas e os procedimentos atuais sejam disponibilizados e compartilhados. A Intel incentiva o aprendizado informal de duas maneiras: através do compartilhamento de conhecimento e da oferta de "apoio a quem desempenha" aos funcionários. As duas coisas fazem parte da Planet Blue, uma plataforma de mídia social para os funcionários da Intel. Os colaboradores da empresa também têm acesso ao Intelpedia, uma *wiki* privada que pode ser editada pelos funcionários e conta com milhões de páginas e com a colaboração de milhares de funcionários. A Intelpedia ajudou a criar uma cultura na empresa do uso de soluções de compartilhamento de informações com base na tecnologia.

Como você determinaria se as mídias sociais seriam uma ferramenta de aprendizagem eficaz em uma empresa? A Tabela 8.7 mostra as perguntas a serem feitas para lidar com essa questão. Quanto mais respostas "sim", maior é a probabilidade de que as mídias sociais sejam uma solução eficaz. O mais importante a considerar é se as mídias sociais já estão sendo usadas na empresa, o que facilitaria a definição de como elas encaixam-se na estratégia de aprendizagem da empresa e com que facilidade seriam adaptadas ao treinamento.

TABELA 8.7 Fatores a considerar ao decidir pelo uso de mídias sociais para treinamento e aprendizado

- As redes sociais já são usadas na empresa?
- O uso de redes sociais encaixa-se na estratégia de aprendizagem da empresa?
- Os funcionários estão geograficamente dispersos?
- A estratégia de aprendizagem apoia o aprendizado no local de trabalho?
- Existe uma necessidade de fomentar a colaboração?
- Há um número significativo de funcionários da Geração X ou Y? Os funcionários sentem-se confortáveis em usar redes sociais?
- O negócio exige bastante trabalho em equipe?
- O conhecimento precisa ser compartilhado com rapidez?
- A empresa valoriza a inovação?
- A cultura apoia a tomada de decisões descentralizada?

Fontes: Baseado em T. Bingham and M. Conner, *The New Social Learning* (Alexandria, VA: American Society for Training and Development, 2010); M. Derven, "Social networking: A force for development?" *T+D* (July 2009): 59-63.

É importante saber se ideias, conteúdo e recomendações oferecidas nas mídias sociais são de qualidade e condizem com as prioridades da empresa. A IBM conduz avaliações para garantir a qualidade das recomendações.[49] Todos os funcionários realizam uma autoavaliação anual que determina os seus níveis de habilidades (iniciante, básico, experiente, especialista e líder de pensamento) e a capacidade de servir os clientes. Esses *rankings* ajudam os funcionários a encontrarem pessoas que tenham o conhecimento ou a experiência de que precisam para uma determinada habilidade ou solução. As autoavaliações que se declaram "líder de pensamento" e "especialista" são revisadas por um gerente e por um especialista no assunto. Também pode ser preciso ter um editor que monitore as postagens *on-line* para garantir que elas reflitam a forma como a empresa quer ser vista. Por outro lado, a desvantagem das avaliações e do monitoramento da qualidade é que isso pode acabar inibindo a colaboração e o *networking*.

BLENDED LEARNING

Tendo em vista as limitações da aprendizagem *on-line* relacionadas à tecnologia (p. ex., largura de banda insuficiente ou falta de conexões rápidas), à preferência de aprendizes pelo contato presencial com instrutores e outros alunos e à incapacidade dos funcionários de encontrarem tempo não agendado durante o dia de trabalho para dedicarem ao aprendizado, muitas empresas estão mudando para uma abordagem de aprendizagem híbrida (*blended learning*). A **blended learning** une a aprendizagem *on-line*, a instrução presencial e outros métodos para a distribuição de conteúdo e instrução. As disciplinas de aprendizagem híbrida guardam características positivas tanto da instrução presencial quanto da oferta com base em tecnologia e dos métodos instrucionais (como aprendizagem *on-line*, aprendizagem a distância e tecnologias móveis como *tablets* e iPhones), ao mesmo tempo em que minimizam as características negativas de cada uma.[50] Em comparação com a oferta em sala de aula, a *blended learning* oferece maior controle do aluno, permite o autodirecionamento e exige que ele assuma maior responsabilidade pelo aprendizado (fatores consistentes com as recomendações da teoria da aprendizagem de adultos abordada no Capítulo 4).[51] Por outro lado, em comparação com a aprendizagem *on-line*, a aprendizagem híbrida oferece maior interação social presencial e garante que pelo menos um pouco da instrução seja apresentada em um ambiente dedicado à aprendizagem. Ela utiliza a sala de aula para possibilitar aos alunos aprenderem juntos, discutirem e compartilharem ideias, o que ajuda a trazer o aprendizado para a vida e torná-lo significativo. É preferível que o *feedback* dos pares seja presencial e não recebido *on-line*.⁵² A *blended learning* mostrou-se mais eficaz do que a instrução presencial para motivar os aprendizes a aprenderem e para ensinar conhecimento declarativo ou informações sobre ideias ou tópicos.⁵³ As disciplinas de aprendizagem híbrida são mais rigorosas e exigem maior comprometimento de tempo em razão do uso de duas abordagens. As pesquisas sugerem que as questões ou problemas mais significativos para a *blended learning* são a tecnologia em constante mudança, o apoio da gerência e o comprometimento insuficiente com a abordagem e a falta de entendimento sobre o que de fato é a aprendizagem híbrida e como ela deve ser implantada.⁵⁴

A Cisco Systems oferece o "Fundamentos de Gestão", um programa de base para o desenvolvimento da gestão.⁵⁵ A empresa costumava oferecer sete disciplinas separadas aos seus gerentes, mas o programa atual integra o currículo de desenvolvimento da gestão. Na Fase 1, que são as primeiras nove semanas, um novo tópico que os gerentes precisam dominar é abordado a cada semana. A aprendizagem *on-line* inclui testes para garantir que os gerentes ganharam conhecimento, exercícios multimídia, estudos de caso e discussões *on-line* semanais. Na Fase 2, os gerentes participam de um programa de quatro dias em que devem reunir-se em uma sala de aula para discutir sobre o que aprenderam *on-line*. Na Fase 3, cada gerente deve aprender juntamente do seu próprio gerente. Ao final do programa, o gerente recebe uma avaliação que consiste em um *feedback* 360°, que é usado para ajustar o plano de desenvolvimento de cada um. A Gilbane Building Company oferece uma disciplina de gestão de mudança que compreende uma aula presencial de oito horas e, como prerrequisito, um módulo *on-line* de duas horas apresentando princípios da gestão de mudança. A aula presencial possibilita que os aprendizes apliquem os princípios de gestão de mudança a possíveis cenários de projetos. A Gilbane também inclui um sistema de suporte ao desempenho ao qual os participantes podem recorrer quando estiverem de volta ao trabalho.

O treinamento no Dunkin' Donuts baseia-se em uma abordagem *blended learning* que engloba treinamento *on-line*, em sala de aula e no local de trabalho com acompanhamento e reforço.⁵⁶ Os franqueados participam de um curso introdutório que foca no negócio e também nos papéis e responsabilidades de franqueador e franqueado. Isso ajuda os franqueados a aprenderem com indivíduos e equipes importantes da corporação e ainda construir relações entre si. Depois, os franqueados cumprem 60 horas de treinamento *on-line* seguindo o próprio ritmo sobre a produção de *donuts*, manutenção de equipamentos, segurança de alimentos e gestão de turnos. Uma disciplina e programa de certificação de cinco semanas e meia orientada por instrutor ocorre simultaneamente ao treinamento *on-line*. Tanto as disciplinas *on-line* quanto as disciplinas orientadas por instrutor são elaboradas para simular experiências nos restaurantes, com a meta de facilitar a prática no local de trabalho que acontece no restaurante. Por fim, essas sessões de prática são apoiadas por listas de conferência de habilidades para que os aprendizes possam monitorar o progresso e revisar os materiais de treinamento.

SIMULAÇÕES E JOGOS

As simulações e jogos foram apresentados como método de treinamento tradicional no Capítulo 7. Neste capítulo, discutiremos como o desenvolvimento da tecnologia e dos *softwares* melhorou o aprendizado e a transferência que podem ser resultado deles. Simulações e jogos que são oferecidos através de um computador pessoal (ou de um aparelho específico como o Xbox) mergulham os aprendizes em exercícios de tomada de decisões em um ambiente artificial, porém realista, que possibilita que eles aprendam as consequências de suas decisões. Jogos de simulação são muito populares: estima-se que 40% dos adultos joguem videogames![57] A questão é como usar os aspectos divertidos e motivacionais dos jogos para ajudar os funcionários a adquirirem conhecimento e habilidades. A Tabela 8.8 mostra quatro tipos diferentes de simulações e jogos.

O UrbanSim é um jogo que ensina técnicas de contrainsurgência aos comandantes dos batalhões do exército norte-americano.[58] Ele parece com uma versão militarizada do SimCity, jogo com o qual muitas pessoas se divertem em casa, mas na verdade é uma simulação sofisticada que incorpora fatores como condições econômicas e formação de contatos sociais e analisa como eles influenciam a população a apoiar o governo ou os insurgentes. Tradicionalmente, as simulações do exército envolviam táticas de campo de batalha e decisões sobre quanto, quando e que poder de fogo usar para dominar o inimigo. Entretanto, nas missões de contrainsurgência nos dias de hoje, nas quais o inimigo não veste um uniforme e mora em meio a uma população civil pacífica sem existir necessariamente um campo de batalha distinguível, ganhar o coração e a mente dos moradores depende mais de psicologia, sociologia e habilidades políticas do que de poder de fogo. Esses jogos exigem que os líderes militares tomem o tipo de decisão que teriam que tomar nas operações e visualizem quais seriam as consequências. Eles podem derrubar portas, chantagear líderes locais, destruir unidades de insurgentes e consertar redes de esgoto, por exemplo. Os jogos ajudam os líderes a saberem como fazer o melhor uso dos recursos disponíveis e entenderem as consequências imediatas de cada decisão e como ela contribui ou impede a eficácia de outras ações. Consertar a rede de esgoto local altera o ânimo da população, o que pode modificar o apoio aos insurgentes, afetar o número de ataques com explosivos improvisados e, eventualmente, ajudar o exército a derrotar a contrainsurgência.

Na NetApp Inc., 25 gerentes participaram de um jogo no qual eles desempenhavam papéis de altos executivos em uma empresa imaginária, modelada a partir do seu empregador.[59] Os gerentes trabalhavam em equipes de cinco pessoas e competiam para ver quem teria o maior lucro operacional e as maiores vendas. Eles enfrentavam desafios como equilibrar investimentos de curto e longo prazo. Os gerentes recebiam algumas informações, incluindo análises de mercado com base em dados reais da NetApp e um menu com iniciativas estratégicas, como melhoria do recrutamento junto às faculdades. As equipes precisavam escolher as estratégias e alocar funcionários e dinheiro para

TABELA 8.8 Tipos de simulações

Tipos de simulação	Descrição
Histórias ramificadas	Os aprendizes são apresentados a uma situação em que precisam fazer uma escolha ou tomar uma decisão. Eles progridem pela simulação com base nas decisões tomadas.
Planilha interativa	Os aprendizes recebem um conjunto de regras de negócio (normalmente relacionadas a finanças) e precisam tomar decisões que afetarão o negócio. As decisões são inseridas em uma planilha que mostra como elas afetam o negócio.
Com base em jogo	Os aprendizes jogam um videogame em um computador.
Laboratório virtual	Os aprendizes interagem com uma representação virtual do cargo para o qual estão sendo treinados.

Fontes: Baseado em C. Cornell, "Better than the real thing?" *Human Resource Executive* (August 2005): 34-37; S. Boehle, "Simulations: The next generation of e-learning," *Training* (January 2005): 22-31.

elas. O cenário apresentado poderia envolver um cliente importante que deseja acrescentar recursos de última hora ao produto e, como resposta, seria preciso decidir entre acrescentar os recursos (o que incluiria determinar os custos relacionados) ou negar o pedido e arriscar chatear um cliente importante. Depois, as equipes visualizavam as consequências das suas decisões. Uma equipe decidiu negar o pedido do cliente, o que resultou em uma queda na satisfação dele e na participação de mercado, por exemplo. Ao final da simulação, as vendas, o total de lucros e os efeitos das estratégias adotadas por cada time eram discutidos.

A Miller Brewing Company utiliza um minijogo, chamado "Tips on Tap", para ensinar os atendentes de bar a servirem perfeitamente a cerveja, pedirem documentos dos clientes para constatar a maioridade e oferecerem um bom serviço para aumentar as gorjetas.[60] O "Tips on Tap" inclui simulações como a *Score Your Pour*, que ensina como servir a cerveja usando o ângulo e a altura apropriados. Os aprendizes movem o copo usando um *mouse* e medem a distância e o ângulo entre o copo e a saída da torneira para criar o colarinho certo. Se o funcionário se encostar na torneira enquanto serve ou se respingar a cerveja, perde pontos e após cada sessão, eles recebem *feedback*. Minijogos como esse estão cada vez mais populares, por vários motivos. Na Miller, o jogo *on-line* consegue reproduzir melhor o jeito certo de servir do que a instrução tradicional em sala de aula, é mais conveniente e acessível para a prática do funcionário e ainda elimina o desperdício e reduz custos, já que não se usa o produto real. Ademais, os minijogos são de fácil acesso, envolvem o aluno com música e gráficos, demandam menos que 20 minutos de participação do aluno e têm baixos custos de desenvolvimento. Os minijogos são mais apropriados para aprender habilidades que podem ser ensinadas através da repetição, como servir cerveja ou realizar procedimentos de emergência.

Antes do lançamento do novo Rapid Release Gelcaps, a Tylenol utilizou um jogo chamado "The Need for Speed Trivia" para ajudar os vendedores a aprenderem sobre o produto.[61] O jogo era gravado em um CD-ROM para que os vendedores jogassem sozinhos ou *on-line* com os colegas e tinha um cronômetro e um sistema de pontuação, sendo que os vendedores que jogavam uns contra os outros competiam para ver quem responderia mais questões em menos tempo. Elaborou-se um sistema de classificação para que qualquer um que jogasse pudesse ver quem estava liderando com a melhor pontuação. Foram elaboradas perguntas para reforçar as informações sobre as novas cápsulas em gel recebidas pelos representantes de vendas em uma reunião nacional. Os resultados apontavam para o jogo como uma ferramenta de treinamento eficaz. Cada vendedor jogou uma média de 47 vezes e interagiu com o programa por 71 minutos e o *feedback* dos representantes de vendas indicou que eles aprenderam sobre o produto e divertiram-se com o jogo.

Um **avatar** refere-se a uma representação virtual de uma pessoa que, em uma simulação, é usada como instrutor imaginário, colega de trabalho e cliente.[62] Normalmente, os aprendizes enxergam o avatar, que aparece ao longo de todo o treinamento. Uma disciplina de treinamento em vendas realizada na CDW Corporation, uma empresa de serviços e produtos de tecnologia, guia os participantes por entrevistas e clientes de mentirinha. O avatar apresenta a situação com o cliente e o aprendiz escuta-o falar em uma conversa por telefone simulada. A tarefa dos alunos é "ler" a voz do cliente com ajuda do avatar para determinar o que está acontecendo no processo de vendas. A rede hoteleira Loews utiliza o Virtual Leader, um programa que ajuda os participantes a aprenderem como serem eficazes em reuniões (p. ex., como formar alianças ou como conseguir a aprovação da agenda de uma reunião). Quando os aprendizes participam de reuniões simuladas, o que eles dizem (ou deixam de dizer) resulta em pontuações que indicam a influência que tiveram na reunião.

Como você pode ver a partir dos exemplos anteriores, as simulações são eficazes por vários motivos.[63] Em primeiro lugar, porque os funcionários utilizam-nas em seus computadores, eliminando a necessidade de deslocamento para um centro de treinamento. Em segundo lugar porque as simulações relevantes envolvem os aprendizes no aprendizado, até mesmo emocionalmente (elas podem ser divertidas!), o que aumenta a disposição dos funcionários para praticarem, incentiva a retenção e melhora as habilidades. Em terceiro lugar, os simuladores oferecem uma mensagem consistente sobre o que precisa ser aprendido, os participantes trabalham no próprio ritmo e, comparados à instrução presencial, incorporam mais situações e problemas que os funcionários enfrentam de fato. Em quarto lugar, as simulações colocam os funcionários com segurança em situações que seriam perigosas no mundo real. Em quinto e último lugar, os resultados das simulações mostram-se positivos em períodos curtos de treinamento e aumentam o retorno sobre o investimento.

Entretanto, as simulações também apresentam desvantagens, já que o uso é limitado pelos custos de desenvolvimento. Os jogos e simulações são úteis para a prática de habilidades, mas primeiro é preciso que os aprendizes adquiram conhecimento para depois aplicá-lo no jogo.[64] O questionamento dos alunos após o jogo é importante para ajudá-los a entender como a experiência simulada relaciona-se com o trabalho. Uma simulação personalizada pode custar entre $ 200 e 300 mil, enquanto uma simulação adquirida de um fornecedor sem alterações específicas para a empresa custa de $ 100 a 200 por funcionário.[65] Entretanto, ainda que continuem sendo um método de treinamento caro, o custo de desenvolvimento das simulações está diminuindo e tornando-as um método popular de treinamento e o seu uso deve crescer conforme o desenvolvimento da tecnologia possibilite que elas fiquem mais reais. A última desvantagem a ser mencionada é o fato de que alguns aprendizes não se sentem confortáveis em situações de aprendizagem que careçam de contato humano.

Realidade virtual

A **realidade virtual** oferece aos aprendizes uma experiência de aprendizagem tridimensional, permitindo que as simulações sejam ainda mais realistas. Através do uso de equipamentos especializados ou da visualização de um modelo virtual na tela do computador, os participantes movem-se por um ambiente simulado e interagem com os seus componentes.[66] Essa tecnologia é usada para estimular vários sentidos do usuário, com dispositivos que transmitem informações do ambiente aos sentidos.[67] Para criar um ambiente artificial realista, utilizam-se interfaces de áudio, luvas que dão a sensação de toque, esteiras ou plataformas de movimento. Os dispositivos também comunicam as informações sobre os movimentos do funcionário para o computador. Esse tipo de dispositivo proporciona a ele a percepção de realmente estar em um determinado ambiente, fator que é influenciado pelo volume de informação sensorial disponível, pelo controle sobre os sensores no ambiente e pela capacidade do aprendiz de modificar o ambiente.

A Motorola, por exemplo, utiliza a realidade virtual nas suas disciplinas avançadas de produção para os funcionários que estão aprendendo a administrar as instalações da Pager Robotic Assembly, a linha de montagem de pagers. Os funcionários são equipados com visores presos à cabeça que permitem enxergar o mundo virtual, que conta com um laboratório, robôs, ferramentas e operações de montagem. Eles escutam e veem os sons e imagens reais, como se estivessem usando equipamentos de verdade e o equipamento responde às ações deles (p. ex., ligar uma tomada).

Uma das vantagens da realidade virtual é que ela possibilita que os aprendizes pratiquem tarefas perigosas sem serem colocados em situações de risco. Pesquisas sugerem que o treinamento com realidade virtual tem maior probabilidade de exercer impacto em tarefas complexas ou que envolvam uso extensivo de interpretações visuais.[68] A chave para o sucesso do ambiente de realidade virtual é usar indicações visuais, espaciais e auditivas para projetar experiências envolventes que estejam o mais próximo possível do ambiente de trabalho real.[69] O aluno precisa receber diretrizes básicas que permitam que aprenda com seus pares, com o ambiente e com a experiência. A colaboração e a transferência de conhecimentos e habilidades, que são duas vantagens dos mundos virtuais, podem ser facilitadas pela criação de um ambiente no qual os alunos participem ao mesmo tempo e no mesmo espaço, dando tempo para que o instrutor (avatar) revise a aplicação do conhecimento ou habilidades ensinadas ou para a revisão de ações, comportamentos ou resultados por parte dos pares. Outra vantagem potencial é que o uso de um ambiente tão realista pode disponibilizar mais memória para o aprendizado, memória essa que antes era usada para converter os cenários de treinamento uni ou bidimensionais em espaços tridimensionais (e que agora pode ser usada para o processamento de informações).

Entre os obstáculos ao desenvolvimento de treinamento com realidade virtual eficaz, podemos citar equipamentos medíocres que resultam em uma sensação de presença reduzida (p. ex., pouco *feedback* palpável e atrasos de tempo inadequados entre a sensação e a resposta às ações dos participantes), o que pode ter como consequência vômitos, tonturas e dores de cabeça (mal-estar causado pelo simulador), em razão da desorientação dos sentidos.

Mundos virtuais

Mundos virtuais são representações tridimensionais do mundo real simuladas *on-line*, nas quais se podem hospedar programas ou experiências de aprendizagem. No Second Life, um mundo virtual bastante popular, os aprendizes usam avatares para interagir uns com os outros em salas de aula, seminários *on-line*, simulações ou exercícios de dramatização. O mundo virtual do Second Life possibilita que o aprendizado seja real sem ser perigoso ou arriscado para pacientes, funcionários ou clientes. Embora o Second Life possa ser usado para criar salas de aula virtuais, o seu ponto forte é a capacidade de criar simulações de realidades virtuais que envolvam ativamente o aluno, como colocar os avatares dos participantes em uma dramatização realista na qual precisem lidar com um cliente irritado. A Stapoil, empresa petrolífera norueguesa, possui uma plataforma de petróleo no Second Life que permite aos aprendizes caminharem por ela. A plataforma é usada para treinamentos sobre segurança em que ela pega fogo e os funcionários precisam localizar os botes salva-vidas e sair da plataforma em segurança.[70]

Os funcionários da Silicon Image aprendem sobre a produção de *chips* de silício explorando um mundo virtual que representa um campus corporativo e interagindo com avatares.[71] Eles visitam os departamentos da empresa e assistem a vídeos e apresentações de slides que explicam que tipo de trabalho é feito em cada uma das unidades. A British Petroleum (BP) utiliza o Second Life para treinar os novos funcionários dos postos de combustível sobre recursos de segurança dos tanques de armazenamento e das linhas de abastecimento.[72] O mundo virtual da BP inclui réplicas tridimensionais dos tanques e do sistema de encanamento de um posto de combustível e os funcionários enxergam os tanques de armazenamento subterrâneo e observam como os dispositivos de segurança controlam o fluxo de gasolina (algo que nunca poderia ser feito na vida real). Uma empresa da indústria farmacêutica desenvolveu um mundo virtual para treinar os médicos sobre como expandir as suas práticas através da oferta de vacinação.[73] Os médicos fazem um *tour* por uma clínica virtual e visitam diferentes salas para aprender como organizar e armazenar as vacinas, administrar as doses aos pacientes e fazer cobranças pelos serviços.

Além do Second Life, existem opções como ProtoSphere, Forterra e Virtual Heroes que oferecem mundos virtuais.[74] A Paidera, uma empresa de tecnologia que oferece treinamento em inglês como segunda língua, utiliza o Forterra no ensino. Com ele, os aprendizes criam avatares e entram em um mundo virtual para praticarem habilidades linguísticas em situações reais, falar com um motorista de táxi ou pedir comida em um restaurante, por exemplo. O aluguel de um espaço em um campus de um mundo virtual dentro de um espaço público varia entre $ 200 e 300 por dia, enquanto para uma simulação personalizada o valor é de $ 1 a 2 mil.[75]

Vantagens dos mundos virtuais

Há várias vantagens em usar um mundo virtual no treinamento.[76] Ainda que poucos estudos tenham sido realizados até o momento, as pesquisas apontam que os alunos ficam mais satisfeitos com experiências no mundo virtual e aprendem mais rápido do que em programas tradicionais.[77] O ambiente virtual pode reproduzir um ambiente de trabalho real, permitindo aos aprendizes praticarem as suas habilidades sem prejuízo a produtos ou pacientes e, ao mesmo tempo, visualizando as consequências reais das suas ações. Ele também oferece um local para se encontrar instrutores, gerentes e outros funcionários, que podem atuar como professores. Os mundos virtuais são úteis para a construção de habilidades em tarefas que não são de rotina e procedimentos difíceis de definir com base em julgamento ou solução de problemas e, ainda, para o ensino de habilidades interpessoais como gestão do tempo, comunicação, liderança e trabalho sob pressão. Também é possível a realização de exercícios de equipe e de solução de problemas em grupo, porque se podem criar avatares para simular outros participantes ou envolver aprendizes reais em uma simulação simultânea. O Second Life e os mundos virtuais motivam os alunos, tornando o aprendizado divertido e interativo. Além disso, a transferência do treinamento é melhor porque o mundo virtual usado no treinamento pode reproduzir com perfeição o ambiente de trabalho real. O Second Life é usado para *e-learning*, colaboração e reuniões. Da mesma forma que acontece com outros métodos de treinamento com base em tecnologia, é uma maneira muito eficaz de dar acesso ao treinamento para funcionários que não estejam no mesmo local ou país.

Desvantagens dos mundos virtuais

Apesar do potencial aparentemente ilimitado do uso de mundos virtuais no treinamento e no desenvolvimento, este método também tem desvantagens significativas. Entre elas, as pesquisas sugerem a dificuldade de uso para usuários iniciantes, a possibilidade de interfaces de teclado ou *mouse* difíceis (o que desmotiva os alunos), o alto investimento de tempo e dinheiro na programação do conteúdo e a falta de evidências que comprovem a sua eficácia para o aprendizado.[78] A novidade em experimentar um mundo virtual tridimensional como o Second Life e a aparência dos avatares fazem os aprendizes se lembrarem da experiência, mas também podem interferir na retenção e transferência do conteúdo para o trabalho. O aprendizado no mundo virtual é melhor para aqueles que já têm algumas experiências de trabalho porque para alunos completamente alheios à elas, o ambiente virtual pode confundir e sobrecarregar.

TECNOLOGIAS MÓVEIS E APRENDIZAGEM

A tecnologia móvel permite que a aprendizagem ocorra em qualquer lugar, a qualquer momento. Ela consiste em:[79]

- Sistemas de transmissão sem fio, como Wi-Fi e Bluetooth, que permitem a transmissão de dados sem a necessidade de conexões físicas entre os dispositivos ou entre o dispositivo e uma conexão com a Internet.
- Dispositivos móveis como *smartphones*, *tablets*, iPods, iPads, GPS e RFIDs.
- Aplicativos de *software* relacionados ao processamento de arquivos de áudio, de palavras, planilhas, Internet, e-mail e mensagens instantâneas.

Os dispositivos conhecidos como GPS (sistema de posicionamento global) e RFID (identificação por radiofrequência) são usados para rastrear clientes, funcionários e pertences. Muitos carros e caminhões são equipados com GPS para possibilitar que operadores localizem os motoristas, como é o caso das transportadoras que utilizam caminhões e usam o GPS para rastrear as cargas e estimar os horários de chegada. Já os *chips* RFID são embutidos em produtos para rastrear os seus movimentos e ajudar no controle de inventário.

A **aprendizagem móvel** diz respeito ao treinamento que é oferecido através de dispositivos móveis, como *smartphones*, netbooks, notebooks ou iPads, podendo envolver aprendizado formal e informal. O aprendizado formal abrange disciplinas de *e-learning*, *podcasts* ou vídeos através do dispositivo móvel, enquanto o aprendizado informal inclui comunicar-se com outros funcionários ou especialistas pelo Twitter, *blogs* ou Facebook. Para citar vantagens da aprendizagem móvel, pode-se dizer que é uma forma fácil de transmitir informações atualizadas aos funcionários, melhorar a transferência do treinamento através do acompanhamento, realizar o treinamento no próprio ritmo e levar treinamento a funcionários que viajam constantemente, que ficam muito tempo longe do escritório visitando clientes ou que não têm tempo de participar de programas presenciais (como vendedores ou executivos). Os dispositivos móveis também podem oferecer *feeds* RSS, mídias compartilhadas (como o YouTube) e *podcasts*. Os **podcasts** referem-se ao conteúdo de programas de áudio ou vídeo distribuídos em episódios usando um *software* como o RSS. A melhor forma de usar os *podcasts* é para conteúdo com base em narrativa que estimule a imaginação do usuário através de músicas e sons.⁸⁰ Eles são ótimos para compartilhar a experiência de especialistas no assunto por meio de entrevistas, histórias e dramatizações pois é algo fácil e barato de produzir com o auxílio de microfone, *software* de áudio, gravador digital, gravador de chamadas do Skype, fones de ouvido ou alto-falantes. Uma das vantagens é que os alunos podem escutá-los a qualquer hora ou local usando vários dispositivos móveis diferentes, como iPhones, iPads ou notebooks. Por meio das tecnologias móveis, o treinamento e o desenvolvimento ocorrem naturalmente ao longo do dia de trabalho ou em casa, os funcionários conectam-se com comunidades de aprendizagem e são capazes de aprender no próprio ritmo, revisando materiais ou pulando conteúdo que já dominam.⁸¹

Muitas empresas estão usando *tablets* como o iPad para o treinamento por causa da facilidade de uso, *display* fácil de ler e colorido, capacidade de conectar-se à Internet e disponibilidade de ótimos aplicativos. Os **aplicativos (*apps*)** dizem respeito aos aplicativos elaborados especificamente para *smartphones* e *tablets*. Eles são usados principalmente para complementar o treinamento, gerenciar o caminho ou sequência do treinamento e ajudar os funcionários a manterem registros de treinamento.⁸² Um *app* para as equipes médicas de combate do exército norte-americano oferece detalhes sobre procedimentos médicos do tipo como controlar um sangramento, por exemplo. A American Ophthalmological Society (AOS) está usando aplicativos em suas disciplinas de educação continuada para complementar o treinamento. Enquanto a disciplina é oferecida *on-line*, dicas e técnicas de aprendizagem são oferecidas através de aplicativos móveis.

Algumas empresas estão começando a usar aplicativos como treinamento principal. Para garantir que o aprendizado e a transferência do treinamento ocorram com esses aplicativos, eles são elaborados para prender a atenção do aluno, incorporando vídeos, histórias e interações interessantes. A Coca-Cola, por exemplo, usa jogos multijogador em dispositivos eletrônicos para treinar executivos em solução de problemas em equipe. A Hilton Worldwide, por sua vez, está distribuindo mil iPads aos seus executivos seniores, que passam quase 8% do seu tempo em viagens, o que dificulta a aprendizagem presencial.⁸³ Os iPads estão carregados de aplicativos e vídeos personalizados. A SAP, uma empresa do ramo de tecnologia, deu 1.500 iPads aos funcionários e esperava distribuir mais 17 mil só no ano de 2011. A empresa está usando o iPad porque ele facilita a aprendizagem personalizada para vendedores por todo o mundo, já que um novo vendedor na China precisará de um conjunto de habilidades e aplicativos diferente daquele de um vendedor experiente no Canadá.

A Watson Pharmaceuticals desenvolveu um aplicativo para a sua universidade corporativa que permite que representantes farmacêuticos acessem vídeos e conhecimento sobre produtos a partir de seus iPhones. A Unisys Corporation oferece aos seus funcionários tanto o *e-learning* quanto a versão móvel de um programa de treinamento em observância.⁸⁴ A versão móvel conta com segmentos de 20 minutos, enquanto o *e-learning* dura uma hora e meia. A versão móvel também tem menos conteúdo em cada tela e uso limitado de recursos de vídeo. Através dos dispositivos móveis, a Unisys também oferece aulas experimentais de programas de *e-learning* ou presencial para instigar os alunos a envolverem-se com outras disciplinas de treinamento. A Northrop Grumman, uma empresa de produtos de uso militar, está desenvolvendo jogos para *tablets* e iPads para treinar os usuários em segurança de tecnologia da informação usando uma interface que se parece com uma placa-mãe. Os alunos andam por um tabuleiro de jogo em seus "caminhões" e recebem perguntas sobre segurança de tecnologia da informação. Caso respondam corretamente a todas as questões, eles recebem a oportunidade de utilizarem um jogo em que derrubam bombas lógicas, códigos maliciosos e cavalos de Troia.

Para que a aprendizagem móvel seja eficaz, é preciso que seja curta, fácil de usar e relevante.[85] Estima-se que a duração não deva exceder 10 minutos porque é provável que os usuários não tenham longos períodos para dedicar ao aprendizado e porque o tempo de atenção é limitado quando se olha para uma tela pequena, que é o caso de muitos dispositivos móveis. O *layout* da tela deve funcionar com ou sem gráficos e as imagens só devem ser usadas se forem relevantes para o conteúdo, porque o *download* pode ficar lento em decorrência de limitações de largura de banda. As imagens devem ser redimensionadas para que o usuário consiga enxergar sem precisar mover a barra de rolagem para baixo ou para os lados. Os requisitos técnicos em razão do tamanho da tela, navegadores e sistemas operacionais móveis devem ser levados em consideração, bem como a disponibilidade e possibilidade de usar *plug-ins* como flash, Java e PDF. O simples reaproveitamento de palestras que são digitalizadas e depois distribuídas aos funcionários não facilita o aprendizado. A Capital One, por exemplo, produz programas de rádio simulados com perguntas de ouvintes e respostas de locutores para criar um ambiente de aprendizagem agradável e interessante. Assim como acontece com o *e-learning*, o treinamento que usa tecnologias móveis é mais eficaz se fizer parte de uma abordagem *blended learning* que envolva a interação presencial entre os participantes e o aprendizado através do áudio.

SISTEMAS DE TUTORIA INTELIGENTE

Um **sistema de tutoria inteligente (ITS)** é um sistema instrucional que usa inteligência artificial.[86] Há três tipos de ambientes ITS: tutoria, *coaching* e empoderamento. A tutoria é uma tentativa estruturada de aumentar o entendimento do aprendiz quanto a um domínio de conteúdo. O *coaching*, por sua vez, oferece flexibilidade ao participante para praticar habilidades em ambientes artificiais. Já o empoderamento refere-se à capacidade do estudante de explorar livremente o conteúdo do programa de treinamento. Os cinco componentes do ITS são apresentados na Figura 8.4. O ITS tem informações sobre o domínio do conteúdo e expectativas quanto ao nível de conhecimento do aprendiz, podendo ser distinguido de outras novas tecnologias de treinamento de várias maneiras:[87]

- O ITS é capaz de combinar a instrução às necessidades individuais dos estudantes.
- O ITS comunica e responde ao aluno.
- O ITS modela o processo de aprendizagem do aprendiz.
- O ITS decide que informações oferecer, tendo como base o desempenho anterior do aprendiz.
- O ITS toma decisões quanto ao nível de compreensão do aprendiz.
- O ITS realiza uma autoavaliação que resulta em modificações no seu processo de ensino.

FIGURA 8.4 Componentes do sistema de tutoria inteligente

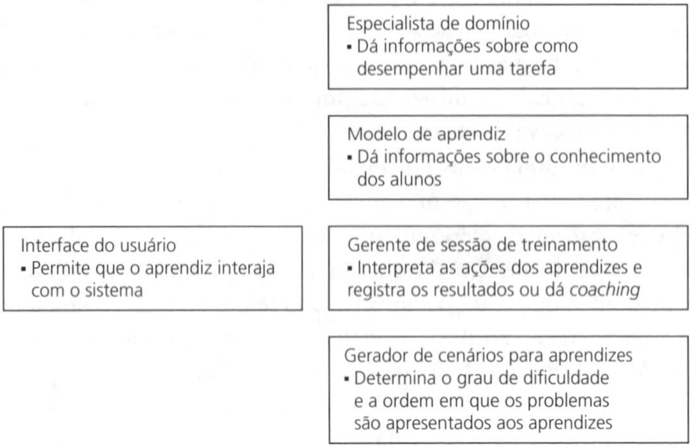

- Especialista de domínio
  - Dá informações sobre como desempenhar uma tarefa

- Modelo de aprendiz
  - Dá informações sobre o conhecimento dos alunos

- Interface do usuário
  - Permite que o aprendiz interaja com o sistema

- Gerente de sessão de treinamento
  - Interpreta as ações dos aprendizes e registra os resultados ou dá *coaching*

- Gerador de cenários para aprendizes
  - Determina o grau de dificuldade e a ordem em que os problemas são apresentados aos aprendizes

Fonte: Baseado em D. Steele-Johnson and B. G. Hyde, "Advanced Technologies in Training: Intelligent Tutoring Systems and Virtual Reality." In *Training for a Rapidly Changing Workplace,* ed. M. A. Quinones and A. Ehrenstein (Washington, D.C.: American Psychological Association, 1997): 225-248.

O ITS já foi usado pela NASA no treinamento de astronautas.[88] O Remote Maneuvering System ITS (Sistema ITS de Manobras Remoto), por exemplo, serviu para ensinar aos astronautas como usar um braço robótico do ônibus espacial: realizar tarefas e procedimentos relacionados a pegar uma carga. O ITS gerou processos personalizados para cada astronauta e o *feedback* seguia o padrão de sucessos e fracassos de cada um na aprendizagem das tarefas. O sistema gravava os dados de desempenho para cada indivíduo, tomava decisões quanto ao nível de entendimento do estudante e usava isso para oferecer o *feedback* adequado.

APRENDIZAGEM A DISTÂNCIA

A **aprendizagem a distância** é usada por empresas geograficamente dispersas para fornecer informações sobre novos produtos, políticas ou procedimentos, além de oferecer treinamento em habilidades e palestras de especialistas para funcionários que estejam fazendo trabalho de campo.[89] A aprendizagem a distância inclui salas de aula virtuais, que têm as seguintes características: projeção de imagens estáticas, animadas ou vídeos, discussões em áudio entre instrutor e participantes, compartilhamento de *softwares*, interações através de votações assistidas por tecnologia e ferramentas de marcação de quadro branco.[90] A aprendizagem a distância é caracterizada por comunicações bilaterais entre pessoas e, atualmente, envolve dois tipos de tecnologia.[91] A primeira delas é a **teleconferência**, que é a troca síncrona de áudio, vídeo e/ou texto entre dois ou mais indivíduos que estão em locais diferentes. Os funcionários participam dos programas de treinamento em instalações nas quais podem comunicar-se com instrutores (que estão em outro local) e com outros aprendizes através de telefones ou computadores. O segundo tipo de aprendizagem a distância também inclui treinamento individualizado com base em computador, no qual os funcionários participam do treinamento em qualquer lugar.[92] Neste tipo, utilizam-se métodos de treinamento multimídia, como treinamento *on-line*, os materiais e tarefas da disciplina são distribuídos por intranet, vídeo ou CD-ROM e instrutores e aprendizes interagem através de e-mails, quadros de recados e sistemas de conferência.

A teleconferência costuma incluir um *link* para telefone para que os participantes que estão assistindo à apresentação possam ligar para fazer perguntas para o instrutor ou tecer comentários. Além disso, as redes de satélite permitem que as empresas articulem-se com cursos educacionais específicos daquela indústria para que os funcionários recebam créditos de faculdade e certificações profissionais. IBM, Hewlett-Packard e Milliken Corporation estão entre as muitas empresas afiliadas ao National Technological University (que agora faz parte da Walden University), que transmite cursos necessários aos funcionários técnicos para obterem graus mais avançados de engenharia em todos os Estados Unidos.[93]

Uma **sala de aula virtual** refere-se ao uso de um computador e da Internet para distribuir treinamento orientado por um instrutor a funcionários geograficamente dispersos. Entre as vantagens de uma sala de aula virtual estão a economia de custos e a conveniência, já que funcionários distantes podem ser reunidos para o treinamento várias horas por semana e especialistas no conteúdo abordado podem ser levados para a sala sempre que preciso. Entretanto, o treinamento oferecido através de uma sala de aula virtual não é o mesmo oferecido presencialmente por um instrutor. Há diversas diretrizes para o desenvolvimento de treinamento eficaz em sala de aula virtual:[94]

- Elaborar módulos curtos e seguir o treinamento com uma tarefa que aplique ao trabalho o que foi aprendido.
- Tornar a aprendizagem interativa e interessante, elaborando o programa como se fosse um programa de rádio, por exemplo.
- Incluir mídias, como vídeo e áudio.
- Limitar o tamanho da turma a no máximo 25 alunos.
- Oferecer aos alunos várias maneiras de interagirem entre si e com o instrutor, incluindo seminários *on-line*, e-mails, salas de discussão, quadros de avisos e *blogs*.

A **aprendizagem interativa a distância (IDL)** é a versão mais recente de aprendizagem a distância, que utiliza tecnologia de satélites para transmitir programas a diferentes locais e permitir que os aprendizes respondam às questões feitas durante o treinamento usando o teclado.[95] A IDL está sendo usada por empresas que têm funcionários em várias regiões e que não tenham computadores ou acesso a Internet. Ela permite que eles vejam comportamentos e como fazer as coisas em vez de apenas ler ou ouvir falar sobre isso. A JCPenney Company, que produz mais de 200 programas IDL por ano, utiliza a aprendizagem a distância para alcançar todos os associados. Cada loja conta com uma sala de treinamento na qual até 12 funcionários podem acessar o programa e assisti-lo em uma tela grande de televisão. Cada funcionário tem o seu teclado para interagir com o programa, sendo possível assistir à transmissão por satélite ao vivo ou ver uma gravação mais tarde. Independentemente de estarem assistindo ao vivo ou não, os funcionários respondem perguntas como "Quantos metros quadrados tem o departamento de roupa íntima da sua loja?". Ao final do programa, os gerentes e instrutores podem acessar um relatório com as respostas de cada loja. As avaliações da aprendizagem interativa a distância estão sendo positivas, já que o método permitiu que a JCPenney oferecesse treinamento para todos os funcionários da empresa, e 86% deles relataram ter recebido o treinamento que precisavam para desempenhar o trabalho de maneira eficaz.

Uma vantagem da aprendizagem a distância é a economia de custos relacionados a viagens. Ela também possibilita que funcionários em locais dispersos recebam treinamento de especialistas que não poderiam visitar cada região de outra forma. A Intuit acha que o ambiente de sala de aula tradicional é bom para apresentar um *software* e oferecer aos funcionários a oportunidade de fazerem contatos. Já o treinamento em sala de aula virtual é usado para disciplinas sobre recursos de *software* diferenciados, demonstrações e solução de problemas através do uso de recursos de compartilhamento de aplicativos. A General Mills opta por salas de aula virtuais nas fábricas menores em que a oferta de aula presencial não apresenta um bom custo-benefício.[96] Os funcionários têm acesso a disciplinas sobre conhecimento específico de um produto (p. ex., produção de cereais), habilidades técnicas gerais (p. ex., química de alimentos) e conhecimento específico de uma função (p. ex., manutenção).

A FileNeT Corporation estava preocupada sobre como o setor de vendas acompanharia o surgimento de novos *softwares* e de suas atualizações.[97] Em decorrência disso, a FileNeT decidiu testar a aprendizagem *on-line* em ritmo próprio, mas descobriu que o pessoal de vendas não gostava de ler materiais demais *on-line* sobre novos produtos. As inscrições para cursos *on-line* decaíram e o departamento de treinamento recebeu uma enxurrada de solicitações de assistência individual dos vendedores. Para resolver o problema, a empresa optou pelo uso de *webcasting*. O **webcasting** ou **conferência web** envolve instrução oferecida *on-line* através de transmissões ao vivo. Ele ajudou a distribuir o treinamento do pessoal de vendas por todo o ano em vez de espremê-lo em reuniões semestrais de vendas, além de garantir que todos os vendedores recebessem as mesmas informações. Os funcionários gostaram dos *webcasts* porque a informação no tempo certo os ajudava a terem conversas com os clientes. As sessões ao vivo também eram bastante populares em razão da possibilidade de fazer perguntas. O *webcasting* não substituiu o treinamento presencial na FileNeT, que ainda representa 80% do treinamento (embora antes representasse 90%). Outro resultado foi uma economia anual de $ 500 mil, visto que uma das reuniões semestrais foi cancelada.

As principais desvantagens da aprendizagem a distância são a falta de interação entre o instrutor e o público, falhas na tecnologia e instrutores despreparados. Um grau elevado de interação entre os aprendizes ou entre os aprendizes e o instrutor é uma das características positivas da aprendizagem que não estão presentes nos programas a distância que só utilizam a tecnologia para transmitir uma palestra a funcionários geograficamente dispersos. Isso não passa do reaproveitamento de uma palestra tradicional (com as suas limitações para o aprendizado e a transferência de treinamento) para uma nova tecnologia de treinamento. Para envolver os participantes em um ambiente de aprendizagem a distância, é importante limitar as sessões *on-line* entre 60 e 90 minutos de duração, manter um bom ritmo, evitar a apresentação de textos desnecessários, usar imagens relevantes e envolventes (p. ex., gráficos e animações) e permitir que os aprendizes participem, usando recursos como enquetes e pequenos grupos de discussão e projetos.[98] Condições climáticas adversas e falhas no satélite podem acontecer a qualquer momento, desconectando o instrutor do público ou dificultando a exibição de um vídeo ou apresentação multimídia. Por esse motivo, os instrutores devem ter planos de *backup* para lidar com problemas técnicos. Visto que muitos instrutores têm dificuldade de falar com os aprendizes em outro local, sem um grupo animado de alunos à sua frente, é importante prepará-los para o ensino a distância. Como solução, um produtor que esteja familiarizado com a tecnologia pode trabalhar junto ao instrutor e facilitar a sessão de treinamento, por exemplo.

TECNOLOGIAS PARA SUPORTE DO TREINAMENTO

Tecnologias como sistemas especialistas, *softwares* colaborativos (*groupware*) e sistemas de suporte eletrônico estão sendo usadas para dar suporte aos esforços de treinamento. As tecnologias de suporte ao treinamento ajudam a capturar o conteúdo do programa para que ele fique disponível aos funcionários que não puderem comparecer a ele. Também significa que elas, que podem ser acessadas no ambiente de trabalho, oferecem informações e regras de decisão aos funcionários conforme for necessário (ou seja, são ajudas de trabalho).

A Tabela 8.9 mostra quando as tecnologias de suporte ao treinamento são mais necessárias. Muitas das condições mostradas na tabela estão relacionadas às características da tarefa ou do ambiente que podem inibir a transferência do treinamento. Pode ser que os funcionários trabalhem a certa distância do gerente, que o gerente seja difícil de contatar ou que os funcionários precisem de conhecimento especializado que o gerente não possui, por exemplo. Essas são situações que dificultam a localização de respostas para problemas surgidos no trabalho dos funcionários. As tecnologias de suporte ao treinamento dão assistência à transferência do treinamento, ajudando os funcionários a generalizar o conteúdo do treinamento para o ambiente de trabalho e oferecendo a eles informações que não foram abordadas no treinamento.

Sistemas especialistas

Os **sistemas especialistas** referem-se à tecnologia (normalmente *softwares*) que organiza e aplica o conhecimento de especialistas humanos a problemas específicos.[99] Os sistemas especialistas contêm três elementos:

1. Uma base de conhecimento que contenha fatos, números e regras sobre um determinado assunto.
2. Uma capacidade de tomada de decisões que, ao imitar a capacidade de raciocínio de um especialista, tira conclusões a partir dos fatos para resolver problemas e responder perguntas.
3. Uma interface de usuário que reúne e dá informações para quem estiver usando o sistema.

TABELA 8.9 Condições em que as tecnologias de suporte ao treinamento são mais necessárias

- O desempenho da tarefa é pouco frequente.
- A tarefa é longa, difícil e intensiva.
- As consequências de um erro são prejudiciais.
- O desempenho depende de conhecimento, procedimentos ou abordagens que mudam frequentemente.
- Há uma alta rotatividade de funcionários.
- Há pouco tempo disponível ou poucos recursos para o treinamento.
- Espera-se que os funcionários assumam responsabilidade total pela aprendizagem e desempenho das tarefas.

Fonte: Baseado em A. Rossett, "Job Aids and Electronic Performance Support Systems." In *The ASTD Training and Development Handbook*, 4th ed., ed. R. L. Craig (New York: McGraw-Hill, 1996): 554-577.

Os sistemas especialistas são usados como uma ferramenta de suporte a qual os funcionários podem recorrer quando estiverem com problemas ou precisarem tomar decisões que eles acham que estão além do conhecimento e das habilidades que detêm. Uma grande processadora de alimentos que opera internacionalmente utiliza um sistema especialista chamado Performer, projetado para oferecer treinamento e suporte aos operadores da fábrica. Um dos problemas que a empresa estava enfrentando era determinar por que as batatas *chips* estavam ficando ressecadas após a operação de fritura. Um operador conseguiu resolver o problema usando o Perfomer. Ele selecionou o menu de Solução de Problemas, depois Textura/Sabor do Produto e Sabor de Óleo Desregulado. O programa listou várias causas possíveis, começando pela oxidação elevada durante a fritura. O operador selecionou a causa e o sistema recomendou que ele ajustasse o fluxo de óleo da linha de cozimento, dando os passos detalhados para o procedimento. Ao seguir os passos indicados, o funcionário resolveu o problema.[100]

Ainda que os sistemas especialistas sejam tratados como uma tecnologia que dá suporte ao treinamento, eles também podem ser usados como mecanismo de oferta para treinar funcionários sobre as regras de decisão de especialistas. Uma empresa financeira aumentou drasticamente o portfólio de produtos oferecidos aos clientes.[101] O pessoal de vendas precisava, então, preparar-se para apresentar esses produtos aos clientes e fazer vendas. Para tanto, a empresa desenvolveu um sistema especialista para apreender os processos de venda usados pelos funcionários com melhor desempenho em vendas. Esse sistema especialista permitia que os vendedores acessassem informações sobre cada produto financeiro, alertava os vendedores quanto às informações que precisavam dos clientes e usava a lógica do especialista para identificar oportunidades de apresentar novos produtos aos clientes tendo como base os dados inseridos pelos vendedores (o sistema especialista combina as características do cliente em geral às características de um cliente específico).

Os sistemas especialistas oferecem tanto alta qualidade quanto baixo custo. Ao usar os processos de tomada de decisões de especialistas, o sistema capacita muitas pessoas para que cheguem a decisões que reflitam o conhecimento de especialistas e ainda evita que aconteçam erros em decorrência de cansaço ou parcialidade nas decisões. A sua eficiência é constatada quando o sistema puder ser operado por um número menor ou menos habilidoso de funcionários (e provavelmente menos caros para a empresa) do que seria necessário normalmente.

Sistema eletrônico de suporte ao desempenho (EPSS)

Um **sistema eletrônico de suporte ao desempenho (EPSS)** é uma infraestrutura eletrônica que apreende, armazena e distribui ativos de conhecimento individual e corporativo por toda a organização para possibilitar que os indivíduos alcancem os níveis exigidos de desempenho da forma mais rápida possível e com o mínimo de suporte de terceiros.[102] Um EPSS inclui todo o *software* necessário para dar suporte ao trabalho de indivíduos (e não apenas um ou dois aplicativos específicos) e integra os ativos de conhecimento à interface das ferramentas do *software* em vez de separá-los como componentes adicionais. As informações sobre a política da empresa, por exemplo, podem ser apresentadas em uma caixa de diálogo e não em um documento separado. Um EPSS geralmente inclui:

- Um "assistente" que automatiza tarefas e diminui a carga de trabalho.
- Um "bibliotecário" que oferece informações específicas de uma tarefa.

- Um "professor" que guia o usuário pelo processo, passo por passo.
- Um "conselheiro" que oferece aconselhamento especializado.

O Capítulo 5, "Elaboração do programa", abordou o EPSS como uma forma de ajudar na transferência do treinamento, mas ele também pode ser usado como substituto do treinamento. Os *softwares* Microsoft Office possuem "assistentes" (*wizards*), uma função de ajuda que reconhece a tarefa que o usuário está começando a desempenhar (p. ex., escrever uma carta) e oferece informações relativas à tarefa. Redes varejistas como a Sephora e a JCPenney estão equipando os seus funcionários com iPads para serem usados como guia de referência de produtos (uma ferramenta de suporte ao desempenho). Na Reuters, empresa de notícias e informações financeiras, os funcionários que lidam com solicitações de informações e dados sobre sistemas financeiros precisavam de uma solução para ter as suas perguntas respondidas conforme surgisse a necessidade porque não tinham tempo de participar de sessões de treinamento.[103] As questões normalmente incluíam como registrar corretores de valores para que pudessem acessar as informações e sistemas da Reuters e como coordenar a instalação da tecnologia da Reuters no andar comercial. A Reuters adquiriu um EPSS que oferece aos funcionários guias de Ajuda que respondem perguntas sobre os passos para a realização de diferentes processos, como cadastro de usuários, na tela de seus computadores conforme as tarefas são realizadas.

Para usar o EPSS como substituto para o treinamento, os instrutores precisam determinar se os problemas e tarefas exigem que os funcionários adquiram de fato conhecimento, habilidade ou capacidade ou se a assistência periódica através de um EPSS é o bastante.

SISTEMAS DE GESTÃO DA APRENDIZAGEM: SISTEMAS PARA OFERTA, SUPORTE E ADMINISTRAÇÃO DO TREINAMENTO

Um **sistema de gestão da aprendizagem (LMS)** é uma plataforma que pode ser usada para automatizar administração, desenvolvimento e oferta de todos os programas de treinamento de uma empresa. Os LMSs podem dar aos funcionários, gerentes e instrutores a capacidade de gerenciar, oferecer e acompanhar atividades de aprendizagem. Algumas das características desses sistemas são apresentadas na Tabela 8.10. As novidades

TABELA 8.10 Características dos sistemas de gestão da aprendizagem

Gestão e relatório de aprendizes	Acompanhar e registrar o progresso e a atividade de aprendizes
Evento de treinamento e gestão de recursos	Organizar cursos e eventos de aprendizagem em catálogos, gerenciar e acompanhar os recursos necessários, como salas de aula e instrutores, apoiar a comunicação entre administradores e estudantes.
Infraestrutura de oferta de cursos *on-line*	Oferecer cursos *on-line*, cadastrar e acompanhar os alunos.
Ferramentas de criação	Criar novos cursos e promover sua consistência.
Avaliação de habilidades	Criar, editar, distribuir e oferecer testes avaliativos, revisar as conquistas dos aprendizes.
Gestão de desenvolvimento profissional	Acompanhar e comparar o aprendizado do participante com as suas metas, tendo como base o cargo ou função que ele ocupa.
Bases de conhecimento	Integrar *links* de referências que complementem a aprendizagem *on-line*.
Personalização	Envolver os funcionários na aprendizagem através do uso de cursos, referências e e-mails.

Fonte: Baseado em "Learning management systems: An executive summary," *Training* (March 2002): 4.

nos LMSs incluem a possibilidade de os usuários pesquisarem em bancos de dados e na intranet da empresa simultaneamente sobre informações de programas de treinamento, contatarem especialistas identificados pela empresa, inscreverem-se em disciplinas relacionadas a uma certificação sobre um assunto específico e usar simulações para determinar se os funcionários estão observando os padrões éticos e as habilidades em que foram treinados usando o LMS.[104]

Há vários motivos para a popularização dos sistemas de gestão da aprendizagem. Um LMS pode ajudar uma empresa a reduzir os custos com viagens e outros gastos relacionados ao treinamento, reduzir o tempo de realização do programa, aumentar a acessibilidade dos funcionários de todo o negócio ao treinamento e oferecer possibilidades administrativas de acompanhar a finalização do programa e as matrículas nas disciplinas. Esse tipo de sistema permite que as empresas acompanhem toda a atividade de aprendizagem que acontece no negócio. O FedEx Office, por exemplo, possui centrais de documentação e envio em todo o mundo e emprega mais de 20 mil pessoas. O sistema de gestão da aprendizagem no FedEx inclui um pacote de *software* que cria treinamento individualizado para cada funcionário, reserva salas de aula, acompanha o progresso do funcionário, gerencia todos os aspectos do currículo de aprendizagem e oferece as disciplinas de *e-learning*.[105] Através de seus computadores os funcionários têm acesso ao plano de ensino, que tem base no cargo, no que os gerentes exigem e nos interesses pessoais do aluno.

Empresas menores também podem se beneficiar das vantagens de um LMS se contratarem um fornecedor para ter e operar o sistema, manter o *hardware* e cuidar da segurança e de atualizações.[106] Isso permite que elas ofereçam oportunidades de treinamento e desenvolvimento que não conseguiriam fazer de outra forma em razão do tamanho reduzido da equipe de treinamento. Com o uso de um LMS, a GECU, uma cooperativa de crédito do Texas, melhorou a capacidade de sua equipe de treinamento em gerenciar, oferecer e avaliar o treinamento. Antes da adoção do LMS, existiam poucas disciplinas e programas para o desenvolvimento profissional na empresa, mas agora a GECU oferece esse tipo de oportunidade a todos os funcionários.

Por que desenvolver um sistema de gestão da aprendizagem?

O acompanhamento da atividade de aprendizagem em um negócio é importante para a gestão do capital humano. A **gestão do capital humano** integra o treinamento a todos os aspectos do setor de recursos humanos (p. ex., avaliação do desempenho, planejamento de recursos humanos etc.) para determinar como o dinheiro que vai para o treinamento está sendo usado e como os gastos se traduzem em retorno monetário para a empresa. Os principais motivos que levam as empresas a adotarem um LMS são a centralização da gestão das atividades de treinamento, verificação da observância de regulamentações, medição do uso do treinamento e do desempenho de funcionários.[107] Um total de 38% das empresas afirmam integrar um LMS aos sistemas de informação de recursos humanos.[108]

Os LMSs também são importantes para que as empresas consigam acompanhar o número de funcionários que finalizaram as disciplinas e que devem cumprir regulamentações estaduais, federais ou profissionais (treinamento de observância).[109] Essas disciplinas abrangem uma ampla variedade de tópicos, incluindo integridade financeira, saúde e segurança, proteção ambiental e direitos dos empregados. Há regulamentações que determinam que a empresa possa comprovar que os funcionários participaram de disciplinas sobre assédio sexual ou direção defensiva, por exemplo. Os funcionários de diversos negócios com fins lucrativos, como serviços financeiros, refinarias de petróleo e indústria farmacêutica, e também os funcionários de organizações sem fins lucrativos, como agências do governo e hospitais, precisam realizar determinados cursos obrigatórios.

O Gunderson Lutheran Health System compreende hospitais, postos de saúde, casas de repouso, assistência em domicílio, farmácias, ambulâncias, serviços de atendimento à saúde mental e centros da visão.[110] É exigido que os funcionários façam disciplinas para estarem em concordância com os padrões nacionais de proteção à privacidade do paciente, além de disciplinas relacionadas a oferta de um ambiente de trabalho seguro e saudável. A Gunderson desenvolveu um LMS que inclui todas as disciplinas obrigatórias de observância, entre outras. Para acessarem as disciplinas do LMS, os funcionários utilizam os computadores em suas mesas de trabalho, em laboratórios ou nas bibliotecas. A Gunderson constatou diversos benefícios do LMS, incluindo a redução do tempo gasto pelos funcionários na realização das disciplinas (por exemplo, as disciplinas de segurança que agora levam 20 minutos demandavam duas horas de treinamento em sala de aula). As disciplinas *on-line* dão flexibilidade aos funcionários para encaixarem a aprendizagem em suas agendas. Os enfermeiros, por exemplo, podem interromper o curso *on-line* para ver pacientes e depois retornar e continuar do mesmo ponto em que pararam. As disciplinas *on-line* oferecem maior interatividade do que o treinamento em sala de aula, através de exercícios, avaliações e dramatizações que prendem o interesse dos funcionários. Por fim, desde o desenvolvimento do LMS a demanda por aprendizado aumentou: os departamentos querem que mais disciplinas oferecidas em sala de aula sejam convertidas para o método *on-line*.

Um LMS pode ajudar as empresas a entenderem as forças e fraquezas de seus funcionários e até mesmo detectar a existência de lacunas de talento.[111] O LMS também pode ser vinculado a outros sistemas de recursos humanos, como gestão do desempenho ou sistemas de desenvolvimento de funcionários, para identificar oportunidades de aprendizagem para fortalecer os pontos fracos dos colaboradores. A Turner Construction possui um modelo de competências que divide os cargos em nove famílias e depois divide as famílias em níveis (gerência sênior, administrativo e gerência). Os funcionários recebem uma avaliação de desempenho *on-line* de suas habilidades, tendo como base a família e nível do cargo. O sistema de gestão do desempenho é vinculado ao LMS da empresa, que analisa as fraquezas nas habilidades e recomenda disciplinas para melhorá-las. O sistema LMS permite que a Turner Construction identifique as lacunas nas habilidades de níveis, famílias de cargos ou unidades de negócio inteiras. Os resultados podem ser usados para identificar onde investir o dinheiro alocado para o treinamento para desenvolver novas disciplinas.

Como desenvolver um sistema de gestão da aprendizagem

Como uma empresa desenvolve um LMS? O primeiro passo é convencer a gerência de que um LMS beneficiará os funcionários, melhorará os setores do negócio e contribuirá para as estratégias e metas gerais de negócio.

No segundo passo, a empresa que deseja desenvolver um LMS precisa ter uma cultura de *e-learning* que apoie a aprendizagem *on-line* e incentive a participação dos funcionários. O passo seguinte é conceder ao aluno o controle do ambiente de aprendizagem *on-line*, o que inclui não só a escolha do que e quando aprender, como também o envolvimento no aprendizado (prática, *feedback*, apelo a vários sentidos etc.).[112]

Para potencializar a sua eficácia, um sistema LMS deve ser integrado ao sistema de gestão de talentos. As interfaces entre eles fornecerão informações básicas sobre o funcionário, como unidade de negócio, localização geográfica e cargo. Também são armazenadas no LMS informações sobre quais disciplinas foram concluídas pelo aluno e quais ele está apto a fazer. Veja como os sistemas das empresas VCA Animal Hospitals, Vanguard e Gales Residential contribuíram para o negócio, estimularam a participação de funcionários no treinamento e integraram as práticas e sistemas de gestão de talentos.[113]

O VCA Animal Hospitals conta com uma força de trabalho de 13 mil trabalhadores geograficamente dispersos em 500 hospitais veterinários em 40 estados. O hospital veterinário costumava depender de treinamento com base em apresentações de Microsoft PowerPoint com narração em áudio, mas percebeu que era preciso melhorar a qualidade de seus cursos. O VCA Animal Hospitals adquiriu um novo LMS que possibilita métodos mais envolventes de treinamento, como vídeos de veterinários falando sobre práticas médicas, simulações, colaboração *on-line* entre os alunos e entre os alunos e os instrutores e *checklists* de inspeções de segurança. O LMS é usado para ministrar disciplinas *on-line*, inscrever veterinários nas disciplinas em sala de aula e acompanhar quem finalizou o treinamento e quais foram as suas notas nos testes pós-treinamento.

A Vanguard, uma empresa de serviços financeiros, utiliza um LMS que permite que os seus funcionários, conhecidos como membros da equipe, obtenham recomendações da Vanguard's University com base em seus interesses de carreira, metas de desenvolvimento e conteúdos relevantes para os seus cargos atuais. O sistema também torna mais fácil encontrar e acessar vídeos, áudios, demonstrações interativas e artigos, bem como matricular-se nas disciplinas. O LMS classifica as fontes de aprendizado informais, como *podcasts*, artigos e videoclipes, e as soluções de aprendizagem formais, como disciplinas *on-line* e em sala de aula. Através de buscas por palavras-chave também se pode localizar soluções de aprendizado formal e informal e disciplinas externas oferecidas pelos fornecedores.

A Gables Residential desenvolve, constrói e gerencia comunidades multifamiliares e empreendimentos mistos em mercados urbanos como Houston, Texas e Washington, D.C. Os associados da Gables Residential, que são principalmente integrantes da Geração Y e da Geração X, queriam um sistema empolgante e facilmente personalizável. Os associados podem usar o LMS para fazer avaliações e disciplinas que estão vinculadas aos seus planos de desenvolvimento. O LMS também dá acesso às disciplinas de *e-learning* e a um centro de treinamento WebEx através do qual os instrutores podem orientar aulas virtuais ao vivo. Com isso, o LMS ajudou a empresa a reduzir os custos com viagens e hotéis em 21%.

COMO ESCOLHER MÉTODOS DE TREINAMENTO COM NOVAS TECNOLOGIAS

A Tabela 8.11 compara os métodos de treinamento com base em tecnologia. Esta tabela expõe várias tendências. Primeiro, esses métodos exigem um investimento considerável de desenvolvimento, com custos relacionados à compra de *hardware* e *software* e ao desenvolvimento e conversão dos programas para novas mídias (p. ex., aplicativos em telefones móveis). Se por um lado, os custos de desenvolvimento são altos, por outro, os custos de administração do programa são baixos. As vantagens desses métodos incluem: (1) economia de custos em decorrência da disponibilidade do treinamento na casa ou no

TABELA 8.11 Comparação dos métodos de treinamento com base em tecnologia

	E-learning (on-line)	Com base em computador (sem Internet)	Aprendizagem a distância	Sistema de tutoria inteligente	Simulações Jogos Realidade virtual	Aprendizagem móvel	Mídias sociais
Resultado de aprendizagem							
Informação verbal	Sim	Sim	Sim	Sim	Sim	Sim	Sim
Habilidades intelectuais	Sim	Sim	Sim	Sim	Sim	Sim	Não
Estratégias cognitivas	Sim	Sim	Sim	Sim	Sim	Não	Sim
Atitudes	Talvez	Não	Não	Não	Sim	Não	Não
Habilidades motoras	Não	Não	Não	Sim	Sim	Não	Não
Ambiente de aprendizagem							
Objetivo	Alto	Alto	Alto	Alto	Alto	Alto	Médio
Prática	Alto	Alto	Baixo	Alto	Alto	Baixo	Médio
Relevância	Alto	Alto	Médio	Alto	Alto	Médio	Médio
Feedback	Alto	Alto	Baixo	Alto	Alto	Baixo	Alto
Interação							
Aprendiz-conteúdo	Alto	Alto	Médio	Alto	Alto	Médio	Alto
Aprendiz-instrutor	Médio	Baixo	Médio	Alto	Médio	Baixo	Médio
Aprendiz-aprendiz	Médio	Baixo	Médio	Baixo	Alto	Baixo	Alto
Transferência do treinamento	Alto	Médio	Médio	Alto	Alto	Médio	Médio
Custos							
De desenvolvimento	Alto	Alto	Médio	Alto	Alto	Médio	Médio
administrativos	Baixo	Baixo	Baixo	Baixo	Baixo	Baixo	Médio
Eficácia	Alto	Médio	Médio	?	Alto	?	?

escritório do funcionário; (2) número reduzido de instrutores; e (3) diminuição de custos associados a viagens dos funcionários até um local de treinamento (p. ex., tarifas aéreas, alimentação e hospedagem). Além disso, com exceção da aprendizagem a distância e do aprendizado móvel, a maioria das características importantes necessárias à ocorrência da aprendizagem (prática, *feedback* etc.) podem ser incorporadas nesses métodos. Observe que apenas um número limitado de estudos sobre a eficácia de diversos métodos (p. ex., aprendizado móvel, redes sociais e tutoria inteligente) estão disponíveis, porque as empresas estão só começando a utilizar estas tecnologias para o treinamento.

Lembre-se do que foi falado no Capítulo 6 sobre como determinar os custos e os benefícios de programas de treinamento. A Caterpillar constatou que gasta com *e-learning* aproximadamente um terço do que gasta com instrução em sala de aula porque o número de instrutores é reduzido, bem como os custos associados aos materiais da disciplina e aos gastos com viagens.[114] Para uma aula de uma hora para uma turma de 100 aprendizes, o *e-learning* é 40% mais barato do que o treinamento em sala de aula ($ 9.500 contra $ 17.062, ou $ 76 por participante). Conforme o número de aprendizes aumenta para, digamos, 40 mil (a Caterpillar tem mais de 70 mil funcionários em todo o mundo), a economia da empresa chega a 78% ($ 1,1 milhão contra $ 5 milhões, ou $ 99 por participante).[115]

Você pode presumir que o *e-learning* seja superior aos outros métodos, mas isso não é necessariamente verdade. A sua principal vantagem é que os programas *on-line* oferecem colaboração e compartilhamento (conectar aprendizes a outros aprendizes, especialistas e salas de bate-papo) e *links* para recursos disponíveis na *web*. O treinamento *on-line* também possibilita que o aluno receba tarefas que exigem respostas dissertativas (p. ex., escrever um relatório sobre as necessidades de um cliente) em vez de apenas dar respostas do tipo "sim ou não" ou de múltipla escolha. No treinamento *on-line*, o instrutor pode ler o trabalho e enviar um *feedback* detalhado. Contudo, não há um método de treinamento que seja superior aos outros por natureza. Em vez disso, para que qualquer método seja eficaz é preciso que crie um ambiente de aprendizagem positivo para ajudar na transferência do treinamento. A instrução presencial em sala de aula pode ser ineficaz pelos mesmos motivos que a aprendizagem *on-line* ou a distância: pode ser que o material não seja relevante, que as oportunidades de prática sejam limitadas e que os gerentes não apoiem o uso do conteúdo do treinamento no trabalho.

E de que forma os métodos de treinamento com novas tecnologias relacionam-se aos métodos tradicionais abordados no Capítulo 7? A realidade virtual e os sistemas de tutoria inteligente, que são uma extensão das simulações, são mais adequados ao ensino de processos complexos relacionados à operação de maquinário, ferramentas e equipamentos. O treinamento *on-line* é mais adequado ao ensino de fatos, números e estratégias cognitivas (p. ex., como realizar uma reunião eficaz) e de habilidades interpessoais (p. ex., como fechar uma venda). Esses métodos são extensões tecnológicas de métodos tradicionais como modelagem do comportamento, treinamento no local de trabalho e aprendizagem. Já a aprendizagem móvel provavelmente encaixa-se melhor ao ensino de fatos em razão da interação pessoal limitada e da interação com o conteúdo usando vários dispositivos móveis. Atualmente, a aprendizagem móvel e as mídias sociais funcionam melhor como complementos da instrução presencial, atuando como facilitadores do aprendizado e da transferência do treinamento. As mídias sociais também são boas ferramentas para a gestão do conhecimento porque facilitam a colaboração em documentos, relatórios (*wikis*) e interação pessoal (*blogs*, Twitter e Facebook). Ainda que os métodos de treinamento tradicionais possam ser eficazes, os gerentes e instrutores devem pensar sobre o uso de novas tecnologias em determinadas situações:[116]

1. Há oferta de orçamento e recursos suficientes para o desenvolvimento e suporte da compra e do uso de uma nova tecnologia.
2. Os aprendizes estão geograficamente dispersos e os custos com viagens relacionadas a treinamento são altos.
3. Os aprendizes sentem-se confortáveis em usar tecnologia, incluindo Internet, iPads e *smartphones*.
4. O uso crescente de novas tecnologias faz parte da estratégia de negócio da empresa. A nova tecnologia está sendo usada ou implantada na produção dos produtos ou processos de serviços.
5. Os funcionários têm pouco ou não têm tempo para o treinamento.
6. Os métodos de treinamento atuais oferecem tempo limitado para prática, *feedback* e avaliação.
7. O uso de novas tecnologias encaixa-se na cultura organizacional ou na estratégia de negócio da empresa.

O melhor uso para a instrução em sala de aula são situações em que os aprendizes precisam de interação, apoio do instrutor ou dicas visuais. É importante observar que muitas empresas reconhecem as forças e fraquezas de métodos tradicionais e também de métodos com base em tecnologia e, por isso, utilizam uma abordagem *blended learning*. Esses métodos podem ser usados na oferta consistente de conteúdo de treinamento que envolva a transferência de informação (conhecimento e habilidades) a funcionários geograficamente dispersos que trabalham em seu próprio ritmo, praticam e colaboram *on-line* com o instrutor e com outros aprendizes. Os aprendizes podem ser levados para um local para participarem de treinamento presencial usando métodos tradicionais (sala de aula, aprendizagem pela ação, jogos e dramatizações) que destacam a aplicação do conhecimento e das habilidades através de casos e problemas. A instrução presencial também tem mais utilidade na facilitação da interação, colaboração, criação de contatos e discussão entre os participantes. Na Pitney Bowes, uma fornecedora de equipamentos postais, o *e-learning* é usado para aqueles conteúdos que vários funcionários geograficamente dispersos precisam dominar, como exigências legais ou treinamento sobre novos produtos.[117] Já o aprendizado que exige interação com terceiros (como treinamento em gestão da liderança, solução de problemas ou tomada de decisões) requer instrução presencial em sala de aula ou uma abordagem de aprendizagem híbrida.

Resumo

Esse capítulo ofereceu um panorama geral do uso de novas tecnologias na oferta, suporte e administração de treinamento. Muitas dessas tecnologias possuem recursos que ajudam a garantir o aprendizado e a transferência do treinamento (p. ex., *e-learning*). Se elaboradas corretamente, elas podem criar um ambiente de aprendizagem positivo através do apelo a vários sentidos e ao possibilitar que os alunos ditem o próprio ritmo, recebam *feedback* e reforço e encontrem informações junto a especialistas conforme for necessário. Os métodos de aprendizagem móvel (como iPads) permitem que o funcionário participe do treinamento de casa ou do trabalho, 24 horas por dia. Os funcionários controlam não só a apresentação do conteúdo como também quando e onde desejam realizar o treinamento. As simulações e a realidade virtual também podem criar um ambiente de treinamento mais realista, o que torna o material mais relevante e aumenta as chances de transferência do treinamento para o trabalho. Os sistemas especialistas e os sistemas de suporte eletrônico são ferramentas acessíveis conforme a necessidade para a obtenção de conhecimento e informações. As mídias sociais ajudam a apreender o conhecimento adquirido pelos funcionários no treinamento e facilitar o compartilhamento de informação. Os sistemas de gestão da aprendizagem tornam mais fácil o armazenamento e registro de informações sobre o treinamento, como matrículas nas disciplinas e registros de treinamento do funcionário, o que facilita a participação no treinamento e a recuperação de informações relacionadas ao assunto para a tomada de decisões gerenciais.

Em um aspecto, a maioria dos métodos de treinamento com novas tecnologias é superior aos métodos tradicionais: por possibilitarem que os aprendizes realizem cursos a qualquer hora e lugar. Entretanto, semelhante ao que ocorre com métodos de treinamento tradicionais, os métodos com base em tecnologia serão ineficazes caso não incluam interação, *feedback*, prática e outras características de um ambiente de aprendizagem positivo. As considerações para a escolha de um método de treinamento incluem as verbas para desenvolvimento, distribuição geográfica dos funcionários, dificuldade de comparecer ao treinamento e se as novas tecnologias fazem parte da estratégia de negócio da empresa. Em vez de escolher entre métodos de treinamento presenciais ou com base em tecnologia, as empresas estão optando por usar ambos em uma abordagem *blended learning*.

Palavras-chave

aplicativos (*apps*), *342*
aprendizagem a distância, *344*
aprendizagem interativa a distância (IDL), *345*
aprendizagem móvel, *341*
aprendizagem *on-line*, *319*
autorregulação, *329*
avatar, *337*
blended learning (aprendizagem híbrida), *334*
blog, *331*
colaboração digital, *316*
comunicação assíncrona, *316*
comunicação síncrona, *316*
controle do aluno, *329*
e-learning, *319*
gestão do capital humano, *350*
hiperlinks, *331*
largura de banda, *326*
microblog ou microcompartilhamento, *332*
mídias compartilhadas, *332*

mídias sociais, *331*
mundos virtuais, *339*
plug-in, *327*
prototipagem, *327*
realidade virtual, *338*
reaproveitamento, *328*
sala de aula virtual, *345*
sistema de gestão da aprendizagem (LMS), *349*
sistema eletrônico de suporte ao desempenho (EPSS), *348*
sistema de tutoria inteligente (ITS), *343*
sistemas especialistas, *347*
teleconferência, *344*
treinamento baseado com base em computador (CBT), *319*
Web 2.0, *318*
webcasting ou conferência *web*, *346*
wiki, *332*

Questões para debate

1. Explique como a tecnologia modificou o ambiente de aprendizagem.
2. Que tipos de resultados de aprendizagem são mais adequados à aprendizagem móvel? Explique.
3. Quais são as diferenças entre os sistemas especialistas e as ferramentas eletrônicas de desempenho?
4. As tecnologias de suporte ao treinamento sempre são necessárias? Justifique sua resposta.
5. Fale sobre como as novas tecnologias facilitam a aprendizagem. Como elas facilitam a transferência do treinamento?
6. Todos os treinamentos *on-line* são iguais? Explique.
7. Quais são alguns dos possíveis problemas do uso de realidade virtual para o treinamento?
8. O que é mídia social? Explique como ela pode ser usada para o treinamento.
9. Explique o controle do aluno, compartilhamento e uso de *links*. Como eles contribuem para a eficácia do *e-learning*?
10. O que é reaproveitamento? Como ele afeta o uso de novas tecnologias no treinamento?
11. A aprendizagem a distância pode ser usada para dar uma palestra a aprendizes geograficamente dispersos. Como ela pode ser elaborada e usada para evitar os problemas de aprendizado e transferência do treinamento comuns ao uso de palestras no método tradicional?
12. Por que uma empresa usaria uma combinação de instrução presencial e treinamento *on-line*?
13. Quais são as melhores condições para usar ferramentas de mídias sociais como parte da solução de aprendizagem?
14. O que um gerente deve fazer para ajudar a garantir que a aprendizagem *on-line* seja eficaz?

Exercícios de aplicação

1. Usando apenas a *web*, aprofunde a pesquisa sobre alguma das novas tecnologias abordadas neste capítulo. Realize uma busca por informações sobre a tecnologia que você escolheu. Encontre informações que descrevam a tecnologia, dicas sobre o desenvolvimento e compra e exemplos de empresas que promovem e/ou utilizam a mesma. Lembre-se de incluir as referências no seu resumo.

2. Acesse www.allencomm.com, o *site* da Allen Communications (em inglês), empresa criadora do DesignJot, um aplicativo feito para ajudar na elaboração de treinamento eficaz. Assista ao vídeo e analise o *site*. Quais recursos esse aplicativo tem

para ajudar na elaboração de programas de treinamento? Por que eles são úteis?

3. Acesse www.skillsoft.com, o *site* da Skillsoft (em inglês), uma empresa especializada na oferta de soluções de *e-learning*. Passe o cursor sobre Info Center, e depois sobre Demos. Clique em Business Skills Demos. Assista a uma das demonstrações das disciplinas de *e-learning*. O programa cria um ambiente de aprendizagem positivo? De que forma? Que recomendações você teria para melhorar o programa?

4. Acesse o *site* www.mzinga.com (em inglês). A Mzinga oferece soluções em *software* para aprendizagem. Clique em Products. Em seguida, clique em Omni Social Suite. Quais soluções de aprendizagem são oferecidas pelo Omni Social Suite? Você acredita que elas sejam eficazes? Por quê?

5. Acesse www.isense.com, o *site* da Intersense (em inglês), uma empresa que desenvolve e comercializa projetos de *motion tracking* usados para aplicativos comerciais. Clique em Military ou Industrial. Clique em Learn More e analise a simulação. Quais são as vantagens da simulação que você analisou? Quais são as possíveis fraquezas?

6. Acesse www.capellauniversity.edu, o *site* da Capella University, uma universidade que oferece disciplinas *on-line* (em inglês). Clique em Online Learning, no lado esquerdo da página. Clique na demonstração rápida "See how it works" e assista ao vídeo *Night in the Life of a Capella Learner*. Tendo como base as informações oferecidas, quais são os pontos fortes e os pontos fracos das disciplinas *on-line*? O que será mais eficaz para ajudar os alunos no aprendizado?

7. Acesse o www.youtube.com. Faça uma busca por "Treinamento no Second Life" ou, caso tenha conhecimento de inglês, pesquise por "Training Simulations in Second Life" para obter mais resultados. Escolha e analise um vídeo entre os vários tipos de treinamento diferentes oferecidos no Second Life (p. ex., medicina, enfermagem ou gestão). Dê uma breve descrição do treinamento e a URL do vídeo. Fale sobre os pontos fortes e os pontos fracos do treinamento. Tendo como base o vídeo que você analisou, você acha que a quantia de empresas interessadas no Second Life para fins de treinamento vai aumentar ou diminuir no futuro? Por quê?

8. Acesse pt.khanacademy.org/, o *site* da The Kahn Academy. A The Kahn Academy é uma organização sem fins lucrativos dedicada a oferecer educação gratuita de qualidade para qualquer pessoa em qualquer lugar. Clique em "Sobre". Assista aos vídeos em "Como funciona para os alunos" (alguns estão em inglês) e leia sobre as ferramentas de aprendizagem utilizadas. Como a Khan Academy utiliza a tecnologia para facilitar a aprendizagem? Quais são os pontos fortes e os pontos fracos dessas tecnologias?

Caso

Os gerentes de conta da Cisco Systems estão ocupados demais para o treinamento

A Cisco Systems de San Jose, Califórnia, ajuda as pessoas a fazerem conexões em negócios, educação, filantropia ou criatividade. O *hardware*, *software* e ofertas de serviço da Cisco estão habituados a criar as solução de Internet que tornam as redes possíveis, oferecendo acesso fácil à informação em qualquer lugar, a qualquer hora. Os gerentes de conta da Cisco constituem a força de vendas de linha de frente da empresa. Um diagnóstico de necessidades descobriu que os gerentes de conta estavam preocupados porque o conteúdo do treinamento não estava sendo repassado para eles de nenhuma forma que se encaixasse nos seus padrões de trabalho ou estilos de aprendizagem. Como eles passam muito tempo viajando, eles queriam entrar na Internet, encontrar o que precisavam e sair de novo. Eles prefeririam não sentar em frente a um computador para uma disciplina longa de *e-learning*.

Como resultado, a Cisco criou o Account Manager Learning Environment (Ambiente de Aprendizagem para Gerentes de Conta, AMLE). O AMLE é projetado para ser uma ferramenta de desenvolvimento e um sistema de suporte ao desempenho com base em quatro objetivos de negócios: aumentar as vendas, aumentar a receita, aumentar a velocidade na qual os gerentes de conta tornam-se competentes em um assunto e reduzir viagens e custos. A meta da Cisco com o desenvolvimento do AMLE é criar um ambiente de aprendizagem que motive os gerentes de conta a usá-lo.

Que métodos de treinamento com novas tecnologias você recomendaria que fossem inclusos no AMLE da Cisco? Por quê? Fale sobre conhecimentos, habilidades, comportamentos ou competências que seriam o foco do seu método de treinamento.

Fontes: Baseado em M. Delahoussaye and R. Zemke, "Ten things we know for sure about learning on-line," *Training* (September 2001): 48-59; P. Galayan, "Delta force," *T+D* (July 2002): 21-28.

Notas

1. L. Hurtubise, "iPod adds a touch of education innovation," *Insight* (December 2008): 1.
2. J. McCallister, "The popular online world inspires new ways to teach and learn," *onCampus* (January 24, 2008): 1-14; D. Naraghi, "Brave new (virtual) world," *Ohio State University Alumni Magazine* (May/June 2008): 24-29.
3. P. Ketter "2010: Six trends that will change workplace learning forever," *T+D* (December 2010): 34-40; T. Bingham and M. Conner, *The New Social Learning* (Alexandria, VA: American Society for Training and Development, 2010).
4. L. Patel, "The rise of social media," *T+D* (July 2010): 60-61.
5. B. Mirza, "Social media tools redefine learning," *HR Magazine*, December 2010, 74; L. Patel, "The rise of social media," *T+D*, July 2010, 60-61; J. Meister, E. Kaganer, and R. Von Feldt, "2011: The year of the media tablet as a learning tool," *T+D*, April 2011, 28-31.
6. P. Shank, "When to use instructional technology," *T+D* (September 2004): 30-37; S. E. O'Connell, "New technologies bring new tools, new rules," *HR Magazine* (December 1995): 43-48; S. E. O'Connell, "The virtual workplace moves at warp speed," *HR Magazine* (March 1996): 51-57.
7. M. Weinstein, "Virtually integrated," *Training* (April 2007): 10; A. Hira, "The making of a UPS driver," *Fortune* (November 12, 2007): 118-129; P. Ketter, "What can training do for Brown?" *T+D* (May 2008): 30-36.
8. J. Salopek, "Digital collaboration," *Training and Development* (June 2000): 39-43.
9. V. Beer, *The Web Learning Fieldbook* (New York: John Wiley, 2000); A. Chute, P. Sayers, and R. Gardner, "Network learning environments," *New Directions for Teaching and Learning* 71 (1997): 75-83.
10. E. Hollis, "Shoney's: Workforce development on the side," *Chief Learning Officer* (March 2003): 32-34.
11. "Qualcomm, Inc: Learning 2.0," *Training* (February 2009): 100.
12. P. Harris, "Where innovative learning is the norm," *T+D* (October 2011): 61-62.
13. M. Rosenberg, *E-Learning: Strategies for Delivering Knowledge in the Digital Age* (New York: McGraw-Hill, 2001); "What Is Web-Based Training?" (from www.clark.net/pub/nractive/fl.html); R. Johnson and H. Gueutal, *Transforming HR through Technology* (Alexandria, VA: SHRM Foundation, 2010).
14. "Project leadership," *Human Resource Executive* (2000): A16.
15. M. Weinstein, "Satellite success," *Training* (January 2007): 36-38.
16. F. Filipowski, "How Federal Express makes your package its most important," *Personnel Journal* (February 1992): 40-46.
17. M. Moore, "Three types of interaction," *American Journal of Distance Education* 3(2) (1989): 1-6.
18. P. Galagan, "The e-learning revolution," *Training and Development* (December 2000): 24-30; D. Khirallah, "A new way to learn," *Information Week Online*, May 22, 2000; G. Wang, R. Von Der Linn, D. Foucar-Szocki, O. Griffin, and E. Sceiford, "Measuring the business impact of e-learning–An empirical study," *Performance Improvement Quarterly* 16 (2003): 17-30.
19. M. Gold, "E-learning, the Lucent way," *T+D* (July 2003): 46-50.
20. S. Murphy, "Ritz Camera focuses on web-based teaching tools," *Chain Store Age* (December 23, 2008).
21. R. Flandez, "Firms go online to train employees," *The Wall Street Journal* (August 14, 2007): B4.
22. J. Marquez, "Faced with high turnover, retailers boot up e-learning programs for quick training," *Workforce Management* (August 2005): 74-75.
23. "Sanofi-aventis U.S.," *T+D*, October 2009, 83.
24. S. Gale, "Making e-learning more than 'pixie dust,'" *Workforce* (March 2003): 58-62.
25. G. Wright, "Retailers buy into e-learning," *HR Magazine* (December 2010): 87-90.
26. Shared learning demo, January 24, 2001 (from the CCH website, hr.cch.com).
27. K. Brown, "Using computers to deliver training: Which employees learn and why?" *Personnel Psychology* 54 (2001): 271-96; E. T. Welsh et al., "E-learning: Emerging uses, empirical results, and future directions," *International Journal of Training and Development* 7(4) (2003): 245-258; T. Sitzmann et al., "The comparative effectiveness of web-based and classroom instruction: A meta-analysis," *Personnel Psychology* 59 (2006): 623-624.
28. K. Kraiger, "Transforming our models of learning and development: Web-based instruction as enabler of third-generation instruction," *Industrial Organizational Psychology*, 1(4) (December 2008): 454-467.
29. B. Roberts, "Hard facts about soft-skills e-learning," *HR Magazine* (January 2008): 76-78.
30. G. Anders, "Companies find on-line training has its limits," *The Wall Street Journal* (March 26, 2007): B3.
31. E. T. Welsh et al., "E-learning: Emerging uses, empirical results, and future directions," *International Journal of Training and Development* 7(4) (2003): 245-258.
32. K. Kiser, "10 things we know so far about online training," *Training* (November 1999): 66-70; R. Wells, "Back to the (Internet) classroom," *Training* (March 1999): 50-54; L. Martins and F. Kellermans, "A model of business school students' acceptance of a Web-based course management system," *Academy of Management Learning and Education* 3 (2004): 7-26; H. Klein, R. Noe, and C. Wang, "Motivation to learn and course outcomes: The impact of delivery mode, learning goal orientation, and perceived barriers and enablers," *Personnel Psychology* 59 (2006): 665-702.
33. B. Neal, "e-Addie!" *T+D* (March 2011): 76-77.
34. D. Schaaf, "Bandwidth basics," *Training* (September 1999): OL23-OL37; J. Adams, "Rapid talent development," *T+D* (March 2008): 68-73.

35. S. Gale, "Making e-learning more than 'pixie dust,' " *Workforce* (March 2003): 58-62.
36. B. Neal, "e-Addie!" *T+D* (March 2011): 76-77; N. Miner and J. Hofman, "It's not the technology, stupid," *T+D* (February 2009): 30-32; E. Edwards, "Quick draw," *T+D* (August 2009): 92-93.
37. K. Brown and J. Ford, "Using Computer Technology in Training: Building an Infrastructure for Active Learning." In *Creating, Implementing, and Managing Effective Training and Development*, ed. K. Kraiger (San Francisco: Jossey-Bass, 2002): 192-233.
38. B. Neal, "e-Addie!" *T+D* (March 2011): 76-77; N. Miner and J. Hofman, "It's not the technology, stupid," *T+D* (February 2009): 30-32; E. Edwards, "Quick draw," *T+D* (August 2009): 92-93.
39. S. Boehle, "Putting the learning back in e-learning," *Training* (January 2006): 29-35; Brown, "Using computers to deliver training: Which employees learn and why?"
40. R. DeRouin, B. Fritzsche, and E. Salas, "Learner control and workplace learning: Design, person, and organizational issues," in *Research in Personnel and Human Resource Management*, vol. 24, ed. J. Martocchio (New York: Elsevier, 2005): 181-214; T. Sitzmann, B. Bell, K. Kraiger, and A. Kanar, "A multilevel analysis of the effect of prompting self-regulation in technology-delivered instruction. *Personnel Psychology* 62 (2009): 697-734; T. Sitzmann and K. Ely, "Sometimes you need a reminder: The effects of prompting self-regulation on regulatory processes, learning, and attrition," *Journal of Applied Psychology* 95 (2010): 132-144.
41. D. Zielinski, "The lie of online learning," *Training* (February 2000): 38-40; D. Zielinski, "Can you keep learners on-line?" *Training* (March 2000): 65-75.
42. K. Brown, "A field study of employee e-learning activity and outcomes," *Human Resource Development Quarterly* (Winter 2005): 465-80.
43. S. Chyung and M. Vachon, "An investigation of the profiles of satisfying and dissatisfying factors in e-learning," *Performance Improvement Quarterly* 18 (2005): 97-113.
44. D. Zielinski, "Can you keep learners on-line?" *Training* (March 2000): 65-75.
45. C. Pollack and R. Masters, "Using Internet technologies to enhance training," *Performance Improvement* (February 1997): 28-31.
46. D. Zielinski, "Can you keep learners on-line?" *Training* (March 2000): 65-75; K. Brown and J. Ford, "Using Computer Technology in Training: Building an Infrastructure for Active Learning." In *Creating, Implementing, and Managing Effective Training and Development*, ed. K. Kraiger (San Francisco: Jossey-Bass, 2002): 192-233.
46a. M. Derven, "Social networking a force for development," *T+D* (July 2009): 58-63; A. Kaplan and M. Haenlein, "Users of the world unite! The challenges and opportunities of social media," *Business Horizons* 53 (2010): 59-68.
47. B. Livingston "Harnessing blogs for learning," *T+D* (May 2011): 76-77.
48. T. Bingham, M. Connor, and M. Weinstein, "Netting know-how," *Training*, September/October 2010, 26-29; J. Roy, "Transforming informal learning into a competitive advantage," *T+D*, October 2010, 23-25; P. Galagan, "Unformal, the new normal?," *T+D*, September 2010, 29-31; M. Weinstein, "Verizon connects to success," *training*, January/February 2011, 40-42.
49. M. Derven, "Social networking: A force for development?" *T+D* (July 2009): 59-63.
50. S. J. Hysong and L. M. Mannix, "Learning Outcomes in Distance Education versus Traditional and Mixed Environments" (paper presented at the annual conference of the Society for Industrial and Organizational Psychology, Orlando, FL, 2003).
51. M. Knowles, *The Adult Learner*, 4th ed. (Houston, TX: Gulf Publishing, 1990).
52. M. Weinstein, "Got class," *Training* (December 2005): 29-32.
53. T. Sitzmann et al., "The comparative effectiveness of web-based and classroom instruction: A meta-analysis," *Personnel Psychology* 59 (2006): 623-624; H. Klein, R. Noe, and C. Wang, "Motivation to learn and course outcomes: The impact of delivery mode, learning goal orientation, and perceived barriers and enablers," *Personnel Psychology* 59 (2006): 665-702.
54. K. Kim, C. Bonk, and E. Oh, "The present and future of blended learning in workplace settings in the United States," *Performance Improvement* (September 2008): 5-14.
55. M. Weinstein, "A better blend," *Training* (September 2008): 30-39.
56. W. Webb, "Training = franchise success," *Training* (October 2008): 54-55 and the Dunkin' Donuts website at www.dunkindonuts.com.
57. M. Slagle, "Poll: 4 in 10 Americans play video games," May 8, 2006, Accessed from www.washigtonpost.com, the website for the *Washington Post.*
58. M. Peck, "Confessions of an X-Box general," *Foreign Policy* (September 28, 2011). From www.foreignpolicy.com, the website for *Foreign Policy,* accessed September 31, 2011.
59. P. Dvorak, "Theory and practice: Simulation shows what it is like to be the boss; middle managers at NetApp receive useful taste of reality," *The Wall Street Journal* (March 31, 2008): B7.
60. C. Aldrich, "Engaging minigames find niche in training," *T+D* (July 2007): 22-24.
61. M. Weinstein, "Winning games," *Training* (April 2007): 16-18.
62. J. Borzo, "Almost human," *The Wall Street Journal*, May 24, 2004: R1, R10; J. Hoff, "My virtual life," *BusinessWeek,* May 1, 2006: 72-78.
63. C. Cornell, "Better than the real thing?" *Human Resource Executive* (August 2005): 34-37; E. Frauenheim,"Can video games win points as teaching tools?" *Workforce Management* (April 10, 2006): 12-14; S. Boehle, "Simulations: The next generation of e-learning," *Training* (January 2005): 22-31; J. Borzo, "Almost human," *The Wall Street Journal,* May 24, 2004: R1, R10.
64. T. Sitzmann, "A meta-analytic examination of the instructional effectiveness of computer-based simulation games," *Personnel Psychology* 64: 489-528.
65. L. Freifeld, "Solid Sims," *Training* (October 2007): 48.
66. N. Adams, "Lessons from the Virtual World," *Training* (June 1995): 45-48.
67. D. Steele-Johnson and B. G. Hyde, "Advanced Technologies in Training: Intelligence Tutoring Systems and Virtual Reality." In *Training for a Rapidly Changing Workplace,* ed. M. A. Quinones and A. Ehrenstein (Washington, D.C.: American Psychological Association, 1997): 225-248.
68. Ibid.
69. K. Kapp and T. O'Driscoll, "Designing virtual immersive environments," *T+D* (April 2010): 30-32.
70. H. Dolezalek, "Virtual vision," *Training* (October 2007): 40-46.
71. R. Flandez, "Small business link: Chip maker trains in the virtual world," *The Wall Street Journal* (April 3, 2008): B6.

72. P. Galagan, "Second that," *T+D* (February 2008): 34-37.
73. P. Harris, "Immersive learning seeks a foothold," *T+D* (January 2009): 40-45.
74. H. Dolezalek, "Virtual vision," *Training* (October 2007): 40-46.
75. "What does it cost to use a virtual world learning environment?" *T+D* (November 2008): 88.
76. A. Nancheria, "Robots in the room," *T+D* (November 2008): 18; R. Clark, "Accelerating expertise with scenario-based learning," *T+D* (January 2009): 84-85.
77. For example, see S. Kumta et al., "Fostering critical thinking skills through a web-based tutorial programme for first year medical students–A randomized controlled study," *Journal of Educational Multimedia and Hypermedia* 12 (2003): 267-273.
78. K. Taylor and S. Chyung, "Would you adopt Second Life as a training and development tool?" *Performance Improvement* (September 2008): 17-25.
79. D. Gayeski, "Goin' mobile," *T+D* (November 2004): 46-51; D. Gayeski and M. Petrillose, "No strings attached," *Performance Improvement* (February 2005): 25-31; D. Hartley, "Pick up your PDA," *T+D* (February 2004): 22-24.
80. J. Halls, "Give learning a listen: Audio podcasting and learning," *T+D* (October 2010): 92-93.
81. E. Wagner and P. Wilson, "Disconnected," *T+D* (December 2005): 40-43; J. Bronstein and A. Newman, "IM learning," *T+D* (February 2006): 47-50.
82. G. Dutton, "There's an app for that!" *Training* (September/October 2011): 36-37.
83. J. Meister, E. Kaganer, and R. Von Feldt, "2011: The year of the media tablet as a learning tool," *T+D*, April 2011, 28-31.
84. L. Stevens, "Up close and insightful," *Human Resource Executive* (September 16, 2011): 24-29.
85. E. Wagner and P. Wilson, "Disconnected," *T+D* (December 2005): 40-43; J. Brink, "M-learning: The future of training technology," *T+D* (February 2011): 27-29; G. Woodwill, "Getting started with mobile learning," *T+D* (December 2010): 76-77; A. Ahmad and P. Norton, "Smartphones make IBM smarter, but not as expected," *T+D* (January 2010): 46-50.
86. D. Steele-Johnson and B. G. Hyde, "Advanced Technologies in Training: Intelligence Tutoring Systems and Virtual Reality." In *Training for a Rapidly Changing Workplace*, ed. M. A. Quinones and A. Ehrenstein (Washington, D.C.: American Psychological Association, 1997): 225-248.
87. R. J. Seidel, O. C. Park, and R. S. Perez, "Expertise of ICAI: Developmental requirements," *Computers in Human Behavior*, 4 (1988): 235-256.
88. D. Steele-Johnson and B. G. Hyde, "Advanced Technologies in Training: Intelligence Tutoring Systems and Virtual Reality." In *Training for a Rapidly Changing Workplace*, ed. M. A. Quinones and A. Ehrenstein (Washington, D.C.: American Psychological Association, 1997): 225-248.
89. "Putting the distance into distance learning," *Training* (October 1995): 111-118.
90. R. Clark, "Harnessing the virtual classroom," *T+D* (November 2005): 40-45.
91. D. Picard, "The future is distance training," *Training* (November 1996): s3-s10.
92. A. F. Maydas, "On-line networks build the savings into employee education," *HR Magazine* (October 1997): 31-35.
93. J. M. Rosow and R. Zager, *Training: The Competitive Edge* (San Francisco: Jossey-Bass, 1988).
94. M. Lewis, "Moving into the live virtual classroom," *T+D* (July 2011): 76-77; R. Ubell, "How to run a virtual classroom," *T+D* (October 2011): 92-93.
95. M. Weinstein, "Satellite success," *Training* (January 2007): 36-38.
96. "Training Top 100 Best Practices 2006: General Mills," *Training* (March 2006): 61.
97. S. Alexander, "Reducing the learning burden," *Training* (September 2002): 32-34.
98. R. Clark, "Harnessing the virtual classroom," *T+D* (November 2005): 40-45; R. Clark and R. Mayer, *E-Learning and the Science of Instruction* (San Francisco: John Wiley, 2003; 2d ed. published in 2008 by Jossey-Bass/Pfeiffer).
99. W. Hannum, *The Application of Emerging Training Technologies* (Alexandria, VA: The American Society for Training and Development, 1990).
100. P. A. Galagan, "Think performance: A conversation with Gloria Gery," *Training and Development* (March 1994): 47-51.
101. "Module Example: Financial Products Sales Applications," from PortBlue website, www.portblue.com/pub/solutions-sales-marketing (April 24, 2006).
102. S. Caudron, "Your learning technology primer," *Personnel Journal* (June 1996): 120-136; A. Marquardt and G. Kearsley, *Technology-Based Learning* (Boca Raton, FL: St. Lucie Press, 1999).
103. M. Weinstein, "Wake-up call," *Training* (June 2007): 48-50.
104. S. Boehle, "LMS leaders," *Training* (October 2008): 30-34.
105. D. Sussman, "The LMS value," *T+D* (July 2005): 43-45.
106. B. Roberts, "Educate yourself," *HR Magazine* (September 2010): 109-112.
107. "LMS Survey Results," from www.learningcircuits.org/2005/jun2005/LMS_survey.htm (July 7, 2006).
108. E. Cohen, "At the ready," *Human Resource Executive* (August 2003): 40-42.
109. K. Oakes, "Mission critical," *T+D* (September 2005): 25-28; D. Sussman, "The LMS value," *T+D* (July 2005): 43-45; H. Johnson, "Prescription for success," *Training* (October 2003): 52.
110. Johnson, "Prescription for Success."
111. J. Barbian, "Great Expectations," *Training* (September 2002): 10-12; D. Sussman, "The LMS value," *T+D* (July 2005): 43-45.
112. K. Dobbs, "Take the gamble out of an LMS," *Workforce* (November 2002): 52-58.
113. "LMS goes to the dogs," *training*, (September/October 2010): 8; L. Freifeld, "LMS lessons," *training* (September/October 2010): 20-24; "A new lease on learning," *Training* (October 2009): 44-46.
114. I. Speizer, "Value-minded," *Workforce Management* (July 2005): 55-58.
115. M. Weinstein, "Got class," *Training* (December 2005): 29-32.
116. P. Shank; "When to use instructional technology," *T+D* (September 2004): 30-37; H. Dolezalek, "Dose of reality," *Training* (April 2004): 28-34; E. Salas, R. DeRouin, and L. Littrell, "Research-Based Guidelines for Designing Distance Learning," in *The Brave New World of eHR*, ed. H. Gueutal and D. Stone (San Francisco: Jossey-Bass, 2005): 104-137; G. Piskurich, "E-learning: Fast, cheap, good," *Performance Improvement* (January 2006): 18-24.
117. M. Weinstein, "Got class," *Training* (December 2005): 29-32.

Glossário

administração do treinamento Coordenação das atividades antes, durante e depois de um programa de treinamento.

Age Discrimination in Employment Act (Ato da Discriminação por Idade no Emprego) Lei federal norte-americana aprovada em 1967 que proíbe a discriminação de indivíduos com 40 anos ou mais.

ameaças à validade Fatores que levantam dúvidas quanto (1) à credibilidade dos resultados de um estudo ou (2) ao grau de generalização dos resultados de uma avaliação para outros grupos de aprendizes e situações.

análise da força de trabalho Prática de usar métodos quantitativos e científicos para analisar bancos de dados de recursos humanos, declarações financeiras, pesquisas com funcionários e outras fontes de dados para tomar decisões com base em evidências e mostrar que as práticas de recursos humanos (treinamento, desenvolvimento e aprendizagem) influenciam indicadores importantes para a empresa.

análise da organização Processo que engloba a determinação da adequação do treinamento, levando-se em conta a estratégia de negócio da empresa, os recursos disponíveis para o treinamento e o apoio de pares e gerentes para atividades de treinamento.

análise da utilidade Método de análise de custo-benefício do treinamento com base em estimativas das diferenças de desempenho entre funcionários treinados e não treinados, do número de indivíduos treinados, do período durante o qual se espera que o programa de treinamento influencie o desempenho e da variabilidade de desempenho no grupo de funcionários não treinados.

análise de cargos Processo de desenvolvimento de uma descrição de um cargo (atribuições, tarefas e responsabilidades) e as qualidades (conhecimento, habilidades e capacidades) que um funcionário precisa ter para realizá-lo.

análise de custo-benefício Processo de determinação das vantagens econômicas de um programa de treinamento usando métodos de contabilidade.

análise de pessoas Processo que envolve (1) determinar se as deficiências de desempenho são resultado de falta de conhecimento, habilidades ou capacidades ou se é uma questão motivacional ou do desenho do cargo, (2) identificar quem precisa de treinamento e (3) determinar a disposição dos funcionários para o treinamento.

análise de tarefas Processo de identificação de tarefas e conhecimentos, habilidades e comportamentos que precisam ser destacados no treinamento para que os funcionários cumpram as tarefas.

análise externa Exame do ambiente operacional externo da empresa para identificar oportunidades e ameaças.

análise interna Identificação das forças e fraquezas da própria empresa com base no exame da quantidade e qualidade de capitais financeiro, físico e humano disponíveis.

análise SWOT Identificação do ambiente operacional de uma empresa e análise interna das suas forças e fraquezas. SWOT, em inglês, é um acrônimo para Forças, Fraquezas, Oportunidades e Ameaças (FOFA ou FFOA).

andragogia Teoria da aprendizagem de adultos.

aplicativos/*apps* Programas criados especialmente para dispositivos como *smartphones* e *tablets* que podem ser usados para complementar o treinamento, gerenciar o curso ou a sequência do treinamento e auxiliar o funcionário a manter registros do seu treinamento.

apoio social *Feedback* e reforço de gerentes e pares.

aposentadoria gradual Período durante o qual funcionários mais velhos reduzem gradativamente a carga horária, o que ajuda na transição para a aposentadoria.

aprendizado Aquisição de conhecimento por funcionários, individualmente ou em grupos, dispostos a aplicarem o conhecimento ao trabalho na tomada de decisões e realização de tarefas para a empresa; mudança relativamente permanente nas capacidades humanas que não é resultado de processos de crescimento.

aprendizado autodirigido Treinamento em que os funcionários assumem a responsabilidade por todos os aspectos da aprendizagem (p. ex., quando ocorre, quem está envolvido).

aprendizado contínuo Sistema de aprendizagem em que os funcionários precisam entender todo o sistema de trabalho, incluindo a relação entre os cargos, unidades e empresa. Além disso, espera-se que os funcionários adquiram novas habilidades e conhecimentos, apliquem-nos ao trabalho e compartilhem essas informações com outros funcionários.

aprendizado informal Aprendizado em que o aluno toma a iniciativa motivado pela intenção de desenvolver-se e que não ocorre em um cenário de aprendizagem formal.

aprendizado integrado à empresa Aprendizagem que ocorre no trabalho conforme a necessidade.

aprendizagem a distância Método de treinamento em que empresas geograficamente dispersas oferecem informações sobre novos produtos, políticas e procedimentos, bem como treinamento de habilidades e palestras de especialistas aos funcionários de campo.

aprendizagem de aventura Método de treinamento que tem como foco o desenvolvimento de habilidades de trabalho em equipe e liderança através de atividades estruturadas ao ar livre.

aprendizagem experiencial Método de treinamento em que os participantes (1) são apresentados a conhecimento conceitual e teórico, (2) participam de simulações comportamentais, (3) analisam a atividade e (4) conectam a teoria e a atividade às situações da vida real no local de trabalho.

aprendizagem interativa a distância (IDL) Uso de satélites para transmitir programas para diferentes localidades e permitir que os aprendizes respondam às questões feitas durante o programa de treinamento usando o teclado.

aprendizagem móvel Aprendizado formal ou informal oferecido em um dispositivo móvel, como um *smartphone*, netbook, notebook ou iPad.

aprendizagem on-line Instrução e oferta de treinamento *on-line* por computador.

aprendizagem pela ação Método de treinamento em que se apresenta um problema a uma equipe ou grupo de trabalho para que trabalhem em uma solução e sigam um plano de ação, além de ficarem responsáveis pela execução do mesmo.

aprendizagem social Atividades de ensino em que os funcionários colaboram uns com os outros em duplas ou em grupos.

atitude Combinação de convicções e sentimentos que predispõem uma pessoa a comportar-se de determinada maneira.

atribuição aleatória Designação de funcionários para o treinamento ou para o grupo de comparação aleatoriamente.

autoavaliação Uso que um funcionário faz de informações para determinar interesses de carreira, valores, aptidões e tendências comportamentais.

autocorreção de equipe orientada Treinamento que destaca o aprendizado contínuo e o compartilhamento de conhecimento em equipes no qual integrantes de uma equipe observam o comportamento uns dos outros e dão e recebem *feedback* sobre o desempenho.

autoeficácia Convicção dos funcionários de que são capazes de realizar o trabalho ou aprender o conteúdo de um programa de treinamento com êxito.

autogestão Tentativa de um indivíduo de controlar determinados aspectos da sua tomada de decisões ou comportamentos.

automatização Processo pelo qual a realização de uma tarefa, a internalização de um conhecimento ou a demonstração de uma habilidade é automática ao ponto em que passa a exigir pouca reflexão ou cuidado.

autorregulação Envolvimento do aluno com o material de treinamento e com a avaliação de seu progresso em direção ao aprendizado.

avaliação de desempenho Processo de análise do desempenho de um funcionário.

avaliação do treinamento Processo de coleta dos resultados necessários para determinar a eficácia do treinamento.

avaliação formativa Avaliação conduzida para melhorar o processo de treinamento, normalmente realizada durante a etapa de elaboração e desenvolvimento do programa.

avaliação somativa Avaliação da extensão da mudança nos aprendizes, resultante de participação de um programa de treinamento.

avaliações afetivas Análises que abrangem as atitudes e a motivação.

avaliações cognitivas Análises que medem os conhecimentos que o aprendiz adquiriu em um programa de treinamento.

avaliações com base em habilidades Análises do nível de habilidades técnicas ou motoras ou comportamentais; aquisição ou aprendizado de habilidades e uso de habilidades no local de trabalho.

avaliações de reação Análises das percepções de um aprendiz sobre o programa de treinamento, incluindo instalações, instrutores e conteúdo.

avatares Representações virtuais da figura humana que servem como instrutores imaginários, colegas de trabalho e clientes em simulações.

balanced scorecard (BSC) Metodologia de avaliação de desempenho que permite aos gerentes a visualização do desempenho geral da empresa ou o desempenho de determinados departamentos e funções da perspectiva de clientes internos e externos, empregados e partes interessadas.

benchmarking Uso de informações sobre as práticas de treinamento de outras empresas para ajudar na determinação do tipo, nível e frequência de treinamento apropriados.

benefícios Valores agregados pela empresa através de um programa de treinamento.

blended learning (aprendizagem híbrida) Aprendizagem que combina ensino *on-line*, ensino presencial e outros métodos.

blog Página da *web* onde um autor realiza postagens e recebe comentários dos leitores.

capacidade Capacidade física e mental de realizar uma tarefa.

capacidade cognitiva Engloba compreensão verbal, capacidade quantitativa e capacidade lógica.

capital cliente Valor das relações com pessoas ou outras organizações de fora da empresa para o alcance das metas da empresa (p. ex., relações com fornecedores, consumidores, vendedores, agências do governo).

capital humano Soma de atributos, experiências de vida, conhecimento, criatividade, energia e entusiasmo que os funcionários de uma empresa investem no trabalho.

capital intelectual Conhecimento codificado existente em uma empresa.

capital social Valor das relações entre os funcionários dentro de uma empresa.

características pessoais Conhecimento, habilidade, capacidade, comportamento ou atitudes de um funcionário.

cargo Posição profissional específica que exige a realização de determinadas tarefas.

casos de sucesso Exemplos concretos do impacto do treinamento que mostram como a aprendizagem leva a resultados que a empresa considere válidos e o gerente considere confiáveis.

clima para transferência Conjunto de percepções dos funcionários quanto à ampla variedade de características do ambiente de trabalho que facilitam ou inibem o uso de habilidades e comportamentos treinados.

coach Colega ou gerente que trabalha com os funcionários para motivá-los, ajudar no desenvolvimento de habilidades e oferecer reforço e *feedback*.

codificação semântica Processo de codificação de mensagens recebidas.

colaboração digital Interação entre duas ou mais pessoas mediada por um computador; uso da tecnologia para melhorar e ampliar a capacidade dos funcionários de trabalharem juntos independentemente de proximidade geográfica.

compartilhamento de cargo Situação de trabalho em que dois funcionários dividem a carga horária, as responsabilidades e os benefícios de um emprego em tempo integral.

competência Área de capacidades pessoais que viabiliza a realização das tarefas de um cargo.

competitividade Capacidade de uma empresa de manter e ganhar participação de mercado.

complexidade geral da tarefa Grau em que uma tarefa exige vários comportamentos diferentes, quantidade de escolhas envolvidas na realização da tarefa e grau de incerteza na realização da tarefa.

comportamentos-chave Conjunto de comportamentos necessário à realização de uma tarefa; parte importante do treinamento com modelagem do comportamento.

comunicação assíncrona Interação não simultânea em que as pessoas não se comunicam em tempo real.

comunicação síncrona Comunicação em que instrutores, especialistas e alunos interagem uns com os outros ao vivo e em tempo real, da mesma forma que fariam na instrução presencial.

comunidades de prática (COP) Grupos de funcionários que trabalham juntos, aprendem uns com os outros e desenvolvem um entendimento em comum sobre como realizar um trabalho.

condições externas Características do ambiente de aprendizagem que facilitam a mesma, entre as quais pode-se citar o ambiente físico, bem como a existência de oportunidades de praticar e receber *feedback* e reforço.

condições internas Características dentro do aluno que devem estar presentes para que o aprendizado aconteça, entre as quais pode-se considerar a forma como a informação é registrada, armazenada na memória e recuperada.

confiabilidade Grau em que os indicadores podem ser medidos de forma consistente ao longo do tempo.

conhecimento Fatos ou procedimentos que indivíduos ou equipes sabem ou sabem como fazer (conhecimento humano e social); regras, processos, ferramentas e rotinas de uma empresa (conhecimento estruturado).

conhecimento explícito Conhecimento que pode ser formalizado, codificado e comunicado.

conhecimento tácito Conhecimento pessoal com base em experiência individual que é difícil de explicar a terceiros.

conquistas anteriores Sistema em que se permite que os funcionários construam um histórico de feitos bem-sucedidos.

consequências Incentivos que os funcionários recebem pelo bom desempenho.

contaminação de critérios Grau em que avaliações de treinamento medem capacidades inapropriadas ou são afetadas por condições alheias.

contexto do treinamento Ambiente físico, intelectual e emocional em que ocorre o treinamento.

controle Capacidade de um gerente ou funcionário de obter e distribuir recursos valiosos.

controle do aluno Capacidade de um funcionário de aprender ativamente no próprio ritmo, através de exercícios, exploração de *links* para outros materiais e conversas com outros funcionários ou especialistas.

copyright Proteção legal à expressão de uma ideia.

critérios Medidas, indicadores ou avaliações que o instrutor ou a empresa usa para avaliar os programas de treinamento.

crowdsourcing Pedir a um grande grupo de funcionários que use as mídias sociais ou *web* para ajudar a oferecer informações (que normalmente não se pedem a eles) para um diagnóstico de necessidades.

currículo Programa de estudo elaborado para atender um objetivo de aprendizagem complexo, como a preparação de um aluno para se tornar um vendedor, um técnico de redes ou um enfermeiro habilitado.

custos diretos Custos diretamente relacionados ao treinamento, incluindo os salários e benefícios de todos os funcionários envolvidos, materiais do programa, compra ou locação de equipamento e sala de aula e custos de viagem.

custos indiretos Custos não relacionados especificamente à elaboração, ao desenvolvimento ou à oferta do programa de treinamento.

deficiência de critérios Insucesso ao medir indicadores de treinamento que foram destacados nos objetivos de treinamento.

desenvolvimento Educação formal, experiências profissionais, relações e avaliações de personalidade e capacidade que ajudam o funcionário a preparar-se para o futuro.

desenvolvimento de recursos humanos Uso integrado de treinamento, desenvolvimento organizacional e desenvolvimento de carreira para melhorar a eficácia individual, coletiva ou organizacional.

diagnóstico de necessidades Processo usado para determinar se o treinamento é necessário; primeiro passo no Instructional System Design (ISD).

diagnóstico rápido de necessidades Diagnóstico de necessidades que é feito precisa e rapidamente, sem sacrificar a qualidade do processo ou dos resultados.

disciplina ou programa Unidades ou lições com seções ou módulos menores que cobrem tópicos específicos durante algumas horas, dias ou semanas.

discriminação Grau em que o desempenho dos aprendizes em um resultado ou indicador realmente reflete as diferenças reais de desempenho entre eles.

disposição para treinamento Condição em que (1) os funcionários têm as características pessoais necessárias para aprender o conteúdo do treinamento e aplicá-lo ao trabalho e (2) o ambiente de trabalho facilita a aprendizagem e não interfere no desempenho.

dramatização Exercício de treinamento em que um participante assume o papel de um gerente ou de outro funcionário; método de treinamento em que os aprendizes recebem informações sobre uma situação e devem atuar como os personagens que são atribuídos.

efeito de Hawthorne Apresentação de um desempenho de nível mais alto por parte dos funcionários em um estudo avaliativo em decorrência da atenção recebida.

eficácia do treinamento Benefícios de um treinamento recebidos por uma empresa e por seus aprendizes.

elaboração Estratégia de aprendizagem que exige que o aprendiz relacione o material do treinamento a conhecimentos, habilidades ou comportamentos mais elaborados.

elaboração do programa Organização e coordenação de um programa de treinamento.

e-learning **(aprendizado eletrônico)** Instrução e oferta de treinamento *on-line* por computador.

engajamento do funcionário Grau de envolvimento do indivíduo no trabalho e do seu comprometimento com o trabalho e com a empresa.

ensaio Estratégia com foco na aprendizagem pela repetição (memorização).

entrada (*input*) Instruções que dizem ao funcionário o que, como e quando desempenhar; recursos recebidos pelos funcionários para ajudá-los no desempenho do trabalho.

entrevista Atividade em que funcionários respondem a perguntas sobre o trabalho e experiências pessoais, pontos fortes e fracos das suas habilidades e planos de carreira.

equipe de trabalho Grupo de funcionários com habilidades variadas que interagem para montar um produto ou serviço.

equipe virtual Equipe separada pelo tempo, distância geográfica, cultura e/ou limites organizacionais e que depende quase que exclusivamente da tecnologia para interagir e realizar projetos.

escolha estratégica Representa a estratégia que se acredita ser a melhor alternativa para alcançar as metas da empresa.

especialistas no assunto Indivíduos que têm grande conhecimento sobre (1) questões de treinamento, (2) conhecimento, habilidades e capacidades exigidas para o desempenho de uma tarefa, (3) equipamentos necessários e (4) condições sob as quais a tarefa deve ser desempenhada.

estabelecimento de metas Processo de desenvolvimento de objetivos de carreira a curto e longo prazo por parte de um funcionário.

estratégia de concentração Estratégia de negócio que foca no aumento da participação de mercado, redução de custos ou criação de um nicho de mercado para produtos e serviços.

estratégia de crescimento externo Estratégia de negócio que destaca a aquisição de fornecedores ou a compra de negócios que permitam a expansão da empresa para novos mercados.

estratégia de crescimento interno Estratégia de negócio com foco em novos mercados, desenvolvimento de produtos, inovação e *joint ventures* (empreendimentos conjuntos).

estratégia de desinvestimento Estratégia de negócio que destaca a liquidação, a cessão e o desinvestimento dos negócios.

estratégia de negócio Plano que integra as metas, políticas e ações de uma empresa.

estratégias cognitivas Estratégias que regulam os processos de aprendizagem e que estão relacionadas à decisão do aluno sobre quais informações receber, como memorizar e como solucionar problemas.

estratégias de seleção Decisões de uma empresa quanto à localização, seleção e combinação de habilidades e status de funcionários.

estudo de caso Descrição de como alguns funcionários ou uma organização lidaram com uma determinada situação.

exercícios de prática Exercícios que exigem que funcionários identifiquem problemas e situações de trabalho e apliquem o conteúdo do treinamento para resolvê-los.

exibição da modelagem Método de treinamento em que os aprendizes visualizam comportamentos-chave que eles praticarão em seguida; frequentemente feito através de vídeos.

exigências físicas Habilidades ou capacidades físicas necessárias para desempenhar e finalizar uma tarefa.

experiência de trabalho Relações, problemas, exigências, tarefas e outras características enfrentadas pelo funcionário no trabalho.

feedback Informações recebidas pelos funcionários sobre o seu desempenho ou se eles estão alcançando os objetivos no decorrer do treinamento.

feedback **360 graus** Avaliação em que as habilidades ou o comportamento dos funcionários são analisados não só pelos seus subordinados como também por seus pares de trabalho, clientes, chefes e pelos próprios funcionários. Isso é feito através de um questionário que os avalia em diversos aspectos.

fidelidade Grau de similaridade entre o ambiente de treinamento e o ambiente de trabalho.

funcionário de alto potencial Funcionário que a empresa acredita ser capaz de ser bem-sucedido em posições gerenciais de níveis mais altos.

generalização Adaptação do aprendizado para uso em situações parecidas mas não idênticas.

Gestão da Qualidade Total (TQM) Estilo de negócio que confia no talento e na competência da mão de obra e da gestão para construir e oferecer produtos e serviços de alta qualidade, promovendo a melhoria contínua.

gestão de capital humano Integração do treinamento com outras funções de recursos humanos para acompanhar como o treinamento beneficia a empresa.

gestão de recursos humanos Políticas, práticas e sistemas que influenciam o comportamento, as atitudes e o desempenho dos funcionários.

gestão de talentos Processo de atração, retenção, desenvolvimento e motivação de funcionários e gerentes altamente habilidosos.

gestão do conhecimento Processo de melhoria do desempenho de uma empresa através da elaboração e implantação de ferramentas, processos, sistemas, estruturas e culturas que melhorem a criação, o compartilhamento e o uso do conhecimento.

gestor da aprendizagem (CLO) Líder dos esforços de gestão do conhecimento de uma empresa (também conhecido como gestor do conhecimento).

gestor do conhecimento Líder dos esforços de gestão do conhecimento de uma empresa (também conhecido como gestor da aprendizagem).

gratificação *Feedback* positivo recebido por um aluno quando usa o conteúdo do aprendizado.

grupo de comparação Grupo de funcionários que participa de um estudo avaliativo mas que não cumpre o programa de treinamento.

grupo focal Reunião presencial com especialistas no assunto em que se discutem necessidades específicas de treinamento.

habilidade Competência no desempenho de uma tarefa.

habilidades abertas Objetivos de treinamento vinculados a princípios gerais de aprendizagem.

habilidades básicas Habilidades necessárias aos funcionários para que consigam realizar o trabalho e aprender o conteúdo de programas de treinamento.

habilidades fechadas Objetivos de treinamento que estão vinculados ao aprendizado de habilidades específicas reproduzidas de forma idêntica pelo aprendiz no trabalho.

habilidades intelectuais Domínio de conceitos e regras.

habilidades motoras Coordenação de movimentos físicos.

hiperlinks *Links* que permitem ao usuário mover-se facilmente de uma página na *web* para outra.

inclusão Criação de um ambiente no qual os funcionários partilhem de uma sensação de pertencimento, respeito mútuo e comprometimento com o outro para que possam fazer o melhor trabalho possível.

incumbente do cargo Funcionário que realiza determinado trabalho naquele momento.

indicadores Resultados no nível do negócio escolhidos para medir o valor geral do treinamento ou das iniciativas de aprendizagem.

indicadores do treinamento (critérios) Dados usados por uma empresa e pelo instrutor para avaliar os programas de treinamento.

informações verbais Nomes ou marcas, fatos e corpos de conhecimento.

iniciativas estratégicas de treinamento e desenvolvimento Ações relacionadas à aprendizagem realizadas por uma empresa para alcançar a sua estratégia de negócio.

instrução Manipulação do ambiente feita pelo instrutor para auxiliar no aprendizado dos participantes.

instrução audiovisual Treinamento com o uso de mídias que é tanto visualizado quanto escutado.

Instructional System Design (Design de Sistemas Instrucionais, ISD) Processo para a elaboração e desenvolvimento de programas de treinamento.

instrumentalidade Na teoria da expectativa, crença de que o desempenho de um determinado comportamento é associado a um determinado resultado.

interação aprendiz-aprendiz Troca entre alunos, com ou sem um instrutor.

interação aprendiz-conteúdo Interação do aluno com o conteúdo do treinamento, fazendo a leitura de um texto na *web* ou de livros, escuta de módulos multimídia e atividades que exijam a manipulação de ferramentas ou objetos, como escrever ou realizar estudos de caso.

interação aprendiz-instrutor Troca entre um aluno e um especialista.

ISO 10015 Ferramenta de gestão da qualidade elaborada para garantir que o treinamento esteja vinculado às necessidades e ao desempenho de uma empresa.

ISO 9000:2000 Conjunto de padrões desenvolvido pela Organização Internacional para Padronização (ISO) que inclui 20 requisitos para lidar com questões como estabelecimento de padrões de qualidade e processos de trabalho de documentação.

jogo de negócios Método de treinamento em que os aprendizes reúnem informações, as analisam e tomam decisões.

kaizen Práticas em que os funcionários de todos os níveis da empresa focam na melhoria contínua dos processos de negócio.

Largura de banda Número de *bytes* e *bits* (dados) que podem ser transmitidos por segundo de um computador a outro.

legibilidade Nível de dificuldade de materiais escritos.

Lei dos Americanos Portadores de Deficiência (Americans with Disabilities Act, ADA) Lei aprovada em 1990 que proíbe a discriminação de pessoas com deficiências em ambientes de trabalho.

local de treinamento Lugar onde o treinamento é conduzido.

Malcolm Baldrige National Quality Award Prêmio nacional norte-americano criado em 1987 para reconhecer as conquistas das empresas norte-americanas e divulgar estratégias de qualidade.

manutenção Processo de continuação do uso de competências recém-adquiridas ao longo do tempo.

mapa curricular Ilustração que mostra todas as disciplinas de um currículo, os caminhos que o aluno pode tomar e as sequências em que as disciplinas devem ser realizadas.

marca do treinamento Aparência e percepção do setor de treinamento usados para criar expectativas em seus clientes.

memória de trabalho Ensaio e repetição de informações, permitindo que sejam codificadas à memória.

mentalidade enxuta (*lean thinking*) Fazer mais com menos esforço, equipamento, espaço e tempo sem deixar de dar ao cliente o que ele precisa e deseja; treinamento de trabalhadores em novas habilidades ou em como aplicar habilidades antigas de novas formas para que possam assumir rapidamente novas responsabilidades ou usar novas habilidades para ajudar a cumprir as solicitações dos clientes.

mentor Funcionário sênior experiente que ajuda no desenvolvimento de um funcionário menos experiente (um *protégé*).

meta Aquilo que uma empresa pretende atingir a médio e longo prazo.

metacognição Estratégia de aprendizagem pela qual os aprendizes direcionam a atenção para o próprio processo de aprendizagem.

métodos de apresentação Métodos de treinamento em que os aprendizes são receptores passivos de informação.

métodos de formação de grupos Métodos de treinamento elaborados para melhorar a eficácia de equipes ou grupos.

métodos de treinamento tradicionais Métodos de treinamento que exigem um instrutor ou facilitador e incluem interações presenciais entre os aprendizes.

métodos práticos Métodos de treinamento em que os aprendizes estão ativamente envolvidos na aprendizagem.

***microblogs* ou microcompartilhamento** Ferramentas de *software* como o Twitter que possibilitam a comunicação através de pequenos textos, *links* e multimídia, sejam elas aplicativos independentes, comunidades *on-line* ou redes sociais.

mídia compartilhada Áudio ou vídeo que pode ser acessado e compartilhado com outros (como o YouTube).

mídias sociais Tecnologia *on-line* e móvel usada para criar comunicações interativas permitindo a criação e troca de conteúdo gerado por usuários.

missão Razão de longo prazo para a existência de uma empresa.

modelagem do comportamento Método de treinamento em que os aprendizes são apresentados a um modelo que demonstra comportamentos-chave a serem replicados e que oferece uma oportunidade de praticá-los.

modelo de avaliação Grupo de informações (o que, quando, como e de quem) que será coletado e será usado para determinar a eficácia do treinamento.

modelo de competências Modelo que identifica as competências necessárias para cada cargo, além de conhecimentos, habilidades, comportamentos e características pessoais subjacentes a cada competência.

modelo de universidade corporativa Modelo de treinamento que compreende não apenas funcionários e gerentes, mas também partes interessadas de fora da empresa, como faculdades locais e universidades.

modelo integrado ao negócio (BE) Modelo de setor de treinamento fortemente alinhado à estratégia de negócio da empresa e caracterizado por cinco competências: direção estratégica, *design* do produto, versatilidade estrutural, oferta do produto e responsabilização pelos resultados.

motivação para aprender Desejo de um funcionário de aprender o conteúdo do programa de treinamento.

mudança Adoção de uma nova ideia ou comportamento.

necessidade Deficiência experimentada por um indivíduo em um determinado momento.

normas Padrões aceitáveis de comportamento para os integrantes do grupo de trabalho.

objetivo Propósito e resultado esperado das atividades de treinamento.

oportunidade de desempenhar Chance de utilizar as competências adquiridas.

organização que aprende Empresa que tem maior capacidade de aprender, adaptar e mudar; organização cujos funcionários tentam continuamente aprender coisas novas e aplicá-las em favor da melhoria da qualidade de produtos ou serviços.

organizadores avançados Esquemas, textos, diagramas e gráficos que auxiliam os aprendizes na organização das informações que serão apresentadas e colocadas em prática posteriormente.

orientação por aprendizado Estratégia de aprendizagem que dá preferência para instrutores mais interessados em como os alunos aprendem do que em como eles desempenham e que também enxergam erros e enganos como parte do processo de aprendizagem.

orientação por desempenho Estratégia de aprendizagem em que os aprendizes focam na realização da tarefa e em como eles se comparam aos outros.

orientação por metas Estratégia de aprendizagem em que um participante estabelece metas, podendo incluir uma orientação por aprendizado ou por desempenho.

outras características Na análise de tarefas, termo que se refere às condições sob as quais as tarefas são realizadas, por exemplo: condição física do ambiente de trabalho ou condições psicológicas, como pressão e estresse.

painel Interface virtual elaborada para receber e analisar dados de departamentos da empresa para oferecer informações a gerentes e outros responsáveis pela tomada de decisões.

palestra Método de treinamento em que um instrutor comunica verbalmente aquilo que os aprendizes devem aprender.

partes interessadas (*stakeholders*) Partes que têm algum interesse no sucesso de uma empresa (acionistas, funcionários e clientes).

percepção Capacidade de organizar uma mensagem do ambiente para que possa ser processada e respondida.

persuasão verbal Incentivo verbal para convencer os outros de que eles são capazes de aprender.

planejamento da aplicação Preparação de aprendizes para utilizarem comportamentos-chave no trabalho.

planejamento de recursos humanos Identificação, análise, previsão e planejamento das mudanças necessárias na área de recursos humanos de uma empresa.

planejamento sucessório Processo de identificação e acompanhamento de funcionários de alto potencial que sejam candidatos para posições gerenciais.

plano de ação Documento escrito que detalha os passos que serão seguidos por um aprendiz e um gerente para garantir que o treinamento seja transposto para o trabalho.

plano de aula detalhado Tradução do conteúdo e da sequência das atividades de treinamento em um guia usado pelo instrutor para ajudar na oferta do treinamento.

plano de carreira Sequência de cargos envolvendo tipos parecidos de trabalho e de habilidades pelos quais os funcionários movem-se dentro de uma empresa.

plug-in *Software* adicional que precisa ser instalado no computador para escutar sons ou visualizar vídeos, por exemplo.

prática Demonstração de uma capacidade adquirida, ensaio físico ou mental de uma tarefa, conhecimento ou habilidade para alcançar proficiência no desempenho de uma tarefa ou habilidade ou na demonstração de um conhecimento.

prática completa Abordagem de treinamento em que todas as tarefas e objetivos são praticados ao mesmo tempo.

prática distribuída Abordagem de treinamento em que os aprendizes recebem intervalos de descanso dentro da sessão de prática.

prática maciça Abordagem de treinamento em que os aprendizes praticam uma tarefa continuamente, sem descanso.

prática parcial Abordagem de treinamento em que cada tarefa ou objetivo é praticado individualmente tão logo seja introduzido em um programa de treinamento.

práticas de gestão de recursos humanos Atividades de gestão relacionadas a investimentos em pessoal, gestão do desempenho, treinamento, compensação e benefícios.

pré-teste/pós-teste com grupo de comparação Modelo de avaliação que inclui os aprendizes e um grupo de comparação. Coletam-se indicadores de resultado pré e pós-treinamento.

pré-teste/pós-teste Modelo de avaliação em que se coletam tanto resultados pré quanto pós-treinamento.

processo de elaboração do treinamento Abordagem sistemática de desenvolvimento de programas de treinamento. Engloba seis passos: realização de um diagnóstico de necessidades, garantia da disposição de funcionários para o treinamento, criação de um ambiente de aprendizagem, garantia da transferência do treinamento, seleção de métodos de treinamento e avaliação de programas de treinamento.

processo Seis Sigma Processo de avaliação, análise, melhoria e controle de processos que foram concebidos dentro dos padrões de qualidade Seis Sigma.

Programa de aprendizagem Programa de treinamento com trabalho e estudo que combina ensino prático e em sala de aula.

prototipagem Processo iterativo usado na elaboração do *e-learning* em que as ideias iniciais de projeto são propostas e oferecidas de forma embrionária em um protótipo operante *on-line* que é analisado e refinado por integrantes da equipe de elaboração.

quatro grupos de Solomon Modelo de avaliação que combina pré-teste/pós-teste com grupo de comparação e grupo de controle somente pós-teste.

realidade virtual Tecnologia virtual que oferece aos aprendizes uma experiência de aprendizagem tridimensional em um ambiente simulado que responde aos seus comportamentos e reações.

reaproveitamento Tradução direta de um programa de treinamento que utiliza um método tradicional em um programa na *web*.

recuperação Identificação de materiais apreendidos na memória de longo prazo e utilização dos mesmos para influenciar o desempenho.

rede de apoio Grupo de dois ou mais aprendizes que concordam em encontrar-se e discutir o progresso no uso de competências adquiridas.

redefinição de tarefa Mudanças nos papéis e cargos de gerentes e/ou funcionários.

reforço de aprendizado Continuação da aprendizagem por parte dos funcionários mesmo que já tenham conseguido realizar o objetivo diversas vezes.

reforço vicário Situação na qual um aprendiz visualiza um exemplo de alguém recebendo reforço pelo uso de determinados comportamentos.

relevância de critérios Grau de relação entre os resultados do treinamento e as competências adquiridas destacadas no treinamento.

requisitos mentais Capacidades ou habilidades mentais ou cognitivas necessárias para realizar uma tarefa.

resistência à mudança Relutância em mudar por parte de gerentes e/ou funcionários.

restrições situacionais Características do ambiente de trabalho que incluem a falta de equipamentos, materiais, apoio orçamentário e tempo suficientes.

resultados financeiros Utilizados para determinar o retorno de um programa de treinamento.

retorno sobre expectativas (ROE) Processo pelo qual uma avaliação demonstra às partes interessadas do negócio, como gerentes de níveis altos, que as suas expectativas em relação ao treinamento foram atendidas.

retorno sobre investimento (ROI) Comparação entre os benefícios e custos financeiros de um treinamento.

retrocesso Situação na qual um funcionário utiliza competências menos eficazes adquiridas anteriormente em vez de tentar aplicar as competências destacadas em um programa de treinamento.

reversão Período durante o qual os participantes de um treinamento param de receber a intervenção do treinamento.

saída (*output*) Padrões de desempenho de um cargo.

sala de aula virtual Uso de um computador e da Internet para distribuir treinamento orientado por instrutores para funcionários geograficamente dispersos.

séries temporais Modelo de avaliação em que indicadores de treinamento são coletados periodicamente pré e pós-treinamento.

simulação Método de treinamento que representa uma situação da vida real no qual as decisões dos aprendizes têm resultados que refletem aquilo que aconteceria se estivessem no trabalho.

singularidade Grau em que funcionários são raros e especializados e pouco disponíveis no mercado.

sistema de tutoria inteligente (ITS) Sistema instrucional que utiliza inteligência artificial.

sistema eletrônico de suporte ao desempenho (*electronic performance support systems*, EPSS) Aplicativo que oferece, conforme for solicitado, treinamento de habilidades, acesso a informações e aconselhamento de especialistas.

sistemas de gestão da aprendizagem (LMS) Sistemas para a automação da gestão de programas de treinamento *on-line*.

sistemas especialistas Tecnologia (normalmente *softwares*) que organiza e aplica o conhecimento de especialistas humanos a problemas específicos.

solicitação de proposta (RFP) Documento voltado para fornecedores e consultores em potencial que esboça o tipo de serviço que a empresa está buscando, o tipo e o número de referências necessárias, o número de funcionários que precisam ser treinados, os fundos para o projeto, o processo de acompanhamento usado para determinar o nível de satisfação e o nível do serviço, a data em que se espera finalizar o projeto e a data em que as propostas serão recebidas pela empresa.

somente pós-teste Modelo de avaliação em que se coletam somente resultados pós-teste.

sustentabilidade Obtenção lucros sem sacrificar os recursos de seus funcionários, da comunidade ou do ambiente.

teleconferência Troca síncrona de áudio, vídeo e/ou texto entre dois ou mais indivíduos ou grupos em dois ou mais locais.

teoria da aprendizagem social Teoria que afirma que as pessoas aprendem pela observação de outras pessoas (modelos) que acreditam ter conhecimento e ser confiáveis.

teoria do estabelecimento de metas Teoria que defende que o comportamento resulta das metas e intenções conscientes de um indivíduo.

teoria do reforço Teoria que destaca que as pessoas são motivadas a realizar ou evitar determinados comportamentos em decorrência de resultados anteriores a esses comportamentos.

terceirização Aquisição de serviços de fora da empresa.

terceirização do processo de negócio Contratação de terceiros para a realização de qualquer processo do negócio, como gestão de recursos humanos, produção ou treinamento.

teste-piloto Processo de visualizar previamente um programa de treinamento com aprendiz*es* em potencial, gerentes ou outros clientes.

trabalhadores do conhecimento Funcionários que detêm os meios de produzir um produto ou serviço e que têm um corpo de conhecimento especializado que utilizam no desempenho do trabalho, contribuindo para a eficácia da empresa.

transferência distante Capacidade do aprendiz em aplicar as competências adquiridas ao ambiente de trabalho, mesmo que ele não seja idêntico ao ambiente da sessão de treinamento.

transferência do treinamento Aplicação no trabalho das competências adquiridas pelos aprendizes no treinamento.

transferência próxima Capacidade de um aprendiz em aplicar as competências adquiridas ao ambiente de trabalho que seja idêntico ao ambiente da sessão de treinamento.

treinamento Esforço planejado de uma empresa para facilitar a aprendizagem de competências relacionadas ao trabalho por parte de seus funcionários.

treinamento centralizado Organização do departamento de treinamento de forma que os programas de treinamento e desenvolvimento, os recursos e os profissionais estejam centralizados em um local a partir do qual as decisões sobre investimentos em treinamento, programas e oferta são tomadas.

treinamento com base em cenários Treinamento que insere os integrantes da equipe em um contexto realista enquanto aprendem.

treinamento com base em computador (CBT) Experiência de treinamento interativa em que o computador oferece estímulos de aprendizagem, o aprendiz responde e o computador analisa as respostas e dá *feedback* ao aprendiz.

treinamento cruzado Método de treinamento em que integrantes da equipe entendem e praticam as habilidades uns dos outros para que estejam preparados para assumir o lugar de outro funcionário caso alguém saia da equipe temporária ou permanentemente. Treinamento de funcionários para que aprendam as habilidades de um ou vários cargos adicionais.

treinamento de coordenação Treinamento de uma equipe sobre como compartilhar informações e responsabilidades sobre tomada de decisões para potencializar o desempenho da equipe.

treinamento de equipes Método de treinamento que envolve a coordenação do desempenho de indivíduos que trabalham juntos para alcançar uma meta em comum.

treinamento do líder da equipe Treinamento recebido por um facilitador ou gerente de equipe.

treinamento e desenvolvimento formais Programas de treinamento e desenvolvimento, disciplinas e eventos desenvolvidos e organizados pela empresa.

treinamento em diversidade Programas de treinamento elaborados para mudar as atitudes dos funcionários em relação à diversidade e/ou desenvolver as habilidades necessárias para trabalhar com uma força de trabalho diversificada.

treinamento em gestão de erros Treinamento em que os aprendizes recebem a oportunidade de cometer erros, o que pode ajudar na aprendizagem e melhorar o desempenho no trabalho.

treinamento no local de trabalho Treinamento em que funcionários novos ou inexperientes aprendem primeiro através da observação de pares ou de gerentes no desempenho de suas funções e depois através da imitação de seus comportamentos.

treinamento *on-line* Treinamento oferecido em redes de computadores públicas ou privadas e exibidos através de um navegador.

valência Valor que um indivíduo atribui em um resultado.

validade externa Generalização dos resultados de um estudo para outros grupos e situações.

validade interna Determinação de que um treinamento fez a diferença.

valor estratégico Potencial dos funcionários de melhorar a eficácia e a eficiência de uma empresa.

valor pós-treinamento Valor referente a medição de resultados feita após o treinamento.

valor pré-treinamento Valor que serve de base para os resultados da avaliação do treinamento.

valores Princípios e virtudes que simbolizam as convicções de uma empresa.

vantagem competitiva Vantagem sobre outras empresas na indústria.

verificação lógica Percepção de uma relação entre uma nova tarefa e uma tarefa sobre a qual já se tem domínio.

viabilidade Facilidade de coleta de indicadores de resultado.

visão Imagem do futuro que uma empresa almeja alcançar.

visão geral do plano de aula Plano que combina as principais atividades do programa de treinamento a horários ou intervalos de tempo específicos.

Web 2.0 Recursos de redes sociais criados na Internet pelo usuário, incluindo *blogs*, *wikis* e Twitter.

webcasting Instrução em sala de aula oferecida *on-line* através de transmissões ao vivo.

wiki *Site* que permite que vários usuários criem, editem e atualizem conteúdo e compartilhem conhecimento.

Índice

A

Abordagem
 blended learning (aprendizagem híbrida), 34-35, 312-313, 315-316, 334-336
 da generalização de estímulos, 161-163
Abrangência, oportunidade de desempenhar, 215-216
Academia de Desenvolvimento de Recursos Humanos (AHRD), 47-48
Academia de Gestão (AOM), 47-48
Academia de Liderança, da WD-40, 25-26
Academia de Profissionais Administrativos, 66-68
Academias, 78-80
Academy of Management Executive, 47-48
Academy of Management Journal, 47-48
Academy of Management Learning and Education, 47-48
Accelerated Career Excellence in Sales (ACES), 332-333
Accenture Learning, 62-63
Aceleração do ritmo de aprendizado do funcionário, 66-68
Acomodadores, 164-165
Acústica, local de treinamento e, 190
Administração,
 do treinamento, 175-177
 em documento de elaboração, 202-203
Afiliação, necessidade de, 155-156
"After-action reviews" (Análise Pós-Ação), 217-218
Age Discrimination in Employment Act (ADEA), 22-23
Agente de mudanças organizacionais, 43-44
Agilidade mental, idade e, 127-129
Alinhamento de treinamento e desenvolvimento à direção estratégica da empresa, 68-69
Altos gerentes, estratégia de negócio de crescimento externo e, 84-86
Ambiente de aprendizagem, *ver também* Locais de treinamento
 criação de, 8-12
 métodos de treinamento com base em tecnologia, 314-319, 352-353

Ambiente de trabalho
 ambiente de treinamento semelhante ao, 162
 apoio à aprendizagem e transferência, 177-180
 forças que influem no, 2-4
 não é idêntico à sessão de treinamento, 162-163
 obstáculos que inibem a transferência de treinamento, 177-179
 que dá apoio, como iniciativa estratégica de treinamento e desenvolvimento, 68-69
Americans with Disabilities Act (ADA), 293-294
Ampliar os grupos que recebem treinamento, 66-68
Análise
 da força de trabalho, 260-261
 da utilidade, 258-259
 de cargos, modelos de competências *vs.*, 136-137
 de custo-benefício, 252-259
 de tarefas, 110, 117-118, 131-135
 externa, 63-66
 interna, 64-65
 organizacional, 110, 117-120
Análise de pessoas, 117-118, 119-133
 características pessoais, 122-129
 consequências, 129-130
 definição, 110
 disposição para o treinamento, 119-120
 feedback, 129-131
 input (entrada), 127-130
 output (saída), 129-130
 processo, 120-123
Análise SWOT, 63-65
Analista de necessidades, 42-43
Andragogia, 157-159
Aplicativo OneTouch, 316-317
Apoio
 da alta gerência, 75-77
 de pares ao treinamento, 118-120, 177-178
 de pares, 214-215

do gerente, 209-215
social, 127-129
Aposentadoria
com trabalho, 21-22
de *baby boomers*, 25-27
Apps, 341-343
Apreensão e compartilhamento de conhecimento, como iniciativa estratégica de treinamento e desenvolvimento, 68-69
Aprendizado
autodirigido, 192-195, 277-278, 280-282
incorporado no negócio, 57-58
Aprendizagem *on-line*, 311, 315-316, 318-320, *ver também* e-learning
colaboração, 330-331
controle do aluno da, 328-330
criação de uma experiência de aprendizagem positiva para, 327-329
diagnóstico de necessidades, 325-328
hiperlinks, 330-331
instrução presencial combinada à, 334-336
oferta de tempo e espaço para, 329-330
Aprendizagem, 277-278, 281-286, *ver também* Forças que influem no trabalho e no aprendizado; Teorias da aprendizagem; Transferência do treinamento
a distância, 315-316, 320-322, 343-348
administração do treinamento e, 175-177
ambiente de trabalho e, 177-180
através da interação, 174-176
automatização 173-174
clima positivo para, 178-180
como foco estratégico, 59-63
condições necessárias para, 147-148
conteúdo relevante e, 167-169
contextual social assistida por tecnologia, 272-273, 316-317
contínua, 18-20, 55-58
de aventura, 292-295
definição, 5-6, 147-148
desenvolvimento do capital humano e, 61-63
diferentes formas de, 4-6
e desenvolvimento organizacional, 95-96
eficácia do treinamento e, 149-150
feedback e, 173-174
forças que influem na, 2-4
informal, 5-7
interativa a distância (IDL), 344-346
local de treinamento e instrução que levam à, 192-201
memória e, 172-174
modelo de, 147-150
móvel, 10-11, 315-316, 340-342
objetivos de treinamento e, 166-168
oportunidades de prática e, 169-170
pela ação, 298-301
presencial combinada à aprendizagem *on-line*, 324-325, 334-336
relacionada aos objetivos estratégicos de negócio, 6-9
responsabilidade do aprendiz e autogestão, 176-178
ritmo acelerado do funcionário, 66-68
uso da gestão do conhecimento para, 216-222
vantagem competitiva e, 5-6
Aprendizes, *ver também* Funcionários
apoio de pares e gerência aos, 118-120

autoeficácia de, 126-127
autogestão e, 209-211
capacidade cognitiva de, 123-125
capacidade de leitura de, 124-127
com orientação por aprendizado, 155-156
conhecer o público para a elaboração do programa e, 194-197
determinação do que é preciso aprender, 111
feedback e, 130-131
habilidades básicas, 122-129
interação do instrutor com, 198-200
motivação para aprender, 120-123
que perturbam, 199-201
Aprendiz-problema, 199-201
Apresentações de alunos, 275-276
Áreas de especialidade, 43-47
Armazenamento de longo prazo, 164
Arranjos de trabalho alternativos, 35-36
Assimiladores, 164-165
Assistente de gerente, 73-74
Atenção, aprendizagem e, 152-153
Atitudes, 150-151, 300-303
Atividades de arvorismo, 292-293
Ativos intangíveis, 14-20, *ver também* Capital humano
Atribuição aleatória, 245-247
Aulas de culinária, 293-294
Autocorreção de equipe orientada, 297-298
Autodesk, Inc., 187-188
avaliação do treinamento, 227-228, 266, 268
diagnóstico de necessidades, 108-109, 143-144
elaboração do programa, 187-188, 223-224
forças que influenciam o ambiente de trabalho e de aprendizagem, 2-4
métodos de treinamento com base em tecnologia, 310-311, 357-358
métodos de treinamento tradicionais, 270-272, 306-307
transferência do treinamento, 183-184
treinamento estratégico, 55-56, 102, 105-106
Autoeficácia, 126-127
crescente, 152-153
definição, 152-153
expectativa e, 156-157
Autogestão, 176-178, 209-211
Automatização, 173-174
Autorregulação, 169-170, 329-330
Avaliação(ões),
afetivas, 237-239, 241-243
de desempenho, 153-154, 202, 204
de habilidades, 125-126
em documento de elaboração, 202-203
pós-treinamento, 245
pré-treinamento, 245
Avaliação de treinamento, 70-71, 227-268
formativa, 230-232
somativa, 231-233
definição, 228-229
elaboração de, 244-253
escolha do método de treinamento e, 301-302
explicações alternativas para os resultados da, 244-247
formato de séries temporais, 249-251

formato pré-teste/pós-teste com grupo de comparação, 248-250
formato pré-teste/pós-teste, 247-249
formato quatro grupos de Solomon, 250-252
formato somente pós-teste, 245-248
do capital humano, 260-264
motivos para, 229-233
no processo de elaboração de treinamento, 9-10
práticas de, 241-244
processo, visão geral da, 232-234
retorno sobre investimento (ROI), 237-240, 252-260
Indicadores usados na avaliação de treinamento
afetivos, 237-239, 241-243
com base em habilidades, 236-237
cognitivos, 236
confiabilidade de, 240-242
decisão sobre qual tipo coletar, 241-244
definição, 228
discriminação e, 241-242
de reação, 234-235
relevância de, 239-241
resultados financeiros, 237-239
retorno sobre investimento (ROI), 237-240
viabilidade de, 241-242
Avatares, 337-340

B

Baby boomers, 20-23
aposentadoria dos, 25-27
aprendizagem em sala de aula preferida por, 195-196
aumento de [...] na força de trabalho, 20-21
características de, 21-22, 127-129
ética de trabalho, 22-23
ferramentas de mídias sociais e, 313-314
Balanced scorecard, 70-71
Bancários, métodos de treinamento para, 306
Benchmarking, 116-117
Benefícios, 237-239
determinação para a análise de custo-benefício, 254-258
Black belts, 31-32
Blackberries, 32-33
Blended learning, 323-324
Blogs, 33-34, 313-316, 318-319, 330-333
Bluetooth, 340-341
Brilho, no local de treinamento, 190

C

Cadeiras da sala de reuniões, no local de treinamento, 190
Campeões, 31-32
Capacidade cognitiva, 123-125
Capacidade de raciocínio, 123-125
Capacidade, na análise de tarefas, 131-133
Capital cliente, 15-17
Capital humano
definição, 5-6
engajamento de funcionários, 17-19
explicação, 15-16
implicações da aprendizagem para o desenvolvimento de, 61-63
avaliação do, 260-262
trabalhadores do conhecimento e, 16-18

Capital intelectual, 15-16
Capital social, 15-17
Características
do indivíduo, 120-121
pessoais, análise de pessoas e, 122-129
Cargo, definição, 131-133
Casos de sucesso, 259-260
Centros de lucro, 98-99
Ciclo de aprendizagem, 164-166
Círculos de tambores, 293-294
Clima para transferência, 178-180
Codificação semântica, 162-164
Colaboração
digital, 316-317
tecnologia e, 316-317, 330-331
Competências, 42-43
de um modelo de competências, 136
definição, 134-135
em um currículo, 200-201
fundamentais, 44-46
modelo integrado ao negócio (BE), 91-92
quantitativas, 123-125
Competitividade, 4
Complexidade geral da tarefa, 171-172
Comportamentos-chave, 162-163, 290-291
Compreensão verbal, 123-125
Comunicação
assíncrona, 316-317
em tempo real, 316-317
que não acontece em tempo real, 316-317
sem fio, 34-35
síncrona, 316-317
Comunidades
de aprendizagem, 332-333
de prática (COPs), 175-176, 217-218
Condições de trabalho que representam obstáculos, 177-179
Condições
externas, 180-181
internas, 180-181
pré-prática, 169-170
Conferência *on-line*, 345-346
Confiabilidade de resultados de avaliação, 240-242
Conhecimento
definição, 216-217
compartilhamento, 18-20
na análise de tarefas, 131-133
explícito, 6-7, 216-217
tácito, 6-7, 216-217
Conhecimento, habilidades, capacidades e outras características (KSAOs), 131-134
Conquistas
anteriores, 152-153
necessidade de, 155-156
Conselheiro de carreiras, 43-44
Consequências, 120-122, 129-130
de reforço extrínseco, 178-179
de reforço intrínseco, 178-179
do *feedback*, 178-179
Consultores que vendem programas de treinamento
escolha de, 207-209

perguntas a fazer, 207
  quanto tempo para desenvolver o programa de treinamento, 207-209
Contabilidade e finanças, 4
Contabilidade para resultados, no modelo integrado ao negócio, 91-93
Contaminação de critérios, 239-241
Contexto do treinamento, 168-169
Controle, 95-96
  de tráfego aéreo, 124-125
  do aluno, para a aprendizagem *on-line*, 328-330
Convergentes, 164-165
Cores, no local de treinamento, 190
Critérios, treinamento, 228, *ver também* Indicadores usados na avaliação do treinamento
Crowdsourcing, 116-117
Currículo, 200-201
Custos
  de desenvolvimento, 256-257
  determinação para a análise de custo-benefício, 254-257
  diretos, 237-239, 256-257
  impacto da tecnologia no treinamento, 314-315
  indiretos, 237-239, 256-257
  métodos de treinamento com base em tecnologia, 352-354

D

D Street (sistema de rede social), 88-89
Dados qualitativos, 230-231
Deficiência de critérios, 240-241
Déficit de habilidades, 27-29
Desconstrução, 287-289
Desenho assistido por computador, 33-34
Desenvolvimento, 5-6, 44-46, *ver também* Desenvolvimento de funcionário
  de competências sociais, 272-273
  de recursos humanos, 44-47
  organizacional, 44-47
  orientado de competências, 271-272
Design de produtos, no modelo integrado ao negócio, 91-93
Design de Sistemas Instrucionais (Instructional System Design, ISD), 9-12, 329
Designer instrucional, 42-46, 113
Despesas adicionais, 256-257
Diagnóstico de necessidades, 108-145
  análise de tarefas, 131-135
  análise de pessoas, 119-133
  análise organizacional, 118-120
  avaliação do treinamento e, 232-233
  casos, 108-109, 143-144
  definição, 110
  escopo do, 139-142
  métodos usados no, 114-117
  modelos de competências, 134-139
  motivos para, 110-111
  na prática, 139-142
  no processo de elaboração do treinamento, 8-10
  para aprendizagem *on-line*, 325-328
  para programa de treinamento *on-line*, 10-11
  pessoas envolvidas no, 112-113
  processo de, 117-135
  resultados, 111

visão geral, 109-110
Diagnóstico rápido de necessidades, 139-141
Dicas de tarefas, 178-179
Diferenças geracionais, 21-25
  análise de pessoas e, 127-129
  elaboração do programa e, 195-197
Dinâmicas de grupo, 200-201
Direção estratégica, no modelo integrado ao negócio, 91-93
Diretor de informática (CIO), 216-217
Diretores de conhecimento, 220-221
Disciplina, objetivos de aprendizagem e currículos *vs.*, 200-201
Discriminação, 241-242
Disposição
  de assentos do tipo mesas em semicírculo, 190-191
  de assentos do tipo sala de conferência, 191-192
  de assentos em ferradura, 191-192
  de assentos tradicional, 190-192
  dos assentos, no local de treinamento, 190-192
  para o treinamento, 119-120
Divergentes, 164-165
Diversidade étnica, 20-21, *ver também* Treinamento intercultural
  racial, 20-21
Diversificar o portfólio de aprendizagem, 66-68
Dividir em pedaços, 329-330
Documentação para o diagnóstico de necessidades, 114-115
Documento de elaboração, 201-203
  quem está envolvido no, 202-203
Dramatizações, 288-290

E

Echo Boomers, 21-22
Educação, *ver também* Desenvolvimento de funcionário
  aumento em ocupações que exigem mais, 25-26
  ocupações de crescimento mais rápido, 26-27
  para profissionais de treinamento, 47-48
  pós-secundária, 25-26
  programa Transition to Teaching da IBM, 27-29
  superior, 25-26
Efeito de Hawthorne, 245
Eficácia do treinamento, 228
Elaboração do programa, 8-12, 187-223
  atividades de pré-trabalho/pré-treinamento, 195-198
  casos/aberturas, 187-188
  conhecer o público para a, 194-197
  curso do currículo e elaboração da aula, 200-201
  definição, 188
  documento de elaboração, 201-203
  escolha de fornecedores ou consultores para serviços de treinamento, 207-209
  escolha de instrutores, 191-193
  escolha e preparação do local de treinamento, 190-192
  fazer o local de treinamento e a instrução levarem à aprendizagem, 192-201
  gestão de sala de aula e, 198-199
  gestão do conhecimento, 216-222
  Instructional System Design (ISD), 9-12
  interação aprendiz-instrutor, 198-201
  mapa curricular, 201-202, 204
  oferta de uma visão geral do curso, 197-199

plano de aula, 202, 204
processo de, 8-12, 188-189
técnicas de autogestão, 209-211
teoria do estabelecimento de metas usada na, 154-155
transferência de treinamento e, 160-161, 208-217
visão geral, 188-189
Elaboração do treinamento
aprendizado e transferência do treinamento, 146-182
avaliação do treinamento, 227-268
diagnóstico de necessidades, 108-142
elaboração do programa, 187-223
e-learning, 89-90, 313-316, 318-320, *ver também*
Treinamento com base em tecnologia; Programas de treinamento *on-line*
aprendizagem presencial combinada ao, 324-325
desenvolvimento eficaz, 325-331
eficácia do, 323-326
possíveis recursos de, 320-321
vantagens do, 320-324
Emprego
aumento nos Estados Unidos, 25-26
mudanças nas ocupações (2008-2018), 25-27
teletrabalho, 34-36
Empresas
de entregas, 120-122
de serviços públicos, 217-220
em desinvestimento, 84-85
Engajamento do funcionário, 17-19
Engenheiros, 13-15
Ensaio, 164
Ensino em equipe, 274-276
Entrevistas
como avaliar características pessoais em, 120-122
para o diagnóstico de necessidades, 114-122, 139-141
presenciais, 116-117
Envelhecimento da força de trabalho, 20-22, *ver também*
Funcionários mais velhos
Equipe(s), definição, 291-293
de beisebol, 78-79
de trabalho, 36-38
virtuais, 37-38
Escolha estratégica, 64-65
Escopo do
diagnóstico de necessidades, 139-142
projeto, no documento de elaboração, 201-203
Espaços de trabalho compartilhados, 313-316
Especialidade, áreas de, 43-47
Especialista profissional, 42-44
Especialistas em treinamento, 113, 191-193
análise de habilidades básicas e, 122-124
análise de tarefas e, 133-134
como instrutor, 192-193
entrevistas com grupos focais e, 116-117
Esquema da disciplina, 197-198
Esquema de tópicos, no documento de elaboração, 202-203
Estação Espacial Internacional, 18-19
Estilos de aprendizagem, 164-166, 172-173
Estratégia(s)
cognitivas, 150-151, 300-303
de aprendizagem, inovadoras, 146-147

de avaliação, 232-234
de concentração, 82-85
de contratação, 78-80
de crescimento externo, 83
de crescimento interno, 83-86
de desinvestimento, 83, 85-86
Estratégia de negócios, *ver também* Treinamento estratégico
análise organizacional e, 118-119
definição, 57-58
escolha de inciativas estratégicas de treinamento e desenvolvimento relacionadas à, 65-70
formulação e identificação, 62-66
identificação de iniciativas estratégicas de treinamento e desenvolvimento que apoiam a, 65-70
implicações de treinamento para diferentes tipos de, 82-86
influência de, 57-59
no modelo de competências, 137
relações entre treinamento e, 57-58
treinamento como forma de apoiar, 12-13, 19-20, 55-58
Estrategistas de aprendizado, 42-43
Estudos de caso, como método de treinamento, 286-288
Estudos de dados históricos, 114-116
Exército norte-americano, 217-218, 335-337
Exibições da modelagem, 290-292
Expectativas, 156-157
definição, 162-163
Experiência
de aprendizagem *on-line* positiva, 327-329
prática e, 170-171
Extinção, 151-152

F

Facebook, 318-319, 330-331
aprendizagem informal através do, 5-6
clientes que compartilham experiências no, 16-17
compartilhamento de conhecimento no, 19-20
para treinamento e desenvolvimento, 33-34
porcentagem de pessoas com, 32-33
Feedback, 120-122, 129-131, 164-165, 173-174
Feeds RSS, 315-316
Ferramenta de gestão da qualidade, ISO 10015, 32-33
Ferramentas colaborativas, para diagnóstico de necessidades, 114-115
Fidelidade, 162
Flickr, 313-314
Fluxo
de atribuições, 78-80
de fornecimento, 78-80
Fluxogramas, 197-198, 327-328
Força de trabalho, *ver também* Funcionários
asiática, 20-21
aumento na mão de obra civil, 19-20
déficit de habilidades na, 27-29
diferenças geracionais na, 21-25
hispânica, 20-21
mudança na demografia e diversidade da, 19-22
Força de trabalho diversificada, 19-22, *ver também*
Treinamento intercultural
Forças que influenciam no trabalho e no aprendizado, 13-40
ativos intangíveis, 14-17

demografia/força de trabalho diversificada, 19-22
desemprego/subemprego, 11-13
diferenças geracionais, 21-25
engajamento do funcionário, 17-19
estruturas de trabalho, 36-40
exemplos, 2-4
foco em ligações com a estratégia de negócio, 19-20
foco em trabalhadores do conhecimento, 16-18
gestão de talentos e, 24-29
globalização, 12-15
ligações com a estratégia de negócio, 19-20
modelos de sistemas de trabalho de alto desempenho, 36-40
mudança na demografia e diversidade da força de trabalho, 19-22
nova tecnologia, 32-37
serviço ao cliente e ênfase na qualidade, 28-33
valor depositado em ativos intangíveis e capital humano, 14-20

Formato
de séries temporais, 247-248, 249-251
pré-teste/pós-teste com grupo de comparação, 248-250
pré-teste/pós-teste, 247-249
quatro grupos de Solomon, 247-248, 250-252

Fornecedor, serviço de treinamento, 207-209
Fortaleza, 79-80
Fórum de dispositivos, 332-333
Franquias, 335-336
Funcionários mais velhos, 20-22, *ver também* Aposentadoria
Funcionários, *ver também* Desenvolvimento de funcionário; Funcionários mais velhos; Aprendizes; Força de trabalho
análise pessoal de, 119-133
apoio às atividades de treinamento, 118-120
autônomos, 80-81
consciência de necessidades de treinamento, interesses de carreira e metas, 126-129
de serviços postais, 292-293
disposição para o treinamento, 119-120
engajamento no processo de treinamento, 82-84
equipes de trabalho e, 36-37
imigrante, 13-15
mudanças nos requisitos de habilidades, 26-29
papel no treinamento estratégico, 72-73
reter e atrair novos, 77-79
tipos de, e treinamento estratégico, 79-81
trabalhadores do conhecimento, 16-18
tratamento da Apple de, 14-15
tratamento da Southwest Airline de, 16-17
tratamento de, com base na idade, 22-23
usados como instrutores, 192-193

G

Gastos, 39-41
Generalização, 149-150
Generalizar, 164-165
Geração
análise de pessoas e, 127-129
do silêncio, 21-22
"Eu", 21-22

Geração X
ambiente de aprendizagem para, 195-196
características de, 21-22, 127-129
ferramentas de mídias sociais e, 313-314
gerentes, 22-23
Geração Y (ou Geração do Milênio), 21-22, 24-25, 87-88, 127-129
ferramentas de mídias sociais e, 313-314
Gerentes
apoio às atividades de treinamento, 118-120, 213-214
de linha de frente, 75-76, 82-84
de nível alto, diagnóstico de necessidades e, 112-113
de nível intermediário e diagnóstico de necessidades, 112-113
de projeto, 42-43
de turno, 73-74
determinar se o treinamento é a melhor solução, 130-133
processo de *design* instrucional e, 10-12
programas do tipo aprendizagem usados para preparar novos, 284-286
usados como instrutores, 192-193
Gestão da Qualidade Total (TQM), 29-31
benchmarking e, 116-117
informação verbal e, 149-150
Gestão
de capital humano, 350-351
de desempenho, modelos de competências e, 137
de recursos humanos (HRM), 4-5, 17-18, 37-38, 46-48, 78-80
de sala de aula, 198-199
de talentos, 24-29, 44-47
desenvolvimento de talentos de liderança em, 28-29
do conhecimento, 6-9
envolvimento no diagnóstico de necessidades, 112-113
envolvimento no processo de treinamento, 82-84
implantação de mudança através de, 95-97
Gestor da aprendizagem (CLO), 216-217, 220-221
Globalização, 13-14, *ver também* Treinamento intercultural
funcionários imigrantes e, 13-15
impacto da, 12-15
influência nas práticas de treinamento, 76-77
offshoring e, 14-15
Google Docs, 315-316
Gratificação, 164-165
Grécia, 12-13
Green belt, 31-32
GreenBook, 113
Grupo(s)
de comparação, 245-247, 249-250
de discussão, 315-316
focais, 114-117

H

Habilidades
abertas, 160-161
básicas, 123-129
cognitivas, maior necessidade de, 26-28
de escrita, 122-123
em matemática, 122-123
fechadas, 160-161
intelectuais, 149-150, 300-303

interpessoais, necessidade maior de, 26-28
motoras, 150-151, 300-303
na análise de tarefas, 131-133
para lidar com pessoas, gerentes treinados em, 75-76
Hierarquia de necessidades
de Alderfer, 155-156
de Maslow, 155-156
Hiperlinks, 330-331

I

Idade, *ver também* Diferenças geracionais; Funcionários mais velhos
análise de pessoas e, 127-129
da força de trabalho, 20-22
tratamento de funcionários com base em, 22-23
Ideation, 116-117
Identificação por radiofrequência (RFID), 33-34, 340-341
IDL (aprendizagem interativa a distância), 344-346
Iluminação, no local de treinamento, 190
Imagens, 194-195
Imigrantes
na força de trabalho, 13-15
Incumbentes de cargo, 113-116
Indicadores
para avaliação de capital humano, 260-261
que comprovam o sucesso do treinamento, 69-72
Indicadores de aprendizagem, 149-151
avaliação do treinamento e, 236, 241-244
ênfase instrucional para, 180-181
escolha do método de treinamento e, 300-302
identificação, 111
métodos de treinamento com base em tecnologia, 323-324, 352-353
Indicadores usados na avaliação de treinamento
afetivos, 237-239, 241-243
cognitivos, 236
com base em habilidades, 236-237
confiabilidade de, 240-242
de reação, 234-235
decisão sobre qual tipo coletar, 241-244
definição, 228
discriminação e, 241-242
relevância de, 239-241
resultados financeiros, 237-239
retorno sobre investimento (ROI), 237-240
viabilidade de, 241-242
Índice de Qualidade do Treinamento (*Training Quality Index*, TQI), 239-240
Informação verbal, 149-150, 300-303
Iniciativas estratégicas de treinamento e desenvolvimento, 65-70
Instrução, 192-201
assíncrona, 273-274
audiovisual, 276-278
com tempo de atraso, 273-274
em tempo real, 273-274
síncrona, 273-274
Instrumentalidade, 156-157
Instrutor(es), *ver também* Profissionais de treinamento
análise de habilidades básicas e, 122-124
de sala de aula, 43-44

diagnóstico de necessidades e, 14-15, 113
escolha, 191-193
fazer o local de treinamento e a instrução levarem à aprendizagem, 192-201
gerentes como, 211,213
interação com aprendizes, 198-200
técnico, 42-43
teoria do reforço e, 151-152
Virtual (*Virtual Trainer*, VT), 147
Integração de unidades de negócio, 76-77
Inteligência artificial, 34-35
Interação
aprendiz-aprendiz, 174-175
aprendiz-conteúdo, 174-175
aprendiz-instrução, 174-175
eletrônica, 175-176
processo de aprendizagem e, 174-176
Interesses de carreira, consciência do funcionário de, 126-129
Internet, *ver também* e-learning; Aprendizagem *on-line*; Mídia social; *Networking* social; Programas de treinamento *on-line*
aumento do uso da, 32-33
globalização e, 12-13
Intranets, 34-35
IPads, 12-13, 59-61, 313-314, 318-319, 342-343
IPhones, 32-33, 318-319
IPod Touch, 312-313
IPods, 34-35, 318-319
ISO 9001, 30-31
ISO 9004, 30-32
ISO 10011, 30-31
ISO 10015, 32-33

J

Jogos
negócios, 287-289
tecnologia, 335-338

K

Kaizen, 85-86, 298-300
KnowIt, 3
Knowledge Network, 6-7
KSAOs (conhecimento, habilidades, capacidades e outras características), 131-134
K-source, 218-220

L

Largura de banda, 325-327
Legibilidade, 124-125
Lembrança do conteúdo do treinamento, 197-199
Liderança, aulas de gestão em, 28-29
Líderes de investimento, treinamento, 41-43
LinkedIn, 32-34, 330-331
Lista "Best Companies to Work For" da revista *Fortune*, 77-78
Locais de trabalho compartilhados, 35-36; *ver também* Ambiente de trabalho
Locais de treinamento, 190-201

M

Malcolm Balridge National Quality Award, 29-31
Manutenção, 149-150

Mão de obra. *Ver* Força de trabalho
   de imigrantes, 13-15
Mapa
   conceitual, 197-198
   curricular, 201-202, 204
Marca do treinamento, 97-98
Marketing, 4, 95-99
   interno, 95-98
Materiais
   no plano de aula, 203-205
   preparação de, 194-195
Melhoria no serviço ao cliente, 66-68
Memória
   de longo prazo, 172-174
   de trabalho, 162-163
   "memorização" do conteúdo do treinamento, 172-174
   idade e, 127-129
Menor quantia de conteúdo de aprendizagem, 41-42
Mentalidade enxuta, 31-33
Mercado
   de mão de obra externa, 78-79-80
   de mão de obra interna, 78-80
   internacional, 12-13
Mesa-redonda de negócios, 27-28
Mestres *black belts*, 31-32
Metacognição, 169-171
Metas
   consciência de funcionários das, 126-129
   de treinamento, 5-6
   empresa, 63-64
Método de treinamento focado no instrutor, 273-276
Método de treinamento, escolha de
   no processo de elaboração do treinamento, 8-10
   para programa de treinamento *on-line*, 10-12
Métodos de formação de grupos, 291-301
   aprendizagem de aventura, 292-295
   aprendizagem experiencial, 292-293
   aprendizagem pela ação, 298-301
   treinamento de equipe, 294-301
Métodos de treinamento tradicionais, 270-302, 304
   aprendizado autodirigido, 280-282
   aprendizagem de aventura, 292-295
   aprendizagem pela ação, 298-301
   casos/aberturas, 270-272, 306-307
   dramatizações, 288-290
   escolha de, 300-302
   estudos de caso, 286-288
   focado no instrutor, 273-274
   jogos de negócios, 287-289
   métodos de apresentação, 274-278
   métodos de formação de grupos, 291-301
   métodos de treinamento com tecnologia e, 352-355
   métodos práticos, 277-292
   modelagem do comportamento, 289-292
   palestras, 274-277
   programas de aprendizagem, 281-286
   indicadores de aprendizagem e, 301-302
   simulações, 285-287
   sistema de aprendizagem, 271-273
   treinamento de equipes, 294-299
   treinamento *black belt*, 298-301

   treinamento no local de trabalho, 277-281
   uso de diferentes, 275-276
   uso de uma combinação de, 270-272, 273-275
Microblogs, 313-316, 332-333
Microcompartilhamento, 332-333
Mídia compartilhada, 313-314, 332-333
Mídia social, 26272-274, 312-316, 330-335
   aprendizagem informal através de, 5-6
   definição, 330-331
   exemplos de usos, 332-335
   métodos de treinamento tradicionais e, 352-355
   tipos de, 330-333
Minorias
   programas de liderança para mulheres para, 24-25
Missão de Operações em Meio Ambiente Extremo da NASA (NEEMO), 297-298
Missão, empresa, 63-64, 71-72
Mnemônica, 197-198
Mobília, para o local de treinamento, 190-191
Modelagem, 152-153
   do comportamento, 289-292
Modelo(s)
   ADDIE, 9-12, 325-326
   de desenvolvimento de liderança, 56
   de sistemas de trabalho de alto desempenho, 36-40
   de universidade corporativa, 85-91
   e formatos de avaliação, 242-253
   "escada de engajamento", 76-77
   integrado ao negócio (BE), 85-87, 91-94
Modelo de avaliação, 229
   considerações ao escolher, 251-253
   pré-teste/pós-teste com grupo de comparação, 248-250
   pré-teste/pós-teste, 247-249
   quatro grupos de Solomon, 250-252
   séries temporais, 249-251
   somente pós-teste, 245-248
Modelos de competências, 117-118, 134-139
   análise de cargos *vs.*, 136-137
   ASTD, 42-46
   competências em, 136
   desenvolvimento de, 137
   gestão de desempenho e, 137
   usos, 134-136, 138-139
Modelos de organização de treinamento, 85-96
   de universidade corporativa, 85-92
   integrados ao negócio, 91-94
   perspectiva de um modelo de mudança, 93-96
Motivação para aprender, 120-123, 195-198
Mudança(s)
   condições necessárias à, 93-95
   de comportamento, 151-152
   definição, 18-19
   demográficas, 19-21
   explicação, 18-19
   resistência à, 94-96
Mulheres
   multiculturais, 24-25
   negras, 24-25
   participação na força de trabalho, 20-21
Mundos virtuais, 339-341
Myers-Briggs Type Indicator (MBTI), 195-197
MySpace, 330-331

N

Nações do BRIC (Brasil, Rússia, Índia e China), 12-13
Nanotecnologia, 33-34
Necessidade,
 de afiliação, 155-156
 de poder, 155-156
 de realização, 155-156
 de treinamento, consciência dos funcionários de, 126-129
 definição, 155-156
Networking social, 32-33, 318-319
Nível de atuação, oportunidade de desempenhar, 215-216
Nível de leitura, 122-123
Normas, 129-130

O

Objetivos, *ver também* Objetivos de treinamento
 componentes de, 167-168
 de desempenho, 167-168
 definição, 166
 disciplina/programa, 202-203
 no documento de elaboração, 202-203
 que o funcionário precise saber, 166-168
Objetivos de aprendizagem, 166-168
 avaliação de treinamento e, 232-234
 exemplos, 168-169
 para currículos *vs.* disciplinas ou lições, 200-201
Objetivos de treinamento
 escolha de indicadores de treinamento e, 242-244
 exemplos, 168-169
 no processo de avaliação de treinamento, 232-234
Ocupações,
 de maior crescimento, 25-27
 de serviços, crescimento em, 25-26
Oferta, 201-203
 de oportunidades de desenvolvimento, como iniciativa estratégia de treinamento e desenvolvimento, 66-69
 de produtos, no modelo integrado ao negócio, 91-93
Offshoring, 14-15
Orçamento, treinamento, 12-13, 301-302
Organizações
 profissionais, 47-48
 que aprendem, 18-20, 59-62
 treinamento profissional, 47-48
Organizadores avançados, 169-170
Orientação
 para aprendizagem, 154-156
 por desempenho, 155-156
 por metas, 154-156
Otimização de Talentos (*Talent Optimization*, TOP), 68-69

P

Padrões de qualidade ISO 9000, 29-32
Padrões de qualidade ISO 9000:2000, 29-31
Padrões, internacionais, 30-32
 (ISO), 29-31
Palestrantes convidados, 275-276
Palestras, 274-277
Paredes, no local de treinamento, 190
Partes interessadas (*stakeholders*), 4-5, 63-64
Pedagogia, 156-157

Peiperl, M.A., 79-80
Percepção, 162-163
Performer, 347-349
Personalidade, 195-197
Persuasão verbal, 152-153
Pesquisas
 e desenvolvimento, 4
 engajamento de funcionários, 17-18
 sobre universidades corporativas, 89-90
Pessoas com deficiências, 26
Planejamento
 da aplicação, 291-292
 de recursos humanos, 80-81
Plano
 de ação, 212-214
 de avaliação, 8-10
Planos de aula
 características, 202-203, 205
 componentes de, 203-206
 detalhados, 202-205
 explicação, 202-203, 205
 modelo de, 202, 204
Planos de negócios, relação com planos de treinamento, 65-66
Plug-ins, 325-327
Podcasts, 313-316
Poder, necessidade de, 155-156
Portfólio de aprendizagem, diversificação do, 66-68
Prática, 169-173
 completa, 171-172
 de gestão moderna de recursos humanos, 78-79
 distribuída, 171-172
 maciça, 170-172
 parcial, 171-172
Prêmio ASTD BEST, 41-43
Pré-requisitos
 do aprendiz, 203-205
 no plano de aula, 203-205
Presença global, treinamento estratégico e, 76-77
Pré-treinamento, 195-198
Processo motivacional, 153-154
Processos de aprendizagem, 162-180
 ciclo de aprendizagem, 164-166
 estilos de aprendizagem e, 164-166
 implicações para a instrução, 166-180
 processos mentais e físicos, 162-165
Produção e operações, 4
Profissionais de aprendizagem, 45-47
Profissionais de treinamento
 exemplos de empregos postados para, 45-46
 funções, competências e posições de, 42-46
 modelo de competências da ASTD, 42-46
 preparação para, 47-48
 salários médios, 46-47
Programa(s)
 "Connecting Generations", 24-25
 Corporate Service Corps da IBM, 13-14
 "Crossing the Finish Line", 24-25
 de assistencialismo ao trabalho, 126-127
 de *Benchmarking* da ASTD, 41-42
 de certificação de gerentes, 17-18

de nomeação de colegas, 17-18
de treinamento em aprendizagem experiencial, 292-293
de treinamento "Getting Your Ideas Across", 153-154
de treinamento *on-line*, 10-12, 147, 315-316, 318-320, ver também e-learning
de treinamento presenciais, 5-6, 59-61
de Vendas MAGIC, 16-17
"Feedback Zone", 24-25
Inspire, 12-13
Leaders Coaching Leaders, 25-26
Special People in Northeast, Inc. (SPIN), 26-27
Transition to Teaching, da IBM, 27-29
treine o instrutor, 191-193
Ulysses, 105-106
Proporção de reaproveitamento, 40-41
Prototipagem, 327-328
Público, conhecer o, 194-197
Público-alvo para o plano de aula, 203-205

Q

Qualidade, ênfase na, 28-31
Questão
   de cargo fundamental, 130-132
   de negócio fundamental, 130-132
   de processo fundamental, 130-132
Questionários
   análise de tarefas, 133-135
   avaliação de características pessoais com, 120-122
   para diagnóstico de necessidades, 114-117

R

Ratatouille (filme), 59-61
Realidade virtual, 338-339
   em rede, 34-35
Reaproveitamento, 327-328
Recessão econômica (2007-2009), 11-12
Recuperação, 164
Recursos
   de treinamento, 119-120
   humanos, treinamento por profissionais de, 44-46
   no documento de elaboração, 202-203
Rede de apoio, 214-215
Redefinição de tarefas, 95-96
Redes sociais, 32-33, 313-314, 318-319
   compartilhamento de conhecimento e, 19-20
   para treinamento e desenvolvimento, 32-34
   "Você faz a diferença" (*You Matter*), 68-69
Referência de critério, 281-282
Reforço
   de aprendizado, 170-171
   negativo, 151-152
   positivo, 151-152
   vicário, 289-290
Relações com outros programas, no documento de elaboração, 202, 204
Relevância
   de critérios, 239-241
   de resultados de avaliação, 239-241
Representações de práticas de treinamento, 39-48
   fatos e números sobre treinamento, 39-42
   funções, competências e posições do professional de treinamento, 42-46
   líderes de investimento em treinamento, 41-43
   preparando-se para trabalhar em treinamento, 47-48
   profissionais que oferecem treinamento, 44-46
   profissionais responsáveis por treinamento, 44-48
Reprodução motora, 153-154
Requisitos
   de habilidades, mudanças nos, 26-29
   físicos, 171-172
   mentais, 171-172
Resistência à mudança, 95-96
Responsabilidade, aprendiz, 176-178
Restrições situacionais, 127-129
Resultado(s), 237-239, 241-244. *Ver* também Indicadores de aprendizagem; Indicadores de treinamento
   cognitivos, 236, 241-244
   com base em habilidades, 236-237, 241-243
   de avaliação, 228-229, 232-240
   de comportamento, 236-237, 241-243
   de desempenho organizacional, 229
   de reação, 234-235, 241-244
   de recursos humanos, avaliação de treinamento e, 229-231
   financeiro, avaliação do treinamento e, 229
   usados na avaliação do treinamento, 228, 229-231-240
Retenção, 152-154
Retorno sobre expectativas (ROE), 259-260
Retorno sobre investimentos (ROI), 231-232, 237-240, 241-242, 252-260
Retrocessos, 178-179, 209-211
Reversão, 247-248-250
Robôs, 36-37
Robótica, 33-34
ROE. *Ver* Retorno sobre expectativas (ROE)
ROI. *Ver* Retorno sobre investimento (ROI)
Ruído, no local de treinamento, 190

S

Sala de treinamento, 190-192
Salários
   de profissionais de treinamento, 46-47
   médios para profissionais de treinamento, 46-47
   offshoring e, 14-15
Salas de
   aula virtuais, 146-147, 312-315, 339-340, 343-345
   bate-papo, 315-316
Second Life, 34-35, 312-313, 339-341
Seguros, envelhecimento da força de trabalho e, 20-21
Seis Sigma, 31-32, 298-301
   enxuto, 71-72
Seminários *on-line*, 146-147, 311, 315-316
Séries temporais com grupo de comparação, 247-248
Serviço ao consumidor, 28-33
   melhoria, treinamento estratégico e, 66-68
   treinamento estratégico e, 73-74
Serviços
   de assistência à saúde/assistência social, 25-26
   profissionais e de negócios, aumento em, 25-26
SimCity, 335-337
Simulação(ões), 285-287
   com salas de aula virtuais, 146-147, 312-313
   de treinamento com reféns, 161-162

do exército, 335-337
tecnologia e, 335-338
Sindicalização, 80-81
Singularidade, 80-81
Síntese de voz, 34-35
Sistema(s)
  de aprendizagem, método de treinamento e, 271-273
  de tutoria inteligente (ITS), 342-344
  eletrônico de suporte ao desempenho (EPSS), 66-68, 215-217, 348-350
  de gestão da aprendizagem (LMSs), 6-9, 349-353
  de pagamento com base em habilidades, 72-73
  de transmissão sem fio, 340-341
  especialistas, 347-349
Skype, 341-342
SMEs. *Ver* Especialistas no assunto
Snowbirds Program (CVS), 24-25
Sobrecarga de informações, 175-176
Solicitação de proposta (RFP), 207
Somente pós-teste com grupo de comparação, 247-248
State of the Industry Report (ASTD), 39-42
Storyboards, 327-328
Sucesso da empresa, treinamento como elemento-chave para o, 2-4
Suporte tecnológico, 215-217, 347-350

T

Tablets, 313-314
Tamanho da turma, 199-200
Tarefa, definição, 131-133
Taxa de desemprego, 11-12
  impacto da, 11-13
Técnicos de aeronaves, 237-240
Tecnologia, 32-37
  colaboração e, 316-317
  de suporte ao treinamento, 347-350
  estratégias de aprendizagem inovadoras usando, 146-147
  gestão do conhecimento, 220-222
  influência em treinamento e desenvolvimento, 314-319
  local de treinamento e, 190-191
  on-line, para o diagnóstico de necessidades, 114-117
  saber como operar equipamentos para, 194-195
Teleconferência, 320-322, 344-345
Telefones móveis, 34-35
Teletrabalho, 34-36
Teoria
  cognitiva da transferência de treinamento, 161-163
  da expectativa, 156-157
  de necessidades, 155-156
  do processamento de informação, 159-160
  do reforço, 151-152
  dos elementos idênticos, 160-162
Teoria da aprendizagem social
  abordagem da generalização de estímulos e, 162-163
  explicação, 151-155
  modelagem do comportamento e, 289-290
  treinamento no local de trabalho e, 278-279
Teoria da transferência de treinamento
  abordagem da generalização de estímulos e, 162-163
  habilidades fechadas, 160-161

implicações para a elaboração do treinamento, 160-161
teoria dos elementos idênticos, 160-162
Teorias de aprendizagem, 150-160
  orientação por metas, 154-156
  de adultos, 156-159
  teoria do estabelecimento de metas, 154-155
Terceirização, 44-46, 98-101
  do processo de negócio, 98-100
Teste-piloto, 231-232
Testes de alfabetização, 122-124
The Conference Board, 27-28
Tipo de tarefa, oportunidade de desempenhar, 215-216
Tomadas elétricas, no local de treinamento, 190
Trabalho e aprendizagem, forças que influenciam. *Ver* Forças que influenciam no trabalho e no aprendizado
Tradicionalistas (geração do silêncio), 21-22, 127-129
Training On All Special Things (TOAST), 109
Transferência de treinamento, 146-184
  administração do treinamento e, 175-177
  ambiente de aprendizagem e, 147-150, 177-180
  apoio da gerência e, 209-215
  apoio de pares, 214-215
  casos, 183-184
  clima positivo para, 178-180
  conteúdo relevante e, 167-169
  definição, 147-148
  distante, 162, 208-210
  eficácia do treinamento e, 149-150
  elaboração do programa e, 208-217
  escolha do método de treinamento e, 301-302
  feedback e, 173-174
  gestão do conhecimento para, 216-222
  habilidades abertas, 160-161
  habilidades fechadas, 160-161
  implicações para a instrução, 166-180
  indicadores de treinamento e, 241-244
  instrução em autogestão, 209-211
  método de treinamento com base em tecnologia, 340-342, 347, 352-353
  métodos dinâmicos e inovadores para, 146-147
  modelo de, 147-150
  mundos virtuais e, 340-341
  no processo de elaboração do treinamento, 8-10
  objetivos e, 166-168
  oportunidades de prática e, 169-173
  próxima, 162, 208-210
  responsabilidade do aprendiz e autogestão para, 176-178
  teoria da expectativa e, 156-157
  teoria do reforço e, 151-152
Treinamento, *ver também* Treinamento estratégico; Métodos de treinamento tradicionais; Transferência de treinamento
  black belts, 298-301
  centralizado, 86-87, 93-94
  com base em aprendizagem integrativa, 250-252
  com base em cenários, 297-298
  com base em computador (CBT), 315-316, 318-320
  cruzado, 36-37, 296-297
  de certificação, 3
  de coordenação, 296-298
  de equipe, 294-301

de líder de equipe, 297-298
de oficiais de polícia, 209-210
déficit de habilidades e, 27-29
definição, 5-6
diferentes tipos de, 41-42
e desenvolvimento formais, 5-7
elaboração de programas para, 8-12
em gestão de erros, 170-171
em Inglês como Segunda Língua (ESL), 125-126
exemplos de empresas, 2-4
fatos e números sobre, 39-42
força de trabalho diversificada e, 22-25
gastos com, 39-41
influência da tecnologia no, 32-35
influência em ativos intangíveis, 15-17
médico, 34-35
meta de, 5-6
mudanças no papel do, 58-60
no local de trabalho, 271-272, 277-282
papel do [...] no negócio, 4-5
profissionais responsáveis por, 44-48
vantagem competitiva e, 4
Treinamento com base em tecnologia, 273-274, 310-356, *ver também* Aprendizagem *on-line*; Mídia social
ambiente de aprendizagem e, 316-319
aprendizagem a distância, 343-348
blended learning, 334-336
casos/aberturas, 310-311, 357-358
escolha de novo, 352-355
jogos, 335-338
métodos de treinamento tradicionais e, 352-355
mundos virtuais, 339-341
realidade virtual, 338-339
simulações, 335-338
sistema de tutoria inteligente (ITS), 342-344
sistemas de gestão da aprendizagem (LMSs), 349-353
tecnologia e aprendizagem móvel, 340-343
visão geral, 311-315
Treinamento estratégico, 55-106
apoio da alta gerência ao, 75-77
aprendizagem e, 59-63
características organizacionais que influenciam o, 72-84
casos, 55-56, 102, 105-106
condições de negócio, 77-79
diferentes tipos de estratégias de negócio e, 82-86
envolvimento da equipe no processo, 82-84
estratégia de contratação e, 78-80
exemplos de processo de empresas, 71-73
impacto da estratégia de negócio e, 57-59
integração de unidades de negócio e, 76-77
marketing, 95-99
oferta de atividades de treinamento/desenvolvimento relacionadas às iniciativas estratégicas de, 69-70
papel da gerência no, 72-76
perspectiva de um modelo de mudança, 93-96
práticas de gestão de recursos humanos e, 78-80

presença global e, 76-77
processo de, 62-73
retenção/atração de funcionários e, 77-78
sindicalização e, 80-81
terceirização, 98-101
tipo de funcionário e, 79-81
treinamento/desenvolvimento, 69-70
treinamento centralizado, 86-87
Twitter, 32-33, 318-319, 330-331,
aprendizagem informal através do, 5-6
clientes que compartilham experiências no, 16-17
para treinamento e desenvolvimento, 33-34

U

Unidades de negócio, integração de, 76-77
Universidades, corporativas, 86-91

V

Valência, 156-157
Validade
ameaças à, 244-247
externa, 245
interna, 244-245
Valor estratégico, 80-81
Valores, 63-64, 71-72
Vantagem competitiva, 4-5
aprendizagem e, 5-6
bens intangíveis e, 16-17
diversidade da força de trabalho e, 22-23
treinamento e, 4, 41-42
Verificação lógica, 152-153
Versatilidade estrutural, no modelo integrado ao negócio, 91-93
Viabilidade de resultados de avaliação, 241-242
Vice-presidente de recursos humanos, 85-86
Vídeos, 276-278
para o repasse de *feedback*, 173-174
Visão,
empresa, 63-64, 71-72
geral da disciplina, 197-199
geral do plano de aula, 206
Vistos, H-1B, 13-15
Voo 1549 da U.S. Airways, 4

W

WALL-E (filme), 59-61
Web 2.0, 318-319
Webcasting, 345-346
Webcasts, 315-316
Wi-Fi, 340-341
Wikis, 19-20, 33-34, 313-316, 330-333

X

Xbox, 335-336

Y

YouTube, 313-314, 318-319, 330-333